東周齊系題銘研究

孫剛 著

吳振武題

上海古籍出版社

本書是國家社科基金重大項目“簡牘學大辭典”（14ZDB027）、2019 年國家社科基金年度項目“出土文獻與東周齊國史研究”（19BZS013）的前期成果。

序

　　近些年隨着地下出土資料井噴式地面世和國家及領袖對甲骨文等古文字研究的重視，出土文獻與古文字研究迎來了歷史上最好的發展時期。與歷史上最好的發展時期相配合的是相關研究機構不斷建立，各級各類項目中"冷門絶學"項目所佔的比重不斷攀升，有關出土文獻與古文字研究的專業刊物不斷增加，年輕人中真心喜歡出土文獻與古文字的人越來越多。這一切都預示着在今後相當長的時間内，出土文獻與古文字研究都將是學術界的一個熱點，我們將迎來一個"冷門不冷""絶學不絶"的新時代。

　　如何在新時代做出"新學問"，是所有學者必須考慮的問題。隨着數字化的推廣和提高，人們獲取資料、檢索資料、編排對比資料的能力大大增强，照相技術和印刷技術的改進以及新技術在發掘、整理、保護和研究上的應用，使得古人留下的信息得到更好的揭示、保護和呈現。大資料、雲平臺處理大批量出土文獻與古文字資料的手段正在探索中，三維掃描、三Ｄ打印、人工智能參與出土文獻與古文字資料的提取、拼合、考釋等相關應用，也已經或即將取得相當的成果或突破。新技術決定了新形勢下的出土文獻與古文字研究，一定是高新技術支撑下的立體研究，那種僅靠幾本書和一張紙、一支筆的原始研究方法，已經被時代抛棄。

　　出土文獻與古文字研究首先要解決字的問題，祇有字認對了，才能由形定音，由音定義。那種不重視文字考釋，以文字考釋爲"小道"，不吸收最新正確的考釋成果，還自詡研究"大問題"的文

章，常常猶如沙中之塔，水中之萍，稍有風吹水動，就會一觸即潰，
飄逝無蹤。但是出土文獻與古文字研究不能以"考字"爲"唯一"，
爲"目的"，最關鍵最重要的還是要讀懂古人的文本，讀懂古人所要
表達的字面意思和字面背後的意思。從這個角度説，讀懂文本又
比"考字"更爲重要。出土文獻中大量的戰國簡和秦漢簡，其中有
很多文本都有傳世文本流傳至今，有些即使没有傳世文本，但其中
的思想觀點和詞句，也能在傳世典籍中找到對應。這種情況下"考
字"已經變得不太重要，重要的是如何對文本做出最爲合理的解
釋。我們發現有很多成功的古文字學家，考字固然是看家本領，但
是真正能顯示其水平的，還是古書的熟悉程度或説語言學和古漢
語知識的積累厚度。所以很顯然，出土文獻與古文字研究最科學
合理的研究原則應該是：在科學考釋文字、正確解決字詞問題並
讀懂文本的基礎上，展開由內容闡發的各個學科、各種角度的
研究。

　　説到在科學考釋文字、正確解決字詞問題並讀懂文本的基礎
上展開的各個學科、各種角度的研究，孫剛博士的《東周齊系題銘
研究》一書絕對可以稱得上够這一標準。《東周齊系題銘研究》一
書的主體來自孫剛博士的博士論文《東周齊系題銘研究》，原本分
"研究"和"釋文校釋"兩部分。其中"釋文校釋"部分就是科學考釋
文字、正確解決字詞問題並讀懂文本的工作，"研究部分"是在正確
的釋文和文本基礎上進行的研究。因爲有了正確的釋文和文本作
支撐，才保證了研究基礎的堅實和牢固。這次出版因篇幅的原因
"釋文校釋"部分没有收入，祇保留了"研究"部分，但"釋文校釋"的
成果在"研究"部分也有充分的體現。

《東周齊系題銘研究》一改以往研究齊國題銘大都主要從文字角度着手的習慣，而是在正確的釋文和文本的基礎上，主要從歷史學角度對齊國題銘進行考察。這些考察包括以銅器題銘爲中心進行諸國東周世系、古國史、相關歷史事件、曆日制度、婚媵情況、上古傳説等方面的研究；以兵器題銘爲中心對兵器題銘所反映的兵器鑄造制度、軍事防禦格局、軍政制度等進行的研究；綜合銅器題銘、璽印題銘、陶器題銘對當時的官制、行政層級的劃分等問題進行的研究；綜合銅器題銘、陶器題銘、璽印題銘、貨幣題銘對工官制度、製陶手工業的發展、貨幣流通與貿易發展狀況、衡量制度等問題進行的研究；綜合銅器題銘、璽印題銘、陶器題銘對當時的姓氏種類及與宗法、謐法有關的問題進行的研究等。

《東周齊系題銘研究》收集資料宏富，對學術史的梳理全面細緻，對諸家意見的取捨公允平實。分析透徹，論述周密；邏輯嚴謹，語言曉暢。雖然書的内容研究的是出土文獻與古文字，讀起來却没有乾癟枯燥之感。尤其書中時不時會出現作者的精彩見解，不覺讓人眼前一亮，大有心領神會之快。如作者對齊楚系"達"字結構的討論，對山東秦國問題的分析，對庚壺銘文所反映的齊軍圍萊問題的闡釋，還有運用考古類型學對齊國兵器的分期和對"唐工師璽"中"唐"地的認定等等，都能充分體現出作者背後花費的巨大功夫和殫精竭慮後帶來的豐厚收穫。

孫剛博士師從馮勝君教授，後又與我合作做博士後，而馮勝君教授又曾是我的學生，如此算來，孫剛博士與我的關係可謂是親上加親。我常説學脈的延續正如血脈的繼承，師生如父子，父子即師生。要把學生當成自己的孩子，才能讓學脈代代相傳，承續久遠。所以當孫剛博士的《東周齊系題銘研究》一書因即將由上海古籍出版社出版而向我索序時，我怎能不痛快地答應呢？

孫剛博士 2010 年曾在福建人民出版社出版了《齊文字編》一書，出版後反響不錯，學界多有讚譽。這次再由上海古籍出版社出版《東周齊系題銘研究》一書，可以説是踵事增華，錦上添花。聽説接下來還有着手利用出土文獻與古文字資料重寫齊國史的計劃，可謂念兹在兹，鍥而不舍。不知道這是否與他祖籍山東，想回饋家鄉、感恩桑梓有關。無論如何我都對他的研究計劃充滿信心，對其接下來的新作充滿期待。

是爲序。

劉　釗

2019 年年末於上海書馨公寓索然居

目　　録

緒　論

一、"東周齊系題銘"涵義界定

　　"東周"時期一般來説開始於周平王元年（公元前 770 年），其結束實應定在周赧王卒年（公元前 256 年），但一般延長到秦統一之年（公元前 221 年）。"東周"時期又分爲"春秋"和"戰國"兩個階段，"戰國"以哪一年開始學術界曾有争論，但爲了方便討論，一般將《史記·六國年表》始年周元王元年（公元前 476 年）作爲"戰國"的開始。由此一來，"春秋"和"戰國"的時間跨度分别爲"公元前 770 年—公元前 477 年"、"公元前 476 年—公元前 221"年①。

　　"題銘"，李學勤先生在《戰國題銘概述》一文中指出："我國舊名爲'金石學'的學科，用現代術語來説，可稱爲'題銘學'（эпиграфика）。"②陳世輝先生對李學勤先生這一定義曾提出質疑，他指出："我們以爲，我國舊名爲'金石學'的學科，與'題銘學'並不完全相同。僅以青銅器而言，'金石學'的研究範圍包括銘文、形制、花紋、用途等，我國舊的金石學著作可以證明這點。而所謂'題

① 李學勤：《東周與秦代文明》，上海人民出版社，2007 年，第 4 頁。
② 李學勤：《戰國題銘概述（上）》，《文物》1959 年第 7 期，第 50 頁。

銘學’的研究範圍，主要的則是銘文。另外就是，所謂‘題銘學’，它並不能包括李先生論述的那些内容。俄文 эпиграфика 一詞，……它來源於希臘文，……意思是指古希臘的碑文。據俄文的解釋，是指刻在石頭之類的堅硬物體上的文字。‘題銘學’的含意，蘇聯大百科全書説‘是研究各種堅硬物體（石頭、金屬、骨頭等等）上的銘文’的。這樣看來，稱之爲‘銘刻學’似較爲妥善，因而最起碼的，絹書不能包括在内的。”①對陳先生的質疑，董珊先生曾作出評價，他認爲：“陳世輝先生的議論，主要是針對李學勤先生把楚帛書也包括在‘題銘學’討論範圍之内了。我們認爲，對於一個學科的研究領域和範圍確實應該有所界定，從這個角度來講，陳先生的批評固然是正確的；但是，如果一個學科不把眼光放得更加寬泛一些，不去注意其它領域内的那些跟本學科研究可以互相闡發的材料和觀點，那麽這個學科的發展前途也是有限的。從這個方面來看，李學勤先生的討論範圍雖然逸出了原蘇聯大百科全書所謂‘題銘學’的範疇，但這應該是值得讚揚的。”②我們贊同董珊先生的意見，不能拘泥於舊有的對“題銘學”的定義，在本書中我們仍然使用“題銘”這一概念來稱説“銅器銘文”、“兵器銘文”、“貨幣文字”、“璽印文字”、“陶文”等。

　　“齊系題銘”，李學勤先生在《戰國題銘概述》一文中，將戰國時期的題銘按國分爲“齊國題銘”、“燕國題銘”、“三晉題銘”、“兩周題銘”、“楚國題銘”、“秦國題銘”，後來何琳儀先生在《戰國文字通論》中，“以古文字學的眼光，即主要以文字自身所體現的點畫、結構、款式、風格諸方面的特點，考察戰國文字資料，從而辨明其國別、確定其年代”，將戰國時期文字按地域劃分爲“五系”，其中“一系之内

① 陳世輝：《讀〈戰國題銘概述〉》，《文物》1960年第1期，第72頁。
② 董珊：《戰國題銘與工官制度》，北京大學博士學位論文，2002年，第3頁。

既可以是一個國家的文字，如'燕系文字'、'秦系文字'；也可以包括若干國家的文字，如'齊系文字'、'晉系文字'、'楚系文字'等"①。以"齊系文字"這一定義爲基礎，加之由於我們並不以文字構形爲主要研究對象，而主要關注銘文内容本身所反映的相關歷史訊息，所以我們采用"齊系題銘"這一説法。此外，我們所討論的對象不僅僅包括戰國時期的齊系文字材料，春秋時期的一些内容也屬於我們考察的範圍，所以出於研究對象和時代兩方面考慮，我們將本書定名爲"東周齊系題銘研究"。

二、"東周齊系題銘"的研究對象、内容與方法

　　"東周齊系題銘"的研究對象包括東周時期齊、魯、邾、滕、薛、曹、莒、杞等國的銅器銘文及兵器銘文，還包括戰國時期上述某些國家的璽印、陶文和貨幣文字。我們將這些内容作爲研究對象，從歷史學角度對其進行考察。我們的歷史學研究，包括以下幾方面：以銅器題銘爲中心進行諸國東周世系、古國史、相關歷史事件、曆日制度、婚媵情況、上古傳説等方面的研究；以兵器題銘爲中心，對兵器題銘所反映的兵器鑄造制度、軍事防禦格局、軍政制度等進行研究；綜合銅器題銘、璽印題銘、陶器題銘對當時的官制、行政層級的劃分等問題進行研究；綜合銅器題銘、陶器題銘、璽印題銘、貨幣題銘對工官制度、製陶手工業的發展、貨幣流通與貿易發展狀況、衡量制度等問題進行研究；綜合銅器題銘、璽印題銘、陶器題銘對當時的姓氏種類及與宗法、謚法有關的問題進行研究。
　　本書采用歷史學、文字學、考古類型學等學科研究方法。從歷

① 何琳儀：《戰國文字通論》（訂補），江蘇教育出版社，2003年，第86頁。

史學的角度對相關題銘進行研究，必然要對當時的社會狀況、世系沿革、古國史、軍政制度等方面有所瞭解，對相關題銘也要從史料的角度進行分析，勾稽題銘本身所蘊含的歷史信息。某些題銘記載着當時發生的歷史事件，我們也要在相關歷史記載中找到這些事件發生的歷史背景。我們還將用到歷史學研究對史料的分析方法。這些題銘材料，歸根結底屬於當時的文字記錄，對這些文字的釋讀當然離不開文字學研究的方法，齊系題銘本身就屬於古文字學的一部分，在對相關文字釋讀意見進行取捨的時候，我們勢必要從文字形體、讀音、字義等方面進行判斷，以得出令人滿意的釋讀意見。文字學的研究方法，是對這些題銘進行其他研究的基礎和前提。這些題銘大多是"鏤于金石，琢之盤盂"，有時題銘本身衹能反映一個很寬泛的時間範圍，如果要對這些題銘的時代作進一步確定，就要從考古類型學上對題銘的載體進行排比分析，這在銅器題銘和兵器題銘研究中顯得尤爲突出。綜上，齊系題銘的研究，是在綜合運用歷史學、文字學、考古類型學等研究方法的基礎上進行的。

第一章
東周齊系題銘研究概況

　　齊系題銘中銅器題銘和貨幣題銘的研究歷史最爲悠久。自宋代開始，就已經有學者對當時所見到的銅器進行著録和考釋，其中就包括著名的齊國銅器叔夷鐘和叔夷鎛。此後，至有清一代金石文字之學大興，學者們紛紛著書立説，對銅器銘文進行著録和考釋，提出了很多值得重視的考釋意見。在這樣的背景下，齊系銅器銘文的研究也取得了很大的進展，一些疑難字得以釋出。現當代學者在清人研究的基礎上，擴大了古文字研究的範圍，在注重文字考釋的同時，將古文字研究和考古學、文獻學、歷史學相結合，從而取得了很多成績。在此期間，齊系銅器題銘的研究也取得了很大的進步，很多未識字得以解决。

　　齊國貨幣的研究歷史也很漫長，南宋洪遵所著《泉志》曾引顧烜《錢譜》一書所載的 34 種古錢，其中就包括所謂的"寶貨"錢，有學者認爲"寶貨"錢就是指齊圓錢而言。如此説可信的話，那麼齊國貨幣的著録和研究，在宋代以前就已經開始了①。此後歷代都有學者對貨幣進行著録和研究，如今，貨幣文字研究已經成爲戰國

---

①　山東省錢幣學會編：《齊幣圖釋》，齊魯書社，1996 年，第 122 頁。

文字研究的重要組成部分。

從清代開始，很多著録銅器銘文的書中都收録兵器，其中以戈、戟的數量占多數，學者對銅器銘文研究的同時，也注重對兵器銘文的釋讀。建國後，在考古發掘中經常有帶銘文的兵器出土，其中就包括東周時期齊魯等國的器物，數量衆多的兵器題銘對當時的軍政、工官制度和歷史地理的研究而言都是寶貴的材料。

齊系璽印多爲傳世品，以往的印譜中也收有齊璽，《古璽彙編》一書集中收録了總計五百餘方齊系官璽和私璽，爲齊璽的研究打下了良好的基礎。

齊陶文的研究，始於清末陳介祺，他在搜集山東境内出土的先秦銅器、兵器的同時，辨識出了臨淄故地所出土陶片上的戳印文字即陶文，並大量收購和整理，爲以後陶文的著録打下了良好的基礎。齊陶文已經成爲戰國陶文研究的重要内容，學者們在文字考釋和相關制度的研究上，已經取得了很多成果。

在本章中，我們將對齊系各種題銘的研究狀況，進行簡要的回顧和總結，以加深人們對齊系文字研究狀況的瞭解。

第一節 齊系銅器銘文研究概況

宋代學者對銅器銘文的考釋有得有失，總體來説失大於得，但其中也不乏一些真知灼見。宋代學者的主要成績，在於開創了金石書籍著録的體例，爲以後此類材料的著録奠定了良好的基礎。清代學者的文字考釋水平要遠遠高於宋人，通過他們的研究，一些疑難字得到了解決。現當代學者在文字考釋方面，更是取得了遠邁前人的成績，並擴大了銅器銘文研究的範圍。

一、宋至清末齊系銅器銘文的研究狀況

漢代就有齊國銅器的記載，《史記·孝武本紀》："(李)少君見上(武帝)，上有故銅器，問少君。少君曰：'此器齊桓公十年陳於柏寢。'已而案其刻，果齊桓公器。一宮盡駭，以少君爲神，數百歲人也。"《史記·封禪書》、《漢書·郊祀志》所記與之相近。張俊成指出："在有關齊國銅器出土記載中，這是非常詳細的，《集成》4648著録的'十年陳侯午敦'或與之同銘。"①其説很可能是正確的。自此以後，齊國銅器很少見於史籍記載，至宋代才有所改觀。趙明誠《金石録》卷十三·二"齊鐘銘"跋文云："(宋)宣和五年(按，即公元1123年)，青州臨淄縣民於齊故城耕地得古器物數十種，其間鐘十枚，有款識，尤奇。最多者幾五百字，今世所見鐘鼎銘文之多，未有踰此者。驗其詞有'余一人'及'齊侯'字，蓋周天子所以命賜齊侯，齊侯自紀其功勳者。"跋文中所説的這幾件器，就是著名的叔夷鐘和叔夷鎛，此後《博古圖録》、《歷代鐘鼎彝器款識法帖》、《嘯堂集古録》等書皆著録叔夷鐘、鎛銘文。此外，見於宋代著録的齊系銅器還有"齊侯盤"(《集成》10117)，見於《歷代鐘鼎彝器款識法帖》165、《嘯堂集古録》73、《博古圖録》21.12.2；"叀公壺"(《集成》9704)，見於《歷代鐘鼎彝器款識法帖》116。

宋代學者所作銅器釋文"大多數字因是對照《説文》所收篆文、籀文、古文等釋出，不加説明讀者也會清楚所據爲何"②，但有時候對文字形體分析不明，也經常出現誤釋的情況，如"齊侯盤"銘文中的"林"，《歷代鐘鼎彝器款識法帖》、《嘯堂集古録》、《博古圖録》等書就都誤釋爲"楚"。雖然他們在文字釋讀過程中存在較多失誤，

---

① 張俊成：《東周齊國銘文綜合研究》，四川大學博士學位論文，2011年，第8頁。
② 趙誠：《二十世紀金文研究述要》，書海出版社，2003年，第17—25頁。

但他們考釋文字的成績我們是不能抹殺的,僅以齊系銅器題銘爲例,宋人的有些釋讀意見今天看來應是正確的。如:

　　1. (叔夷鎛,《集成》285-8)

此形體《歷代鐘鼎彝器款識法帖》63、《嘯堂集古録》78"叔夷鎛"釋文皆作"協"。與之寫法相近的形體習見於金文和甲骨文中,于省吾先生曾在《甲骨文字釋林·釋𡘚》中指出從文意上看,釋"協"之説"當然是很恰當的",在該文中他又對此字形體進行了分析,以證成宋人的説法。他認爲此字應解作:"𡘚,協也,從二耒二犬,犬以守耒,耛亦聲。癸,𡘚或從劦從一犬。"①按,趙誠先生曾指出宋人釋讀文字的方法主要有"與《説文》對照"、"金文構形與小篆小異"、"偏旁分析"、"從傳世文獻求證"②等,《國語·周語》有"和協輯睦",《尚書·堯典》有"協和萬邦"之語,宋人釋"𡘚"爲"協"很可能是采用"從傳世文獻求證"的方法,與釋金文中的"眉壽"之"眉"同例。但不管怎樣,釋"𡘚"爲"協"是宋人的首創。

　　2. (叔夷鎛,《集成》285-3)

此形體《歷代鐘鼎彝器款識法帖》60、《博古圖録》22.6、《古文審》卷八·二四釋爲"造",郭沫若《兩周金文辭大系圖録考釋·叔夷鐘》釋文作"遭",指出"遭爲造之異文"。按,釋"造"之説實不可信,從形體上來看也沒有什麽根據。宋代王俅《嘯堂集古録》七六釋文作"陶",無疑是正確的。唐蘭後來在《中國青銅器的起源與發展》一文中,將此形體與"𣂨徒"連讀爲"陶鐵徒",他指出:"叔弓鎛是晏嬰的父親晏弱所作,記載着齊國的萊縣有'陶鐵徒四千',一是

---

①　于省吾:《釋𡘚》,《甲骨文字釋林》,中華書局,1979年,第253—259頁。
②　趙誠:《二十世紀金文研究述要》,第17—25頁。

陶,一是鐵,都已成爲官營手工業了。"①張政烺在《漢代的鐵官徒》一文中讚同唐蘭的意見,他指出:"'陶鐵徒'三字,是根據唐蘭先生的考釋。從古文字學上看唐先生這個考釋是完全正確的。陶即作範,古書裏常見'陶鑄'、'陶冶',現在叫做翻沙。……據《漢書·地理志》,古代萊國産鐵之地是漢之東牟縣,漢代曾在此置鐵官,即今日山東省牟平縣西南四十里之鐵官山。山上古代銅鐵之遺迹,今猶可考。"②"𣏟"的釋讀學者間雖有不同意見③,是否一定可以讀爲"鐵"還可以再研究。但從形體上來説,王俅《嘯堂集古録》七六釋"陶"之説是可信的,唐蘭等先生似乎未曾注意王俅的釋讀意見。除了以上所討論的例子之外,《歷代鐘鼎彝器款識法帖》59、《博古圖録》22.5 釋"潯"爲"埵",《嘯堂集古録》七八、《博古圖録》22.7 將"厰"釋作"敕"或"穀"也是有一定根據的。可見,宋代學者的釋讀意見中,有很多值得我們注意的地方。

　　至清代,由於官修《西清古鑒》、《寧壽鑒古》、《西清續鑒甲編》、《西清續鑒乙編》的帶動,學者著録和研究金文之風日盛。趙誠先生曾指出:"清代的金文著録專書衆多,金文研究日益深入。尤其是到了晚清,金文研究成果累累,學術水平大大提高了一步,使金文研究爲古文字學的建立奠定了堅實的基礎。也可以説,清代尤其是晚清的金文研究使古文字研究走上了較爲科學的道路而逐步成爲了一個新興的學科。"④此時期金文著録書籍數量劇增,阮元《積古齋鐘鼎彝器款識》、曹載奎《懷米山房吉金圖》、吳雲《兩罍軒

　　① 唐蘭:《中國青銅器的起源與發展》,《故宮博物院院刊》1979 年第 1 期,第 9 頁。
　　② 張政烺:《漢代的鐵官徒》,《歷史教學》1951 年第 1 期,第 18 頁。
　　③ 相關意見參張崇禮《釋金文中的"或"字》,"復旦大學出土文獻與古文字研究中心"網站,2012 年 5 月 5 日,http://www.gwz.fudan.edu.cn/SrcShow.asp?Src_ID=1858#_edn3。
　　④ 趙誠:《二十世紀金文研究述要》,第 31 頁。

彝器圖釋》、潘祖蔭《攀古樓彝器款識》、吳榮光《筠清館金文》、徐同柏《從古堂款識學》、吳大澂《愙齋集古録》、劉心源《奇觚室吉金文述》、方濬益《綴遺齋彝器款識考釋》、吳式芬《攈古録金文》等書,都著録有齊系銅器銘文。與宋人著録方式不同,這些書籍或多或少往往都有文字考釋的内容。此外,孫詒讓、孫星衍、許瀚、劉心源、方濬益等在金文研究方面也都取得了很多成績。今略舉數例:

1.“𦣻”(叔夷鐘,《集成》276.1)

“𦣻”(叔夷鎛,《集成》285.6)

此字在銘文中與“尹”連言,《歷代鐘鼎彝器款識法帖》62 釋“伇”,《嘯堂集古録》77 釋“凡”,孫星衍《續古文苑》卷一·七〇釋作“伊”。孫詒讓讚同孫星衍的意見,他在《古籀拾遺》卷上·十四中云:“孫(星衍)釋是也。《説文》‘伊’古文作‘𦣻’,與此形近。伊小臣者,伊尹也。”按,釋“伊”之説無疑是正確的,“伊尹”之稱又見於《清華三·良臣》①篇,簡文寫作:

(《清華三·良臣》簡 2)

首字與鐘、鎛銘文全同,可證孫星衍釋“伊尹”的意見是正確的。《説文》“伊”古文作“𦣻”,也應有其來源。《上博二·容成氏》篇也記有“伊尹”,同篇中還有“洢水”之稱,分別作“🐾尹”(簡 37)和“🐾水”(簡 26),該篇竹簡整理者李零先生指出“‘洢’即‘伊’,伊

---

① 李學勤主編:《清華大學藏戰國竹簡(叁)》,中西書局,2012 年,第 93 頁。

水。'泗'從水從死,與《說文・人部》'伊'字古文從'死'合",""泗尹'即'伊尹','泗'是心母質部字,上文'伊水'之'伊'作'泗',字從死,'死'是心母脂部字,與'泗'讀音相近,都是'伊'字的通假字"①,其說無疑是正確的,《說文》古文"𣴔",《説文繫傳》分析爲"從死,死亦聲"也是可信的。此外,《清華二・繫年》簡102"洍水"之"洍"作"𣹼",也與鐘、鎛銘文"伊"所從相近。陳劍認爲《繫年》中的"𣹼"應是"泗"讀爲"伊",當可信②。叔夷鐘、鎛及《清華三・良臣》中的"伊"右部所從與常見的"尹"字寫法有別,也應該是"四"③。

2. **𨕪**(叔夷鎛,《集成》285)

此字《歷代鐘鼎彝器款識法帖》63、《嘯堂集古錄》78、《博古圖錄》22.8釋作"造"。《全上古三代秦漢三國六朝文》卷一二・九釋爲"這",指出:"這,即'誕',舊釋'造'非。"《雙劍誃吉金文選》上一・六隸定作"途",讀爲"舍"。《兩周金文辭大系圖錄考釋・叔夷鐘》釋文作"遣",認爲"亦造之絲文",皆不可信。孫星衍《續古文苑》卷一・七二釋作"達"實爲卓識,此後趙平安在没有注意到孫説的情況下,根據楚簡中"達"作"𨖷"(郭店《老子甲》簡8)、"𨖷"(郭店《語叢一》簡60)等將叔夷鎛中的"𨕪"、䣄鎛銘文中的"𨕪"也釋爲"達"④。我們也曾對齊系文字和楚系文字中的"達"進行過考

①　馬承源主編:《上海博物館藏戰國楚竹書(二)》,上海古籍出版社,2002年,第270、279頁。

②　陳劍的意見詳蘇建洲、吳雯雯、賴怡璇《清華二〈繫年〉集解》,萬卷樓圖書股份有限公司,2013年,第731頁。

③　袛不過其寫法可能受到"尹"字寫法的影響,也不排除存在變形音化的可能。

④　趙平安:《"達"字兩系説——兼釋甲骨文所謂"途"和齊金文中所謂"造"字》,《中國文字》新二十七期,藝文印書館,2001年,第51—63頁。

察,認爲兩者都來源於西周金文中的"",""、""應是在""基礎上,將其一部分形體改換成"舌"聲而産生的異體①。

　　3. (黏鎛,《集成》271)

　　此形體張之洞《廣雅堂論金石札》卷二·三隸定爲"裻",指出"此借作榮"。郭沫若《兩周金文辭大系圖録考釋·黏鎛》釋文作"裻(榮)",吳大澂《愙齋集古録》二·二五引述了胡石查釋"勞"的意見:"張孝達謂'榮'之假借字,胡石查釋作'勞'。薛《款識》齊鎛'娑裻朕行'、'董裻其政事'皆'勞'字,舊釋'恌'誤,胡說是也。"潘祖蔭《攀古樓彝器款識》卷二·六也指出:"胡石查說成字下疑是'勞'字。古勞字从縈省取經營之意,見朱氏《說文通訓定聲》,衣系義相近。"此後,楊樹達在《積微居金文說》一書中(8、83頁)又進行了考釋,亦釋作"勞",楊氏似未曾注意胡石查已有的釋讀意見。《張政烺批注兩周金文辭大系圖録考釋·黏鎛》亦作"勞"。隨着戰國竹簡的不斷出土,證明此類形體的確應釋爲"勞"②,胡石查的意見完全是正確的。

　　除以上所舉的例子以外,清人還提出了很多重要的釋讀意見。如《積古齋鐘鼎彝器款識》卷七·九釋陳逆簠""爲"畜"。《綴遺齋彝器款識考釋》卷二·二八釋""爲"厄";《綴遺齋彝器款識考釋》卷二八·一七釋陳純釜銘文""爲"純"。《綴遺齋彝器款識

　　① 詳拙作《試說戰國文字中的"達"》,"復旦大學出土文獻與古文字研究中心"網站,2011年12月20日,http://www.gwz.fudan.edu.cn/SrcShow.asp? Src_ID=1739。
　　② 李守奎:《楚文字編》,華東師範大學出版社,2003年,第788頁。李守奎、曲冰、孫偉龍:《上海博物館藏戰國楚竹書(一～五)文字編》,作家出版社,2007年,第613頁。

考釋》卷二八・一八釋子禾子釜銘文""爲"威"。《攈古録金文》卷二之三・四〇釋陳逆簠銘文中的""爲"賀",謂"疑'勾'異文"。《攈古録金文》卷三之一・八謂"妃或即似字"。《奇觚室吉金文述》一七・二七釋陳逆簠銘文"生"爲"皇"。《奇觚室吉金文述》一七・二七釋陳逆簠銘文""爲"寅"。《奇觚室吉金文述》卷六・三六釋子禾子釜銘文""爲"制"。《奇觚室吉金文述》卷六・三六釋子禾子釜銘文""爲"則",並指出"从即鼎字"。《古文審》卷八・二三認爲叔夷鎛銘文中的"師旗即師旅"。《説文古籀補》卷一四・一一釋"魯伯愈父鬲"中的""爲"羞"。《筠清館金文》卷三・一一釋"臣"爲"瑚"。許瀚《攀古小廬雜著》卷九・十五認爲"國差"即"國佐":"右齊國佐所爲器,差、佐古通用。"洪頤煊《讀書叢録》卷十二釋國差罉""爲"鼏":"頤煊案當是鼏字,《儀禮・大夫禮》'設扃鼏'鄭注:鼏,古文皆作密。"《山西通志・金石記》卷八九・一五録楊篤意見,認爲"鞏叔"即"鮑叔":"正書作'鞏'字,當爲'鞄'通'鮑'。……竊謂此銘'鞏叔'即'鮑叔',鞏,鞄本字,鮑其借字。作器者乃叔牙之孫,莊子之父也。"《古籀拾遺》卷上・十認爲叔夷鎛"釐即萊":"釐,疑即萊,故萊國。……叔及蓋爲萊大夫。"《古籀餘論》卷三・三釋陳財簠蓋""爲"畢"。《古籀餘論》卷三・十六將陳侯因資敦"屎"與《説文・辵部》"徙,古文作屖"相聯繫,懷疑"屎"或爲"屖之省"。《古籀餘論》卷二・七釋""爲"訧":",舊釋爲'討',以篆文審之,殊不類。今考當爲'訧'。《説文・言部》:'訧,从言,尤聲。'此右从'',即'尤'形也。"這些意見無疑是非常可信的。

二、現當代學者對齊系銅器銘文的研究

自清末以來，很多學者繼承了清人著錄、考釋金文的傳統，王國維、郭沫若、于省吾、吳闓生、容庚、徐中舒、唐蘭等學者在金文著錄、文字考釋、相關工具書編纂等方面都作出了很多貢獻。建國以後，這些學者在新的環境下，以極大的熱情投入到科研之中，與此同時也注重對年輕學者的培養，在他們的帶領和培育之下湧現出了一大批優秀的古文字研究學者，同時也拓寬了古文字研究的領域和研究對象。在 20 世紀初期，印行的主要青銅器著錄和研究著作有鄒安《周金文存》，羅振玉《夢郼草堂吉金圖》，吳大澂《愙齋集古錄》，容庚《寶蘊樓彝器圖錄》、《頌齋吉金錄》及《續》、《善齋彝器圖錄》，羅振玉《貞松堂集古遺文》及《補遺》、《續編》，吳闓生《吉金文錄》，于省吾《雙劍誃吉金文選》，劉體智《善齋吉金錄》、《小校經閣金文拓本》，商承祚《十二家吉金圖錄》，郭沫若《兩周金文辭大系圖錄》及《考釋》，羅振玉《三代吉金文存》等。此後，于省吾《商周金文錄遺》，陳夢家《美帝國主義劫掠的我國殷周青銅器集錄》，巴納、張光裕《中日歐美澳紐所見所拓所摹金文彙編》，邱德修《商周金文集成》，嚴一萍《金文總集》，徐中舒《殷周金文集錄》，中國社會科學院考古研究所《殷周金文集成》，馬承源《商周青銅器銘文選》，劉雨《近出殷周金文集錄》及《二編》，鍾柏生、陳昭容等《新收殷周青銅器銘文暨器影彙編》，王獻唐《國史金石志稿》，吳鎮烽《商周青銅器銘文暨圖像集成》、《續編》等相繼印行。這些書籍中，大多都有齊系銅器題銘和兵器題銘著錄其中。此外，曾毅公主編的《山東金文集存・先秦編》，山東省博物館編《山東金文集成》，棗莊市博物館編《小邾國遺珍》，陳青榮、趙緼編《海岱古族古國吉金文集》，張振

謙主編《齊系金文集成・魯邾卷》、《齊莒卷》等，都是輯錄山東地區
出土青銅器的專書。

　　這一時期學術界對齊系銅器題銘研究的成果十分豐富，江淑
惠《齊國彝銘彙考》一書及張俊成博士論文《東周齊國銘文綜合研
究》、傅修才博士論文《東周山東諸侯國金文整理與研究》等，都是
以齊國金文（後者也包括兵器）爲主要研究對象的專著，他們對齊
系尤其是齊國銅器銘文的研究進行了很好的總結。下面我們將清
末以來，學者在齊系銅器題銘方面的主要研究成果作一簡單介紹。

　　王國維在《觀堂集林・王子嬰次盧跋》中將莒侯簠中的"🔲"釋
爲"莒"，他指出："《隸釋》所錄魏三字石經，《春秋》筥之古文作🔲，
篆隸二體作筥🔲者，籚字之譌略。上虞羅氏藏鄑侯敦，鄑侯亦即
筥侯。又藏閭丘🔲🔲戈，閭丘亦即閭丘，足證筥籚之爲一字矣。"在
《觀堂集林・邾公鐘跋》中，認爲邾公鐘銘文"陸𪓑"即陸終："𪓑
字自來無釋，余謂此字從蚰臺聲（臺，古墉字），以聲類求之，當是螽
字，陸螽即陸終也。《大戴禮・帝繫篇》'陸終娶於鬼方氏，鬼方氏
之妹謂之女隤氏，產六子，其五曰安，是爲曹姓，曹姓者邾氏也'，
《史記・楚世家》語同其説，蓋出於《世本》，此邾器而云陸𪓑之孫，
其爲陸終無疑也。"

　　吳闓生《吉金文録》金二・三釋叔夷鐘銘文"🔲"爲"夏"："頣，古
文夏字，見《汗簡》，舊釋履，非。"郭沫若《兩周金文辭大系圖録考釋・
叔夷鐘》也釋爲"夏"，在《中國古代社會研究・夏禹的問題》一文中
對釋"夏"説進行了論證："'頣'字自宋以來釋履，以履之古文作🔲，
孫詒讓以爲即夏桀，名履癸。然頣字之主要成份爲舟字，舟即履之
意，象人以足蹻履也（頁於古文即人形）。頣則省舟而成赤足，何能更
爲履字耶？字如省足省頁尚可説，而省舟則斷無可説。余謂此乃夏

字。許書夏字篆文作〔圖〕，古文作〔圖〕，新出《三體石經》夏之古文作〔圖〕。足上所從均即頁之訛變，從頁，省臼，與此作頵者正同。"①

《吉金文録》金四·三十三釋陳純釜"𣪘"爲"𣪘（廩）"。《吉金文録》金三·三十四將陳侯因𦭼敦銘文舊釋"勳庸"的形體改釋爲"黄帝"。叔夷鎛銘文"〔圖〕"，《歷代鐘鼎彝器款識法帖》64釋"夾"、《博古圖録》22.8釋"央"、《金石索》四三頁釋"泰"皆不可信。于省吾《雙劍誃吉金文選》上一·六隸定作"犾"，注爲"疾"，《兩周金文辭大系圖録考釋·叔夷鐘》釋文亦作"疾"。十四年陳侯午敦銘文中的"〔圖〕"，《攗古録金文》卷三之一·七曾釋作"鎛"，徐中舒在《陳侯四器考釋》一文中引古璽印庚字作〔圖〕、〔圖〕等形爲證，將"〔圖〕"改釋爲"鋙"。陳財簋銘文中的"鐳"，《善齋彝器圖録考釋》二三讀作"會"，《韡華閣集古録跋尾》丙七云"鐳通會，器蓋也"，《張政烺批注大系·陳財段》指出："末字疑是鐳字，段之蓋也。容庚《善齋彝器圖録》説與余同，……《説文》：'會，同也。'段注：'見《釋詁》、《禮經》。器之蓋曰會，爲其上下相合也。'"陳喜壺銘文中的"〔圖〕"，于省吾釋作"宗詞"，馬承源釋作"宲"，皆不可信，黃盛璋認爲"細審銘文拓本，此字上半就是'賓'字所從之'宀'，甲骨、金文'賓'字多如此作，下半似是從'攴'，言字右邊雖不甚肯定，但此字就是'賓'字的異體，則確無可疑"②，黃説認爲上部爲"賓"字所從之"宀"可從，但認爲下部從'攴'則不確，所謂"攵"實"宀"字末筆，祇是寫得比較彎曲而已。

洹子孟姜壺銘文中的"洹"，阮元認爲"洹子即桓子"，後來論此

①　郭沫若：《中國古代社會研究》，《郭沫若全集·歷史編》第一卷，人民出版社，1982年，第305—306頁。

②　黃盛璋：《關於陳喜壺的幾個問題》，《文物》1961年第10期，第37頁。

器者多從此説。《張政烺批注大系·洹子孟姜壺》認爲"此字或與謚有關。《汗簡》釋宣，齊亦有高宣子"，後來陶金在《由清華簡〈繫年〉談洹子孟姜壺相關問題》一文中也認爲此處"洹"應讀爲"宣"①。

郑大宰簠銘文中的""、""，《筠清館金文》卷三·六曾釋作"誐"，《攈古録金文》卷三之一·一一釋作"諾"，《吉金文録》金四·三釋爲"若"，董珊在其碩士論文《東周題銘校議（五種）》中，據《商周青銅銘文選》所録較爲清晰的拓本，將上列形體分別改釋爲"諡"和"毖"，讀爲"畢"，其説可從。

陳璋方壺和陳璋圓壺中的""舊釋爲"亳"，董珊、陳劍在《郾王職壺銘文研究》一文中改釋爲"勝"，其説十分正確②。

此外，李家浩《齊國文字中的"遂"》③、吳振武《陳曼瑚"逐"字新證》④、吳良寶《璽陶文字零釋（三則）》⑤、周忠兵《莒太史申鼎銘之"樊仲"考》⑥、李春桃《釋郑公鈺鐘銘文中的"穆"字》⑦、劉洪濤

————————

　　①　陶金：《由清華簡〈繫年〉談洹子孟姜壺相關問題》，"復旦大學出土文獻與古文字研究中心"網站，2012 年 2 月 14 日，http：//www.gwz.fudan.edu.cn/SrcShow.asp? Src_ID=1785。

　　②　董珊、陳劍：《郾王職壺銘文研究》，《北京大學中國古文獻研究中心集刊》第 3 輯，北京大學出版社，2002 年，第 48—49 頁。

　　③　李家浩：《齊國文字中的"遂"》，《湖北大學學報（社科）》1992 年第 3 期，第 30—37 頁。又《著名中年語言學家自選集·李家浩卷》，安徽教育出版社，2002 年，第 35—52 頁。

　　④　吳振武：《陳曼瑚"逐"字新證》，《吉林大學古籍所建所十五周年紀念文集》，吉林大學出版社，1998 年，第 46—47 頁。

　　⑤　吳良寶：《璽陶文字零釋（三則）》，《中國古文研究》第一輯，吉林大學出版社，1999 年，第 151—156 頁。

　　⑥　周忠兵：《莒太史申鼎銘之"樊仲"考》，《吉林大學社會科學學報》2014 年第 1 期，第 20—25 頁。

　　⑦　李春桃：《釋郑公鈺鐘銘文中的"穆"字》，"復旦大學出土文獻與古文字研究中心"網站，2011 年 5 月 13 日，http：//www.gwz.fudan.edu.cn/SrcShow.asp?Src_ID=1496。又李春桃：《郑公鐘銘文研究》，《江漢考古》2017 年第 4 期，第 118—120 頁。

《叔弓鐘及鎛銘文"剗"字考釋》①等文對齊系銅器題銘中的相關問題也進行了討論。齊文濤②、黄盛璋③、李學勤④、梁方建⑤等學者分別撰文對山東出土的金文進行考察，並對相關問題進行了討論。吳鎮烽⑥、方輝⑦等學者對新近出土的"鮑子鼎"、"邿公典盤"等都有很重要的考釋意見。

<h3 style="text-align:center">第二節　齊系兵器銘文的
研究概況</h3>

　　齊系兵器的著録和銅器一樣，也可以追溯到宋代。宋薛尚功《歷代鐘鼎彝器款識法帖》168 著録一件"平陸戈"（《集成》10925），云："右戈銘曰平陸，《古器物銘》云藏淄川民間。"這是目前所見齊戈的最早著録。至清代，銅器著録書中往往也收録兵器，其中以戈數量最多。《積古齋鐘鼎彝器款識》、《奇觚室吉金文述》、《綴遺齋彝器考釋》、《筠清館金文》、《攈古録金文》、《小校經閣金石文字拓本》、《三代吉金文存》等書中都收録了齊系兵器，有的還附有釋文和考釋。此外，學者的題跋或題記中也有涉及齊兵考釋的內容，如《陳簠齋寫東武劉氏款識》、《韡華閣集古録跋尾》、《金石索》、《山左

---

①　劉洪濤：《叔弓鐘及鎛銘文"剗"字考釋》，《中國文字》新三十五期，藝文印書館，2010 年，第 179—188 頁。

②　齊文濤：《概述近年來山東出土的商周青銅器》，《文物》1972 年第 5 期，第 3—18 頁。

③　黄盛璋：《山東諸小國銅器研究——〈兩周金文大系續編〉分國考釋之一章》，《華夏考古》1989 年第 1 期，第 73—102 頁。

④　李學勤：《試論山東新出青銅器的意義》，《文物》1983 年第 12 期，第 18—22 頁。

⑤　梁方建：《齊國金文及其史料價值》，《管子學刊》1989 年第 1 期，第 22、85—89 頁。

⑥　吳鎮烽：《鮑子鼎銘文考釋》，《中國歷史文物》2009 年第 2 期，第 50—55 頁。

⑦　方輝：《邿公典盤銘考釋》，《文物》1998 年第 9 期，第 62—63 頁。

金石志》《攀古小廬雜著》等書中都曾對個別齊系兵器進行過考
釋。此後學者編著的金石著録書也繼承了這一傳統，《雙劍誃吉金
圖録》《貞松堂集古遺文》《國史金石志稿》《夢坡室獲古叢編》等
書一般也都附有釋文或考釋。建國後，傳世和見於考古發掘報告
的兵器在《殷周金文集成》一書中大部分被收録，《山東金文集成》
一書中也著録了很多出土於山東地區的古代兵器，其中也包括很
多齊系兵器。

　　清末至建國前學者對齊兵器的研究，主要集中於對兵器銘文
的考釋上，現在看來，有些考釋意見是非常正確的。如《集成》
10975 著録了一件"亡鹽戈"，《綴遺齋彝器考釋》卷三〇・一九釋
爲"無鹽"，認爲"鹽""從水在皿以象煮鹽之形，當是鹽之別體"，無
疑是非常正確的。《集成》11082 著録一件"陳麗子戈"，《奇觚室吉
金文述》一〇・一八釋文作"陳丽子造鋈"，指出："丽，古文麗，見
《説文》。"另，吳大澂《説文古籀補》十・二也已釋爲"麗"，指出：
"![古麗字]，古麗字。《説文》麗古文作![AA]，篆文作![AA]，皆與此相似。"
《集成》10898 著録一件"滕子戈"，戈銘作"籘子"，《綴遺齋彝器考
釋》卷三〇・一六釋作"滕子"，認爲"上一字是'滕'之異文"，後來
吳振武先生又對此説進行了論證，以證成此説①。《集成》11034 著
録的"陳![卯]造戈"，1927 年出版的《夢坡室獲古叢編》兵器目上
云："陳墨簃（按：即指陳邦福）云'![卯]'疑卯之異文，'陳卯'人
名。"後來，何琳儀先生在未注意陳説的情况下，也釋此形體爲
"卯"②，並進行了詳細的論證。《集成》11210 所録"羊角戈"銘文中

------

① 吳振武：《釋戰國文字中的從"膚"和從"朕"之字》，《古文字研究》第十九輯，中
華書局，1992 年，第 497 頁。
② 何琳儀：《戰國兵器銘文選釋》，《考古與文物》1999 年第 5 期，第 83—97 頁。

有形體作"筴"，于省吾先生在《雙劍誃吉金圖録•卷下考釋》十八
"羊角戈"條考釋中指出："筴字古兵中習見，彝器亦作散，《方言》三
'散，殺也，東齊曰散'，散、殺一聲之轉。"以上所列舉的考釋意見，
現在看來都應是可信的。

　　建國後，學者們對傳統著録和考古新發現的齊系兵器進行了
研究，在此期間，兵器研究已經不僅僅局限於銘文的考釋，也包括
在銘文考釋基礎上的對相關軍制、官制、地理等方面的研究，跟以
往相比研究範圍已經有所擴大。其中，黄盛璋《燕、齊兵器研究》①
一文，在齊系兵器研究中具有十分重要的價值。該文系統地梳理
了多種著録書中所收録的齊魯等國兵器，對相關銘文進行分國、分
類、分組研究，在考釋銘文的同時，對兵器銘文中與歷史地理、鑄造
制度等有關的問題進行了深入地探討，爲齊系兵器題銘的研究打
下了堅實的基礎。在兵器銘文考釋方面，學者們對以往的考釋意
見進行了檢討，提出了很多好的釋讀意見。如《集成》10989 著録
一件"齊城戈"，戈銘沈寶春釋爲"齊王長之□"②、黄盛璋釋爲"齊
城□止（之）造"等③，施謝捷對銘文形體進行了仔細的分析，認爲
戈銘應釋爲"𡐊（齊）𡎚（城）郘（造）"④，其説甚是。施謝捷在《陳發
乘戈跋》一文中將舊釋爲"棗"的形體改釋爲"乘"⑤，也是可信的。
他在《古文字零釋四則》一文中，對"武羅"戈銘文中的"羅"也進行
了考釋⑥，在《説"㔲（�）"及相關諸字（上）》一文中對《集

----

①　黄盛璋：《燕、齊兵器研究》，《古文字研究》第十九輯，第 1—65 頁。
②　沈寶春：《〈商周金文録遺〉考釋》，臺灣師範大學碩士論文，1983 年，第 863 頁。
③　黄盛璋：《燕、齊兵器研究》，《古文字研究》第十九輯，第 26—27 頁。
④　施謝捷：《東周兵器銘文考釋（三則）》，《南京師範大學學報（社會科學版）》2002 年第 2 期，第 155—160 頁。
⑤　施謝捷：《陳發乘戈跋》，《南京師範大學文學院學報》2002 年第 1 期，第 169—170 頁。
⑥　施謝捷：《古文字零釋四則》，《古文字研究》第二十二輯，中華書局，2000 年，第 158—159 頁。

成》11608"滕之不怤劍"的銘文也進行了討論①,在《釋"齊城右造車戟"銘中的"䐁"》②一文中,還對"䐁"進行了考釋。何琳儀先生在《戰國兵器銘文選釋》③一文中對《集成》10997"郲左造"戈銘文進行了考釋,在《戰國文字通論(訂補)》④一書中引述《近出》1138 著錄的所謂"汶陽戈"時,將"汶"改釋爲"浂",其説亦可信,他還對"淳于公戈"銘文和"陳侯因齊戈"銘文中的"勹陽"進行了考察⑤。1980 年秋濟寧博物館收藏一批文物,其中有一戈,原報告釋爲"䑏攻反",張振謙在其博士論文中釋爲"朕攻帀"⑥,應是可信的。不過從齊系題銘中"工師"後面往往接私名這一點來看,我們認爲把"䑏(滕)攻帀"讀爲"攻帀䑏(滕)"可能更好一些。除以上所列舉的考釋意見以外,吳振武⑦、徐在國⑧、韓自强⑨、董珊⑩、黃錫全⑪、于中航⑫、魏國⑬、

---

①　施謝捷:《説"畬(䚅勻彐)"及相關諸字(上)》,《出土文獻與傳世典籍的詮釋——紀念譚樸森先生逝世兩週年國際學術研討會論文集》,上海古籍出版社,2010年,第 47—66 頁。

②　施謝捷:《釋"齊城右造車戟"銘中的"䐁"》,《文教資料》1994 年第 6 期,第 114—117 頁。

③　何琳儀:《戰國兵器銘文選釋》,《考古與文物》1999年第 5 期,第 83—97 頁。

④　何琳儀:《戰國文字通論(訂補)》,江蘇教育出版社,2003年,第 90 頁。

⑤　何琳儀:《淳于公戈跋》,《杞文化與新泰》,中國文聯出版社,2000年,第 99 頁。何琳儀:《古璽雜識續》,《古文字研究》第十九輯,第 473 頁。

⑥　張振謙:《齊系文字研究》,安徽大學博士學位論文,2008年,第 43—44 頁。

⑦　吳振武:《釋戰國文字中的從"虘"和從"朕"之字》,《古文字研究》第十九輯,第 490—499 頁。吳振武:《趙鈹銘文"伐器"解》,《訓詁論叢》第三輯,文史哲出版社,1997 年,第 799 頁。

⑧　徐在國:《兵器銘文考釋(七則)》,《古文字研究》第二十二輯,第 117—118 頁。

⑨　韓自强:《新見六件齊、楚銘文兵器》,《中國歷史文物》2007 年第 5 期,第 15—18 頁。

⑩　董珊:《新見戰國兵器七種》,《中國古文字研究》第一輯,第 196—207 頁。

⑪　黃錫全:《介紹一件新見平阿造戈》,《出土文獻與古文字研究》第三輯,復旦大學出版社,2010 年,第 184 頁。

⑫　于中航:《先秦戈戟十七器》,《考古》1994 年第 9 期,第 860 頁。

⑬　魏國:《山東新泰出土一件戰國"柴内右"銅戈》,《文物》1994 年第 3 期,第 52 頁。

劉心健①、彭春燕②、韓嘉谷③等學者在各自的論著中，對齊系兵器題銘文字釋讀問題也有所涉及。

這一時期的兵器題銘研究，除了對文字進行考釋之外，學者們還對銘文所反映的歷史地理、工官制度及其形制進行研究，擴大了研究的範圍。朱力偉《東周與秦兵器銘文中所見的地名》一文，對東周時期兵器題銘中的地名進行了整理，其中也包括齊國兵器題銘中的地名④。董珊先生在其博士論文《戰國題銘與工官制度》⑤"齊系題銘"部分，也對戰國時期齊系兵器進行了討論，並藉以對戰國時期齊國兵器的製造制度等問題進行了考察。張俊成《東周齊國銘文綜合研究》⑥一文，也闢出專門章節對齊國兵器銘文及其所反映的相關問題進行了討論。單利勤《〈殷周金文集成〉兵器銘文校釋》⑦、周翔《戰國兵器銘文分域編年研究》⑧等文對齊系兵器題銘也多有涉及。值得特別一提的是，孫敬明先生先後撰寫了《考古所見戰國齊兵器種類及有關問題》⑨、《考古發現與戰國齊兵器研究》⑩、《齊境武庫戰略格局與孫子攻守之法》⑪、《劍兵戈陣　山水巨

---

①　劉心健：《介紹兩件帶銘文的戰國銅戈》，《文物》1979 年第 4 期，第 25 頁。

②　彭春燕：《左徒戈爲徒戈考》，《考古》2011 年第 7 期，第 61—64 頁。

③　韓嘉谷："平舒"戈、"舒"豆和平舒地理》，《東北亞研究——北方考古研究(四)》，中州古籍出版社，1994 年，第 312—318 頁。此文原載於《天津市歷史博物館館刊》1990 年第 3 期。

④　朱力偉：《東周與秦兵器銘文中所見的地名》，吉林大學碩士學位論文，2004 年，第 10 頁。

⑤　董珊：《戰國題銘與工官制度》，北京大學博士學位論文，2002 年。

⑥　張俊成：《東周齊國銘文綜合研究》，四川大學博士學位論文，2011 年。

⑦　單利勤：《〈殷周金文集成〉兵器銘文校釋》，安徽大學碩士學位論文，2012 年。

⑧　周翔：《戰國兵器銘文分域編年研究》，浙江師範大學碩士學位論文，2013 年。

⑨　孫敬明：《考古所見戰國齊兵器種類及有關問題》，《考古發現與齊史類徵》，齊魯書社，2006 年，第 147—152 頁。

⑩　孫敬明：《考古發現與戰國齊兵器研究》，《考古發現與齊史類徵》，第 153—160 頁。

⑪　孫敬明：《齊境武庫戰略格局與孫子攻守之法》，《考古發現與齊史類徵》，第 188—201 頁。

防——由先秦兵器題銘結合地理環境來看長城在齊國軍事防禦戰略格局中的作用》[1]數篇文章,對齊國軍事防禦格局、齊國武庫設置、齊國兵器製造制度、齊國疆域等問題進行了非常深入的考察和研究,提出了很多值得肯定的意見。與以上學者的研究視角不同,井中偉先生《早期中國青銅戈·戟研究》從考古學的角度,運用類型學的方法,對先秦時期的兵器進行了非常系統的研究。在"齊魯文化區"這一節中,對齊魯故地墓葬中所出土的銅戈進行分期和分類,總結出各種形制銅戈的時代,爲傳世銅戈的分期和斷代確立了標準,其研究意義重大,對不同形制齊戈時代的確定,將起到非常關鍵的作用[2]。

第三節　齊系璽印研究概況

齊系璽印目前所見約有五百餘方,數量雖不算很多,但也具有非常重要的研究價值。王國維在《〈桐鄉徐氏印譜〉序》一文中,明確指出古璽文字屬於東方六國文字系統,"王文鑿破鴻蒙,標誌着古璽時代的基本確認,對古璽文字乃至戰國文字研究都具有十分重要的意義"[3]。文字釋讀是進行相關研究的基礎,所以早期學者就已經專注於璽印文字的考釋。吳大澂所編的《説文古籀補》、丁佛言《説文古籀補補》、强運開《説文古籀三補》等書中,都收録有古璽文字材料。此後,羅福頤《古璽文字徵》一書印行,該書是第一部璽印文字編。與之同時代的學者,如王獻唐、黃賓虹對璽印也都有很深入的研究。王獻唐《五鐙精舍印話》、《那羅延室稽古文字》等書有關於古璽的概

---

① 孫敬明:《劍兵戈陣　山水巨防——由先秦兵器題銘結合地理環境來看長城在齊國軍事防禦戰略格局中的作用》,《考古發現與齊史類徵》,第 245—265 頁。

② 井中偉:《早期中國青銅戈·戟研究》,科學出版社,2011 年。

③ 田煒:《古璽探研》,華東師範大學出版社,2010 年,第 8 頁。

論和文字考釋的内容,黄賓虹撰有《陶璽文字合證》一文,在文中他將璽印和陶文相聯繫,以證成陳介祺陶文由璽印抑成的觀點。《賓虹草堂璽印釋文》一書,在文字考釋上也有很多有價值的意見,如對齊璽印文"慶忌"、"閭丘"①的釋讀,都是非常可信的。

　　建國以後,李學勤在《戰國題銘概述》②"齊國題銘"中,對部分齊璽進行了考察。此後,朱德熙發表《戰國匋文和璽印文字中的"者"字》③一文,對齊國璽印和陶文中的"者"進行了考釋,"者"字的釋讀對某些陶文中陶工身份的確定具有重要意義。裘錫圭在《戰國文字中的"市"》④一文中對各系文字的"市"進行了考察,也討論了某些齊璽的釋讀問題;在《"司馬門""門司馬"考》一文中,還對戰國時期司馬守門的制度進行了討論⑤。朱德熙、裘錫圭在二人合撰的《戰國時代的"料"和秦漢時代的"半"》⑥一文中,將齊璽"豕母䜴關"(《璽彙》0175)中的"䜴關"讀爲"司關",其説可從。1981 年,《古璽彙編》一書出版,該書收録了 5 600 餘方先秦璽印,此書及隨後出版的《古璽文編》一書,極大地推動了古璽印研究的發展,此後越來越多的學者對璽印文字加以關注。吴振武先生《〈古璽彙編〉釋文訂補及分類修訂》⑦、《〈古璽文編〉校訂》⑧是這一

---

　　①　丁佛言《説文古籀補補》附録二十三指出:"古匋此字(按指閭)婁(屢)見,古鉢皆與丘字連文,余疑是閭丘之閭字。"是已經懷疑應釋爲"閭丘",與黄氏同。
　　②　李學勤:《戰國題銘概述(上)》,《文物》1959 年第 7 期。
　　③　朱德熙:《戰國匋文和璽印文字中的"者"字》,《朱德熙文集》第 5 卷,商務印書館,1999 年,第 111 頁。
　　④　裘錫圭:《戰國文字中的"市"》,《考古學報》1980 年第 3 期,第 285—296 頁。又,裘錫圭:《古文字論集》,中華書局,1992 年,第 454—468 頁。
　　⑤　裘錫圭:《"司馬門""門司馬"考》,《古文字論集》,第 484—485 頁。
　　⑥　朱德熙、裘錫圭:《戰國時代的"料"和秦漢時代的"半"》,《朱德熙文集》第 5 卷,第 115—120 頁。原發表於《文史》1980 年第 8 期。
　　⑦　吴振武:《〈古璽彙編〉釋文訂補及分類修訂》,《古文字學論集(初編)》,香港中文大學出版社,1983 年,第 485—538 頁。
　　⑧　吴振武:《〈古璽文編〉校訂》,吉林大學博士學位論文,1984 年;又《〈古璽文編〉校訂》,人民美術出版社,2011 年。

時期璽印文字研究的集大成之作,將璽印文字研究向前推進了一大步。此後,他發表的《戰國"㐭(廩)"字考察》①、《古璽合文考(十八篇)》②、《釋屬》③、《釋戰國文字中的从"庿"和从"朕"之字》④、《古璽姓氏考(複姓十五篇)》⑤等文章,對齊璽也多有涉及。湯餘惠《略論戰國文字形體研究中的幾個問題》一文⑥,在對戰國文字形體構形規律進行總結的同時,也對相關文字進行了考釋。如對齊璽印文"穢"(《璽彙》0238)、"綴"(《璽彙》1460)的考釋都是可信的,最重要的是該文還將《古璽彙編》所收列國璽印進行了分國,爲以後璽印分國研究打下了良好的基礎。在《"卑將匠匋信璽"跋》⑦一文中,他讀"卑將"爲"裨將",認爲是副將之意,也是很正確的。在對璽印的研究過程中,對同一方璽或某一個字的釋讀,學者間的認識往往存在差異。如齊璽印文末尾經常出現一個寫作"☒"(《璽彙》0355)、"☒"(《彙考》31 頁)、"☒"(《彙考》59 頁)、"☒"(《彙考》58 頁)的形體,此字《説文古籀補》釋爲"㲃",並不可信。裘錫圭先生曾懷疑這個字應釋爲"節",他認爲此字應分析爲"从金,卬聲","卬和卽音近"(王筠《説文句讀》認爲"卬"音義應與"卩"相同)⑧。朱德熙、李家浩懷疑可能釋"鑂",讀爲"瑞":"這個

---

①　吳振武:《戰國"㐭(廩)"字考察》,《考古與文物》1984 年第 4 期,第 80—87 頁。

②　吳振武:《古璽合文考(十八篇)》,《古文字研究》第十七輯,中華書局,1989 年,第 268—281 頁。

③　吳振武:《釋屬》,《文物研究》第 6 輯,黃山書社,1990 年,第 221 頁。

④　吳振武:《釋戰國文字中的从"庿"和从"朕"之字》,《古文字研究》第十九輯,第 490—499 頁。

⑤　吳振武:《古璽姓氏考(複姓十五篇)》,《出土文獻研究》第三輯,中華書局,1998 年,第 76—77 頁。

⑥　湯餘惠:《略論戰國文字形體研究中的幾個問題》,《古文字研究》第十五輯,中華書局,1986 年,第 9—100 頁。

⑦　湯餘惠:《"卑將匠匋信璽"跋》,《考古與文物》1993 年第 5 期,第 80 頁。

⑧　裘錫圭:《戰國文字中的"市"》,《考古學報》1980 年第 3 期,第 466 頁。

字上半从卯不从夗……《説文》卩部卯下説‘巽’从此。卯的讀音很可能也跟巽相近。我們暫時把這個字隸定作鑲。……帶鑲字的印文就是一種‘久識’。李家浩先生懷疑鑲字與燕國鉥印中常見的鍴字相當。"①唐友波認爲釋"鑲"的意見可從,不過他認爲應讀作"鍴"②。高明將此字釋爲"翌",並讀爲"照",他認爲:"翌字原當爲卲,是一個從卩召聲的形聲字,意符從‘卩’,足可説明翌同鉥、卩性質相同,皆爲代表誠信的憑證。……從‘翌’在陶文中的作用及其所表示的意義分析,同璽的作用相似,均爲代表誠信的憑證。姑疑它可能就是文獻中所用的‘照’字。"③以上各説一時還不能決斷,但"🔲"所表示的是"璽"、"節"之類的含義應是没問題的。齊印中還有如下數方官璽:

(《璽彙》200)

(《璽彙》201)

(《璽彙》202)

(《璽彙》198)

---

①　朱德熙:《戰國文字資料裏所見的廄》,《出土文獻研究》第一輯,文物出版社,1985年,第244—249頁。

②　唐友波:《釋鍴》,《江漢考古》2003年第3期,第80—84頁。

③　高明:《説"翌"及其相關問題》,《考古》1996年第3期,第68—73頁。

（《璽彙》322）（翻轉）

印文“遽”和“”、“”、“”的釋讀，學術界存在不同意見，曾憲通在《論齊國“遽盟之璽”及其相關問題》一文中認爲“”是屡、遽之異體，讀同長沙之沙，將“”釋爲“盟”讀爲“盟”，認爲印文應讀爲“誓盟”①。葛英會也將後一字釋爲“盟”字，讀印文爲“徙盯”②，認爲此璽反映了先民“爰土易居”的情況。李學勤在《東周與秦代文明》一書中將印文釋作“遬盟”③。趙平安根據包山簡文“煮鹽於海”中“鹽”字的寫法，將“”等形體都改釋爲“鹽”，認爲相關印文都應該讀作“徙鹽”④，董珊也有與之相似的釋讀意見⑤。李家浩據《説文》“囧，讀若獷”，將印文讀爲“選礦”⑥。吳振武先生在《關於戰國“某某金璽”的一個解釋》一文中，指出《璽彙》322拓本見於王獻唐《雙行精舍骨匋印存》一書，“其右上角鈐有標示此印材質的‘匋’字楷書印”，“而此印既然是陶質的，（印文中）‘金’字自

---

①　曾憲通：《論齊國“遽盟之璽”及其相關問題》，《容庚先生百年誕辰紀念文集》，廣東人民出版社，1998年，第619—636頁。原載《華學》第一輯，中山大學出版社，1995年。

②　葛英會：《戰國齊“徙盯”璽與“爰土易居”》，《中國歷史博物館館刊》1991年總15—16期，第43—46頁。

③　李學勤：《東周與秦代文明》，上海人民出版社，2007年，第253頁。

④　趙平安：《戰國文字中的鹽及相關資料研究——以齊“遽（徙）鹽之璽”爲中心》，《華學》第六輯，紫禁城出版社，2003年，第107—113頁。

⑤　董珊：《戰國題銘與工官制度》，第191頁。

⑥　李家浩：《關於齊國官印“徙盟”二字的釋讀》，《印學研究》第八輯，文物出版社，2016年，第293—308頁。

不會是指印的材質也是可以肯定的"。他認爲印文中的"金"應是指"黃金"而言,壽縣所出金版上的"鹽金","'鹽'字實指食鹽而非地名。'鹽金'便是用於食鹽買賣的專款"。他還指出各家對上列齊璽的考釋意見中"若要連《璽彙》56·0322上的那個'金'字也解釋得通,大概也祇有趙平安先生的'徙鹽'説較爲可信。假如將來學界再出新説,也同樣必須解釋得通這個'金'字",他分析認爲上文所舉的陶質齊璽可能是打在包裝"徙鹽金"的封緘上的①。現在看來在各種釋讀意見中,應以"徙鹽"説爲優。此外,石志廉②、朱德熙③、孫敬明④、黃盛璋⑤、趙平安⑥等學者,對齊印文中"桁"的釋讀也進行了討論。除了以上所列舉的學術成果以外,葉其峰⑦、李家浩⑧、劉釗⑨、何琳

①　吳振武:《關於戰國"某某金璽"的一個解釋》,《簡帛》第九輯,上海古籍出版社,2014年,第1—10頁。

②　石志廉:《戰國古璽考釋十種》,《中國歷史博物館館刊》1980年第2期,第108—113頁。

③　朱德熙:《釋桁》,《古文字研究》第十二輯,中華書局,1985年,第327—328頁。

④　孫敬明:《山東五蓮盤古城發現戰國齊兵器和璽印》,《文物》1986年第3期,第31—35頁。

⑤　黃盛璋:《齊璽"左桁廩木"、"左(右)桁正木"與"桁"即秦文"衡"字對應,決疑解難》,《古文字研究》第二十二輯,第166—175頁。

⑥　趙平安:《釋"行木"》,《古文字研究》第二十六輯,中華書局,2006年,第377—381頁。

⑦　葉其峰:《試釋幾方工官璽印》,《故宮博物院院刊》1979年第2期,第72—73頁。

⑧　李家浩:《戰國官印"尚路璽"考釋》,《揖芬集》,社會科學文獻出版社,2002年,第329—331頁。李家浩:《南越王墓車馹虎節銘文考釋——戰國符節銘文研究之四》,《容庚先生百年誕辰紀念文集》,廣東人民出版社,1998年,第670頁。李家浩:《楚國官印考釋(四篇)》,《著名中年語言學家自選集·李家浩卷》,安徽教育出版社,2002年,第138頁。李家浩:《庚壺銘文及其年代》,《古文字研究》第十九輯,第89—101頁。李家浩:《齊國文字中的"遂"》,《湖北大學學報(社科)》1992年第3期,第30—37頁;又《著名中年語言學家自選集·李家浩卷》,安徽教育出版社,2002年,第35—52頁。李家浩:《包山二六六號簡所記木器研究》,《國學研究》第二卷,北京大學出版社,1994年,第525—554頁。

⑨　劉釗:《璽印文字釋叢(一)》,《古文字考釋叢稿》,岳麓書社,2005年,第157—176頁。劉釗:《璽印文字釋叢(二)》,《考古與文物》1998年第3期,第76—81頁。

儀①、曹錦炎②、黃錫全③、施謝捷④、徐在國⑤、吳良寶⑥、董珊⑦、白於藍⑧、高智⑨、肖毅⑩、田煒⑪、徐寶貴⑫、張如元⑬、劉洪濤⑭等學者，在相關論著中對齊璽也多有討論，此不一一列舉。

　　學者在專注於璽印文字考釋的同時，也注意利用印文所反映的相關問題進行研究。比如，施謝捷《古璽複姓雜考(六則)》⑮、《古璽

---

① 何琳儀：《戰國文字形體析疑》，《于省吾教授百年誕辰紀念文集》，吉林大學出版社，1996 年，第 224—227 頁。
② 曹錦炎：《戰國古璽考釋(三篇)》，《第二屆國際中國古文字學研討會論文集》，問學社，1995 年，第 397—404 頁。
③ 黃錫全：《古文字考釋數則》，《古文字研究》第十七輯，中華書局，1989 年，第 291—303 頁。
④ 施謝捷：《古文字零釋四則》，《古文字研究》第二十二輯，第 157—160 頁。
⑤ 徐在國：《古璽文字八釋》，《吉林大學古籍所建所十五周年紀念文集》，第 112—122 頁。徐在國：《古璽文釋讀九則》，《考古與文物》2002 年第 5 期，第 93—96 頁。
⑥ 吳良寶：《野王方足布幣考》，《江蘇錢幣》2008 年第 1 期，第 2 頁。
⑦ 董珊：《新見戰國古璽印一一七方》，《中國古文字研究》第一輯，第 137—146 頁。
⑧ 白於藍：《古璽印文字考釋(四篇)》，《考古與文物》1999 年第 3 期，第 85—86 頁。
⑨ 高智：《古璽文徵十則》，《第三屆國際中國古文字學研討會論文集》，問學社，1997 年，第 323—328 頁。
⑩ 肖毅：《釋庐》，《古文字研究》第二十四輯，中華書局，2002 年，第 319—322 頁。肖毅：《"糜亡"印釋》，《中國文字》新廿六期，藝文印書館，2000 年，第 177—182 頁。又肖毅：《古璽文分域研究》，崇文書局，2018 年。
⑪ 田煒：《釋古文字中的"酏"與"酏"——兼釋古璽中的"皈"字》，《考古與文物》2012 年第 2 期，第 103—105 頁。田煒：《璽印人名考(兩篇)》，《出土文獻與傳世典籍的詮釋——紀念譚樸森先生逝世兩週年國際學術研討會論文集》，第 145 頁。
⑫ 徐寶貴：《戰國璽印文字考釋七篇》，《考古與文物》1994 年第 3 期，第 103—105 頁。
⑬ 張如元：《戰國璽印文字考釋叢劄》，《溫州師專學報(社會科學版)》1986 年第 3 期，第 32—40 頁。
⑭ 劉洪濤：《戰國官印考釋兩篇》，"復旦大學出土文獻與古文字研究中心"網站，2011 年 9 月 27 日，http://www.gwz.fudan.edu.cn/SrcShow.asp? Src_ID=1666。又劉洪濤：《論掌握形體特點對古文字考釋的重要性》，第 204—211 頁，附錄五：戰國官印考釋兩篇；劉洪濤：《論掌握形體特點對古文字考釋的重要性》，第 212—223 頁，附錄六：古璽文字考釋四篇。
⑮ 施謝捷：《古璽複姓雜考(六則)》，《中國古璽印學國際研討會論文集》，香港中文大學文物館，2000 年，第 31—48 頁。

雙名雜考（十則）》①，吳良寶《古璽複姓統計及相關比較》②等文對
私璽中的姓氏和人名進行研究，擴展了璽印文字的研究範圍。施
謝捷《古璽彙考》③、陳光田《戰國璽印分域研究》④、肖毅《古璽文字
研究》⑤、田煒《古璽探研》⑥等都是以璽印爲研究對象的學位論文，
施謝捷《古璽彙考》對各系璽印進行分類整理，是璽印研究的集大
成之作，後三者在璽印的分域、職官、姓名、文字考釋等方面也都進
行了較爲深入的研究。周玲《古璽文字集整理》⑦一文將各家對
《古璽彙編》所收璽印的考釋意見進行了綜理，爲古璽研究提供了
許多方便。董珊先生在其博士論文《戰國題銘與工官制度》⑧"齊
國題銘"部分中，對與工官制度有關的璽印也進行了考察。

第四節　齊系貨幣研究概況

　　齊系貨幣的研究歷史比較悠久，宋代洪遵所著《泉志》就已經
收錄了齊系貨幣。至清代，湧現出了一大批收藏、研究古貨幣的學
者，如初尚齡（著有《古今所見錄》），劉喜海（著《古泉苑》），陳介祺、
李佐賢（著《古泉彙》），王錫榮（著《泉貨彙考》），王懿榮（著《王廉生
古泉精選拓本》），馮雲鵬、馮雲鵷（合著《金石索》），吳大澂（《權衡
度量實驗考》）等，民國時期丁福保編著的《古錢大辭典》、《古錢大

　　① 施謝捷：《古璽雙名雜考（十則）》，《中國古文字研究》第一輯，第 122—132 頁。
　　② 吳良寶：《古璽複姓統計及相關比較》，《古籍整理研究學刊》2002 年第 7 期，
第 40—44 頁。
　　③ 施謝捷：《古璽彙考》，安徽大學博士學位論文，2006 年。
　　④ 陳光田：《戰國璽印分域研究》，岳麓書社，2009 年，第 51 頁。
　　⑤ 肖毅：《古璽文字研究》，中山大學博士學位論文，2002 年。
　　⑥ 田煒：《古璽探研》。
　　⑦ 周玲：《古璽文字集整理》，華東師範大學博士論文，2011 年。
　　⑧ 董珊：《戰國題銘與工官制度》。

辭典拾遺》是古錢著録的集大成之作①。此時期學者的主要成績在於對古錢的鑒別和著録，爲後來學者的研究奠定了基礎。建國後，湧現出了很多研究貨幣（包括齊幣）的優秀學者，王獻唐著有《中國古代貨幣通考》一書，有專門章節討論齊系貨幣。朱活著有《古錢新探》、《古錢新譚》、《古錢新典》等書，對齊系貨幣研究作出了巨大貢獻。此外，鄭家相《中國古代貨幣發展史》、王毓銓《我國的貨幣起源與發展》、彭信威《中國貨幣史》、黄錫全《先秦貨幣通論》等專著對齊幣也多有涉及。

　　齊國貨幣主要分刀幣和圓錢兩種類型，刀幣又分爲"大刀"和"明刀"，"圓錢"從面文和形制上又可以分爲"賹四"、"賹四吓"、"賹六吓"三種。建國以後的齊幣研究範圍比較廣泛，學者們對上舉各種形制的貨幣進行了分類，並考察了不同種類貨幣的鑄行年代（詳本書第五章相關討論）。王獻唐在《齊國鑄錢的三個階段》②一文中，對齊幣的鑄造工藝進行了考察，他認爲齊幣鑄造經歷了"沙範"、"石範"、"銅範"三個階段，朱活《三談齊幣》一文也有類似的分類。此外，朱活《談山東濟南出土的一批古代貨幣——兼論春秋戰國時期有關齊國鑄幣的幾個問題》③、《再談齊幣——從山東出土的齊幣看齊國的商業和交通》④，孫敬明《考古發現與齊幣探索》⑤、《試論環渤海地區考古學文化的刀幣》⑥，陳隆文《春秋戰國貨幣地

　　①　張光明：《齊刀幣研究概論》，《齊國貨幣研究》，齊魯書社，2003 年，第 3—57頁。本節在寫作過程中對此文多有參考。
　　②　王獻唐：《齊國鑄錢的三個階段》，《考古》1963 年第 11 期，第 623—629 頁。
　　③　朱活：《談山東濟南出土的一批古代貨幣——兼論春秋戰國時期有關齊國鑄幣的幾個問題》，《文物》1965 年第 1 期，第 37—45 頁。
　　④　朱活：《再談齊幣——從山東出土的齊幣看齊國的商業和交通》，《古錢新探》，齊魯書社，1984 年，第 114—119 頁。
　　⑤　孫敬明：《考古發現與齊幣探索》，《考古發現與齊史類徵》，第 311—336 頁。
　　⑥　孫敬明：《試論環渤海地區考古學文化的刀幣》，《考古發現與齊史類徵》，第 285—298 頁。

理研究》①等文對齊刀幣的出土狀況、流通範圍、購買力、商業交通等問題進行了研究。此時期學者們對齊幣進行了多方面的研究，每一方面又都有很多學者論及，我們不可能一一涉及，《齊幣圖釋》②、《齊國貨幣研究》③等書對齊幣的研究歷史都有較爲詳細的介紹，可以參看。

在齊幣文字研究方面，學者們也取得了很多成績。齊大刀面文有"𠦚"、"𠳵"舊釋爲"法化"，讀爲"法貨"，認爲是法定貨幣之意。後來，王獻唐在《臨淄封泥目録》④中懷疑"𠦚"應釋爲"大"，裘錫圭在《戰國文字中的"市"》⑤一文中證成其説。"𠳵"吳振武釋爲"𠚤"即"刀"字，認爲所从"乇"爲聲符⑥，1981 年裘錫圭在致王毓銓的信中也曾提出類似的懷疑⑦，現在看來以上的釋讀意見都是不刊之論。學者們還對"齊返(?)邦張𠦚𠚤"類刀幣銘文中的"𠨘"進行了討論，此字舊有釋"造"（劉青園《吉金所見録》）、"徙"（《吉金所見録》）、"建"（《古泉匯》）、"途"（《山左金石志》）、"近"（《遺篋録》）、"通"（《貨布文字考》）、"遲"（《古今錢略》引江秋史説）等説⑧，皆不可信。民國九年石印本《臨淄縣誌•金石

---

① 陳隆文：《春秋戰國貨幣地理研究》，人民出版社，2006 年。

② 山東省錢幣學會：《齊幣圖釋》，齊魯書社，1996 年。

③ 山東省淄博市錢幣學會：《齊國貨幣研究》，齊魯書社，2003 年。

④ 王獻唐：《臨淄封泥目録》，開明書店，1936 年。

⑤ 裘錫圭：《戰國文字中的"市"》，《考古學報》1980 年第 3 期，第 285—296 頁。又裘錫圭：《古文字論集》，第 454—468 頁。

⑥ 吳振武：《戰國貨幣銘文中的"刀"》，《古文字研究》第十輯，中華書局，1983 年，第 305—326 頁。

⑦ 此信載王毓銓《中國古代貨幣的起源和發展》，中國社會科學出版社，1990 年，第 171—176 頁。

⑧ 參吳良寶《中國東周時期金屬貨幣研究》，社會科學文獻出版社，2005 年，第 104 頁。

志(上)》卷四"齊返邦就法貨"條曾釋爲"返",何琳儀對此説進行了論證①,認爲此種類型的刀幣是齊襄王復國的紀念幣。此外,裘錫圭還有釋讀爲"拓"之説②。此字的釋讀還有爭議,釋"返"之説有一定形體根據,但也難以最後論定。《貨系》2496 著録一件殘刀,面文作"",方若《藥雨古化雜詠》釋爲"簞",論者多從之,實不可信。裘錫圭釋爲"苫"③,李家浩認爲幣文右下部""是"木"之殘,將此字分析爲从"邑"从"竹"从"楂",讀爲"柤"、"柞"或"柜"④。1991 年《山東金融研究增刊錢幣專輯》封面曾刊出一枚先秦刀幣拓本,于中航曾撰文予以介紹⑤,後收入《齊幣圖釋》300 號:

(《齊幣圖釋》300)

①　何琳儀:《返邦刀幣考》,《中國錢幣》1986 年第 3 期,第 6—9 頁。

②　王毓銓:《中國古代貨幣的起源和發展》,中國社會科學出版社,1990 年,第 171—176 頁。附録一:"裘錫圭先生來函"。

③　裘錫圭:《戰國貨幣考(十二篇)》,《古文字論集》,第 429—453 頁。

④　李家浩:《戰國䆉刀新考》,《中國錢幣論文集》第三輯,中國金融出版社,1998 年,第 96—97 頁。

⑤　于中航:《談 邦刀》,(臺灣)《故宮文物月刊》第 5 期第 11 卷,1993 年。

張振謙據此認爲《貨系》2496 面文"應隸定爲'鄭'字,此刀幣銘文應是'鄭夻厇'"①。《齊幣圖釋》300 本爲山東穆世友舊藏,孫仲匯②、郭若愚③對此刀的真僞皆曾提出過質疑,殘刀面文"🔲"的釋讀還有待研究。此外,李家浩《戰國鄔刀新考》一文也對齊幣文字進行了考釋。齊圓錢面文中有一形體作"🔲",舊有釋"贊"(張端木《錢録》)、"寶"(《吉金所見録》)、"朋貝"(蔡雲《癖談》)、"燕"(《貨幣文字考》)、"益貝"(《吉金所見録》卷一引何夢華説)④、"賗"⑤等説,皆不可信。孫詒讓《籀廎述林·周大泉寶化考》、秦寶瓚《遺篋録》、劉心源《奇觚室吉金文述》等釋爲"賹"⑥,已爲學界所接受。但對"賹"所表示的含義,學者間存在不同意見,計有"地名説"、"金屬重量單位説"、"記人、物説"、"讀爲'易'説"等意見(相關討論詳本書第五章),我們認爲讀爲"易"這一意見更合理一些⑦。吳良寶著有《中國東周時期金屬貨幣研究》⑧一書,該書對先秦時期金屬貨幣的研究狀況進行了全面總結,他還著有《先秦貨幣文字編》⑨,是目前貨幣文字研究的重要參考工具書。

① 張振謙:《齊系文字研究》,第 62—63 頁。
② 孫仲匯:《古錢幣圖解》,上海書店,1989 年,第 11—12 頁。
③ 郭若愚:《先秦鑄幣文字考釋和辨僞》,上海書店出版社,2001 年,第 89—90 頁。
④ 丁福保:《古錢大辭典(下)》,中華書局,1982 年,第 470—477 頁。
⑤ 陳世輝:《戰國齊圓錢🔲字説》,《中國錢幣》2004 年第 2 期,第 3—4 頁。
⑥ 丁福保:《古錢大辭典(下)》,第 475—477 頁。
⑦ 李瑶、孫剛:《齊圓錢面文"賹"字補釋》,《中國文字》新三十七期,藝文印書館,2011 年,第 147—154 頁。
⑧ 吳良寶:《中國東周時期金屬貨幣研究》,社會科學文獻出版社,2005 年,第 103 頁。
⑨ 吳良寶:《先秦貨幣文字編》,福建人民出版社,2006 年,第 302 頁。

第五節　齊系陶文研究概況

　　齊系陶文的發現與研究是從清末開始的,道光十七年(1837
年)馬星翼撰寫的《鄒縣金石志》中就有鄒縣出土陶文的記載①。
清代學者中,最早辨識並收藏、研究陶文的是濰縣金石學家陳介
祺,他將所收集的陶文拓本輯爲《簠齋藏陶》一書,"是輯成最先,
也是最豐富、最重要的一部陶文拓本"②,他研究陶文的著作有
《陶器造像化布雜器考釋》(稿本)、《陶文釋存》(稿本),但皆未刊
行。他經常把所搜集的拓片寄贈吳大澂等友人,在彼此的通信
中也提出了對某些陶文的考釋意見。陳繼揆先生將陳介祺與鮑
康、吳雲、潘祖蔭、吳大澂、王懿榮之間的信函,整理成《簠齋論
陶》一書,從該書所録陳氏陶文題記來看,陳介祺最早收藏陶文
的時間應爲同治十一年(1872年)五月六日③。在陳氏的帶動
下,潘祖蔭、王懿榮、劉鶚、端方、周霖等都收藏有數量可觀的陶
文,其中王懿榮所藏陶文後來歸劉鶚所有,劉氏所印《鐵雲藏陶》
一書是第一部正式印行的古陶文著作。陳介祺經常將陶文拓本
寄贈諸位同好,其中吳大澂所得較多,吳氏著有《讀古陶文記》④
一書,在其編著的《説文古籀補》中已收録大量陶文形體,此後丁
佛言、强運開等人所著的《補補》、《三補》亦皆收録有陶文形體。
此時的陶文著録書籍還有數種,李學勤《山東陶文的發現與著
録》一文有所介紹,可參看。縱觀此時陶文的研究,以著録爲主,

　　① 王恩田:《陶文圖録·序》,齊魯書社,2006年。
　　② 李學勤:《山東陶文的發現與著録》,《齊魯學刊》1982年第5期,第35—
37頁。
　　③ 陳介祺著,陳繼揆整理:《簠齋論陶》,文物出版社,2004年,第1頁。
　　④ 吳大澂:《讀古陶文記》,《吳愙齋尺牘》(第七册)。

文字考釋水平還不是很高。

　　民國時期，黃賓虹著有《陶璽文字合證》一書，對陳介祺提出的陶文由璽印抑成的意見進行了實證，王獻唐輯有《鄒滕古陶文字》拓本，專收鄒、滕所出的陶文。周季木將所藏陶文印成《季木藏陶》一書，1936年顧廷龍據該書編成《古陶文香録》，該書屬於陶文字編性質。此間，張政烺發表了《"平陵陲𡍳立事歲"陶考證》一文，文中他認爲"陳得"即田惠子得，並對"立事"的含義進行了研究①。唐蘭撰有《陳常陶釜考》②一文，他認爲陶文中的"陳向"即見於文獻的"陳常"。建國後，陶文的搜集和整理狀況有所改觀，往往出土地層和墓葬時代明確，與過去陶文大多爲采集品不同。高明編纂的《古陶文彙編》③一書，是陶文著録的集大成之作，他與葛英會合撰的《古陶文字徵》是該書的姊妹篇。此期間陶文考釋的主要成果，有朱德熙《戰國匋文和璽印文字中的"者"字》、裘錫圭《戰國文字中的"市"》，我們在璽印研究概況部分已經進行了介紹。朱德熙還撰有《戰國文字資料裏所見的廄》一文，對璽印和陶文習見的"🈳"、"🈳"等形體進行了考釋。此字吳大澂《説文古籀補》卷三·一六、顧廷龍《古匋文香録》卷三·四、羅福頤《古璽文編》卷三·七四皆釋爲"故"；曹錦炎釋爲"敃"④，讀爲"椁"，認爲即《考工記》中的"椁氏"；李學勤在《戰國題銘概述》一文中從釋"故"的意見，並認爲應讀爲"伯"⑤，後來在《燕齊陶文叢論》一文中又讀爲"搏"，認爲"搏"在古代有製作陶器之義，並舉《周禮·考工記》"搏

　　①　張政烺：《"平陵陲𡍳立事歲"陶考證》，《史學論叢》第二册，1935年。又《張政烺文史論集》，中華書局，2004年，第46—57頁。
　　②　唐蘭：《陳常陶釜考》，《國學季刊》第5卷第1期，1935年，第79—81頁。
　　③　高明：《古陶文彙編》，中華書局，1996年。
　　④　曹錦炎：《釋戰國陶文中的"敃"》，《考古》1984年第1期，第83—85頁。
　　⑤　李學勤：《戰國題銘概述(上)》，《文物》1959年第7期，第51頁。

埰之工二",鄭玄注"搏之言拍也"爲證①。朱德熙釋爲"叚",並讀爲"廄",認爲相關陶器和璽印乃馬廄所用。孫敬明②認爲朱德熙釋"叚"的意見可從,但他認爲讀"廄"不可信,認爲應讀爲《管子》所記齊國居民組織中"軌里"之"軌"。現在看來,朱德熙釋"叚"的意見應是可信的。學者們對陶文中的""也曾進行熱烈的討論,吳大澂在《讀古陶文記》中釋爲"罨"③,顧廷龍④、金祥恒⑤釋爲"遷",周進疑是"鄙"⑥,李學勤亦釋爲鄙⑦,李先登既認爲是"鄙"字繁文,又指出"或釋爲遷,借爲縣"⑧。方濬益《綴遺齋彝器考釋》卷二五・一三・二指出此字"疑鄉之異文"。除以上幾種考釋意見外,鄭超、高明、何琳儀皆釋爲"鄉"⑨,李零認爲應隸定作"衢",疑讀作"廛"⑩。趙超⑪、陳劍、董珊⑫等讀爲"州"。此外,陸德富又有

①　李學勤:《燕齊陶文叢論》,《上海博物館集刊》第六期,上海古籍出版社,1992年,第171頁。

②　孫敬明:《齊陶新探》,《古文字研究》第十四輯,中華書局,1986年,第221—246頁。

③　吳大澂:《讀古陶文記》,《吳愙齋尺牘》(第七冊)。

④　顧廷龍:《古陶文香錄》,上海古籍出版社,2004年,二・三。本書1936年曾作爲《國立北平研究院史學研究會文字史料叢編》之一印行。

⑤　金祥恒:《陶文編》,藝文印書館,1964年,卷二。

⑥　顧廷龍:《季木藏陶序》。此序又見於周進、周紹良、李零《新編全本季木藏陶》,中華書局,1998年。

⑦　李學勤:《戰國題銘概述(上)》,《文物》1959年第7期,第52頁。

⑧　李先登:《天津師院圖書館藏陶文選釋》,《天津師院學報》1982年第2期,第92—94頁。

⑨　鄭超:《齊國陶文初探》,中國社會科學院研究生院碩士學位論文,1984年,第31—34頁。

⑩　李零:《齊、燕、邾、滕陶文的分類與題銘格式》,《管子學刊》1990年第1期,第84頁。

⑪　趙超:《"鑄師"考》,《古文字研究》第二十一輯,中華書局,2001年,第293—300頁。

⑫　董珊:《戰國題銘與工官制度》,第180頁。

釋"聚"的意見①。李學勤後來又認爲此字應釋作"巷",指出陶文"某巷某里是陶工的籍貫"②。此外,陶文和璽印中的"示"也曾引起熱烈的討論,吳大澂《說文古籀補》釋爲"亳",在其後相當長的時間内,人們一直都信從這一釋讀意見。李先登在《天津師院圖書館藏陶文選釋》一文中首先懷疑"昌齊陳固南左里段示區"中的"示"應釋爲"亭"③,鄭超《齊國陶文初探》④一文對此說曾加以論證。李學勤在《燕齊陶文叢論》一文中從李先登、鄭超的意見,將相關形體也釋作"亭"⑤。此外,石加、俞偉超分別在《"鄭亳説"商榷》⑥和《秦漢的"亭"、"市"陶文》⑦中,將鄭州商城出土的韓國陶文"示"、"示"釋爲"亭"。可能受此説影響,曹錦炎在《古璽通論》一書中,將齊印文中的形體釋爲"亭"⑧,李零在《新編全本季木藏陶》一書中也提到有學者釋爲"亭"的意見,所加注解出處爲俞文⑨。吳振武先生在《談齊"左掌客亭"陶璽》一文中考察了"左掌客"璽印文中的"示"和齊陶文中的相關形體,進一步肯定了釋

<hr>

① 陸德富:《戰國時代官司手工業的經營形態》,復旦大學博士學位論文,2011年。又陸德富:《齊國陶文的"聚"字》,《中國文字學報》第八輯 2017 年,第 89—95 頁。

② 李學勤:《秦封泥與齊陶文中的"巷"字》,《陝西歷史博物館館刊》第 8 輯,三秦出版社,2001 年,第 24—26 頁。

③ 李先登:《天津師院圖書館藏陶文選釋》,《天津師院學報》1982 年第 2 期,第 92 頁。

④ 鄭超:《齊國陶文初探》,中國社會科學院研究生院碩士學位論文,1984 年,第 56—58 頁。

⑤ 李學勤:《燕齊陶文叢論》,《上海博物館集刊》第六期,第 170—173 頁。

⑥ 石加:《"鄭亳説"商榷》,《考古》1980 年第 3 期,第 257 頁。

⑦ 俞偉超:《秦漢的"亭"、"市"陶文》,《先秦兩漢考古學論集》,文物出版社,1985年,第 139 頁。據該文,韓國陶文釋爲"亭"是李家浩的意見。

⑧ 曹錦炎:《古璽通論》,上海書畫出版社,1996 年,第 46 頁。

⑨ 李零:《齊、燕、邾、滕陶文的分類與題銘格式》,《管子學刊》1990 年第 1 期,第 82—87、96 頁。

"亭"的意見,並從文字構形角度提出了解釋①。趙平安在《"京""亭"考辨》一文中認爲此類形體應是"京"字的另一類寫法,所謂"亭"都應釋爲"京"②。吴振武在《戰國"亯(廩)"字考察》一文中也對各系文字中的"廩"進行了研究,在《試說齊國陶文中的"鍾"和"溢"》一文中將"鎓"(《陶録》2.33.4)讀爲"鍾",現在看來也是非常可信的。不過戰國陶量"鍾"始終未曾發現,李學勤在《四海尋珍》一書中提及:"德國科倫東亞美術館收藏一塊繩紋陶片,上有印文'陳楊(?)立事歲,豕',豕字寫法是左右離開的,類於李家浩《戰國時代的豕字》所引《夢》15上陶文。豕在這裏應讀爲齊四量的鍾。齊陶文中鍾極少見,大概是由於鍾的容積太大,不易用陶製作。科倫的陶片特别平,看不出弧度,説明原器是相當巨大的,與鍾相合。"③如果李説符合實際,那麽這是目前爲止所僅見的量器"鍾"的實物。除以上所列舉的研究成果外,葛英會④,劉釗⑤,何琳儀⑥,施謝捷⑦,楊澤生⑧,徐在國⑨,馮

　　① 吴振武:《談齊"左掌客亭"陶壐》,《社會科學戰綫》2012 年第 12 期,第200—204 頁。

　　② 趙平安:《"京""亭"考辨》,《新出簡帛與古文字古文獻研究續集》,商務印書館,2018 年,第 9—22 頁。

　　③ 李學勤:《田齊陶文的"鍾"》,《四海尋珍》,清華大學出版社,1998 年,第 91—92 頁。

　　④ 葛英會:《古陶文研習劄記》,《考古學研究》(一),文物出版社,1992 年,第 312—321 頁。葛英會:《古陶文釋叢》《文物季刊》1992 年第 3 期,第 46—56 頁。

　　⑤ 劉釗:《齊"於陵市和節"陶文考》,《管子學刊》1994 年第 4 期,第 80 頁。

　　⑥ 何琳儀:《古陶雜識》,《考古與文物》1992 年第 4 期,第 76—81 頁。

　　⑦ 施謝捷:《古陶文考釋三篇》,《古漢語研究》1997 年第 3 期,第 66—70 頁。施謝捷:《齊陶印文"於"字考》,《印林》第 4 期第 17 卷,1996 年,第 32—33 頁。

　　⑧ 楊澤生:《古陶文字零釋》,《中國文字》新二十二期,藝文印書館,1997 年,第 245—257 頁。

　　⑨ 徐在國:《古陶文字釋叢》《古文字研究》第二十三輯,中華書局、安徽大學出版社,2002 年,第 108—120 頁。徐在國:《〈古陶字彙〉正文釋文校訂》,《文物研究》第 13 輯,黄山書社,2001 年,第 277—288 頁。徐在國:《〈讀古陶文記〉箋證》,《出土文獻與傳世典籍的詮釋——紀念譚樸森先生逝世兩週年國際學術研討會論文集》,第 149—168 頁。

勝君①,吳良寶②,王守功、許淑珍③,馬良民、言家信④,陳根遠、陳洪⑤,張振謙⑥,呂金成⑦等學者在相關論著中對齊陶文也多有論及。

以往的齊陶文大多出土於臨淄周圍,近年在山東新泰等地也有齊陶文出土,乾惕曾撰文進行介紹⑧,衛松濤⑨、王恩田⑩、張振謙⑪等學者曾先後撰文對這一批陶文進行研究。在此期間,陶文著錄書還有《新編全本季木藏陶》⑫、《陶文圖錄》⑬、《步黟堂藏戰國

① 馮勝君:《試說東周文字中部分"嬰"及从"嬰"之字的聲符——兼釋甲骨文中的"瘦"和"頸"》,《出土文獻與傳世典籍的詮釋——紀念譚樸森先生逝世兩週年國際學術研討會論文集》,第67—80頁。

② 吳良寶:《陶文字零釋(三則)》,《中國古文字研究》第一輯,第151—156頁。

③ 王守功、許淑珍:《臨淄後李齊國陶文》,《揖芬集——張政烺先生九十華誕紀念文集》,社會科學文獻出版社,2002年,第333—347頁。許淑珍:《臨淄齊國故城新出土陶文》,《考古與文物》2003年第4期,第15—20頁。許淑珍:《齊國陶文的幾個問題》,《齊魯文博》,齊魯書社,2002年,第140—145頁。

④ 馬良民、言家信:《山東鄒平縣苑城村出土陶文考釋》,《文物》1994年第4期,第86—88頁。

⑤ 陳根遠、陳洪:《出齊"陳棱"釜陶文考》,《考古與文物》1992年第4期,第76—81頁。

⑥ 張振謙:《新泰陶文考》,《河北大學學報(哲學社會科學版)》2010年第4期,第16—19頁。張振謙:《齊系陶文考釋》,《安徽大學學報(哲學社會科學版)》2009年第4期,第57—62頁。

⑦ 呂金成:《釋"節"——兼考新泰陶文"平陽市□"之未識》,《新泰文化》2003年第2期,第11—12頁。

⑧ 乾惕:《東新泰出土戰國印記陶文初考》,《新泰文化》2003年第3期,第8—11頁。

⑨ 衛松濤:《新泰出土陶文及相關問題研究》,山東大學碩士學位論文,2006年。衛松濤、徐軍平:《新泰"立事"陶文研究》,《印學研究》第二輯《陶文研究專輯》,山東大學出版社,2010年,第76—86頁。

⑩ 王恩田:《新泰齊國官量陶文的發現與初步探索》,《印學研究》第二輯《陶文研究專輯》,第66—75頁。

⑪ 張振謙:《新泰陶文陳怛考》,《中國文字學報》第三輯,商務印書館,2010年,第115—121頁。

⑫ 周進、周紹良、李零:《新編全本季木藏陶》,中華書局,1998年。

⑬ 王恩田:《陶文圖錄》,齊魯書社,2006年。

陶文遺珍》①、《夕惕藏陶》②、《新泰出土田齊陶文》③、《新出齊陶文
圖録》④、《齊陶文集成》⑤等，與《陶文圖録》相配套的還有《陶文字
典》⑥一書。在《古陶文字徵》、《陶文字典》面世以後，分别有學者
撰文對其釋讀意見進行校訂。如陳偉武《〈古陶文字徵〉訂補》⑦、
楊澤生《〈古陶文字徵〉字頭、文例、出處、説明等方面存在的問
題》⑧等文對《古陶文字徵》一書所存在的問題進行了討論，周寳宏
《古陶文形體研究》⑨一書，包括“古陶文概論”和“《古陶文字徵》校
議”兩部分，在後一部分對《古陶文字徵》所存在的問題進行了逐條
校釋，也提出了一些較爲可信的考釋意見。徐在國《〈陶文字典〉中
的釋字問題》⑩一文，對《陶文字典》的誤釋進行了糾正，羅艷也對
該書存在的問題進行了梳理⑪；王穎對高田忠周《古籀篇》一書所
收陶文形體的釋讀，也進行了校釋⑫，徐在國先生在《〈古籀篇〉所
録古陶文研究》一文中也對《古籀篇》所録陶文釋文有所校訂⑬。

———————————

　　①　唐存才：《步黟堂藏戰國陶文遺珍》，上海書畫出版社，2013 年。
　　②　吕金成：《夕惕藏陶》，山東畫報出版社，2014 年。
　　③　山東大學歷史文化學院考古學系、山東博物館、新泰市博物館：《新泰出土田
齊陶文》，文物出版社，2014 年。
　　④　徐在國：《新出齊陶文圖録》，學苑出版社，2015 年。
　　⑤　成穎春：《齊陶文集成》，齊魯書社，2019 年。
　　⑥　王恩田：《陶文字典》，齊魯書社，2007 年。
　　⑦　陳偉武：《〈古陶文字徵〉訂補》，《中山大學學報（社會科學版）》1995 年第 1 期，
第 118—130 頁。
　　⑧　楊澤生：《〈古陶文字徵〉字頭、文例、出處、説明等方面存在的問題》，《江漢考
古》1996 年第 4 期，第 79—86 頁。
　　⑨　周寳宏：《古陶文形體研究》，社會科學文獻出版社，2002 年。
　　⑩　徐在國：《〈陶文字典〉中的釋字問題》，《出土文獻》第二輯，中西書局，2011 年，
第 180—202 頁。
　　⑪　羅艷：《〈陶文字典〉補正》，中山大學碩士學位論文，2008 年。
　　⑫　王穎：《高田忠周〈古籀篇〉陶文研究（一～二〇卷）》，安徽大學碩士學位論
文，2007 年。
　　⑬　徐在國：《〈古籀篇〉所録古陶文研究》，《中國文字學報》第四輯，商務印書
館，2012 年，第 76—113 頁。

以齊國陶文爲研究對象的學位論文還有鄭超《齊國陶文初探》①、劉偉《齊國陶文的研究》②等文，他們對齊陶文所反映的鄉里製陶業的生産方式、齊國都及其周邊的行政區劃等問題進行了研究。其實，在這之前學者們在注重文字考釋的同時，已經擴大了齊陶文的研究範圍，高明在《從臨淄陶文看衞里製陶業》③一文中，對臨淄周圍民營製陶業的組織形式及陶文所見的鄉里組織進行了研究，孫敬明所撰寫的《齊國陶文比較研究》④、《齊國陶文分期芻議》⑤、《從陶文看戰國時期齊都近郊之製陶手工業》⑥、《齊陶新探（附：益都藏陶）》⑦等文對齊陶文所反映的臨淄行政區劃、生産規模、陶窰的設置、陶文分期等問題進行了深入研究，提出了很多精到的見解，對“蒦陽”的考證尤爲精彩。王恩田在《齊國陶文地名考》⑧一文中對臨淄周圍“城陽”、“南郭鄉”的地望進行了考察，對“内郭”的考釋也十分可信。李零《齊、燕、邾、滕陶文的分類與題銘格式》⑨，郝導華、郭俊峰、禚柏紅《齊國陶文幾個問題的初步探討》⑩等文，從齊陶題銘格式、文字釋讀、學術界對相關問題的研究狀況等方面

①　鄭超：《齊國陶文初探》，中國社會科學院研究生院碩士學位論文，1984 年。
②　劉偉：《齊國陶文的研究》，山東大學碩士學位論文，2008 年。
③　高明：《從臨淄陶文看衞里製陶業》，《古文字研究》第十九輯，第 314 頁。
④　孫敬明：《齊國陶文比較研究》，《考古發現與齊史類徵》，齊魯書社，2006 年，第 58—68 頁。
⑤　孫敬明：《齊國陶文分期芻議》，《考古發現與齊史類徵》，齊魯書社，2006 年，第 19—35 頁。
⑥　孫敬明：《從陶文看戰國時期齊都近郊之製陶手工業》，《考古發現與齊史類徵》，齊魯書社，2006 年，第 36—52 頁。
⑦　孫敬明：《齊陶新探（附：益都藏陶）》，《古文字研究》第十四輯，中華書局，1986 年，第 221—246 頁。又，《齊陶新探》，《考古發現與齊史類徵》，第 3—11 頁。
⑧　王恩田：《齊國陶文地名考》，《考古與文物》1996 年第 4 期，第 47—48 頁。
⑨　李零：《齊、燕、邾、滕陶文的分類與題銘格式》，《管子學刊》1990 年第 1 期，第 84 頁。
⑩　郝導華、郭俊峰、禚柏紅：《齊國陶文幾個問題的初步探討》，《齊魯文化研究》第六輯，山東文藝出版社，2007 年，第 19—28 頁。

進行了概述。李學勤《山東陶文的發現與著録》①、郝導華《山東地區東周陶文的發現與研究》②對山東地區自清末以來陶文的發現、著録等問題進行了概述。此外,董珊《戰國題銘與工官制度》③、陸德富《戰國時代官司手工業的經營形態》④等文也結合齊陶文,對與工官制度有關的問題進行了研究。

　　以上對齊系各類題銘的研究狀況進行了簡單的概述,還有一些意見未能詳細介紹,我們會在後文中予以説明。

　　① 李學勤:《山東陶文的發現與著録》,《齊魯學刊》1982 年第 5 期,第 35—37 頁。
　　② 郝導華:《山東地區東周陶文的發現與研究》,《海岱考古》第三輯,科學出版社,2010 年,第 395—414 頁。
　　③ 董珊:《戰國題銘與工官制度》,第 180 頁。
　　④ 陸德富:《戰國時代官司手工業的經營形態》。

第二章

齊系題銘與諸國史事及
相關問題考論

第一節　齊系銅器題銘的
國別及時代考察

從傳世著録和考古發掘來看，東周時期齊系有銘銅器在春秋時期數量較多，戰國時期數量相對較少。本節從有銘銅器的國別、時代等角度，對齊系有銘銅器作一基本介紹。

從國別上來考察，齊、魯、邾、小邾、滕、莒、杞、曹等國都有有銘銅器傳世或出土，其中春秋時期銅器數量較多。由於春秋中後期至戰國早期一些小國相繼被吞併，這些國家當然也就不會有戰國時期的銅器流傳下來。

一、齊國銅器及其時代

(一) 春秋時期齊國有銘銅器綜理

齊侯子行匜（《集成》10233）和齊趫父鬲（《集成》685）分別

在 1977 年 10 月和 1981 年 4 月出土於山東省臨朐縣嵩山公社泉頭村①，齊侯子行匜出土於甲墓，齊趩父鬲出土於乙墓，乙墓位於甲墓東南約 3 米。此外，乙墓中還出土了郳仲盤、匜和上曾太子鼎。整理者認爲這兩座墓葬的年代在兩周之際，李學勤認爲甲墓的時代可能爲春秋前期偏晚②，劉彬徽也認爲“其中的單耳鍪爲東周新器種，附耳淺腹蹄足鼎亦爲東周新型式，定春秋早期可信”③，王恩田亦認爲該墓年代應爲春秋早期後段④。張俊成綜合墓葬形制及器物組合形式，指出：“泉頭村墓葬出土的這批銅器的基本器物組合是鼎、鬲、盤、匜等，不見流行於西周早中期的爵、角等酒器，也未見春秋中後期出現的鑒、敦等器形。因此，綜合分析該器定在兩周之際是合適的，我們把其定爲春秋早期。”⑤綜合各家觀點，齊侯子行匜和齊趩父鬲的時代定爲春秋早期應是可信的。

　　齊侯匜（《集成》10272）原爲曹秋舫、吳雲舊藏，《商周青銅器銘文選》⑥、《夏商周青銅器研究》⑦將其時代定爲西周晚期，《殷周金文集成》定爲春秋早期。考慮到春秋早期銅器和西周晚期銅器在形制上往往存在繼承關係，暫將此器納入我們討論範圍之中。

　　洹子孟姜壺（《集成》9729、9730），亦稱齊侯壺，傳世共有兩件，

---

　　①　臨朐縣文化館、濰坊地區文物管理委員會：《臨朐發現齊、郳、曾諸國銅器》，《文物》1983 年第 12 期，第 1—6 頁。

　　②　李學勤：《試論山東新出青銅器的意義》，《文物》1983 年第 12 期，第 18—22 頁。

　　③　劉彬徽：《山東地區東周青銅器研究》，《中國考古學會第九次年會論文集》，文物出版社，1997 年，第 264 頁。

　　④　王恩田：《東周齊國銅器的分期與年代》，《中國考古學會第九次年會論文集》，第 283 頁。

　　⑤　張俊成：《東周齊國銘文綜合研究》，第 33 頁。

　　⑥　馬承源主編：《商周青銅器銘文選（叁）》，文物出版社，1988 年，第 342 頁。

　　⑦　陳佩芬：《夏商周青銅器研究（東周篇）》，上海古籍出版社，2007 年，第 560 頁。

皆失蓋,舊曾誤稱爲齊侯罍。原分藏阮元、曹載奎處,後兩件皆歸吳雲氏,其軒名"兩罍軒"即緣於此。此壺中的"洹子",吳雲《二百蘭亭齋收藏金石記》二十四録阮元説,認爲"洹子即桓子",孫詒讓《古籀餘論》進一步認爲銘文中"㿟"爲齊靈公、景公時期的陳桓子無宇之妻。基於此説,一般定此壺年代爲春秋晚期。李學勤對此説表示懷疑,他指出"將齊侯壺列於春秋晚期,其實是不可能的,有必要大加提早","類此形制的壺,王世民等先生《西周青銅器分期斷代研究》曾列爲壺的Ⅱ型2式a,部分不同的爲Ⅱ型2式b,舉例諸器均在西周中期後段至晚期後段。但齊侯壺耳上龍首構型偏晚,銘文字形如'年'字從'土'等也晚一些,應比西周晚期再遲一段,可是怎樣也不會在春秋早期之後"①。陳佩芬也曾意識到這種矛盾,針對這種現象,她指出:"在田齊時代的青銅器中,有一段時期曾出現模仿古代紋飾的傾向,因此在春秋晚期齊國器上還使用較早式樣的波曲紋,本册的禾簋也是這種紋飾。"②按,陳佩芬這種説法在很大程度上是爲了調和器形與銘文中的"洹子"(舊認爲即陳桓子)二者在時代上的矛盾而生發的。現在看來,"洹子"讀爲"桓子"的可能性越來越小了,從用字習慣上來看,很可能應該讀爲"宣子"③,此壺時代應該爲春秋早期後段④。

齊大宰歸父盤(《集成》10151),僅殘存盤底,原爲陳介祺、劉體

---

① 李學勤:《齊侯壺的年代與史事》,《文物中的古文明》,商務印書館,2008年,第244頁。

② 陳佩芬:《夏商周青銅器研究(東周篇)》,第177頁。

③ 陶金:《由清華簡〈繫年〉談洹子孟姜壺相關問題》,"復旦大學出土文獻與古文字研究中心"網站,2012年2月14日,http://www.gwz.fudan.edu.cn/SrcShow.asp?Src_ID=1785。黃錦前:《有兒簋釋讀及相關問題》,"復旦大學出土文獻與古文字研究中心"網站,2012年6月1日,http://www.gwz.fudan.edu.cn/SrcShow.asp?Src_ID=1876。

④ 從器形和銘文內容來考察,我們懷疑銘文中的"洹子孟姜"中的"洹"指"魯宣公"的可能性似乎也是存在的。

智舊藏,現藏上海博物館。銘文中"歸父",郭沫若指出"齊有國歸父,乃國佐之父,見《左傳》二十八年傳及三十三經傳,傳又稱國莊子,或即此人"①,魯僖公三十三年當齊昭公六年,馬承源《商周青銅器銘文選》842、陳佩芬《夏商周青銅器研究》523 皆定爲齊昭公時器。此器當爲昭公時標準器,惜僅殘存器底。

　　鎛鎛(《集成》271),原藏潘祖蔭,後歸上海博物館,現藏中國國家博物館。潘祖蔭《攀古樓彝器款識》卷二·六云:"同治庚午(1870 年)四月山西榮河縣后土祠旁河岸圮出土。"銘文自述作器者身份"齊辟鼃(鮑)弔(叔)之孫,遭中(仲)之子",是作器者乃齊鮑叔牙之孫,據《國語·齊語》記載,鮑叔牙齊桓公時曾爲宰,其孫輩可能已經到了齊昭、懿公時期,馬承源《商周青銅器銘文選》843 定此器爲齊昭公時器。總之,定此器爲春秋中期應該是合理的。

　　齊侯敦(《集成》4638、4639),原藏葉東卿,僅有銘文拓本見於著録。《殷周金文集成》定此器時代爲春秋晚期。張俊成從字體風格上考察,定爲春秋中期早段,他指出:"敦最早始見於春秋中期……該器銘文形體方正,結體舒朗,具有西周晚期和春秋早期銘文特徵,不同於春秋晚期至戰國中晚期形體纖長的書風,該器與春秋早期的齊侯子行匜的風格也頗爲一致,結合敦的流行時代,我們認爲該器年代應爲春秋中期早段。"②其説可從,我們暫定此銘文時代爲春秋中期。

　　齊侯四器,計有鼎、敦(《集成》4645)、盤(《集成》10159)、盂(《集成》10283)(其形制爲匜,銘文自稱爲盂)共四器。原爲清代盛昱所藏,現藏美國紐約大都會美術博物館。署名(美)福開

---

①　郭沫若:《兩周金文辭大系圖録考釋》,科學出版社,2002 年,第 428 頁。該書初版由日本文求堂書店出版,1936 年。

②　張俊成:《東周齊國銘文綜合研究》,第 43 頁。

森(John C. Ferguson)《齊侯四器考釋》一書收録四器圖録並附有銘文考釋等内容，指出："昔清宗室盛昱藏鼎、敦、盤、盂(即匜)各一，謂之齊侯四器。銘辭器各六行，行各五字，並重文計之，得三十四字，中惟器名各易二字，餘悉同文，相傳爲一八九三年(清光緒十九年)直隸易州出土。"①劉心源《奇觚室吉金文述》卷三·二九"齊侯敦"下云："癸巳冬見此敦及盤、盂、鼎在廠肆，從買人得拓本各一紙，居頃之四器爲盛(昱)購去。鼎銘乃仿刻者，删之。"鼎銘爲刻銘(參見圖一)，與敦、盤、盂爲鑄銘不同。劉心源認爲鼎銘爲僞刻，所以《奇觚室吉金文述》一書未收鼎銘拓本。其後論者，大致分爲兩種意見，一種意見堅持認爲銘文爲僞刻，如陳夢家在《美帝國主義劫掠的我國殷周銅器集録》一書中指出："鼎有花紋不與其他三器同，其形制屬於春秋初期，蓋則後配，銘乃僞刻，劉氏的鑑定是正確的。"②此外，郭沫若在《兩周金文辭大系》目録表一七頁"齊侯鼎"下標注"刻款、可疑"，《殷周金文集成》也未收録該器，可能也認爲該器銘文存在問題。另一種意見認爲銘文爲真，如王獻唐《國史金石志稿》四·四八七下認爲："近人或以此鼎刻款可疑，實無可疑。"李學勤也認爲銘文不僞："但春秋時已有刻銘的青銅器，1973年山東滕縣薛城出土的簠即其明證，易縣的鼎並不是僞品。"③張俊成贊同李學勤的意見也認爲鼎銘不僞："李先生的意見是很有見地的，在一組銅器中，其中有刻銘的例證並非鮮見，如《扶風齊家村

---

　　①　John C.Ferguson, *The Four Bronze Vessels of the Marquis Ch・i*, Peking, 1928. 按，陳夢家在《美帝國主義劫掠的我國殷周銅器集録》一書第 60 頁指出"此四器後由美人福開森(按：即 John C. Ferguson)售於紐約市博物館，並請人作《齊侯四器考釋》一小册"，容庚在 1984 年版《殷周青銅器通論》一書《再版序言》中有"馬衡先生代福開森著《齊侯四器考釋》"的説法，并認爲齊侯鼎爲真品。

　　②　陳夢家：《美帝國主義劫掠的我國殷周銅器集録》，科學出版社，1960 年，第 60 頁。

　　③　李學勤：《東周與秦代文明》，上海人民出版社，2007 年，第 82 頁。

青銅器群》中，鐘 8 枚，其中甲、乙 2 枚爲刻銘，餘爲鑄款，甚至會有
同一件器物上，蓋爲鑄刻，器爲刻款的情況，如魯太宰原父簠。"①
我們認爲判斷銘文的真僞僅僅依據不甚清晰的拓本難以下定結
論，如有機會應當目驗原器再做討論。在没有充足的證據情況下，
暫將此器列入我們討論的範圍②。李學勤認爲："敦的型式同於洛
陽中州路二期，花紋也不晚，可推定爲春秋中期偏晚。"③此外，敦
銘與春秋晚期的鮑子鼎銘文風格十分接近，故此銘文時代當爲春
秋中期偏晚接近春秋晚期。

圖一　齊侯鼎（《山東金文集成》212 頁）

---

①　張俊成：《東周齊國銘文綜合研究》，第 45 頁。
②　這並不是説我們就認定此銘一定爲真，比如銘文中"朕（縢）"寫作" "，其左側所從"舟"寫法就較爲特別，值得懷疑。
③　李學勤：《東周與秦代文明》，第 82 頁。

　　齊侯盂(《集成》10318),1957 年在洛陽孟津縣平樂公社邙山坡上發現,銘文自名爲"盂",整理者稱爲"鑑",據整理者介紹該器:"斂口,侈沿,鼓腹,圈足,四獸耳銜環。器身飾兩組環帶紋。獸耳由三個立體獸組成,最上面的昂首,最下面的頭部有兩個尖狀觸角,環飾竊曲紋。"①整理者張劍認爲時代屬於春秋晚期,銘文所記載的可能是"齊侯"嫁女於周王之事,據器物時代和文獻記載,他進一步認爲此齊侯爲"齊靈公"②。此後,杜廼松、李學勤贊同此説,都認爲此器爲靈公時器③。馮時認爲此説可商,認爲銘文中的"子仲姜"與"鮴鎛"中的"子仲姜"爲一人,定此器時代爲齊昭公時期④。從形制上考察,此器應定爲春秋晚期,至於"子仲姜"具體身份爲何還有待探究。

　　公孫窹壺(《集成》9709),1963 年山東臨朐縣楊善公社出土。按名從主人原則,此壺應稱爲公子土斧壺。銘文中"公孫窹"一般認爲即齊景公三年參與倒慶氏政變的"公孫竈",爲"惠公之孫,公子欒堅之子子雅也"。據《左傳·昭公三年》:"十月,公孫竈卒。"其卒年當在齊景公九年即公元前 539 年,此器時代應定爲春秋晚期。

　　庚壺(《集成》9733),傳世器。原爲清宮舊藏,現藏於臺北故宮博物院。最初著録於《西清續鑑甲編》16.9,名爲"周齊侯鍾",所録銘文爲翻刻本。銘文拓本見於于省吾《商周金文録遺》232、

　　① 張劍:《齊侯鑑銘文的新發現》,《文物》1977 年第 3 期,第 75 頁。張劍:《齊侯寶盂鑑小考》,《中原文物》1981 年特刊。張劍、金星:《齊侯銅鑑》,《史學月刊》1984 年第 4 期,第 120 頁。

　　② 張劍:《齊侯寶盂鑒的年代及其史料價值》,《中原文物》1985 年第 4 期,第 63—64 頁。

　　③ 杜廼松:《東周時代齊、魯青銅器探索》,《南方文物》1995 年第 2 期,第 81—87 頁。李學勤:《東周與秦代文明》,第 82 頁。

　　④ 馮時:《春秋齊侯盂與鮴鎛銘文對讀》,《徐中舒先生百年誕辰紀念文集》,巴蜀書社,1998 年,第 133—136 頁。

郭沫若《兩周金文辭大系圖録》250，後者又收録有容庚摹本。1981 年 11 月臺灣學者張光遠發表了《春秋晚期齊莊公時庚壺考》①一文，該文刊布了該器的 X 光照片和一份新的摹本，此摹本是作者參考了 X 光照片和目驗原器後所做的，較以前的摹本和拓本多出了幾十字，字形摹寫也較爲準確，現研究者多據此本進行研究，《殷周金文集成》9733 號所録摹本即此摹本。此壺時代，《西清續鑑甲編》16.9 定爲周初成王時器，認爲"此或係成王時所作，以賜齊侯吕伋者"，顯然不可信。馬承源《商周青銅器銘文選》八四九定此器時代爲齊靈公時期，張光遠則定此器時代爲齊莊公五年（即公元前 549 年），張政烺懷疑此器作於齊莊公二年（即前 552 年）②，孫敬明認爲此器作於齊莊公六年（即公元前 548 年）③。李家浩認爲此壺作於齊景公二年正月，他從春秋以前已有諡法這一角度進行論證，指出："壺銘在提到齊君環和光時稱諡，提到崔杼時尊稱爲崔子而不稱諡，説明壺的年代衹能是在齊莊公死之後到崔杼死之前，據《左傳》齊莊公死於魯襄公二十五年五月乙亥，崔杼死於魯襄公二十七年九月庚辰。……因此，庚壺的年代應在齊景公二年正月。周正建子，以夏曆十一月爲歲首，齊景公二年正月應在公元前 547 年十二月。"④在此，我們依從李家浩先生意見，定此壺時代爲齊景公二年。

　　叔夷鐘（《集成》272—283）、叔夷鎛（《集成》284、285），今器不

————————

　　① 此文曾於 1981 年 11 月提交給澳洲堪培拉大學舉辦的中國銅器研討會。又張光遠：《春秋晚期齊莊公時庚壺考》，《(臺灣)故宫季刊》第 3 期第 16 卷，1982 年，第 86—106 頁。又劉慶柱、段志洪、馮時：《金文文獻集成》第二十九册，綫裝書局，2005 年，第 470—484 頁。

　　② 張政烺：《庚壺釋文》，《出土文獻研究》，文物出版社，1985 年，第 126—133 頁。又，張政烺：《庚壺釋文》，《張政烺文史論集》，中華書局，2004 年，第 724—731 頁。

　　③ 孫鑑泉（孫敬明）：《庚壺忝釋》，《中國文字》新十四期，藝文印書館，1991 年，第 169—174 頁。

　　④ 李家浩：《庚壺銘文及其年代》，《古文字研究》第十九輯，第 89—101 頁。

傳，衹有銘文摹本見於著録。據趙明誠《金石録》卷十三·二"齊鐘銘"跋文記載："(宋)宣和五年(按，即公元 1123 年)，青州臨淄縣民於齊故城耕地得古器物數十種，其間鐘十枚，有款識，尤奇。最多者幾五百字，今世所見鐘鼎銘文之多，未有踰此者。驗其詞有'余一人'及'齊侯'字，蓋周天子所以命賜齊侯，齊侯自紀其功勳者。"叔夷鐘，薛尚功《歷代鐘鼎彝器款識法帖》稱爲"齊侯鐘"，收録 13幅銘文摹本，《集成》272－284 號即轉録薛氏摹本。作器者"叔夷"之"夷"，《歷代鐘鼎彝器款識法帖》、《博古圖録》皆誤釋爲"及"，《商周文字拾遺》、《古文審》等釋爲"弓"，故此鐘、鎛在以往的著録中又稱"叔弓鐘"、"叔弓鎛"，郭沫若釋爲"尸"讀爲"夷"，稱鐘、鎛爲"叔夷鐘"、"叔夷鎛"，今從其說。"叔夷"事跡不見於史傳，郭沫若根據銘文"不(丕)顯穆公之孫，其配襄公之妣，而餕(成)公之女，零生弔(叔)尸(夷)。是辟齊医(侯)之所"，及"又(有)共(恭)于篲武龗(靈)公之所"，指出"其父爲宋穆公之孫，己則出仕于齊，當齊靈公之世"。關於此器時代，郭氏認爲此器作於齊靈公滅萊第二年："蓋此器實靈公滅萊之翌年所作也，春秋襄六年十有二月，齊侯滅萊當靈公之十五年(前 567 年)，翌年五月有戊寅，與本銘適合。"①此後論者多認爲此器作於靈公之世，如白川静《金文通釋》卷四·二一五、馬承源《商周青銅器銘文選》八四八、張俊成②皆主此說。周昌富認爲此器作於齊景公時期，並認爲《晏子春秋·内篇》"景公伐釐"之"釐"並非靈公所滅"萊"，而是文獻中的"東萊"，即見於金文的"禾來"國，銘文中的"萊"即此"東萊"③。按，此後夏麥陵撰文對周說進行了討論，認爲周氏"東萊"之説實不可信，並堅持認爲此

---

　　① 郭沫若：《兩周金文辭大系圖録考釋》，第 205 頁。
　　② 張俊成：《東周齊國銘文綜合研究》，第 43 頁。
　　③ 周昌富：《東萊新説》，《東夷古國史研究(一)》，三秦出版社，1988 年，第154—162 頁。

鐘作於齊靈公時期①。我們認爲，從銘文中賜“萊都”這一點來説，銘文記録的事情與齊靈公十五年滅萊之事無疑是有緊密聯繫的，但從銘文稱“靈公”這一點來説，此器當作於齊靈公去世之後，可能是齊莊公、景公時期。“尸（夷）典其先舊及其高昪（祖）”之前所記，當爲追記當年齊滅萊後對“叔夷”進行封賞之事。銘文首句“隹（唯）王五月，唇（辰）才（在）戊寅”，張俊成引述夏麥陵的意見指出：“該器所記‘惟王五月，辰在戊寅’當爲齊靈公十六年五月，即前 566 年 5 月，也即周靈王六年五月。據張培瑜先生《春秋朔閏表》前 566 年五月份，不論是殷曆、魯曆或夏曆，都有戊寅這一天，與器銘合。”銘文“余易（賜）女（汝）馭（釐—萊）都滕劓，其縣三百”理解爲滅萊之後對有軍功之人進行封賞也很合適。結合曆日和銘文内容，我們可以得出這樣的結論：“尸（夷）典其先舊及其高昪（祖）”之前所記内容爲追記齊靈公於滅萊翌年五月戊寅這天對“叔夷”進行封賞之事。“尸（夷）典其先舊及其高昪（祖）”後面的内容爲講述自己的身世、作器原因及用途，從“尸（夷）用伐（作）鑄其寶鎛”這句銘文來看，應該是叔尸（夷）作此器時的口吻。齊靈公在位共計二十八年，此處“靈公”已稱謚，説明此時上距“惟王五月，辰在戊寅”（齊靈公十六年）至少在十三年以上。所以定叔夷鐘、叔夷鎛時代爲齊莊公、景公時期。

國差𦉜（《集成》10361），傳世器，原藏瀋陽故宮，現藏於臺北故宮博物院。楊樹達稱爲“工師偌𦉜”②，“國差”許瀚在《攀古小廬雜著》卷九·十五指出即“國佐”：“右齊國佐所爲器，差、佐古通用。”《綴遺齋彝器考釋》卷二八·十三亦指出：“按國差者，齊國武子也，三傳皆作佐。”按，許説甚確。《國語·周語》：“齊國佐

①　夏麥陵：《叔夷鐘銘與齊侯滅萊》，《管子學刊》1993 年第 2 期，第 84—90 頁。
②　楊樹達：《積微居金文説（增訂本）》，中華書局，1997 年，第 25 頁。

見,其語盡。"韋昭注:"國佐,齊卿,國歸父之子國武子也。"魯宣
公十年(當齊惠公十年,公元前 599 年)其人始見於《春秋》經傳,
《春秋經》"齊侯使國佐來聘",《左傳·宣公十年》"國武子來報
聘"。其卒於魯成公十八年(當齊靈公九年,公元前 573 年),《春
秋》"齊殺其大夫國佐",杜預注:"國武子也。"《左傳·成公十八
年》:"齊爲慶氏之難故,甲申晦,齊侯使士華免以戈殺國佐于內
宮之朝。師逃于夫人之宮。書曰'齊殺其大夫國佐'。"銘文云
"國差立事歲",則此器時代下限不會晚於齊靈公九年(公元
前 573 年),其時代屬於春秋中期後段。

　　齊鮑氏鐘(《集成》142),羅振玉《貞松堂集古遺文》卷一·一六
云:"往歲見之都市,今不知歸誰氏。"祇有銘文拓本見於著録。器
主自稱"齊鼉(鮑)氏孫",當是"鮑叔牙"後裔,其時代應該爲春秋中
期或晚期。

　　邿子姜首盤(《近出》1009),1995 年出土於山東長清縣僊人
臺邿國貴族墓地遺址 M5,整理者稱爲"邿公典盤"①,林聖傑稱
爲"公典盤"②。該墓年代簡報整理者定爲春秋中期晚段,又指出
"銅器又多是專爲墓主人隨葬而作,排除了承自前代的可能性,
因此其隨葬品中的多數銅器和陶器可作爲這一時期具有代表性
的器物","從邿公典盤銘來看,字體已顯瘦長,……尤其接近
於 50 年代河南洛陽中州大渠出土的齊侯鑒,如盤銘中的子、姜、
其、眉壽、永保等與後者的字形、字體完全相同"。據墓葬時代和
銘文字體風格,邿子姜首盤的時代應定爲春秋中期晚段,齊侯
鑒(齊侯盂)一般定爲春秋晚期,二者在時間上較爲接近,字體風

　　①　山東大學歷史文化學院考古系:《長清僊人臺五號墓發掘簡報》,《文
物》1998 年第 9 期,第 18—30 頁。
　　②　林聖傑:《公典盤銘文淺釋》,《中國文字》新二十七輯,藝文印書館,2001 年,
第 91—102 頁。

格相近也是很正常的現象。

鮑子鼎（《通鑒》2404，圖二），2007年發現於西安，吳鎮烽《鮑子鼎銘文考釋》[1]一文公布了銅器器形及銘文照片，定此器時代爲春秋晚期：

圖二　鮑子鼎
（《通鑒》2404）

> 此鼎的造型與光緒十八年（1892年）出土於河北易縣的齊侯鼎、1956年春山東省臨淄縣姚王村出土的國子鼎非常接近。所飾蟠螭紋也常見於同時期的齊器，是典型的春秋晚期齊器風格。特別是"××（作器者）作滕×××（出嫁的女子）××（陪嫁的器物名，鮑子鼎省略）"的銘文格式，"它它巸（熙）巸（熙），男女無期（期）"的銘文用語，都和齊侯鼎、慶叔匜完全相同，就連字體寫法以及"保"作"俘"、"作"作"伐"、"期"作"巷"、"永"作"羕"與慶叔匜也完全相同。因此，筆者判斷該鼎鑄造於春秋晚期後段。

按，其説當可從。

齊良壺（《集成》9659，圖三），傳世器，未見器形，僅有拓本傳世。張俊成認爲"從銘文特徵看，結體狹長，書風和春秋晚期偏晚鮑子鼎近似，故考訂該器年代爲春秋晚期。"[2]

按，將此器與鮑子鼎銘文仔細比較，發現二者在風格上還是存

① 吳鎮烽：《鮑子鼎銘文考釋》，《中國歷史文物》2009年第2期，第50—55頁。
② 張俊成：《東周齊國銘文綜合研究》，第78頁。

圖三　齊良壺(《集成》9659)　　　圖四　襄鼎(《集成》2551)

在一定差異,如"乍"、"其"、"碁"、"子"、"永"、"保"等字的綫條和結構還是存在不小的區別。所以,將鮑子鼎銘文與此銘文相比附是不合適的。齊良壺的銘文整體風格與典型的齊系文字並不相同,而與南方吳楚文化區的某些銅器銘文風格相近。如將齊良壺銘文與襄鼎(《集成》2551,圖四)銘文相比較,可以發現二者在風格上十分接近,文字形體都比較修長,"乍"、"其"、"碁"、"子"、"永"、"保"等字綫條和結構也比較相近。襄鼎銘自稱"礴鼉",朱鳳瀚曾指出"春秋時楚鼎或稱石它",可能是楚地地方性方言對鼎的異稱①。"石它"顯然與"礴鼉"爲異體關係,祇不過後者綴加了形符"鼎"而已。劉彬徽認爲襄鼎應屬於楚鼎,顯然是正確的②。齊良壺銘文自稱"壺蓋",與 1994 年湖北隨州義地崗曾國墓出土的黄仲酉壺、

---

① 朱鳳瀚:《中國青銅器綜論》,上海古籍出版社,2009 年,第 89 頁。
② 劉彬徽:《楚系青銅器研究》,湖北教育出版社,1995 年,第 115 頁。

可方壺銘文自稱"行盉"情況也相類。總之,齊良壺銘文在風格上受吳楚文化影響比較大,這可能和齊國與楚國交流比較頻繁有關①。裹鼎,陳佩芬《夏商周青銅器研究》五五六定時代爲戰國早期,則齊良壺的時代也應該定爲春秋晚期至戰國早期之際。

齊縈姬盤(《集成》10147),原爲清宮舊藏,現藏北京故宮博物院。此盤形制《通鑒》14439 號描述爲"侈口,淺腹,圈足外撇。雙附耳起於腹部,各飾有一對伏犧。以蟠螭紋爲立體紋飾"。《商周青銅器銘文選》、《集成》定時代爲春秋早期,《通鑒》定爲春秋後期。按,此盤形制屬於彭裕商《春秋青銅器年代綜合研究》中的 Aa 型Ⅰ式,此種器形承襲西周晚期,"主要流行於春秋早期,少數延及中期前段"②。今從《商周青銅器銘文選》的意見定此器時代爲春秋早期。

齊侯盤(《集成》10117)、齊侯匜(《集成》10242),趙明誠《金石錄》卷十二云:"右齊侯盤銘,政和丙申歲(即公元 1116 年),安丘縣民發地得二器,其一盤、其一匜,驗其文蓋齊侯爲楚女作。"原器不傳,銘文摹本見於著錄,《博古圖錄》卷二一·一三收錄齊侯盤器形(圖五),《商周金文通鑒》定此器時代爲春秋中期,描述該器形制紋飾:"窄沿直口,附耳高出器口,圈足下有三個圓雕豬形足。耳上飾雷紋,腹飾圓渦紋間變形獸體紋。"《集成》定此器時代爲春秋早期。按,此種形制的盤,屬彭裕商《春秋青銅器年代綜合研究》所分的 Ab 亞型,該型主要

圖五　齊侯盤

---

① 另一方面,也不能排除"齊良"因爲婚姻、入仕等原因離開齊國而生活在吳楚文化區這種可能。

② 彭裕商:《春秋青銅器年代綜合研究》,中華書局,2011 年,第 92 頁。

特點爲"圈足下有獸足形小跗足,數量不多,形制變化不大,不分式。主要流行於春秋早期,下限延及春秋中期前段"[1]。從器形來看,似乎定爲春秋早期或中期前段皆可,但考慮到銘文的整體風格,尤其是"寶"所从"貝"的寫法,我們傾向於定此器時代爲春秋早期。齊侯盤"寶"作"",所从"貝"下部作三筆,寫法較爲相近的"寶"還見於 1972 年夏山東鄒縣邾國故城址出土的"弗奴父鼎"作"",此器時代爲春秋早期。這種寫法的"寶"在春秋中期暫時尚未見到,所以我們認爲齊侯盤(《集成》10117)、齊侯匜(《集成》10242)的時代應以定在春秋早期爲宜。

齊侯作孟姬盤(《集成》10123),原爲瞿木夫舊藏,器形未見,僅有銘文拓本見於著録。《集成》定此器時代爲春秋晚期,《通鑒》籠統地定爲春秋時期,張俊成定爲春秋早期,認爲"銘文書風爲春秋早期風格,字形方正,結體疏朗,銘文風格與春秋早期齊侯子行匜近似"[2]。因未見該器形制,我們不宜作較爲絶對的論斷,今依《通鑒》定爲春秋時期。

齊叔姬盤(《集成》10142),山東濟南博物館入藏,其來源據于中航《濟南市博物館藏商周青銅器選粹》一文介紹可能是從回收金屬物中揀選或文物商店所收傳世[3],文中指出此器形制"高14.5、口徑 46 釐米。敞口,矮圈足,附耳。體飾渦文及竊曲紋,足飾垂鱗紋。盤心有二十二字銘文"。于中航定此器時代爲春秋早期,其説可從。

齊不遌鬲,《集成》未收録,《三代》(5.35.2)、《貞松》(4.10)、《善

---

① 彭裕商:《春秋青銅器年代綜合研究》,第 93 頁。
② 張俊成:《東周齊國銘文綜合研究》,第 42 頁。
③ 于中航:《濟南市博物館藏商周青銅器選粹》,《海岱考古》第一輯,山東大學出版社,1989 年,第 320—325 頁。

齋》(3.23)、《山東成》(235)曾著録。《通鑒》録此器形制,描述爲:"直口寬平沿,束頸寬弧襠,三條蹄足,與足對應的腹部各有一道扉棱。腹飾夔龍紋。"此器時代《山東金文集成》定爲春秋早期,《通鑒》定爲西周晚期。春秋早期鬲的樣式與西周晚期相比變化不是非常明顯,從形制上看此器時代可能爲西周晚期到春秋早期之際。

粱可忌豆(《近出》543),1987年8月出土於山東淄博市臨淄區白兔邱村,現藏臨淄齊國故城博物館。高22、口徑17、腹深9.3釐米,失蓋,體呈半球形,有子口,沿外侈,細柄,喇叭形圈足,口沿下有一對環耳,通體光素①。此豆的時代何琳儀認爲屬於晚周晚期②,張龍海認爲屬於戰國時期③,孫敬明④認爲此敦時代應屬於春秋晚期:

> 從形制比較,齊國故地這種銅豆較少見,但在今河北、山西以及山東南部則有所發現。如山東滕州莊里西戰國早期墓中出土銅豆兩件,形制相同,口徑17.5、通高29釐米。這兩件銅豆形制,甚至口徑與高度(加蓋通高)也跟蒜可忌銅敦相近似。再如,山東薛國故城春秋晚期M6出土雙環耳銅蓋豆兩件,還有山東萊西上崗春秋至戰國時期墓葬中出土兩件銅豆,其與蒜可忌敦亦相近似。以及,河北新樂中同村戰國墓中出土銅蓋豆,口徑16.2、通高24.4釐米,亦與蒜可忌敦相似。由上資料可以看出,這種形制銅豆(或敦)流行的時代在春秋與戰國之際。
>
> 再從銘文看,其通篇布局並不像戰國時期的陳侯午敦、陳逆簠銘文那樣整齊劃一,文字結體較長大、鬆散,亦不像戰國

---

① 吳鎮烽:《商周金文通鑒》(1.0版),06152號。
② 何琳儀:《節可忌豆小記》,《考古》1991年第10期,第939頁。
③ 張龍海:《山東臨淄出土一件有銘銅豆》,《考古》1990年第11期,第1045頁。
④ 孫敬明:《臨淄出土蒜國銅敦考》,《考古發現與齊史類徵》,第86—89頁。

文字那樣正整細緻。銘文内容，如"惟王正九月辰在丁亥"，這樣語句，戰國幾乎不見。如：余義編鐘"惟正九月初吉丁亥"，子璋鐘"惟正十月初吉丁亥"，鼄兒鼎"惟正八月初吉壬申"，丁兒鼎"惟正七月壬午"這些銘文句式，大都爲春秋時期或早些時候。

……

綜合考究，此敦的年代應以何先生所定爲春秋晚期爲當。

可見此敦的時代應屬於春秋晚期。

拍敦(《集成》4644)，此器未見器形傳世，《集成》、《通鑒》6062定銘文時代爲春秋晚期。從文字風格上看，定此器時代爲春秋晚期當可從。

(二) 戰國時期齊國有銘銅器綜理

國子鼎(《集成》1348)，1956 年前後在山東臨淄城南徐姚鄉姚王村出土，爲當地村民打井時發現。出土鼎 8 件，皆"素面、平口、蹄足、有雙護耳，蓋上有三個長方形鈕，中間有一半環形鈕，腹部有一道凸起的弦文。内有銘文，文爲'國子'。全高 33，口徑 34，足高 11 釐米"①。這幾件鼎的時代，《臨淄郎家莊一號東周殉人墓》一文認爲"不會晚於春秋末期"②。亦曉撰文認爲此説可商，指出國子鼎器群的"組合、形制與郎家莊一號墓和平度東嶽石村戰國墓相近，其年代應屬戰國。銘文簡約到祇記器主名，字體小而方，與'齊侯午敦'和'齊侯因敦'相近，都是戰國時代的特徵，因此，國子鼎的年代仍以定爲戰國時代爲宜"③。張俊成進一步認爲此鼎時

---

① 楊子範：《山東臨淄出土的銅器》，《考古通訊》1958 年第 6 期，第 50 頁。
② 山東省博物館：《淄郎家莊一號東周殉人墓》，《考古學報》1977 年第 1 期，第 73—104 頁。
③ 亦曉：《讀者來信》，《考古》1980 年第 1 期，第 83、87 頁。

代爲戰國早期偏晚，"此鼎的形制在戰國早期的墓葬中出土甚多，比如臨淄東夏莊 M5、臨淄相家莊 M6、平度東嶽石 M16 等（原注：王青《海岱地區周代墓葬研究》，濟南，山東大學出版社，2002 年），形制皆流行粗壯蹄足、厚直附耳、素面，中腹多飾一道凸弦紋"①。按，鼎銘"國"的寫法與戰國陶文風格很近，而與春秋時期風格存在差別（參看下表），這也説明定此鼎的時代爲戰國時期是很合適的，今從張俊成説定此鼎時代爲戰國早期。

春秋	（國差䑺）			
戰國	（國子鼎）	（國楚造車戈）	（陶録 2.25.5）	（陶録 2.25.2）

　　陳喜壺，1952 年由山西省人民委員會文物室何澤農從太原市古董商王複元處收購，現藏山西省博物館②。

　　馬承源《陳喜壺》③一文首次公布了該器的銘文拓本、摹本及器形照片（圖六），此後于省吾、陳邦懷、黃盛璋、石志廉④、安志敏⑤、張頷⑥分別撰文進行了討論。討論的重點主要集中在以下兩個方面：

---

① 張俊成：《東周齊國銘文綜合研究》，第 80 頁。
② 張頷：《陳喜壺》，《文物》1964 年第 9 期，第 37—40 頁。
③ 馬承源：《陳喜壺》，《文物》1961 年第 2 期，第 45—46 頁。又馬承源：《陳喜壺》，《馬承源文博論集》，上海古籍出版社，2007 年，第 116—117 頁。
④ 于省吾、陳邦懷、黃盛璋、石志廉：《關於〈陳喜壺〉的討論》，《文物》1961 年第 10 期，第 35—38 頁（此文包括：于省吾：《陳僖壺銘文考釋》；陳邦懷：《對〈陳喜壺〉一文的補充》；黃盛璋：《關於陳喜壺的幾個問題》；石志廉：《陳喜壺補正》）。
⑤ 安志敏：《"陳喜壺"商榷》，《文物》1962 年第 6 期，第 21—23 頁。
⑥ 張頷：《陳喜壺辨》，《文物》1964 年第 9 期，第 37—40 頁。

圖六　陳喜壺（《銘文選》852）

1. 所謂"喜"的隸釋以及"陳喜"是否爲"陳乞"的問題

馬承源指出"喜"右部還有筆畫："在拓本上,喜字右旁似有筆畫,鑄模高低不平,可能是欠字,字也略斜,已模糊不清,爲方便起見,逕寫作喜字。"于省吾認爲所謂"喜"應爲"僖"："僖字原文釋作喜,據拓本喜字右側从 ,非从欠,隱約可辨,應釋爲僖,因爲古文字的偏旁,往往左右變動不居。"安志敏認爲："審視該字右側的偏旁不像欠或 字,雖還弄不清其結構,大體與'喜'字是可以通用的。"張頷認爲該字右側筆畫未弄清楚,不能"斷然判爲'僖'字",也可能是从"喜"的其他字,如"慸"、"鼓"之類。

關於"陳喜"的身份,馬承源認爲"陳喜"就是"陳乞"："陳喜即陳僖子,就是陳乞,《史記》作田乞,事見《春秋·哀公六年》。僖與喜音同,可通假,也有可能古人爲了解釋謚號的關係,易喜爲僖字。"于省吾、陳邦懷、黄盛璋皆贊同此説,認爲"陳喜"即"陳乞"。安志敏認爲此説"並不那麽確鑿",首先銘文的書體與陳僖子的時代不吻合，再者陳姓貴族名"喜"者也不止"陳喜"一人，例如還有見於《竹書紀年》的"孺子喜"，另外，古代作器者不一定都見於經傳。因此他認爲"陳喜很可能是陳僖子以外的另一個人"。張頷一方面認爲所謂"喜"的隸釋還存在疑問，不能確定是"喜"，另一方面也認爲此人未必見於經傳。

2. 銘文是否後來鑲嵌及壺的形制、紋飾與銘文時代相矛盾的問題

關於此壺的時代，馬承源認爲應爲齊悼公元年（即公元前488年），他認爲銘文"再立事歲"是指"陳僖子立公子陽生（悼公）、爲齊相繼續執政的那一年"。黃盛璋認爲"再立事歲"應該是指陳乞爲邑大夫之年，定此壺年代爲"齊景公"時期。安志敏在《"陳喜壺"商榷》一文中指出該壺的形制和銘文風格之間存在矛盾，認爲"該壺的器形、紋飾和銘文的時代並不一致，從器形和紋飾上看，它顯然具有西周晚期以至於東周早期的作風，而銘文卻具有六國文字的特點"，"同樣形制或花紋相近的銅壺，在過去頗有著録，特別是與洹子孟姜壺尤爲接近，這些事實說明了從陳喜壺的形制和紋飾上看，至晚也應該屬於春秋早期"。在目驗原器及仔細觀察了壺耳、銅環等部位的基礎上，他得出了如下結論："陳喜壺器和銘文俱非偽作，但係用兩件不同時期的器物的一部分拼湊而成，甚至於連雙耳和銅環也都是用其他器物拼湊上去的，因此就失去了作爲一件斷代標準器的作用，根據銘文判斷，當確屬田齊之器，其行款書風都具有戰國時期的作風。"其實，銘文風格與壺的形制之間的矛盾，馬承源當初也已經注意到，他給出了這樣的解釋："此器器底的作法，與陳純釜、子禾子釜完全相同，紋飾與陳肪簋蓋相同而與洹子孟姜壺略異，但全爲環帶紋，陳矦午簋也作環帶紋，而稍有變化。從以上諸器看來，春秋末期尚采用西周以來的傳統紋飾，與當時一般流行的紋飾相去甚遠，足見當時齊國青銅器的形制和紋飾，在相

當程度上,還保留着比較早的式樣。"後來,針對安志敏所提出來的種種疑問,張頷撰寫了《陳喜壺辨》一文進行了辯駁,該文指出壺耳應該是分鑄上去的,"壺頸内部銘文的四周與頸内壁間確有較爲顯著的高低不平的痕跡,但是,如細緻地觀察,便會發現它實爲鑄造的痕跡而不是鑲嵌的痕跡",形制、紋飾和文字時代之間的矛盾他給出的解釋和馬承源的看法相類,認爲:"某些田齊的銅器,在時代作風上也不是完全界綫分明的。正如田齊晚期的陳侯午段的方座上也飾有相似的環帶紋飾,而他的銘文字體風格也和陳喜壺銘文字體風格近似。至於陳喜壺耳環上的紋飾也不能認爲很晚,上村嶺出土銅罐腹部就有這樣的花紋(原注:見《上村嶺虢國墓地》圖八,3)。"考慮到此壺器底的作法與陳純釜、子禾子釜相同,紋飾與陳侯午簋上的紋飾相類及晚期的器形可能具有仿古的傾向,加之銘文本身的時代風格等因素,我們認爲《集成》等定此器時代爲戰國早期是可信的。

陳逆盤(《集成》4629),《攈古録》卷三·十二記載"江蘇甘泉汪仲窓藏器,燬於火,積古齋録江子屏(按:即江藩)搨本"。江淑惠《齊國彝銘彙考》指出:"則攈古録成書(公元1850年)之前,陳逆簠原器已燬,積古、攈古著録者僅其銘文摹本。《攈古録》成書之後之各書有録陳逆簠銘文拓本者,經張光裕《僞作先秦彝器銘文疏要》辯證,均屬僞銘。"[1]按,張光裕先生所辯證的僞銘今又見於《中日歐美澳紐所見所拓所摹金文彙編》一四〇至一四五頁器(三)至器(十)。此外,《臨沂縣誌·金石志》[2]卷十二也收録一件題爲"周陳逆簠"的銘文摹本和器形綫圖,此器下落該書稱"今歸邑人狄建鏊",現在看來此器銘文很可能也是僞作的。《考

----

① 江淑惠:《齊國彝銘彙考》,臺灣大學出版委員會,1990年。
② 沈兆褆等修,王景佑等纂:《臨沂縣誌》(影印本),成文出版社,1968年,第646—647頁。

古》2005 年 2 期《貴州省博物館收藏的先秦至漢晉時期青銅器》①一文又公布了一件貴州省博物館收藏的"陳逆簠"器形照片及銘文拓本，該文同時指出："細審銘文筆畫，似也有拼湊痕跡和乖謬處。因此，此器是否屬晚期拼接甚至仿製，還需要仔細研究。"已對此器真偽表示懷疑，此後石蝶在《關於貴州省博物館的 8 件先秦青銅器》②一文中更是明確指出此器銘文爲偽作。由此看來，陳逆盨銘文作偽曾風靡一時，後世所見拓本應該都是拼湊而成，《集成》4630 所録拓本爲陳承修猗文閣拓本，可能也有問題。所以我們在討論與此銘文内容相關的問題時，皆以《集成》4629 所録積古齋摹本爲依據。銘文中"陳逆"見於《左傳·哀公十四年》，銘文又自稱"陳桓子之裔孫"，則此器當作於齊簡公、平公之世，爲戰國早期器。阮元將銘文"唯王正月，初吉丁亥"與杜預《春秋長曆》相參照，認爲此器作於魯哀公二十年正月丁亥，此時齊爲齊平公，可備一説。

陳逆簠（《集成》4096），原藏葉東卿，此器與陳逆盨爲同一人所作之器，其時代應與陳逆盨相同，都爲戰國早期。

陳曼盨，傳世器，共有兩件。一件原爲葉東卿舊藏，現藏上海博物館，《集成》4596 號收録此器銘文拓片。另一件原爲清宫舊藏，現藏臺北故宫博物院，《集成》4595 號據此器銘文拓片收録。陳曼其事蹟不見於史傳，郭沫若《兩周金文辭大系圖録考釋·陳曼簠》認爲"陳曼疑即田襄子盤……獻叔殆田成子常之字"，僅備一説。其形制《通鑒》描述如下："窄沿外招，直腹下部向内折，然後收成平底，下承四隻斜支足，足底作蹼形，腹兩端有

　　①　程學忠：《貴州省博物館收藏的先秦至漢晉時期青銅器》，《考古》2005 年第 2 期，第 93—96 頁。
　　②　石蝶：《關於貴州省博物館的 8 件先秦青銅器》，《文物世界》2006 年第 1 期，第 71—74 頁。

一對獸首耳。口邊飾蟠龍紋,腹飾方折式卷龍紋。"朱鳳瀚《中國青銅器綜論》認爲這種斜支足"實際上是長方形圈足特大其中間缺口而形成的"[①],定此器時代爲戰國早期,從文字風格上來看其説法當可信。

　　除以上所論者,齊國戰國早期銅器還有陳貶簠蓋(《集成》4190)、禾簠(《集成》3939)等,戰國中期銅器還有陳侯因資敦(《集成》4649)、十四年陳侯午敦(《集成》4646、4647)、鄘公孫潮子鐘(《集成》06—09)、鄘公孫潮子鎛(《近出》04、05)、陳璋方壺(《集成》9703)、陳璋圓壺(《集成》9975)、陳純釜(《集成》10371)、左關之鈳(《集成》10368)、子禾子釜(《集成》10374),右里段量(《集成》10366)當屬戰國晚期齊國銅器。

二、魯國銅器及其時代

　　目前所見東周時期魯國有銘銅器,皆屬於春秋時期,尚未見到戰國時期魯國銅器。在這些有銘銅器中,大部分屬於"滕器",銘辭較短,格式也比較固定。

　　魯伯大父作季姬簠(《集成》3974),1970 年山東歷城北草溝出土,此簠形制《通鑒》指出:"弇口鼓腹,隆蓋上有圈狀捉手,圈足下連鑄三個獸面扁足,獸首圈耳,下有垂珥。蓋沿和口沿下飾竊曲紋,蓋上和器腹飾瓦溝紋,圈足飾垂鱗紋。"朱活認爲此簠"以竊曲紋爲主,紋飾較平淺,蓋頂把手内之圓形鳥紋圖案與西周中葉以後鳥文圖案有别,刀法不再拘謹,亦不像戰國器紋飾趨於精細優美,……我們認爲魯伯大夫滕季姬簠應爲春秋初到中葉的魯國鑄

---

① 朱鳳瀚:《中國青銅器綜論》,第 142 頁。

器"①,今從其説。同一人所作之器還有"魯伯大父作仲姬俞簋"(《集成》3989)、"魯伯大父作孟姬姜簋"(《集成》3988),時代也應屬於春秋早期至中期。

歸父敦(《集成》4640),此器"體呈扁圓形,侈口束頸,斂腹平底,腹部有一對環耳,蓋面隆起,上有圈狀捉手。捉手内飾渦紋,器肩飾兩道弦紋"(《通鑒》6058 號),銘文中的"歸父",李家浩認爲此人即見於《左傳·宣公十年》的"公孫歸父"②,他認爲此器的時代"當在公元前 601 年之前,約在魯文公、宣公之際",其説可從。

魯伯俞父盨(《集成》4566—4568),此爲傳世器,此盨形制《通鑒》描述爲:"平折沿,斜腹平底,方圈足,圈足每邊各有一個壺門式缺,兩端有一對獸首耳。口沿下飾雷紋,四壁飾雙頭夔紋,圈足飾雲紋。"定爲春秋早期,當可從。此外,魯國銅器中從形制上看,屬於春秋早期的還有"魯宰駟父鬲"(《集成》707)、"魯伯敢匜"(《集成》10222)、"魯大司徒子仲伯匜"(《集成》10277)、"魯司徒仲齊盤"(《集成》10116)、"魯司徒仲齊盨"(《集成》4441)、"魯仲齊甗"(《集成》939)、"魯司徒仲齊匜"(《集成》10275)、"魯仲齊鼎"(《集成》2639)、"魯士厚父盨"(《集成》4517)、"魯伯厚父盤"(《集成》10086)、"魯伯者父盤"(《集成》10087)、"□仲盨"(《集成》4534)、"魯宰虩盨"(《小邾國遺珍》46 頁)等,不再一一介紹。"魯大左司徒元鼎"(《集成》2592)、"魯大司徒厚氏元鋪"(《集成》4689)、"魯大司徒元盂"(《集成》10316)、"魯少司寇盤"(《集成》10154)皆屬於春秋中期時器。

---

① 朱活:《山東歷城出土魯伯大夫媵季姬簋》,《文物》1973 年第 1 期,第 64 頁。

② 李家浩:《魯歸父敦小考》,《文史》第二十六輯,中華書局,1986 年,第 12 頁。

三、滕國銅器及其時代

滕國春秋時期的銅器有"滕大宰得匜"(《近出》1011),其時代爲春秋中期;"滕侯敦"(《集成》4635),時代當爲春秋晚期;"滕侯賕鐘"(《東方博物》第三十六輯)也屬於春秋晚期器。又有"楸鎛"(《山東金文集成》104—108頁),其時代當爲戰國早期。以上滕國銅器對研究滕國東周時期的世系,具有重要的參考價值,相關討論詳本章第二節"滕國東周世系補論"部分。

四、莒國銅器及其時代

莒侯少子簋(《集成》4152),此簋形制爲"侈口束頸,鼓腹,矮圈足下連鑄方座,雙耳作伸頸龍形,下有鉤狀垂珥,腹和方座壁均飾環帶紋"(《通鑑》4642號),吳鎮烽認爲屬於春秋晚期。按,從其銘文字體風格來看,此器或應定爲戰國早期以後。

莒叔仲子平鐘,1975年山東莒南縣大店鎮二號墓,共出土九件,《莒南大店春秋時期莒國殉人墓》[1]認爲銘文中的"平"即後來的莒茲平公,《左傳·僖公二十六年》"(僖公)會莒茲平公、寧莊子盟於向,尋洮之盟也。"杜預注:"茲平,時君之號。莒夷無謚,以號爲稱。"其說很可能是正確的,則此鐘的時代應爲春秋中期。銘文中"仲子平"與莒大叔平瓠壺(《山東金文集成》634頁)銘文中的"大叔平"二者很可能就是一個人,此壺1988年出土於山東莒縣中樓鄉,呈瓠瓜形,通體光素。《通鑑》定爲春秋晚期似過晚,其時代也應定爲春秋中期。

---

① 山東省博物館等:《莒南大店春秋時期莒國殉人墓》,《考古學報》1978年第3期,第335頁。

莒大史申鼎，此爲傳世器，其形制爲"寬薄沿，淺腹圜底，雙立耳已失，三足下段殘。口下飾蟠虺紋，三足上部飾獸面"(《通鑒》1749 號)。吳鎮烽定爲春秋晚期，應可從。

五、曹國銅器及其時代

曹伯炆簋，此器舊出於山東，僅剩殘蓋，陳邦懷①將銘文中的"![字]"與文獻記載的"曹伯赤"相聯繫，未必可信。從文字風格上來看，應屬於春秋時期。

六、邾國銅器及其時代

邾國有銘銅器，皆屬於春秋時期器，鐘銘中"邾公牼"(邾公牼鐘，《集成》149—52)即"邾宣公"，"邾公華"(邾公華鐘，《集成》245)即"邾悼公"，二者所處的時代皆爲春秋晚期。除此之外"邾大宰簠"(《集成》4623)、"邾大宰鐘"(《集成》86)、"邾公孫班鎛"(《集成》140)、"邾君鐘"(《集成》50)其時代也屬於春秋晚期。餘者如"邾叔之伯鐘"(《集成》87)、"邾來隹鬲"(《集成》670)、"邾訧鼎"(《集成》2426)、"邾□伯鼎"(《集成》2640)、"邾伯御戎鼎"(《集成》2525)等，《集成》、《通鑒》等都認爲屬於春秋早期，應是可信的。

七、郳國銅器及其時代

郳國，又稱小邾國，所見有銘銅器有邾友父所作"匝"(《集

---

① 陳邦懷：《曹伯狄簋考釋》，《文物》1980 年第 5 期，第 67、27 頁。

成》10236）、"鬲"（《集成》717）等，還有郳君慶、郳公子害、郳公鈺等所作器，此外還有"郳公鎛"、"郳公克敦"（《集成》4641）等，詳見本章第三節相關討論，此不綴述。

八、杞國銅器及其時代

杞伯每刃簋，同一人所作器主要有簋（《集成》3897－3902）、壺（《集成》9687－8）、鼎（《集成》2494－5、2642、2428）、匜（《集成》10255）、盨（《集成》10334），《文博》2011年1期又刊布了一件豆形簋的器形照片和銘文照片。以上所列杞國銅器有一部分出土於山東新泰縣，據曾毅公《山東金文集存》介紹，清道光、光緒年間山東新泰縣曾出土一批杞國銅器，計有鼎二、簋四、壺一、匜一、盨一。銘文中"刃"作如下形體：

（《集成》2494）　（《集成》2495）　（《集成》3897）

（《集成》3899－2）　（《集成》9687）

此字吳大澂《愙齋集古錄》第五冊·十九釋作"父"、劉心源《奇觚室吉金文述》卷一·二四釋作"匕"，讀爲"化"，皆不可從。郭沫若《兩周金文辭大系圖錄考釋·杞子每刃鼎》釋爲"刃"，認爲"每刃者，余意即謀娶公"。楊樹達《積微居金文說》釋爲"刃"，他指出："每刃之名不見於經傳，余疑其即杞孝公也。《春秋》襄公二十三年書'杞伯匃卒'即孝公也。字似匃而非匃，秦漢間人不識古字，誤認爲匃耳。"[1]他還指出"古人於二字之名往往單稱一字"，並舉晉文公重耳又稱晉重、魯隱公姑息又稱息、杞平公鬱釐又稱鬱爲例，所以每

亡可以稱勾。按楊樹達釋此字爲"刅"於形體不合，但他認爲每亡即杞孝公"勾"很可能是對的。"杞孝公"立於魯襄公七年（前566），在位十七年，其所屬的時代應爲春秋中期，則以上所列諸器的時代都應屬於春秋中期。

九、邿國銅器及其時代

邿遣簋（《集成》4040），此簋形制"弇口鼓腹，一對獸首耳，下有垂珥，圈足下連鑄三個獸面扁足，蓋上有圈狀捉手。蓋沿和器口下飾竊曲紋，蓋上和器腹飾瓦紋，圈足飾垂鱗紋"（《通鑒》4530）。此種形制的簋承自西周，主要流行於春秋早期，彭裕商《春秋青銅器綜合研究》將此種形制的簋列爲 A 型 I 式，同樣類型的簋還見於湖北棗陽墓和湖北隨縣安居桃花坡 M1，故此簋時代當爲春秋早期。同人所作器還有"邿造遣鼎"（《集成》2422），郭沫若《兩周金文辭大系圖録考釋·邿造遣鼎》認爲"邿艁遬即前段之邿遬。艁與遬一字一名也。艁即造之異，遬亦當是遣之緐文"。

此外，屬於"邿"國的銅器還有"邿伯鼎"（《集成》2601）、"邿伯祀鼎"（《集成》2602），從形制和銘文風格來看，《集成》等定爲春秋早期應可從。

十、薛國銅器及其時代

薛侯盤（《集成》10133），此盤形制爲"窄沿方唇，腹圜收，圈足外侈，下沿有邊圈，圈足上附鑄三條獸面矮足，腹兩側有一對附耳高出器口。腹壁飾竊曲紋，圈足飾鱗紋"（《通鑒》14425）。此類形制的盤多見於西周晚期和春秋早期，從銘文字體來看當屬於春秋早期，同銘的還有一件"匜"（《集成》10263），其時代也應屬春秋早期。

　　走馬薛仲赤盨(《集成》4556)，1973年出土於山東滕縣官橋公社薛城遺址，同出的還有一件"薛子仲安盨"(《集成》4546)，二者形制、紋飾相同，皆爲"長方體，斜壁平底，折沿甚窄，蓋與器形制相同，側壁有一對獸首鋬，方圈足外撇，中部有長方形缺。蓋和器紋飾相同，口沿和圈足飾S狀竊曲紋，腹飾卷鼻獸紋"(《通鑒》5827)。此盨折沿較窄，符合春秋早期盨的特點。

十一、鑄國銅器及其時代

　　鑄侯求鐘(《集成》47)，原爲羅振玉舊藏，形制爲甬鐘，"有幹有旋，兩銑較鋭，題兩側有扉棱。邊扉飾雲紋，篆間飾變形夔紋，鉦間飾雙頭夔紋，鼓部飾對夔紋"(《通鑒》15139)，應屬於春秋早期風格。

　　鑄子叔黑臣盨(《集成》4570、4571)，據《山東金文集存》介紹，此器清光緒初年出土於山東桓臺縣，同人所作器還有鬲(《集成》735)、鼎(《集成》2587)、匜(《集成》4423)等。該盨現藏故宮博物院，其形制爲"敞口折沿，腹壁斜收，平底，方圈足沿外撇，各邊中部有長方形缺口，兩短壁鑄有獸首耳，蓋的口沿每邊有一個小卡扣。口沿飾獸體卷曲紋，四壁飾相背式卷體夔龍紋"(《通鑒》5881)。其口沿較窄，從形制上看其時代應屬於春秋早期。

　　鑄子無匜(《集成》10210)，此器現藏山東省博物館，形制未詳，《通鑒》(14884號)定其時代爲春秋早期，應可從。

　　鑄叔作嬴氏盨(《集成》4560)，同銘的還有一件鼎(《集成》2568)，此器形制未詳，從銘文字體和格式來看，具有春秋早中期的作風，其時代很可能屬於春秋早期。

　　鑄公盨蓋(《集成》4574)，衹有蓋，器已丢失，呈方形，"蓋作窄平沿，腹斜收，腹壁兩側有一對獸首耳，長方圈捉手，每面正中有長

方圓角形缺口。蓋頂飾交龍紋,口沿下飾變形獸體紋,腹壁飾卷體
夔龍紋"(《通鑒》5855)。從形制上看,應爲春秋早期器。

鑄司寇鼎(《新收》1917),此器現藏臺北柯氏,袁國華《鑄司寇
鼎銘文淺釋》①一文載有此鼎器形照片和銘文摹本。據該文介紹,
此鼎"通高三十公分……其形制爲直(立)耳,微侈口,圓腹圜底,三
足(獸蹄足),腹釋垂磷紋,通體黑色,應屬春秋時代",其說可從。

十二、邳國銅器及其時代

邳伯罍(《集成》10006、10007),1954 年山東文物管理處收到
嶧縣文化館送交的兩件銅罍,銘文内容相同,據銘文内容一般稱此
罍爲邳伯罍,王獻唐《邳伯罍考》②一文對銘文進行了研究,定這兩
件罍的時代爲戰國早期,其說可從(詳本章第三節相關討論)。

十三、異國銅器及其時代

異伯子庭父匜(《集成》10211),1951 年 4 月出土於山東黃縣歸
城區南埠村春秋墓葬,其形制爲"長流槽,龍形鋬,四條獸形扁足。
口沿飾變形獸體紋,腹飾瓦紋"(《通鑒》14885)。從形制上看應屬春
秋早期,同時出土的還有同一人所作的盤(《集成》10081)、盨(《集
成》4442)等,銘文出土以後王獻唐撰有《黃縣異器》一文,結合甲骨
和金文與異國相關的材料,對黃縣所出銅器銘文進行了考釋③。

異甫人匜(《集成》10261),此爲傳世器,形制未見,銘文作"異

---

① 袁國華:《鑄司寇鼎銘文淺釋》,《第三屆國際中國古文字學研討會論文集》,問
學社,1997 年,第 473—485 頁。
② 王獻唐:《邳伯罍考》,《考古學報》1963 年第 2 期,第 59—64 頁。
③ 王獻唐:《山東古國考·黃縣異器》,齊魯書社,1983 年,第 3—158 頁。

甫(夫)人余,余(徐)①王寬②(宿)③戲孫",從銘文風格上來看,應屬於春秋時期。

吳公壺(《集成》9704),僅見銘文摹本傳世,其時代風格也屬於春秋時期。

第二節　齊系題銘與諸國、世族
東周世系考論

　　東周齊系銅器題銘及部分兵器題銘中記載了諸侯國國君、世族的有關資料,有些國君的名字不見於傳世文獻,有些銘文甚至保存了幾代國君之間的世系關係,這些材料對諸國的歷史研究無疑是寶貴的資料。現在已發現的題銘材料有很多是當時的貴族或望族鑄造的,通過對某些世族的發展進行考察有助於東周時期家族形態的研究,某些世族的世系文獻記載存在很多缺環,齊系題銘相關材料對這些問題的考察有很重要的參考價值。

一、齊系題銘與邾、滕等國東周世系考察

(一) 滕國東周世系補論

　　滕國,始封君爲周文王子錯叔繡,相關記載見於《左傳》、《世本》等文獻④:

---

　　①　李家浩:《攻敔王光劍銘文考釋》,《著名中年語言學家自選集·李家浩卷》,第53—63頁。

　　②　王獻唐:《國史金石志稿》,青島出版社,2004年,第1293頁。從王文耀校記所説。

　　③　徐在國:《叀甫人匜銘補釋》,《古文字學論稿》,安徽大學出版社,2008年,第192—194頁。

　　④　王恩田:《滕國考》,《東夷古國史研究》第一輯,三秦出版社,1988年,第259頁。

《左傳·僖公二十四年》:"管、蔡、郕、霍、魯、衛、毛、聃、郜、雍、曹、滕、畢、原、酆、郇,文之昭也。"注:"十六國皆文王子也。"

《世本》:"錯叔繡,文王子。"(《漢書·地理志》顏師古注引)"錯叔繡封滕"(《路史·後記》卷十注引)。

《世族譜》:"滕,姬姓。文王子錯叔繡之後,武王封之居滕。今沛郡公丘縣是也。"

另外,《漢書·地理志》、《水經·泗水注》還有"錯叔繡爲周懿王子"之説,滕國故城的考古發現已經證明滕國在西周早期即居於山東南部的滕縣,不會晚到周懿王時期①,所以這種説法不可信。王恩田在《滕國考》一文中認爲滕國故城可能爲漢代公丘城的"子城",今滕國故城在今山東省滕州市城關鎮西南 7 公里,另"在滕縣城西南約十五里,方向約 72°的莊里村西調查到一處堌堆遺址,包含了自龍山文化直至漢代的遺存,俗稱爲'城頂',傳爲公丘故城址"②。與《春秋·隱公七年》杜預注"滕國在沛郡公丘縣東南"和《元和郡縣志》所載"古滕國在滕縣西南十四里,公丘故城在縣西南十五里"相合。據介紹,滕國故城"今城垣殘跡猶存。外城略成長方形,東西橫陳,僅東北隅尚存一城角。子城在外城中央,略呈方形,周長 2 790 米,高出地面 2—3 米,底寬 5—8 米,城址内今有東、西滕城村。城東北隅有高臺,俗稱'文公臺',亦稱'靈臺'。相傳爲滕王宫殿遺基"③(參圖七)。

---

① 王恩田:《滕國考》,《東夷古國史研究》第一輯,第 261 頁。

② 任式楠、胡秉華:《山東鄒縣滕縣古城址調查》,《考古》1965 年第 12 期,第 622—636 頁。

③ 唐敏、尹敬梅、于英華、劉軍等:《山東省古地名辭典》("滕國"條),山東文藝出版社,1993 年,第 198 頁。

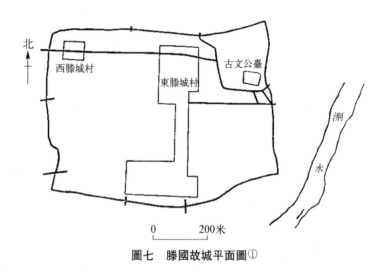

圖七　滕國故城平面圖①

　　20 世紀 80 年代以來，王恩田②、李發林③、陳公柔④、黃盛璋⑤、何光嶽⑥、張志鵬⑦等結合傳世文獻記載及考古發現的青銅器銘文、歷史遺存等資料，對滕國的始封、存滅、世系等問題進行了研究，爲滕國的古史研究奠定了良好的基礎。張志鵬《滕國新考》一文結合新出土的銅器銘文對滕國的世系進行了系統的梳理，列出

　　①　任式楠、胡秉華：《山東鄒縣滕縣古城址調查》，《考古》1965 年第 12 期，第632 頁。
　　②　王恩田：《滕國考》，《東夷古國史研究》第一輯，第 260—269 頁。
　　③　李發林：《滕縣地區古代三個小國歷史試談》，《棗莊師專學報》1989 年第 3 期，第 60—70 頁。
　　④　陳公柔：《滕國、邾國青銅器及其相關問題》，《中國考古學研究——夏鼐先生考古五十年紀念論文集》，文物出版社，1986 年，第 176—190 頁。又陳公柔：《先秦兩漢考古學論叢》，文物出版社，2005 年，第 13—32 頁。
　　⑤　黃盛璋：《山東諸小國銅器研究——〈兩周金文大系續編〉分國考釋之一章》，《華夏考古》1989 年第 1 期，第 73—102 頁。
　　⑥　何光嶽：《滕國考》，《益陽師專學報》1996 年第 2 期，第 65—68 頁。
　　⑦　張志鵬：《滕國新考》，《河南大學學報（哲學社會科學版）》2011 年第 7 期，第 75—81 頁。

了大致可靠的滕國世系,可以參看。進入春秋以後,滕國君主的活動較爲頻繁,其事迹多見於《春秋》經傳(參見下表):

魯　公	滕公/子史跡
魯隱公	七年《經》:**滕侯卒**。　　　　　　　　　　　　　　(公元前 716 年) 　　《傳》:七年春,**滕侯卒**。不書名,未同盟也。 十一年《經》:十有一年春,**滕侯**、薛侯來朝。　(公元前 712 年) 　　《傳》:春。**滕侯**。薛侯。來朝。爭長。
魯桓公	二年《經》:**滕子**來朝。　　　　　　　　　　　　(公元前 710 年)
魯莊公	十六年《經》:冬十有二月,會齊侯、宋公、陳侯、衛侯、鄭伯、許男、滑伯、**滕子**同盟於幽。　　　　　　　(公元前 678 年)
魯僖公	十九年《經》:十有九年春王三月,宋人執**滕子嬰齊**。 　　　　　　　　　　　　　　　　　　　　(公元前 641 年) 　　《傳》:十九年春,遂城而居之。宋人執**滕宣公**。 二十二年《經》:夏,宋公、衛侯、許男、**滕子**伐鄭。 　　　　　　　　　　　　　　　　　　　　(公元前 638 年)
魯文公	十二年《經》:秋,**滕子**來朝。　　　　　　　　　(公元前 615 年) 　　《傳》:秋,**滕昭公**來朝,亦始朝公也。
魯宣公	九年《經》:八月,**滕子**卒。　　　　　　　　　　(公元前 600 年) 　　《傳》:**滕昭公**卒。
魯成公	十六年《經》:夏四月辛未,**滕子**卒。　　　　　　(公元前 575 年) 　　《傳》:夏四月,**滕文公**卒。
魯襄公	五年《經》:公會晉侯、宋公、陳侯、衛侯、鄭伯、曹伯、莒子、邾子、**滕子**、薛伯、齊世子光、吳人、鄫人于戚。　(公元前 568 年) 六年《經》:**滕子**來朝。　　　　　　　　　　　(公元前 567 年) 　　《傳》:秋,**滕成公**來朝。始朝公也。 九年《經》:冬,公會晉侯、宋公、衛侯、曹伯、莒子、邾子、**滕子**、薛伯、杞伯、小邾子、齊世子光伐鄭。　(公元前 564 年) 十年《經》:公會晉侯、宋公、衛侯、曹伯、莒子、邾子、**滕子**、薛伯、杞伯、小邾子、齊世子光伐鄭。　(公元前 563 年)

魯　公	滕公/子史跡
魯襄公	十一年《經》：公會晉侯、宋公、衛侯、曹伯、齊世子光、莒子、邾子、**滕子**、薛伯、杞伯、小邾子伐鄭。　　　　　　（公元前 562 年） 十八年《經》：冬十月，公會晉侯、宋公、衛侯、鄭伯、曹伯、莒子、邾子、**滕子**、薛伯、杞伯、小邾子同圍齊。　　　（公元前 555 年） 二十年《經》：夏六月庚申，公會晉侯、齊侯、宋公、衛侯、鄭伯、曹伯、莒子、邾子、**滕子**、薛伯、杞伯、小邾子盟於澶淵。 　　　　　　　　　　　　　　　　　　　　　　　（公元前 553 年） 二十四年《經》：公會晉侯、宋公、衛侯、鄭伯、曹伯、莒子、邾子、**滕子**、薛伯、杞伯、邾子于夷儀。　　　（公元前 549 年） 二十五年《經》：公會晉侯、宋公、衛侯、鄭伯、曹伯、莒子、邾子、**滕子**、薛伯、杞伯、小邾子于夷儀。　　（公元前 548 年） 二十七年《經》：戊辰，**滕成公**至。　　　　（公元前 546 年） 三十一年《經》：冬十月，**滕子**來會葬。　　（公元前 542 年） 　　《傳》：冬十月，**滕成公**來會葬，惰而多涕。
魯昭公	三年《經》：三年春王正月丁未，**滕子原**卒。　（公元前 539 年） 　　　　五月，葬**滕成公**。 　　《傳》：丁未，**滕子原**卒。同盟，故書名。 　　　　五月，叔弓如滕，葬**滕成公**，子服椒爲介。 四年《經》：夏，楚子、蔡侯、陳侯、鄭伯、許男、徐子、**滕子**、頓子、胡子、沉子、小邾子、宋世子佐、淮夷會于申。 　　　　　　　　　　　　　　　　　　　　　　　（公元前 538 年） 十三年《經》：秋，公會劉子、晉侯、齊侯、宋公、衛侯、鄭伯、曹伯、莒子、邾子、**滕子**、薛伯、杞伯、小邾子于平丘。 　　　　　　　　　　　　　　　　　　　　　　　（公元前 529 年） 二十八年《經》：秋七月癸巳，**滕子寧**卒。　（公元前 514 年） 　　　　冬，葬**滕悼公**。
魯定公	四年《經》：三月，公會劉子、晉侯、宋公、蔡侯、衛侯、陳子、鄭伯、許男、曹伯、莒子、邾子、頓子、胡子、**滕子**、薛伯、杞伯、小邾子、齊國夏于召陵，侵楚。 　　　　　　　　　　　　　　　　　　　　　　　（公元前 506 年） 十五年《經》：九月，**滕子**來會葬。　　　　（公元前 495 年）

續　表

魯　公	滕公/子史跡
魯哀公	二年《經》：**滕子**來朝。　　　　　　　　　　（公元前 493 年） 四年《經》：八月甲寅，**滕子結**卒。　　　　　（公元前 491 年） 　　　　　葬**滕頃公**。 十一年《經》：秋七月辛酉，**滕子虞毋**卒。　　（公元前 484 年） 　　　　　冬十有一月，葬**滕隱公**。

陳厚耀《春秋氏族譜》、常茂徠《增訂春秋世族源流圖考》皆列有春秋時期滕世系，爲了便於討論今轉錄如下表：

《春秋氏族譜》		《增訂春秋世族源流圖考》	
世次/名	原　　注	世次/名	原　　注
滕侯戴	隱七見經，是年卒。	滕侯（穀）	隱七見經，是年卒。
滕侯 滕子 滕宣公 滕子嬰齊	隱十一朝魯，桓二稱子，僖十九年宋執之。	滕侯	隱十一見朝魯，桓二貶稱子，名諡未詳。
		滕子	莊十六見，從齊桓盟幽，距朝魯已三十五年，疑非一人。
		宣公（嬰齊）	僖十九見，爲宋所執，二十二從宋伐鄭。
孝侯	見《史記》。	孝侯	見《史記》，名鄭。
滕昭公 滕子元	文十二見，宣九卒。	昭公（元）	文十二見，宣九卒，子文公立。《世族譜》云名毛伯。
滕文 滕子壽	成十六卒。	滕文（壽）	昭公子，成十六卒，子成公立。

續 表

世次/名	原 注	世次/名	原 注
滕成公 滕子原	襄六見,昭三卒。	成公(原)	文公子,襄六見昭三卒,子悼公立。
滕悼公 滕子寧	昭二十八見卒。	悼公(寧)	成公子,昭二十八見卒,子頃公立。
滕頃公 滕子結	哀四見卒。	頃公(結)	悼公子,哀四見卒,子隱公立。
滕隱公 滕子虞母	哀十一見卒。	隱公(虞母)	頃公子,哀十一見卒。

將此表與《春秋》經傳中"滕公(子)"相關記載相對照,我們雖然還不能得出春秋時期滕國較爲完整的世系,但大致的世次是可以進行考察的:

1. 魯隱公七年 十一年 滕侯

見於隱公七年的"滕侯",《春秋氏族譜》(簡稱《氏族譜》)和《增訂春秋世族源流圖考》(簡稱《圖考》)名"觳"或"穀"。

見於隱公十一年的"滕侯"是另一位滕侯,此後滕國君主《春秋》經稱爲"滕子",不再稱"滕侯"。

2. 魯桓公二年 滕子 莊公十六年 滕子 僖公十九年滕宣公(嬰齊) 二十二年 滕子

魯隱公十一年的"滕侯"、桓公二年的"滕子"及僖公十九年被宋國所執的滕宣公(嬰齊),《氏族譜》認爲是同一人。《圖考》認爲魯隱公十一年的"滕侯"與桓公二年的"滕子"爲同一個人,莊公十六年"滕子"爲另一位滕君,宣公(嬰齊)又是另一個人。張志鵬《滕國考》認爲隱十一年"滕侯"與桓二年"滕子"二者"稱呼有別,且分別朝魯,儘管時間間隔很短,但二人應爲前後相繼的兩位滕君"①。他同時認爲莊公十六年"滕子"、僖公十九年滕宣公(嬰齊)、僖公二十二年"滕子"分別爲三位滕君，《氏族譜》所引"滕孝侯"是僖公二十二年"滕子"之後的繼任者。

　　按：《左傳》僖公十九年《經》："宋人執滕子嬰齊。"《傳》："宋人執滕宣公。"《左傳》言"執"未必一定誅殺。同年宋又讓邾人"執鄫子用之"，司馬子魚對此提出批評時提到"今一會而虐二國之君"，"虐"雖然也有用爲"殺"的例證，但從上下文來看，此時"滕宣公"可能衹是被扣押，未必見殺，從注疏中也看不出來"滕宣公"此時被殺的綫索。張志鵬也理解爲"滕宣公嬰齊即位，前641年被宋國拘留"，而未理解成被殺。所以三年以後即僖公二十二年參與伐鄭的"滕子"應該還是"滕宣公嬰齊"，未必是另一位滕君。"滕宣公嬰齊"之後的繼任者可能就是《氏族譜》和《圖考》所列的"滕孝侯"。

3. 魯文公十二年、宣公九年 滕子　成公十六年 滕文公卒 襄公五年至昭公三年 滕子悼公四年至二十八年 滕子　魯定公四年至哀公四年 滕子 哀公十一年 滕隱公卒

　　滕昭公至滕隱公之間的世系文獻記載比較清楚，通過排比相關材料可以判斷，魯文公十二年、宣公九年的"滕子"爲"滕昭公"。"滕昭公"卒於宣公九年，其繼任者爲滕文公，卒於魯成公十六年。襄公五年至昭公三年的"滕子"爲"滕成公"，卒於魯昭公三年。魯悼公四年至二十八年的"滕子"爲"滕悼公"，魯定公四年至哀公四年見於文獻的"滕子"爲"滕頃公"，其繼任者"滕隱公"卒於魯哀公十一年。

　　《左傳》隱公七年《經》"滕侯卒"下，孔穎達正義引杜預《氏族

---

　　①　張志鵬：《滕國新考》，《河南大學學報(哲學社會科學版)》2011年第7期，第75—81頁。

譜》："隱公以下,《春秋》後六世而齊滅之。""滕隱公"後六世世系文獻缺載,戰國時期的滕君僅有"滕定公"和"滕文公"見於《孟子》及趙岐注。《孟子·滕文公上》："滕文公爲世子,將之楚。過宋而見孟子。"趙岐注："滕侯,周文王之後也。《古紀》、《世本》錄諸侯之世,滕國有考公麋,與文公之父定公相直;其子元公弘,與文公相直。以後世避諱,改'考公'爲'定公';以元公行文德,故謂之文公也。"

東周時期滕國銅器和兵器銘文中也有關於滕國國君名號的記載,而且大多不見於傳世文獻,可以彌補傳世文獻的不足。現將相關銘文抄錄如下:

(1) 栐鎛(司馬栐編鎛)①:佳(唯)正孟歲十月庚午,日古朕皇祖悼公,嚴龔(恭)天命,哀命(憐)鰥寡,用克肇謹祑(先)王明祀。朕啻(文)考懿丮(叔),亦帥刑(型)、瀍則祑(先)公正惪(德),卑(俾)乍(作)司馬于滕,儇=義非敢敤(惰)褊(?)(慢?)。栐乍宗彝,用享于皇祖啻(文)考,用旂(祈)吉休畯栐,子=孫=,萬年是保。　　　(《山東金文集成》104—108頁)

(2) 滕侯耆戈:滕灰(侯)耆之觜(造)。　　(《集成》11077)

(3) 滕侯耆戈:滕灰(侯)耆之鋯(造)。　　(《集成》11078)

(4) 滕侯賕鐘:滕灰(侯)賕之謌(歌)鐘。

　　　　　　　　　《東方博物》第三十六輯(2010年)

(5) 滕侯敦:滕灰(侯)昊之御彝(敦)　　(《集成》4635)

(6) 滕侯昊戟:滕灰(侯)昊(昃)之牆(造)戜(戟)。

　　　　　　　　　　　　　　　(《集成》11123)

---

① 釋文參董珊《試說山東滕州莊里西村所出編鎛銘文》,《古文字研究》第三十輯,中華書局,2014年,第196頁。我們在引用時進行了釋文斷句上的調整。

（7）滕侯昃戈：滕厌（侯）昃（昃）之……　（《集成》11018）

（8）滕侯昃戈：滕厌（侯）昃（昃）之艁（造）。

（《集成》11079）

（9）者兒戈：滕![img]公之孫，吞弔（叔）之子，□（者？）兒爲

其□戈。尃（博？）邑千（？）。　（《古文字研究》23）

　　（1）司馬𣏾編鎛，1982 年出土於滕州市姜屯鎮莊里西村，鎛共四件，大小遞減，現藏滕州市博物館。據《山東省志·文物志》的相關介紹，司馬𣏾編鎛亦稱"滕皇編鎛"①，《山東文物叢書·青銅器》《山東金文集成》都稱此鎛爲"司馬𣏾編鎛"。按，從銘文內容來分析，"朕考（文）考懿弔（叔），亦帥刑（型）、瀘則祂（先）公正悥（德），卑（俾）乍（作）司馬于滕"，作"司馬"的人應該是"𣏾"的父親"懿叔"，至少從銘文中我們看不出作器者"𣏾"的官職是司馬，所以稱此器爲"司馬𣏾編鎛"不是很恰當。按照名從主人的原則，這套編鎛似乎名爲"𣏾鎛"更合理些。董珊在《試説山東滕州莊里西村所出編鎛銘文》②一文中認爲"義"應是器主，"𣏾"應讀爲"茂"。我們仔細審諦銘文拓本，"義"下合文符號隱約可見，"僾＝"與"義＝"都應該是疊詞，作器者應該還是"𣏾"。銘文"朕皇祖悼公"，董珊指出"'悼'字拓本'心'旁可見，其聲旁看不清楚，但發表者認爲是'悼'字，應有所據"，"若銘文'皇祖悼公'之'悼'字隸定無誤，則很可能就是滕悼公寧"。如此説可信，則"𣏾"應是滕悼公的孫子，其時代董珊認爲約當魯定公、哀公時期，從銘文風格具有春秋晚期的特點來看，其説當可信。

　　①　張振謙：《司馬𣏾編鎛考釋》，《古文字研究》第二十八輯，中華書局，2010 年，第 341—344 頁。

　　②　董珊：《試説山東滕州莊里西村所出編鎛銘文》，《古文字研究》第三十輯，第 196 頁。

（2）、（3）滕侯耆戈（圖八），銘文"耆"作""、""，舊誤釋爲
"耆"，此形體下部从古甚明，釋爲"耆"並不可信。這兩件戈，戈援
上揚，援根部有一穿，胡中等長度，胡部有兩穿。直内，内部不開
刃，内上有一横穿，通體素面。戈鋒部爲弧綫三角形鋒，無明顯折
角。此種形制的戈屬井中偉《早期中國青銅戈·戟研究》①一書所
列 Aa 型Ⅲ式，屬於齊魯地區東周銅戈第三期，從墓葬中與此種形
制的戈伴出銅器形制及組合來看，年代相當於春秋晚期至戰國早
期。從戈銘書寫風格來看（例如"之"字的寫法），這兩件戈的時代
應以春秋晚期爲宜。戈銘中的"滕侯耆"應該是滕隱公之後的一位
滕君②。

圖八　滕侯耆戈

（4）滕侯賕鎛，據介紹，2002 年中國財税博物館徵集到一套春
秋晚期的編鎛，一套四件，1 號、4 號鎛鉦部殘留有銘文痕跡，但已
經無法辨識。3 號鎛鉦部有銘文六字，爲"滕侯賕之謌鐘"（圖九）。
陳陽、戴哲濤《中國財税博物館藏滕侯賕之歌鐘考》③一文指出，滕

_____

　　①　井中偉：《早期中國青銅戈·戟研究》，第 197 頁。
　　②　考慮到"結"與"紶"形較爲接近，所以我們懷疑頃公名"結"很可能本是寫作
"紶"的。"紶"與"耆"都从古得聲，滕侯耆很可能就是滕頃公。
　　③　陳陽、戴哲濤：《中國財税博物館藏滕侯賕之歌鐘考》，《東方博物》2010 年第 3
期，第 18—26 頁。

侯賕鎛與司馬枡編鎛的形制相當,定此套鎛的時代爲春秋晚期:

> 比較兩組編鎛,可見其高度、大小相當,其中滕侯賕歌鐘鎛稍高。舞部、鼓部和枚的紋飾幾乎相同,篆部的紋飾則不同。兩者的年代應該極爲接近,所以滕侯賕之歌鐘鎛的年代上限不會早於春秋晚期。

按,如果其説可信,則滕侯賕是春秋晚期滕國的另一位國君。

（5）滕侯敦,1982 年 4 月山東省滕縣洪緒公社村民取土時發現銅敦一件,此器"蓋上有三環形鈕,口沿兩側對稱兩環形耳。蓋內刻銘文六字,……此器銘文稱敦,但因器底有殘痕,也可能是豆。時代當屬東周"①。陳公柔對原

圖九　滕侯賕 3 號鎛鉦部銘文

器進行了考察,指出"1983 年秋,筆者曾在該館中見過原物,柄部雖殘,確爲戰國早期的銅豆。2 件滕侯仄戟及此豆銘文中的滕侯仄,或據銘文考訂爲滕隱公仄所造。隱公卒於魯哀公八年,從器物的形制上看,似失之稍早"②。此件敦與（6）、（7）、（8）滕侯吳戈爲同一人所作,（6）《集成》編號爲 11123 號,此戟較爲完整,該戟援身束腰,內後緣上斜且開刃,內後援與下援相交成鈍角,長胡二穿（圖十:1）,根據胡部特徵來判斷應屬於井中偉《早期中國青銅戈・戟研究》一書所列的 Ca 型 I 式,與此戈形制相近的

①　萬樹瀛、陳慶峰:《山東滕縣發現滕侯銅器墓》,《考古》1984 年第 4 期,第 333—337 頁。

②　陳公柔:《滕國、邳國青銅器及其相關問題》,《中國考古學研究——夏鼐先生考古五十年紀念論文集》,文物出版社,1986 年,第 176—190 頁。

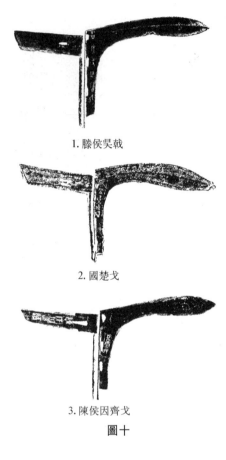

1. 滕侯昊戟

2. 國楚戈

3. 陳侯因齊戈

圖十

戈有臨淄淄河店出土的"國楚戈"（圖十：2）和《集成》11260 號的陳侯因齊戈（圖十：3）①。

陳侯因齊戈是齊威王在位時期所督造的兵器，爲戰國中期標準器，滕侯昊戟及國楚戈内後緣與下緣相交成鈍角，轉折較陳侯因齊戈内部下緣明顯，其時代要稍早於陳侯因齊戈，時代應定爲戰國早期。綜上，通過考察滕侯敦及滕侯昊戟的時代，我們可以知道滕侯昊是戰國早期滕國的一位君主。

以上是見於著録的東周時期滕國有關題銘，此外，上海博物館 1994 年入藏一件者兒戈，上面有銘文十八字，或認爲此戈屬於春秋戰國之際②。僅從此戈形制考察，此説值得商榷。此戈援部略上翹，援根部有一穿，胡上有兩穿，直内，無刃，内上有一長穿，戈鋒呈三角形，折角比較明顯（圖十一）：

① 井中偉：《早期中國青銅戈·戟研究》，第 199 頁。
② 李朝遠：《新見者兒戈考》，《古文字研究》第二十三輯，第 94—99 頁。

圖十一　者兒戈及銘文

此種戈屬井中偉《早期中國青銅戈・戟研究》所列的 Aa 型Ⅰ式，其時代爲春秋早期，至遲不會晚於春秋中期。此外此戈銘文比較草率隨意，尤其是"滕"字（）寫得比較凌亂，銘文中所謂"酋"（）字寫法比較怪異，其他銘文此處一般作"造"字，公朱左鼎（《集成》2701.2）舊釋爲"悥"之字作""，我們認爲此形體應釋爲"蒠"，此字上部似爲戈銘""所本。"孫"、"子"上兩個"之"分別作""、""，本屬於不同時期的寫法，而見於同一銘文中。總之，此戈銘文頗爲可疑，如果確爲真品，則戈銘中的"滕公"應是滕國的又一位君主。

　　經過對傳世文獻及出土銘文的梳理，東周時期滕國君主相關情況大致清楚，張志鵬《滕國考》已經對其進行了排比，可參看。我們將本書的考察結論列表如下：

名　稱	時　間	説　明
滕侯	《春秋》隱公七年	《氏族譜》和《圖考》名"轂"或"穀"。
滕侯	隱公十一年	
滕子	魯桓公二年	
滕子	莊公十六年	
滕宣公（嬰齊）	僖公十九年 僖公二十二	
滕孝侯		《氏族譜》和《圖考》所列。
滕昭公	文公十二年、宣公九年	卒於宣公九年
滕文公	魯成公十六年	卒於魯成公十六年。
滕成公	襄公五年至昭公三年	卒於魯昭公三年。
滕悼公	魯悼公四年至二十八年	
滕頃公（滕侯耆?）	魯定公四年至哀公四年	
滕隱公		卒於魯哀公十一年。
滕侯賺		
滕侯吳		
滕🔲公(?)		
	……	
考公糜		
元公弘		

（二）邾國及郳國世系補論

據典籍記載，帝顓頊之後陸終第五子曰安，邾國即安之後。《史記・楚世家》："吳回生陸終。陸終生子六人，坼剖而產焉。其長一曰昆吾；二曰參胡……五曰曹姓。"《集解》："《世本》曰：'曹姓者，邾是也。'"《大戴禮記・帝繫》："陸終氏娶于鬼方氏，鬼方氏之妹謂之女隤氏產六子：……其五曰安，是爲曹姓。"

《左傳・隱公元年》"三月，公及邾儀父盟於蔑"《正義》引杜預《氏族譜》云：

> 邾，曹姓。顓頊之後有六終，產六子，其弟五子曰安，邾即安之後也。周武王封其苗裔邾俠爲附庸，居邾。今魯國鄒縣是也。自安至儀父十二世，始見《春秋》。齊桓行霸，儀父附從，進爵稱子，文公徙於繹，桓公以下《春秋》後八世而楚滅之。

與《史記・楚世家》、《大戴禮記・帝繫》記載相參照，上引《氏族譜》"顓頊之後有六終，產六子"的"六終"無疑就是"陸終"，北京大學出版社出版的《十三經注疏・春秋左傳正義》（標點本）將這句話標點爲"顓頊之後有六，終產六子"顯然是錯誤的。見於《集成》102 號的邾公鈺鐘銘文自稱"陸蠤（終）之孫"也說自己是陸終的後代，與《史記・楚世家》、《大戴禮記・帝繫》記載相合。"陸"寫作"六"應屬於同音假借，庚壺銘文"陸"作"𨽸"，平陸戈銘文作"𨽻"，邾公鈺鐘"陸"字作"𨸏"。前兩者從"六"，後者從兩"六"，都是聲符。《說文》"陸"篆形作"𨽰"已經有所訛變。當然也不排除本來寫作"𡎸"，後來在傳抄的過程中譌省作"六"的可能。總之，杜預《氏族譜》中的"六終"指"陸終"是没有問題的。在周武王時期，邾俠始封於邾，邾儀父（名克）首見於《春秋·隱公元年》。秦嘉謨輯補本《世本》卷四列有《邾世家》，是"據《春秋》經傳及《左傳》隱元年《正義》所引《世族譜》補邾世家"，其世次如下：

> 邾，曹姓（《左傳·襄十一年》《正義》引世家文），子爵。顓頊之後有陸終，産六子，其第五子曰安，邾即安之後。周武王封其苗裔邾俠爲附庸，自安至儀父十二世。進爵稱子，是爲邾子克。邾子克卒，文公瑣立。文公卒，子定公貜且立。定公卒，宣公牼立。宣公卒，悼公華立。悼公卒，莊公穿立。莊公卒，隱公益立。隱公奔魯，子桓公革立。桓公後八世，而齊滅之。

又云：

> 又《公羊》昭三十一年傳，有邾婁顏、邾婁夏父子二君。君當魯武公、懿公時。蓋皆儀父之先。《禮記·檀弓》篇有邾婁考公，鄭氏注云："邾婁考公，隱公益之曾孫，考或爲定。"又《吕覽·去尤》篇："邾之故法，爲甲裳以帛。公息忌謂邾君曰：'不若以組。'"此邾君未言其號謚，未知其當春秋時與否。《世本·居篇》亦有邾顏，即《公羊傳》所稱者，但其代系遠近。則無可考耳。附記之以補邾之闕略①。

按上文所擬補《邾世家》言"邾子克卒，文公瑣立"，不確，邾子瑣爲邾子克子，文公爲邾子瑣之子，名籧篨，見於魯僖公十九年。常茂徠《增訂春秋世族源流圖考》及王貴民、楊志清《春秋會要》②所定春秋時期邾國世系較爲完備，現轉引如下：

---

① 秦嘉謨等輯：《世本八種》，商務印書館，1957年，第52頁。
② 王貴民、楊志清：《春秋會要》，中華書局，2009年，第36—37頁。

世　次	原　注
邾儀父(克)	入春秋未詳何年。隱元見,莊十六卒,子瑣立。儀父一云邾莊公。
邾子(瑣)	儀父子,莊十七立,立十二年至莊二十八年卒,子文公立。
文公(籧篨)	瑣子,莊二十九立,僖十九見,立五十二年至文十三卒,子定公立。
定公(貜且)	文公子,文十四立,立四十年至成十七卒,子宣公立。
宣公(牼)	定公子,成十八立,立十八年至襄十七卒,子悼公立。
悼公(華)	宣公子,襄十八立,十九見,立十年至昭元年卒,子莊公立。
莊公(穿)	悼公子,昭二立,十一見,立三十四年至定三卒,子隱公立。
隱公(益)	莊公子(杜註:名乞),定四立十五見,立九年吴執之,太子革立。哀二十二復入立,立二年越執之以歸,立公子何。
桓公(革)	隱公子,哀八見,二十二奔越,隱公復立。
公子何	太子革弟,哀二十四立。其後改號曰鄒,鄒穆公其後也。

傳世邾國樂器邾公牼鐘、邾公華鐘分别爲邾宣公、邾悼公所作器。邾公牼鐘(《集成》149—152)銘文作:"鼄(邾)公牼睪(擇)氒(厥)吉金。玄鏐膚(鏞)吕(鋁),自乍(作)龢鐘。"其名字寫作"牼",與《左傳·襄公十七年》經文所載"十又七年春王二月庚午,邾子牼卒"相同,《公羊傳》、《穀梁傳》都寫作"瞷",《左傳》用字與出土銘文相同,説明其有較早的來源。銘文所記作器時間爲"隹(唯)王正月初吉,辰才(在)乙亥",則此鐘作器時間至遲不會晚於襄公十七年(前556年)正月。宣公牼之子悼公華所作鐘銘文見於《集成》245,銘文爲"鼄(邾)公華睪(擇)氒(厥)吉金,玄

鏐赤鏽,用鑄旾(厥)龢鍾(鐘)",其名與《左傳》記載相合,《左傳·昭公元年》經"六月丁巳,邾子華卒",同年秋天"葬邾悼公"。鐘銘所記作器時間爲"隹(唯)王正月初吉乙亥",則其年代下限不會晚於魯昭公元年(前541年)正月。此外,《集成》2525號收錄了一件"邾伯御戎鼎",春秋時期邾公没有與之相對應者,郭沫若認爲"由文字觀之,疑在春秋以前,然相去亦不遠"①。則邾伯御戎的在位時間可能爲西周晚期至春秋前期,其人不見於經傳。《集成》50號"邾君鐘",其時代《銘文選》定在春秋中期,《集成》定爲春秋晚期,此鐘現不知下落,不知其形制。銘文爲"鼄(邾)君求吉金,用自乍(作)其龢鍾(鐘)",此鐘著録於羅振玉《貞松堂集古遺文》1.3.1,羅振玉題記説此鐘"乙丑歲見之都市,今不知歸何所",羅氏名此鐘爲"鼄君求編鐘",可能認爲"求"爲邾君之名。郭沫若《大系考釋》指出"求字乃動詞,非邾君名",則此鐘不知是哪一位邾君所作。《集成》16號"益公鐘",銘文爲"益公爲楚氏龢鐘",曾毅公《山東金文集存》記爲"民國二十一年壬申(按:即1932年)鄒縣出土",顧頡剛認爲"'益公'當即邾隱公'益'",並以"邾妻顏亦作'顏公'"作爲"邾子'益'稱益公"的參證,認爲此鐘應作於魯定公、哀公時期②。按,顧氏此説值得商榷,從邾公牼鐘和邾公華鐘來看,邾君自名格式一般爲"邾公某"作器,此鐘如果真是邾子益所作,銘文應該作"(邾或鼄)公益爲楚氏龢鐘",此外,在銅器銘文中私名和謚號的記載區別還是比較明顯的,"公"前往往綴加謚號,很少加私名。邾妻顏亦作'顏公',應是傳世文獻記載稱呼比較隨意所致,與銅器銘文的記載應區別開來。再者,此鐘時代《銘文選》定爲西周恭王時期,《集成》定爲西周晚

---

① 郭沫若:《兩周金文辭大系圖録考釋》,第412頁。
② 顧頡剛:《讀春秋邾國彝銘因論邾之盛衰》,(上海)《中央日報》1947年8月6日第7版。又劉慶柱、段志洪、馮時:《金文文獻集成》第二十九册,第511頁。

期,不管怎樣其時代不會晚至春秋晚期的邾隱公(益)所處的時代,顧說實不可信。

據王獻唐考證,邾在春秋時期分爲邾、小邾和濫三國,三者"同出一系,土地政權,各不相謀"①。濫國在文獻中的記載比較少,出土彝銘較少發現明確屬於濫國的器物②。小邾國的相關史事《春秋》經傳記載相對多一些,《左傳·莊公五年》"秋,郳犁來來朝",孔穎達《正義》云:

> 郳之上世出於邾國。《世本》云"邾顏居邾,肥徙郳",宋仲子注云:"邾顏別封小子肥於郳,爲小邾子。"則顏是邾君,肥始封郳。《譜》云:"小邾,邾俠之後也。夷父顏有功于周,其子友別封爲附庸,居郳。曾孫犁來,始見《春秋》,附從齊桓以尊周室,命爲小邾子。穆公之孫惠公以下,《春秋》後六世而楚滅之。"《世本》言肥,杜《譜》言友,當是一人。僖七年經書"小邾子來朝",知齊桓請王命命之。

前文所引秦嘉謨《世本》卷四云:"又《公羊》昭三十一年傳,有邾婁顏、邾婁夏父子二君。當魯武公、懿公時。"魯武公、懿公當周宣王時期,則"邾顏別封小子肥於郳,爲小邾子",應該也在周宣王、幽王時期。小邾子《世本》名"肥",杜預《氏族譜》名"友",傳世銅器有"邾友父鬲"(《集成》717),其銘文作"鼄(邾)晉(友)父朕(媵)其子曶(胙)嫀(曹)寶鬲",曾毅公、王獻唐、楊樹達都認爲銘文"邾友父"即別封於郳的夷父顏子"友",楊樹達又指出,據銘文小邾子杜預

---

① 王獻唐:《春秋邾分三國考·三邾疆邑圖考》,齊魯書社,1982年,第1頁。
② 2009年5月在棗莊徐樓村一墓葬中曾出土帶有"汧"字的銅器,趙平安認爲此即"濫國"之"濫"。詳參棗莊博物館等:《山東棗莊徐樓東周墓發掘簡報》,《文物》2014年第1期,第4—27頁;趙平安:《宋公䜌作汧叔子鼎與濫國》,《中華文史論叢》2013年第3期,第31—36頁。

《世族譜》名"友"是正確的,《世本》名"肥"則非①。

　　小邾國君見於文獻者,邾友父以後有其曾孫犁來,始見《左傳·莊公五年》,其後有小邾穆公,始見於《左傳·襄公七年》"小邾穆公來朝。亦始朝公也"。杜預《春秋釋例》卷九云"穆公魁,犁來之孫",不知何據。另,《左傳·哀公四年》"宋人执小邾子"之"小邾子"應是穆公之後的又一位小邾君,其後據杜預《世族譜》有"穆公之孫"惠公,惠公後六世爲楚所滅。

　　2002年夏在山東省棗莊市山亭區東江村發現一座墓地,經考古發掘確定此墓地爲春秋早期小邾國的墓地②,發掘及追繳回來的被盜銅器收録在《小邾國遺珍》一書中。小邾國銅器銘文在小邾國國君世系研究中具有重要價值,在很大程度上可以彌補傳世文獻的不足。此墓地4、5、6號墓被盜墓者洗劫一空,1號墓雖也曾被盜,但也有銅器逃過一劫未被盜走,出土四件邾友父鬲,銘文和傳世邾友父鬲完全相同。2、3號墓爲搶救性發掘,墓中出土了大量銅器,值得關注的是出土了"郳君慶"所作的一組銅器。2號墓出土的鬲、壺銘文分別爲:

　　　兒(郳)慶乍(作)秦妓羞鬲,其永寶用。　　(《遺珍》41頁)
　　　鼀(邾)君慶乍(作)秦妓醴壺,其萬年賚(眉)壽永寶用。
　　　　　　　　　　　　　　　　　　　　　　(《遺珍》38頁)

銘文或稱兒(郳)或稱鼀(邾),再一次證明了邾與郳爲一國,《路史·國名紀》丙所記載"小邾,曹姓,倪之分"説並不可信。鼀(邾)

　　①　楊樹達:《積微居金文説(增訂本)·邾友父鬲跋》,中華書局,1997年,第166頁。再跋見第250頁。周法高《〈春秋名字解詁〉補釋》堅持認爲"肥"與"友"是名和字的關係,他指出:"友讀爲有,多與友義近,名肥字友父與鄭桓公名多字友父同。"轉自陳槃《春秋大事表列國爵姓及存滅表譔異》第一四二頁。
　　②　李光雨、張雲:《山東棗莊春秋時期小邾國墓地的發掘》,《中國歷史文物》2003年第5期,第65—67頁。

君慶不見於傳世文獻，其所作器還有壺、匜、盨等，通過對其所作器進行類型學分析，李學勤指出"郳慶的圓壺最晚在東周初年（廣義的春秋早期）……郳慶祇能是友的下一代，即小邾國的第二代國君"①。此外，3號墓出土了一件盨，銘文爲：

> 鼄（邾）公子害自乍（作）臣，其萬年眉（眉）壽無疆其子子
> 孫孫永寶用。　　　　　　　　　　　　　　（《遺珍》67頁）

據報導，2、3號墓的規格與1、4號墓相等，李學勤在《小邾墓地及其青銅器研究》一文中認爲應當是"郳慶下一代小邾君及夫人的墓，也就是《春秋》犂來的上一代"②，他懷疑這位小邾君很可能就是3號墓出土銅盨銘文中的"鼄（邾）公子害"，"盨是他嗣位前所作"，按其説很有可能，但鑒於祇是推測，我們暫不認爲"鼄（邾）公子害"是一代郳君。

吳鎮烽主編《金文通鑒》15815—15818收録了一組四件流散的春秋晚期青銅鎛郳公鎛，上博也入藏了一套郳公鎛，董珊③、周亞④分別撰文進行了考釋：

> 王正九月元日庚午，余有䖒（融）之子孫鄒（郳）公鞁父，惕
> 懃（勤）大命，保朕邦家，正和朕身。台（以）正朕寶（服），
> 台（以）共（恭）朝于王所，受貤（施）吉金，荆（刑）鑄和鍾（鐘），
> 敬監（臨）祼（祼）祀，乍（作）朕皇祖䢼（䢼-恭）公、皇考惠公彝，
> 禹（稱）祼（祼）鬯（瓚），用旂（祈）壽考，子之子孫之孫，永
> 耆（祐）是保。　　　　　　　　　　（《金文通鑒》15815—15818）

---

① 李學勤：《小邾墓地及其青銅器研究》，《文物中的古文明》，第311—317頁。
② 李學勤：《小邾墓地及其青銅器研究》，《文物中的古文明》，第311—317頁。
③ 董珊：《郳公鞁父二器簡釋》，《出土文獻》第三輯，中西書局，2012年，第158—162頁。
④ 周亞：《郳公鎛銘文及若干問題》，《古文字研究》第二十九輯，中華書局，2012年，第386—397頁。

據銘文器主爲敔,其自稱"余有韄(融—終)之子孫",與傳世邾公鈺鐘自稱"陸鼬(終)之孫"相類似,與文獻所載邾爲陸終之後相合。此外,小邾國墓地所出青銅器邾君慶所作器自稱爲"邾君"而不稱"邾公",針對這種現象王恩田認爲"東江銅器給我們的一個重要啟示是倪國國君自稱爲'君',而不稱公"①,李零進一步認爲小邾國君屬於邾國的"封君":"在原有領地内封別子爲君,這種制度西周有,春秋戰國有,西漢也有,史學界叫封君制度。小邾就是邾國的封君。大小邾皆以邾稱,但國君稱謂不同,大邾稱公,同秦、楚和曹,小邾稱君,同各國封君。"②認爲小邾國性質爲封君之國,其説恐怕值得商榷,據杜氏《世族譜》所記"夷父顏有功于周,其子友別封爲附庸",恐怕其初封應該是受命於周王。再者,《左傳》言參加盟會、征伐,往往邾和小邾並稱,《左傳·莊公十五年》更有"宋人、齊人、邾人伐郳"之事,似看不出小邾爲邾封君之國的意味,邾君慶自稱"君"應該和邾君鐘稱"邾君"相類,未必會有非常特別的含義。此郳公鎛自稱"郳公敔父",説明小邾國君並非衹稱"君",也自稱爲"公"。

郳公鎛銘文更大的意義在於,它揭示了小邾穆公以後三代的小邾國世系。前文已經指出《左傳·哀公四年》被宋所執的"小邾子"應是穆公之後的又一位小邾君,杜預《世族譜》又説"穆公之孫"爲惠公,郳公鎛銘文稱"乍(作)朕皇祖龏(龏-恭)公、皇考惠公彝",可知小邾穆公之後的那位小邾君應爲"小邾恭公",董珊文已經指出這一點,其後的"小邾惠公"確爲"穆公之孫",出土銘文與文獻記載若合符契,此又一例。作此器之"敔父"應屬"惠公後六世爲楚所

---

① 王恩田:《棗莊山亭倪器與倪國》,《小邾國文化》,中國文史出版社,2006年,第169頁。

② 李零:《讀小邾國銅器的銘文》,《小邾國文化》,第184頁。

滅”之中的第一世。此外，傳世器“郳公克敦”（《集成》4641）也應該
屬於小邾國器，其銘文作：

　　　　隉（郳）公克鑄其鼖（䵺）鎬（敦），永保用之。

銘文“隉”原作“▨（▨）”，《銘文選》六四一號釋此字爲“壂”，誤將
此器國別定爲郜國。郭沫若《金文叢考》稱此器爲“公克敦”，云：
“右銘乃唐蘭氏所得，蒙影贈，器不知藏何許，唐氏亦未見云。銘首
一奇字，不識。”[1]郭氏將首字隸定作“隉”，認爲此器國別不可知。
上部類似寫法的“郳”今又見於郳公鎛和郳左庭戈（《集成》10969）：

　　　▨（郳公鎛）　　　　　　▨（郳左庭戈）

此敦國別定爲郳國不會有什麽問題，《集成》定此器時代爲春秋晚
期，從文字風格上看時代也比較合適。小邾穆公所處時代大約爲
春秋中期後段，杜預《春秋釋例》記載小邾穆公名魁，不管可信與
否，敦銘所記“郳公克”必定是其後的某一位小邾君，或者爲上文提
到的“恭公”或“惠公”，或者爲馺父不久之後的一位邾君。

　　結合《春秋》經傳記載及銅器銘文，春秋時期小邾國諸君世次
大致明晰：

　　　　邾友父→邾（郳）君慶→？（可能是邾公子害）→犂
　　來→？→穆公（據《世族譜》）→恭公→惠公→馺……

此外，還有郳公克不知是哪一代小邾君。以上所列衹是按文獻及
銘文所記世次的大致排列，前後相鄰兩世之間衹能大致表示其時
代的先後，實際情況可能要更複雜，也可能有別的君主存在其間，
衹是不見於記載而已。

---

① 　郭沫若：《金文叢考》，科學出版社，2002年，第792頁。

　　最後，我們還要討論一下傳世器郘公釴鐘（《集成》102）的國別問題，此鐘原藏許延暄、丁麟年、端方，現藏於上海博物館。此鐘形制："甬上端稍斂，往下逐漸增粗，有旋，旋飾交龍紋，並以圓塊面作間隔，幹飾獸首，枚作兩層臺形。舞飾回首龍紋，篆部旋兩頭龍紋，鼓中央釋相背式變形龍紋。"①在鉦部及兩銑鑄有銘文（參圖十二）：

　　　　陸齰（終）之孫郘公釴乍（作）氒（厥）禾（龢）鍾（鐘），用敬卹盟（盟）祀，旂（祈）年霥（眉）壽。用樂我嘉宕（賓）及我正卿、敳（穆）君，霝（靈）君，呂（以）墓（萬）年。

（《集成》102）

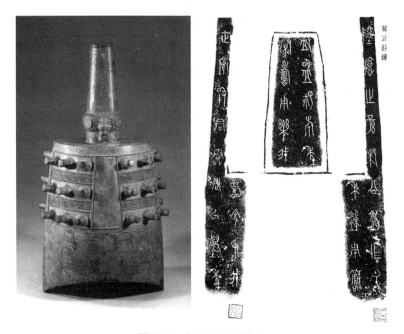

圖十二　郘公釴鐘及銘文

---

①　陳佩芬：《夏商周青銅器研究（東周篇）》，第 242 頁。

此鐘時代《集成》定爲春秋中期，陳佩芬《夏商周青銅器研究》定爲春秋晚期。按，此鐘形制與邿公華鐘相近①，篆部紋飾與春秋晚期的璋鐘（《集成》113）接近，銘文"萬"作""，與春秋中期形體有別，而與春秋晚期的㭪鎛（即司馬㭪編鎛）""相近，其時代應該在春秋晚期偏晚。銘文""吳大澂《愙齋集古録》一册·二一釋"釗"，于省吾《雙劍誃吉金文選》上一·一一釋作"鈶"，高田忠周《古籀篇》卷十二·二二釋作"釲"，從形體上看明顯不可從。馬敘倫《讀金器刻識》、吳闓生《吉金文録》金二·七、郭沫若《大系考釋·邿公釳鐘》釋作"釳"，郭沫若指出"以聲類求之，當是鉏之古字"，認爲"邿公釳"即邿定公"玃且"。舊又有釋"鈁"一説，不知首倡者是誰，丁山對此説予以肯定②，根據金文"攸勒"《毛詩》作"鞗革"，他認爲"邿公釳"即邿隱公之子桓公"革"。按，""右部所從與"力"還是存在區别，同銘文中""所從"力"的寫法與此明顯不同，而齊國刀幣面文"旣"所從"毛"③與""右部所從比較接近：

節墨之厺刀（《齊幣》62）　節墨之厺刀（《齊幣》58）　節墨厺刀（《貨系》2556）

所以""還應該以釋"釳"爲是。

此鐘國别主要有三種意見：一種意見認爲此鐘爲邿國器，大

①　此承張俊成先生相告，特此感謝。

②　丁山：《邿公釳鐘》，《中央日報·文物周刊》1947年9月17日第7版。又劉慶柱、段志洪、馮時：《金文文獻集成》第二十八册，第511頁。裘錫圭《文字學概要》1988版《補證》部分也贊同此説。

③　吳振武：《戰國貨幣銘文中的"刀"》，《古文字研究》第十輯，第305—326頁。

多數學者贊同此説。另一種意見認爲此邾爲楚地的"江夏"之邾,陳直《讀金日札》[①]、陳邦懷《嗣樸齋金文跋》[②]主此説,對於此説郭永秉已經指出"祇是從情理上的推測,並没有文獻的證據"[③],所以此説暫時可以不論。第三種意見認爲屬於小邾國器,陳公柔主此説,他認爲"此鐘之國別字作邾(按:原書排版作朱,今改),據《説文繫傳考異》:'邾,一曰魯有小邾國。'是此邾當爲小邾標識無疑"[④]。在討論以上諸説孰優孰劣之前,還要談談銘文中"▨"的釋讀,此字舊一般釋爲"揚",李春桃據傳抄古文形體"▨"及"▨"將此字改釋爲"敫(穆)",又因爲此器時代屬於春秋時期,不會晚到《孟子》中提到的鄒(邾)穆公時代,所以他也認爲此器應屬於小邾國:"如果邾公釾鐘屬於小邾國,那麼根據銘文的順序,小邾穆公後面應該是靈公。而'釾'有可能是其後的小邾惠公或者更晚的國君,由於相關記載較少,還不好判斷。"[⑤]按,如果其釋"敫(穆)"説可信,那麼從時代來考察,此鐘屬於邾國的可能性就很小了,陳公柔認爲此鐘爲小邾國器很可能是對的。但現在看來此説也存在着一定的問題,上文我們已經指出,據郳公鎛銘文,小邾穆公以後的世系爲:穆公→恭公→惠公→軷……穆公其後爲"恭公"而非"靈公",如果"軷"爲"靈公",則"釾"應是其後的一位小邾君,但爲何在銘文中要越過中間的兩代君主將"穆君"和"靈君"連稱呢,這又是不好解釋的。此外,我們上文已經指出,郳君慶或自稱爲邾君慶,但郳克敦

①　陳直:《讀金日札・讀史日札》,中華書局,2008年,第105頁。
②　陳邦懷:《嗣樸齋金文跋》,學海出版社,1993年,第3頁。
③　郭永秉:《帝繫新研》,北京大學出版社,2008年,第174頁。
④　陳公柔:《先秦兩漢考古學論叢》,文物出版社,2005年,第27頁。
⑤　李春桃:《釋邾公釾鐘銘文中的"穆"字》,"復旦大學出土文獻與古文字研究中心"網站,2011年5月13日,http://www.gwz.fudan.edu.cn/SrcShow.asp? Src＿ID=1496。

和郳公鎛銘文都已經自稱"郳",則皾之後的嗣君自稱"郳"的可能性要大於稱"邾",這與鐘銘自稱"邾公釷"又不相合。我們認爲,如果穆字釋讀可信,則銘文中"靈君"很可能是指"穆君"的配偶,未必是一代小邾君。先秦時期,諸侯夫人一般稱"小君",但也可以稱"君":

《左傳·文公四年》:"君而卑之。"杜預注:"小君也。"

《禮記·玉藻》:"君命屈狄。"鄭玄注:"女君也。"

《詩經·衛風·碩人》:"無使君勞。"王先謙《詩三家義集疏》:"謂女君也。"

《詩經·鄘風·鶉之奔奔》:"我以爲君。"孔穎達《疏》:"夫人對君稱小君,以夫妻一體言之,亦得曰君。"

這樣一來,"穆君、靈君"連稱的問題就很好解釋了,也不至於牽扯到世系的問題,若此説可信,則"邾公釷"就很可能是指小邾恭公,其當爲小邾穆公之子或兄弟,作此鐘的目的之一就是"喜樂"已逝的"穆君靈君",從此鐘不稱"先"或"考"來看,"邾公釷"爲小邾穆公兄弟的可能性是很大的。

二、齊系題銘所見世族世次考察

在銅器銘文中,作器者一般都要稱揚自己的祖考,有時甚至追溯幾代先祖。綜合一個族群的相關銅器銘文,再徵以文獻記載,往往能够對當時某些世族的世次及發展有着更爲明晰的瞭解,對考察當時家族形態也頗有助益。下面以齊系題銘所見鮑氏及部分陳氏世族材料爲例,進行闡述。

1. 鮑氏

鮑氏爲齊國望族,鮑叔牙輔佐齊桓公登上君位,並向他舉薦管

仲爲相,爲齊國的强盛立下了巨大功勞。《國語·齊語》"桓公自莒
反于齊,使鮑叔爲宰",韋昭注:"鮑叔,齊大夫,姒姓之後、鮑敬叔
之子叔牙也。"據此可知鮑氏爲姒姓,鮑叔牙的父親是"鮑敬叔"。
其後有鮑叔牙曾孫鮑牽、鮑國見於《左傳·成公十七年》,鮑國之
孫鮑牧及其差車鮑點見於《左傳·哀公六年》,宋人程公説《春秋
分紀·世譜》及常茂徠《增訂春秋世族源流圖考》對鮑氏世系有
記載,前者云:"鮑氏敬生叔牙,亡二世,至曾孫二人,牽及國。國
又亡二世,至曾孫牧。"後者所列圖譜與前者所記相同,但同時指
出他書有與此相矛盾者:"按鮑牽《古今紀要》作叔牙孫,鮑國《魯
語》注作叔牙之元孫。鮑牧《六經圖考》作鮑國之子,俱與杜異,
兹皆從杜氏。"

傳世鮑氏器有鼎鎛①(《集成》271)和齊鮑氏鐘(《集成》
142),2008年在西安又發現一件春秋晚期鮑氏器鮑子鼎②。鼎鎛
銘文相關內容如下:

> 佳(唯)王五月初吉丁亥,齊辟鼟(鮑)弔(叔)之孫、遴
> 中(仲)之子國乍(作)子中(仲)姜寶鎛,用旃(祈)厌(侯)氏永
> 命萬年。鼎保其身,用畗(享)用孝于皇祖聖弔(叔)、皇礼(姒)
> 聖姜,于皇祖又成惠弔(叔)、皇礼(姒)又成惠姜,皇丂(考)遴
> 中(仲)、皇母。
>
> ……
>
> 鼟(鮑)叔又成袋(勞)于齊邦。厌(侯)氏易(賜)之邑二百
> 又九十又九邑,酆(與)郹之民人都鄙(鄙)。

---

① 　此器器主名曾遭刮削,馮峰先生疑爲"國"字,"鼎"非爲器主,可從。今仍从舊
説名爲"鼎鎛"。相關討論詳馮峰《鮑子鼎與鮑子鎛》,《中國國家博物館館刊》2014年
第7期,第109頁。
② 　吳鎮烽:《鮑子鼎銘文考釋》,《中國歷史文物》2009年第2期,第50—55頁。

銘文“齊辟鞏（鮑）弔（叔）之孫、遹中（仲）之子國”分別列出了“鮑叔牙”、“遹中（仲）”、“國”這三代世系，器主“國”爲鮑叔牙之孫，與《古今紀要》和《魯語》韋注認爲“鮑牽”、“鮑國”是鮑叔牙之孫的説法正相合。“皇祖聖弔（叔）、皇妣（姚）聖姜，于皇祖又成惠弔（叔）、皇妣（姚）又成惠姜，”楊樹達在《積微居金文説》中已經説過是指器主的曾祖父母（鮑敬叔及其配偶）、祖父母（鮑叔牙及其配偶），鮑叔牙之父《國語》韋昭注作“鮑敬叔”，銘文作“聖弔”，他認爲“聖”與“敬”是通假關係，鮑叔牙的謚號史書没有記載，銘文作“又成惠弔”，楊樹達認爲是因爲下文稱“鞏（鮑）叔又成袈（勞）于齊邦”，所以其謚號才爲“又成惠弔”①，其説很可能是符合事實的。

鮑子鼎銘文内容如下：

鞏（鮑）子㪅（作）朕（媵）中（仲）匋始（姒）〔鼎〕，其隻（獲）之②男子，勿或柬（闌）巳（已），它它䣓（熙）䣓（熙），男女無朞（期），中（仲）匋始（姒）迟（及）子思，其壽君母（毋）死，俘（保）而（爾）兄弟，子孫孫永俘（保）用。　　　《金文通鑒》2404

銘文首句末似脱“鼎”字，今據文義補。類似的情況還見於“穌冶妊鼎”（《集成》2526），銘文作“穌冶妊乍（作）虢妃魚母媵，子子孫孫永寳用”，也脱一“鼎”字。鮑子鼎銘文没有記録鮑子的名字，從形制紋飾等方面考慮，吳鎮烽定爲春秋晚期，並認爲銘文中的“鮑子”就是指生活在齊國景公、悼公時期的“鮑牧”，其説很可能是正確的。鮑牧後來被殺，齊國鮑氏就逐漸衰落了，這件鼎銘中的鮑子至少不會晚於鮑牧。吳文還將鮑氏世次整理如下③：

①　楊樹達：《積微居金文説（增訂本）》，第 82 頁。
②　“之”字釋讀意見可參見“復旦大學出土文獻與古文字研究中心”網站學者評論網友“沙鷗”等人意見. http：//www.guwenzi.com/SrcShow.asp？ Src_ID＝912。
③　吳鎮烽：《鮑子鼎銘文考釋》，《中國歷史文物》2009 年第 2 期，第 55 頁。

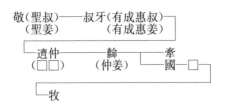

按,該世系中所謂"釐",應據馮峰先生釋"國"①的意見改,銘文的"仲姜"應是"國"之女。

齊鮑氏鐘(《集成》142)銘文作:

> 隹(唯)正月初吉丁亥,齊鞏(鮑)氏孫□鼺(擇)其吉金,自乍(作)龢鐘。卑(俾)鳴攵好,用富(享)吕(以)孝,于訇(台)皇且(祖)文考。用匽(宴)用喜,用樂嘉賓,及我□□(佣友?)。子子孫孫,永保鼓之。

此鐘羅振玉《貞松堂集古遺文》曾著録,題記云"往歲見之都市,今不知歸誰氏",此鐘已經下落不明。銘文中器主名字"![字]"有些漫漶,我們懷疑此字是"成"字,其很可能是鮑牧上一代那位不見於史傳的鮑子。如此鮑氏家族從"鮑敬叔"至"鮑牧"之間的世次就更加清楚了。

2. 陳氏

齊國田氏,出土銘文皆作"陞"或"陳",《史記·田敬仲完世家》:"敬仲(按即田完)之如齊,以陳字爲田氏。"《集解》:"徐廣曰:'應劭云始食菜地於田,由是改姓田氏。'"《索隱》:"據如此云,敬仲奔齊,以陳田二字聲相近,遂以爲田氏。應劭云'始食菜於田',則田是地名,未詳其處。"《正義》:"按,敬仲既奔齊,不欲稱本國舊號,故改陳字爲田氏。"按以上所論或有所本,但與出土銘文所記不合,陳侯午敦及陳侯因資敦皆稱自己爲"陳侯",與《左傳》相合,衆多傳

---

① 馮峰:《鮑子鼎與鮑子鎛》,《中國國家博物館館刊》2014 年第 7 期,第 113 頁。

世或出土的陳氏貴族所督造的兵器，其銘文也未見自稱"田"氏者。
但齊國陳氏之陳已經改作"塦"或"陳"，與其所自出的陳國之陳作
"敶"二者還是判然有別的，學者早已經指出這一點。齊桓公時期，
由於陳國內亂，陳公子完奔齊，爲齊工正一職，其後經過幾代經營，
"五世其昌""陳氏始大"，最終得以"田氏代齊"，承繼姜齊國祚，開
始了田齊的時代。陳氏大致世系《史記·田敬仲完世家》已經有所
記載，常茂徠《增訂春秋世族源流圖考》中齊國世系部分也列有圖
譜。齊系兵器題銘中雖有很多陳氏貴族見於銘文，但因其銘文簡
短又都沒有交代自己所自出，所以對於其世系研究參考價值不大。
傳世銅器銘文有陳逆簠、陳逆盞和陳肪簠蓋銘文：

　　（1）冰月丁亥，塦（陳）氏裔孫逆乍（作）爲生（皇）禩（祖）
　　大宗餿（簠）。　　　　　　　　　　　（陳逆簠，《集成》4096）

　　（2）佳（唯）王正（？）月初吉丁亥，少（小）子陳逆曰：余
　　塦（陳）趄（桓）子之裔孫。　　　　　（陳逆盞，《集成》4629-30）

　　（3）佳（唯）王五月，元日丁亥。肪曰：余塦（陳）中（仲）庿
　　孫，窰丏（叔）枳（支）子。　　　　　（陳肪簠蓋，《集成》4190）

陳逆簠、陳逆盞之陳逆，阮元《積古齋鐘鼎彝器款識》卷七·一〇
已經指出此人"見《左》哀十四年傳，字子行，陳氏宗也"，但經傳
中未詳其出自陳氏哪一代，《增訂春秋世族源流圖考》也稱他的
"宗系未詳"。陳逆盞銘文自稱"余塦（陳）趄（桓）子之裔孫"，可
知他出於陳桓子陳無宇，與陳成子陳恒（一作常）皆爲桓子之孫
輩，《左傳·哀公十四年》記田成子和陳逆闖入宮闈之事，其間陳
成子想半路逃亡，陳逆抽劍阻止，陳逆謂："需，事之賊也。誰非
陳宗？所不殺子者，有如陳宗。""誰非陳宗？"楊樹達《春秋左傳
注》指出"此時陳恒爲陳氏宗主"，則陳逆出自庶子無疑，陳逆簠
銘文稱"乍（作）爲生（皇）禩（祖）大宗餿（簠）"是說其祖"陳桓子"

爲陳氏大宗。

　　陳賆簋蓋銘文中作器者"賆"自敘身世爲"余陸(陳)中(仲)𢧵孫,宻弔(叔)枳子","陳仲𢧵"郭沫若認爲即陳敬仲:"陳仲即陳敬仲……𢧵殆産之異,从初省聲,産者生之初也,故从初。字在此與和對文,蓋即讀爲彦,美士曰彦。"①楊樹達贊同此説,並補充説:"經傳記陳敬仲名完,完字从元聲,元、彦二字古音相近,陸仲彦即陳仲完也。"②"宻弔(叔)"郭沫若認爲即"陳釐子乞":"宻者釐之異,宻叔當即陳釐子乞,乞子爲田成子常,此賆或即常也"。釋文中"枳"銘文作,舊皆釋爲"和",吴闓生《吉金文録》卷三·三六據此認爲:"和,齊太公也,謂釐叔者蓋當時謚號。"楊樹達贊同吴説,並認爲銘文中的"孫"是指遠孫而言。""李學勤結合史孔枳銘文及楚簡文字中的"只",釋此字爲"枳",在銘文中讀爲"支":"支子見於《禮記·喪服》,即嫡長子之弟。"③其説可從。銘文"余陸(陳)中(仲)𢧵孫,宻弔(叔)枳(支)子",是説"賆"爲陳敬仲𢧵的遠孫、釐叔(陳乞)的支子。據《增訂春秋世族源流圖考》所記載,陳僖(一作釐)子的兒子有如下數人:

　　　　陳成子(陳恒)、子玉(陳瓘)、子士、簡子(齒)、宣子(夷)、
　　穆子(安)、廪邱子(意)、茲芒子(盈)、惠子(得)

在諸庶子中祇有"子士"其名未見記載,則"賆"可能是"子士",也可能是另外一位不見於記載的陳僖子之子。

　　另外,屬於齊國陳氏所作銅器還有陳曼盙(《集成》4595-96),銘文内容爲:

---

①　郭沫若:《兩周金文辭大系圖録考釋》,第454頁。
②　楊樹達:《積微居金文説(增訂本)》,第167頁。
③　李學勤:《釋東周器名卮及有關文字》,《文物中的古文明》,第330—334頁。

　　齊陸(陳)曼不敢述(逐)①康,肇(肇)董(勤)經德,乍(作)皇考獻(獻)弔(叔)雟敓(盤),永保用臣(監)。 (《集成》4596)

"曼"字原作"𤊾",是否爲"曼"在形體上還有疑問,今暫從釋"曼"説。郭沫若認爲:"陳曼即田襄子盤,襄子名多異文,《史記集解》引徐廣曰'盤一作塱',《索隱》引《世本》作班。'塱'殆'盤'字之譌,因形相近。班、盤聲俱近曼。獻叔殆田成子常之字。"②按,郭氏以陳曼即田襄子盤皆爲臆測之辭,田成子之字爲獻叔也不見於記載,郭氏所説恐不可信。《史記·齊太公世家》"御鞅言簡公"下《索隱》云:"按:《系本》陳桓子無宇産子亹,亹産子獻,獻産鞅也。"《風俗通》引《元和姓纂》卷六及《通志·氏族略》云"子獻氏,齊大夫子獻之後也",則銘文所記"皇考獻(獻)弔(叔)"和"子獻"很可能就是一個人。

第三節　齊系題銘與山東古國研究

　　山東地區在商周時期古國林立,直至春秋時代仍有很多古國見於《左傳》等文獻,一些不見於經傳或者文獻記載比較簡略的小國的蹤跡往往可以在銅器銘文中尋見。齊系題銘在山東古國史的研究方面具有重要的價值,通過對塍器的考察可以考見一些古國的姓氏,出土有銘銅器的墓地對確定某些古國的大致範圍也具有重要的參考價值。

一、邧國

　　1954年山東文物管理處收到嶧縣文化館送交的兩件銅罍,兩

---

①　吳振武:《陳曼瑚"逐"字新證》,《吉林大學古籍所建所十五周年紀念文集》,吉林大學出版社,1998年,第46—47頁。

②　郭沫若:《兩周金文辭大系圖録考釋》,第216頁。

罍銘文内容相同，據銘文内容一般稱此罍爲邳伯罍，王獻唐《邳伯罍考》[①]一文對銘文進行了研究，定這兩件罍的時代爲戰國初期，現將銘文釋文轉録如下：

> 隹(唯)正月初吉丁亥，不(邳)白(伯)夏子自乍(作)隮(尊)罍，用旛(祈)釁(眉)壽無彊(疆)。子子孫孫，永寶用之。
>
> (《集成》10006－10007)

王獻唐指出銘文中"'不'爲國名，古文不、丕一字，丕旁加邑爲䣸，即後之邳字。'夏子'爲器主名"，其説可從。邳國爲夏商時期就存在的古國，《左傳·昭公元年》記"於是乎虞有三苗，夏有觀、扈，商有姺、邳"，則在商代邳就已經存在，且還反對過商的統治。《水經·泗水注》引《晉太康地記》："奚仲遷于邳，仲虺居之，以爲湯左相。其後當周，爵稱侯，後見侵削，霸者所絀爲伯，任姓也。"則邳國爲任姓。《左傳·定公元年》載："薛宰曰：薛之皇祖居薛，以爲夏車正。奚仲遷于邳，仲虺居薛，以爲湯左相。"奚仲所遷之"邳"秦漢時期稱爲"下邳"，在今江蘇省北境的邳縣舊治邳城鎮，其西北爲原嶧縣，東周時期與薛國接壤。按照今天的界限江蘇邳縣與薛國故地山東滕縣衹隔一嶧縣，但當時"邳之境域，當包括後世嶧縣的一部分，因此與薛接壤"[②]。《左傳·定公元年》所記"奚仲遷于邳，仲虺居薛"，何浩認爲："這説明，傳爲黄帝後裔的薛地奚仲部落集團，原居於今山東滕縣南境(即所謂"奚仲居薛")，後遷居於今江蘇下邳。這可以看作是奚仲部落一支的南遷，但還不宜看作是邳國的一次遷徙。事實上此前既無薛國，也無邳國。'奚仲'遷後才有'邳'稱，邳之爲國，自然是在'遷於邳'之後。"[③]這兩件罍出土於山

① 王獻唐：《邳伯罍考》，《考古學報》1963年第2期，第59—64頁。
② 何浩：《楚滅國研究》，武漢出版社，1989年，第357頁。
③ 何浩：《楚滅國研究》，第357頁。

東嶧縣,當時應屬邳國境内。在戰國中期的時候,由於受到楚國的壓力,邳國又遷到了此時已經被齊所滅的薛國故地,《竹書紀年》:"梁惠成王三十一年,邳遷於薛,改名徐州。"梁惠成王三十一年即公元前 339 年已經屬於戰國中期。這兩件罍的製作時間應該在邳遷薛以前,此後約楚考烈王時期邳爲楚所滅①。

二、杞、紀、𢍰國

(一) 杞國

杞國的歷史比較悠久,約在夏時就已立國,歷夏、商、周直至春秋仍見存世,《史記·陳杞世家》記:"杞東樓公者,夏后禹之後苗裔也。殷時或封或絶。周武王克殷紂,求禹之後,得東樓公,封之於杞,以奉夏后氏祀。"杞爲夏禹之後,禹爲姒姓,則杞也爲姒姓。《路史·國名紀四》云:"杞,定姒國,商封之。"春秋早期銅器虡叔虎簠(《集成》4592),銘文作"竈(邾)弔(叔)虎父乍(作)杞孟辝(姒)饋匜",證明杞國確爲姒姓。周武王所封之杞在今河南杞縣,《史記·陳杞世家》《索隱》引宋忠説:"杞,今陳留雍丘縣。"雍丘就在河南杞縣一帶。在西周末期杞國東遷至今山東新泰,《漢書·地理志》"陳留郡雍丘"班固注:"故杞國也,周武王封禹後東樓公。先春秋時,徙魯東北。"魯僖公十四年杞又遷都至緣陵,《春秋·僖公十四年》:"諸侯城緣陵而遷杞焉。"後來又遷都至淳于,《左傳·昭公元年》所載祁午與趙文子的對話:"子相晉國,以爲盟主,于今七年矣。再合諸侯,三合大夫,服齊、狄,寧東夏,平秦亂,城淳于。"杜預注:"襄二十九年城杞之淳于,

---

①　何浩:《楚滅國研究》,第 362 頁。

杞遷都。"①杞國作爲一個蕞爾小國，其史事實不足徵，《史記·陳杞世家》所記杞國史事也僅幾百字而已，司馬遷也慨歎"杞小微，其事不足稱述"。關於山東杞國，王恩田還曾提出一種觀點，認爲杞國有二：一個是殷代時建立的杞國，在今山東新泰一帶；一個是周武王分封的杞國，初在河南杞縣，齊桓公時爲"淮夷所病"而遷緣陵②。此説楊善群《杞國都城遷徙與出土銅器考辨》一文已經提出了懷疑，指出"杞分二國"實不可信③。

現見於著録的東周杞國銅器主要有簋（《集成》3897－3902）、壺（《集成》9687－8）、鼎（《集成》2494－5、2642、2428）、匜（《集成》10255）、盉（《集成》10334），《文博》2011年1期又刊布了一件豆形簋的器形照片和銘文照片。以上所列杞國銅器有一部分出土於山東新泰縣，據曾毅公《山東金文集存》介紹，清道光、光緒年間山東新泰縣曾出土一批杞國銅器，計有鼎2、簋4、壺1、匜1、盉1。這些杞國銅器都是杞國君主"每亡"爲其夫人"黿（邾）嬨（曹）"所作，銘文內容大致相同。如簋銘作：

　　　杞（杞）白（伯）每亡乍（作）黿（邾）嬨（曹）寶段（簋），子子孫孫夆（永）寶用言（享）。

"亡"字吳大澂《愙齋集古録》第五册·十九釋作"父"，劉心源《奇觚室吉金文述》卷一·二四釋作"匕"，讀爲"化"，皆不可從。郭沫若《兩周金文辭大系圖録考釋·杞子每刃鼎》釋爲"刃"，認爲"每刃者，余意即謀娶公"。《張政烺批注大系·杞子每刃鼎》一書已對郭

説表示懷疑，郭説並不可信。《十二家吉金圖録》卷十五釋文作
"亡"，楊樹達釋爲"朼"，他指出"每朼之名不見於經傳，余疑其即
杞孝公也。《春秋》襄公二十三年書'杞伯匄卒'即孝公也。字似
匄而非匄，秦漢間人不識古字，誤認爲匄耳。"他還指出"古人於
二字之名往往單稱一字"，並舉晉文公重耳又稱晉重、魯隱公姑
息又稱息、杞平公鬱釐又稱鬱爲例，所以每亡可以稱匄。按楊樹
達釋此字爲"朼"於形體不合，但他認爲"每亡"即杞孝公"匄"很
可能是對的。杞孝公所處時代已經爲春秋中期，我們知道此前
杞國早已遷往緣陵，已經不在山東新泰一帶了，那麼爲什麼在新
泰會出土這麼多杞孝公時期的銅器呢？楊善群認爲這是一種懷
祖現象，其情況與淅川下寺墓地所出楚莊王子庚墓相類："像這
樣的楚王室大貴族，死後不葬在當地楚都郢，而要葬到遠離郢都
的丹淅地區，就是因爲他們懷念自己的祖先生活過的地方……
杞孝公的懷祖與楚莊王子令尹子庚的懷祖，應該是同樣形制的
行爲。"[1]楊氏所説極有可能，但真實情況是否如此已經無法考證
了。據《史記・陳杞世家》所載楚惠王四十四年杞被楚所滅，存在
了一千多年的杞國滅亡了。

(二) 紀國

紀國也是一個歷史悠久的古國，《路史・國名紀》載紀爲炎帝
後裔，姜姓國，從出土的銅器來看紀國至少在商朝就已經存在，周
初紀國降周後又重新受到分封，其地在齊國東部，今山東省壽光市
南三十里。紀國於魯莊公四年滅於齊，其地戰國時爲齊國劇邑，秦
漢因之。《地名考略》載："杜注曰'紀國在東莞劇縣'。《水經注》：

---

[1]　楊善群：《杞國都城遷徙與出土銅器考辨》，《學術月刊》2000 年第 2 期，第
68 頁。

巨洋水北逕劇縣故城,古紀國也。……戰國時爲齊之劇邑……漢因置劇縣,屬齊國,後屬北海郡。……三國魏屬東海郡,晉因之。……今其故城在青州壽光縣東三十里,又有紀城亦在縣東南”。紀國在春秋早期即被滅國,現在尚未發現明確屬於東周時期的紀國銅器,所見紀國銅器時代最晚的屬西周晚期。

> 己(紀)厌(侯)乍(作)鑄壺,事(使)小臣以汲,永寶用。
>
> （己侯壺,《集成》09632,西周晚期)
>
> 己(紀)厌(侯)虦乍(作)寶鐘。
>
> （己侯虦鐘,《集成》00014,西周晚期)
>
> 己(紀)華父乍(作)寶鼎,子子孫孫永用。
>
> （己華父鼎,《集成》02418,西周晚期)

“紀”銘文皆作“己”,與《穀梁傳》同,《春秋·桓公二年》:“紀侯來朝。”《穀梁傳》:“桓內弑其君,外成人之亂,於是爲齊侯、陳侯、鄭伯討,數日以略。己即是事而朝之。”《集解》:“己,紀也。”[1]齊國滅紀後,紀國的領土被納入了齊國的疆域,需要指出的是,《春秋·莊公四年》言“紀侯大去其國”,《公羊傳》:“大去者何?滅也。孰滅之?齊滅之。”陳槃《譔異》認爲:“據二傳則似紀侯不肯事齊,故違難他徙,……《經》云大去其國,豈非亦明其有異於滅歟?”王獻唐進一步認爲紀侯可能向東遠遷至萊夷一帶[2],姑存此備參。

(三) 㠱國

㠱國是一個名不見經傳的國家,在浩如煙海的傳世文獻中,和

---

① 陳槃:《春秋大事表列國爵姓及存滅表譔異》,中研院歷史語言研究所,1997年,第164頁。

② 王獻唐:《山東古國考》,齊魯書社,1983年,第188頁。

異國相關的記載祇有寥寥數字而已,如《集韻》:"異,古國名。"《類篇》:"異,古國名,衛宏説與杞同。"而實際上,就是這一零星的記載也還存在問題。按《集韻》的説法看似符合事實,但其實是就衛宏的説法而概言之。實際上衛宏所説也不足據,段玉裁《説文解字注》:"異,長居也,从己,其聲。讀若杞。"下云:"衛宏説與杞同,蓋衛宏以異爲杞宋之杞。此出唐人所謂衛宏官書,多不可信,即如此條乃因許語而附會之也。"已經指出其非。

與異國相關的記載文獻雖不足徵,但是在出土的商代甲骨文和兩周金文中確有較多的記録,爲我們探討異國的相關問題提供了寶貴的材料。春秋異國銅器出土最多的是 1951 年黄縣灰城出土的 8 件銅器,共計盨 4 件,盤、匜、鬲(似爲甗下部)、鼎各 1 件,其中 4 件盨和盤、匜都有銘文,鬲、鼎也有文字痕跡。銘文出土以後王獻唐撰有《黄縣異器》一文,對甲骨、金文中與異國相關的材料進行了梳理,對黄縣所出銅器銘文進行了考釋①,此外傳世東周異國銅器還有數件。

事實上,在對傳世異國銅器研究過程中曾一度與杞、紀相糾葛,或認爲異國就是杞國,或認爲異國與紀國是同一國家②。其中,許瀚《攀古小廬雜著》"晉姬鬲"、"周杞伯每簋"下都認爲異國即杞國,薛尚功《歷代鐘鼎彝器款識法帖》"異公壺"、孫詒讓《古籀拾遺》、陳介祺《簠齋金文題識》皆主此説,此説很明顯是受到衛宏説的影響。上文已經指出杞國爲姒姓,而傳世"異公壺"(《集成》9704)銘文自稱"異公乍(作)爲子弔(叔)姜□(媵?)盥壺",則異爲姜姓無疑,異與杞無論如何不會是同一個國家,方濬益《綴遺齋彝器考釋》"王婦異孟姜匜"下、郭沫若《大系考釋》、王獻唐《黄縣異

---

①　王獻唐:《山東古國考・黄縣異器》,第 3—158 頁。
②　關於異與杞、紀之糾葛本文參郭妍伶《許瀚之金文學研究》,(臺灣)成功大學中文系碩士學位論文,2008 年,第 141—144 頁。

器》等都已經意識到這個問題。此後的討論中，學者又將異國與同爲姜姓的紀國看作一個國家，方濬益《綴遺齋彝器考釋》即主此說，據郭妍伶《許瀚之金文學研究》一文統計，郭沫若《大系考釋》、丁山《商周史料考證》、曾毅公、陳夢家、楊樹達都贊同此說。此外王恩田還認爲異、紀與萊三者爲一國①，王獻唐認爲杞、異、紀應該看作三個不同的國家。1969 年在山東省煙臺市上夼村墓葬中出土了兩件鼎，分別爲異侯鼎和己華父鼎，銘文分別作：

> 己（紀）華父乍（作）寶鼎，子子孫孫永用。
>
> （己華父鼎，《集成》02418）
>
> 異厌（侯）易（錫）弟叟（?）嗣（司）或（?），弟叟（?）乍（作）寶鼎，其萬年子子孫孫永寶用。　　　　（異侯鼎，《集成》02638）

報告整理者指出："上夼村異國墓兩鼎銘文一作'異侯'，一作'己華父'。兩器同出一墓，應係一人之器，即墓主名叟，號華父。當然也有可能己華父是異叟的長輩，但從鼎的形制看，無甚差別。不管怎樣，同是一個家族是不成問題的。證明異、己本係一國之稱。究其寫法不同的原因，大概有以下兩點：一是作器不是同時，書寫不是一人。如兩銘文中的鼎、寶寫法都不同。二是當時書寫無定型，書體較爲隨便。"②李學勤《試論山東新出青銅器的意義》一文亦贊同此說。我們認爲，從銘文內容上看華父與叟（?）未必有必然的聯繫，僅根據二者形制較爲接近，同出一墓就判定二者爲同一國器明顯顯得武斷，如果銘文所記國名用字不同而器主名字相同則能說明二者可能是同一國的異寫，在目前的情況下我們不能得出異、己二者爲一國的結論，因爲銅器出土情況比較複雜，戰爭掠奪、饋贈、婚姻等情況都可能導致在一

---

①　王恩田：《紀、異、萊爲一國說》，《齊魯學刊》1984 年第 1 期，第 71—77 頁。
②　李步青：《煙臺市上夼村出土國銅器》，《考古》1983 年第 4 期，第 289—292 頁。

國墓葬中出現他國銅器,典型的例子如小邾國墓地中就有魯、滕、園等國銅器出土。另一方面,己(紀)、異這兩個古國至少在商時已經存在,在兩周銅器中也不是偶見,彼此寫法都較爲固定,且未發現二者所屬器群存在交叉的現象,所以我們認爲還應該將己(紀)、異看作兩個不同的國家爲宜。異國的地望由於材料較少還不宜論定,王獻唐認爲漢代的箕縣春秋時期就是異國所在,陳槃據今山西太古縣東南有箕邑、河南登封縣東南有箕山,懷疑"異之初國本亦在山西,故山西有兩箕城;漸遷河南,故登封縣東南有箕山;最後始遷山東"①。此外,王獻唐《黃縣異器》一文推測春秋時期異可能爲楚所滅,姑存參。總之,因爲出土材料畢竟有限,傳世文獻又不足徵,有很多問題還有待繼續研究。

三、郜國

　　郜國是山東地區一個小國,始封於何時已經無從考察。"郜"《公羊傳》、《漢書·地理志》、《水經注》等或作"詩"②,其地望過去有兩種意見③:一種意見認爲在山東濟寧東南,如《左傳·襄公十三年》:"夏,郜亂,分爲三,師救郜,遂取之。"杜預注"郜,小國也,任城亢父縣有郜亭。"《漢書·地理志》、《後漢書·郡國志》、《水經·濟水注》所載同。另一種意見認爲在今山東省濟陽縣境內,《大明一統志》卷二十:"郜城,在濟陽縣西二十五里,古小國,春秋魯襄公

---

①　陳槃:《不見於春秋大事表之春秋方國稿》,中研院歷史語言研究所,1982年,第50—51頁。

②　陳槃:《春秋大事表列國爵姓及存滅表譔異》,中研院歷史語言研究所,1997年,第443頁。

③　卜慶華:《郜國地望新探》,《江漢考古》2000年第2期,第91—93頁。

取此。"另外,清顧祖禹《讀史方興紀要》卷二十二、卷三十三分別又取以上兩説,此外《左傳·襄公十八年》"乙酉,魏絳、樂盈以下軍克邿",杜預注:"平陰西有邿山。"懷疑邿在平陰附近,也當另有所本。1995 年 3 至 5 月,山東大學考古系對位於山東省長清縣東南 20 公里的五峰鎮僊人臺遺址進行了發掘,遺存中包括 6 座邿國墓葬,據研究其中"M3 時代最早,約爲西周晚期;M1 和 M2 爲兩周之際;M4 和 M6 爲春秋早期偏晚階段;M5 年代較晚,約爲春秋晚期偏早階段"①。通道分析墓葬中所出土的銅器銘文,整理者指出:"這是一處與邿國有密切關繫的高規格的貴族墓地。"這座墓地的發掘證明,西周晚期至春秋晚期,山東長清縣一帶曾屬於邿國的實際控制範圍,但同時也應該注意到杜預注"邿小國也,任城亢父縣有邿亭"應有所本,與僊人臺所處位置相異,任相宏認爲:"長清僊人臺儘管是周代邿國貴族墓地,延續時間也較長,但是僅有數座墓葬和一座國君墓(按即 M6),即使邿是一個附庸小國也與之不相稱。從這種情況看,邿國似早已發生内亂並分爲三部分,僊人臺衹是其中之一部。"②其説很有道理,他還認爲從 M5(約爲春秋晚期偏早)的時代來看,《左傳·襄公十三年》"夏,邿亂,分爲三,師救邿,遂取之"中所取之"邿"即指僊人臺所在的邿。

邿國君主的族姓史書没有記載,顧棟高《春秋大事表》認爲邿國族姓已不可知,陳槃《譔異》據傳世邿國銅器邿季鼎銘文中邿季爲"孟姬"作鼎、初版《兩周金文辭大系》二三二所録"邿造鼎"銘文"邿造作姬□縢羞鼎",認爲邿國爲姬姓。實際上所謂"邿造鼎"銘

---

① 山東大學考古系:《山東長清縣僊人臺周代墓地》,《考古》1998 年第 9 期,第 11—25 頁。

② 任相宏:《山東長清縣僊人臺周代墓地及相關問題初探》,《考古》1998 年第 9 期,第 26—35 頁。

文爲僞刻,《兩周金文辭大系》再版時已經剔除此器①,郜國爲姬姓說也不可信。《山東古國與姓氏》一書認爲"郜,任姓國"②不知何據,楊樹達《春秋左傳注》襄公十三年下據郜伯鼎(《集成》2601)銘文"郜白(伯)肇(肇)乍(作)孟妊𦧅(膳)貞(鼎)",認爲郜國爲任姓,按郭沫若《大系考釋》認爲此鼎是郜伯爲其妻"孟妊"作鼎,較爲可信,按照"同姓不婚"的原則郜國也不會是任姓國。長清僊人臺郜國墓地 M5 墓主人爲成年女性,墓中出土銅器中有郜公典盤一件,銘文首句爲"寺(郜)子姜首迨(及)郜公典爲其盥盤",涂白奎認爲"寺(郜)子姜首"是指郜國之女姜首,據此他認爲郜國爲姜姓③。1986 年 4 月及 1991 年 7 月山東省長清縣萬德鎮村民在取土時發現周代銅器 4 件,其中銅鼎、銅盨各兩件。銅盨上鑄有銘文,簡報整理者認爲從形制上看其時代應該在西周晚期④,可從。銘文釋文如下:

之⑤(郜)子⑥中赨(媵)孟▆寶匜,其萬年𦟄(眉)寶,子子孫孫永寶用。

[《文物》2003(4)90 頁圖 12、13]

銘文中"▆"又寫作"▆"、"▆",簡報整理者釋爲"媯",任相宏據

　　① 涂白奎:《〈郜公典盤〉及相關問題》,《考古與文物》2003 年第 5 期,第 42—43 頁。
　　② 逢振鎬:《山東古國與姓氏》,山東人民出版社,2006 年,第 582 頁。
　　③ 涂白奎:《〈郜公典盤〉及相關問題》,《考古與文物》2003 年第 5 期,第 42—43 頁。
　　④ 昌芳:《山東長清石都莊出土周代銅器》,《文物》2003 年第 4 期,第 85—91 頁。
　　⑤ 陳劍:《金文字詞零釋(四則)》,《古文字學論稿》,安徽大學出版社,2008 年,第 139 頁。
　　⑥ 陳奇猷:《郜中簠當作止(郜)子仲簠》,《文物》2004 年第 12 期,第 86 頁。

此指出邾國爲"嫣"姓①。趙平安認爲此字釋"嫣"並不可信,將此字改釋爲"嬴",認爲邾國爲"嬴"姓②。按就形體而言,釋"嬴"優於釋爲"嫣",今從其説則"邾"當爲"嬴"姓之國。

四、狐駘國

狐駘見於《左傳·襄公四年》:"冬十月,邾人、莒人伐鄫,臧紇救鄫,侵邾,敗於狐駘。國人逆喪者皆髽,魯於是乎始髽。國人誦之曰:'臧之狐裘,敗我於狐駘。'"杜預注"狐駘,邾也。魯國蕃縣東南有目台亭。"楊伯峻《春秋左傳注》:"狐駘,今山東滕縣東南二十里之狐駘山。"《禮記·檀弓》記襄公四年魯敗於狐駘而逆喪者皆髽之事云:"魯婦人之髽而弔也,自敗於臺鮐始也。"鄭玄注:"臺當爲壺字之誤也,春秋傳作狐鮐。"《禮記·檀弓》所引"狐駘"本當作"壺鮐",而訛作了"臺鮐"。關於狐駘地望,洪亮吉《春秋左傳詁》另立新説:"狐駘,杜注以爲蕃縣南之'目台亭'。今考'目台',即《淮南子》之目台山,淄水所出。杜説非是。"洪氏此説,李魯滕已指出其非是:"臧紇救鄫之鄫,……地在今山東省臨沂市蒼山縣向城鎮西北,……邾在魯國南部,鄫更在其南。……狐駘則爲其南下救鄫的必經之地。而《淮南子》之目台山……地在今曲阜市(古魯國)東北的萊蕪市東部。臧紇自魯發兵救鄫、侵邾,如何南轅北轍? 故洪説爲非,杜説爲是。"③

---

① 任相宏:《邾仲簠及邾國姓氏略考》,《文物》2003 年第 4 期,第 40—43 頁。
② 趙平安:《〈邾子仲盨〉的名稱和邾國的姓氏問題》,《古籍整理研究學刊》2006年第 1 期,第 26—28 頁。又趙平安:《金文釋讀與文明探索》,上海古籍出版社,2011年,第 15—20 頁。
③ 李魯滕:《虜台(丘)略考》,《古代文明》第 6 卷,文物出版社,2007 年,第202 頁。

　　1979 年滕州市姜屯鎮莊里西村滕國墓地出土一件戰國早期的銅戈,胡部鑄有銘文"虘台丘子俅之觥(造)",李魯滕《虘台(丘)略考》一文認爲戈銘"虘台丘"即見於《左傳》的"狐駘"①,該文還指出以下所列也屬於"虘台"器:

　　(1)虎(虘)台(台)丘君夋②豫之元用。

　　　　　　　　　　　(虎台丘君豫戈,《集成》11265)

　　(2)虘台(台)丘君作叔姁媵盤,其萬年眉壽,子子孫孫永寶用之③。

　　(3)虘台(台)君裳(?)鐸(擇)其吉金,自作□□(旅?鼎?)

　　　　　　　　　　　　　　　　　　(《集成》2477)

　　(4)虘丘作季姬。　　　　　(《集成》2082)

　　(5)虘台(台)丘尚之鐳匝　　(《集成》10194)

此外,下列兩件銅器也應屬於狐駘國:

　　(6)虘台丘子俅之造。

　　　　　　　　　　(虘台丘子俅戈,《山東集成》853 頁)

　　(7)虘台丘君裳(?)之盥(浣)盥(盤)④。

　　　　　　　　　(《安徽出土青銅器銘文研究》159)

李魯滕在文中還論證了"狐"與"虘"、"駘"與"台"皆音近可通,進而指出"虘台(丘)"就是文獻記載中的"狐駘",其説可信。此外,據(2)所列盤銘(圖十三)"虘台(台)丘君作叔姁媵盤",可知此盤爲

① 李魯滕:《虘台(丘)略考》,《古代文明》第 6 卷,第 202 頁。戈銘"俅"原釋文誤釋爲"休",今從張振謙説釋"俅","觥"原釋文誤作"佶",今改作"觥"。
② 按,此字李文缺釋,今釋爲"夋",詳孫剛、李瑶:《釋虘台丘君戈銘文中的人名》,《古文字研究》第三十二輯,第317 頁。
③ 此器未見著録,據説 1986 年滕州市官橋鎮薛國墓地出土,銘文見李文。
④ 釋文參傅修才:《狐駘丘君盤新考》,《中國國家博物館館刊》2017 年第 5 期,第 56 頁。

圖十三

虘台丘君所作媵器，按照媵器的一般格式則狐駘應該是"姒"姓之國，此可補史籍之缺佚，金文對於古國史研究的重要價值可見一斑。李文還指出"僅據地下出土的金文材料，我們知其（指狐駘）在春秋早期即已名世，而且一直苟存至戰國早期"，"窺其所居，北爲曹姓之邾，東爲郳，東南約四公里爲邾之濫邑，西約十公里的土城村。《滕縣志》謂郳犁城，真可謂四面皆'邾'。……無怪乎杜預稱其爲'邾也'"。既已經明白"狐駘"所處位置，我們還可以據此糾正傳世文獻所記之誤，《路史·國名紀七》有"狐駱國"："狐駱，魯地，今徐之滕縣，本隸邾"。晉魯國蕃縣即宋之滕縣，其所記地域與杜預注相合，則所謂"狐駱"無疑是"狐駘"之訛寫，"駱"與"駘"形體極近，易致訛誤。

　　總之，得益於傳世文獻的零星記載及出土銘文所記錄的豐富内容，我們大致瞭解了"狐駘"國所處的大致時代、族姓及地域範圍，這無疑豐富了山東古國史的研究。

五、郳慶鬲與所謂山東秦國問題辯證

　　2002年小邾國墓地出土一批青銅器，其中有幾件是邾（郳）君慶爲"秦妊"所作器，計有壺、鬲、鼎、匜各一件：

　　　　（1）鼀（邾）君慶乍（作）秦妊醴壺，其萬年貲（眉）壽永寶用。

　　　　　　　　　　　　　　　　　　　　　　　　（壺、蓋）

（2）兒（郳）慶乍（作）秦妊羞鬲，其永寶用。　　（郳慶鬲）

（3）兒（倪）慶乍（作）秦妊它（匜）鼎，其永寶用。

（郳慶匜鼎）

（4）鼄（邾）慶乍（作）秦妊它（匜），其永寶用。　（邾慶匜）

郳國亦稱小邾國，是邾國的别封之國，銘文中郳慶與邾君慶爲同一人是毫無疑問的。"秦妊"之"妊"爲姓氏，傳世文獻一般作"任"。銘文中的"秦"很顯然不是嬴姓秦國，趙平安認爲此"秦"與驫羌鐘銘文"征秦迮齊"之"秦"皆爲山東秦國，在范縣境内①：

> 從地望等方面綜合考慮，我們認爲《郳慶鼎》的"秦"應該就是《驫羌鐘》銘中的"秦"，也就是魯莊公三十一年"築臺於秦"的"秦"和戈銘中的"郜"，地在山東范縣一帶。

> 棗莊東江古墓群的年代被定在春秋早期，這也是《郳慶鼎》製作年代的下限，那個時候山東的"秦"是一個獨立的國家。魯莊公三十一年（前 662 年）在秦築臺，那時秦已爲魯所滅，成爲魯國的一個邑。周烈王二十二年（前 404 年）驫羌輔佐韓景子伐齊時，先征"秦"地，迫使齊軍潰入長城，説明秦已入齊。

李學勤在《小邾國墓地及其青銅器研究》一文中也認爲此"秦"應該在山東境内，他指出"按魯地有秦，見《春秋》經莊公三十一年，在今范縣舊治南，秦妊應係封在那裏的妊姓貴族的女兒"②，顯然他並不認爲此"秦"一定是"秦國"。

以上二説都是建立在把"秦"看作國家或地名的基礎上的，如果此説可信，則山東秦國爲妊姓國，這是銘文對山東古國研究的重

---

① 趙平安：《山東秦國考》，《華學》第七輯，中山大學出版社，2004 年，第117—118 頁。又趙平安：《金文釋讀與文明探索》，第 175—178 頁。

② 李學勤：《小邾墓地及其青銅器研究》，《文物中的古文明》，第 311—317 頁。

要貢獻。但我們注意到,這種解釋未必完全可靠,其間還存在一些疑問。把"秦妊"看作"國名加姓氏"這種格式來理解本身毫無疑問,但小邾國墓地中妊姓女子之器還有"華妊"、"奏妊"所作之器:

(1)邾華妊乍(作)羞鬲。　　　(邾華妊鬲,《遺珍》109 頁)
(2)鼄(邾)慶乍(作)奏妊匜,其萬年子子孫孫永寶用亯(享)。　　　(邾慶盤,《遺珍》115 頁)

李學勤在上引文中認爲"華妊"、"奏妊"可能是邾慶夫人秦妊"陪媵的娣,也是邾慶的配偶"。如果把"秦妊"看作"國名加姓氏"還可以講得通的話,那麼"華妊"、"奏妊"恐怕就不能這樣理解了。所以我們認爲與"華妊"、"奏妊"相參照,"秦妊"之"秦"可能也是女子的私名,未必一定是要看作"國名加姓氏",在此基礎上再討論山東秦國地望、姓氏等問題也就值得懷疑了。小邾國墓地還有銘文相同的 3 件盤,是鑄國所作的媵器:

鑄叔作叔妊秦媵盤,其萬年眉壽永寶用。

(《遺珍》92—93 頁)

李學勤認爲"古時女人可把姓放在名前……但是不能將名放在姓前,所以叔妊秦不會就是秦妊。鑄即祝國,《世本》云任姓,在今寧陽西北。"①我們認爲這件媵器恰恰可以説明"秦妊"之"秦"應該是私名,與"叔妊秦"應是一人。事實上,古代女名是可以把名放在姓前的,吳鎮烽《金文人名彙編》所附《金文人名研究》②一文即列舉了數例女名"名在姓前"的情況,現轉引如下:

(1)陳侯作嘉姬寶簋。　　　(陳侯簋,《集成》3903)
(2)叔噩父作鸞姬旅簋。　　　(叔噩父簋,《集成》4056)

___

① 李學勤:《小邾墓地及其青銅器研究》,《文物中的古文明》,第 314 頁。
② 吳鎮烽:《金文人名彙編(修訂本)》,中華書局,2006 年,第 461 頁。

（3）伯梁父作嬀姞尊簋。　　　（伯梁父簋，《集成》3793）

（4）叔向父作婞姒尊簋。　　　（叔向父簋，《集成》3849）

（5）成伯孫父作浸嬴尊鬲。　　（成伯孫父鬲，《集成》680）

（6）散車父作皇母龘姜寶壺。　（散車父壺，《集成》9697）

其中"嘉姬""鷺姬""嬀姞""婞姒""浸嬴""龘姜"都屬於"名在姓前"的情況。我們認爲"秦妊"應該是鑄國之女嫁到小邾國，命名格式爲"名加姓"，鑄叔所作滕盤爲滕器，因爲要"別婚姻"，所以婦人要稱姓，"叔妊秦"的格式爲"行第加姓加私名"的格式，滕器是站在女方的立場而言的所以要加上她的行第。嫁到小邾國以後就不必一定要稱説自己在娘家的行第了，祇標明其名、姓即可，所以稱爲"秦妊"。

　　總之，我們認爲結合同墓所出土的相關銘文，"秦妊"之"秦"應看作私名而不應該看作國名或地名，此銘文不能作爲討論山東秦國相關問題所依據的確切證據。

第四節　齊系題銘與齊國史事存證

　　銅器銘文往往記載器主所取得的成就或受到的褒獎，將至偉功勳銘刻於彝器，以垂後世。某些記載征伐、戰爭的銘文或可與史書記載相合，通過對這些銘文的分析，有助於對相關史事的探究，甚至可以彌補傳世文獻記載的不足或者糾正其錯訛。在本節中我們以庚壺銘文、陳璋方壺和陳璋圓壺銘文爲例，來揭示銅器題銘在齊國史研究中的重要價值。

一、庚壺銘文與齊軍圍萊、滅莒

　　庚壺銘文的相關情況本章第一節已經進行了介紹，此處不再贅述。爲了方便討論我們先將釋文列出：

> 隹（唯）王正月初吉丁亥。□（殷?）王之孫右帀（師）之子，武弔（叔）曰庚。異（擇）其吉金。台（以）盥（鑄）其榮（盥）壺。

> 齊三軍圍釐（釐—萊）。衰（崔）子執鼓，庚入，門之。虢〈執〉者獻（獻）于霝（靈）公之所。公曰：甬（勇）！甬（勇）！商（賞）之台（以）邑嗣（司）、衣裘、車馬。

> 於□（莊?）公之身。庚衛（率）百乘舟入鄶（莒），從洄（河）台（以）□伐魔（?）□丘。殺其殹（關）者，孚（俘）其士女。□旬（?）□舟□邁丘□□于剌（梁）。歸獻（獻）〔于□（莊?）〕公之所。商（賞）之台（以）兵虢（甲）車馬。

> 庚戌陸□（要?）。其王駟虢方綾。滕（朕）相乘駐（牡）□不□。其王乘駐（牡）與（輿）台（以）□魔（?）師。〔庚〕截（捷）其兵〔虢（甲）車〕馬。獻（獻）之于臧（莊）公之所。公曰：甬（勇）！甬（勇）！□□曰：□余台（以）賜女（汝）。□曰：不可多也（?）。天□受（授）女（汝）。

以上所列釋文並非嚴格按原文行款排列，李家浩《庚壺銘文及其年代》①一文據敘事內容將銘文所記之事分爲四段，我們以上所列釋文即按所記內容來排列。銘文中至少講述了庚所參加的三次戰爭，其中“圍萊”、“入莒”之事見於典籍記載，“庚戌陸□（要?）”以下所記史事因銘文多有漫漶，不詳所記爲何事。

（一）庚壺銘文與齊三軍圍萊

銘文第二部分所記爲齊圍萊之事：

> 齊三軍圍釐（釐—萊）。衰（崔）子執鼓，庚入，門之。虢者

---

① 李家浩：《庚壺銘文及其年代》，《古文字研究》第十九輯，第89—101頁。

獻(獻)于霝(靈)公之所。公曰：甬(勇)！甬(勇)！商(賞)之
台(以)邑嗣(司)、衣裘、車馬。

《左傳·襄公二年》載有齊伐萊,但因爲萊人賄賂齊國夙沙衛,所以
此次並未攻占萊國：

> 齊侯伐萊,萊人使正輿子賂夙沙衛以索馬牛,皆百匹,齊
> 師乃還。君子是以知齊靈公之爲"靈"也。

圍萊之事見於《左傳·襄公六年》(前 567 年),當齊靈公十五年：

> 十一月,齊侯滅萊,萊恃謀也。……四月,晏弱城東陽,而遂
> 圍萊。甲寅,堙之環城,傅於堞。及杞桓公卒之月,乙未,王湫帥
> 師及正輿子、棠人軍齊師,齊師大敗之。丁未,入萊。萊共公浮柔
> 奔棠。正輿子、王湫奔莒,莒人殺之。四月,陳無宇獻萊宗器於襄
> 宮。晏弱圍棠,十一月丙辰而滅之。遷萊於郳。高厚、崔杼定其田。

據《左傳》記載,齊國晏弱於襄公五年四月城東陽並圍萊,至襄公六
年三月(杞桓公卒之月)已經圍萊一年之久,及至乙未日(十五日)
王湫帥萊師才與齊軍正面交鋒,並被齊師打敗,齊師攻入萊。此後
萊共公逃到棠地,晏弱又圍棠地數月,至十一月萊共公或被執或被
殺,所以言"滅"。此後齊高厚、崔杼定其田。由此可知齊軍主帥爲
晏弱,結合庚壺銘文可知齊國三軍都參加了此次戰爭,銘文"![字]
子"舊誤摹、誤釋爲"冉",張光遠摹本作"![字]",李家浩據"衰鼎"銘
文釋爲"衰"讀爲"崔",認爲"崔子"即指"崔杼"而言,此說可從。
"崔杼"還見於《清華二》中《繫年》簡 95"齊崔杼殺其君莊公",簡文
"崔"正寫作"衰"①。其所从"衰"見於仲偄父鼎"偄"所从及楚系文

---

① 清華大學出土文獻研究與保護中心：《清華大學藏戰國竹簡(貳)》,中西書
局,2011 年,第 87 頁。

字、《説文》古文：

衰：衰鼎　　　　　　　庚壺

衰：《郭店·成之》簡8　　《上博一·孔子詩論》簡8

　　《説文》"衰"古文

蓑：《清華二·繋年》簡25　《郭店·語叢四》簡22

周忠兵認爲楚系文字中的"衰"（）來源於衰鼎、庚壺中的"、"，"祇是將單列的兩草形變成交叉的兩草形，這樣的變化應該是爲書寫更快捷。祇是這種交叉形的'衰'看起來與'文'字相似，故學者在追溯其源頭時往往會被其迷惑。"①

　　據庚壺銘文"衰（崔）子執鼓"可知，崔杼不僅定萊田，而且直接參與了此次戰爭，從其"執鼓"來看他應是一軍的統帥，庚則是崔杼的部下。"庚入，門之"及"庚衞（率）百乘舟入鄘（莒）"之"入"作""，吳闓生《吉金文録》，郭沫若《金文叢考·謚法之起源（丁）》、《兩周金文辭大系圖録考釋·庚壺》，楊樹達《積微居金文説》，張光遠《春秋晚期齊莊公時庚壺考》②，張政烺等皆釋作"大"，李學勤③、李家浩④認爲是"入"字。張政烺《説庚壺的'大'字》⑤一文所論最爲詳盡，他指出：

————————

　　① 周忠兵：《釋甲骨文中反映商代生活的兩個字》，《承繼與拓新：漢語語言文字學國際研討會會議論文集》，2012年，第7頁。
　　② 此文曾於1981年11月提交給澳洲坎培拉大學舉辦的中國銅器研討會。又張光遠：《春秋晚期齊莊公時庚壺考》，《（臺灣）故宮季刊》第3期第16卷，1982年。又劉慶柱、段志洪、馮時：《金文文獻集成》第二十九册，線裝書局，2005年。
　　③ 李學勤：《論博山刀》，《中國錢幣》1986年第3期，第4頁。
　　④ 李家浩：《庚壺銘文及其年代》，《古文字研究》第十九輯，第89—101頁。
　　⑤ 張政烺：《説庚壺的"大"字》，《文史》第三十六輯，1992年，第47—48頁。

　　我當初作釋文時曾考慮過它是"入"字，所得結果相反，終於放棄釋"入"。理由是：鐘鼎文字到春秋晚期走向美術化，豎筆畫長的，有的加圓點或短橫以取美觀。"入"字可以寫作"人"、"大"。但是橫筆不能太長，這本是紋飾性的點綴，可有可無，如果長得像一個筆畫，成了文字的一個組成部分，就不是原字了。《庚壺》此字橫畫長，案頭適有齊大宰歸父盤銘文，其中"大宰"的大字與此相同，我遂定此字爲"大"。再看字義，銘文"齊三軍圍萊，冉子執鼓，庚大門之"，冉子是指揮官，執鼓是以軍樂爲號令，鼓動三軍前進。門是動詞，義爲"攻城門"。大是副詞，言進攻規模之大。之是代詞，指萊城。門本是名詞，當時戰爭多，攻城都得攻城門，門轉化爲動詞，成爲"攻城門"的專用語。

　　……

　　若庚壺銘是"庚入門之"則與《公羊傳》同，唯句末"之"字無法解釋。如果視"入門"二字皆爲動詞，祇可點斷爲"庚入，門之"，而文義不通，齊三軍圍萊城，庚已入城，何又門之？如果說"入門"二字構成一個動詞，那就是兩個動詞的連動形式，先門後入猶可，先入後門則不可能。或者說是庚入萊境並攻萊城，則前已言齊三軍圍萊城，此處再言庚入萊境，也於理不合。反覆思考，我認爲釋大爲入，文義難通。

張先生從形體和文意兩方面對釋"入"之説進行了分析，對"庚入，門之"所作的辯駁"庚已入城，何又門之？"、"先門後入猶可，先入後門則不可能"，更是具有很強的説服力，一時之間釋"入"和釋"大"這兩説讓人難以決斷。

　　但我們對相關問題進行分析比較之後認爲，釋"入"之説要優於釋"大"之説。將此字釋爲"大"首先要面臨的問題就是對"庚

衝(率)百乘舟入䣣"一句的解釋,張政烺將"入䣣"釋爲"大䣣"讀爲
"大舉",認爲銘文所記和入莒之事没有關係。我們認爲此説可商,
從用字習慣上來看,"䣣"及其左部所從習見於齊系銅器銘文,皆用
作國名之"莒",似未見例外,其用法比較固定。再者,傳世文獻和
出土古文字材料中也未見"䣣"讀爲"舉"之用例。更何況"庚
衝(率)百乘舟大䣣(舉)"與下文"從涧(河)台(以)□伐巋(?)□
丘",在文氣上也不連貫。"庚大門之"中的"大"張先生認爲"大是
副詞,言進攻規模之大。之是代詞,指萊城",事實上,進攻規模之
大是一個整體性的概念,應該是就齊軍整體表現而言,庚一個人的
行爲不能稱其爲"大"。可見,將此句中的"入"釋爲"大"也不能很
好地疏通文意,而將此字釋爲"入"在形體上和文意上都没有太大
的滯礙。

李家浩在闡述釋此字爲"入"的主要依據時指出:兩"入"字
"原文均在豎劃的中部加一短横,與侯馬盟書的入字和叔弓鎛、鄂
君啟節内字所從的入旁寫法相同。春秋戰國文字常常在豎劃的中
部加一短横,如壺銘的币、庚、所等字。加有一短横的入字,與此同
類"。該文所列舉的形體如下:

《侯馬》一五六:二一　　叔弓鎛(《集成》285.8)

鄂君啟節(《集成》12113)

李學勤在《論博山刀》[1]一文中指出下列齊國貨幣文字爲"内"字,
並且據此形體所從"入"釋庚壺銘文爲"入":

齊呑刀(《貨系》242)　　齊呑刀(《齊幣》152)

---

① 李學勤:《論博山刀》,《中國錢幣》1986年第3期,第4頁。

此外，年代下限至遲爲戰國早期的曾侯乙墓竹簡中也有寫作與上列形體相近的"入"字①：

　　　　大《曾》簡 1　　　　　　　　大《曾》簡 208

在戰國文字尤其是楚簡文字中，"内"所從"入"寫作"大"形的情況更爲普遍，兹不備舉。以上形體説明，庚壺銘文中的"大"釋爲"入"的可能性是完全存在的。

　　張政烺先生針對釋"入"説，所提出的辯駁理由爲"庚已入城，何又門之？"、"先門後入猶可，先入後門則不可能"。從常理推斷，"先入後門"確實不太可能，可是結合相關記載來看，我們認爲這種可能性是存在的。《左傳·襄公六年》記載齊圍萊的具體經過如下：

　　　　十一月，齊侯滅萊，萊恃謀也。……四月，晏弱城東陽，而遂圍萊。甲寅，堙之環城，傅於堞。及杞桓公卒之月，乙未，王湫帥師及正輿子、棠人軍齊師，齊師大敗之。丁未，入萊。

"堙之環城，傅於堞"，杜預注云："堞，女牆也。堙，土山也。周城爲土山及女牆。"孔穎達疏："兵書攻城有爲堙之法。宣十五年《公羊傳》曰'子反乘堙而窺宋城'，是堙爲土山，使高與城等而攻之也。言環城，是環繞其城，知周匝其城爲土山也。"楊伯峻《春秋左傳注》云："堙亦作垔，堆土爲山曰堙。句謂環萊城四周皆築土山。《孫子·謀攻篇》曰'距闉'，此古代攻城之一法。女牆又稱"陴"或"陴倪"，《左傳·宣公十二年》"守陴者皆哭"，楊伯峻注："陴，城上女牆也。……守城者必登城而守陴，故守陴即守城也。"由此可知，齊國攻取萊國所采取的戰術是在萊城四周堆土成山，"傅於堞"是指土

_____
①　李守奎：《楚文字編》，華東師範大學出版社，2003 年，第 321 頁。

山已經接近守城者所占據的女牆,這一戰術的目的是"使(土山)高與城等而攻之也",即通過攀爬土山而攻入城内。庚壺銘文"衰(崔)子執鼓,庚入,門之",所記應就是指"庚"首先通過這種方式攻入城内,然後從裏面攻取城門,打開城門以後齊軍主力才得以入萊。其過程正好是"先入而後門",這樣解釋銘文既符合齊軍攻萊的戰術和過程,也解釋了銘文所記"入"和"門"的先後順序問題。總之,將庚壺銘文"𡘾"釋爲"入",無論是在文字形體還是在相關文意的疏解上都很順暢,也符合文獻的相關記載,此字釋爲"入"當可信。

　　銘文"虢者獻(獻)于霝(靈)公之所"之"虢者",李家浩指出"第七行的'虢者'頗費解,據文意應該是庚所獻之俘,壺銘'虢'、'執'二字形近,或疑'者'前之字應從舊説釋爲'執'。'執者'指被俘的人",其説可從,則"虢〈執〉者獻(獻)于霝(靈)公之所"是指把這些俘虜獻給齊靈公。《左傳·襄公六年》:"四月,陳無宇獻萊宗器於襄宫。"杜預注以爲"襄宫"是指齊襄公的廟,楊伯峻《春秋左傳注》指出此時"齊惠公距齊靈公已經八代,依舊禮襄公廟早已不存,……疑襄當作惠",其説很有可能,不過據文獻記載陳無宇"獻萊宗器"於廟,據銘文庚獻俘於"靈公",二者所獻内容及對象有所不同,這是應該注意的。

　　綜上,通過傳世文獻記載和銘文内容相對照,我們知道了齊軍圍萊采取的是"堙"城的戰術,庚參加了此次戰鬥,並首先從城上攻入城内,從裏面控制了城門,在此次戰争中庚還俘虜了對方的甲士並獻給了齊靈公,得到了齊靈公的誇奬"甬(勇!)"和賞賜。崔杼不僅定其田,而且還指揮了戰鬥,發布了進軍的命令。崔杼謚號崔武子,庚的謚號李家浩認爲是銘文所稱的"武叔",二者謚號都和"武"有關,很可能是因爲他們都是勇猛的將領的緣故。

(二) 齊軍入莒及庚壺銘文所記其他戰争

庚壺銘文第三部分言"於□(莊?)公之身。庚衔(率)百乘舟入酈(莒)"。"於"後之字張光遠摹本補作"𩆜"，李家浩認爲根據郭沫若《兩周金文辭大系》所録容庚摹本，指出此字所殘存二短横與銘文中"莊"下部二短横相類，他懷疑此字應該是"莊"，其説可從。齊莊公在位凡六年(前553—前548)，據《左傳》記載齊莊公時期伐莒之事共有兩次，分別見於魯襄公二十三年和二十四年：

> 齊侯還自晉，不入，遂襲莒。門于且于，傷股而退。明日，將復戰，期於壽舒。杞殖、華還載甲夜入且于之隧，宿於莒郊。明日，先遇莒子于蒲侯氏。莒子重賂之，使無死，曰："請有盟。"華周對曰："貪貨棄命，亦君所惡也。昏而受命，日未中而棄之，何以事君？"莒子親鼓之，從而伐之，獲杞梁。莒人行成。
>
> 《左傳·襄公二十三年》
>
> 秋，齊侯聞將有晉師，使陳無宇從蔫啟疆如楚，辭，且乞師。崔杼帥師送之，遂伐莒，侵介根。
>
> 《左傳·襄公二十四年》

庚壺銘文"庚衔(率)百乘舟入酈(莒)"，説明齊軍通過水路攻入莒境。張政烺先生在《説庚壺的"大"字》一文中分析了齊通過水路進攻莒國的可能性，他假設了三條途徑，現轉引如下：

> 齊國和莒國間搭不上水路交通。如果齊國一定要用水師攻莒，可以走幾條路。**一條**是臨淄往南，沿淄水到山脚下，舍船登陸，爬過山嶺，走到沂源，在這裏設廠造船。順流南下到沂南，步行東向入莒。**第二條路**是由臨淄東行到濰水，會集百

舟,乘之逆水往南進入山區,舍船步行西南至莒國。這條路最好,船可以不拋棄,但逆流進軍,談何容易。**另一種設想**,膠西靈山衛在一八五七年曾發現齊國三量(見上海博物館編著《齊量》,一九五九年),戰國時當是齊地。春秋時齊國如能在此設廠造船,駛入連雲港一帶,古之海岸與今不同,今之新沭河河口於古無有,卻可能有些雜流入海。從此摸索前進,找到沭水,逆流北上,可以入莒。這些都是空想,水淺或不能行舟,岸險或不能挽縴,困難重重無法克服。

因爲張政烺先生所擬定的第三條路綫其行軍困難重重,所以我們在此就不討論了,其所設想的前兩條路綫如圖十四所示。據上文所引《左傳》記載,齊莊公時期有兩次伐莒之事,第一次見於《左傳・襄公二十三年》:"齊侯還自晉,不入,遂襲莒。門于且于,傷股而退。明日,將復戰,期於壽舒。"文中"遂襲莒"說明此次齊侵莒是趁勢攻伐,莒本不是齊進攻的主要對象。《左傳・莊公二十九年》載:"凡師有鐘鼓曰伐,無曰侵,輕曰襲。"《白虎通・誅伐》云:"掩人不備,行不假途,人銜枚,馬勒韁,晝伏夜行,爲襲也。"可見偷襲他國一般都輕裝簡從,兵貴神速,使守備之國没有防範。如果此次進攻莒國選擇第一條路綫,"沿淄水到山腳下,舍船登陸,爬過山嶺,走到沂源,在這裏設廠造船。順流南下到沂南,步行東向入莒",太費周折,恐怕也會爲莒國所察覺,從這條水路進軍侵伐莒國的困難很大,而且還要造船等等,所以我們認爲此條路綫不太可取。第二條路綫"是由臨淄東行到濰水,會集百舟,乘之逆水往南進入山區,舍船步行西南至莒國",正如張先生所言,"逆水行軍"實屬不易,且費時費力。事實上,正如張政烺先生所言:"春秋時,齊大莒小,莒恃其陋而不修城郭,齊不必怕莒,一切征伐全是禮儀性的活動,輕而易舉。如果動用水軍,則困難甚多,花費太大,時間很久,齊雖强

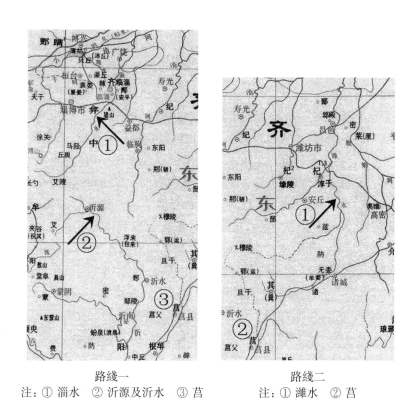

路綫一　　　　　　　　　　　　　　路綫二
注：① 淄水　② 沂源及沂水　③ 莒　　　注：① 濰水　② 莒

圖十四

國，不易做到。"齊如果想侵伐位於今天莒南縣的莒都，選擇水軍的確非上策。可見庚壺銘文"庚衒（率）百乘舟入鄺（莒）"所記之事與《左傳·襄公二十三年》"齊侯還自晉，不入，遂襲莒"可能並不是同一次戰爭。

李家浩先生在《庚壺銘文及其年代》一文中懷疑"庚衒（率）百乘舟入鄺（莒）"可能與《左傳·襄公二十四年》所記"秋，齊侯聞將有晉師，使陳無宇從薳啟疆如楚，辭，且乞師。崔杼帥師送之，遂伐莒，侵介根"之事有關：

前面説過，庚是崔杼的部下。壺銘所説的"庚率百乘舟入莒，從河(?)以□伐虒□丘"，不知跟齊莊公五年崔杼"伐莒，侵介根"有没有關係。

"崔杼帥師送之"，則崔杼是這支齊軍的主帥，庚作爲部下完全有可能率領"百乘舟"這樣規模的水軍"伐莒，侵介根"。"介根"杜預注："介根，莒邑。今城陽黔陬縣東北計基城是也。"楊伯峻《春秋左傳注》："介根本莒舊都，在今山東高密縣東南四十里，即膠縣西南七里。"崔杼率軍的主要目的是送"陳無宇從薳啟疆如楚"，而"遂伐莒"説明其所處位置距離莒國國境不可能太遠，伐莒之事應該是順路爲之。此時萊國已經被齊國所滅，萊地固有領土已經爲齊國所占據，當然也包括當年萊共公逃奔的"棠"邑。從"棠"或其附近恰恰可以順水而下直取莒國的介根。據記載，齊國東境有尤、姑二水，見於《左傳·昭公二十年》："民人苦病，夫婦皆詛。祝有益也詛亦有損。聊、攝以東，**姑、尤**以西其爲人也多矣。雖其善祝，豈能勝億兆人之詛?"杜預注："姑、尤齊東界也，姑水、尤水皆在城陽郡東南入海。"楊伯峻注："姑即今大姑河，源出山東招遠縣會仙山，南流經萊陽縣西南。尤即小姑河，源出掖縣北馬鞍山，南流注入大姑，合流南經平度縣爲沽河。至膠縣與膠萊河合流入海。"由以上記載可知，從齊國東境乘舟入莒地正好是順流直下，至膠縣境内可以舍舟登岸，徒步入莒之境，然後攻取介根(參圖十五)。

圖十五　① 尤水、姑水　② 介根

如前文所論，由水路攻取莒都無論是哪條路綫都有困難，其可能性並不是很大。而把銘文"庚率百乘舟入莒"看作"入莒境，侵介根"，既可以與文獻記載"伐莒"之事相合，又符合當地的自然地理狀況，由此看來"乘舟入莒"應該就是指"侵介根"而言。

庚壺銘文還記載了"從洀(河)台(以)□伐巕(?)□丘"及"庚戍陸要(?)"之事，兩次都有所俘獲，庚也受到了齊莊公的誇獎和賞賜。但由於銘文本身殘缺，其所記之事及相關地名多不可確考，今不再討論。不過需要指出的是，"從洀(河)台(以)□伐巕(?)□丘"中的"巕(?)"原銘文作"㠱"，張政烺釋爲"燕"，認爲是指"燕國"而言。李家浩釋爲"巕"，認爲是"莒國"附近的城邑或小國。按，此字釋"燕"、"巕"的可能都不大，還有待研究。但説其在莒國附近，則可能性很小。銘文"從洀(河)台(以)□伐巕(?)□丘"中的"河"在先秦文獻中一般都指黄河，關於文獻中也有某某河的問題，辛德勇《黄河史話》①一書指出：

> 在古代，"河"本是黄河的專稱，這些河流之所以被稱爲某某"河"，應該是由於它們曾經被黄河或黄河的岔流所襲奪，成了黄河下游故道的一部分，後來黄河雖然已經改徙他處，但"河"的稱呼卻被沿襲到了漢代。這樣的"某某河"總共有 10 多條，更進一步透露出河道改徙的頻繁狀況。

戰國中期以前的黄河下游河道，《禹貢》、《山海經》、《漢書·地理志》三者記載並不相同，據《黄河史話》一書所記，《山海經》中的黄河最後在今天的天津市附近入海，《禹貢》中的黄河在今滄州北面入海，《漢書·地理志》中的黄河入海口在今天黄驊縣。三者雖然存在差異，但都在今天的天津河北一帶。岑仲勉在《黄河變遷史》一書中又主張今天的濟水春秋時曾爲黄河故道。但不管怎樣，其

---

① 辛德勇：《黄河史話》，中國大百科全書出版社，2000 年，第 31 頁。

距離今天山東省東南部的萊陽縣莒國故地都很遠,所以從河所伐之"巋(?)"不會是在莒國附近。銘文中"□旬(?)□舟□邎丘□□于剌(梁)"之"邎"舊缺釋,李春桃先生釋爲"邎",似可從①,他懷疑"邎丘"當讀爲"陶丘"。如果此説可信,則"□旬(?)□舟□邎丘□□于剌(梁)"之"梁"很可能是指"陶丘"附近的"梁丘",則當時齊國當有伐曹或宋之舉。但此問題牽涉到黄河故道及相關問題,加之銘文漫漶,相關地望及史事問題還有待繼續研究。銘文中還記載了庚所參加的"戍陸要(?)"一事,和"王駟"有關,在此次交鋒中庚也有所俘獲,獻於莊公之後也得到了賞賜。但"戍陸要(?)"等事究竟是指何事,由於資料所限和銘文殘缺,已不得而知了。

二、陳璋壺與璋子伐燕

陳璋壺現存兩件,一件爲方壺,一件爲圓壺(或稱陳璋罍),《中國青銅器全集》9.121、9.122收録了二者的器形照片(圖十六、十七):

圖十六　陳璋方壺

圖十七　陳璋圓壺

---

① 李春桃:《傳抄古文綜合研究》,吉林大學博士學位論文,2012年,第219—221頁。又李春桃:《庚壺銘文拾遺》,《中國文字研究》第十九輯,第44—49頁。

陳璋方壺原爲陳介祺舊藏,現藏於美國費城賓夕法尼亞大學博物
館,在方壺底部圈足上刻有銘文 29 字,銘文拓本見《集成》9703
號(圖十八)。陳璋圓壺 1982 年 2 月出土於江蘇省淮陰市盱眙縣
穆店鄉南窯莊窖藏①,現藏南京博物院。在壺口内壁刻銘文 11
字,從風格上看屬於燕國文字,另外在壺圈足内壁也刻有銘文 2
至 4 字,但有被鋭器鑿鑿的痕跡,已經無法辨識。圈足外壁也刻
有 29 字,爲齊國文字,銘文拓本見《集成》9975 號(圖十九)。從銘
文内容來看,這兩件壺原本屬於燕國,齊軍伐燕俘獲了這兩件壺,
後來被帶到齊國,又在圈足加刻了銘文以記此次戰功。圓壺圈足
内壁文字可能原本也爲燕文字。據《集成》所録銘文摹本,兩壺銘
文内容基本相同,差别在於方壺銘文中的"大"在舊有的圓壺銘文
摹本中作"齊"。

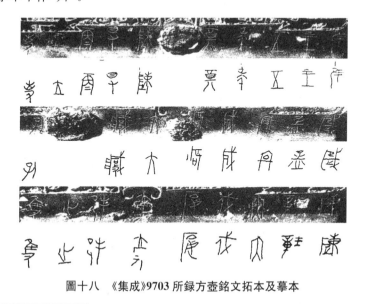

圖十八　《集成》9703 所録方壺銘文拓本及摹本

---

① 姚遷:《江蘇盱眙南窯莊楚漢文物窖藏》,《文物》1982 年第 11 期,第 3—12 頁。

圖十九　《集成》9975 所錄圓壺摹本

但是《殷周金文集成》(修訂增補本)新收錄的圓壺摹本(圖二十)不作"齊",與方壺銘文相一致也作"大":

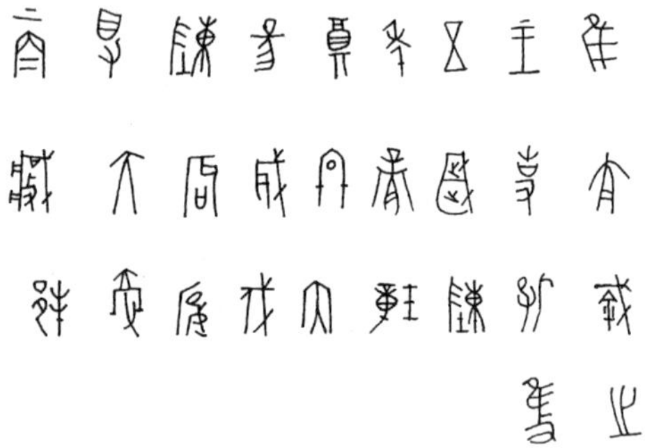

圖二十　《集成》(修訂增補本)9975 所錄圓壺摹本

《集成》(修訂增補本)這樣處理當有所依據,如果新的圓壺摹本更准確的話,則説明兩壺銘文内容是完全相同的。今參照兩壺銘文將釋文釋寫如下:

> 佳(唯)王五年,奠(鄭)易(陽)陳(陳)旻(得)再立事歲,孟冬戊辰,大變錢□(孔?)。陳(陳)璋内(入)伐匽(燕),勑(勝)邦之隻(獲)①。

(陳璋圓壺,《集成》9975)

---

① 朱曉雪《陳璋壺及郾王職壺綜合研究》一文對陳璋壺銘文的相關考釋意見進行了搜集整理,對陳璋伐燕的相關問題也有總結,可參看,本書寫作過程中也參考了此文的相關意見。

銘文中"陳得"還見於齊國陶文、璽印和子禾子釜。"奠（鄭）易（陽）"，李學勤、祝敏申兩位先生認爲應是陳得的籍貫："這種地名應當是陳得的籍貫和古書所説'於陵仲子'的於陵是籍貫相同。名陳得者不止一人，所以加以籍，以示區別。"①

　　銘文中的"大夒錢□（孔?）"，學者們在文字釋讀和相關文句的解釋等方面都存在較大的分歧。上文已經指出"大"在圓壺摹本中曾摹作"齊"，所以學者們討論時或引作"齊夒"，這是需要説明的。郭沫若在《金文叢考·陳騂壺》一文中釋爲"大夒□□子"，認爲"夒"是"搣"之異文，讀爲"减"，"滅也"；並認爲"大夒"後面兩字可能是"燕師"。在《兩周金文辭大系圖録考釋·陳騂壺》條下又讀"夒"爲"咸劉厥敵"之"咸"，謂翦滅也。張政烺批注《大系》指出郭説不可信，他認爲："當讀爿（將）音，或是戕之假借。"②丁山釋作"大夒□□（之）子"，讀"大夒"爲"大將"，認爲"夒於字書無徵，疑將之別體"③，孫貫文也認爲應讀爲"大將"④。陳夢家從郭沫若説釋作"大夒"，但同時懷疑"當釋爲'尢臧'即'匡章'也"⑤。他在《美帝國主義劫掠的我國殷周銅器集録》一書中釋末字爲"孔"，其所作釋文爲"大夒□孔"⑥，認爲銘文此處應該是四個字。周曉陸釋作"齊夒戈斿"，他認爲"齊"、"大"兩個字都是齊國自稱："兩字皆爲齊國自稱，'齊'比較明瞭，而'大'意當同《呂覽·愛類》之'大者可以王，其次可以霸也'。'夒'字從臧從攴，丁山先生與大字連讀爲'大

<hr />

①　李學勤、祝敏申：《盱眙壺銘與齊破燕年代》，《文物春秋》1989 年創刊號，第 14 頁。
②　張政烺著，朱鳳瀚等整理：《張政烺批注兩周金文辭大系圖録考釋》，中華書局，2011 年，第 151 頁。
③　丁山：《陳騂壺銘跋》，《責善半月刊》第二卷第 6 期，1941 年，第 2—4 頁。
④　孫貫文：《陳璋壺補考》，《考古學研究》一，文物出版社，1992 年，第 287—300 頁。
⑤　陳夢家：《陳□壺考釋》，《責善半月刊》第二卷第 23 期，1942 年，第 2—3 頁。
⑥　陳夢家：《美帝國主義劫掠的我國殷周銅器集録》，科學出版社，1960 年，第 138 頁。

將’，大將軍之意，不確。……這個字當讀作藏，含正義的征伐之意，又是一個不及物動詞，有戎起兵興之意。”末字他釋爲“斿”，認爲“戈斿”當爲“齊嬰”或“大嬰”一詞的狀語，“道出了齊國興兵伐惡，金戈鏘鏘，旌旗飛揚的景象”①。李學勤、祝敏申認爲釋文應作“齊藏戈弧”，釋末一字爲“孤”：“細查方壺照片、摹本，右側縱筆長而左拱曲，近上有一下垂橫筆，與侯馬盟書‘弧’字所從相似，故字當爲‘孤’，讀爲‘弧’。‘弧’便是弓。大藏或齊藏戈弧，就是把兵器收藏起來，是停止戰鬥的意思。”②馮勝君先生將銘文斷讀爲“藏戈冢子”，認爲“此銘之藏戈冢子應爲掌管齊國武庫之官，戰時亦可領兵作戰”③。董珊在《戰國題銘與工官制度》一文中指出：“兩銘‘藏’以下的兩字文義不明，我們暫且推測是‘刻銘記録’一類的意思。”又認爲“陳璋兩銘的‘大藏’也就是‘齊藏’，是指屬於齊國的國家藏府，跟它對立的，應該是屬於齊王的個人的藏府”④。他在《從作册般銅黿漫説“庸器”》⑤一文中引用陳璋壺釋文時又作“大藏（藏）鈛（裸）孤（壺）”，將“鈛”、“孤”分別讀爲“裸”、“壺”。吳鎮烽《金文通鑒》讀作“大將鍋孔”，可能認爲“鍋（郭？）孔”與“陳璋”同時率軍入燕。以上所引述的相關討論意見，孰是孰非一時還難以論定，其確切含義還有待繼續研究。

　　銘文中的“璋”郭沫若《金文叢考・陳騂壺》一文中隸定作“韉”，認爲當是“騂”之異文。受其影響，很多討論此壺的學者都稱

　　①　周曉陸：《盱眙所出重金絡罐・陳璋圓壺讀考》，《考古》1988 年第 3 期，第 258—263 頁。

　　②　李學勤、祝敏申：《盱眙壺銘與齊破燕年代》，《文物春秋》1989 年創刊號，第 14 頁。

　　③　馮勝君：《戰國燕系古文字資料綜述》，吉林大學碩士學位論文，1997 年。

　　④　董珊：《戰國題銘與工官制度》，第 104、106 頁。

　　⑤　董珊：《從作册般銅黿漫説“庸器”》，《古代文明研究通訊》總第二十四期，2005 年，第 26—29 頁。

此壺爲"陳騂壺",陳夢家在上文所引《美帝國主義劫掠的我國殷周銅器集録》一文中已指出其非,並釋此字爲"璋"。銘文"勳"舊皆釋爲"亳",學者在此基礎上進行了相關討論,董珊、陳劍在《郾王職壺銘文研究》一文中改釋爲"勝"①:

> 我們仔細看這兩件器物的照片和摹本,發現這個引起歧義的所謂"亳"字,是寫作:
>
> 方壺,BMFEA 7 [1935]：27
>
> 方壺 Noel Barnard 第一次摹本
>
> 方壺 Noel Barnard 第二次摹本
>
> 圓壺,周曉陸摹本
>
> 這個字如果釋成亳,有以下幾個疑點：1. 方壺的這個字,上面所从像是"大"而非"亳"字的"人",亳字從没有寫作上面从"大"形的(周曉陸圓壺的摹本此處未必可靠);2. 更重要的一點是,二銘無論摹本還是照片,中間的部分都寫作"几",而非"宀",這一點從周曉陸的圓壺摹本看得最清楚。方壺此字雖有殘損,"几"的兩脚也還隱約可見;3. 此字下面所从,和亳的聲符"乇"也大不相同。"乇"字在竪劃上所加的部分是一短横或者一點,這個筆畫没有太多變化(參看《戰國古文字典》522～525 頁)。陳璋兩銘此字所从,更像是"力"旁(參看《戰國古文字典》85、86 頁)。齊文字中有很多明確無疑的"亳"字,大家可以找來驗證這三個疑點。
>
> 這樣看來,此字應該考慮改釋。通過以上的分析,我們認

---

① 董珊、陳劍:《郾王職壺銘文研究》,《北京大學中國古文獻研究中心集刊》第 3 輯,北京大學出版社,2002 年,第 48～49 頁。

爲陳璋兩銘的這個字從大、從几、從力，實際就是古文字中常見的那種寫作从力从乘聲的"勝"字異體。這種寫法的"勝"見於齊系陶文（《古陶文彙編》3・1304）。這種"勝"字異體從"乘"，"乘"字在齊系文字中也有幾種異體，上面都寫作"大"，還沒有看到畫出腳形的，是齊文字的特殊寫法。陳璋兩銘係齊國刻銘，這正可以從戰國文字分域的角度來支持我們對這個字形的看法。

釋此字爲"勝"在文字形體分析和相關文意的理解等方面都遠勝舊説。在此文中他們還找到了古書中的相關例證，釋此字爲"勝"也與《孟子・梁惠王下》所記"齊人伐燕，勝之"的記載相合，這些都説明他們的看法是正確的。

銘文所記齊伐燕之事發生在"王五年"，此"王"爲何人學者們主要有如下三種意見[1]：

1. 齊宣王五年

丁山、陳夢家、周曉陸、李學勤[2]等學者從此説，即認爲此事發生在公元前 315 年，後來陳夢家先生又改訂爲公元前 314 年。

2. 齊湣王五年

唐蘭在《司馬遷所没有見過的珍貴史料》一文中認爲銘文所記爲齊湣王五年伐燕之事，是一次"覆三軍，獲二將"的戰役[3]。

---

[1] 朱曉雪：《陳璋壺及郾王職壺綜合研究》，吉林大學碩士學位論文，2007 年，第 12 頁。周曉陸：《盱眙所出重金絡鑵・陳璋圓壺讀考》，《考古》1988 年第 3 期，第 258—263 頁。

[2] 丁山：《陳騂壺銘跋》，《責善半月刊》第二卷第 6 期，第 2—4 頁。陳夢家：《美帝國主義劫掠的我國殷周銅器集録》，第 138 頁。周曉陸：《盱眙所出重金絡鑵・陳璋圓壺讀考》，《考古》1988 年第 3 期，第 258—263 頁。李學勤、祝敏申：《盱眙壺銘與齊破燕年代》，《文物春秋》1989 創刊號，第 14 頁。

[3] 唐蘭：《司馬遷所没有見過的珍貴史料》，《戰國縱橫家書》，文物出版社，1976 年，第 132、142 頁。

3. 齊襄王五年

郭沫若在《大系考釋》中認爲此壺"爲齊襄王五年齊軍敗燕師時所獲之器"。

李學勤、祝敏申兩位先生對以上三說進行了分析，他們認爲後兩說皆不可信：

> 首先應該指出，湣王五年説從曆法看是不合適的。檢查曆表，無論是周正還是夏正，這年的孟冬都没有戊辰。

> 襄王五年，田單勝燕，戰事在齊國境内。所謂"乘勝，燕日敗亡，卒至河上，而齊七十餘城皆復爲齊"。湣王五年，齊雖覆軍殺將，也未有深入燕國之事。如果我們對壺銘"伐燕薄邦"的解釋無誤，事件祇能屬於宣王破燕之役。

按以上所論，除將"邦"前一字在釋"亳"說基礎上讀爲"薄"不可信之外，餘説皆可從。銘文所記齊伐燕之事即發生在齊宣王五年（前315年）齊入燕之役，此前燕君噲將王位禪讓給了國相子之，即中山壺所説的"臣主易位"，子之執政三年，太子平起兵造反，國內大亂，齊宣王趁機派璋子率軍攻占了燕國。文獻所記宣王伐燕的記載如下[①]：

1.《戰國策·齊策二》韓齊爲與國章	田臣思曰："王之謀過矣，不如聽之。子噲與子之國，百姓不戴，諸侯弗與。秦伐韓，楚、趙必救之，是天下以燕賜我也。"王曰："善。"乃許韓使者而遣之。韓自以得交于齊，遂與秦戰。楚、趙果遂起兵而救韓，齊因起兵攻燕，三十日而舉燕國。
2.《戰國策·燕策一》燕王噲既立章	孟軻謂齊宣王曰："今伐燕，此文、武之時，不可失也。"王因令章子將五都之兵，以因北地之衆以伐燕。士卒不戰，城門不閉，燕王噲死。齊大勝燕，子之亡。

---

① 朱曉雪：《陳璋壺及郾王職壺綜合研究》，第33頁。

3.《戰國縱橫家書》第十五章	齊人攻燕，拔故國，殺子之，燕人不割而故國復返。
4.《史記・燕召公世家》	王因令章子將五都之兵，以因北地之衆以伐燕。士卒不戰，城門不閉，燕君噲死，齊大勝。
5.《資治通鑑・周紀三》慎靚王六年	齊王令章子將五都之兵，因北地之衆以伐燕。燕士卒不戰，城門不閉。齊人取子之，醢之，遂殺燕王噲。
6.《大事記・卷四》赧王元年	齊章子伐燕，取之，醢子之，殺王噲。

需要指出的是，《史記・田敬仲完世家》將宣王五年伐燕之事誤記在田齊桓公午五年，陳夢家《六國紀年》指出："《齊策》本指齊伐燕國而取之之事，《田世家》誤以此事爲周安王二十二年、齊桓公五年'伐燕取桑丘'，見《六國表》。"這種現象他認爲"古宣、桓二字易混，故田世家桓公五年齊伐燕之事，司馬遷所見或有宣王五年伐燕之記載。考之金文，伐燕在齊宣王五年。"[①]按其説可從，《史記・田敬仲完世家》所記田齊之事多有錯訛，其所記田齊桓公卒年即有問題，《史記・田敬仲完世家》："六年，救衛，桓公卒，子威王因齊立。"按其説，則田齊桓公午祇在位了六年。《史記索隱》記載："案《紀年》，梁惠王十二年當齊桓公十八年，後威王始見，則桓公十九年而卒，與此不同。"傳世銅器十四年陳侯午敦（《集成》4647）銘文紀年爲"隹（唯）十又三年"，説明陳侯午在位至少有十四年，《史記・田敬仲完世家》所記"六年救衛，桓公卒"當有訛誤。陳夢家《六國紀年》云"可證田午在位在十四年以上，《紀年》作十八年是也"，錢穆《先秦諸子繫年考辨》"田桓公在位十八年非六年辨"也已經指出了這個問題。古文字"六"作""，在傳抄過程中"十八"很

①　陳夢家：《六國紀年》，中華書局，2005年，第149、151頁。

容易訛誤作“六”，以上所論當可信，這也是利用金文材料校正史書記載訛誤的一個典型例證。綜上，《戰國策·燕策》、《齊策》所記齊宣王時齊軍入燕，銘文“唯王五年”是指齊宣王五年。

事實上壺銘所記齊宣王五年伐燕之事，與傳世文獻所記齊宣王伐燕的時間存在一年的誤差。李學勤指出：“宣王五年説也會帶來年代學的問題。宣王破燕之説主要根據之一是古本《竹書紀年》，衹有根據《紀年》修正《史記·六國年表》的齊國年代，才能適合破燕史事，而各家改正後的年表，破燕是在宣王六年，不是五年。”①清代學者朱右曾在《汲冢紀年存真》一書中已經指出了此類問題：“請爲讀《孟子》者正告曰：伐燕之役在周赧王元年、燕王噲七年、齊宣王六年。”針對這一問題學者們給出了不同的解釋，各自的出發點在於對壺銘所記“唯王五年”存在不同的理解，即“唯王五年”是伐燕之年還是破燕之年？李學勤把銘文“大夒銭□（孔？）”理解爲“就是把兵器收藏起來，是停止戰鬥的意思”。把“内”讀爲“納”，把“孟冬戊辰”理解爲陳璋獻壺的日期，認爲銘文大意是“陳璋上獻伐燕至其都城的俘獲”，顯然是認爲“唯王五年”是勝燕之年。至於《紀年》所記的“宣王六年”問題，他認爲“文獻載這次戰役進展迅速，衹用了五十天，或説三十天，則戰事之起在仲秋或季秋之月。如齊國的孟冬和《月令》一致，其月相當周十二月，查曆表，月朔係癸丑，戊辰是十六日，離周赧王元年元旦僅十四天。等到齊軍占領燕國各地，應該就到赧王元年了。《六國年表》記其事於赧王元年，或許即因此故。”周曉陸把“戊辰”誤釋爲“啟戎”，進而認爲“齊宣王五年冬初始興兵，此役歷五旬，齊用周正，那麼戰爭結束應在齊宣王六年初”。

_____

① 李學勤、祝敏申：《盱眙壺銘與齊破燕年代》，《文物春秋》1989 年創刊號，第14 頁。

朱曉雪也認爲"宣王五年"是伐燕之年①：

> 我們同意"齊伐燕"是在宣王五年，而"齊破燕"時已是宣
> 王六年。錢穆先生早就指出："然則齊伐燕起宣王五年，而取
> 燕則在六年。"

> 《史記·趙世家》記載的齊破燕在宣王六年這一説法，與
> 陳璋壺銘文的記載並不矛盾。因爲陳璋壺銘記載的孟冬，是
> 齊軍開始伐燕之年，齊宣王伐燕是在宣王五年、燕王噲六年的
> 冬天。又依《戰國策·齊策二》："三十日而舉燕國。"或《孟
> 子·梁惠王下》："五旬而舉之。"的記載，占領燕國的時候已經
> 是宣王六年、燕王噲七年。

把銘文"五年"和《紀年》"六年"的差別理解爲"伐燕"和"破燕"的
確能很好地解釋二者的矛盾，但是如果按李學勤先生所理解的
那樣"大嬰錢□（孔？）""就是把兵器收藏起來，是停止戰鬥的意
思"，則結束戰鬥至遲是在"孟冬戊辰"，此時離周赧王元年元旦
還有十四天，如果認爲此時已經"把兵器收藏起來，停止戰鬥"
了，則又與他認爲的"等到齊軍占領燕國各地，應該就到赧王元
年了"相矛盾，所以他對"大嬰錢□（孔？）"的理解恐不可信。所
以我們認爲宣王五年"伐燕"之説可從，戰爭可能延續到了宣王
六年即周赧王元年。

齊伐燕的主帥"陳璋"見於史書記載，又稱章子、田章。前人多
將他與文獻中的匡章相混淆，孫貫文《陳璋壺補考》一文②有所
總結：

> 前人每認爲陳章爲匡章，見明焦竑《焦氏筆乘》卷一、孔氏

① 原注：錢穆：《先秦諸子繫年》，商務印書館，2005年，第426頁。
② 孫貫文：《陳璋壺補考》，《考古學研究》一，第287—300頁。

不表出母條，閻若璩《四書釋地又續》，《鮚埼亭集》經史答問卷八、諸史問目答郭景兆，梁玉繩《漢書人表考》卷五，焦循《孟子正義》卷七，錢大昕《漢書疏證》卷九古今人表，陳夢家《美帝國主義劫掠我國的商周青銅器》，楊寬《戰國史》，唐蘭《司馬遷所沒有見過的珍貴史料》等處。

俞樾早在《群經平議》一書中對二者並非一人進行了論證[①]：

> 匡章蓋齊之處士，是亦高尚其志者，故見惠子王齊王而非之，又若頗不滿意齊王之用兵不休者。若是章子，則歷事威宣兩朝，爲齊大將，屢從戎事，其必不爲此言明矣。

朱曉雪《陳璋壺及郾王職壺綜合研究》一文對文獻中關於章子的相關記載進行了梳理，可參看。該文總結如下："伐燕的大將不是《孟子》、《吕氏春秋》記載的'匡章'，而是《戰國策》、《史記》、《資治通鑒》記載的'田章'、'章子'。'田章'、'章子'與壺銘中的陳璋爲一人，是'將兵者'，'匡章'衹是齊國的處士，《莊子·盜跖》中明確稱匡章爲'匡子'，而非'章子'。"[②]

第五節　齊系題銘紀年、紀月方式考察

　　齊系題銘往往標記作器的年份或具體的日期，通過對其紀年方式的考察，我們可以瞭解東周時期齊系題銘紀年方式的特點，尤其是"立事歲"這種紀年的方式所反映的相關問題值得我們進一步探討。齊系題銘尤其是齊國題銘的紀月方式也有自己的特點，除

---

①　俞樾：《春在堂全書·群經平議·孟子平議》，鳳凰出版社，2010 年，第 539 頁。
②　朱曉雪：《陳璋壺及郾王職壺綜合研究》，第 12 頁。

了傳統的月序紀月以外,還有自己的獨特月名。對這些内容進行考察,對東周時期齊國曆法的研究具有重要的參考價值,也豐富了東周時期的曆法研究。

一、齊系題銘紀年方式考察

先秦時期的紀年主要有"以君主即位的年次紀年"、"以事紀年"、"以歲星紀年"等方式①,齊系題銘一般采用"以君主即位的年次紀年"和"以事紀年"這兩種紀年方式,未見以"以歲星紀年"這種紀年方式。"以君主即位的年次紀年"在西周時期和戰國時期可以稱爲"以王即位的年次紀年",春秋時期和戰國早期的紀年銘文有的是指諸侯國君主的紀年,其爵位可能僅僅是公、侯甚至是"子"之類,所以我們統稱爲"以君主即位的年次紀年"。

(一) 以君主即位的年次紀年

"以君主即位的年次紀年"的紀年方式最爲普遍,其典型的格式一般爲"唯(王)××年",從殷商時期直至戰國時期這種紀年方式一直在使用,如:

佳(唯)王十祀又五	小臣俞尊	商·帝乙	《集成》5990
佳(唯)王廿又三祀	大盂鼎	西周早期	《集成》2837
佳(唯)王五祀	五祀衛鼎	西周中期	《集成》2832
佳(唯)王廿又三年	小克鼎	西周晚期	《集成》2801
佳(唯)四年	晉公戈	春秋早期	

《文物》1993(4)21 頁圖三

---

① 吳良寶:《戰國楚簡地名輯證》,武漢大學出版社,2010 年,第 1 頁。

隹（唯）王廿又六年	曾姬無卹壺	戰國	《集成》9710
隹（唯）十四年	中山王𬯎壺	戰國中期	《集成》9735
梁廿又七年	廿七年大梁司寇鼎		
		戰國晚期	《集成》2610

在商代金文中，“唯（王）××年”一般書寫在銘文的末尾，在西周初期和少數西周中期的銅器銘文中還可以見到這種現象的孑遺，但大多數兩周金文中“唯（王）××年”都是處於銘文開篇位置。西周金文中的“王”都是指周王而言，春秋時期銘文中，一般衹記年次，戰國時期的銘文稱“王”一般是指諸侯國君而言，不再以周王年次紀年。齊系題銘中紀年銘文數量不多，以年次紀年的銘文就更爲少見，但已經能够反映其紀年的方式。東周齊系題銘所見以年次紀年的銘文有如下五件：

隹（唯）五年	鄯侯少子簋	春秋·莒	《集成》4152
隹（唯）十年	十年陳侯午敦	戰晚·齊	《集成》4648
隹（唯）十又三年	十四年陳侯午敦	戰晚·齊	《集成》4646
隹（唯）王五年	陳璋方壺	戰中·齊	《集成》9703
十四年十一月	師紹銅泡	戰晚·齊	《集成》11862

鄯侯少子簋中的“隹（唯）五年”，是指莒侯即位的五年。十四年陳侯午敦中的陳侯午即田齊桓公，其在位年數據修訂後的《六國年表》記載爲十八年。在此期間的周烈王衹在位七年，周顯王十二年當田齊桓公十八年，與之同時期的周王紀年未有超過十四年者，所以十四年陳侯午敦“隹（唯）十又三年”、十年陳侯午敦“隹（唯）十年”衹能是田齊桓公的紀年。陳璋方壺和圓壺中的“隹（唯）王五年”前文已經指出是指田齊宣王五年（前 315 年），銘文所記齊伐燕之事見於《戰國策·燕策》等記載。師紹銅泡銘文中的“十四年十一月”前面已經不綴加“隹（唯）”，其時代已經

屬於戰國晚期。

(二)"以事紀年"問題考辨

　　一般認爲齊系題銘中典型的紀年方式是"以事紀年",但其所記之事與楚簡中所記的"征伐"、"致胙"、"築城"、"聘問"之事不同,齊系題銘中的紀年方式一般是以"某某立事(歲)"的格式,所記之事是指"立事"而言。這種紀年形式在齊系題銘中衹見於齊國題銘,春秋時期的銘文就已經采用這種紀年方式:

(1) 公孫竃立事歲　　　　公孫竃壺　　《集成》9709
(2) 國差立事歲　　　　　國差𦉜　　　《集成》10361

戰國銅器題銘、璽印、陶文中更爲習見:

(3) 平陸(陵)陸(陳)𠬪(得)立事歲　《陶録》2.6.1
(4) 平陸(陵)陸(陳)𠬪(得)　　　　《陶録》2.13.2
(5) 閭門外陸(陳)𠬪(得)　　　　　《陶録》2.13.1
(6) 閭門外陸(陳)𠬪(得)立　　　　《印學研究》(二)84 頁圖一—6
(7) 奠(鄭)昜(陽)陸(陳)𠬪(得)再立事歲
　　　陳璋方壺(《集成》9703)
(8) 奠(鄭)昜(陽)陸(陳)𠬪(得)参　《印學研究》(二)84 頁圖一—10
(9) 奠(鄭)昜(陽)陸(陳)𠬪(得)三　《陶彙》3.19
(10) 奠(鄭)昜(陽)𠬪(得)参　　　　《陶彙》3.20
(11) 葉(?)陸(陳)𠬪(得)参腊　　　《印學研究》(二)70 頁圖三
(12) 葉(?)陸(陳)𠬪(得)参　　　　《印學研究》(二)85 頁 8
(13) 疕者陸(陳)𠬪(得)再　　　　　《陶録》2.15.2

(14) 平墮陛(陳)昃(得)　　　　　《印學研究》(二)86 頁 23

(15) 王孫陛(陳)棱立事歲　　　　《陶録》2.8.2

(16) 王孫陛(陳)棱再　　　　　　《陶録》2.8.1

(17) 陛(陳)棱再立事　　　　　　《陶録》2.11.1

(18) 句華門陛(陳)棱再　　　　　《陶録》2.7.2

(19) 華門……棱再　　　　　　　《陶録》2.9.1

(20) 華門陛(陳)棱再　　　　　　《陶録》2.10.1

(21) 華門陛(陳)棱叁　　　　　　《陶録》2.10.4

(22) 陳中山脧　　　　　　　　　《印學研究》(二)70 頁
　　　　　　　　　　　　　　　圖二

(23) 陳中山立　　　　　　　　　《印學研究》(二)84 頁
　　　　　　　　　　　　　　　圖一 7

(24) 陛(陳)宴再脧　　　　　　　《印學研究》(二)71 頁
　　　　　　　　　　　　　　　圖四

(25) 陛(陳)宴再　　　　　　　　《印學研究》(二)84 頁
　　　　　　　　　　　　　　　圖一 4

(26) 昌櫅陛(陳)囷　　　　　　　《陶録》2.5.4　2.6.1

(27) 陛(陳)向立事歲　　　　　　《陶録》2.1.1

(28) 陛(陳)逨立……　　　　　　《陶録》2.2.1

(29) 内門王(孫)陳吉立……　　　《陶録》2.2.2

(30) 内郭陛(陳)……叁立事……　《陶録》2.3.1

(31) 王孫(陛)這　　　　　　　　《陶録》2.5.3

(32) 王孫陛(陳)……再　　　　　《陶録》2.9.2

(33) 陛(陳)雁立事歲　　　　　　《陶録》2.16.4

(34) 陛(陳)立事　　　　　　《陶彙》3.3

(35) 陛(陳)楠立事　　　　　　　《陶彙》3.4

（36）陸（陳）▨立事歲　　　　　　《陶彙》3.39

（37）陸（陳）蒼立事……　　　　　《陶彙》3.42

（38）陸（陳）▨立……　　　　　　《陶彙》3.58

（39）陸（陳）戠立事　　　　　　　《印學研究》（二）84頁圖
　　　　　　　　　　　　　　　　　　一5

（40）陸（陳）思立事　　　　　　　《印學研究》（二）84頁圖
　　　　　　　　　　　　　　　　　　一3

（41）陸（陳）肔立事　　　　　　　《印學研究》（二）86頁17

（42）陳窒立事歲　　　　　　　　　《璽彙》0289

（43）陳榑三立事歲　　　　　　　　《璽彙》0290

（44）陳□立事歲　　　　　　　　　子禾子釜（《集成》10374）

（45）陸（陳）娜立事歲　　　　　　鄟公孫潮子鐘（《近出》
　　　　　　　　　　　　　　　　　　06-9）

（46）陸（陳）猶立事歲　　　　　　陳純釜（《集成》10371）

（47）〔陸（陳）〕是立事歲　　　　是立事歲戈（《集成》11259）

（48）陸（陳）喜再立事歲　　　　　陳喜壺（《集成》9700）

（49）陸（陳）遇……立事……　　　《步黟堂藏戰國陶文遺
　　　　　　　　　　　　　　　　　　珍》149頁

立事者"公孫竈"一般認爲即齊景公三年參與倒慶氏政變的"公孫竈"，即子雅，爲齊惠公之孫，公子欒堅之子。"國差"，《國語·周語》："齊國佐見，其語盡。"韋昭注："國佐，齊卿，國歸父之子國武子也。"魯宣公十年（當齊惠公十年，公元前599年）其人始見於《春秋》經傳，卒於魯成公十八年（當齊靈公九年，公元前573年），"公孫竈"、"國佐"皆爲齊國貴族。戰國題銘中的立事者皆爲陳氏貴族，僅目前所見就有"陳得"、"陳棱"、"陳中山"、"陳宴"、"陳喜"等二十多人①。題銘格式也較爲複雜，或在人名前綴加地名，如"平陵"、"闈門"、"奠（鄭）易（陽）"、"葉（?）"、"華門"、"内門"、"内郭"等；或在姓名前加上"王孫"來標明自己的身份，如"王孫陳棱"、"王（孫）陳吉"、"王孫（陞）這"；"立事歲"的年次有"立事歲"、"再立事歲"、"叁（三）立事歲"；但其基本格式由"陳某"加"（再或三）立事歲"構成，姓氏"陳"有時可以省略而祇稱名，如"奠（鄭）易（陽）旻（得）"，"（再或三）立事歲"可以省作"立（或立事）、再、叁（三）"，甚至可以省去"立事歲"字樣而祇作"陳某"的格式，如"陳中山"、"王孫（陞）這"，通過對比相關銘詞格式，我們可以判斷這也屬於"立事歲"的格式。但需要指出的是，這種格式往往和單純的"人名"在形式上已經完全相同，所以在没有確切可作爲參照的辭例外，一般還是不要看作"立事歲"的省略形式爲宜。

"立事歲"中的"立"文獻或作"涖"、"蒞"，吴式芬《攈古録金文》"國差瞻"跋引許瀚説："立、涖通，《説文》作莅，臨也。"所立之"事"的具體含義，學者間存在不同的意見，鄭超先生《齊國陶文初探》②一文劃分爲"涖政爲相説"、"嗣爲大夫説"、"官吏任事説"、"主持祭祀説"、"調和説"等，基本上囊括了具有代表性的意見。我們在其基礎上劃分爲"涖政説"、"祭祀説"、"調合説"三説：

1. 涖政説

楊樹達在《積微居金文説》"國差瞻"條下云："立當讀爲涖，涖事猶言涖政也。"根據立事對象不同又可分爲君主涖政和臣屬涖政，君主涖政如《戰國策·秦策一》："孝公已死，惠王代後蒞政。"王

---

① 《新泰出土田齊陶文》一書對齊"立事者"有更加詳盡的統計，參山東大學歷史文化學院考古學系、山東博物館、新泰市博物館：《新泰出土田齊陶文》，文物出版社，2014 年，第 310—323 頁。

② 鄭超：《齊國陶文初探》，中國社會科學院研究生院碩士學位論文，1984 年，第 19—22 頁。

何立事戈(《集成》11329)所記"王何立事","王何"一般認爲指趙惠文王何。陶正剛《山西臨縣窯頭古城出土銅戈銘文考釋》一文也指出:"'立事'即莅國執政,或莅事任職之意。《管子・問》立事作位事:'群臣有位事官大夫者幾何人?''問執官都者,其位事幾何年矣?'《戰國策・趙策》蘇秦從燕之趙始合從章有:'趙王曰:寡人年少,莅國之日淺,未嘗得聞社稷之長計。'"①其中《戰國策・趙策》趙王所謂"莅國之日淺"就是指"君主涖政",《管子・問》中的"位事官大夫者"即屬於臣屬涖政,臣屬涖政又分爲"爲相"、"爲大夫"等説:

(1)爲相説。吳大澂《愙齋集古録》二十四册六頁左關之鋤下陳介祺題跋云:"陳猷立事歲與齊甂文曰國差立事歲者同,彼當是國惠子夏相景公時所作器,此乃陳太公和相宣公時所作器,曰立事者即《書・立政》立事之文,猶云某某爲相之日也。"又,陳猷釜下陳介祺題跋:"立事,猶言立政,《書》《傳》'立政,大臣;立事,小臣',此言立事紀陳氏當國之歲。"馬承源亦主張此説,在《陳喜壺》一文中他指出:"陳僖子原是齊景公的大夫,'再立事歲'當是他立公子陽生(悼公)、爲齊相繼續執政的那一年。"

(2)復舊職説。郭沫若《大系》466頁言"㚖□陳得再立事"者即國復之後重任舊職也。周曉陸在《盱眙所出重金絡・陳璋圓壺讀考》②一文中從其説:"再立事歲"即"復故位之意"。

(3)嗣爲都邑大夫或有司説。方濬益在《綴遺》卷二八・一三云:"立事歲當爲嗣爲大夫之年。"張政烺從其説,他在《"平棱陸夸立事歲"陶考證》一文中認爲"考陸夸、陳猷、陸棱、陸同,皆不聞有

---

① 陶正剛:《山西臨縣窯頭古城出土銅戈銘文考釋》,《文物》1994年第4期,第83頁。

② 周曉陸:《盱眙所出重金絡罐・陳璋圓壺讀考》,《考古》1988年第3期,第260頁。

爲相之事，自應是齊之大夫。而陶文稱'平陵陳导'者，蓋爲平陵大夫；壺文稱'奠□陳导'者，蓋爲奠□大夫。'再立事歲'，是更爲大夫之年，則由平陵移奠□也。如此，則處處可通。苟如簠齋爲相國之説，則於平陵、奠□兩地名不能解釋，視爲陳导籍貫，則不應其歧出也。"①此外，李學勤在《戰國題銘概述》(上)中也認爲這些立事者的身份應該是都邑大夫之類："'立事'即位事或茌事，茌事者即器物的督造者。……戰國時代齊器的茌事者都是陳氏，如王孫陳棱、王孫陳這。茌事所在地有縣、鄙、黨、關、門等，他們是都邑大夫或關尹之類，……茌事的再、叁、四指任職屆數。"②陳根遠、陳洪《新出齊"陳棱"釜陶文考》③從其説。黄盛璋《關於陳喜壺的幾個問題》一文也認爲"陳喜立事歲"是指爲都邑大夫而言："李學勤先生曾根據戰國銘刻中立事歲所在地點有縣、鄙、關、門等，認爲他們都是都邑大夫或關尹之類，並舉平門守陳商之例爲證，其説詳實有據，不同臆測。案《史記・田敬仲完世家》也明確提到'田厘(僖)子乞事齊景公爲大夫，其收税賦於民以小斗受之，其粟予民以大斗'，説明他做過地方官，這裏的大夫大概就是李學勤先生所説的'都邑大夫'，'陳喜再立事歲'應該就是他爲邑大夫。"④

　　李零在《齊、燕、邾、滕陶文的分類與題銘格式——新編全本〈季木藏陶〉介紹》中認爲"立事者"祇是主管陶量或陶器製造的有司，"立事歲"是他們"即任之年"："比較燕國陶器的製造制度，現在我們更傾向於他們(按：指立事者)祇是主管陶量或陶器製造的有

<hr>

① 張政烺：《"平陵陳导立事歲"陶考證》，《史學論叢》第二册，1935 年。又《張政烺文史論集》，第 51 頁。

② 李學勤：《戰國題銘概述(上)》，《文物》1959 年第 7 期，第 50—54 頁。

③ 陳根遠、陳洪：《新出齊"陳棱"釜陶文考》，《考古與文物》1992 年第 4 期，第 76—81 頁。

④ 黄盛璋：《關於陳喜壺的幾個問題》，《文物》1961 年第 10 期，第 35—38 頁。

司,地位並不一定很高。'立事歲',亦簡稱'立事',是指即任之年,'再立事'、'參立事',據陳喜壺'再立事歲'和齊國璽印'陳榑三立事歲'(陳喜壺,《文物》1961 年第 2 期,印見《古璽彙編》0290),應指第二次、第三次就職之年。這種紀年方式在齊銅器上也很常見。"①

2. 祭祀説

齊文濤在《概述近年山東出土的商周青銅器》②一文中認爲"立事"即主持國家的祭祀:

> "立事歲"是齊國習見的紀年格式,對於"立事"各家有不同的解釋,我們認爲"立事"即是主持國家的祭祀。《左傳·襄公二十八年》:"十一月乙亥,嘗于大公之廟,慶舍莅事。"嘗,是祭祀名。《爾雅》:"秋祭曰嘗。"大公即姜太公。莅事即立事。大意是説十一月乙亥這一天,在姜太公的廟裏舉行秋祭,由慶舍主持其事。"國之大事,在祀與戎"(見《左傳·成公十三年》),可見古代是非常重視祭祀的。大概祇有把持政權的人物才有資格主持國家的祭祀。齊國這時當權的人物是慶舍的父親慶封,祇是由於慶封"好田而耆酒,與慶舍政",慶舍才有資格"立事"。春秋時代齊"立事"的人物除了這個慶舍之外,還有見於金文的國佐(《國差𦉜》),現在知道還有本銘的公孫竈,都是顯赫一時的人物。田氏代齊之後,所有"立事"之人,則全部都是陳氏,無一例外,就充分證明這一點。我們同意把"再"、"參"、"四"理解爲立事的屆數。至於多少年算一屆,在什麼情況下更換"立事"人,則尚待研究。

---

① 李零:《齊、燕、邾、滕陶文的分類與題銘格式》,《管子學刊》1990 年第 1 期,第 82—87、96 頁。

② 齊文濤:《概述近年來山東出土的商周青銅器》,《文物》1972 年第 5 期,第 3—18 頁。

曹錦炎《盱眙南窯銅壺新出銘文考釋》也持有同樣的觀點:"我們認爲,立事即主持國家祭祀的説法是正確的,《左傳·昭公十五年》'二月癸酉,禘,叔弓涖事';襄公二十八年'十一月乙亥,嘗于太公之廟,慶舍涖事',杜預注:'臨祭事。'……值得注意的是,田氏代齊以後,所有立事者皆爲陳氏,無一例外。看來,這些立事者大概都屬宗室人員,故其職位雖不高,卻有資格主持國家的祭祀。明白了這一點,對正確理解立事者的身份是有幫助的。"①鄭超也認爲"金文和陶文中的立事是特指主持國君宗廟的祭祀,立事者和國君必須同宗,姜齊時代的立事者都是執政者,田齊時代基本上也是如此。"②

3. 調和説

針對以上二説,陳直、黄盛璋等人認爲"立事"含義比較廣泛,應該既可指君主即位也可以指大夫涖政,當然也包括主持或參加宗廟祭祀之事。陳直《讀金日札》指出:"'立事'爲春秋至戰國人之口頭語,'立'爲'涖'字省文,謂涖臨其事也,所涖之事不同,因之性質亦異。"③黄盛璋在《山東出土莒之銅器及其相關問題綜考》中認爲:"立事即涖事,即親自涖臨主持事務,《左傳·襄二十八年》就有'嘗于大公之廟,慶舍涖事',此涖事乃親臨太公廟,主持祭祀大公之事,可見涖事有大有小,有時可指政事,……立事可指主持政事,但政事也有大有小,不必限定皆爲國政,地方政事也可以稱'立事'。"④魏建震《"王何立事"戈銘文及其相關問題》也持有同樣的

---

① 曹錦炎:《盱眙南窯銅壺新出銘文考釋》,《東南文化》1990 年第 Z1 期,第 211—213 頁。
② 鄭超:《齊國陶文初探》,中國社會科學院研究生院碩士學位論文,1984 年,第 19—22 頁。
③ 陳直:《讀金日札·讀史日札》,中華書局,2008 年,第 90 頁。
④ 黄盛璋:《山東出土莒之銅器及其相關問題綜考》,《華夏考古》1992 年第 4 期,第 64 頁。

意見："大夫、諸臣臨事,可以理解爲執掌政權,説趙王何臨事任職,對趙王的身份來説則顯得有些突兀。考慮到金文、陶文中'立事'者的身份,'立事'並不屬於任何級別的職官所專享,它既可以用爲官吏從事某一差事(齊陶文中立事者所在地爲縣、鄙、党、關、門一類),也可用爲執家族之政或執國之政(春秋齊國銅器中的立事歲一類),甚至於諸侯親政(趙國兵器中的王立事類),將它解釋爲各級官吏包括諸侯親自處理政務,應該是比較接近其真實含義的。"①商艷濤《略論先秦古文字材料中的大事紀年》也認爲:"'位事'、'涖事',就是臨事、治事、主持事物的意思。……'立事'者既可以是地位很高的執政大臣,如國差、公孫竈,也可以是一般主管製造的有司官員,如陳得、陳棋等。"②

　　以上所羅列的各種觀點中,"爲相説"存在的問題是很明顯的,安志敏和黃盛璋都已經指出了其説的問題,安志敏在《"陳喜壺"商榷》③一文中對馬承源執政爲相説進行了反駁:

　　　馬承源同志認爲:"陳僖子原是齊景公的大夫。'再立事歲'當是他立公子陽生(悼公)、齊相繼續執政的那一年。"按《史記·田敬仲完世家》:"田釐子乞事齊景公爲大夫,……悼公既立,田乞爲相,專齊政四年,卒。"未記田乞兩度爲相之事,此説自不可通。同時,在銅器銘文中出現"立事歲"的有國差、陳得、陳猶等人,除國差外,均不見於經傳,國差也未作過齊相,則"立事歲"當不是指爲相執政而言。

黃盛璋《關於陳喜壺的幾個問題》一文所論與此基本相同。郭沫若

---

　　①　魏建震:《"王何立事"戈銘文及其相關問題》,《中原文物》2005年第6期,第54—55頁。

　　②　商艷濤:《略論先秦古文字材料中的大事紀年》,《中國歷史文物》2008年第1期,第85頁。

　　③　安志敏:《"陳喜壺"商榷》,《文物》1962年第6期,第21—23頁。

等所提出的"復舊職説"，安志敏在上引文中也提出了質疑："郭沫若同志則認爲陳騂壺的'再立事歲'：'即國復之後重任舊職也'，若用此解釋'陳喜壺'的'再立事歲'和陶文的'三立事歲'，就有些困難。""嗣爲都邑大夫或有司説"雖符合田齊諸陳氏立事者的身份，但"公孫灶"和"國佐"兩位立事者顯然不屬於"都邑大夫"之類。再者，陳璋壺所記爲齊伐燕之事，"國之大事，在祀與戎"這麼重要的一次戰事以一個都邑大夫"陳璋"即任之事紀年也是值得懷疑的，更何況在銘文篇首已經有"唯王五年"的紀年方式。"祭祀説"根據《左傳·襄公二十八年》"十一月乙亥，嘗于大公之廟，慶舍莅事"所記之事及姜齊、田齊立事者都是公族這一點而立論，此説能够避開立事者身份有高低之别這一矛盾，似乎也能够自圓其説。但問題在於，上文所列舉陳氏立事者二十多人，且大多不見於經傳，是否都有資格主持祭祀值得懷疑。此外，《管子·經言·立政》載："凡將舉事，令必先出。曰事將爲，其賞罰之數，必先明之。立事者謹守令以行賞罰，記事致令，復賞罰之所加。"其言"立事者"的職責包括"謹守令以行賞罰"，即要嚴格按照君主的命令進行賞罰，這與宗廟祭祀是没有什麼關係的。《管子·經言》"謹守令以行賞罰"所反映的思想，胡家聰《管子新探》一書認爲"屬於戰國齊法家學説"①，學術界一般也認爲《經言》諸篇是戰國中期作品，但張固也《管子研究》認爲這種認識"主要是用所謂齊威王變法和稷下學宫相比附的結果，而對《經言》諸篇所反映的一些早期特徵及其與管仲本人之功業和思想的可能關係，注意不够，因而未能真正揭示其作爲管子學派的早期經典這一本質特徵"，張固也還認爲"《經言》諸篇主要是春秋末葉至戰國早期的作品，前人提出的許多晚出的證據值得

---

① 胡家聰：《管子新探》，中國社會科學出版社，1995 年，第 219 頁。

商榷”①。無論如何,齊國題銘中的“立事”所出現的時間與《管子·經言》“立事者謹守令以行賞罰”中的“立事”其時代是大致相合的,由《經言》所載可知“祭祀説”也不符合當時的實際情況。權衡上文所列諸説,傳世文獻和出土題銘中的“立事”一詞的確如陳直、黄盛璋等人認爲的那樣——含義比較廣泛,雖然在不同的語境中具體含義有别,但其基本含義不出“臨其政事”的範圍。

　　上文所列的新泰陶文,爲探討“立事者”的具體職守提供了一些綫索。2002 年在山東省新泰一中建設工地出土了一批官量陶文,上面帶有文字者大約有 200 多方,已發表者有 37 方②。新泰陶文和以往臨淄出土陶文相比,格式上存在一些差别,如新泰陶文“所有繁式都不加左(右)敀、亳和量名”,“臨淄類型僅有個别的例證加工師名,而新泰類型大多數繁式均加工師名”,“臨淄類型習見‘立事歲’,而新泰類型絶不見‘歲’字,甚至可以把‘立事’簡化爲立”③。此外,在銘文布局上二者也存在一些差别。通過考察陶文内容,有以下兩點值得注意:

1. 同一陶工所作陶文中“立事者”有數人

　　如名“丁”、“繵”、“膔”、“僕”者所作陶文中“立事者”即有數人:

丁:	陞(陳)愿立事	《印學研究》 (二)86 頁 10、11
	陞(陳)舵立事	《印學研究》 (二)86 頁 17
	北郭陳喜	《印學研究》 (二)73 頁圖六
繵:	北郭陳喜	《印學研究》 (二)84 頁圖一 1

　　① 張固也:《〈管子〉研究》,齊魯書社,2006 年,第 65、76 頁。
　　② 衛松濤、徐軍平:《新泰“立事”陶文研究》,《印學研究》第二輯《陶文研究專輯》,山東大學出版社,2010 年,第 84—86 頁。該文發表 36 方,另該書所收王恩田《新泰齊國官量陶文的發現與初步探索》一文公布“平陽廥”陶文一方。
　　③ 王恩田:《新泰齊國官量陶文的發現與初步探索》,《印學研究》第二輯《陶文研究專輯》,第 66—75 頁。

閶門外陸(陳)旻(得)立

《印學研究》(二)84 頁圖一 6

膗：陸(陳)宴再　　《印學研究》(二)84 頁圖一 12

陸(陳)戠立事　　《印學研究》(二)85 頁 3

陸(陳)中山　　《印學研究》(二)85 頁 13

陸(陳)怛　　《印學研究》(二)85 頁 14、16

僕：陸(陳)戠立事　　《印學研究》(二)84 頁圖一 5

葉陸(陳)旻(得)叁　《印學研究》(二)85 頁 8

其中膗與僕皆見於"陸(陳)戠"立事陶文,"丁"與"繮"皆見於"北郭陳喜"立事陶文,説明他們彼此皆爲同時期陶工。

2. 同一"立事者"陶文在臨淄和新泰皆有出土

陸(陳)旻(得)"立事"陶文在新泰和臨淄皆有發現,但二者風格有所不同:

(1) 閶門外陸(陳)旻(得)　　《陶録》2.13.1(圖二十一)

(2) 閶門外陸(陳)旻(得)立

《印學研究》(二)84 頁圖一 6(圖二十二)

圖二十一　《陶録》2.13.1

圖二十二　《印學研究》(二)84 頁圖一 6

前者出於臨淄，後者見於新泰，"陳得"前皆冠以"閭門外"，證明二者必是同一人無疑。前者書寫整飭，還加有量名"廩豆"字樣，爲典型的臨淄類型陶文，後者風格是典型的新泰陶文類型。此外，陳璋壺銘文中的"鄭陽陳得"也見於新泰陶文(圖二十三)。

由此可見，一方面，不同出土地的陶文有不同的風格和特點，説明它們都是就近生產製造，不同地點出土同一"立事者"陶文，如果立事者身份爲"都邑大夫"兼任當地的陶器督造者，其影響範圍不會這樣廣泛，充其量在其管轄範圍內使用立事標記，不會同時在不同區域都使用統一的"立事者"標記。另一方面，"立事者"前面所冠地名有一些可能爲其籍貫，如"閭門外"、"北郭"等，有一些顯然是地方上的都邑，如"鄭陽"、"平陵"、"葉"等地。這些立事者所冠都邑與立事陶文的影響範圍顯然是不能相合的，二者顯然存在矛盾之處。針對這種現象，並考慮到齊國銅器、陶文、樂器、兵器上都有"立事歲"字樣，衛松濤提出了一種猜測，他認爲"立事者"身份可能是齊國的"工正"，同時兼任地方關尹或都邑大夫②：

齊國的工正署名不像燕、楚等國那樣明確標注其職官，並且有的還在前面綴以地名，後面有類似紀年格式的立事歲或再、叁立事歲某月等，這些迷惑了人們的視線，致使對其身份和職官產生種種誤解。

如前文，地名表示其爲某地關尹或都邑大夫，並且這個地名似與出土地無關，説明其是在擔任工正的同時，兼任關尹或都邑大夫。工正一職是中央一級的官員，因此，在全國各地都

①　衛松濤：《新泰出土陶文及相關問題研究》。
②　衛松濤：《新泰出土陶文及相關問題研究》，第41—42頁。

可能出土同一立事人題銘的器物,如鄣陽陳得。同一地區也能出土標以不同地名的立事人,如新泰之鄣陽陳得、閭門外陳得、北郭陳喜等。立事人之前的地名與出土地無關。這一特殊現象正是由陳氏家族的特殊地位造成的。

姜齊立事者"國佐"、"公孫竈"他也認爲是齊國的"工正":

> 度量衡等對一國的重要性自不待言。因此,各國爲工正者多是親貴,如《左傳·襄公九年》宋國的皇郧,《左傳·宣公四年》楚國的蔿賈,《左傳·文公十年》楚國的子西等。即使陳完,也是倍受桓公重用和信任的,一入齊國,便欲使之爲卿,陳完辭而爲工正,地位當然也不會太低。因此,齊銘中的"立事"者身份可能還是比較高貴的。齊國繼陳完爲工正,後來可考者有齊上卿"國佐",貴族惠公孫子雅"公孫造"。大概自陳乞立陽生(悼公)爲君,逐步掌握齊國國政後,工正一職就一直由陳氏控制或壟斷。

其所論很可能是符合實際的。2009—2012 年江蘇大雲山江都王陵 10 號墓中出土了一件帶有刻畫文字的漆質耳杯,上有銘文"公子强立事左辛府歲,工長縈御"從銘文風格來看應屬戰國時期齊、趙之物①。"立事者"爲"公子强","立事"後面明確加上了處所"左辛府"②,衆所周知府庫是與工官制度關係密切的機構,漆杯銘文可以證明"立事"的確是指"立事者"擔任工官系統的管理者,當然很可能是指"工正"。此外,以立事者"陳棱"爲例,其前或冠以身份

---

① 李則斌、陳剛:《江蘇大雲山江都王陵 10 號墓墓主人初步研究》,《東南文化》2013 年第 1 期,第 72 頁。從銘文"歲"書寫風格來看,此杯屬於齊的可能性是很大的。

② 據周波先生介紹,私人所藏的一件齊漆樽銘文有"左丂(?)府"等内容(詳周波:《戰國時代各系文字間的用字差異現象研究》,綫裝書局,2012 年,第 149 頁),我們懷疑所謂的"左丂(?)府"也應該是"左辛府"。

“王孫”或冠以籍貫“華門”或“句華門”,不見具體的都邑名稱,顯然這裏的“立事”正是指任“工正”之類的官職而言。事實上,唯有立事者具有中央一級的地位才會在不同區域、不同類型的器物上都統一使用同一人的“立事”標記。當然,考慮到“立事者”如此之多,我們也不排除是由都邑大夫輪流兼任“工正”這一要職這種可能。此外,陳得前面所冠地名有“平墜(陵)”、“閭門外”、“奠(鄭)易(陽)”、“葉”、“疤者”、“平墜”,研究者或認爲這些不同處所的“陳得”是不同的人,張政烺認爲“平陵陳得”與“鄭陽陳得”是同一人,就現有資料來看我們還不好判斷。“立事”之後的“再”、“叁”李學勤先生認爲是指任職的屆數而言,信從者頗多。我們認爲這種看法可能值得推敲,首先文獻中似未見到關於執政屆數的相關記載,而在《管子·内言·問》有這樣的問答:“問執官都者,其位事幾何年矣?”“位事”即“沧事”,指計算立事之事按年來計算。再者,新泰陶文中陶工“腌”所作陶器立事者除上文所列“陸(陳)宴”、“陸(陳)戢”、“陸(陳)中山”、“陸(陳)怛”外,據衛松濤《新泰出土陶文及相關問題研究》一文統計還有“陳悍”、“陳怒”,共計有六人。如果“立事”後的數字表示屆數,假設立事者皆有“二或三立事歲”的情況,每屆按執政 3 年計算,則此陶工可能要工作 40—50 年,對於古人的年齡和體質來説其可能性是比較小的。我們認爲這裏的“再”、“叁”看作任職的年數可能更合理一些,即分別表示任職的第二年、第三年,現在沒看見立事者在四年以上者,可能也是因爲任滿三年或四年就不再擔任此職了。再者,齊國銅器銘文中“立事歲”後一般都記有準確的月日,可見記事時間要求非常精確,如“公孫竄立事歲,飯耆月”、“國差立事歲,弋日丁亥”、“陸(陳)猶立事歲,歔月戊寅”、“陸(陳)喜再立事歲,□月己酉”,其中的“再”如果表示“屆數”,考慮到一屆執政一年的可能性比較小,則此處的“再”衹能表示一個寬泛的時段概念,不能精確到年,則其後所記精確到月、日就没有實際意義了,這也説明"再"、"叁"表示任職"屆數"的可能性很小。

"立事歲"類陶文的性質過去都認爲是以事紀年,衛松濤卻認爲:"器物上銘以工正的名字是表示監督、負責,表明産品的官方性質和合法性,其初衷應並非以事紀年。……當然,如果瞭解立事人在職的情況,清楚每屆立事的年數,這種格式客觀上也能起到紀年的效果。"①我們認爲其説存在一定的合理性,但其認爲"其初衷應並非以事紀年"可能過於絶對,其實如果一件普通的陶器出現問題,充其量衹能追究陶工的責任,是不會追究到"工正"這樣總管工官事務的重臣那裏去的,標明"立事者"的作用衹是形式上的監督。其目的一方面可能標示所作器物爲官方製作,不同於民營作坊産品;另一方面,正如我們所論,立事者之後的"再"、"叁"應該是立事的年次,不太可能是屆數,所以"陳某立事歲"具體所指的年份應該是可查的,標明"陳某立事歲"在客觀上也起到了標示器物製作時間的作用。我們猜測,齊系題銘中這種"立事歲"格式可能是在工官系統中所使用的一種類似於標明器物製作年代的紀年方式,正因其適用範圍有限,所以衹標明執掌工官事務的"立事者"的名號及其立事年次即可。這一方面可以解釋爲什麽齊國以事紀年格式這樣單一,没有所謂的征伐、聘問、致胙等其他國家所采用的紀年方式。另一方面也可以解釋爲什麽陳璋壺既采用"唯王五年"的紀年方式,又標明"鄭陽陳得立事歲",前者是真正的紀年方式,所記爲伐燕之事發生的年代;而"鄭陽陳得立事歲"是從工官管理的角度,記載入藏此壺及加刻銘文的時間,其性質和陶器上戳印陶文的區别僅在於後者表示製作的時間,前者表示入藏的時間,二者没有本質的區别,同屬工官的管理職責所在。兩種計時方式屬於不同

---

① 衛松濤:《新泰出土陶文及相關問題研究》,第43頁。

的系統,所以才會記載在一起。如果我們所論可信,則齊系題銘中的"立事歲"屬於一種適用範圍有限的特殊紀年方式,其所立之事爲工官管理者總管工官事務,"再"、"叄"等表示其即任的年次。

二、齊系題銘紀月方式考察

齊系題銘紀月方式現所見共有兩種:一種是按月序紀月,另一種是采用類似代月名的方式紀月。前者紀月方式如:

隹(唯)王正月	庚壺	《集成》9733
隹(唯)正月	齊鮑氏鐘	《集成》142
隹(唯)王正月	夆叔匜	《集成》10282
隹(唯)正月	拍敦	《集成》4644
隹(唯)五年正月	鄩侯少子簋	《集成》4152
隹(唯)正月	莒叔仲子平鐘	《集成》172-180
隹(唯)正月	鄩大史申鼎	《集成》2732
隹(唯)王正月	邾公牼鐘	《集成》149-52
隹(唯)王正月	邾公華鐘	《集成》245
隹(唯)王正月	邾公孫班鎛	《集成》140
隹(唯)正月	邾大宰簋	《集成》4623
隹(唯)正月	邵伯壺	《集成》10006
隹(唯)正月	禾簋	《集成》3939
隹(唯)王正(?)月	陳逆簋	《集成》4629-30
隹(唯)王五月	叔夷鐘	《銘文選》八四八
隹(唯)王五月	鎛	《集成》271
隹(唯)王五月	陳眆簋蓋	《集成》4190
隹(唯)正六月	陳侯因育敦	《集成》4649

佳(唯)王六	邿叔之伯鐘	《集成》87
佳(唯)王八月	歸父盤	《集成》10151
佳(唯)王正九月	㯑可忌豆	《集録》543
大市九月		《陶録》2.31.3
佳(唯)正孟歲十月	栐鎛	《山東成》104--108 頁
陞(陳)㦲立事歲十月	鄘公孫潮子鐘	《集録》06－9
十四年十一月	師紹銅泡	《考古》1985(5)476 頁圖 4

以上所列"正"、"五"、"六"、"八"、"九"、"十"、"十一"諸月皆見於銘文,這種紀月方式自商周以來就一直在使用,且延續至今,是一種傳統的紀月方式。在紀月的同時,有時不標明具體的月份而是寫明具體的季節,如陳璋壺銘文"佳(唯)王五年,奠(鄭)昜(陽)陞(陳)昙(得)再立事歲,孟冬戊辰",此處"孟冬"李學勤先生曾指出"銘中'孟冬'指哪一月,要看當時齊所行曆法用何正而定。春秋時器欒書缶'正月季春','正月'是夏正,'季春'則爲周正,以周正的正月爲孟春,夏正正月即周正三月爲季春。《月令》的孟春等月則全合夏曆。欒書缶係一特例,齊的孟冬仍以同於《月令》的可能爲大"[1]。從齊威王時期的陳侯因資敦稱"佳(唯)正六月"而不稱"王六月"來看,戰國中期時候齊國可能使用的並非周曆,李説很可能是正確的。

　　齊國還使用類似楚國"夏尸"、"屈夕"、"紡月"、"爨月"[2]之類的代月名,見於下列題銘:

冰月丁亥	陳逆簋	《集成》4096
公孫窰立事歲,飯者月	公孫窰壺	《集成》9709

　　①　李學勤、祝敏申:《盱眙壺銘與齊破燕年代》,《文物春秋》1989 年創刊號,第 13—17 頁。
　　②　曾憲通:《楚月名初探——兼談昭固墓竹簡的年代問題》,《中山大學學報》1980 年第 1 期,第 97—107 頁。

國差立事歲，弌日丁亥。	國差𦉜	《集成》10361
大市[⿱弍]月		《陶彙》3.658
陞（陳）喜再立事歲，歞月己酉	陳喜壺	《集成》9700
陞（陳）猶立事歲，歔月戊寅。	陳純釜	《集成》10371
陳□立事歲，禝月丙午	子禾子釜	《集成》10374

計有“冰月”、“飯煮月”、“歞月”、“歔月”、“禝月”、“[⿱弍]月”等，“冰月”見於《晏子春秋》景公以搏治之兵未成功將殺之晏子諫章：“景公令兵搏治，當臘冰月之間而寒，民多凍餒，而功不成。”及《晏子春秋》景公爲履而飾以金玉晏子諫章：“景公爲履，黃金之綦，飾以銀，連以珠，良玉之絇，其長尺，冰月服之，以聽朝。”“君奚問天之寒也？古聖人製衣服也，冬輕而暖，夏輕而清，今君之履，冰月服之，是重寒也，履重不節，是過任也，失生之情矣。”陳逆簠“冰月丁亥”吳式芬《攈古録金文》卷二之三‧四〇認爲是十一月：“冰月，見《晏子春秋》，即十一月也。”許瀚《攀古小廬雜著》卷八‧十二認爲其月正值“陰冰欠堅之時”，故稱爲“冰月”，並指出其與《毛詩》的“蠶月”、《左傳》之“良月”等同爲月名之異①：

> 彼器（按：指“陳逆盨”）云“隹王正月初吉丁亥”，此則云“冰月丁亥”，日同而月異名者。“王正月”是建子之月，正陰冰欠堅之時，故曰“冰月”。“冰”即“凝”之正字，而“欠”之借字，欠、水左右易位，乃古文□□之異。“正月”所以尊王，“冰月”所以紀時。《晏子春秋》“景公爲履，黃金之綦飾，以珠良玉之鉤，其長尺，冰月服之，以聽朝”，稱“冰月”與此器正同，蓋齊語也。古月名之異自《爾雅‧釋天》外，古文書有“一月”，《毛詩》

---

① 續修四庫全書編纂委員會：《續修四庫全書》第 1160 册，上海古籍出版社，第 743 頁。

有"蠶月"、"正月",《春秋左氏傳》有"良月",《小戴禮》、《吕氏春秋》有"暢月",《史記》有"端月",漢碑有"霜月"(韓勑退禮器碑)、"紙月"(冀州從事郭君碑),《纂要》有"除月"亦作"餘月",古人隨事變文不拘一,稱此"冰月"亦猶是也。

其説可能是正確的,"冰月"很可能就是因爲其時極寒,所以才會有此月名。"歡月"之"歡"原作"▨",馬承源摹作"▨"①,不是很準確。于省吾釋文作"觀",認爲:"觀字金文嬴霝德簠作▨,與此略同。《説文》:'飯,設飪也,从丮从食才聲,讀若載。'觀字从'甾'得聲,古从'甾'从才的字往往音近相通。"②黄盛璋釋爲"歔",認爲可能就是"飲"字③,石志廉隸定作"歡":"按飯上从卯者,蓋即卯之繁體,飯有飲食吉祥之意,歡月即卯月也。"④按仔細審諦銘文形體,釋"歔"、"歡"之説實不可從,于省吾認爲从"甾"當可信,我們暫隸定作"歡","歡月"的含義已不可考。"䣂月"之"䣂"《簠齋藏古册目並題記》作"酎"認爲"酎,从雋,雋聲",方濬益《綴遺齋彝器考釋》指出"按此上从糸當是酎之繁文,酎月,四月也。《禮記·月令》'孟夏之月,天子飲酎用禮樂'",楊樹達、陳邦懷⑤皆認爲即"酉月",《積微居金文説》25頁:"䣂月即酉月,夏之八月,周之十月也。""褮月",劉心源《奇觚室吉金文述》卷六·三六釋首字作"褮",認爲"褮月"是二月:"《集韵》褮通稷,案古者仲春祀社稷,此云褮月乃二月也。"楊樹達、陳邦懷皆認爲可能讀爲干支中的"未",楊樹達認爲:"褮字从女,从古文鬼,不識其爲何字。意者褮爲彪魅字之或體,假

①　馬承源:《陳喜壺》,《文物》1961年第2期,第45—46頁。又馬承源:《陳喜壺》,《馬承源文博論集》,上海古籍出版社,2007年,第116—117頁。

②　于省吾:《陳僖壺銘文考釋》,《文物》1961年第10期,第35頁。

③　黄盛璋:《關於陳喜壺的幾個問題》,《文物》1961年第10期,第36—38頁。

④　石志廉:《陳喜壺補正》,《文物》1961年第10期,第38頁。

⑤　陳邦懷:《對〈陳喜壺〉一文的補充》,《文物》1961年第10期,第36頁。

爲月建之未字乎！"①陳邦懷所論與之相類，茲不備舉。此外，"飯
耆月"爲何月没有線索可考，暫不論。按先賢對"獣月"、"歟月"、
"襖月"的考察大多出於臆測，有的意見可能符合事實，但古人所取
月名究竟有何根據，我們已經不得而知，此問題的解決還需更多的
線索。

　　除以上所列月名外，國差罎和齊陶文中還有如下月名：

（國差罎，《集成》10361）　　　（《陶彙》3.658）

國差罎中的""，阮元《積古齋鐘鼎彝器款識》卷八·十一、《金石
索》、《攈古録金文》、《綴遺齋彝器考釋》、《獨笑齋金石文考》、《古籀
餘論》等皆釋作"咸"，後人多從之。吳大澂《愙齋集古録》二四·四
釋爲"戌"："阮元釋爲歲咸，於義未安，當是戌字。"楊樹達亦主
此説："余謂咸字从日从戌，疑即戌亥之戌也，亦表時日，故字从日
耳……戌謂夏之九月，周十一月也。"②羅振玉《遼居乙稿》三二認
爲是"日"之專字："予意此器之殆歲、月、日之日之專字。"王國
維在《觀堂集林·齊國差罎跋》一文中指出："齊器多兼紀歲月日，
如子禾子釜云'□□立事歲襖月丙午'，陳猷釜云'陳猷立事歲歟
月戊寅'，此器云'國差立事歲咸丁亥'，文例正同，但咸下奪一月字
耳。……咸者，其月也。襖月、歟月、咸月，蓋月陰月陽之異名。"
于省吾《雙劍誃吉金文選》上三·二八亦隸定作"咸"。張政烺在

----

①　楊樹達：《積微居金文説（增訂本）》，第 25 頁。
②　楊樹達：《積微居金文説（增訂本）》，第 25 頁。

《張政烺批注大系・國差𦉚》條下引陳介祺説：“咸，或是‘戍月’二字合文。”以上所列舉是以往對這個問題的認識，2003 年 3 月在湖北省鄖縣肖家河村一座春秋墓中出土了鼎、盞、盤、匜等銅器，盤、匜銘文中出現了與國差𦉚“咸”形體相近的曆日：

佳（唯）正月咸辛亥

　　　（唐子仲瀕兒盤，《江漢考古》2003 年 1 期 10 頁圖一）

佳（唯）正月咸己未

　　　（唐子仲瀕兒匜，《江漢考古》2003 年 1 期 11 頁圖二）

研究者已經將國差𦉚中的咸與咸、咸聯繫在一起，李學勤贊同楊樹達的意見，認爲此字是月建之戌的專用字，並指出銘文中的“正月”表示的是夏正的含義而不是表示歲首之一月[1]，趙平安在《唐子仲瀕兒盤匜“咸”字考索》[2]一文中重申了李學勤的觀點。程鵬萬認爲銘文中已經出現“正月”，則咸不應再是月名，他將咸、咸等看作“成日”的合文，將其與九店楚簡《日書》和睡虎地秦簡《秦除》中的“城（成）日”、“成日”相聯繫，認爲銘文中的“成日”是“善日，好日子的意思”[3]。何琳儀、高玉平與董珊相繼撰文認爲咸、咸應分析爲從“戌”、從“一”、從“日”，即“弌日”合文，何琳儀、高玉平認爲“弌日”與“元日”性質相同都是吉利的日子，在文末的

---

[1]　李學勤：《論鄖縣肖家河新發現青銅器的“正月”》，《河南科技大學學報（社會科學版）》2003 年第 1 期，第 5—6 頁。

[2]　趙平安：《唐子仲瀕兒盤匜“咸”字考索》，《中國歷史文物》2008 年第 2 期，第 73—77 頁。

[3]　程鵬萬：《釋東周金文中的“成日”》，《古籍整理研究學刊》2006 年第 5 期，第 36—37 頁。

附記中又懷疑"弌日"即《詩經·豳風·七月》中的"一之日"①。董珊在其博士論文《戰國題銘與工官制度》中曾指出國差罎中的爲"一之日"："此'弌'原從'日'作，當是月名，相當於《豳風·七月》'一之日觱發'的'一之日'，毛《傳》'一之日，十之餘也，一之日，周正月也'，指十一月。更可參看孔穎達《正義》。"②在《"弌日"解》一文中對此意見又加以申説，進而指出國差罎等諸形體"都是'弌（一）日'這個詞的合文，與《七月》'一之日'的意義相同，是指夏正十一月"③。以上意見中，"成日説"、"吉日説"的問題正如趙平安指出的那樣，"與它表月名的功能不合"，把""看成一字所面臨的問題是陶文"大市弌日"中右下部符號的性質，趙平安認爲既不是合文也不是重文符號，而是文字的裝飾性羨畫。按其説未必一定確鑿，這種符號性質存在多種解釋。再者，"戉"作爲義符時左側筆畫或可省略，但是戰國文字中用來表示"戉"的形體鮮見有省作的情形。綜觀以上意見，我們認爲將""看作"弌日"合文，用來表示"一之日"的意見可能更通達些。至於""是否一定表示夏曆的十一月，這涉及春秋中晚期齊國所用曆日問題，還需要進一步討論。

第六節　齊系滕器題銘考察

"滕器"是銅器銘文中很重要的一部分，通過對滕器銘文的考

---

① 何琳儀、高玉平：《唐子仲瀕兒匜銘文補釋》，《考古》2007 年第 1 期，第 64—66 頁。

② 董珊：《戰國題銘與工官制度》，第 186 頁注 54。

③ 董珊：《"弌日"解》，《文物》2007 年第 3 期，第 58—61 頁。

察,我們可以對先秦時期婚姻制度、諸國聯姻狀況及某一國家或世族的姓氏等問題有更深入的瞭解。齊系題銘中的"媵器"題銘數量雖然不多,但其所揭示的歷史訊息卻不容忽視,在本節中我們重點討論齊系媵器題銘的種類及其所反映的列國通婚狀況等問題,同時也要考察"媵器"銘文中女名的稱謂構成問題。

一、齊系媵器題銘概説

齊系媵器題銘銘文中大多都有"媵"字,從作器者與被"媵"者關係來劃分,一般可分爲"同姓媵"、"異姓媵",其中"齊縈姬盤"銘文中雖然没有"媵"字,但可能屬於"姪女"作爲媵妾的例子。

1. 同姓媵

在媵器銘文中,絶大多數屬於同姓作器,《左傳・成公八年》:"凡諸侯嫁女,同姓媵之,異性則否。"從媵器銘文大多爲同姓女作器這一點來看,"同姓媵之"的確是先秦時期婚媵制度的常態。齊系題銘中,部分爲同姓所作的媵器常標明作器者與被媵者之間的親屬關係,其中絶大多數屬於父女關係:

(1) 齊庆(侯)乍(作)朕(媵)子中(仲)姜寶盂。

(齊侯盂,《集成》10318)

(2) 㠱可忌乍(作)氒(厥)元子中(仲)𣪘(姞)媵鐘(敦)。

(㠱可忌豆,《集録》543)

(3) 魯大嗣(司)徒子中(仲)白(伯)其庶女壻(屬)孟姬媵它(匜)。 　(魯大司徒子仲伯匜,《集成》10277)

(4) 賈孫弔(叔)子屖爲子孟姜媵(媵)盥盤。

(賈孫叔子屖盤,《山東成》675)

(5) 曩公乍(作)爲子弔(叔)姜□盥壺。

(曩公壺,《集成》9704)

　　（6）慶弔（叔）攺（作）朕（媵）子孟姜盥匜（匜）。

（慶叔匜，《集成》10280）

　　（7）竃（邳）智（友）父朕（媵）其子闟（胙）婡寶鬲，其

賈（眉）壽永寶用。　　　　（邳友父鬲，《集成》717）

如"子中（仲）姜"、"子孟姜"、"子弔（叔）姜"、"子闟（胙）婡"等，在女子名稱前面往往還加上表示嫡、庶身份的"元子"［如"元子中（仲）設（姑）"］、"庶女"［"庶女䲑（厲）孟姬"］等。除此之外，大部分屬於"同姓媵"類型的媵器並不標明作器者與被媵者之間的關係，這其中應該包括部分父親爲女兒所作器，也包括長輩爲晚輩所作器，衹是在形式上我們没有辦法區分而已。

　　（8）胕（薛）戻（侯）乍（作）弔（叔）妊殹朕（媵）它（匜）。

（薛侯匜，《集成》10263）

　　（9）䪅（鮑）子攺（作）朕（媵）中（仲）匋始（姒）〔鼎〕。

［鮑子鼎，《中國歷史文物》2009（2）51 頁］

　　（10）齊戻（侯）乍（作）朕（媵）鼏圍①孟姜盥盩（盂）。

（齊侯盂，《集成》10283）

　　（11）魯白（伯）大父乍（作）季姬🔲朕（媵）設（簋）。

（魯伯大父作季姬簋，《集成》3974）

　　（12）魯白（伯）大父乍（作）中（仲）姬俞朕（媵）設（簋）。

（魯伯大父作仲姬俞簋，《集成》3989）

　　（13）魯白（伯）厚父乍（作）中（仲）姬俞朕（媵）敀（盤）。

（魯伯厚父盤，《集成》10086）

　　（14）魯白（伯）大父乍（作）孟［姬］姜朕（媵）設（簋）。

---

　　① 何景成：《史頌器銘"瀆蘇滿"新解》，《吉林大學古籍研究所建所 30 周年紀念論文集》，上海古籍出版社，2014 年，第 43 頁。

（魯伯大父作孟姬姜簠,《集成》3988）

（15）魯大宰遼父乍（作）季姬牙賸（媵）殷（簠）。

（魯大宰原父簠,《集成》3987）

（16）魯白（伯）愈〔父〕乍（作）竈（邾）姬<img_char>朕（媵）羞鬲。

（魯伯愈父鬲,《集成》690）

（17）魯白（伯）俞父乍（作）姬<img_char>臣（簠）。

（魯伯俞父簠,《集成》4566）

（18）魯白（伯）愈父乍（作）竈（邾）姬<img_char>朕（媵）鎏（沫）般（盤）。　　　（魯伯愈父盤,《集成》10113）

（19）魯宰駟父乍（作）姬雒賸（媵）鬲。

（魯宰駟父鬲,《集成》707）

（20）白（伯）駟父乍（作）姬淪朕（媵）般（盤）。

（伯駟父盤,《集成》10103）

（21）魯白（伯）者父乍（作）孟姬婦（媯）朕（媵）般（盤）。

（魯伯者父盤,《集成》10087）

（22）魯庆（侯）乍（作）姬翏朕（媵）害（盨）。

［魯侯盨,《文物》1984(4)14 頁圖六］

（23）眞白（伯）嫈父朕（媵）姜無臣它（匜）。

（眞伯子嫈父匜,《集成》10211）

（24）眞侯作眞井姜妢母媵尊簠。（眞侯簠,《新收》1462）

（25）朁（曹）公賸（媵）孟姬①念母匚（筐）臣（盨）。

（曹公盨,《集成》04593）

（26）朁（曹）公賸（媵）孟姬念母盤。

（曹公盤,《集成》10144）

---

① “曹公簠”銘文中的“姬”略有訛誤,將盨、盤銘文相對照,此字應該也是“姬”字。

以上所列（8）"薛侯"爲"叔妊𣪘"作匜、（10）齊侯爲"孟姜"作盂、（22）"魯侯"爲"姬𡢖"作𤮈、（23）"㠱白（伯）𡟒父"爲"姜無臣"作匜等，很可能屬於諸國君主爲女兒作媵器。值得注意的是，"魯伯大父"和"魯伯厚父"分別爲"中（仲）姬俞"作了"簋"和"盤"，二者中很可能有一位是"中（仲）姬俞"的父親，而另一位應該是其長輩。"同姓"所作媵器是較爲常見的媵物方式，事實上，爲異姓作媵器的現象在齊系題銘中也有所反映。

2. 異姓媵

齊系題銘中確切無疑屬於爲異姓作媵器者僅有一件，即"鑄侯求鐘"，其銘文如下：

鑄矦（侯）求乍（作）季姜朕（媵）鐘，其子子孫孫永言（享）用之。　　　　　　　　　　　　　　　　　　　　　（《集成》47）

鑄國典籍或作"祝"，《吕氏春秋·慎大》："武王勝殷，入殷，未下轝，命封黄帝之後於鑄。"《史記·周本紀》作"武王追思先聖王，乃褒封神農之後於焦，黄帝之後於祝"，可爲證。鑄國姓氏舊有"祁"、"任"、"己"等説，《金文世族譜》據"鑄侯求鐘"認爲鑄爲姜姓國[①]。但"鑄爲姜姓"不見於傳世文獻的記載，僅據鐘銘而得出此結論，其説並不可信。王國維《觀堂集林·鑄公簠跋》、陳槃《譔異》據"鑄公簠"銘文"鑄公乍（作）孟妊車母朕（媵）簠"，認爲《世本》所記"黄帝二十五子得姓者十二人。任姓：謝、章、薛、舒、吕、祝、終、泉、畢、過"是可信的，鑄國應是"任"姓國。按，王、陳二氏的意見應該是正確的，鑄國所作媵器還見於小邾國貴族墓地，"鑄叔盤"銘文爲"鑄叔作叔妊秦媵盤，其萬年眉壽永寶用"（《遺珍》92—93頁）。此盤乃鑄叔爲"叔妊秦"作器，"秦"爲女名，此銘文稱"叔妊"，結合"鑄

---

①　陳槃：《春秋大事表列國爵姓及存滅表譔異》，第892—894頁。

公簠”和“鑄叔盤”銘文,鑄國爲任姓應該是没有什麽疑問的。“鑄侯求鐘”則是鑄侯爲某姜姓之女所作媵器,是典型的爲異姓作媵器,但“姜姓之女”的身份一時還不好判斷,陳昭容指出:“不過從‘媵異姓’來看,是異姓女子季姜出嫁,鑄侯爲其作媵器?還是異姓女來媵鑄女出嫁(祇是没有發現主嫁的任姓鑄侯求之女的媵器),鑄侯爲來媵女作嫁資?兩者似有差别,但從銘文表面無法區别是單純的爲異姓女‘媵物’,或異姓女來媵鑄女出嫁。”①正如其所言,“鑄侯求鐘”中“季姜”的身份,我們還不能確定。關於異姓媵的問題,上引《左傳·成公八年》文云:“凡諸侯嫁女,同姓媵之,異性則否。”其中“異性則否”的含義,俞正燮《癸巳類稿》指出“《左傳》記載實事,言同姓當媵,異姓不必。凡嫁皆媵,非謂不許媵”,正如陳昭容認爲的那樣,俞正燮其説的確能够包容異姓媵存在這一事實②,此説較爲通達。

3. 姪娣媵

先秦婚姻中存在以“姪”、“娣”與嫡女同適一夫的現象,即“姪娣媵”。《春秋·莊公十九年》:“秋,公子結媵陳人之婦於鄄,遂及齊侯宋公盟。”《公羊傳》云:“媵者何?諸侯娶一國,則二國往媵之,以姪娣從。姪者何?兄之子也。娣者何?弟也。”“娶一國二國媵”如《左傳·成公八年》所記魯共姬出嫁,同爲姬姓的衛人、晉人來媵之事,《左傳》評價爲“禮也”。“以姪娣從”事實上分爲以“姪”從和以“娣”從兩種情況,齊系題銘中未見明確的以“娣”從的情況。上文所引銘文(11)、(12)、(14)是“魯白(伯)大父”分别爲“季姬🔲”、“中(仲)姬俞”、“孟[姬]姜”所作媵器,如果這三位女子同時

---

①　陳昭容:《兩周婚姻關係中的“媵”與“媵器”——青銅器銘文中的性别、身份與角色研究之二》,《中研院歷史語言研究所集刊》第七十七本第二分,2006年,第223頁。

②　陳昭容:《兩周婚姻關係中的“媵”與“媵器”——青銅器銘文中的性别、身份與角色研究之二》,《中研院歷史語言研究所集刊》第七十七本第二分,第222頁。

出嫁，可能就屬於“娣”從的情形，但正如陳昭容《兩周婚姻關係中的“媵”與“媵器”》一文所言，這祇是一種猜測，事實是否如此，已不得而知了。此外，小邾國墓地出土銅器銘文中，邾君慶爲三位妊姓女子作了銅器，其中“秦妊”應該是邾君慶的夫人，此外還有“華妊”、“奏妊”兩位女子，李學勤認爲“華妊、奏妊大約是邾慶夫人秦妊來嫁時陪媵的娣，也是邾慶的配偶”①，如果其説可信，則這可能也是“娣媵”的情況。

　　齊系題銘中屬於“姪媵”的銘文材料見於齊縈姬盤，銘文作“齊縈姬之嬭乍(作)寶般(盤)”(《集成》10147)，“嬭”原銘文作“”，吳東發據《集韻》“嬭，同姪”認爲此字爲“姪”字，阮元、方濬益、劉心源等贊同其説，劉心源又據《汗簡》所引《義雲章》“姪”字作“”爲證②，此字用爲“姪”沒有太多疑問③。與齊縈姬盤銘文相關聯的還有齊嬭姬簠銘文：

　　　　齊嬭姬乍(作)寶段(簠)，其萬年子子孫孫永用。

(《集成》3816)

齊國爲姜姓國，齊“縈姬”與其姪爲姬姓女嫁到齊國，陳昭容認爲：“已嫁婦女稱名通常是以夫家國加上母家姓爲常，‘齊縈姬’與‘齊縈姬之姪’兩人的關係是‘姑’與‘姪’，且都是以身居夫家‘齊國’的

---

①　李學勤：《小邾墓地及其青銅器研究》，《文物中的古文明》，第 314 頁。
②　周法高等：《金文詁林》，香港中文大學，1974 年，第 6866—6870 頁。
③　陳劍在《甲骨金文舊釋“蠢”之字及相關諸字新釋》一文中認爲“”等形體右部所從聲旁即來源於劃嬭壺“”這種形體，是在這種形體基礎上省略刀旁而來(或者也可以分析爲“從‘劃’省聲”)， 當分析爲從晶從“劃/剴”聲，其下部即來源於甲骨文中的“劃/剴”字(《合集》27465、《合集》32547)，詳參陳劍《甲骨金文舊釋“蠢”之字及相關諸字新釋》，《出土文獻與古文字研究》第二輯，復旦大學出版社，2008 年，第 13—47 頁。

立場爲稱謂，唯一的解釋是‘齊縈姬’嫁到齊國，以兄弟之子（姪）爲媵，這正符合文獻記載的‘以姪爲媵’，是非常明確的例子。當一個姬姓女子以‘姪’的身份媵嫁，在她出嫁的國家‘齊’國作器，她的稱名就可以是‘齊姪姬’。”① 齊孈姬簋自稱“齊孈姬”，交代了自己的身份“孈（姪）”和姓氏，私名並没有交代，她進一步認爲“作爲陪媵的‘姪’，在其夫家的身份依舊不變”，可見在先秦媵妾制度中，作爲媵妾的“姪”在夫家也仍然稱自己爲“姪”，其地位可見一斑。

　　以上討論了“同姓媵”、“異姓媵”、“姪娣媵”的問題，所徵引的銘文材料大多都在銘文中帶有“媵”字，這種媵器相對來説容易判斷和區分。除此以外，有些不帶“媵”字的媵器通過和相關銘文的比較和分析也可以判斷其性質。如我們在“同姓媵”部分所引的(17)魯伯俞父盉銘文：

　　　魯白（伯）俞父乍（作）姬▨匜（盉）。　　　　（《集成》4566）

上文所引(16)、(17)、(18)三則銘文材料皆爲“魯伯俞父”爲“姬▨”作器，在(16)、(18)兩條銘文中皆有“媵”字，與之相比較“魯伯俞父簋”雖然没有“媵”字，很可能也是整套媵器中的一部分②。需要説明的是，考慮到長輩爲晚輩作器未必一定局限於出嫁之時，所以這種媵器銘文的確定要有較爲充分的證據才可以下結論，那種認爲“一些銘文中没有‘媵’字的銅器，祇要能確定其是父家（包括母親、兄弟）爲女兒輩（包括姐妹）作的器，那麼它就是媵器”的看法③，顯然是將標準定得過於寬泛了。

----

①　陳昭容：《兩周婚姻關係中的“媵”與“媵器”——青銅器銘文中的性別、身份與角色研究之二》，《中研院歷史語言研究所集刊》第七十七本第二分，第 232 頁。
②　上引陳昭容文及孫永珍《兩周媵器銘文研究》（首都師範大學碩士學位論文，2006 年）一文（第 7 頁）皆將此器看作是媵器。
③　孫永珍：《兩周媵器銘文研究》，第 8 頁。

二、齊系婚媵類題銘女性稱謂格式及其特點

在媵器銘文中往往標明出嫁女子的姓名,夫家爲妻妾所作的銅器也經常指出受器者的稱謂,這些女子的稱謂是古代姓氏研究的寶貴資料,在某些古國或世族的姓氏考訂上也具有重要價值。我們將齊系題銘中夫家和母國對女性的稱謂進行了分析,夫家對女性的稱謂主要有如下格式:

1. 母國＋孟(仲、叔、季)＋母國姓(或又＋女字)

(1) 鼀(邾)弔(叔)虎子(?)乍(作)**杞孟辝(姒)**鐏臣(盨)

(邾叔虎盨,《集成》4592)

"孟辝(姒)"由杞國嫁到邾國,前面加上了母國的名"杞"。這種格式在母國姓後面還有綴加女子的字的情況:

(2) 齊厌(侯)乍(作)**虢孟姬良女(母)**寶它(匜)

(齊侯匜,《集成》10272)

銘文中的"孟姬"是虢國女嫁到齊國,在其名字前面加上了母國的稱謂"虢",在母國姓後面還加上了她的字"良女(母)",王國維在《觀堂集林·女字說》一文中曾指出:"而自稱曰某母者也,余謂此皆女字。女子之字曰某母,猶男子之字曰某父。……男子字曰某父,女子曰某母,蓋男子之美稱莫過於父,女子之美稱莫過於母。"王氏所論很可能是符合事實的,今姑從其說。

2. 母國＋母國姓(或又＋女名)

(3) 鼀(邾)白(伯)御戎乍(作)**媵(滕)姬**寶鼎(鼎)

(邾伯御戎鼎,《集成》2525)

(4) 杞(杞)白(伯)每亡乍(作)**鼀(邾)嫯(曹)**寶𣪕(簋)

(杞伯每亡簋,《集成》3897)

稱“賸(滕)姬”、“鼄(邾)㜏(曹)”,説明這兩位女子分别來自姬姓“滕國”和曹姓“邾國”。

3. 名+母國姓

(5) 齊灰(侯)乍(作)楙姬寶它(匜)(齊侯匜,《集成》10242)
(6) 兒(郳)慶乍(作)秦妊羞鬲　(郳慶鬲,《遺珍》41 頁)
(7) 鼄(邾)慶乍(作)奏妊匿　(邾慶簠,《遺珍》116 頁)
(8) 鼄(邾)慶乍(作)華妊羞鬲
(邾慶鬲《遺珍》106—107 頁)

“楙姬”、“秦妊”、“奏妊”、“華妊”即名“楙”的姬姓女子和名“秦”、“奏”、“華”的妊姓女子。“秦妊”不能看作是秦國的妊姓女子,其理由我們在本章“古國考察”部分已經進行了説明。

4. 夫國+母國姓+名或字

(9) 寺(邿)子姜首返(及)寺(邿)公典爲其盥盤
(邿子姜首盤,《集録》1009)
(10) 郳故(始)逸母鑄其羞鬲。　(郳始鬲,《集成》596)

“邿子姜首盤”銘文公布後曾引起學界的熱烈討論,《發掘簡報》①及方輝②稱此盤爲“邿公典盤”,李學勤稱此盤爲“邿子姜首盤”③,林聖傑認爲此盤應定名爲“公典盤”④。各家在對銘文的句讀及文意的理解等方面曾一度存在分歧,現將各家的主要意見徵引如下:

---

① 山東大學歷史文化學院考古系:《長清僊人臺五號墓發掘簡報》,《文物》1998 年第 9 期,第 18—30 頁。

② 方輝:《邿公典盤銘考釋》,《文物》1998 年第 9 期,第 62—63 頁。

③ 李學勤:《邿子姜首盤和“及”字的一種用法》,《中國文字研究》第一輯,廣西教育出版社,1999 年,第 268—272 頁。又李學勤:《重寫學術史》,河北教育出版社,2002 年,第 267—271 頁。

④ 林聖傑:《公典盤銘文淺釋》,《中國文字》新二十七輯,藝文印書館,2001 年,第 91—102 頁。

(1)《發掘簡報》、方輝：寺子姜首及邿，公典爲其盥盤
(2)李學勤：寺子姜首，迟（及）寺公典，爲其盥盤
(3)涂白奎：邿子姜首及，邿公典爲其盥盤
(4)林聖傑：寺（邿）子姜首迟（及）寺（邿），公典爲其盥盤

各家的分歧主要集中在對"迟"的詞性判斷及對"邿子姜首"的不同理解上，方輝認爲"子姜"是姜姓女嫁到邿國爲妻者，很可能爲齊國人。"首"爲首次、初次之意，"及"應訓爲"至，到達"。公典爲作器者名，"公典"之"公"應是表示出自邿國公族①。李學勤認爲："是盤的作器者'邿子姜首'應理解爲邿人'子姜首'，而不是'邿子'名作'姜首'。……盤銘'子姜首'，'子'係美稱，'姜'是姓，'首'是名。從當時地理形勢看，她大約是齊女嫁於邿者。"他還認爲"及"字在這裏不是連詞而是動詞，是參預之意。並引《管子·君臣上》注"及，猶預也"爲證，指出："'及邿公典'的'典'，當訓爲禮，《國語·周語》注：'典，禮也。''邿公'可能是邿國當時的君主，也可能指該國始封之君，如魯國的魯公、晉國的唐公。子姜首作爲邿國貴婦，有機會參加國君的典禮或與祭祀先君有關的儀式，以爲殊榮，鑄盤而作紀念。"②涂白奎認爲這是一件媵器，作器者應是邿公典，所媵者爲邿國之女姜首，他指出"邿子姜首"者，邿爲姜首所出國稱，"子"姜首之身份，邿國之女。器銘既稱"邿子姜首"，則邿爲姜姓可無疑，以"首"爲名東周時期數見。他同時認爲"及"爲往嫁之詞，並猜測姜首可能不是元配，可能是繼室，後來可能被出，所以把這件盤帶回了邿國③。林聖傑曾認爲"迟（及）"爲連詞，爲"與"之意，後

---

　　① 方輝：《邿公典盤銘考釋》，《文物》1998年第9期，第62—63頁。
　　② 李學勤：《邿子姜首盤和"及"字的一種用法》，《中國文字研究》第一輯，第268—272頁。又李學勤：《重寫學術史》，第267—271頁。
　　③ 涂白奎：《〈邿公典盤〉及相關問題》，《考古與文物》2003年第5期，第42—43頁。

來放棄此説改從方輝的觀點認爲是"到達"之意。"首"字從李學勤的意見認爲是"邿子姜"之名。他認爲作器者爲"公典",受器者爲"邿子姜首",所以稱此盤爲"公典盤"。他還認爲"公典"應是姜首的長輩,應是齊國的公族①。陳劍進一步肯定了林聖傑關於銘文的定名、銘文的斷讀等意見,進而認爲:"'邿子'當連讀,係邿國國君,'邿子姜首'當爲嫁給邿子的齊國姜姓女子名首者,而不應'子姜首'連讀爲人名,僅將'邿'説爲其夫之姓氏"②。程燕將此盤銘文中的"返(及)"與鮑子鼎銘文"中(仲)旬始(姒)返(及)子思"中的"返"相聯繫,贊同吴鎮烽關於鮑子鼎銘文的解釋,認爲"及是介詞,猶跟、同","銘文的意思是説邿子姜首嫁給了邿公典。邿子姜首應爲齊國女子,嫁到了邿國。"她認爲此器可能是邿公典爲其妻作器,也可能是齊國爲姜首作的媵器③。李家浩在《益余敦》一文中將邿子姜首盤銘文"寺(邿)子姜首返(及)寺(邿)公典爲其盥盤",與益余敦銘文"邵孯公之孫益余及陳弔(叔)嫣爲其膳鄲(敦)"相比較,認爲"不難看出'及'所連接的'邿子姜首'和'邿公典'都是人名,前者是後者的妻子。這件銅盤是邿子姜首以她和她丈夫邿公典的名義製作的,與益余敦的情況剛好相反"④。此處李家浩顯然把銘文中的"及"看作了連詞,袁金平後來又進一步肯定了李家浩的意見,明確指出"及"在銘文中用作連詞⑤。現在看來,"子姜首"之"子"應從李學勤的意見看作是美稱,如文獻中的"子叔姬"及金文中的"子孟姜"、"子仲姜"之類。其前面的"邿"應是其所嫁之國,"姜首"

---

① 林聖傑:《公典盤銘文淺釋》,《中國文字》新二十七輯,第91—102頁。
② 陳劍:《金文字詞零釋(四則)》,《古文字學論稿》,第132—146頁。
③ 程燕:《鮑子鼎銘文補釋——兼論邿子姜首盤銘文中的"及"》,《中國歷史文物》2010年第2期,第73—74頁。
④ 李家浩:《益余敦》,《保利藏金(續)》,嶺南美術出版社,2001年,第183—184頁。
⑤ 袁金平:《鮑子鼎銘文考釋商兑》,《出土文獻》第二輯,第152—155頁。

是她的姓和名，她很可能來自齊國，"郱公典"是她的丈夫，應是郱國的君主名"典"者。"及"應看作連詞，"郱子姜首"和"郱公典"一起製作了這件盤，"郱子姜首"名字在"郱公典"之前，很可能"郱子姜首"是這件盤的實際製造者或策劃者，當然也不排除此盤爲"姜首"在母家即將出嫁時所作的可能，不管怎樣這件盤和長輩所作的媵器性質是不同的，不能看作是媵器①。

"邿妗鬲"中的"邿妗"，方濬益《綴遺齋彝器考釋》卷二七·二八認爲"此邿妗當是邿之夫人，妗姓之女"，是很精闢的見解。"妗"姓不見於傳世文獻，李魯滕指出，據 1986 年出土於薛國墓地的"虘台丘君"盤銘文"虘𠂤(台)丘君作叔妗媵盤"可知虘台國(他認爲即狐騑國)也爲"妗"姓，"准此，則'邿妗鬲'即爲嫁與小邾國的妗姓虘台(丘)之女自作器，或爲符合歷史事實的結論"②，其說很可能是正確的。不管怎樣，"邿妗(妗)逄母"中"邿"爲該女子所適國名，"妗"是該女子的母家姓，"逄母"是其字。

以上介紹了夫家對女性的稱謂，母國(家)對出嫁女子稱謂的主要格式如下：

1. 孟(仲、叔、季)十母國姓

(1) 齊灰(侯)乍(作)朕(媵)𡧛圓**孟姜**盥盥(盂)。

(齊侯盂，《集成》10283)

(2) 虘𠂤(台)丘君作**叔妗**媵盤。

(虘台丘君盤，《古代文明》③第 6 卷 200 頁)

(3) 齊灰(侯)乍(作)朕(媵)子**中(仲)姜**寶盂。

(齊侯盂，《集成》10318)

---

① 孫永珍：《兩周媵器銘文研究》，第 11 頁。
② 李魯滕：《虘台(丘)略考》，《古代文明》第 6 卷，文物出版社，2007 年，第199—205 頁。
③ 李魯滕：《虘台(丘)略考》，《古代文明》第 6 卷，第 199—205 頁。

（4）槃可忌乍(作)乑(厥)元子中(仲)設(姑)媵鐘(敦)。

（槃可忌豆,《集録》543）

（5）賈孫弔(叔)子犀爲子孟姜媵盥盤。

（賈孫叔子盤,《山東成》675）

（6）慶弔(叔)枝(作)朕(媵)子孟姜盥籃(匜)。

（慶叔匜,《集成》10280）

"孟姜"、"叔姁"、"中(仲)姜"、"中(仲)設(姑)"都屬於"孟(仲、叔、季)＋母國姓"這種格式。這種格式中,後面還往往加上女子的名或字。

2. 孟(仲、叔、季)＋母國姓＋名或字

（7）魯白(伯)大父乍(作)季姬𦅫媵𣫏(簋)。

（魯伯大父作季姬簋,《集成》3974）

（8）魯白(伯)大父乍(作)中(仲)姬俞媵𣫏(簋)。

（魯伯大父作仲姬俞簋,《集成》3989）

（9）魯白(伯)大父乍(作)孟[姬]姜媵𣫏(簋)。

（魯伯大父作孟姬姜簋,《集成》3988）

（10）魯大宰邍父乍(作)季姬牙媵𣫏(簋)。

（魯大宰原父簋,《集成》3987）

（11）魯白(伯)厚父乍(作)中(仲)姬俞媵𣫏(盤)。

（魯伯厚父盤,《集成》10086）

（12）魯白(伯)者父乍(作)孟姬嬬(嬬)朕(媵)𣫏(盤)。

（魯伯者父盤,《集成》10087）

（13）脀(薛)厌(侯)乍(作)弔(叔)妊毘朕(媵)它(匜)。

（薛侯匜,《集成》10263）

（14）鑄叔作叔妊秦媵盤。

　　　　　　　　　　　　　　　　　　（鑄叔盤,《遺珍》92—93 頁）

　　（15）弗（費）奴父乍（作）**孟妣符**賸（媵）鼎（鼎）。

　　　　　　　　　　　　　　　　（費奴父鼎,《集成》2589）

　　（16）魯少嗣（司）寇坅（封）孫宅（?）乍（作）其子**孟姬娶**
朕（浣）般（盤）它（匜）。

　　　　　　　　　　　　　　　　（魯少司寇盤,《集成》10154）

　　（17）昗公乍（作）爲子**弔（叔）姜□**盥壺。

　　　　　　　　　　　　　　　　　（昗公壺,《集成》9704）

　　（18）瞀（曹）公賸（媵）**孟姬念母**盤。

　　　　　　　　　　　　　　　　（曹公盤,《集成》10144）

其中“中（仲）姬客母”、“孟姬念母”屬於“母國姓”後加女子字的格
式,其餘諸例屬於“母國姓”加私名的格式。有時候名還可以放在
“母國姓”之前。

　3. 孟（仲、叔、季）＋名＋母國（家）姓

　　（19）鞏（鮑）子钗（作）朕（媵）**中（仲）匋始（姒）**。

　　　　　　　　　［鮑子鼎,《中國歷史文物》2009(2)51 頁］

齊國“鮑氏”爲姒姓,“中（仲）匋始（姒）”中“匋”爲私名,放在了母家
姓“姒”的前面。有時在稱謂中並不加“孟（仲、叔、季）”等表示排行
的稱謂。

　4. 母國姓＋名

　　（20）魯白（伯）俞父乍（作）姬🈁臣（盨）。

　　　　　　　　　　　　　　　　（魯伯俞父盨,《集成》4566）

　　（21）魯宰馴父乍（作）**姬雄**賸（媵）鬲。

　　　　　　　　　　　　　　　　（魯宰馴父鬲,《集成》707）

　　（22）魯厌（侯）乍（作）**姬翏**朕（媵）𦥑（盨）。

［魯侯盟,《文物》1984(4)14 頁圖六］

(23) 昷白(伯)窒父朕(媵)**姜無臣**它(匜)。

　　　　　　　　　　　(昷伯子窒父匜,《集成》10211)

在本國爲女子所作媵器中還往往加上所適之國的名號。

5. 夫國＋孟(仲、叔、季)＋母國姓

(24) 魯大嗣(司)徒子中(仲)白(伯)其庶女**薳(厲-賴)孟姬**媵(媵)它(匜)。　　　(魯大司徒子仲伯匜,《集成》10277)

銘文中的"薳"即"孟姬"所適之國,一般認爲即"賴"國。郭沫若在《兩周金文辭大系圖録考釋·魯大司徒匜》中認爲:"薳即厲之緐文,從石與從厂同意,從邁省聲與萬聲同,在此乃孟姬所適之國名。《春秋·僖十五年》'齊師、曹師伐厲',杜注:'益陽縣有厲鄉。'《漢志》南陽郡隨下云:'故國,厲鄉故厲國也。'今湖北隨縣北四十里有厲山店。"顏師古注《漢志》"厲鄉,故厲國也"云:"厲讀曰賴。"馬承源主編《商周青銅器銘文選》(八一四)認爲:"薳即厲之繁體,爲孟姬所嫁之國族名。厲通賴。"①《左傳·昭公四年》:"八月甲申,克之……遂以諸侯滅賴。……遷賴於鄢。""賴",《公羊傳》作"厲"。《清華簡·繫年》簡 98 所記楚軍會諸侯於申,執徐公克賴之事與《左傳·昭公四年》所記相合,簡文表示"賴"之字寫作"薳"②,銘文"薳"應該就是文獻中的"賴"國。《銘文選》指出先秦以"賴"爲國名或地名者有四處,分別見於《左傳·哀公六年》、《史記·齊太公世家》、《春秋·僖公十五年》、《史記·老子韓非列傳》,或寫作"賴",或寫作"厲",前兩者屬齊地,分別在今山東省章丘縣西北和山東聊城縣西,後兩者分別在今湖北隨縣北和河南鹿邑縣東,銘文中的

---

① 馬承源主編:《商周青銅器銘文選(四)》,文物出版社,1990 年,第 519 頁。

② 清華大學出土文獻研究與保護中心:《清華大學藏戰國竹簡(貳)》,第 180 頁。

“䓪(厲-賴)”他認爲可能指“河南鹿邑縣東”之“厲”。由於材料有限,銘文中的“䓪(厲-賴)”具體指何處我們還不宜確定,但“孟姬”所適之“䓪(厲-賴)”爲“賴”應該是没有什麽疑問的。

6. 夫國＋母國姓＋名

(25) 魯白(伯)愈父乍(作)**黿(邾)姬**![字]朕(媵)盥(沬)皀(盤)。

　　　　　　　　　　　　　　(魯伯愈父盤,《集成》10113)

“黿(邾)”爲“姬”![字]所適之國,“姬”爲其姓,“![字]”爲該女子的名字。

7. 夫國＋母國姓

(26) 黿(邾)咠(友)父朕(媵)其子**閦(胙)嬭**寶鬲。

　　　　　　　　　　　　　　(邾友父鬲,《集成》717)

銘文“閦(胙)嬭”,楊樹達認爲:“閦字从肉,从切,余疑其爲胙之或字也。《左傳·僖公廿四》年云:‘凡、蔣、邢、茅、胙、祭,周公之胤也。’友父之子嫁于胙,故稱閦嬭矣。”① 林澐也有同樣的看法②。李學勤對此説曾表示懷疑:“但是近年已發現兩件西周的胙國器,國名均作‘柞’,是否此時可寫如鬲銘,還可進一步考慮。”③ 李先生從用字不同的角度提出了質疑,認爲“邾友父鬲”銘文中的“閦”未必是周公之後的“胙”國。事實上,這種現象是可以解釋的,在古文字材料中同一國名本國自稱和他稱往往存在用字不同的現象。如“莒國”之“莒”,莒叔之仲子平鐘(《集成》180)、莒大史申鼎(《集成》2732)寫作“簩”,莒侯少子簋(《集成》4152)、齊國庚壺(《集

----

① 楊樹達:《積微居金文説(增訂本)》,第 166 頁。

② 林澐:《小邾國東江墓地青銅器銘文部分人名的考釋》,《小邾國文化》,中國文史出版社,2006 年,第 190—196 頁。又中國古文字研究會、華南師範大學文學院:《古文字研究》第二十六輯,中華書局,2006 年,第 205—208 頁。

③ 李學勤:《小邾墓地及其青銅器研究》,《文物中的古文明》,第 313 頁。

成》9733）、齊刀幣寫作“鄑”，楚國中化子盤（《集成》10137）“用征
梠”寫作“梠”，西周晚期的莒小子簋（《集成》4037）又作“筥”①。
“邾國”之“邾”，邾伯御戎鼎（《集成》2525）、杞伯每亡簋（《集
成》3897）、魯伯愈父鬲（《集成》690）寫作“鼄”，杞伯每亡簋（《集
成》2494）作“䣌”，邾大司馬戈（《集成》11206）、邾公釛鐘（《集
成》102）作“邾”。“魏國”之“魏”，魏國貨幣（《貨系》1415）、下官
壺（《集成》9515）等寫作“啎”②，包山簡作“䣓”（《包山》簡 145），清
華簡作“巍”（《清華二・繫年》簡 115）。“越國”之“越”，越王州句
劍（《集成》11622）等作“戉”，越王勾踐劍（《集成》11621）、《包山
簡》簡 145 等作“郖”，中山王譻鼎（《集成》1331）“吳人並雩（越）”寫
作“雩”。“趙國”之“趙”，除常見的寫法之外，僅在《清華簡・繫年》
中就有“邶”（簡 97）、“邭”（簡 96）、“灼”（簡 111）等不同的寫法。以
上例證說明，同一國名在同一國家内部或不同的國家之間用字上
往往存在差異，邾友父鬲銘文中的“閦”和柞伯簋中的“柞”也應屬
於這種情況，“柞”應是胙國自稱的寫法，邾國則用“閦”來表示胙國
之“胙”。至於爲什麽陪嫁之媵器會葬在母家的家族墓地之中，其
詳情已不得而知。胙國故地在今河南省延津縣北故胙城東，春秋
時期，胙國被南燕所滅，都城被占據。《通志・氏族略》：“胙氏，周
公之後也，今滑州胙城是，其國爲南燕所併，子孫以國爲氏。”袁俊
傑推測認爲此媵器葬於母家墓地：“其原因應與胙國滅亡的重大變
故有關，當時邾友父的女兒很可能未及出嫁胙國就滅亡了，也可能
已經出嫁到胙國，在南燕兼併胙國時爲避難而逃回到母國，同時也

---

① 吳振武：《釋戰國文字中的从“虘”和从“朕”之字》，《古文字研究》第十九輯，
第 497 頁。

② 吳榮曾：《戰國布幣地名考釋三則》，《中國錢幣》1992 年第 2 期，第 3—5、55
頁。周波：《中山器銘文補釋》，《出土文獻與古文字研究》第三輯，復旦大學出版
社，2010 年，第 196—207 頁。

把媵器帶到了娘家,或僅僅是把媵器轉移到了小邾國,後因祚國滅亡,媵器便留在了母國,爲其兄弟亦即第二代小邾君所得,到第二代小邾君或其夫人去世時,便把這些媵器隨葬在墓中。"①其説很有可能,但已經無從考察了。

8. 母國＋夫國＋母國姓＋字

(27) 晨侯作<u>晨井(邢)姜妢母</u>媵尊簠。

(晨侯簠,《新收》1462)

銘文"晨井(邢)姜妢母"中"晨"爲此女子的母國,"井"張光裕②、陳佩芬③都認爲即文獻中的姬姓"邢"國。晨國爲姜姓,"姜妢母"即其姓與字。"晨井(邢)"連言標明其所出和所嫁,這種完備的格式並不多見。

以上我們討論了夫家及母家在婚媵關係中對女性的稱謂,爲了便於説明問題,我們將以上格式列表如下:

<table>
<tr><th colspan="2">夫家對女性的稱謂</th><th colspan="2">母家對出嫁女子的稱謂</th></tr>
<tr><td>1</td><td>母國＋孟(仲、叔、季)＋母國姓(或又＋女字)</td><td>1</td><td>孟(仲、叔、季)＋母國姓</td></tr>
<tr><td>2</td><td>母國＋母國姓(或又＋女名)</td><td>2</td><td>孟(仲、叔、季)＋母國姓＋名或字</td></tr>
<tr><td>3</td><td>名＋母國姓</td><td>3</td><td>孟(仲、叔、季)＋名＋母國姓</td></tr>
<tr><td>4</td><td>夫國＋母國姓＋名或字</td><td>4</td><td>母國姓＋名</td></tr>
</table>

---

　　①　袁俊傑:《小邾國媵器隨葬於本國貴族墓地原因探析》,《華夏考古》2008 年第 2 期,第 98—102、140 頁。

　　②　張光裕:《新見晨侯媵器簡釋》,《第三届國際中國古文字學研討會論文集》,問學社,1997 年,第 323—328 頁。

　　③　陳佩芬:《新獲兩周青銅器》,《上海博物館集刊》第 8 期,上海書畫出版社,2000年,第 124—143 頁。

	夫家對女性的稱謂		母家對出嫁女子的稱謂
5	名＋母國姓	5	夫國＋孟(仲、叔、季)＋母國姓
6	夫國＋母國姓＋名或字	6	夫國＋母國姓＋名
		7	夫國＋母國姓
		8	母國＋夫國＋母國姓＋字

通過上表我們可以發現婚媵關係中對女性稱謂的一些特點：首先，雙方對女性的稱謂中都包含"母國姓"這一要素，鄭樵《通志・總序》云："生民之本在於姓氏，帝王之制各有區分。男子稱氏，所以別貴賤；女子稱姓，所以別婚姻，不相紊濫。"婚媵類題銘也反映出女子的稱謂中女子的姓氏是第一要素，其作用正是要"別婚姻"，其作用在以"同姓不婚"爲主流思想的先秦時期尤爲突出。再者，本家對女子的稱謂中也比較注重該女子在姐妹中的排行，夫家相比之下似乎對這一問題不是特別關注。雙方對女子的稱謂也時常加上該女子所適之國名，夫家對女性的稱謂有時也標記出女子的本國，女子本家對女子的稱謂中一般不標出本國名。此外，雙方對女子的稱謂中稱名或字的情況也較爲普遍，貴族女子名字中顯然也有名和字的觀念。

三、齊系婚媵類題銘的研究價值

婚媵類題銘往往記有通婚雙方或一方的國名和姓氏，通過對銘文的考察可以揭示春秋時期某些國家的通婚關係，對某些國、族的姓氏研究也很有意義。

（一）通過對齊系婚媵類題銘進行研究，有助於我們瞭解列國通婚狀況。

1. 齊國(虢、姬姓、周王室、邿)

齊國爲姜姓,從現有題銘來看,春秋時期齊國姜姓家族經常與"姬"姓聯姻:

　　(1) 齊灰(侯)乍(作)皇氏孟姬寶敀(盤)。

　　　　　　　　　　　　　　(齊侯作孟姬盤,《集成》10123)

　　(2) 齊灰(侯)乍(作)棥姬寶它(匜)。

　　　　　　　　　　　　　　(齊侯匜,《集成》10242)

　　(3) 齊灰(侯)乍(作)虢孟姬良女(母)寶它(匜)。

　　　　　　　　　　　　　　(齊侯匜,《集成》10272)

　　(4) 齊縈姬之嬭乍(作)寶敀(盤)。

　　　　　　　　　　　　　　(齊縈姬盤,《集成》10147)

　　(5) 齊灰(侯)乍(作)朕(媵)子中(仲)姜寶盂。

　　　　　　　　　　　　　　(齊侯盂,《集成》10318)

　　(6) 寺(邿)子姜首返(及)寺(邿)公典爲其盥盤。

　　　　　　　　　　　　　　(邿公典盤,《近出》1009)

(1)稱"皇氏孟姬",方濬益在《綴遺齋彝器考釋》卷七·二七中認爲是齊景公爲穆孟姬所作器。(3)"虢孟姬良女(母)"説明齊國曾與姬姓虢國聯姻。"寺(邿)子姜首盤"之"姜首"一般認爲是齊國女嫁到邿國者,如此説可信則齊國與嬴姓邿國也有婚媵關係。(4)作器者爲嫁到齊國的姬姓女,是"縈姬"的侄女,其身份爲媵妾。(5)齊侯盂,1957年在洛陽孟津縣平樂公社邙山坡上發現,整理者張劍認爲時代屬於春秋晚期,銘文所記載的可能是"齊侯"嫁女於周王之事,他指出:"這是姜姓齊侯爲其二女兒所作的陪嫁品。銅鑑的時代爲春秋晚期。據《左傳》記載,春秋時,周王曾兩次娶齊侯之女爲妻,一在左宣六年(公元前603年),周定王娶齊惠公之女，一在左襄十五年(公元前 558 年)，周靈王娶齊靈公之女，我們認爲這件銅鑑可能是齊靈公嫁女兒時所作。"[1]如其説可信，則此盂是齊國與周王室通婚的重要物證。(6)從文字風格上看當爲齊國所作，此器爲齊女姜首與其夫邿公典合作之器，也是齊國與邿國通婚之證。

2. 邾國(魯、滕、杞、鄅)

邾與鄅皆爲曹姓國，其與魯、滕、杞皆有婚姻關係：

(1) 魯白(伯)愈〔父〕乍(作)鼄(邾)姬![字]朕(媵)羞鬲。

(魯伯愈父鬲，《集成》690)

(2) 鼄(邾)白(伯)御戎乍(作)滕(滕)姬寶鼎(鼎)。

(邾伯御戎鼎，《集成》2525)

(3) 鼄(邾)弔(?)虎子(?)乍(作)杞孟辝(姒)鑄臣(盨)。

(邾叔虎父盨，《集成》4592)

(4) 㐀(杞)白(伯)每亡乍(作)鼄(邾)婡(曹)寶毁(簋)。

(杞伯每亡簋，《集成》3897)

(5) 尋白(伯)乍(作)邾子□□朕(媵)它(匜)。

(尋伯匜，《集成》10221)

(1)、(2)爲姬姓滕國女子和魯國女子"姬![字]"嫁到邾國，(3)、(4)説明邾、杞兩國曾互相嫁女到對方，兩國保持着良好的聯姻關係。(5)尋伯匜的時代在兩周之際，此匜乃鄅伯爲嫁到邾的子姓女子所作，陳絜認爲此匜是鄅伯爲其女所作之器，並且據此認爲鄅國爲子姓國[2]。

---

① 張劍：《齊侯鑑銘文的新發現》，《文物》1977 年第 3 期，第 75 頁。
② 陳絜：《鄅氏諸器銘文及其相關歷史問題》，《故宫博物院院刊》2009 年第 2 期，第 13—26 頁。

3. 郳國(胙國、妁姓、鑄國、妊姓)

(1) 黿(邾)賢(友)父朕(媵)其子劇(胙)婡寶鬲。

(邾友父鬲,《集成》717)

(2) 郳妀(妁)逄母鑄其羞鬲。　　　(郳妀鬲,《集成》596)

(3) 兒(郳)慶乍(作)秦妊羞鬲。　(郳慶鬲,《遺珍》41 頁)

(4) 黿(邾)慶乍(作)秦妊匜(盥)。　(邾慶盥,《遺珍》116 頁)

(5) 黿(邾)慶乍(作)華妊羞鬲。

(邾慶鬲,《遺珍》106—107 頁)

(1)邾友父鬲乃小邾國(即郳)國君爲嫁到胙國的女子所作器,據此可知小邾與姬姓胙國有着婚姻關係。(2)爲"妀"姓女嫁到小邾國,李魯滕懷疑此女爲妀姓"虞台(丘)"國之女①。(3)、(4)、(5)乃小邾君慶爲秦妊、華妊、奏妊所作器,這幾件器同出於小邾國貴族墓地,根據同墓所出"鑄叔盤"銘文"鑄叔作叔妊秦媵盤",我們認爲"秦妊"就是盤銘的"叔妊秦"②,"秦妊"爲鑄國女嫁到小邾國。李學勤認爲"華妊、奏妊"可能是"秦妊"的"娣媵"③,則"華妊、奏妊"也可能是鑄國女,至少來自妊姓之國。

4. 㠱國(徐國、邢國)、夆(改姓)、魯(厲-賴)

(1) 㠱侯作㠱井姜妢母媵尊簋。　(㠱侯簋,《新收》1462)

(2) 㠱甫(夫)人余余(徐)王寬(宿)④戯孫。

(㠱甫人匜,《集成》10261)

(3) 夆(逢)弔(叔)乍(作)季改盥般(盤)。

(夆叔盤,《集成》10163)

---

① 李魯滕:《虞台(丘)略考》,《古代文明》第 6 卷,第 199—205 頁。

② 參本章第三節。

③ 李學勤:《小邾墓地及其青銅器研究》,《文物中的古文明》,第 314 頁。

④ "寬"字的隸定從王文耀、徐在國説,詳徐在國:《㠱甫人匜銘補釋》,《古文字學論稿》,第 192—194 頁。

　　（4）魯大嗣（司）徒子中（仲）白（伯）其庶女璶（鷹－賴）孟
姬滕（媵）它（匜）。　　　　　　（魯大司徒子仲伯匜，《集成》10277）

（1）"巽井姜妢母"爲姜姓"巽"國女嫁往姬姓邢國，巽、邢曾聯姻。
（2）"甫人"王獻唐指出即"夫人"，前一"余"字他認爲是"巽甫（夫）人"
的名字，後一"余"字他認爲是代詞，並認爲"余王寬（宿）甗孫"是一種
"自叙家世"的口吻①。李家浩有不同的意見，他認爲前一"余"字爲
第一人稱代詞，後者應讀爲"徐"國之"徐"，"巽甫（夫）人"應該是"徐
王寬（宿）甗"的孫女②。李説更爲可信，今從其説。（3）爲"改"姓之
女嫁給夆（逢）國或夆（逢）氏爲妻。（4）爲魯女嫁往賴國，我們在"稱
謂格式考察"部分已經進行了討論，兹不備述。

　　在先秦時期，婚姻往往是政治的延續，以上所列通婚關係當然
祇是根據所見材料進行總結，雖不能窺全豹，卻也可見一斑。齊國
與姬姓國通婚頻繁，與其爲大國的地位是有關的，虢國在春秋時期
曾爲周王朝的輔弼之臣，虢公忌父與鄭莊公爭權，最後導致"周鄭
交惡"，可見虢國地位舉足輕重。諸小國之間爲了維護本國的地
位，也采取聯姻的手段來加强彼此之間的聯繫，邾國、魯、滕、巽等
國的聯姻也是如此。

　　（二）通過對齊系婚媵類題銘進行研究，有助於我們考察列國
及相關世族的姓氏問題。

　　春秋時期齊系題銘所見古國中齊爲姜姓，魯、曹、滕爲姬姓，薛
爲任姓，杞爲姒姓，邾、郳爲曹姓，紀爲姜姓等，這些都見於傳世文
獻的記載③，但是有些古國的姓氏文獻未見記録或彼此的記載分
歧很大，難以判斷。通過婚媵類題銘中所標記的姓氏，有時候可以

---

　　①　王獻唐：《山東古國考》，齊魯書社，1983年，第121—123頁。
　　②　李家浩：《攻敔王光劍銘文考釋》，《著名中年語言學家自選集·李家浩卷》，第
56頁。
　　③　陳槃：《春秋大事表列國爵姓及存滅表譔異》。

解決這一問題。此外，某些不見於經傳的世族姓氏也得以保存下來。

1. 曩國、邿國、鑄國、狐駘國、郳國姓氏

曩國是一個名不見經傳的國家，可是在甲骨、金文材料中卻有很多記載，是一個很古老的國家①。由於文獻未見，所以傳世文獻中也就不知道該國的姓氏，但是通過保留下來的媵器銘文，我們可以知道春秋時期的曩國是一個姜姓國：

(1) 曩公乍(作)爲子弔(叔)姜□盥壺。

（曩公壺，《集成》9704）

(2) 曩侯作曩井(邢)姜妢母媵尊簋。

（曩侯簋，《新收》1462）

(1) 乃曩公爲其子"弔(叔)姜□"所作媵壺，則曩國爲姜姓無疑，這也可以從"曩侯簋"銘文中該女子名"姜妢母"得到證明，正是通過傳世的媵器銘文我們才知曉了這個不見於記載的古國姓氏。

邿國的姓氏問題也不見於記載，顧棟高《春秋大事表》認爲該國姓氏已經不可考，陳槃等認爲是姬姓，也不可信。1986 年 4 月及 1991 年 7 月在山東省長清縣萬德鎮發現周代銅器 4 件，其中銅鼎、銅盨各兩件。銘文釋文如下：

之②(邿)子③中牆(媵)孟寶盨，其萬年鬖(眉)寶，子子孫孫永寶用。 ［《文物》2003(4)90 頁圖 12、13］

""簡報整理者釋爲"嫣"，任相宏據此指出邿國爲"嫣"姓④。

---

① 王獻唐：《山東古國考·黃縣曩器》，第 1—158 頁。
② 陳劍：《金文字詞零釋(四則)》，《古文字學論稿》，第 139 頁。
③ 陳奇猷：《邿中簋當作止(邿)子仲簋》，《文物》2004 年第 12 期，第 86 頁。
④ 任相宏：《邿仲簋及邿國姓氏略考》，《文物》2003 年第 4 期，第 40—43 頁。

趙平安認爲此字釋"嬀"並不可信,將此字改釋爲"嬴",認爲邦國爲"嬴"姓[①]。目前來看,邦國很可能就是嬴姓國。

　　鑄國典籍或作"祝",其姓氏舊有"祁"、"任"、"己"等説,《金文世族譜》據"鑄侯求鐘"認爲鑄爲姜姓國[②]。王國維《觀堂集林·鑄公簠跋》、陳槃《譔異》據"鑄公簠"銘文"鑄公乍(作)孟妊車母朕(媵)簠"認爲《世本》所記"任姓説"可信。小邾國墓地所出"鑄叔盤"銘文爲"鑄叔作叔妊秦媵盤,其萬年眉壽永寶用"(《遺珍》92—93頁),此盤乃鑄叔爲"叔妊秦"作器,也可以説明鑄國爲"妊"姓國,本節"齊系媵器題銘概説"之"異姓媵"部分已經進行了討論,可參看。

　　狐駘見於《左傳·襄公四年》:"冬十月,邾人、莒人伐鄫,臧紇救鄫,侵邾,敗於狐駘。"李魯滕《虡台(丘)略考》一文,據1986年出土於薛國墓地的"虡台丘君"盤銘文"虡台(台)丘君作叔姁媵盤",認爲虡台國(他認爲即狐駘國)爲"姁"姓[③],當可信。

　　鄅國東周時期的銅器現在所見主要有鄅仲盤、鄅仲匜,這兩件器在1981年4月出土於山東省臨朐縣嵩山公社泉頭村[④]一處墓葬中,同時出土的還有齊趫父盙和上曾太子鼎。現將銘文釋寫如下:

　　　　(1)尋中(仲)媵(媵)中(仲)女子般(盤),其萬年無疆,子子孫孫永寶用。　　　　　　　　　　(鄅仲盤,《集成》10135)

　　　　(2)尋中(仲)媵(媵)中(仲)女□寶它(匜),其萬年無疆,子子孫孫永寶用。　　　　　　　　　　(鄅仲匜,《集成》10266)

鄅仲匜銘文中的"□"學者間有不同的理解,孫敬明、何琳儀、黄錫

　　①　趙平安:《〈邾子仲盤〉的名稱和邦國的姓氏問題》,《古籍整理研究學刊》2006年第1期,第26—28頁。又趙平安:《金文釋讀與文明探索》,第15—20頁。
　　②　陳槃:《春秋大事表列國爵姓及存滅表譔異》,第892—894頁。
　　③　李魯滕:《虡台(丘)略考》,《古代文明》第6卷,第199—205頁。
　　④　臨朐縣文化館、濰坊地區文物管理委員會:《臨朐發現齊、鄅、曾諸國銅器》,《文物》1983年第12期,第1—6頁。

全認爲其上部""是"棄字符號"①：

> 此器銘文與盤銘相較，除行款稍有出入外，基本相同。所不同者爲第一行女字下多出""形，子字下有"＝"形。我們認爲""是未完成的字上半部。即寫到""時，因考慮到以下行款布局，廢掉""而在其下接寫"子"。爲便於説明或區别起見，又在"子"下標明類似重文符號的"＝"以示之。這與郭老在考釋號仲夏簠所提出的"鈎倒"現象頗爲類似（原注：郭沫若《兩周金文辭大系考釋》p.181）。因此，本銘"＝"可能不是一般的重文符號，而是特殊的"棄字"符號。

李學勤將"子"下"＝"看作是重文符號，"中（仲）女"釋作"仲女子子"，認爲："盤銘‘仲女子’，匜銘增一合文符，作‘仲女子子’，都是次女的意思。《儀禮·喪服》‘女子子在室爲父’，注：‘女子子者，女子也，别於男子也。’可知‘女子子’是當時的習語。"②孫敬明、李學勤同時將"鄩"與《通志·氏族略》（"鄩，姓也，古斟鄩之後"）、《史記·夏本紀》中的"斟鄩氏"相參照，認爲"鄩"爲姒姓之國。陳絜不同意以上意見，他據"尋伯匜"銘文：

> 尋白（伯）乍（作）邾子□□朕（媵）它（匜），子子孫孫永寶用。
> （尋伯匜，《集成》10221）

認爲"邾子□□"屬於"由夫氏‘邾’綴父家族姓‘子’再綴以女名或女字構成"，並認爲"周代鄩氏爲‘子’姓"，盤銘"仲女子"之"子"也看

---

①　孫敬明、何琳儀、黄錫全：《山東臨朐新出銅器銘文考釋及有關問題》，《文物》1983 年第 12 期，第 13—17 頁。

②　李學勤：《試論山東新出青銅器的意義》，《文物》1983 年第 12 期，第 20 頁。

作姓氏,認爲"仲女子"與常見的"孟姬"、"仲姜"等没有本質區別,"無非就是在行字與父家族姓之間,加上了一個作爲親屬稱謂的'女'字,從而使'仲女子'與鄁仲的親屬關係得以更爲清晰地表述"①。他將匜銘中的"🔲"看作"吕子"的合文,認爲銘文"吕"字上部可能是"或銹蝕,或脱範,或施拓不精"所致,將"吕"看作女子夫家的姓氏②。按,以上諸説以陳絜所論最爲合理,據"尋伯匜"銘文"邿子□□"認爲鄁國爲"子"姓應可信,按其所説則鄁國爲"子"姓國。

2. 齊系婚媵類題銘與部分世族姓氏

媵器的作器者有些是諸侯國國君,有些是公族,有些是士大夫,在銘文中往往可以尋見一些世族的姓氏。其中,齊系題銘中齊國所見世族就有齊鮑氏、慶氏等。

（1）鞏（鮑）子攴（作）朕（媵）中（仲）匋始（姒）。

［鮑子鼎,《中國歷史文物》2009（2）51 頁］

（2）慶弔（叔）攴（作）朕（媵）子孟姜盟盥（匜）。

（慶叔匜,《集成》10280）

（3）公子土斧乍（作）子中（仲）姜愴之般（盤）壺。

（公孫竈壺,《集成》9709）

《國語·齊語六》"桓公自莒反于齊,使鮑叔爲宰"韋昭注:"鮑叔,齊大夫,姒姓之後、鮑敬叔之子叔牙也。"據韋昭注齊國鮑氏爲"姒"姓,"鮑子鼎"銘文中鮑子之女稱"中（仲）匋始（姒）",可證明鮑氏確爲"姒"姓。"慶叔匜"作器者"慶叔"當爲齊國公族,齊桓公公子小

---

① 陳絜:《鄁氏諸器銘文及其相關歷史問題》,《故宫博物院院刊》2009 年第 2 期,第 13—26 頁。

② 陳絜:《鄁氏諸器銘文及其相關歷史問題》,《故宫博物院院刊》2009 年第 2 期,第 13—26 頁。按,據媵器銘文中女子的稱名規律,也不排除"🔲"應讀爲"子吕"的可能,"吕"可能爲此女子私名。

白生公子無虧，慶氏爲公子無虧之後，公子無虧之子爲"慶克"，其
孫有慶封、慶佐，"慶叔匜"之"慶叔"所指雖然不知是何人，但其必
爲公子無虧之後。"公孫竈壺"之"莅事者"爲"公孫竈"，一般認爲
即齊景公三年參與倒慶氏政變的"公孫竈"，爲"惠公之孫，公子樂
堅之子子雅也"。據《左傳‧昭公三年》："十月，公孫竈卒。"其卒於
齊景公九年即公元前 539 年，則銘文中的"公子土斧"可能爲"齊頃
公"或"齊靈公"之子，爲齊國公族。魯國媵器作器者大多爲"姬
姓"，可能皆爲公族之後，有魯伯大父（《集成》3974）、魯大宰原
父（《集成》3987）、魯伯愈父（《集成》690）、魯宰駟父（《集成》707）、
魯大司徒子仲伯（《集成》10277）、魯伯厚父（《集成》10086）、魯伯者
父（《集成》10087）、魯少司寇盤圻（封）孫宅（《集成》10154）等，其中
"魯伯厚父（《集成》10086）"方濬益《綴遺齋彝器考釋》卷七‧二一
認爲"此伯厚父即魯公子翬，字厚，謚號惠伯"，不知其説是否符合
事實。他們有的執政地位比較高，如"魯宰駟父"、"魯大司徒子仲
伯"，應該是公族中握有權柄者。

　　齊系題銘中還有如下數則題銘標明了作器者的姓氏：

　　（4）㮪可忌乍（作）氒（厥）元子中（仲）設（姞）媵鐇（敦）。

（㮪可忌豆，《集録》543）

　　（5）弗（費）奴父乍（作）孟姒符賸（媵）鼎（鼎）。

（費奴父鼎，《集成》258）

"㮪可忌豆"中的"㮪"作如下形體：

1　　2　　3　　4

1.《考古》1990（11）　2. 何琳儀摹本

3.《臨淄拾貝》114 頁　4.《雪齋》72 頁

此字張龍海隸作"桀(楺?)"①，何琳儀隸定爲"㮰"②，讀爲"節"，認爲即古之"節"姓。張光裕隸定爲"㮰"③，讀爲"芭"，認爲"或爲齊地諸侯國"。孫敬明依照何琳儀隸爲"㮰"的意見讀爲"莒"，認爲即魯所滅之"莒"國④。董珊認爲應隸定作"桀"讀爲"苑"⑤。今暫隸作"㮰"，銘文中稱其子爲"中(仲)殼(姞)"，則"㮰可忌"必是姞姓無疑，何琳儀認爲"㮰"即古之"節"姓，顯然不可信，孫敬明《臨淄出土莒國銅敦考》一文已經指出了這一點。魯所滅之"莒"國，其地在今山東省蒼山縣西北，孫敬明認爲"㮰"即"莒"，其說很有可能，但也不排除"㮰"爲"氏"的可能，未必一定是國名。"費奴父鼎"之"費"，《銘文選》八二〇指出："原爲小國，其君後入魯爲大夫。《左傳·隱公元年》'夏四月，費伯帥師城郎'杜預《注》：'費伯，魯大夫。郎，魯邑。'今據銘文其女爲孟姒㝏，知爲姒姓，故址在今山東省魚臺縣舊治西南。此鼎出於邿國故城，當爲費女隨嫁到邿國的媵器。"⑥其說當可信，《史記·夏本紀》："太史公曰：'禹爲姒姓，其後分封，用國爲姓，故有夏后氏、有扈氏、有男氏、斟尋氏、彤城氏、襃氏、費氏、杞氏、繒氏、辛氏、冥氏、斟戈氏。'"《索隱》："《系本》費作弗。"《世本》"費"作"弗"，與銘文作"弗"正相合，應有所本。據司馬遷所言，"費氏"爲大禹之後亦爲"姒"姓，這與銘文稱"孟姒㝏"也相吻合，"弗(費)奴父"名字中未標明"公"、"侯"之類的爵稱，則說明其身份很可能是"弗(費)"國的貴族，也不排除"弗(費)"爲"氏"的可能。

---

①　張龍海：《山東臨淄出土一件有銘銅豆》，《考古》1990年第11期，第1045頁。該文又收録在氏著《臨淄拾貝》一書(臨淄中軒印務有限責任公司印刷，2001年)，該書所收拓片與《考古》所發表照片互有優劣。

②　何琳儀：《節可忌豆小記》，《考古》1991年第10期，第939頁。

③　張光裕：《雪齋新藏可忌豆銘識小》，《雪齋學術論文二集》，藝文印書館，2004年，第67—72頁。

④　孫敬明：《臨淄出土莒國銅敦考》，《考古發現與齊史類徵》，第86—89頁。

⑤　劉釗：《齊國文字"主"字補證》，《出土文獻與古文字研究》第三輯，第150頁。

⑥　馬承源主編：《商周青銅器銘文選(四)》，第521—522頁。

綜上,齊系婚媵類題銘在考察列國通婚狀況,以及某些國家或世族的姓氏等方面具有很重要的價值。一些懸而未決的問題可以通過銘文所記載的信息得以解決,也爲古國史及古代姓氏研究提供了寶貴的資料。

第七節　齊系題銘與古史傳説

東周時期人們對上古歷史的認識,在齊系銅器題銘中也有所體現,比如"禹"、"九州"、"成湯"、"伊尹"、"黄帝"、"陸終"等與上古史研究相關的問題,都在銘文中出現過。這些銘文對於考察某些遠古傳説的形成過程具有重要意義。

一、叔夷鐘鎛銘文與遠古傳説

據叔夷鎛銘文,"叔夷"爲宋穆公之後,宋爲商之後,叔夷在描述其遠祖"成湯"的功績時指出:

> 尸(夷)典其先舊及其高昇(祖),虘(虢)虘(虢)成唐(湯),又(有)敢(嚴)才(在)帝所。尃受天命。剗(翦)①伐顗(夏)后。散臿(厥)䨞(靈)師。伊少(小)臣隹(唯)楠(輔),咸有九州,處䠆(禹)之堵(土)。

"成唐"即"成湯",也稱"商湯"。"夏后"即"夏",《史記·夏本紀》:"禹於是遂即天子位,南面朝天下,國號曰夏后,姓姒氏。""剗伐夏后"即指殷成湯率諸侯伐夏桀而滅夏之事,《史記·殷本紀》載"桀敗於有娀氏之虚,桀犇於鳴條,夏師敗績。……湯既勝夏,欲遷其

---

① 劉洪濤:《叔弓鐘及鎛銘文"剗"字考釋》,《中國文字》新三十五期,藝文印書館,2010 年,第 179—188 頁。

社,不可,作《夏社》。伊尹報。於是諸侯畢服,湯乃踐天子位,平定
海内",“夏師敗績"與銘文"敗孚(厥)竈(靈)師"所指應該就是同一
件事。可以看出,至遲在春秋中期,商湯伐桀之事就已經深入人
心,作爲"商"後裔的叔夷更是將此事作爲自己遠祖輝煌功績來稱
揚,並且記録在銘文之中。

"伊少(小)臣隹(唯)補(輔),咸有九州,處壼(禹)之堵(土)",
"伊少(小)臣"即伊尹,孫詒讓《古籀拾遺》卷上·十四指出:"伊小
臣者,伊尹也。"又解釋説:"古書多儞伊尹爲小臣,《墨子·尚賢下》
'湯有小臣',《楚辭·天問》'成湯東巡,有莘爰極,何乞彼小臣,而
吉妃是得'王逸注:'小臣,謂伊尹也。'《吕氏春秋·尊師篇》'湯師
小臣'高誘注:'小臣,謂伊尹。'"據《史記·殷本紀》:"當是時,夏桀
爲虐政淫荒,而諸侯昆吾氏爲亂。湯乃興師率諸侯,伊尹從湯,湯
自把黄鉞以伐昆吾,遂伐桀。"可見伊尹確實參加了伐桀之戰,並最
終取得了勝利,"咸有九州,處壼(禹)之堵(土)"即指商湯代夏而
言,這也説明至遲在春秋中期"九州"、"大禹"建立夏的觀念已經很
流行了,與"禹"相關的銅器銘文還有"秦公簋"所記"受天命,
鼏(幂)宅禹責(蹟)"和"燹公盨"所記"天令(命)禹尃(敷)土,墮山
濬川"之事。後者所記爲"大禹治水"之事,可見"大禹治水"的傳説
至遲在西周中期即已存在。叔夷鐘鎛銘文和秦公簋所記"大禹"之
事,其意義郭沫若認爲:"由以上可知在春秋時代一般人之信念中,
確承認商之前有夏,而禹爲夏之先祖。"①其説甚確。

"九州",《左傳·襄公四年》載《虞人之箴》云"茫茫禹迹,畫爲
九州",應與銘文之"九州"有關。"九州"具體所指在傳世文獻中存
在差異,《尚書·禹貢》、《周禮·職方氏》、《爾雅·釋地》、《吕氏春

① 郭沫若:《中國古代社會研究》附録九"夏禹的問題",《郭沫若全集·歷史編》
第一卷,人民出版社,1982年,第305—307頁(據該書,"夏禹的問題"作於1930年2
月7日)。

秋·有始覽》、楚帛書甲篇"九州不坪(平)"及上海博物館入藏的戰國楚簡《容成氏》中都有相關的記載,但彼此並不完全相同。《尚書·禹貢》列舉的九州具體名稱爲"冀州、兗州、青州、徐州、揚州、荊州、豫州、梁州、雍州",《周禮·職方氏》云:"東南曰揚州、正南曰荊州、河南曰豫州、正東曰青州、河東兗州、正西雍州、東北幽州、河內冀州、正北並州",《爾雅·釋地》所記爲:"兩河間曰冀州,河南曰豫州,河西曰雝州,漢南曰荊州,江南曰楊州,濟河間曰兗州,濟東曰徐州,燕曰幽州,齊曰營州,九州。"《呂氏春秋·有始覽》:"何謂九州? 河、漢之間爲豫州,周也。兩河之間爲冀州,晉也。河、濟之間爲兗州,衛也。東方爲青州,齊也。泗上爲徐州,魯也。東南爲揚州,越也。南方爲荊州,楚也。西方爲雍州,秦也。北方爲幽州,燕也。"上博簡《容成氏》所記九州的名稱爲"夾州、滄(徐)州 、競州、簹(莒)州 、薾(並)州 、䣜(荊)州、鄔(揚)州、敘(豫)州、虞(虘)州"(見下表)。

"九州"對照表

禹貢	冀州	兗州	青州	徐州	揚州	荊州	豫州	梁州	雍州						
職方氏	冀州	兗州	青州		揚州	荊州	豫州		雍州	幽州	並州				
釋地	冀州	兗州	營州	徐州	楊州	荊州	豫州		雝州	幽州					
有始覽	冀州	兗州	青州	徐州	揚州	荊州	豫州		雍州	幽州					
容成氏				滄(徐)州	鄔(揚)州	䣜(荊)州	敘(豫)州				薾(並)州	競州	簹(莒)州	虞(虘)州	夾州

　　《容成氏》"莪州"之"莪"原作"",整理者李零認爲:"疑即
《周禮·夏官·職方氏》所説'其川虖池、嘔夷,其浸淶、易'的'並
州'。'並'與'莪'簡文寫法相近,或有混淆。"①陳偉將此字與包
山 2 號墓第 258 號竹簡以及同墓所出簽牌上的文字相聯繫,贊同
李家浩讀包山 258 號竹簡""爲"藕"的意見,他認爲""除了
李零提到的並、莪相近易混外,"並"和"藕"的詞義也相通:"'並,
《説文》:'相從也。'在古文字中,'並'是在'从'(二人相隨狀)的下
部附加一二道橫畫,表示二人並立或相連。'藕'的辭義與之相通。
因而竹書中的'藕'恐當讀爲'耦',祇是用一個意義相近詞指稱《職
方》中的並州。"②其説值得參考,今從其説。在《竹書〈容成氏〉零
識》一文中他還認爲"夾"可能是"寅"之誤寫,"寅"與"兗"音近,"夾
州"可能相當於"兗州"。"競州"、"簹(莒)州"、"虙(虘)州"與《禹
貢》等的對應關係,也存在不同意見,兹不備引③。《尚書·禹貢》
的成書年代有"西周"、"春秋"、"戰國"、"戰國末至漢初"等説,易德
生在《從楚簡〈容成氏〉九州看〈禹貢〉的成書年代》一文中將《容成
氏》與《墨子》中九州的論述相比較,認爲:"《禹貢》的成書年代大概
在公元前 380 至前 360 年左右,即戰國早期晚段爲宜。"④他還認
爲"《墨子》'九州體系'成書要早於《禹貢》的'九州體系',《禹貢》的
成書要早於《容成氏》",《墨子》一書大致屬於戰國早中期的作品,
此時"九州"的系統未必如後世那樣完備。叔夷鐘鎛銘文屬於春秋

　　① 馬承源主編:《上海博物館藏戰國楚竹書(二)》,上海古籍出版社,2002 年,
第 270 頁。
　　② 陳偉:《竹書〈容成氏〉零識》,《第四屆國際中國古文字學研討會論文集》,香港
中文大學,2003 年。
　　③ 詳孫飛燕:《上博簡〈容成氏〉文本整理及研究》,中國社會科學出版社,2014
年,第 67—70 頁。
　　④ 易德生:《從楚簡〈容成氏〉九州看〈禹貢〉的成書年代》,《江漢論壇》2009 年
第 12 期,第 77—80 頁。

中期,其"九州"可能屬於較爲寬泛的指稱,童書業在《春秋左傳研究·九州》中指出"《叔夷鐘銘》'尃尃成唐(湯),……咸有九州,處禹之堵',此'九州'指湯之'天下',但是否即爲後世具體之'九州',則尚待證明。至戰國時,《禹貢》等書出,乃見具體之'九州'疆域"①,但不管怎樣,從銘文的記載我們可以看出,至少在春秋中期"九州"的觀念已經形成了。

二、陳侯因齊敦銘文"紹紳高祖黄帝"與"黄帝"傳説的時代背景

　　"黄帝"之稱見於陳侯因齊敦銘文"叜(紹)練(紳)高且(祖)黄啻(帝)","陳侯因齊"即齊威王,"高祖"即遠祖,可見在戰國中期田齊已經認爲自己爲"黄帝"之後,也説明與"黄帝"有關的傳説已經影響很大。但我們知道,田齊本爲陳國後裔,據《史記·陳杞世家》"陳胡公滿者,虞帝舜之後也",按理來説田齊應該祖述"帝舜",卻又爲何稱"黄帝"爲高祖呢? 徐中舒在《陳侯四器考釋》一文中認爲陳侯因齊敦銘文稱"黄帝"爲高祖,在古史傳説系統中,可得兩種解釋"一爲《世本》之《帝繫》,其説以古代帝王同出於黄帝(《大戴禮記》之《帝繫姓五帝德》同)……據此説虞舜出於黄帝,而陳氏又出於虞帝,故陳氏得稱爲黄帝後","其又一傳説之系統,則爲《潛夫論》之《五德志》。《五德志》以唐、虞、夏、商、周分屬五個系統,而獨以虞舜上承黄帝"②。此外,徐中舒還指出《漢書·王莽傳》有如下記載:

---

　　①　童書業:《春秋左傳研究》,上海人民出版社,1980年,第222頁。
　　②　徐中舒:《陳侯四器考釋》,《徐中舒歷史論文選輯》,中華書局,1998年,第432—433頁。

自黃帝至於濟南伯王,而祖世氏姓有五矣。黃帝二十五子,分賜厥姓十有二氏。虞帝之先,受姓曰姚,其在陶唐曰嬀,在周曰陳,在齊曰田,在濟南曰王。予伏念皇初祖考黃帝,皇始祖考虞帝,以宗祀於明堂,宜序於祖宗之親廟。其立祖廟五,親廟四,后夫人皆配食。郊祀黃帝以配天,黃后以配地。以新都侯東弟爲大禖,歲時以祀。家之所尚,種祀天下。姚、嬀、陳、田、王氏凡五姓者,皆黃、虞苗裔,予之同族也。

"姚、嬀、陳、田、王氏凡五姓者,皆黃、虞苗裔",更與陳侯因齊敦銘文稱"黃帝"爲"高祖"相合。丁山《由陳侯因資鐘銘黃帝論五帝》所論與徐氏相類,他還認爲《帝繫》、《世本》、《國語》諸書所述古帝王世系,"皆本於周之列國史記,世系名號,雖或乖誤,其大體則甚可信"①。按如徐中舒、丁山所言,陳氏爲帝舜之後,舜根據《世本·帝繫》、《大戴禮記·帝繫姓》等所載的嚴密世系系統又是黃帝之遠孫,則陳侯因齊敦銘文稱"黃帝"爲"高祖"世系明確、淵源有自、理所應當。但事實上,情況並非如此簡單,《世本·帝繫》、《大戴禮記·帝繫姓》等所記的帝繫系統可能出現得比較晚,至少在陳侯因齊敦所屬的戰國中期,這種嚴密的世系系統還沒有這樣完備。

按照《世本·帝繫》、《大戴禮記·帝繫姓》等所列世系,"黃帝"是"堯"、"舜"、"禹"共同的祖先,這是典型的"民族出於一元的觀念",顧頡剛在《答劉胡兩先生書》中曾對這種觀念的形成過程有所討論,他指出②:

但我們一讀古書,商出於玄鳥,周出於姜嫄,任、宿、須句

---

① 丁山:《由陳侯因資鐘銘黃帝論五帝》,《古代神話與民族》,商務印書館,2005年,第177頁。

② 顧頡剛:《答劉胡兩先生書》,《顧頡剛古史論文集》第一册,中華書局,1988年,第126—127頁。

出於太皞，郯出於少皞，陳出於顓頊，六、蓼出於皋陶庭堅，楚、
夔出於祝融、鬻熊，他們原是各有各的始祖，何嘗要求統一，自
從春秋以來，大國攻滅小國多了，疆界日益大，民族日益併合，
種族觀念漸淡而一統觀念漸強，於是許多民族的始祖的傳説
亦漸漸歸到一條線上，有了先後君臣的關係，《堯典》、《五帝
德》、《世本》諸書就因此出來。……我們對於古史，應當依了
民族的分合爲分合，尋出他們的系統的異同狀況。

由其所論可知，顧氏認爲從春秋開始“民族一元化觀念”逐漸形成，
在文中他同時也認爲《五帝德》和《帝繫姓》應爲漢代作品，“各族都
出自黄帝的大一統帝王世系”的觀念是在戰國以後各民族相融合
的過程中逐漸形成的。顧氏關於《五帝德》和《帝繫姓》成書年代的
意見，裘錫圭在《新出土先秦文獻與古史傳説》一文中已經指出其
非，裘先生認爲：“《五帝德》和《帝繫姓》爲《史記》所采信，很可能是
戰國晚期作品。”①在此文中，裘先生用上博簡《子羔》篇對顧氏所
提出的“大一統帝王世系”的觀點進行了檢驗，裘先生認爲：“所以
至少在戰國早期，契和后稷皆爲帝嚳之子、禹爲顓頊之孫鯀之子的
説法尚未興起。退一步説，即使把《子羔》篇當作子羔跟孔子問答
的實録，也可以得出在春秋晚期這些説法尚未興起的推論。總之，
這些説法應該是在進入戰國時代以後才興起的。大一統帝王世系
的最後形成當然更晚，大概不會早於戰國晚期。”1923 年顧氏在
《與錢玄同先生論古史書》②一文中提出了“層累地造成的中國古
史”的論斷，他指出：“時代愈後，傳説的古史期愈長，如這封信裏説
的，周代人心目中最古的人是禹，到孔子時有堯、舜，到戰國時有黄

　　① 裘錫圭：《新出土先秦文獻與古史傳説》，《中國出土古文獻十講》，復旦大學出版社，2004 年，第 30 頁。
　　② 顧頡剛：《與錢玄同先生論古史書》，《顧頡剛古史論文集》第一册，第 102 頁。

帝、神農，到秦有三皇，到漢以後有盤古等。”“黃帝”在戰國時才出現，其在“大一統帝王世系”中的地位真正確立可能也要到戰國晚期。可見，陳侯因齊敦銘文所屬的戰國中期人們對“黃帝”與“堯”、“舜”、“大禹”關係的認識，不會如後出的《五帝德》和《帝繫姓》所記的那樣，彼此有着非常嚴格的世系聯繫。所以，徐中舒、丁山等人據《五帝德》和《帝繫姓》所記“舜”爲“黃帝”之後來解釋銘文就不合理了。

　　楊寬在《中國上古史導論》“黃帝與皇帝”部分，認爲“黃帝”是由“皇帝”變來，“東西民族之上帝本有專名，及春秋戰國之世既皆一變而爲人世之古帝，上帝無專名以稱之，於是泛稱爲皇帝，後乃字變而作‘黃帝’，亦轉變而爲人間之古帝矣”[1]。顧頡剛在《黃帝》一文中認爲“黃帝”本是西方之上帝，“然神話、傳說皆隨人而遷徙，黃帝誠發源於西北，其故事之大本營在西北，惟以崇拜之者寖多，自能傳播而至東方。齊威王……其所製鐘銘……是爲‘黃帝’一詞見於金文之開始。以宗教宣傳力之偉大，竟使東方之王者確認西方之上帝爲其高祖。高祖者，遠祖也。齊爲陳氏，陳本祖舜，今更以黃帝爲其祖，則舜亦黃帝之裔，此《帝繫姓》之説所由來也”[2]。“黃帝”傳説究竟起源於何處，我們雖然不得而知，但從上博簡《武王踐阼》將“黃帝、顓頊、堯、舜”連稱來看，戰國中期的時候楚地“黃帝”相關傳説已經存在，並且已經納入到古帝系統之中。可見，在當時人的觀念之中，“黃帝”傳説是有着比較廣泛的影響的，陳侯因齊敦銘文正是在這樣的背景下，將自己“虞舜”之後的身份追認至“黃帝”之後，這可能和“田齊”篡權以後爲取得輿論上的正統地位有關。徐中舒在《陳侯四器考釋》一文中曾認爲“黃帝”傳説“最先

　　①　楊寬：《中國上古史導論》，《古史辨》第七册，上海古籍出版社，1982 年，第196 頁。
　　②　顧頡剛：《黃帝》，《史林雜識》，中華書局，1963 年，第 179 頁。

見於齊器,及齊人(引者按:主要指《史記·孟子荀卿列傳》所記鄒衍"始終五德説")之著作,疑此種傳説,或即導源於齊地"①。現在看來,其説可能有失偏頗,從楚簡所載有關"黃帝"傳説來看,至少在楚國戰國中期"黃帝"傳説已經比較流行,未必首先興起於齊國。不過從陳侯因齊敦銘文來看,齊國較早承認"黃帝"在古帝系統中的尊崇地位,並將自己與之相聯繫是客觀存在的。

三、"陸終"與"嫶"姓邾國

邾公釾鐘銘文中"邾公釾"自稱爲"陸𩆜之孫",郳公鎛銘文也稱自己"余有𩆜之子孫"。王國維《觀堂集林·邾公鐘跋》將"𩆜"釋爲"螽",認爲"陸螽即陸終也"②:

> 𩆜字自來無釋,余謂此字从虫𡴝聲(𡴝,古墉字),以聲類求之,當是螽字,陸螽即陸終也。《大戴禮·帝繫篇》'陸終娶於鬼方氏,鬼方氏之妹謂之女隤氏,産六子,其五曰安,是爲曹姓,曹姓者邾氏也',《史記·楚世家》語同其説,蓋出於《世本》,此邾器而云陸𩆜之孫,其爲陸終無疑也。

王氏將"陸𩆜"與文獻中的"陸終"相聯繫,無疑是非常正確的。《史記·楚世家》記載楚祖先世系云:

> 楚之先祖出自帝顓頊高陽。高陽者,黃帝之孫,昌意之子也。高陽生稱,稱生卷章,卷章生重黎。重黎爲帝嚳高辛居火正,甚有功,能光融天下,帝嚳命曰祝融。共工氏作亂,帝嚳使重黎誅之而不盡。帝乃以庚寅日誅重黎,而以其弟吳回爲重

---

① 徐中舒:《陳侯四器考釋》,《徐中舒歷史論文選輯》,第439頁。
② 王國維:《觀堂集林》,中華書局,1959年,第894頁。

黎後，復居火正，爲祝融。

　　吴回生陸終。陸終生子六人，坼剖而産焉。其長一曰昆吾；二曰參胡；三曰彭祖；四曰會人；五曰曹姓；六曰季連，芈姓，楚其後也。

據《楚世家》所記則陸終産"六子"，曹姓、楚爲其後。事實上，在文獻中還存在着"祝融八姓"的説法，指出"祝融"是楚人的祖先：

　　祝融亦能昭顯天地之光明，以生柔嘉材者也，其後八姓，於周未有侯伯。佐制物於前代者，昆吾爲夏伯矣，大彭、豕韋爲商伯矣，當周未有。己姓昆吾、蘇、顧、温、董，董姓鬷夷、豢龍，則夏滅之矣。彭姓彭祖、豕韋、諸、稽，則商滅之矣。禿姓舟人，則周滅之矣。妘姓鄔、鄶、路、偪陽，曹姓鄒、莒，皆爲采衛，或在王室，或在夷狄，莫之數也，而又無令聞，必不興矣。斟姓無後。融之興者，其在芈姓乎！芈姓夔越，不足命也。蠻芈蠻矣，惟荆實有昭德，若周衰，其必興矣。　　　《國語·鄭語》

據《國語·韋昭注》"禿姓，彭祖之别"、"斟姓，曹姓之别"，"祝融八姓"與"陸終六子"之説没有本質的區别，所以郭沫若、楊寬[1]、李家浩[2]等都認爲"祝融八姓"與"陸終六子"其實是同一傳説的不同形式，"祝融"與"陸終"是同一個人。郭沫若在《金文叢考·金文所無考》[3]中指出：

　　"（祝融）其後八姓"云云，與陸終六子大同小異，而不言陸終。余疑陸終即祝融，陸、祝古同幽部，終、融古同東部，其字

---

　　① 楊寬：《丹朱、驩兜與朱明、祝融》，《楊寬古史論文選集》，上海人民出版社，2003 年，第 307—320 頁。

　　② 李家浩：《包山竹簡所記楚先祖名及其相關問題》，《文史》第四十二輯，1997 年，第 12 頁。

　　③ 郭沫若：《金文叢考》，科學出版社，2002 年，第 44—45 頁。

　　　　當如郑公鈺鐘書作"陸韀"，陸一書爲祝，韀一書爲終，陸終、祝
　　　　融遂判爲二人也。火正之説乃後人所附會，其事當在五行之
　　　　説盛行以後，蓋以楚居南國，故以其先世司火也。

郭永秉也認爲"祝融"與"陸終"是同一個人，他指出："其實從較早
的文獻看，陸終和祝融出現的場合完全是互補的，祇有《史記》把二
者同時歸納到楚國先祖譜系中，其整合的痕跡是相當明顯的。我
們不應該舍弃較早的戰國文獻不信，而采用經漢代學者改造過的
二手資料。因此，通過對文獻本身的考察，可以認爲郭沫若等學者
的觀點是可以信從的。"①總之，"陸終"、"祝融"爲同一個人應該是
没有問題的。

　　郑公鈺鐘銘文中的"韀"與楚帛書及楚簡中"祝融"之"融"寫作
同一形體，這似乎從文字學上也説明"陸韀"與"祝融"存在密切的
關聯，爲方便討論我們把相關形體羅列如下：

（郑公鈺鐘，《集成》102）　　　、　（郳公鎛）

（楚帛書祝融）　　　（新蔡甲三 188 祝融）

（新蔡乙一 22 祝融）　　　（包山 2.237 祝融）

郭沫若在《金文叢考·金文所無考》中就曾指出郑公鈺鐘銘文中的
韀"求之聲類當以'融'字爲近，陸韀亦即祝融也"。馬敘倫《讀金器
刻識》認爲"韀"爲"融"字異文："蓋融之異文，……陸融者，即《大戴
禮記·帝繋》'吴回氏產陸終'之陸終。終，融聲同。"②郳公鎛銘文
中的形體與楚簡中的"融"完全相同，也説明郑公鈺鐘銘文中的韀

　　①　郭永秉：《帝繋新研》，第 171 頁。
　　②　馬敘倫：《讀金器刻識》，《國學季刊》第 5 卷第 1 號，1935 年。轉引自劉慶柱、
段志洪、馮時：《金文文獻集成》第二十七册，第 413 頁。

必是"融"字無疑。李零曾懷疑"陸𧔥"與"祝融"爲一人的説法,他的根據是"兩者不但第一個字完全不同,而且第二個字也還不能肯定就是同一個字(雖然它們都是从蚰得聲,但前者从章即墉字,後者从橐〔橙〕或章字)"①。現在由郳公鎛銘文中的形體來看,李零的懷疑有些多慮了。"陸"(來母覺部)與"祝"(章母覺部)二者韻部相同,聲母都屬於"舌音",聲音非常相近,"陸融"與"祝融"應是同一傳説人物在不同國家的各自書寫形式,郳公鎛銘文又稱"又(有)融",也説明該祖先名字中的核心詞"融"是不變的。總之,曹姓邾國與芈姓楚國的共同祖先在楚國的傳説系統中寫作"祝融",後世文獻中的"祝融"應來源於此;在邾國或小邾國中寫作"陸融"或"有融",後世文獻如《世本》等的"陸終"是在"陸融"的基礎上進一步發展而來,司馬遷在撰寫《史記·楚世家》時,面對來自不同傳説系統的材料時,將"祝融"與"陸終"誤分爲兩個人,並將二者同時納入楚國先祖譜系中,才誤分爲二人。

<hr>

① 李零:《楚國族源、世系的文字學證明》,《文物》1991 年第 2 期,第 47—54、90 頁。

第三章

齊系題銘所見軍政制度考論
——以兵器題銘爲中心

第一節　齊系兵器題銘概説

　　傳世及考古發現的東周時期齊國兵器主要有戈、戟、矛、劍、匕首、削、弩、鏃，其中戈、戟、矛屬於長兵器，劍、匕首、削屬於短兵器，弩、鏃屬於遠程攻擊武器①。齊系有銘兵器主要有戈、戟、矛、劍，其中戈、戟數量較多，而且呈現出戰國時期比春秋時期多、齊國比其他國家數量多的局面。齊兵銘文多爲鑄款，刻款比較少見，叔孫敔戈（《集成》11040）、墮冢釐戈（《遺珠》圖 144）屬於爲數不多刻款的例子。在本節中我們將介紹各國兵器的發現情況及種類，還將探討齊兵器的形制及其分期，對兵器銘文格式也將進行介紹。

一、兵器題銘分國概説

　　黄盛璋《燕、齊兵器研究》一文首先對齊系兵器題銘進行了系

---

　　①　孫敬明：《考古所見戰國齊兵器種類及有關問題》，《考古發現與齊史類徵》，第 147—152 頁。

統地整理,爲研究齊系兵器題銘打下了良好的基礎。黄盛璋在文中以國爲單位介紹了相關兵器的出土、著録情況及銘文所涉及的相關問題,論述已經比較詳備,雖然現在看來有些可商之處,但總體來説已經將齊國兵器的面貌揭示得比較全面,爲了避免繁複,我們在此對齊系兵器題銘祇作簡單概述。

1. 齊國

齊國有銘兵器主要是戈、戟,此外還有少量的矛(比如安平矛、平陽矛)和劍(如陰平劍、高陽劍)。從銘文内容看,大多爲地名或人名,像"虞戈"之類標明使用處所者較爲少見。地名主要有"齊城"、"亡(無)鹽"、"平陸"、"高密"、"平陽"、"武城"、"平阿"、"阿武"、"平豫(舒)"、"亞"、"仕斤"、"郎"、"成陽"、"䣚"、"建陽"、"昌城"、"豫州"、"武羅"、"浡陽"、"安平"、"陰平"、"高陽"等。兵器中的人名多爲兵器的督造者,從督造者的身份來看主要有君主督造、陳氏貴族督造等。"陳侯因資戈"乃田齊威王所督造,是戰國中期齊國兵器的標準器。陳氏貴族在戈銘中多有反映,如"陳子皮"、"陳胎"、"陳子翼"、"陳御寇"、"陳麗子"、"陳尒"、"陳卯"、"陳豫"、"陳發"等,其他督造者如"高子"、"國楚"、"子禾子"、"子淵聾"、"羊子"、"膚丘子"、"鵬公"、"淳于公"、"子惻子"、"即墨華"等,也是地位較高的執政者。

2. 魯國

魯國有銘兵器爲數較少,祇有爲數不多的戈見於著録或發掘報告,從戈銘標示的地名來看,郠戈、郠左戈、中都戈都屬於魯國的兵器,叔孫敉戈、叔孫氏監戈無疑也是魯國貴族叔孫氏所造①。《集成》11021 所録"子備緐戈"原爲陳介祺舊藏,銘文第三字有些

---

① 李鴻雁:《叔孫氏及其銅戈》,《管子學刊》1999 年第 1 期,第 92 頁。

漫漶，黄盛璋《燕、齊兵器研究》①一文認爲此字"或釋爲'服'，斷爲齊戈"，將此戈國別定爲齊國。需要説明的是，黄盛璋在該文中所提到的"服"字還有數例，現在看來其實是"箙"（散）之誤釋，所謂的"服戈"都應該釋爲"箙"（散）戈。由於所謂的"服戈"都見於齊國，所以他判斷此戈也是齊戈。但問題在於，戈銘此字（▇）雖然漫漶，但其左下部从"山"是没有問題的，與他所謂的"服"（實爲箙）形體並不相同，《集成引得》將此字隸定作"𬨎"很可能是正確的，不管怎樣他對此戈的國別判斷其實是没有可靠依據的。我們認爲此戈應爲魯國兵器，銘文中的"子備"我們認爲應該讀爲"子服"，"備"、"服"相通之例古書極爲常見，如《戰國策·趙策》"騎射之服"，《史記·趙世家》作"騎射之備"。《韓詩外傳》"於是黄帝乃服黄衣"，《説苑·辯物》作"備"。《馬王堆帛書·經法·君正》"衣備不相逾"、《經法·亡論》"霸主積甲士而正（征）不備"，整理者讀"備"爲"服"，顯然是非常正確的。銘文中的"子備（服）"與齊兵銘文常見的"子禾子"、"子淵鼆"等稱呼相類，"子備（服）"在此爲"氏"而非名，據《通志·氏族略·以字爲氏》載："子服氏，姬姓，魯桓公之子公子慶父元孫孟懿伯，字子服，其後以爲氏。""子備（服）"氏本爲魯孟懿伯之後，是典型的"以字爲氏"。此戈形制屬齊地兵器中的BⅡ式，其時代爲春秋晚期至戰國早期類型，"子備（服）𬨎"爲魯孟懿伯之後無疑。另外，《近出》1140著録一件"子備𬨎戈"，形制與此戈基本相同，二者可能爲一人所作，此戈無疑也應該屬於魯國兵器。

3. 滕國

現所見滕國有銘兵器主要爲滕侯及其臣僚所監製，滕侯吴戟、

---

① 黄盛璋：《燕、齊兵器研究》，《古文字研究》第十九輯，第42頁。

戈及滕侯耆戈爲滕國君主所造，此外還有滕司徒所造戈。《集成》10898 著録的"簾子"戈，其時代爲春秋晚期至戰國早期，"簾"吳振武釋爲"籐"，認爲"簾子"即"滕子"，其説可從①，衹是不確定此滕子爲哪位滕君，但可知在春秋末期至戰國早期，滕國君主已經稱"子"，不再稱"侯"。1994 年上海博物館收藏一件"者兒戈"，銘文中自稱"賸（滕）□公之孫，吞弔（叔）之子"，則"者兒"爲"滕□公"之後，但是此戈並非發掘品，銘文中"之"分別作""、""，後者是一種出現比較晚的寫法，二者在銘文中同時出現，值得考慮。此外，""、""二字，前者所从"舟"形與常見寫法不盡相同，後者構形也比較怪異，此戈銘文在風格上還是比較特別的。《集成》11608 著録一柄"劍"的拓本，亦爲滕國兵器，銘文爲"滕之不（）□于"，""舊僅據形體隷定作"𢖄"，施謝捷認爲此字應該隷定作"訇"："實際上應該視爲郭店楚墓竹簡《老子》甲本簡 11 用爲始的及上海博物館藏戰國竹書《曹沫之陳》簡 33、簡 41 用爲治的、，簡 45、簡 52 用爲怠或殆的、等字的異體，可以隷定作訇，從心從勻。從其構形看，或即怠或怡字異體。……不訇亦當讀爲不怠。"②其説較舊説爲優，應當是可信的。

4. 其他

曹國有銘兵器中僅見兩件戈，一爲"曹公子沱戈"，一爲"曹右疕戈"，前者爲曹國公族公子"沱"所造，後者爲曹國"右疕"這一機構所造。前者屬於齊魯地區 BII式，其時代爲春秋晚期至戰國早期。後者

① 吳振武：《釋戰國文字中的从"虐"和从"朕"之字》，《古文字研究》第十九輯，第 497 頁。

② 施謝捷：《説"訇（訇勻訇）"及相關諸字（上）》，《出土文獻與傳世典籍的詮釋——紀念譚樸森先生逝世兩週年國際學術研討會論文集》，第 47—66 頁。

僅存胡部銘文,整件戈的形制已不得見,其時代還不宜論定。

莒國戈僅見莒公戈一件,時代屬於春秋晚期至戰國早期,應爲莒國的君主所主造,也不排除其爲莒公直接指揮的軍隊所使用的可能。

郏國有銘戈僅見"郏大司馬戈"一件,其時代爲春秋中期。《小校》10.42.3 著録一件"郏大師戈",從銘文内容來看,是雜糅"郏大師"三字與"郏大司馬戈"自"馬"以下銘文而成,顯然是贋品。

郳國有銘兵器也僅見一件,即郳左定戈,此戈鋒部、内部殘斷,胡上有兩個突起的子刺,這種形制是比較特別的,該形制的戈流行於戰國時期。

我們接下來談談所謂薛國有銘戈的問題,一般認爲薛國有銘戈有三件,黃盛璋《燕、齊兵器研究》一文中將著録於《三代》19.29.2 的一件戈認定爲薛國銅戈,此戈後來又著録於《集成》10817(圖二十四):

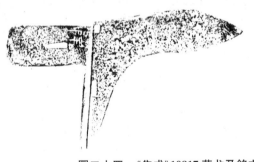

圖二十四　《集成》10817 薛戈及銘文

此戈從形制上來看,屬於齊魯地區 BI 型,時代爲春秋中期,但内部所鑄銘文與東周時期的"薛"並不相同,而與秦漢文字接近。黃盛璋指出:"戈銘一字,作薛,與《漢印文字徵》所收集某些薛字相同,《戰國縱横家書》20'薛'亦近似。然戈形制較早,決爲戰國非漢。"①按,晚期

----

① 黃盛璋:《燕、齊兵器研究》,《古文字研究》第十九輯,第 56 頁。

器物可能存在復古的跡象，但早期器物無論如何不會出現晚期的字體，黃盛璋據形制而忽略文字時代風格的作法值得商榷。薛國銅器數見，"薛"寫作"（薛侯匜）"、"（薛子仲安簠）"等形，與戈銘不同，此戈銘文與東周時期的薛國無關，裘錫圭先生在《嗇夫初探》一文中，將此戈時代定爲秦至西漢前期，應可從①。另外兩件所謂有銘薛戈，1978 年出土於薛國故城遺址 2 號墓中，編號分別爲 M2：21（圖二十五）和 M2：27（圖二十六）：

圖二十五　**M2：21** 所出戈及銘文

翻轉
效果

圖二十六　**M2：27** 所出戈及銘文

---

① 裘錫圭：《嗇夫初探》，《古代文史研究新探》，江蘇古籍出版社，1992 年，第 463 頁。

　　此次考古調查共發掘 9 座墓，其中包括 M2 在內的 M1—M4
簡報整理者劃爲甲類墓，認爲這幾座墓的時代可定爲春秋早中
期①，並將戈銘分別釋爲"薛比造□［宋夷］戈"、"薛郭公子［商
微］戈"②，從而認定這兩件戈爲薛國遺物。事實上，將 M2 的時
代定爲春秋早中期可能存在問題，井中偉將這種形制的戈劃分爲齊
魯地區所出戈的第三期，他將與此類戈同出的銅器、陶器進行分期
後認爲這種形制的戈的時代應相當於春秋晚期至戰國早期③：

　　　　與本期銅戈共存的典型器物，可以滕州薛故城 M2、濟南
　　左家窪 M1 和臨淄淄河店 M2 爲代表。與春秋中期相比，附
　　耳鼎的蓋鈕作缺角方形，腹變淺，平底；壺腹明顯圓鼓；蓋豆柄
　　細高；敦近球體，環鈕發達；錍體延續前期形制，無明顯變化。
　　陶器方面，仿銅陶禮器出現並流行，其基本組合形式爲鼎、簋、
　　敦、壺，並輔以盤、匜等。以上器類形制與組合均有春秋晚期
　　至戰國早期的顯著特徵。
　　　　因此，齊魯地區東周第三期銅戈的年代相當於春秋晚期
　　至戰國早期，與中原地區第十期銅戈的年代相對應。

可以看出，井中偉顯然是認爲滕州薛故城 M2 及這兩件戈的時代
應屬於春秋晚期至戰國早期。

　　除了墓葬年代不夠準確以外，整理者對戈銘所作釋文也存在
問題。其中，M2：21 戈銘文有些漫漶，較難辨識，但從殘存筆畫
來看首字顯然不是所謂"薛"字。M2：27 戈銘文從末字"戈"的書
寫方向來看，顯然爲反書，我們將圖片翻轉後如圖二十六。整理者

---

　　① 宮衍興、解華英、胡新立：《薛國故城勘查和墓葬發掘報告》，《考古學報》1991
年第 4 期，第 492 頁。
　　② 宮衍興、解華英、胡新立：《薛國故城勘查和墓葬發掘報告》，《考古學報》1991
年第 4 期，第 470—471 頁。
　　③ 井中偉：《早期中國青銅戈·戟研究》，第 208—209 頁。

所作釋文爲"薛郭公子[商微]戈",除"郭"、"公"、"子"、"戈"的釋讀可信外,其餘皆不可信。從翻轉後的銘文拓本來看,首字顯然是"郤"字,第四字原拓本並不清晰,可參照圖二十七較爲清晰的戈銘照片[1],可知原釋文可從。

圖二十七　　　　　圖二十八　與戈(《集成》11066)

第五字釋爲"商"也不準確,《近出》1163釋文作"嘼"可從,此字爲戰國文字中"戰"所從的聲符。"▨"舊皆看作一個字,釋爲"㞪",其實這種看法是有問題的。我們認爲"▨"應看作"止、元"兩個字,上部"▨"即"止"字,在此讀爲"之",下部"▨"即爲常見的"元",與此戈銘文格式較爲接近的例子如《集成》11066的"與戈"(圖二十八)。

銘文爲"與乍(作)止(之)元戈",也是以"止"爲"之",銘文與"郤郭公子嘼止(之)元戈"除人名不同外,在格式上完全相同,都稱"止(之)元戈"。總之,我們認爲戈銘釋文應作"郤郭公子嘼止(之)

① 濟寧市文物局編:《濟寧文物珍品》,文物出版社,2010年,第82頁。此材料蒙傅修才、李春桃兩位先生提示,特此感謝。

元戈”。薛國故城在戰國中期曾爲田嬰、孟嘗君田文父子的封地，田嬰曾被封爲“靖郭君”，《史記·孟嘗君列傳》：“孟嘗君名文，姓田氏。文之父曰靖郭君田嬰。田嬰者，齊威王少子，而齊宣王庶弟也。……田嬰相齊十一年，宣王卒，湣王即位。即位三年，而封田嬰于薛。”《戰國策·齊策》“齊將封田嬰於薛”章、“靖郭君將城薛”章也有相類的記載，衹不過認爲封薛之世爲齊威王時期，與《史記索隱》引《竹書紀年》所記之事相同，應以《竹書紀年》爲準。戈銘“郜郭公”的性質與“靖郭君”相類，其身份應爲地方的封君，此戈爲其子“眔”所用。薛被滅於何時史書無明確記載，閻若璩《四書釋地》“齊滅薛”下記“齊湣王三年封田嬰於薛，即薛亡之歲矣”，認爲薛亡於齊湣王時期。雷學淇《竹書紀年義證》卷三十八“邳遷於薛”條謂：

> 春秋時齊侵薛之西境謂之舒州，即《史記·齊世家》之徐州也，實爲田氏之邑。戰國時齊更東侵至于郭，郭乃漷上之邑，近薛城而界于魯、宋者，《左傳》莊十一年“公敗宋師於郭”即此，此靖郭君田嬰之封邑也。是時薛因齊人逼處復遷居下邳，《楚世家》所謂“鄒、費、郯、邳是也”，至是年以下邳封成侯騶忌，邳仍遷於奚仲所居之薛城，統薛、郭之地而皆被以徐州之名，以爲田忌之食邑，使檀子守之，而薛乃自此日替矣。

可見，在春秋時期齊國已經將自己的觸手伸入薛境，至遲戰國中期薛城及郭已經封給田嬰作爲封邑。由戈銘“郜郭公子眔止(之)元戈”及其時代來看，在春秋末至戰國早期，郭及薛故城很可能已經處於齊國的勢力範圍，並已經有封君存在，後來才徙封給田嬰，“郜郭公”應是比田嬰更早的薛地封君。不管怎樣，薛故城 M2 所出的這兩件戈很可能不是薛國遺物，應看作齊國兵器。

以上以國爲單位介紹了不同國家兵器題銘的概況，除此以外，有些兵器銘文所屬國別不易判斷，如右戈(《集成》10826)、鵙萑戟(《近出》1131)、谷(?)坡造戟(《集成》11183)、子□徒戟(《近出》1132)、左戈(《考古》1994 年 9 期 859)、右卯戈(《集成》10944)、武戈(《集成》10814)、莒戟(《近出》1129)、工師滕戈(《近出》1110)、瘃戈(《近出》1149)、後生戈(《山東成》871.1)等,從銘文風格來看亦屬於齊魯地區風格,我們也將這些兵器銘文作爲考察的對象。

二、齊戈形制及其時代

先秦兵器中的戈頭,一般由援、内、胡構成,在援和内之間還有闌,在援根部和胡部一般還有方形的穿,内部往往也有一穿,内部後緣、下緣還往往開刃。其基本結構如圖二十九:

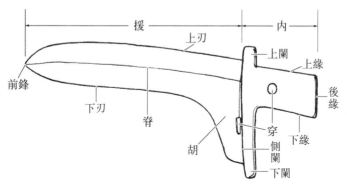

圖二十九　戈頭各部位名稱示意圖

轉引自井中偉《早期中國青銅戈・戟研究》13 頁圖 0 - 2.1

齊魯地區所出銅戈大多爲直内有胡戈,銎内戈較爲少見,其樣式與三晉戈非常接近。但從銘文來看,多爲鑄款,刻款比較少見,這是與三晉戈明顯不同的地方。井中偉《早期中國青銅戈・戟研究》①(下文

---

① 井中偉:《早期中國青銅戈・戟研究》,第 196—217 頁。

稱《研究》)一書將齊魯地區考古發掘的銅戈進行了考察,他根據戈援、胡及内的整體造型,將東周齊戈分爲四型,在各型之内各有不同的亞型及式,我們在本小節中以他所劃分的樣式爲標準,將傳世銅戈與之相參照,對齊戈進行類型上的劃分。

(一) A 型

《研究》一書對此類型的整體特徵概括爲:"長條援上揚,援本上端一穿;中胡;直内無刃,上有一横長穿(極個别爲圓形);通體素面無紋。根據胡部特徵,可分二亞型。"將 A 型戈分爲 Aa 型與 Ab 型兩個亞型,前者主要特徵是中胡兩穿,後者爲中胡三穿。

Aa 型分四式:

1. Aa 型Ⅰ式　此類戈特徵《研究》一書總結如下表:

亞型	式	特　徵	參 照 標 本
Aa 型中胡二穿	Ⅰ式	直線三角形鋒,折角明顯。	臨淄東古城 M1：10 沂源姑子坪 M2：3
	標準樣式		

此種形制的戈屬於齊魯地區東周銅戈分期中的第一期,井中偉通過對伴出青銅器組合類型的考察,認爲這種戈的時代相當於春秋早期,與中原地區第八期銅戈年代相當。在齊國有銘銅戈中,尚未見到與這種形制完全相同的銅戈。

2. Aa 型Ⅱ式　此類戈特徵如下表:

亞型	式	特　　徵	參　照　標　本
Aa型 中胡 二穿	Ⅱ式	三角形鋒,折角圓頓。	海陽嘴子前 M1：69 臨沂鳳凰嶺墓出土戈
	標準樣式	1	2

　　此種形制的戈屬於齊魯地區東周銅戈分期中的第二期,井中偉認爲這種戈的時代相當於春秋中期,與中原地區第九期銅戈年代相當。我們將傳世或出土的有銘齊戈進行排比,有銘齊戈中屬於這種形制的戈有如下數件:平阿右散戈(《集成》11101)、平豫散戈(天津古史尋繹 63 頁)、成陽辛城里戈(《集成》11154、11155)、昌城右戈(《集成》10998)、羊子戈（《集成》11089)、左濯戈(《集成》10978)、僕(?)膚戟(《近出》1129)、郱大司馬戈(《集成》11206)、滕侯耆戈(《集成》11077、11078)、監戈（《集成》10893、10894)、亳定戈(《集成》11085)、子□徒戟（《近出》1132)、□□造戈(《近出》1141)、右㝅之戈(《中國歷史文物》2007 年 5 期 16 頁)等。

　　3. Aa型Ⅲ式　此類戈特徵如下表:

亞型	式	特　　徵	參　照　標　本
Aa型 中胡 二穿	Ⅲ式	弧線三角形鋒,無折角。	滕州薛故城 M2：1 濟南左家窪 M1：15
	標準樣式	1	2

　　此種形制的戈屬於齊魯地區東周銅戈分期中的第三期,井中偉認爲這種戈的時代相當於春秋晚期至戰國早期,與中原地區第十期銅戈年代相當。將傳世或出土的有銘齊戈進行排比,屬於這種形制的齊戈有如下數件:齊城造戈(《集成》10989)、齊城造車軷(《新收》1983)、平陽高馬里戈(《集成》11156)、平阿左戈(《文物》1991 年 10 期 32 頁圖二)、平阿左戈(《近出》1135)、羊角戈(《集成》11210)、陳子皮戈(《集成》11126)、陳戈(《集成》11031)、陳豫車戈(《集成》11037)、陳發戈(《文物》2001 年 10 期 48 頁一五)、高子戈(《集成》10961)、淳于公戈(《近出》1157)、子憪子戈(《集成》10958)、陳窸散戈(《集成》11036)、陳平徒戈(《考古》2011 年 10 期圖十九)、右建戈(《近出》1104)、叔孫氏監戈(《海岱古族古國吉金文集》4.131.77)、工城戈(《集成》11211)、高□戈(《金文總集》10.7372)、亡□右戈(《近出》1121)、瘃戈(《近出》1149)、武戈(《集成》10814)、𤓰戈(《集成》10811)等。

　　4. Aa 型Ⅳ式　此類戈特徵如下表:

亞型	式	特　　　徵	參 照 標 本
Aa 型中胡二穿	Ⅳ式	援鋒窄狹,長內。	章丘女郎山 M1:91 濟南千佛山 JCZ72:024
	標準樣式		

此種形制的戈屬於齊魯地區東周銅戈分期中的第四期,井中偉認爲這種戈的時代相當於戰國中晚期,與中原地區第十一期銅

戈年代相當。傳世或出土的有銘齊戈屬於這種形制的有如下數件：亡鹽戈(《集成》10975)、武城戈(《集成》10900)、武城戈(《集成》10966)、武城戈(《集成》11025、11024)、武城戈(《考古與文物》1999 年 1 期 96 頁)、平阿左戈(《集成》11041)、平阿右戈(《周金文存》6.31)、平阿戈(《近出》1151)、堊戈(《集成》10824)、仕斤徒戈(《集成》11049)、鐘頃戈(《文物》1993 年 4 期 94 頁圖一)、武羅戈(《近出》1088)、洨陽戟(《近出》1138)、陳□散戈(《集成》11033)、陳御寇戈(《集成》11083)、陳余戈(《集成》11035)、陳尒徒戈(《文物》1993 年 4 期 94 頁圖一 3)、子禾子左邑丘戈(見於網絡)、侯散戈(《新收》1168)、吁戈(《集成》11032)、叔孫飮戈(《集成》11040)、郰戈(《集成》10829)等。

總體而言，Aa 型戈的演變趨勢可以總結爲"援鋒由折角明顯的直線三角形逐漸發展爲無折角的弧線形；援身由長變短，相對地內則由短變長"[1]。

Ab 型分三式：

1. Ab 型Ⅰ式　此類戈特徵《研究》一書總結如下：

亞型	式	特　徵	參 照 標 本
Aa 型中胡三穿	Ⅰ式	三角形鋒，折角圓鈍。	滕州薛故城 M1：3
	標準樣式		

---

① 井中偉：《早期中國青銅戈·戟研究》，第 198 頁。

此種形制的戈屬於齊魯地區東周銅戈分期中的第二期,井中偉將其時代定爲春秋中期,與中原地區第九期銅戈年代相當。在齊國有銘銅戈中,尚未見到與這種形制完全相同的銅戈。

2. Ab 型 II 式　此類戈特徵《研究》一書總結如下:

亞型	式	特　徵	參　照　標　本
Aa 型 中胡 三穿	II 式	弧線形鋒,無折角。	滕州薛故城 M2:21 濟南左家窪 M1:16
	標 準 樣 式		

此種形制的戈屬於齊魯地區東周銅戈分期中的第三期,井中偉將其時代定爲春秋晚期至戰國早期,與中原地區第十期銅戈年代相當。1978 年出土於薛國故城遺址 2 號墓中,編號分別爲 M2:21 和 M2:27 的兩件戈屬於這種類型的典型樣式,前者整理者稱爲"薛比戈",後者稱爲"郭公子戈",我們在上文中已經指出這兩件戈首字釋爲"薛"並不可信,這兩件應該是齊戈。

3. Ab 型 III 式　此類戈特徵如下:

亞型	式	特　徵	參　照　標　本
Ab 型 中胡 三穿	III 式	援鋒窄狹,長内。	薛城中北常村戰國墓出土
	標 準 樣 式		

此種形制的戈屬於齊魯地區東周銅戈分期中的第四期,其時代爲戰國中晚,與中原地區第十一期銅戈年代相當,齊國兵器陳胎戈(《集成》11127)在形制上屬於這種類型。

Ab 型戈總體的演變趨勢,《研究》一書總結爲:"援鋒由圓鈍的三角形變爲弧線形;援身由長變短,相對地內則由短變長。"此外,《集成》11086 號"陳子翼戈"、《集成》11034 號"陳卯造戈"胡下部殘斷,不能判斷胡部是兩穿還是三穿,但從援和胡的形制來看,可以判斷其屬於 A 型戈。

(二) B 型

與 A 型戈相比較,這種戈突出的特點是胡較短,在援根部、胡部各有一穿。根據戈鋒的形狀,可以將此型戈分爲三式:

式	特　徵	參照標本	標　準　樣　式
BⅠ	三角形鋒。	滕州薛故城 M1:18	
BⅡ	弧線形鋒,無折角。	章丘寧家埠 M110:7	
BⅢ	援鋒窄狹。	莒南小窯出土左徒戈	

　　BⅠ、BⅡ、BⅢ分別屬於齊魯地區東周銅戈分期中的第二、三、四期，時代分別與春秋中期、春秋晚期至戰國早期、戰國中晚期相當，B型戈的演變趨勢，井中偉已指出與 Ab 型相類。齊戈中屬於 BⅠ式的如"事孫戈"（《集成》11069），屬於 BⅡ 式的如高密造戈（《集成》11023）、豫州戈（《集成》11074）、陳戈（《集成》10816）、闞丘爲鑄造戈（《集成》11073）、膊戈（《集成》10818）、左戈（《近出》1083、1084）、子備□（璋?）戈（《集成》11021）、子備璋戈（《近出》1140）、曹公子沱戈（《集成》11120）、莒戈（《近出》1087）、滕子戈（《集成》10898）、工師滕戈（《近出》1110）等；屬於 BⅢ式的如：陳□造戈（《考古與文物》1991 年 2 期 109 頁）、左徒戈（《集成》10971）等。

（三）C 型

　　C 型戈的典型特徵爲"援身束腰，内後緣上斜且開刃"，《研究》據胡部二穿或三穿的不同，分爲 Ca 和 Cb 兩亞型，每型中又根據内部後緣與下緣的交角角度不同又各分二式。

型	式	特　徵	參照標本	標準樣式
Ca 長胡 二穿	Ⅰ	内後緣與下緣相交成鈍角，轉折明顯。	臨淄淄河店 M2：G12	
	Ⅱ	内後緣與下緣圓轉，無折角。	《集成》11260	

續　表

型	式	特　徵	參照標本	標　準　樣　式
Cb 長胡 三穿	I	内後緣與下緣相交成鈍角，轉折明顯。	棲霞杏家莊 M2 出土	
	II	内後緣與下緣圓轉，無折角。	《集成》11160	

　　CaI式與CbI式，《研究》認爲屬於第三期，其時代爲春秋晚期至戰國早期，CaII式與CbII式屬於第四期，其時代爲戰國中期至晚期，並指出C型戈的演變趨勢爲"内後緣與下緣由轉折明顯的鈍角變爲圓弧無折角"。齊戈中屬於CaI類型的戈有平阿左戟（《集成》11158）、平阿戟（《近出》1150）、平阿左造戟（《文物》2002年5期95頁）、淳于右造戈（《文物》2005年9期93頁）、國楚造車戈（《考古》2000年10期56頁）、鄆戈（《集成》10828）、滕侯昃戟（《集成》11123、11079）、柴内右戈（《文物》1994年3期52頁圖2）等；屬於CaII類型的戈有平陸左戟（《集成》11056）、堕家壟戈（《遺珠》圖144）、陵右戟（《集成》11062）、陽右戈（《集成》10945）、鄮左戟（《文物》1995年7期77頁）、建陽戈（《集成》10918）、皇□（宛?）戈（《集成》10983、10984）、黄戟（《近出》1101）、陳侯因咨戈（《集成》11260）、羊子戈（《集成》11090）、淳于公戈（《集成》11124、11125）、滕司徒戈（《集成》11205）、犓蘁戟（《近出》1131）、谷（?）坡造戟（《集成》11183）、右戈（《集成》10826）等；屬於CbI類型的戈有陳子戈（《集成》11038）、子淵蘁戟（《集成》

11105)、君子翼造戟(《集成》11088);屬於 Cb II 類型的戈有平阿左戈(《集成》11001)、陳侯因資造陵左戟(《中國歷史文物》2007 年 5 期 15 頁)、即墨華戈(《集成》11160)等。此外,由於戈内部殘斷,以下幾件戈祇能判斷屬於 Ca 類: 膚丘子戟(《近出》1153)、淳于左造戈(《近出》1130)、陳子山徒戟 (《集成》11084)、右卯戈(《集成》10944)、齊城左冶所洰造戈(《文物》2000 年 10 期 75 頁)。

(四) D 型

D 型戈與 C 型較爲接近,其演變趨勢也非常接近,同樣具有"援身束腰"的特徵,但其最突出的特點在於胡部有突出的子刺,且數量不等。D 型戈根據内部後緣與下緣的交角角度不同分爲二式,D I 式折角明顯,D II 式無明顯折角。

式	特 徵	參 照 標 本	標 準 樣 式
D I	内後緣與下緣相交成鈍角,轉折明顯。	臨沭五山頭村出土郱左戈及《集成》11006	
D II	内後緣與下緣圓轉,無折角。	長島王溝 M10:11,沂水埠子村 M4:16	

　　DＩ式與DⅡ式《研究》認爲分别屬於第三、四期，其時代對應於春秋晚期至戰國早期、戰國中晚期；此種類型戈的演變過程與Ｃ型戈相類，都是内後緣與下緣由轉折明顯的鈍角變爲圓弧無折角。有銘齊戈中屬於DＩ式共有兩件，即上列表格中作爲標本的“郮左戈”（《集成》10997）和“枭之造戈”（《集成》11006），《近出》1116所著録的“郮左戈”已有學者懷疑與《集成》10997爲同一件①。DⅡ式戈如陳子翼戈（《集成》11087、《周金文存》6.26.1）。此外，郳左㝬戈（《集成》10969）内部已經殘斷，但胡部也有突起的子刺，可以判斷也屬於Ｄ式戈。

　　以上分Ａ、Ｂ、Ｃ、Ｄ四種類型對齊戈的形制進行了劃分，但由於援、内或胡部有殘損的情況，某些戈還不能很確切地進行分類，屬於這種情況的齊戈如齊城子戈（《綴遺》30.26）、齊城右戟（《鬱華閣》468.3）、齊城右造戟（《集成》11815）、平陸戈（《集成》10925、10926）、高密戈（《集成》10972）、平陽左庫戈（《集成》11017）、平陽散戈（《天津古史尋繹》63頁）、武城戟（《集成》10967）、平阿戈（《山東集成》871.2）、阿武戈（《集成》10923）、阿武戈（《小校》10.16.1）大亞公戟（《集成》11051）、仕斤徒戈（《集成》11050）、陳侯因資戈（《集成》11129）、陳侯因資戈（《集成》11081）、陳戈（《金文總集》10.7412）、陳卿聖孟戈（《集成》11128）、陳麗子戈（《集成》11082）、□子戈（《集成》11080）、是立事歲戈（《集成》11259）、陳冢邑戈（《集成》10964）、陳戠戟（《古文字研究》19輯83頁圖7.6）、子車戈（《集成》10957）、廩戈（《集成》10930）、不齧諸戈（《古文字研究》19輯83頁圖7.5）、中都戈（《集成》10906）、郫左戈（《集成》10932）、曹右戈（《集成》11070）、滕侯吳戈（《集

---

　　①　吳鎮烽主編《商周金文通鑒》（1.0版）17242號下指出“與16407（即《集成》10997）可能是同一件，尺寸、重量完全一樣”。

成》11018)、城左戈(《周金文存》6.46)、蕆造戈(《集成》10962)、箳戈(《集成》10820)、夙戈(《集成》10822)、右戈(《山東集成》870.2)、後生戈(《山東集成》871.1)、言□左戈(《集成》10985)、高平戈(《集成》11020)。

　　除以上所列 A、B、C、D 四種類型外,齊戈中還有少數構形較特别的戈,如《研究》一書所列舉滕州薛故城 M1：2 戈、濰坊青池鄉出土戈及濟南市博物館藏 2 件内作燕尾式戈。此外,黄錫全在《介紹一件新見平阿造戈》一文中介紹了一件"平阿造戈"(圖三十)①:

圖三十　平阿造戈

據他介紹,此戈"爲北京兵器收藏家于恩和先生珍藏,生坑绿銹,中胡三穿。内部一穿,内下中部後方内凹。胡部鑄銘文六字",該戈較爲特别之處在於"内下緣中部内凹",《研究》一書"齊戈"部分未見這種形制,林澐先生認爲:"……這種形式的戈,僅見於中原東周乙類 F 型,尤其接近洛陽中州路 M2729：27。所以,在齊地過去未見到這種型式的戈,戈體之上的銘文卻是齊系文字所表達的齊國地名,不能不引人深思。"②中原東周乙類 F 型戈形制如下,後者

①　黄錫全:《介紹一件新見平阿造戈》,《出土文獻與古文字研究》第三輯,第 184 頁。
②　見井中偉《早期中國青銅戈・戟研究》一書林澐序。

爲洛陽中州 M2729：27 所出戈（圖三十一）：

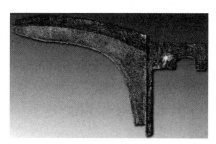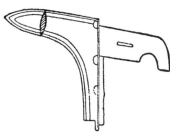

圖三十一　東周乙類 F 型戈（輝縣琉璃閣甲墓 Z
甲-27：2、洛陽中州路 M2729：27）①

"平阿造戈"内部内凹與這兩件戈的形制確實接近，林先生認爲
這種銘文内容和形制相抵牾的現象"不能不引人深思"，我們猜
想可能是對此件戈表示懷疑。無獨有偶，在網絡上我們曾見到
一件銘文爲"勹陽右"的銅戈②，其内部也出現内凹的情況（圖三
十二）：

圖三十二　勹陽右戈

---

①　轉引自井中偉《早期中國青銅戈·戟研究》，第 107 頁。
②　此戈原見於"盛世收藏"網站，http：//pai.sssc.cn/item/159088，網站現已經
移除此戈圖片。

帶有"勹陽右"字樣的戈見於《集成》11260"陳侯因咨戈",在胡部鑄有"勹陽右"三字。這件"勹陽右戈"内部内凹與平阿造戈較爲接近,需要指出的是,齊地這兩件戈内部"内凹"情況和中原東周乙類F型戈情況還是有所差別的,中原類F型戈的凹槽一般作倒"U"形,而銘文爲齊地戈作""、"",二者還是存在一定區別的。如果這兩件戈的真僞没有問題,則這種戈應屬於齊地 AaⅢ類中一種較爲特殊的樣式。

最後,我們來談談齊兵銘文格式的問題,黄盛璋《燕、齊兵器研究》和井中偉《早期中國青銅戈·戟研究》對齊兵題銘格式都有論述,我們在《齊文字編》前言中也曾進行過總結,現轉録如下:

> 齊兵器銘文多爲鑄款,字體厚重,器形較單一。春秋時期戈銘較少,至戰國時期,在字形、銘辭格式與内容等方面才形成了自己的特色。齊兵所記監造者或器主主要有齊國陳氏、貴族和各小國的君主、貴族。其中陳侯因咨(資)戈爲齊國君主所造。陳子皮戈、陳胎戈、陳御寇戈等爲陳氏貴族所造。高子戈、子禾子左戟、羊子戈、國楚戈等爲齊國其他貴族所造。滕侯耆戈、滕侯昊戈等爲滕國君主所監造之器。叔孫銵戈、滕司徒戈、曹公子沱戈、邿大司馬戈等分别是魯、滕、曹、邿等國的貴族、公卿、公族所造諸器。另有數量較多的兵器,并不標明監造者或器主,這類兵器銘文内容主要以地名爲主。有如下一些格式:
>
> (一)衹記録地名,如:郭戈、平陸戈、中都戈、阿武戈等。
>
> (二)地名后加"戈"或"造戈(戟)",如:高密戈、武城戈、陵右造戟等。
>
> (三)地名后加"左"或"右"加"戈"者,有衹綴加

"左""右"者,如:陽左、鄆左、城陽左;有又綴以"戈"者,如:平阿左戈、洨陽右戟、平陸左戟。

（四）地名加"左"或"右"加"庢"者,如:郖右庢、曹右庢等。

（五）地名加"徒"或"散"加"戈（戟）"者,如:武城徒戈、平阿左造徒戟、陳御寇散戈。

以上是齊兵器銘文的主要格式,另外還有兩種比較典型的格式,即:地名加"某某里"加"戈"和地名加監造官加冶工名字這兩種形式。前者如:平陽高馬里戈、成陽辛城里戈,後者如:齊城造車戟、郖左戈等。但這兩種格式的兵器數量並不多,後一種格式很可能是受到三晉兵器的監造制度的影響而出現的。

第二節　齊系兵器鑄造制度與齊國軍事防禦格局

齊系兵器題銘從其內容來看,大致包括人名和地名兩種要素,前者反映的是兵器的督造者,而後者反映的是兵器的鑄造地。通過對這兩種要素的考察,我們可以瞭解齊國及其他國家在兵器督造方面的監造制度,也可以瞭解戰國時期各國尤其是齊國兵器鑄造地點的分布及其在軍事防禦上的重要作用,進而可以探究齊國的戰略防禦格局,也可以考察東周時期尤其是戰國時期的齊國軍事制度。

一、兵器題銘與齊系兵器鑄造制度

齊兵器題銘中的人名、地名是探討兵器鑄造制度的重要資料,對相關銘文進行考察,可以考見當時的兵器管理制度。

1. 兵器督造者身份考察

兵器銘文中往往標明"某某造戈(戟)",從相關銘文内容來看,"某某"的身份和地位都很高,或爲貴族或爲權臣,甚至還有君主,顯而易見這些人不會是兵器的實際製造者,他們的身份應該是兵器製造過程中名義上的督造者。我們對相關銘文進行了梳理:

(1) 陳侯因齊造戈:

陳侯因咨戈　陳厌(侯)因咨造・勹(復)易(陽)右　　《集成》11260

陳侯因育戈　陳厌(侯)因育(齊)之造　　　　　《集成》11129

陳侯因育戈　陳厌(侯)因育(齊)鋯(造)　　　　《集成》11081

陳戈　　　　陳厌(侯)因育(齊)造　　　《金文總集》10.7412

陳侯因育造戟　陸(陳)厌(侯)因育(齊)造墜(陵)左

《中國歷史文物》2007 年 5 期 15 頁

(2) 滕侯造戈:

滕侯旲戟　　滕(滕)厌(侯)旲(旲)之牆(造)戓(戟)《集成》11123

滕侯旲戈　　滕(滕)厌(侯)旲(旲)之……　　　《集成》11018

滕侯旲戈　　滕(滕)厌(侯)旲(旲)之艁(造)　　《集成》11079

滕侯耆戈　　滕(滕)厌(侯)耆之艁(造)　　　　《集成》11077

滕侯耆戈　　滕(滕)厌(侯)耆之鋯(造)　　　　《集成》11078

(3) 滕子戈　　簏(滕)子　　　　　　　　　　《集成》10898

(4) 莒戈　　　莒公　　　　　　　　　　　　《集録》1087

以上所列銘文中,(1)—(3)分别是以齊威王因齊與滕國君主的名義監造,董珊認爲前者的使用者"可能都是陳侯因咨直屬部隊"①,其説很可能是正確的,後者也應該是滕侯或滕子、莒公的直轄屬軍

---

① 董珊:《戰國題銘與工官制度》,第 200 頁。

所用。但考慮到陳侯因咨戈銘文中同時還出現"勹（復）昜（陽）右"①、"陵左"等地名，也不能排除這些戈也曾派發到地方使用的可能。以君主名義監造的題銘並不多見，大量的題銘是由貴族或執政者監造，這種情況在齊國兵器題銘中反映得較爲明顯。齊國兵器中有很多是由陳氏等貴族監造的，如：

(5) 陳■造戈　　陞（陳）■造戈　考古與文物 1991 年 02 期 109 頁

(6) 陳子皮戈　　陳子皮之告（造）戈　　　　　　　《集成》11126

(7) 陳子翼戈　　陞（陳）子翼造戈　　　　　　　　《集成》11087

　　陳子翼戈　　陞（陳）子翼造戈　　　　　　　《周金文存》6.26.1

(8) 陳卿聖孟戈　陞（陳）卿聖孟造錢（戈）　　　　《集成》11128

(9) 陳余戈　　　陞（陳）余造錢（戈）　　　　　　《集成》11035

(10) 陳麗子戈　　陞（陳）㣎（麗）子窯（造）錢（戈）　《集成》11082

(11) 陳卯造戈　　陳卯錯（造）錢（戈）　　　　　　《集成》11034

(12) 陳戈　　　　陳■車戈　　　　　　　　　　　《集成》11031

(13) 陳豫車戈　　陞（陳）豫車戈　　　　　　　　《集成》11037

(14) 陳■散戈　　陞（陳）■箙盍（戈）　　　　　　《集成》11033

(15) 陳御寇戈　　陞（陳）御寇箙錢　　　　　　　《集成》11083

(16) 陳窯散戈　　陞（陳）窯箙錢（戈）　　　　　　《集成》11036

(17) 陳扉散戈　　陞（陳）扉箙錢（戈）　　　　　　董珊藏摹本②

(18) 陳尔徒戈　　陞（陳）尔徒　　《文物》1993 年 04 期 94 頁圖一 3

(19) 陳子山徒戟　陳子山徒戕（戟）　　　　　　　《集成》11084

(20) 陳平徒戈　　陞（陳）平徒戈　　《考古》2011 年 10 期圖十九

---

　　①　"勹"舊釋爲"夕"，今從何琳儀說釋爲"勹（復）"。見何琳儀：《古璽雜識續》，《古文字研究》第十九輯，第 473 頁。
　　②　董珊：《戰國題銘與工官制度》，第 200 頁。

(21) 陳戠戟　　　　陞(陳)戠徒戕(戟)(?)

《古文字研究》19 輯 83 頁圖 7.6

(22) 陳子翼戈　　　陞(陳)子翼徒戈　　　　　　《集成》11086

(23) 陳胎戈　　　　陞(陳)胎之右床(戶)鈛(戈)　《集成》11127

(24) 陳發戈　　　　陞(陳)發檠(乘)鈛(戈)

《文物》2001 年 10 期 48 頁一五

以上所列(5)—(11)銘文中標明"陳某某造戈",表明"陳某"是這些戈的實際監造者。(12)—(24)中雖然沒有標明"造"字,但戈銘已標示此戈的用途或性質如"車戈"、"徒戈"、"乘戈"、"筷(散)戈"等,這些兵器是這些陳氏貴族所屬兵士使用的。齊國兵器題銘中還存在一些兵器的督造者,其身份往往也很尊貴:

(25) 高子戈　　　　　高子戈　　　　　　　　《集成》10961

(26) 國楚戈　　　　　國楚造車戈　《考古》2000 年 10 期 56 頁

(27) 子禾子左戟　　　子禾子左造戕(戟)　　《集成》11130

(28) 子禾子左邑丘戈　子禾子左邑丘鈛(戈)　私人藏品①

(29) 子惲子戈　　　　子惲子　　　　　　　　《集成》10958

(30) 子淵羴戟　　　　子朋聯之戕(戟)　　　《集成》11105

(31) 子車戈　　　　　子車戈　　　　　　　　《集成》10957

(25)—(26)之國氏、高氏爲齊國望族,高子、國子曾執國政,其地位一度十分煊赫,《集成》10961 號所錄"高子"戈從其形制看,屬於流行於春秋晚期至戰國早期的樣式,其爲哪一位高子已經不能確知。國楚戈中的"國楚"爲"國氏"之後,春秋晚期齊國氏、高氏在與田氏的鬥爭中處於劣勢,逐漸退出了齊國的政治舞臺,"國楚"應生活在

---

① "盛世收藏"網,http://bbs.sssc.cn/viewthread.php? tid=1291121&extra=page%3D1&page=1.

國氏勢力即將被削弱之際。(27)—(29)中兵器的督造者爲"子禾子"和"子惻子",這種"子某子"的格式在齊系題銘中較爲常見,亦見於璽印、陶文,如"子栗子"(《璽彙》0233)、"子夲子"①、"子逢子"(《陶彙》3.494)等,文獻中還有"子墨子"、"子華子"、"子公羊子"等類似格式的稱呼,董珊據《四庫全書總目提要·春秋公羊傳注疏提要》的相關記載指出:"凡是'子某子'式的稱呼,'某'字全是姓氏,没有把人名夾在中間的例子。這些稱呼都衹見於齊地。我們認爲,上述題銘夾在兩個'子'之間的字,也都是姓氏。"②他還指出以往認爲"子禾子"即"齊太公和"也是不正確的,認爲"'禾'似可以讀爲'和氏璧'之'和'氏"。他認爲"子某子"之"某"應是姓氏,顯然是非常正確的。與之相類似的稱謂格式還有(30)、(31)中的"子某",董珊所舉的例子還有"子備"等,他認爲"子某"之"子"是古人對男子的尊稱,其來源可能是從商周時代把宗族之長稱爲"子"演變來的,也可能是"君子"的省略式,"某"他認爲是人名③。我們認爲,齊國兵器銘文中的"子某"不能一概拆分成"子"和"某"來分别解釋,而應把二者看作一個整體,據《山東古國與姓氏》一書統計,春秋時期齊國此類格式的"氏"即有"子雅"、"子襄"、"子乾"、"子公"、"子夏"、"子旗"、"子牽"、"子囊"、"子郯"、"子尾"等④,董珊所舉的"子備"我們在上文中已經指出很可能就是古書中的"子服"氏,爲魯桓公之後。(30)子淵輋戟中的"子淵"也屬齊國的"氏",《左傳·昭公二十六》年記齊有"子淵捷",字子車,楊伯峻《注》引《潛夫論·志士姓》"子淵氏,姜姓也"。"子淵"後世因避唐高祖李淵諱又作"子泉",《古今姓氏書辯證》引《世本》"齊頃公生子泉湫,

①　石志廉:《館藏戰國七璽考》,《中國歷史博物館館刊》1979年第1期,第86頁。
②　董珊:《戰國題銘與工官制度》,第202頁。
③　董珊:《戰國題銘與工官制度》,第201頁。
④　逄振鎬:《山東古國與姓氏》,山東人民出版社,2006年,第776頁。

因氏焉"。《潛夫論箋校正》已經指出:"'子泉'即'子淵',唐人避諱改。"據《古今姓氏書辯證》所引《世本》則齊"子淵"氏爲"齊頃公"之後。戈銘"子淵轡"中"子淵"爲氏,"轡"爲私名。(31)中的"子車"也應該看作"氏"。

除齊國外,齊系其他國家也有公族或執政者監造兵器的情況,如:

(32) 叔孫棷戈	弔(叔)孫棷戈	《集成》11040
(33) 叔孫氏監戈	弔(叔)孫氏監戈	
		《海岱古族古國吉金文集》4.131.77①
(34) 曹公子沱戈	曹公子沱之鉻(造)戈	《集成》11120
(35) 邾大司馬戈	邾大嗣(司)馬之䚹(造)戈	《集成》11206
(36) 滕司徒戈	勝(滕)司徒□之戈	《集成》11205
(37) 淳于公戈	䵼(淳)于公之御戈	《集錄》1157
(38) 淳于公戈	䵼(淳)于公之臺豫䚹(造)	《集成》11125
(39) 侯散戈	厌(侯)筱(散)戈	《新收》1168
(40) 即墨華戈	即墨華之造用	《集成》11160
(41) 闐丘爲鵠造戈	闐丘爲鵠造……	《集成》11073
(42) 膚丘子戟	膚丘子造戈(戟)	《集錄》1153
(43) 鄭郭公戈	鄭郭公子畱止(之)元戈	《近出》1164
(44) 後生戈	後生戈	《山東成》871.1
(45) 君子翼造戟	君子翼造戈(戟)	《集成》11088

以上所列(32)、(33)爲魯國"三桓"之一的"叔孫氏"所造戈,魯國三桓在春秋後期成爲魯國政權的實際控制者,《史記·魯周公世家》記"(魯)悼公之時,三桓勝,魯如小侯,卑於三桓之家"。(34)爲

---

① 此戈傅修才先生懷疑爲僞品,其意見可供參考。

曹國公子"沱"所監造,可見曹國的兵器製造也是由公族直接參與的。(35)、(36)分別爲邿國"大司馬"監造及滕國"司徒"所用戈。(37)"淳于公戈"的時代爲春秋晚期至戰國早期,"淳于"本爲"州"國都城,《春秋》桓公五年"冬,州公如曹",《左傳》作"冬,淳于公如曹,度其國危,遂不復",杜預注:"淳于,州國所都,城陽淳于縣也。"後來爲杞所併,成爲杞國的都城,《左傳·昭公元年》"城淳于",杜預注:"襄二十九年,城杞之淳于,杞遷都。"其地今在山東省安丘縣東北三十里。此"淳于公戈"出土於山東省新泰縣,新泰地區在春秋時期處於杞國的勢力範圍内,曾出土杞伯每亡諸器,何琳儀認爲"淳于公"應是杞遷都淳于後杞君之稱①。杞國後來爲楚所滅,《史記·楚世家》載:"(楚惠王)四十四年,楚滅杞,……楚東侵,廣地至泗上。"楊善群認爲:"泗水上游正是今新泰、寧陽一帶,説明楚之滅杞祇得到了這一地區,而北方原爲杞國所有的緣陵、淳于一帶早爲齊國所占領。"②從出土的"淳于左造戈"和"淳于右造戈"來看,春秋晚期至戰國早期此地確爲齊國所有,並且齊國在此地建立了"左"、"右"武庫來加强戰略防禦③。(38)"䣄(淳)于公之臺豫觥(造)"其銘文格式屬於"某之某"的格式,董珊先生曾對這種格式的銘文進行過考察,銘文中原釋"喬豫"他釋爲"臺豫",並認爲其身份當爲"淳于公"之族④。(39)"侯散戈"1986年5月出土於山東臨朐縣冶源鎮灣頭河村,該墓葬年代整理者認爲應屬於春秋晚期,隨

① 何琳儀:《淳于公戈跋》,《杞文化與新泰》,中國文聯出版社,2000年,第99頁。
② 楊善群:《杞國都城遷徙與出土銅器考辨》,《學術月刊》2000年第2期,第69頁。
③ 孫敬明:《齊境武庫戰略格局與孫子攻守之法》,《考古發現與齊史類徵》,第191頁。
④ 董珊:《出土文獻所見"以謚爲族"的楚王族——附説〈左傳〉"諸侯以字爲謚因以爲族"的讀法》,《出土文獻與古文字研究》第二輯,復旦大學出版社,2008年,第130頁。

葬品有戈、劍和車馬器等,其身份應爲低等貴族①。"散戈"之稱齊兵常見,于省吾在《雙劍誃吉金圖録》卷下《考釋》三指出:"篏字古兵中習見,彝器亦作散,《方言》三:'散,殺也,東齊曰散。'散、殺一聲之轉。"其説可從,"侯散戈"很可能是齊侯直屬部卒所用之殺戈。(40)—(42)中的"即墨華"、"鬮丘爲鵀"皆爲人名,其性質很明顯是屬於典型的"以邑爲氏"。"即墨"氏,《通志·氏族略·以邑爲氏》載:"齊將田單守即墨,支孫氏焉,《漢書·儒林傳》城陽相即墨成。"《通志》認爲齊將田單守即墨有功,其後代以即墨爲氏。"鬮丘"、"膚丘"即"閭丘",其地本在邾國故地,此亦是"以邑爲氏",《通志·氏族略·以邑爲氏》:"閭邱氏,志籍不言所出,然邾國有閭邱。杜預云:'高平南陽縣北有顯閭亭,本邾地爲齊所并。往往閭邱氏食邑於此,故以命氏。'《釋例》、《公子譜》皆略,惟《世本》詳焉,盖春秋閭邱嬰之後也。迨齊宣王時有閭邱卬、閭邱光。漢有廷尉閭邱勳,後漢太常閭邱遵,魏有閭邱決著書十二篇。晉有太常閭邱冲、南陽太守閭邱羨。"(43)"郜郭公戈"雖然出土於薛國故城,但其應是薛地爲齊所占據後,重新封於薛地的封君所造。(44)後生戈,何琳儀指出:"'後生'見《詩·商頌·殷武》'以保我後生'、《論語·子罕》'後生可畏'、《孫子·行軍》'前死後生'等。劍銘似是人名。"②孫敬明讀爲"郈":"郈、後通假,郈本魯邑。《春秋》定公十年'叔孫州仇,仲孫何忌帥師圍郈',注:'郈,叔孫氏邑。'又,十二年'叔孫州仇帥師墮郈'。"他還指出:"兩周金文中,凡爲某之'生',往往用作'甥',如此,此戈的鑄造者,並非郈地、郈氏,而是郈氏之甥……此戈出土地點在離莒都不遠處,其有可能爲莒人所鑄,並且因其母出自魯之郈

① 宫德傑:《山東臨朐縣灣頭河春秋墓》,《考古》1999年第2期,第89—90頁。
② 何琳儀:《莒縣出土東周銅器銘文彙釋》,《文史》2000年第1期,第32頁。

氏,故此戈銘作'郦甥'。"①按,孫氏之説似可從。(45)君子翼造戟之"君子"身份還不好確定,其身份也應屬於貴族之列,可能與齊戈銘文中的"陳翼"有關。

在齊系兵器題銘中,少數銘文中還標示鑄造兵器的"工師",如:

　　(46)工師滕戈　　攻(攻)帀(師)脵(滕)　《近出》1110
　　(47)是立事歲戈　是立事歲□右工戈　　《集成》11259

(46)工師滕戈,濟寧市博物館 1980 年秋在廢品回收公司揀選出,此戈銘文拓本見於《文物》1992 年 11 期(圖三十三)。

整理者據李學勤先生的意見釋文作"脵攻反",認爲其地"可能是今河南范縣北的觀城"②,張振謙在《齊系文字研究》中將首字與吳振武《釋戰國文字中的"庿"和从"朕"之字》③一文中談到的《璽彙》5682 "▨"、《璽彙》3112"▨"、《璽彙》3827"▨"、《集成》10898"▨"等相聯繫,認爲"▨"("脵")字應分析爲从"网","朕"聲,讀爲"滕",上部所从之"网"

圖三十三
工師滕戈銘文

可能是"虍"的訛變或形近混用④。所謂"攻反"他認爲應釋爲"攻帀(師)",其説可從。不過銘文除讀爲"脵(滕)攻(工)帀(師)"外,也可能讀爲"攻(工)帀(師)脵(滕)","脵(滕)"是工師私名的可能

　　① 杜宇、孫敬明:《考古發現與戰國齊兵器研究》,《管子學刊》1992 年第 2 期,第 88—95 頁。
　　② 武健:《東濟寧揀選出一批古代青銅兵器》,《文物》1992 年第 11 期,第 89 頁。
　　③ 吳振武:《釋戰國文字中的从"庿"和从"朕"之字》,《古文字研究》第十九輯,第 490—499 頁。
　　④ 張振謙:《齊系文字研究》,第 43 頁。

性也是存在的。(47)是立事歲戈中的"□右工戈"的性質與"工師
滕戈"相類似,"右"爲"右庫"之省,此戈疑爲某地右庫工師所造。

以上考察了齊系題銘中兵器監造者的身份,從兵器的監造制
度來看,由君主到貴族、執政者甚至是一般貴族都有監造兵器的情
況,少數兵器銘文中還署上工師的名字或國別。這種現象似乎也
説明,私人武裝的存在已經很普遍,少數貴族甚至可以私自監造兵
器,用於裝備自己的徒屬。但是就整個國家的防禦體系來説,數量
衆多的兵器是由國家來監造的,國家通過在不同地區設置的"武
庫"對兵器進行有效管理。

2. 兵器鑄造地考察

齊兵題銘就其內容而言,除記録兵器的督造者外還包含很多
"地名",這些地名從比較完整的銘文中可以發現都是兵器的鑄造
機構——武庫的所在地,齊兵題銘中可考見的"地名"主要有"齊
城"、"無鹽"、"平陸"'、"高密"、"平陽"、"武城"、"平阿"、"阿武"、
"昌城"等。關於齊兵所記地望,黃盛璋《燕、齊兵器研究》,張俊成
《東周齊國銘文綜合研究》,朱力偉《東周與秦兵器銘文中所見的地
名》,孫敬明《考古發現與戰國齊兵器研究》、《齊境武庫戰略格局與
孫子攻守之法——從考古所見兵器銘文和銀雀山漢簡談起》、《沂
蒙先秦兵器銘文集釋繹論》等文都進行了集中討論,何琳儀《戰國
文字通論》"齊系文字"部分也多論及齊兵所記地名,本書在諸位學
者的研究基礎上對齊系兵器題銘所記地名進行了梳理。

(1) 齊城

齊城造戈　　鏨(齊)坺(城)鄲(造)　　　　　《集成》10989
齊城子戈　　齊城子造,□錢右□。　　　　《綴遺》30.26(摹本)
齊城右戟　　齊城子造車鍼(戟),右中。《鬱華閣》468.3
齊城右造戟　　齊坺(城)右造車鍼(戟)冶脛

《集成》11815

齊城造車戟　齊垐(城)左冶膭,所□造車鉽(戟)

《新收》1983

齊城左冶所涓造戈　齊垐(城)左冶所汉(涓)造

《文物》2000 年 10 期 75 頁

　　"齊城"即指齊國都"臨淄",《史記·項羽本紀》:"齊將田都從
共救趙,因從入關,故立都爲齊王,都臨菑。"據《正義》引《括地志》
云:"青州臨菑縣也,即古臨菑地也。一名齊城,古營丘之地,所封
齊之都也。"可知"齊城"即"臨淄"。清《一統志》:"臨淄故城在臨淄
縣北八里,亦曰齊城。縣志云:今爲古城店。""齊城"之稱還見於
銀雀山漢簡《孫臏兵法·禽龐涓》:"孫子曰:'都大夫孰爲不識事?'
曰:'齊城、高唐。'"整理者亦認爲可能是指臨淄而言。

　　(2) 平陸

平陸戈　　　平陸　　　　　　　　《集成》10925
平陸戈　　　平陸　　　　　　　　《集成》10926
平陸左戟　　平陸左戈(戟)　　　《集成》11056

　　平陸,《史記·田敬仲完世家》康公十五年記"魯敗齊平陸",
《集解》引徐廣説:"東平平陸。"《正義》:"平陸,兗州縣也。"其地爲
古厥國故地,《史記·趙世家》:"成侯十九年,宋會平陸。"《正義》:
"兗州縣也,平陸城即古厥國。"《漢書·地理志》屬"東平國",因"西
河郡"屬地也有平陸,所以此處稱"東平平陸",以示區别。其地戰
國時爲齊國西境下邑,《孟子·公孫丑下》"孟子之平陸",趙岐注:
"平陸,齊下邑。"《史記·魯仲連列傳》"且楚攻齊之南陽,魏攻平
陸,則齊無南面之心",《索隱》:"平陸,邑名,在西界。"《漢書·郊祀
志》"三曰兵主,祠蚩尤。蚩尤在東平陸監鄉,齊之西竟也",與魏國
東界相鄰。《史記·田敬仲完世家》湣王三十六年,蘇代説齊王"有

陶、平陸，梁門不開”，《正義》：“平陸，兗州縣也，縣在大梁東界。”其地理位置具有重要的戰略意義。其故城《大清一統志》載“平陸故城在汶上縣北”。據《山東省古地名詞典》所記，其地在今山東省汶上縣汶上鎮北 12 公里處。

（3）高密

高密戈	高密戈	《集成》10972
高密造戈	高密𧊒（造）戈	《集成》11023

高密，戰國齊邑，《史記・樂毅列傳》：“趙且爲秦所滅，亡之齊高密。”可證戰國時期齊國有高密。其地因有密水而得名，《水經・濰水注》：“又北過高密縣西。”應劭云：“縣有密水，故有高密之名也。”其地秦屬齊郡後改屬膠東郡，兩漢爲高密縣。故城在今高密縣西南，《史記・三王世家》：“最愛少子弘，立以爲高密王。”《正義》引《括地志》：“高密故城在密州高密縣西南四十里。”《大清一統志》：“高密故城在高密縣西南。”

（4）平陽

平陽矛	平陽	《集成》11471
平陽左庫戈	平壄（陽）左庫	《集成》11017
平陽散戈	平壄（陽）𢏳鈛（戈）	
		《天津古史尋繹》63 頁
平陽高馬里戈	平壄（陽）高馬里鈛（戈）	《集成》11156

平陽，東周時期名“平陽”者有數地。春秋時晉羊舌氏邑爲“平陽”，戰國初爲韓國都城。《左傳・昭公二十八年》“趙朝爲平陽大夫”，即指此地，在今山西省臨汾市西南，因在平水之陽得名，相傳堯都於此；春秋魯有二平陽，一處在今山東省新泰市。《春秋・宣公八年》“城平陽”，杜注：“今泰山有平陽縣。”即此地。或又稱“東

平陽”,《史記·樊酈滕灌列傳》:“從韓信攻龍且,留公旋於高密……斬薛公,下下邳,擊破楚騎於平陽。”《索隱》:“小顔云:‘此平陽在東郡。’《地理志》:‘太山有東平陽縣’。”《水經·洙水注》:“洙水又西逕泰山東平陽縣,河東有平陽縣,故此加東。”另一處即今山東省鄒城市。《左傳·哀公二十七年》:“盟於平陽。”杜注:“西平陽。”因有兩平陽故此處加西。此處或又稱“南平陽”,《史記·樊酈滕灌列傳》“擊破楚騎於平陽”,《正義》:“南平陽縣城,今兗州鄒縣也,在兗州東南六十二里。”《大清一統志》“南平陽”下云:“今鄒縣治,本春秋時邾地,後爲魯平陽邑。”此外,《左傳·哀公十六年》:“衛侯飲孔悝酒於平陽。”其地在今河南省滑縣東南,爲衛之平陽。《史記·秦本紀》“秦寧公年,徙居平陽”,爲春秋時秦國都,其地在今陝西省寶雞市東南陽平。

山東省鄒城市的“平陽”,《大清一統志》認爲:“戰國時爲齊南陽邑,《孟子》謂魯慎子‘一戰勝齊,遂有南陽’,魯仲連謂‘是攻南陽’,皆指此也。”如其説可信,則戰國時此地已經成爲齊國的控制範圍,並在此地設立了“武庫”。

(5) 武城

武城戈	武城	《集成》10900
武城戈	武城戈	《集成》10966
武城戈	武城戈	《新收》1169
武城戈	武鹹(城)建鈛(戈)	《集成》11025
武城戈	武鹹(城)徒戈	《集成》11024
武城戟	武鹹(城)戕(戟)	《集成》10967

武城,東周時期晉、楚、趙、魯皆有“武城”,晉“武城”見於《左傳·文公八年》:“夏,秦人伐晉,取武城。”楊伯峻注:“武城,晉邑,當在今陝西省華縣東北十七里。”楚“武城”見於《左傳·僖公七

年》:"冬,蔡穆侯將許僖公以見楚子于武城。"其地在今河南省南陽市北。趙地"武城"見於《史記・平原君虞卿列傳》:"平原君相趙惠文王及孝成王,三去相,三復位,封於東武城。"徐廣曰:"屬清河。"《正義》:"今貝州武城縣也。"清《一統志》云:"在臨清州武城縣西,舊志云在縣西十里。"趙地"東武城"黃盛璋指出還見於《古璽彙編》0150 號齊璽"東武城工師鈢",認爲"後蓋入齊"。魯有兩"武城",《左傳・襄公十九年》:"穆叔見叔向,賦《載馳》之四章。叔向曰'肸敢不承命!'穆叔歸,曰:'齊猶未也,不可以不懼。'乃城武城。"杜注:"泰山南城縣。"①顧棟高《春秋大事表・列國地名考異》指出"太山南武城縣故城,在今沂州府費縣西南九十里",他認爲杜說認爲此武城爲"泰山南城縣"之武城不可信,引程啟生說認爲:"費縣乃魯與邾吴相接界,非所當備齊之處,襄十九年之武城宜在嘉祥,杜註併而爲一似誤……余嘗往來京師,至嘉祥縣有絃歌臺,此地與齊界相接。"魯國此次"城武城"的目的是爲了抵禦齊國,故址在今費縣的武城不與齊接壤,而處於今嘉祥縣界的武城與"齊界相接",所以程啟生認爲《左傳・襄公十九年》之"武城"在"嘉祥"是可信的。魯國另一武城就是杜注所指出的"泰山南城縣",見於《左傳・昭公二十三年》:"邾人城翼,還,將自離姑。公孫鉏曰:'魯將禦我。欲自武城還。……'武城人塞其前。"其地在今費縣之南沂蒙地區,或稱"南武城"、"南城",《元和郡縣志》:"南城縣在今沂州費縣西九十里"黃盛璋指出"春秋戰國祇名武城,南或屬秦漢時所加"。此地至遲在齊威王時已屬齊,《史記・田敬仲完世家》:"威王曰:'寡人之所以爲寶與王異。吾臣有檀子者,使守南城,則楚人不敢爲寇東取,泗上十二諸侯皆來朝。'"戈銘"武城"當指爲齊所據的秦漢時所謂的南"武城"。

---

① "南"後本有"武"字,阮元認爲是後人所增,今從其説略去此字。

（6）平阿

平阿左戈	平阿左	《集成》11001
平阿左戈	平堊（阿）左戟（戈）	
		《文物》1991 年 10 期 32 頁圖二
平阿左戈	平堊（阿）左戟（戈）	《集成》11041
平阿左戟	平阿左造徒㦷（戟）	《集成》11158
平阿左戈	平堊（阿）左戟（戈）	《集録》1135
平阿戟	平堊（阿）右造㦷（戟）	《集録》1150
平阿戈	平阿……	《集録》1151
平阿戈	平堊（阿）	《山東成》871.2
平阿左造戟	平阿左造㦷（戟）	《文物》2002 年 5 期 95 頁
平阿右散戈	平堊（阿）左簇戟（戈）	《集成》11101
平阿造戈	平堊（阿）右僕造戈	
		《出土文獻與古文字研究》（三）184 頁

　　齊地有平阿，《吕氏春秋・離俗》：“齊晋相與戰，平阿之余子亡戟得矛。”高誘注：“平阿，齊邑。”《史記・田敬仲完世家》齊宣王七年“與魏王會平阿南”，《史記・魏世家》所記與此相同。但其地望往往誤與今安徽懷遠楚地“平阿”相牽合，如《史記・魏世家》下《正義》云：“沛郡，平阿縣也。”《水經・淮水注》：“淮水又東逕當塗縣，淮之西有平阿縣故城。”《讀史方輿紀要》：“平阿城在鳳陽府懷遠縣北三十里，戰國時齊邑。”《大清一統志》：“懷遠縣西南六十里有平阿集，在平阿山下。”黄盛璋對此説提出了懷疑，指出懷遠之平阿“已深入楚地，齊地何以能至此處？頗未易解，然傳統皆以爲在此處”。孫敬明、黄錫全都認爲齊兵中的“平阿”可能是齊地“阿”邑（或稱東阿、柯）的别稱，與楚地的平阿並非一地。孫敬明指出：“……何況依舊志記載之平阿已深入楚境，故其與兵器銘刻當非一地。並且齊國陶文亦常見

‘平阿’邑名,由此知其必爲齊國重要都邑。其地亦必在齊國穩固之區。戰國時期,齊王考察都邑大夫之政績,東境有即墨,西境爲阿邑,此兩邑地位相當重要,或此平阿,即文獻之阿邑也。”①黃錫全也指出齊、楚兩地的“平阿”均見於古璽,二者寫法有別:

齊璽(《璽彙》0313)

楚璽(《璽彙》0317 翻轉)

　　前者爲典型的齊文字風格,後者“坪”字的寫法習見於楚簡帛文字中。他也認爲此平阿可能就是“阿”,在今山東省陽穀縣東北②。按,“阿”或又稱“東阿”、“柯”,《左傳·莊公十三年》“公會齊侯盟於柯”,楊伯峻注:“柯,齊邑。今山東省陽穀縣東北五十里有阿城鎮,當是故城所在。”《史記·齊太公世家》齊桓公五年:“魯莊公請獻遂邑以平,桓公許,與魯會柯而盟。”《集解》:“杜預曰:‘此柯今濟北東阿,齊之阿邑,猶祝柯今爲祝阿。’”《史記·項羽本紀》:“居數月,引兵攻亢父。與齊田榮、司馬龍且軍救東阿。”《正義》:“《括地志》:東阿故城在濟州東阿縣西南二十五里,漢東阿縣城,秦時齊之阿也。”戈銘“平阿”是否一定爲“阿”邑雖不敢遽定,但其地所造兵器甚多,其戰略位置十分突出,這是顯而易見的。

　　(7)成陽

　　　成陽辛城里戈　成䣊(陽)辛坅(城)里鈛(戈)

《集成》11154 - 55

　　成陽,楚地、齊地皆有“成(城)陽”。楚城陽見於《戰國策·楚

----

① 孫敬明:《考古發現與戰國齊兵器研究》,《考古發現與齊史類徵》,第156頁。
② 黃錫全:《介紹一件新見平阿造戈》,《出土文獻與古文字研究》第三輯,第185頁。

策》"莊辛謂楚襄王章"："襄王流揜於城陽。"又見於《包山》145 號簡："成昜卜尹成以告子司馬。"徐少華指出："楚成陽，即漢汝南郡之成陽縣，即今河南信陽市北 50 餘里的楚王城遺址。"①齊地有兩"成陽"，一在"鄄"城東南，《史記·齊悼惠王世家》："齊王懼不得脱，乃用其内史勳計，獻城陽郡。"《正義》曰："《括地志》云：濮州雷澤縣，本漢城陽縣。"此地戰國時屬齊控制範圍。另一處在今天莒縣境内，《戰國策·齊策》："燕人興師而襲齊墟，王走而之城陽之山中。"鮑彪注："城陽兗州國。莒，其縣。"諸祖耿《戰國策集注匯考》下引顧觀光説："《漢志》城陽國縣四，莒其一也。故《策》又云：'法章變姓名，爲莒太史家庸夫。'"可知此地確在莒地。此外，臨淄故城附近出土的陶文戳記有標明"𩵋（城）圖五"者，孫敬明認爲"𩵋（城）圖"即"城陽"，其地在臨淄城東四十里，今益都縣"臧臺城"，他認爲戈銘"成陽"即此地②。按，因爲此戈的出土地點不明，戈銘"成陽"爲何處之"成陽"我們已經難以考察，但從莒地的戰略位置來看，此"成陽"很可能是指莒地"城陽"。

（8）高陽

高陽劍	高𡎺（陽）左庫	《集成》11581
高陽劍	高𡎺（陽）右□徒	《集成》11592
高陽戈	高昜左	《金文總集》10.7372

　　齊邑，《太平寰宇記》："高陽故城，漢縣，《漢書》'成帝封淮陽憲王孫並爲侯'，今高密縣西北三十四里有高陽故城是也。"孫敬明認爲："高陽，齊邑，位於齊東境。……今屬昌邑，在縣城南四十里的高陽村，據稱在此發現過高陽侯漢印。由戈銘證之，此地名戰國已有。"③

---

① 徐少華：《包山楚簡釋地十則》，《文物》1996 年第 12 期，第 61—62 頁。
② 孫敬明：《考古發現與戰國齊兵器研究》，《考古發現與齊史類徵》，第 158 頁。
③ 孫敬明：《考古發現與戰國齊兵器研究》，《考古發現與齊史類徵》，第 156 頁。

（9）淳于

　　　淳于左造戈　　鼻（淳）于左舩（造）　　　《集録》1130
　　　淳于右造戈　　鼻（淳）于右舩（造）

《文物》2005 年 9 期 93 頁

　　淳于，春秋時先後爲州國、杞國都城，《左傳・桓公五年》：“冬，淳于公如曹，度其國危，遂不復。”杜預注：“淳于州國所都，城陽淳于縣也。”楊伯峻《春秋左傳注》：“淳于公即州公，國名州，都淳于，淳于在今山東省安丘縣東北三十里。”州國國滅之後，杞國曾都淳于，《左傳・昭公元年》“平秦亂，城淳于”，杜預注：“襄公二十九年城杞之淳于，杞遷都。”由戈銘來看，戰國時此地屬齊。

　　（10）安平

　　　安平右矛　　　安平右　　　　　《集成》11488－90

　　安平，春秋時爲紀國酅邑，入齊後改稱安平。《史記・田敬仲完世家》：“田常於是盡誅鮑、晏、監止及公族之强者，而割齊自安平以東至琅邪，自爲封邑。”《正義》引《括地志》云：“安平城在青州臨淄縣東十九里，古紀國之酅邑。”齊襄王曾封“田單”爲“安平君”，《史記・田單列傳》《索隱》曰：“單初起安平，故以爲號。”遺址在今淄博市臨淄區駐地辛店鎮東北 12.5 公里皇城鄉駐地。

　　（11）鄆

　　　鄆戈　　　　鄆　　　　　　　《集成》10828
　　　鄆左戈　　　鄆左　　　　　　《集成》10932

　　鄆，春秋時爲魯地，魯有東西兩鄆。《春秋・成公四年》：“冬，城鄆。”楊伯峻注：“此則西鄆。（成公）十六年傳‘公遷，待於鄆’，即此西鄆。地近於齊，……在今山東省鄆城縣東十六里。”東鄆，《春秋・文公十二年》：“季孫行父帥師城諸及鄆。”即此東鄆，此地爲魯、莒邊邑，兩國曾争此地，《左傳·昭公元年》"莒、魯争鄆，爲日久矣"，此後曾爲莒地，《左傳·襄公十二年》："莒人伐我東鄙，圍臺，季武子救臺，遂入鄆，取其鐘以爲公盤。"楊伯峻《春秋左傳注》已指出"則其時鄆在莒矣"。其地在今山東省沂水縣東北五十里，此地戰國時當屬齊，戈銘當爲東鄆。

（12）無鹽

亡鹽戈　　　亡（無）濫（鹽）右　　　《集成》10975

亡鹽即無鹽，春秋爲宿國邑，戰國屬齊。《水經·汶水注》："……其右一汶，西流逕無鹽縣之故城南，舊宿國也，齊宣后之故邑，所謂無鹽醜女也。"《大清一統志》："在東平州東二十里，春秋宿國。《隱公·元年》'公及宋人盟于宿'，戰國爲齊邑。《項羽紀》'宋義遣其子襄相齊而身送之至無鹽'。漢置縣，爲東平國治。……《元和郡縣志》：'無鹽故城在須昌縣東三十六里。'"其地《山東省古地名辭典》認爲在"今東平縣東平鎮東南 5 公里，龍山西麓無鹽村"。

（13）阿武

阿武戈　　　阿武　　　　《集成》10923
阿武戈　　　阿武　　　　《小校》10.16.1

阿武，《明一統志》："在獻縣西北三十九里，漢縣，東漢省。"《畿輔通志》："阿武故城，在獻縣西北，本漢縣屬涿郡，後漢省。《寰宇記》：故城在樂壽縣西北三十九里。"此地戰國屬何地不見於記載，黄盛璋認爲："此處爲齊、趙、燕交接之區，銘刻非三晉銘例，戈形制較古，字體亦不類燕，而地望與齊地相近，姑訂屬齊地。"[1]

---

① 黄盛璋：《燕、齊兵器研究》，《古文字研究》第十九輯，第 34 頁。

(14) 昌城

　　　昌城右戈　　　昌壴(城)右　　　　　《集成》10998

　　昌城，戰國時期有兩"昌城"，一屬齊，見《史記·樂毅列傳》："封樂毅於昌國，號爲昌國君。"《正義》："故昌城，在今淄州淄川縣東北四十里也。"此地在今臨淄故城西南四十里。另一"昌城"屬趙，見於《史記·趙世家》孝成王十年："燕攻昌壯，五月拔之。"《正義》："壯字誤，當作'城'。《括地志》云：'昌城故城在冀州信都縣西北五里。'此時屬趙，故攻之也。"其地在今河北省冀州市西北。又，《史記·趙世家》惠文王二十五年："燕周將，攻昌城、高唐，取之。"《正義》引《括地志》云："故昌城在淄州淄川縣東北四十里也。"認爲趙將"燕周"所攻的"昌城"在臨淄，此說實不可信，趙將無論如何不會攻入臨淄附近，"昌城"與"高唐"並舉，其地都應該在齊西境，此"昌城"也應是位於今河北省冀州市西北的"昌城"。戈銘"昌城"應爲齊臨淄城西南之"昌城"。

(15) 中都

　　　中都戈　　　中都　　　　　　《集成》10906

　　中都，有兩地，一爲春秋晉邑，《左傳·昭公二年》："少姜有寵于晉侯，晉侯謂之少齊。謂陳無宇非卿，執諸中都。"杜預注："中都，晉邑，在西河界休縣東南。"戰國屬趙，《史記·秦本紀》："九年，司馬錯伐蜀，滅之。伐取趙中都、西陽。"《正義》引《括地志》："中都故縣在汾州平遙縣西十二里，即西都也。"《大清一統志》："中都故城，在榆次縣東十五里。"一爲春秋魯邑，孔子曾爲"中都宰"，《史記·孔子世家》："其後定公以孔子爲中都宰，一年，四方皆則之。由中都宰爲司空，由司空爲大司寇。"《山東通志》："中都城，在汶上縣西。《郡國志》須昌縣有致密城，古中都城也。《東遊記》汶上古之中都,先聖宰於此……又故平陸城在汶上縣北境,應劭曰:古厥國也。"故址在今山東省濟寧市汶上縣汶上鎮西南十公里,次丘鄉駐地次丘村西。戰國時此地屬齊國平陸邑。

(16)高平

高平戈　　　　高坪(平)乍(作)戜(戈)　　　《集成》11020

高平,據《史記·秦本紀》:"十八年,錯攻垣、河雍,決橋取之。"徐廣引《汲冢紀年》:"魏哀王二十四年,改宜陽曰河雍,改向曰高平。"此爲魏地。齊地高平未見記載,但後漢曾在鄒縣附近設立高平侯國,《左傳·襄公二十一年》:"邾庶其以漆、閭丘來奔。"杜預注:"二邑在高平。"《大清一統志》:"高平故城,在鄒縣西南十二里,漢置橐縣屬山陽郡。後漢更名高平侯國,晋時屬高平國。"《讀史方輿紀要》:"閭丘,春秋時邾地,後爲魯平陽,在今鄒縣西三十里。"張俊成據此認爲"高平之地應在今山東金鄉與鄒縣之間"①,其説可信。從戈銘來看,後來的"高平"國很可能是因舊名而設,春秋時的高平很可能就在今鄒縣附近。

(17)鄄

鄄戈　　　　鄄　　　　　　《集成》10824
大鄄公戜　　大鄄公戜(戟)　　《集成》11051

"鄄"即"鄄",或寫作"甄"。春秋屬衛,《春秋·莊公十四年》:"單伯會齊侯、宋公、衛侯、鄭伯于鄄。"杜預注:"鄄,衛地,今東郡鄄城也。"《釋文》:"甄城,音絹……或作鄄。"戰國屬齊,後又爲趙所奪。《史記·趙世家》:"(成侯)五年,伐齊於鄄。"《正義》:"濮州鄄城縣是也。"《史記·田敬仲完世家》威王九年:"趙伐我,取甄。"《史記·田敬仲完世家》:"昔日趙攻甄,子弗能救。"《正義》:"音絹,即

---

① 張俊成:《東周齊國銘文綜合研究》,第162頁。

濮州甄城縣北。"其地在今河南省濮陽東二十里。

(18) 陰平

　　陰平劍　　　　陰(陰)平左庫之鈷(造)　　　《集成》11609

　　陰平,其地爲何處缺乏明確記載,何琳儀據《漢書·地理志》東海郡"陰平,侯國",認爲其地"在山東棗莊西南"[1]。

(19) 陽

　　陽右戈　　　　陽右　　　　　　　　　　　《集成》10945

　　陽,地名。黃盛璋認爲:"陽爲地名,或爲×陽之省稱,不能定其地名。"[2]何琳儀認爲其地在今山東沂水[3],其説應可信。陽本爲國,齊人逼徙其民而占有其地,《春秋·閔公二年》"齊人遷陽",杜預注"蓋齊人逼徙之"。《春秋大事表·齊穆陵辨》:"'齊人遷陽',今沂水縣南有陽都城。"楊伯峻《注》:"陽故城在今山東沂水縣西南。"《漢書·地理志》城陽國下有"陽都"侯國,應劭云:"《春秋》'齊人遷陽',故陽國是。"孫敬明亦贊同此説,他指出:"據地方史乘記載,沂水縣南爲城陽國陽都縣,漢城陽國治在今莒縣。由漢而推及戰國莒邑與陽邑之關係密邇,其地亦設武庫以鑄造、存放兵器,並有軍事力量防守。沂水縣出土帶銘文的齊和莒國的青銅器,亦還出土吳、黃、陳等國青銅兵和禮器。説明此地自春秋經戰國以降至漢代都具有重要的軍事地理意義。"[4]此外,燕地也有"陽",或作"唐",《左傳·昭公十四年》經"齊高偃帥師納北燕伯於陽",傳文作

---

① 何琳儀:《戰國古文字典—戰國文字聲系》,中華書局,1998年,第1394頁。
② 黃盛璋:《燕、齊兵器研究》,《古文字研究》第十九輯,第36頁。
③ 何琳儀:《戰國文字通論(訂補)》,第89頁。
④ 孫敬明:《齊境武庫戰略格局與孫子攻守之法》,《考古發現與齊史類徵》,第192—193頁。

"唐"，其地在今河北文安與大成之間，董珊認爲戈銘"陽"即此地①。按，齊地武庫一般都設置在"經濟發達、戰略地位重要、戰爭易發但領土權又比較穩定的都邑"②，此陽地已經臨近燕境，齊國是否會在此處設立武庫值得考慮。

（20）陵

陵右戟　　陵右錯(造)鍨(戟)

《集成》11062（圖三十四）

圖三十四
陵右戟（《集成》11062）

陵，地名。孫敬明在"陵"上補一"平"字，認爲此字泐損，指出戈銘"〔平〕陵"即見於齊陶文的"平陵"，戰國爲齊邑，其地在今章丘境，故址尚存③。張俊成對此説提出懷疑，"細審拓片'陵'字已近於穿下，上泐'平'字的可能性較小"④，其説可信，"陵"上似不能容下一字。何琳儀認爲"疑與今山東陵縣有關"⑤，董珊引《田敬仲完世家》齊威王謂阿邑大夫"衛取陵，子弗知"，認爲其地在"齊國西境"⑥。按：《田敬仲完世家》原文作"衛取薛陵，子弗知"，"薛陵"其地在齊之西境，但"薛陵"能否省稱爲"陵"值得商榷，"陵"究竟在何地，或者其是否爲"×陵"之省，還需要進一步研究。

（21）郖

郖左戟　郖左告(造)戟(戟)，冶膕所□。

《文物》1995 年 07 期 77 頁

---

① 董珊：《戰國題銘與工官制度》，第 195 頁注 153。
② 孫敬明：《考古發現與戰國齊兵器研究》，《考古發現與齊史類徵》，第 157 頁。
③ 孫敬明：《考古發現與戰國齊兵器研究》，《考古發現與齊史類徵》，第 158 頁。
④ 張俊成：《東周齊國銘文綜合研究》，第 158 頁。
⑤ 何琳儀：《戰國古文字典—戰國文字聲系》，第 153 頁。
⑥ 董珊：《戰國題銘與工官制度》，第 196 頁。

此戟 1987 年春山東棲霞縣唐家坡鎮村民在一座墓葬中發現①。郖，何琳儀讀爲"桓"②，但没有具體論證，張俊成指出："桓，山名，在今江蘇省銅山縣東北。《戰國策·齊策五》：'昔者齊、燕戰于桓之曲，燕不勝，十萬之衆盡。'鮑彪注：'《家語》所謂桓山，蓋在齊魯之間。''桓左'當即桓山之左庫省，此戈發現於山東棲霞，兩地相隔較遠，具體原因待考，其地望暫無從考。"③孫敬明認爲"從其銘文冶之特徵，知其冶鑄地必在長城以北，應位於臨淄附近。地或近桓臺，亦未可知。"④董珊讀爲"權"，認爲："'郖'也許可以讀爲'權'，《戰國策·齊策二》'權之難，齊、燕戰'，權地當在齊國北境與燕交界處，今地不詳。"⑤按，"郖"是否與"桓"爲一地還值得探討，與"權"關係如何也缺乏可靠的證據，"郖"地究竟在何處，還不宜論定。

(22) 浽陽

浽陽戟　　　浽陽右杖（戟）　　　《集録》1138

此戈 20 世紀 90 年代出土於山東乳山縣，戈銘"浽陽"原釋爲"汶陽"⑥，研究者也多仍其誤，何琳儀《戰國文字通論》（訂補）引此戈釋文作"浽"，其説可從⑦，他認爲"浽陽"即"膠陽"，其地在今山東高密。朱力偉認爲"浽陽應在浽水之北"，指出古"浽水"有二，一

———

① 林仙庭、高大美：《山東棲霞出土戰國時期青銅器》，《文物》1995 年第 7 期，第 76—77 頁。
② 何琳儀：《戰國文字通論（訂補）》，第 91 頁。
③ 張俊成：《東周齊國銘文綜合研究》，第 158 頁。
④ 孫敬明：《劍兵戈陣 山水巨防——由先秦兵器題銘結合地理環境來看長城在齊國軍事防禦戰略格局中的作用》，《考古發現與齊史類徵》，第 250 頁。
⑤ 董珊：《戰國題銘與工官制度》，第 193 頁。
⑥ 姜書振：《介紹山東乳山縣文物管理所藏四件銅戈》，《文物》1993 年第 4 期，第 94、17 頁。
⑦ 何琳儀：《戰國文字通論（訂補）》，第 90 頁。

處見《説文》和《讀史方輿紀要》："洨水，在（甯晉）縣南，自趙州流經縣界。又沙水在縣西南，自柏鄉縣流入縣境。《漢志》洨水至瘦陶入泜。沙河即泜水下流矣。自（趙）州以西諸水，皆合於二水以注胡盧河（今滏陽河）。"此地戰國時期屬齊、趙交界。另一處在漢沛郡洨縣附近，《漢書·地理志》沛郡"洨縣"下曰："侯國，垓下，高祖破項羽。莽曰育城。"應劭注："洨水所出，南入淮。"其地處於齊、楚交界①。按，從戰略地位上來講，在邊界設置武庫的情況較爲少見，何琳儀讀爲"膠陽"似可從，《大清一統志》："膠陽故城，在高密縣西北，漢置縣。《水經注》：'膠水又北逕膠陽。'"漢所置縣很可能是因舊名而來。

（23）建陽

　　　建陽戈　　　　　建易（陽）　　　　　　　《集成》10918

建陽，《大清一統志》："建陽故城，在嶧縣西，漢縣屬東海郡。"何琳儀也指出其地"見《漢書·地理志》東海郡，在今山東棗莊西南"②。齊地"建陽"又見於《清華簡·繫年》簡一二〇：

　　　齊與戉（越）成，以建易（陽）、邸陵之田，昌（且）男女服。

整理者指出："建易即開陽。……《水經·穀水注》：'穀水又東，經開陽門南。《晉宮閣》名曰故建陽門。'……簡文開陽當在今山東臨沂北，詳見《水經·沂水注》。邸陵當與開陽相近。"③簡文"邸陵"董珊認爲"有可能是見於《左傳》成公九年'楚子重自陳伐莒，圍渠丘'的渠丘"④。按，"開陽"本名"啓陽"，爲漢所置縣，屬於徐州東

①　朱力偉：《先秦古兵雜談》，《古文字研究》第二十六輯，第 240 頁。
②　何琳儀：《戰國古文字典—戰國文字聲系》，第 995 頁。
③　李學勤主編：《清華大學藏戰國竹簡》（貳），中西書局，2011 年，第 193 頁。
④　董珊：《吳越題銘研究》，科學出版社，2014 年，第 62 頁。

海郡，建元初爲避漢景帝諱才改爲"開陽"，遺址在今臨沂市老城①。春秋時期"齊"、"莒"皆有名"渠丘"者，齊地渠丘邑在今天淄博市桓臺縣索鎮。莒地"渠丘"即董珊先生引文中所提到的"圍渠丘"之地，遺址"在今日照市日照鎮西 25 公里，大坡鄉前山旺村附近"②。從"齊"、"莒"、"越"的地理位置關係來看，戈銘"建陽"還應以春秋屬莒、戰國屬齊的"建陽"爲宜，與在今棗莊附近的漢代建陽應該沒有關係。

（24）郲

郲左庀戈　　郲左庀　　　　　　《集成》10997

戈銘首字"𦥑"舊僅隸定作"郲"③，何琳儀釋爲"郲"④，其説可從。其地孫敬明認爲即古"千乘"之省或亦稱："齊有邑名曰'千乘'。《齊乘》：'千乘城，《郡國志》高苑縣北二十五里。古千乘縣，以齊景公有馬千駟，畋於青丘得名。縣北有青丘濼。'按'青丘濼'，即今清水泊也。位今廣饒縣境。此戈銘之'乘'從'邑'作，東周地名金文多綴加'邑'符，此乃通例。其單名曰'乘'，或即'千乘'之省。或戰國時名'乘'，後又冠之'千'字，亦不得確知。"⑤何琳儀認爲即"乘氏"："見《漢書·地理志》濟陰郡'乘氏'，注：'應劭曰，《春秋》敗宋師於乘丘，是也。'全祖望曰：'乘丘在泰山，魯地。乘氏另一邑。'按氏、丘均爲地名後綴，故'乘'、'乘氏'、'乘丘'實爲一

---

①　唐敏、尹敬梅、于英華、劉軍等：《山東省古地名辭典》，山東文藝出版社，1993年，第 110 頁。

②　唐敏、尹敬梅、于英華、劉軍等：《山東省古地名辭典》，第 173 頁。

③　劉心健：《介紹兩件帶銘文的戰國銅戈》，《文物》1979 年第 4 期，第 25 頁。

④　何琳儀：《戰國兵器銘文選釋》，《考古與文物》1999 年第 5 期，第 85 頁。

⑤　孫敬明：《齊境武庫戰略格局與孫子攻守之法》，《考古發現與齊史類徵》，第 190 頁。

地。"①按,"千乘"能否直接省稱"乘"值得懷疑,何氏所論很可能是正確的,其地在泰山附近,戰國當屬齊。

（25）平舒

　　平豫散戈　　　平豫(舒)簠鈛(戈)　《天津古史尋繹》63 頁

此戈 1983 年出土於天津市大港區沙井子村。平舒,見《史記·趙世家》:"(孝成王)十九年,趙與燕易土:以龍兌、汾門、臨樂與燕,燕以葛、武陽、平舒與趙。"徐廣曰:"在代郡。"《正義》引《括地志》云:"平舒故城在蔚州靈丘縣北九十三里也。"韓嘉谷認爲徐廣與《括地志》所説不可信,指出:"燕國給趙國的土地,武陽在易縣東南一帶,葛在高陽北。……平舒自不會遠至山西靈丘。"他認爲燕、趙易地的平舒即渤海郡的東平舒:"趙國和燕國易地所得的平舒,應即渤海郡的東平舒,和代郡的平舒同名。……但亦可直接稱平舒,《漢書·地理志》河間弓高下云'虖池別河首受虖池河,東至平舒入海',即其例。"他還指出,平舒本爲齊地北徐州,後屬燕才與趙交易。其地在今天津木門鎮北七十里西釣臺附近,此地曾出土戰國田齊陶文,證明此地在戰國時期屬於齊國實際控制範圍②。

（26）武羅

　　武羅戈　　　武羅　　　　　　《集録》1088

此戈銘文《近出》1088 釋爲"武紊",《新收》1087 釋爲"戍緐",施謝捷釋爲"武羅",其地不可確考。施謝捷指出:"武羅當是地名,確切地望無考,或許就在出土銅戈的羅村鎮附近。"他還認爲古有

①　何琳儀:《戰國兵器銘文選釋》,《考古與文物》1999 年第 5 期,第 85 頁。
②　韓嘉谷:《"平舒"戈、"舒"豆和平舒地理》,《東北亞研究——北方考古研究(四)》,中州古籍出版社,1994 年,第 312—318 頁。此文原載於《天津市歷史博物館館刊》1990 年第 3 期。

賢臣"武羅"和"武羅"複姓，戈銘或許與之有關①。

（27）豫州

　　豫州戈　　　　　豫州左庫造　　　　　《集成》11074

　　豫州，徐在國認爲即古九州之"豫州"，引《爾雅·釋地》"河南曰豫州"，認爲此戈國別爲三晉戈②。董珊認爲此戈爲齊戈，指出："舒州見《春秋》哀公十四年，'夏，四月，齊陳恒執其君，寘于舒州'、'齊人弒其君壬于舒州'。此當爲南徐州。"③按，《左傳·哀公十四年》"齊陳恒執其君，寘于舒州"，《左傳》"舒州"（《史記》作徐州）的地望有兩種觀點，或認爲其地在薛縣，或認爲其地在齊西北界上：

　　（一）《史記·齊太公世家》記此事作"庚辰，田常執簡公於徐州"，《集解》："《春秋》作舒州，賈逵曰：'陳氏邑也。'"《索隱》："徐，音舒，其字從人。《左氏》作'舒'，舒，陳氏邑。《説文》作'邾'，邾在薛縣。"《集解》、《索隱》皆認爲《春秋》之"舒州"其地在薛縣，此地爲陳氏邑。

　　（二）《史記·田敬仲完世家》記此事作"簡公出奔，田氏之徒追執簡公於徐州"，《正義》："齊之西北界上地名，在勃海郡東平縣也。"《正義》認爲此徐州在齊西北界。江永《春秋地理考實》也贊同此説，他認爲"陳恒執其君"之時滕薛還未亡，陳恒不能寘其君於薛地，云："然此舒州非薛城之徐州也，當時滕薛未亡，陳恒安得寘其君於此？"楊伯峻《春秋左傳注》也從此説。

　　按，《史記·田敬仲完世家》"田氏之徒追執簡公於徐州"，《正義》認爲"徐州"在勃海郡東平縣。檢《漢書·地理志》，漢勃海郡下轄二十六縣，其轄縣有名"東平舒"者，未見"東平縣"。今本《史記

---

① 施謝捷：《古文字零釋四則》，《古文字研究》第二十二輯，第159頁。
② 徐在國：《兵器銘文考釋（七則）》，《古文字研究》第二十二輯，第117—118頁。
③ 董珊：《戰國題銘與工官制度》，第194頁注145。

正義》“在勃海郡東平縣”當有脱誤，本應作“在勃海郡東平舒縣”。
“東平舒”，顏師古注：“代郡有平舒，故此加東。”“東平舒”是爲了與
代郡的平舒相區别才稱爲“東平舒”，本稱爲“平舒”。我們在上文
“平舒”條已經介紹，1983 年在天津市大港區沙井子村出土了一件
“平豫”戈，韓嘉谷結合相關記載認爲應讀爲“平舒”，即戰國時期此
地稱“平舒”而並不稱“舒州”，漢東平舒本是沿襲其舊稱，《左傳·
哀公十四年》之“舒州”（《史記》作徐州）而並非此地，“舒州”應在薛
縣。江永據“當時滕薛未亡”從而否定“舒州”應在薛縣的觀點是站
不住的，此時薛國雖未滅國，但齊已經蠶食其地，雷學淇《竹書紀年
義證》卷三十八“邳遷於薛”條謂：“春秋時齊侵薛之西境謂之舒州，
即《史記·齊世家》之徐州也，實爲田氏之邑。”證之薛國故城 M2
所出齊戈，可見在春秋末期齊國已經占據了薛國部分領土（參見本
章第一節相關討論），舒州等地已經在齊的控制之中。戈銘“豫州”
當即“舒州”，其地在今薛縣附近，董珊認爲即南徐州是可信的。

　　（28）夙（宿）

　　　　夙戈　　　　夙（夙）　　　　　　《集成》10822

　　夙，徐在國讀爲“宿”，並舉《儀禮·士昏禮》“夙夜毋違命”，《白
虎通·嫁娶》引夙作宿；《吕氏春秋·用民》：“夙沙之民，自攻其
君。”《淮南子·道應》夙沙作宿沙；《左傳·襄公六年》：“季孫宿如
晉。”《禮記·檀弓下》鄭注引宿作夙；晉侯蘇鐘“伐夙夷”之“夙”，夙
亦讀爲“宿”等爲證。《春秋·隱公元年》：“九月，及宋人盟於宿。”
杜預注：“宿，小國，東平無鹽縣也。”其地在今山東省東平縣稍東南
二十里[1]，此地後來屬齊，《左傳·定公十年》“馴赤先如宿”，此時
已經爲齊邑。朱力偉指出宋亦有“宿”地[2]：“另《左傳·莊公十

----

① 徐在國：《兵器銘文考釋（七則）》，《古文字研究》第二十二輯，第 116 頁。
② 朱力偉：《東周與秦兵器銘文中所見的地名》，第 10 頁。

年》：‘三月，宋人遷宿。’此‘宿’則與上有别，楊伯峻懷疑此宿即戚，本宋地，初屬周，而後宋取之。並引《元和郡縣志》卷十‘宿遷’下云‘春秋宋人遷宿之地’，認爲其地在今江蘇省宿遷縣。”徐在國、朱力偉等從風格上將此戈定爲齊戈，可從。

（29）柴

　　　柴内右戈　　　柴内右　　　　　《文物》1994(3)52頁圖2

　　此戈1977年出土於山東新泰翟鎮崖頭河邊，魏國認爲戈銘“柴”與柴縣有關：“柴縣，漢置，爲侯國。《漢書·地理志》‘泰山郡’轄縣中有‘柴’。《泰安縣志》載：‘柴縣故城，縣東南一百里，漢置屬泰山郡。’今新泰市樓德鎮有前、後柴城村，舊屬泰安縣，距泰安50公里。另據《水經·汶水注》載：‘淄水又西南逕柴縣故城北，……世謂之柴汶矣。’現柴汶河就在前、後柴城村西北約5公里處。文物普查時，前柴城村東發現有戰國時期的灰陶罐、豆、瓦當殘片及漢代的灰陶罐、筒瓦殘片，也可證明柴縣故城當在今樓德前柴城村附近。”①今從其説。戈銘“内”何琳儀讀爲“汭”②，張俊成引《小爾雅·廣器》：“水之北謂之汭。”《水經·漢水注》：“淄水又西南逕柴縣故城北……世謂之柴汶矣。”爲證，對何説加以申説③。

（30）土城

　　　土城戈　　土壁（城）佐□冶昌𠂤（㘴）鈛（戈）《集成》11211

首字作“”，黄盛璋、《集成引得》等釋爲“工”，黄盛璋猜測“……工城可能爲齊城内專造工具（包括兵器）之地”④，孫敬明

①　魏國：《山東新泰出土一件戰國“柴内右”銅戈》，《文物》1994年第3期，第52頁。
②　何琳儀：《戰國文字通論（訂補）》，第89頁。
③　張俊成：《東周齊國銘文綜合研究》，第163頁。
④　黄盛璋：《燕、齊兵器研究》，《古文字研究》第十九輯，第37頁。

讀爲"攻"①。施謝捷釋作"土"②,可從。其地未詳在何處。

(31) 黄

　　　黄戟　　　　　黄戈(戟)　　　　　《集録》1101

　　黄,于中航指出先秦"黄"地有多處,宋之"黄"邑,在今河南民
權縣東。魏之"黄"城,在魏州冠氏縣南 10 里。齊地也有"黄":
"《春秋》桓公十七年:'公會齊侯、紀侯盟於黄。'杜注:'黄,齊地。'
《春秋·宣公八年》:'公子遂如齊,至黄乃復。'江永《春秋地理考
實》指出:'公子遂如齊至黄乃復,是黄爲魯至齊所田之地。《水經
注》昌國縣有黄山黄阜近博興,則黄地其此歟。'按昌國縣在今山東
淄博市淄川東北。"他認爲此器爲戰國器,似爲齊國黄地所造③,其
説可從。

(32) 監

　　　監戈　　　　　監　　　　　　　　《集成》10893-94

　　何琳儀《戰國古文字典》認爲此戈國别待定④,董珊認爲此爲
齊戈,並讀"監"爲"闞":"監即闞,《封禪書》'蚩尤在東平陸監鄉',
《索隱》'監音闞'。春秋邾婁邑,魯昭公三十二年取闞(《公羊傳》),
《左傳》齊簡公臣有闞止,《齊太公世家》作監止,《索隱》'闞在東平
須昌縣東南也'。《魏世家》'北至平監'之'監'亦是'闞'。戰國魏、
齊邊境上邑。"⑤今暫從其説。

────────────

　　①　孫敬明:《劍兵戈陣　山水巨防——由先秦兵器題銘結合地理環境來看
長城在齊國軍事防禦戰略格局中的作用》,《考古發現與齊史類徵》,第 248—
249 頁。
　　②　施謝捷:《東周兵器銘文考釋(三則)》,《南京師大學報(社會科學版)》2002 年
第 2 期,第 159 頁注 1。
　　③　于中航:《先秦戈戟十七器》,《考古》1994 年第 9 期,第 860 頁。
　　④　何琳儀:《戰國古文字典—戰國文字聲系》,第 1451 頁。
　　⑤　董珊:《戰國題銘與工官制度》,第 198 頁。

（33）勺（復）陽

　　陳侯因咨戈　　陳厌因咨造・勺（復）昜（陽）右

　　　　　　　　　　　　　　　　　　　　　　《集成》11260

　　勺陽右戈　　　勺（復）昜（陽）右　　　　　　私人收藏 ①

戈銘"勺"舊皆釋爲"夕"，《奇觚室吉金文述》卷一〇・二三："夕昜，即夕陽，《漢志》夕陽縣屬右北平郡……《國名紀》五'昔陽故鉅鹿境，一曰夕陽'，'昔陽'見《左》昭十二年傳，《元和志》謂之夕陽城。"孫敬明認爲其地"或在齊城一帶"②。何琳儀改釋爲"勺"，認爲"勺陽"即"復陽"："見《漢書・地理志》清河郡下，在東武城北近二十公里處。戰國時代這一地區正處齊、趙兩國接壤。"③今暫從何琳儀"勺（復）陽"説。

（34）郚（邿）

　　　　郚戈　　　　　郚（邿）　　　　　　　《集成》10829

　　郚，黃盛璋釋爲"郢"，何琳儀隸定作"郚"，讀爲"執"，現在看來皆不可從。董珊據陳劍的意見，將此字讀爲"邿"，其説可從④。按，該字還見於包山簡 164 號，獨體的"夆"見於郭店簡《成之聞之》（簡 3），以"夆"爲聲的"郢"、"桿"見於者汈鐘、上博簡《姑成家父》等：

　　從而桙 ![字] （桙）之　　　上博二《容成氏》簡 44

　　□ ![字] （桙）　　　　　上博五《融師有成氏》簡 7

　　致 ![字] （告）天子　　　清華一《祭公之顧命》簡 10

---

　　①　此戈原見於"盛世收藏"網站，http://pai.sssc.cn/item/159088，網站現已經移除此戈圖片。

　　②　孫敬明：《考古發現與戰國齊兵器研究》，《考古發現與齊史類徵》，第 154 頁。

　　③　何琳儀：《古璽雜識續》，《古文字研究》第十九輯，第 473 頁。

　　④　董珊：《戰國題銘與工官制度》，第 198 頁注 182。

（梏）者（諸）庭　　　　上博五《姑成家父》簡 9

卑（譬）女（如）（羈①-梏）夫之又（有）悉（媚）妻

　　　　　　　　　清華一《皇門》簡 10

《容成氏》簡 44"從而桎羍（梏）之","桎羍"讀"桎梏"甚爲順暢,整理者李零先生指出:"羍,字見於商代甲骨文,朱芳圃釋'枷',得此可知當釋'梏'。……'桎'是足械,'梏'是手械(見《説文・木部》),此字正像手械之形。"②趙平安先生認爲"羍字象頸枷手銬之形,可能就是梏的本字"③,是完全正確的,陳劍將此字釋爲"郜",是可信的。"郜"爲姬姓國,本爲周文王庶子所封,其國都在今天山東省成武縣成武鎮東南 9 公里。其地春秋時期爲宋所滅,陳槃《春秋大事表列國爵姓及存滅表譔異》"郜國"條下論之甚詳。《左傳・隱公十年》齊、鄭、魯三國聯合攻宋,郜邑屬魯,《左傳・隱公十年》:"壬戌,公敗宋師於菅。庚午,鄭師入郜,辛未,歸於我。"此外,齊國"禚"邑亦稱"郜",《左傳・莊公二年》"夫人姜氏會齊侯於禚",《公羊傳》作"郜",楊伯峻《春秋左傳注》認爲:"禚……齊國地名。據《莊》四年傳及《定》九年傳,當爲齊、魯、衛三國分界之地,疑在今山東省長清縣境内。"此戈 20 世紀 70 年代出土於山東省臨沂境内④,戈銘"郚(郜)"疑即位於今天山東省成武縣的"郜",此地戰國時期當

<hr>

① 復旦大學出土文獻與古文字研究中心研究生讀書會《清華簡〈皇門〉研讀札記》分析此字結構爲"从古、靮聲"。http://www.gwz.fudan.edu.cn/SrcShow.asp? Src_ID=1660。

② 馬承源主編:《上海博物館藏戰國楚竹書(二)》,上海古籍出版社,2002 年,第 285 頁。

③ 趙平安:《釋"靮"以及相關諸字》,《語言》第 3 卷,首都師範大學出版社,2002 年,第 296—301 頁。又單周堯、陸鏡光:《語言文字學研究》,中國社會科學出版社,2005 年,第 32—35 頁。又趙平安:《新出簡帛與古文字古文獻研究》,商務印書館,2009 年,第 114—120 頁。

④ 劉心健:《介紹兩件帶銘文的戰國銅戈》,《文物》1979 年第 4 期,第 25 頁。

屬齊。

（35）仕斤

仕斤徒戈　　　　仕斤徒戈　　　《集成》11049－50

戈銘首字作“█”，《簠齋藏古册目並題記》第十二册第二幅認爲首字“疑仕”，《奇觚》10.17.1亦釋爲“仕”。第二字《綴遺》30.6.1誤釋作“作”，《攗古録金文》1.2.84.4釋作“斤”。首字黄盛璋釋作“切”：“第一字左從土，右從刃即刀，當是‘切’字，《奇觚》等舊有釋爲‘仕’，但所從非人旁，而是刀旁，故不得爲‘仕’。”①他認爲“切斤”即文獻中的“介根”、“計斤”、“計基”，其地在今山東高密縣東南四十里。按，論者多贊同黄盛璋的意見，並將戈銘逕寫作“切斤”。事實上，首字釋爲“切”是有問題的，黄盛璋認爲此字“右從刃即刀”是不可信的。齊文字中“人”與“刀”判然有别：

剴：█　叔夷鎛（《集成》285）

初：█　邾公華鐘（《集成》245）

割：█　曩伯子䣄父盨（《集成》4443－2）

剝：█　叔夷鎛（《集成》285－8）

人：█　鎛（《集成》271）

保：█　邾公華鐘（《集成》245）

保：█　鎛（《集成》271）

戈銘首字所從很明顯是“人”字，《奇觚》釋爲“仕”當可信，“仕斤”地

---

① 黄盛璋：《燕、齊兵器研究》，《古文字研究》第十九輯，第52頁。

望待考。

（36）箵

　　　　箵戈　　　　　箵　　　　　　《集成》10820

箵，其地待考。

（37）武

　　　　武戈　　　　　武　　　　　　《集成》10814

武，其地待考。

（38）亡![字]

　　　　亡![字]右戈　　亡![字]右　　　　《集録》1121

　戈銘“亡![字]”，于中航釋爲“亡（無）鹽”①。按，《集成》10975 號

無鹽戈中的“鹽”作“![字]”，與此字差別較大。該字疑從“辵”、“戔”

聲，“亡![字]”是否即“無鹽”的異寫，還未可知，其地待考。

（39）梟

　　　　梟之造戈　　　梟之艁（造）　　《集成》11006

梟，其地待考。

（40）茲

　　　　茲造戈　　　　茲敊（造）〔戈〕　《集成》10962

茲，其地待考。

（41）鑰頃

① 于中航：《先秦戈戟十七器》，《考古》1994 年第 9 期，第 858—860 頁。

　　鐈頃戈　　　　鐈傾・翯（鬲）

《文物》1993(4)94 頁圖一

鐈頃，其地待考。

　　以上考察了齊系兵器題銘中的鑄造地，在地名之後戈銘往往綴加"左"或"右"，如"齊墜（城）左冶所汉（洰）造"、"齊墜（城）右造車鍼（戟）冶胭"、"亡（無）鹽（鹽）右"、"平陸左戋（戟）"、"平墅（阿）左鉽（戈）"、"平墅（阿）右造戋（戟）"、"陵右錯（造）鍼（戟）"、"郎左告（造）戋（戟）"、"昌墜（城）右"、"浍陽右戋"、"安平右"、"淳于左艁（造）"、"淳于左艁（造）"、"鄆左"、"柴内右"等，其性質李學勤認爲："戈銘所謂'左'、'右'、'内右'、'徒'等，均指軍隊編制。"①山西省博物館曾入藏一件"武陽戈"，戈銘爲"武陽左"，張德光認爲："'左'係庫名，武陽左即武陽左庫之略。"②馬承源主編《商周青銅器銘文選》八六七號"陳侯因咨戈"銘文"夕陽右"註釋中也指出"右，右庫，冶鑄庫名"。此後，何琳儀③、吳振武等分別在各自的論著中指出兵器銘文中的"左"、"右"爲"左/右"庫之省，其中以吳振武論證較爲詳細，現轉述如下④：

　　齊兵器銘文中有"左庫"之稱：

　　平陽左庫。　　　　　　　　戈，《集成》17・11017

　　陰（陰）平左庫之艁（造）　　劍，同上 18・11609

　　雖還未見"右庫"之稱，但既有左庫，必有右庫。這在三晉兵器

---

　　① 李學勤：《鄦氏左戈小考》，《綴古集》，上海古籍出版社，1998年，第131頁。

　　② 張德光：《試談山西省博物館揀選的幾件珍貴銅器》，《考古》1988年第7期，第618頁。

　　③ 何琳儀：《戰國文字通論》，中華書局，1989年，第112頁。又何琳儀：《戰國文字通論(訂補)》，第279頁。

　　④ 吳振武：《趙鈹銘文"伐器"解》，《訓詁論叢》第三輯，文史哲出版社，1997年，第799頁。

中是有許多例子的。跟三晉兵器一樣,齊兵中的"左庫"、"右庫"也可以省稱爲"左"、"右",如:

平堲(阿)左	戈,《集成》17·11001
亡(無)瀶(鹽)右	戈,同上 17·10975
昌城右	戈,同上 17·10998

齊兵器銘文中"左庫"之稱除吳振武所舉的例子外,還有兩件:

| 豫州戈 | 豫州左庫造 | 《集成》11074 |
| 高陽劍 | 高壓(陽)左庫 | 《集成》11581 |

與之相參照,齊兵器銘文中的"左"、"右"理解爲"左/右"庫之省無疑是很合適的,李學勤認爲其性質爲"軍隊編制"是不確切的。明確了"左"、"右"的含義對於探討格式比較簡省的銘文含義有重要意義,兵器銘文有的僅鑄有地名,後面不綴加"左"或"右",如"平陸戈"(《集成》10925)、"武城戈"(《集成》10900)、"阿武戈"(《集成》10923)、"建陽戈"(《集成》10918);有的僅鑄有"左"或"右"(戈),並不標明地名,如:

左戈	左	《考古》1994 年 9 期 860 頁
左徒戈	左徒戈	《集成》10971
左濯戈	左濯戈	《集成》10978
右戈	右	《集成》10826
右戈	右	《山東成》870.2
右卯戈	右卯	《集成》10944
右建戈	右建	《近出》1104

這兩種格式中,前者無疑應看作"地名＋左/右(庫)"這種格式的進一步簡省。後一種格式中沒有出現具體的地名,董珊認爲:"'左(右)'也最好理解爲是'左(右)庫'之省。而且,這些'左(右)

庫'有可能是齊國中央國都所造,因爲國都的地位比較顯豁,所以可以不加地名。"①其説很可能是正確的。這裏需要説明的是對"左徒戈"銘文的理解,曾有學者將"左徒"連讀,與戰國時楚官名"左徒"相聯繫②,現在看來都是不正確的。黄盛璋指出"徒戈"與"車戈"是相對的,徒戈"乃表徒卒所用"③。"左"有學者理解爲"左軍"或"人名",認爲此戈"更可能是戰國左軍徒卒所用之戈"④。按,單就這一件"戈"的内容來説,將"左"理解爲"左軍"似乎可以,但從齊兵題銘中"左"的習慣用法來看,戈銘"左"還應看作"左庫"之省。

此外,在齊兵器題銘中也出現了在某地某種機構設立武庫的現象,如:

皇㝵(宛?)戈　皇㝵左　　　　《集成》10983-84

南㝵(宛?)戈　南㝵左　　　　《小校》10.26.3

言㝵左戈　　　言㝵(宛?)左　　《集成》10985

銘文中的"㝵"僅就形體隸定,此字或釋爲"㝵",認爲是邑的專用字;或釋爲"序",讀爲"舍"⑤;或釋爲"宛",讀爲"縣"或"館"⑥;還没有確切結論。如果此字釋爲"序",一般認爲"序"的功能類似於"講

---

① 董珊:《戰國題銘與工官制度》,第197頁。

② 蘊章、瑞吉:《山東莒南小窰發現"左徒戈"》,《文物》1985年第10期,第30頁。

③ 黄盛璋:《燕、齊兵器研究》,《古文字研究》第十九輯,第36頁。

④ 彭春燕:《左徒戈爲徒戈考》,《考古》2011年第7期,第61—64頁。

⑤ 李家浩:《先秦文字中的"縣"》,《文史》1987年第4期,第56頁注26。又李家浩:《先秦文字中的"縣"》,《著名中年語言學家自選集·李家浩卷》,第15—34頁。李家浩:《戰國文字中的"臼"字》,《出土文獻與古文字研究》第六輯,上海古籍出版社,2015年,第245—276頁。

⑥ 趙平安:《戰國文字中的"宛"及其相關問題研究——以與縣有關的資料爲中心》,《第四届國際中國古文字學研討會論文集——新世紀的古文字學與經典詮釋》,問學社,2000年,第538頁。又趙平安:《戰國文字中的"宛"及其相關問題研究》(按:該文附有補記),《新出簡帛與古文字古文獻研究》,第143—154頁。李家浩:《戰國文字中的"㝵"字》,《出土文獻與古文字研究》第六輯,第245—276頁。

武堂”,可能不止一處,能否在這樣的機構設立“左(右)”武庫,是值得懷疑的。釋此字爲“宛”,或讀爲“縣”,齊文字中已經有“縣”字,讀爲“縣”似不可從,而且“宫”還分左右,如“高宓(密)左宫(《彙考》51頁)”,顯然是不能讀爲“縣”的,讀爲“邑”也同樣不合適。或可能讀爲“苑”[①],即指“苑囿”而言,古代的苑囿主要是用於畋獵,而畋獵的一個重要作用就是練兵,如果讀爲“苑”可信,在其周圍設有“武庫”的作用,一方面可能是負責對苑囿的防護,另一方面也可能起到鑄造、保存練兵所需兵器的作用,但是否如此還需要進一步考察。

綜上,齊兵題銘中的“左”或“右”應理解爲“左/右”庫,在更爲簡省的題銘中祇保留地名或“左、右”(戈)。其中祇記地名的戈,董珊認爲:“可能是當時該地祇有一個庫,不分左右。”[②]祇記“左、右”的戈,他認爲可能是中央所造,所以不必加地名。兵器銘文中分“人名”和“地名”兩種要素,前者的身份有國君、貴族和執政者,他們是名義上的督造者,所督造的兵器很可能是配發給他們的直系部屬或私人武裝。兵器銘文中的“地名”,一般均應看作“武庫”的所在地,這些地方“武庫”所造的兵器,應主要用於國家的防禦。

需要説明的是,在“曹”、“郳”等國還存在着一種鑄造兵器的機構,一般稱爲“庭”:

曹右戈　　曹右庭敀(造)戈《集成》11070

郳左庭戈　郳左庭　　　　《集成》10969

———————

① 此意見見於裘錫圭先生在武漢大學簡帛論壇(2009)上所作題爲“談談《苦成家父》中的‘士序’”的學術報告,尚未見該文發表。該講座的視頻見於復旦大學出土文獻與古文字研究中心網站2009年8月4日網友“一上”對《求解:裘錫圭教授:談談〈苦成家父〉中的“士序”(2009簡帛論壇)》一帖的回復中,http://www.gwz.fudan.edu.cn/ShowPost.asp? ThreadID=1831。

② 董珊:《戰國題銘與工官制度》,第199頁。

　　　莀𢉩戈　　莀(?)𢉩八族戈　《集成》11085
　　　右𢉩之戈　右𢉩之戈

《中國歷史文物》2007 年 5 月 16 頁

齊戈銘文中也有類似的例子,如"鄭左𢉩戈"(《集成》10997),"𢉩"爲
何種機構一直存在爭議,何琳儀認爲是"居"的異體,應讀爲"鋸",即
文獻中的"虡"①;韓自强讀爲見於《周禮・天官・冢宰》的"胥"②,認
爲是官名。"𢉩"也可以分爲左右,從"曹右戈"銘文中可以看出,這種
機構也有造戈的功能,其作用與"庫"應當相近。董珊、程燕、趙平安、
蘇建洲等皆有讀爲"庫"的意見③。帶有"𢉩"的銘文比較少見,可能
和這種機構存在的時間或地域有關。此外,在現有辭例中我們還不
清楚銘文中的"𢉩"是否有省略的情況,如果像"庫"那樣可以省稱的
話,目前認爲"地名+左/右"都爲"左/右"庫之省的説法就要修正了。

二、齊國武庫分布與齊國軍事防禦

　　在上文中我們對齊國兵器鑄造地進行了考察,除了少數地望難
以確定外,大部分地名的位置是可以考證的,這些地方都設有主管兵
器鑄造、收藏的武庫。考察相關地點,可以瞭解東周時期尤其是戰國
時期齊國的武庫設置情況,進而可以探討齊國當時的戰略防禦格局。

(一) 齊國"武庫"設置情況考察

　　齊國武庫的設置,除少數設置在邊境上,如"阿武",其地處齊、

---

　　① 何琳儀:《戰國兵器銘文選釋》,《考古與文物》1999 年第 5 期,第 83—97 頁。
　　② 韓自强:《新見六件齊、楚銘文兵器》,《中國歷史文物》2007 年第 5 期,第
15—18 頁。
　　③ "𢉩"在《清華簡(玖)・治邦之道》中與"府"相聯稱,趙平安、蘇建洲皆認爲應讀
爲"庫",詳蘇建洲:《"𢉩"讀爲"庫"補證》,簡帛網,2019 年 6 月 10 日。

趙、燕交界,在今河北獻縣;"平舒",在天津木門鎮北七十里西釣臺;亜(鄴)地在今天河南濮陽境内①,"勹(復)陽"其地可能在今天山東武城縣北,這些地方都已經臨近邊邑。大部分武庫的設置都選擇在"經濟發達、戰略地位重要、戰爭易發但領土權又比較穩定的都邑"②,孫敬明在《考古發現與戰國齊兵器研究》《齊境武庫戰略格局與孫子攻守之法》兩文中將齊國武庫的設置情況分爲"濰淄區"(東區)和"汶泗區"(西區)兩地區,我們在此依此劃分標準進行討論。

1. "濰淄區"(東區)

我們已經考察的兵器銘文中屬於這一地區的有:

(1) 齊城	齊都臨淄
(2) 安平	淄博市臨淄區
(3) 淳于	山東省安丘縣
(4) 高陽	山東昌邑
(5) 高密	高密縣西南
(6) 淁(膠)陽	山東高密
(7) 郫	山東省沂水縣
(8) 昌城	臨淄故城西南
(9) 黄	山東淄博市淄川東北
(10) 成陽	莒縣境内(?)

濰水、淄水流域是齊國重要的經濟、文化、軍事中心,這一地區武庫設置密集,戰略地位重要,其地包括齊國故地及後來併入齊國版圖的紀、萊、莒等國家的固有領土,除"莒"邑外,在齊國東境上還有即墨這一重要城邑。燕樂毅伐齊,攻下齊國七十餘城,惟莒、即

---

① 黄盛璋認爲此戈爲衛戈。
② 孫敬明:《考古發現與戰國齊兵器研究》,《考古發現與齊史類徵》,第153—160頁。

墨兩城未下,齊人在田單的帶領下以此兩邑爲基礎,最終得以復國,可見這一地區在戰略布局上的重要意義。這一地區以齊都所在的齊城爲中心,安平、昌城、黃等拱衛在其周圍,淳于、成陽、郮、高密、高陽等城邑也是這一地區的重要城邑,對維護齊東南部的穩定具有重要意義。

2."汶泗區"(西區)

齊兵器銘文中屬於這一地區的有:

(1)	平陸	山東省汶上縣汶上鎮
(2)	平阿	山東省陽穀縣(?)
(3)	平陽	山東省鄒城
(4)	無鹽	山東省東平縣東平鎮
(5)	武城	費縣之南沂蒙地區
(6)	高平	山東金鄉與鄒縣之間
(7)	陽	山東沂水
(8)	夙(宿)	山東省東平縣稍東南
(9)	監	山東東平縣(?)
(10)	柴	山東新泰市
(11)	陰平	山東棗莊西南
(12)	建陽	山東臨沂
(13)	豫州	薛縣附近
(14)	鄰	泰山附近
(15)	郢(郜)	山東省成武縣

這一地區分布在汶水、泗水流域,地處在齊國西部,南起沂水、北接黃河,地域比較廣闊。這一地區西北、西部及南部與燕、趙、宋、衛、魯、楚等國接壤,還包括後來占據的魯、滕、薛、邾等國城邑,所以在這一地區設置的武庫相對密集,其目的也在於加强對所滅

國的軍事威懾和實際控制。這一地區以重邑"平陸"爲中心,"武城"是其南端的邊邑,在防禦楚國入侵方面具有重要意義。郚(鄐)、豫州、無鹽、平陽、建陽等或爲重要的邊邑,或爲滕、薛等國舊有的城邑,其經濟發達,戰略地位重要,這一地區對於齊國中西部及南部的穩定具有重要意義。

(二) 武庫布局與齊國軍事防禦特點

齊國在春秋時期其南部大致以長城爲界,此時長城的防禦功能對於齊國來説是十分重要的,至戰國時期齊人已經越過長城,爲了彌補戰略防禦上缺乏天然屏障的不足,統治者勢必要加强軍事防禦力量,在重要城邑密集地設置武庫就是采取的重要手段之一。

有關齊國武庫設置與齊國防禦問題,孫敬明在《考古發現與戰國齊兵器研究》、《齊境武庫戰略格局與孫子攻守之法》、《劍兵戈陣山水巨防——由先秦兵器題銘結合地理環境來看長城在齊國軍事防禦戰略格局中的作用》等文中都曾進行過很精闢的論述,他認爲從東、西區的分布形勢,可以看出齊國的軍事決策者是從疆域的穩固着眼,而後才設立冶鑄點的。冶鑄點大多設置在地勢、物産、軍事、交通優越且疆域較爲穩定的地帶,有的商業經濟發達,如城陽、高陽、昌城、平陰、平陽等,有的歷史悠久,曾是地方政治、經濟的中心,如即墨、莒、滕、薛、平阿等城邑。東西兩區在齊國疆域範圍内作兩條平行帶組合分布,南北向縱貫齊境。在各武庫區内部,城邑之間近者相距數十里,遠者未逾百里,齊境兩條武庫帶又分別處在齊國南北交通的兩條幹道上,相鄰武庫間均有通道可達,彼此通訊便利可以互相照應,相鄰城邑相連署,可以形成有機的條帶狀防禦系統。而東西兩條武庫帶之間最遠處不過數百餘里,且有長城東西連貫,橫向間兩條武庫帶之間交通也較爲便利,可互爲照應。如西區有戰事,則東區可成爲後援,沿主要通道,西行用兵。東區有戰事,則西區亦如此。兩區的北端都接天然屏障黃河,黃河在古今戰略中一直處於重要的地位,它曾是齊國邊界,也是重要的天然軍事防線。此兩區的南端,東者近海,西者近楚。從防禦格局上看,若南境之楚循海北上,則處於東西兩區的夾擊之中。燕、趙來攻黃河拒之,韓魏東侵則有西區防線可禦。由此兩區及與之相應的自然環境條件,可知戰國中晚期齊國境內的軍事防衞設置格局,即其東、西設兩防線,北疆黃河爲天塹,中間還有長城縱貫國境可憑守①。

<h2 style="text-align:center">第三節　齊系題銘與齊國
軍事制度</h2>

　　進入東周時期以後,在軍事方面改變了以往"禮樂征伐自天子出"的局面,逐漸出現了"征伐自諸侯出"的局面。各諸侯國之間彼征我伐不絕於史,揭開了"春秋無義戰"的序幕。在這樣的背景下,各國紛紛發展自己的軍力,制定了強國強兵的政治軍事目標,在進行政治改革的同時,也進行了軍事改革。齊國作爲一個東方政治強國,軍事實力也非常強大,特別是在齊桓公時期任用管仲爲相進行了一系列的改革,增強了國力,創造性地提出了"作内政而寄軍令"的軍政制度,使齊國軍事實力大增,爲齊桓公"九合諸侯、一匡天下"奠定了雄厚的基礎。在齊國題銘中也有關於齊國軍事制度的内容,本節將結合相關題銘對有關問題進行討論。

---

　　① 本段文字據孫敬明先生以下諸文改寫:孫敬明:《考古發現與戰國齊兵器研究》,《考古發現與齊史類徵》,第153—160頁。孫敬明:《齊境武庫戰略格局與孫子攻守之法》,《考古發現與齊史類徵》,齊魯書社,2006年,第188—201頁。孫敬明:《劍兵戈陣 山水巨防——由先秦兵器題銘結合地理環境來看長城在齊國軍事防禦戰略格局中的作用》,《考古發現與齊史類徵》,第245—265頁。特此説明。

一、齊兵題銘與齊國軍制概説

齊國的軍制在齊桓公時期進行了改革,此後齊國的軍事實力不斷增强,田齊取代姜齊之後,更是擴大徵兵範圍,迅速擴充軍隊,以適應當時的戰争環境。春秋及戰國時期齊國的軍制特點及前後變化等問題,徐勇《齊國軍事史》①一書已經進行了比較詳細的介紹,我們不再重複説明,本文重點考察齊系題銘中與齊國軍制有關的問題。

1. 春秋時期齊國"三軍"問題

《國語·齊語》記載了管仲在齊國進行軍事改革的措施,可以概括爲"叁其國而伍其鄙",明確提出在齊都設立"三軍":

> 管子於是制國:"五家爲軌,軌爲之長;十軌爲里,里有司;四里爲連,連爲之長;十連爲鄉,鄉有良人焉。以爲軍令:五家爲軌,故五人爲伍,軌長帥之;十軌爲里,故五十人爲小戎,里有司帥之;四里爲連,故二百人爲卒,連長帥之;十連爲鄉,故二千人爲旅,鄉良人帥之;五鄉一帥,故萬人爲一軍,五鄉之帥帥之。三軍,故有中軍之鼓,有國子之鼓,有高子之鼓。……君有此士也三萬人,以方行於天下,以誅無道,以屏周室,天下大國之君莫之能禦。"

《管子·小匡》篇記載與此相同,又記載"爲高子之里,爲國子之里,爲公里,三分齊國,以爲三軍"。由以上記載可知,齊國所設立的"三軍"每軍由一萬人構成,分別由齊公、高子、國子指揮,這三萬人都來自齊國的"士鄉",其性質屬於常備軍,"他們是從事征戰的正式武裝,爲齊國軍隊的主力"②。在齊系題銘中也有關於"三軍"的

---

① 徐勇:《齊國軍事史》,齊魯書社,1997年。
② 徐勇:《春秋時期齊國的軍事制度初探》,《管子學刊》1998年第3期,第49頁。

相關記載：

　　(1) 齊三軍圍釐（釐—萊），衰（崔）子執鼓。

（庚壺，《集成》9733）

　　(2) 余命女（汝）政于朕三軍。　　（叔夷鎛，《集成》285.1）

　　(3) 敻穌（和）三軍徒旃雩（與）乒（厥）行師。

（叔夷鎛，《集成》285.2）

　　李家浩認爲“庚壺”作於齊景公二年①，“叔夷鎛”的時代我們在本書第二章已經指出屬於齊莊公、景公之世。兩器時代接近，文中都提到“三軍”，説明齊國在春秋中期的確建立了“三軍”，並且由國君和正卿統帥。“庚壺”中的“崔杼”又稱“國武子”，曾弑莊公並立景公爲君，在景公時期，秉持齊國國政，曾任齊國右相，也是齊國的權臣。

　　在擴充軍隊的同時，齊國統治者還采取了“輕過而移諸甲兵”的措施來保證武器裝備的充足配備，見於《國語·齊語》：

　　　桓公問曰：“……齊國寡甲兵，爲之若何？”管子對曰：“輕過而移諸甲兵。”桓公曰：“爲之若何？”管子對曰：“制重罪贖以犀甲一戟，輕罪贖以鞼盾一戟，小罪讁以金分，宥間罪。索訟者三禁而不可上下，坐成以束矢。美金以鑄劍戟，試諸狗馬；惡金以鑄鉏、夷、斤、斸，試諸壤土。”甲兵大足。

《管子·小匡》中也有相類的記載：

　　　管子對曰：“……夫齊國寡甲兵，吾欲輕重罪而移之於甲兵。”公曰：“爲之奈何？”管子對曰：“制：重罪入以兵甲犀脅二戟，輕罪入蘭盾鞈革二戟，小罪入以金鈞，分宥薄罪入以半鈞。無坐

---

① 李家浩：《庚壺銘文及其年代》，《古文字研究》第十九輯，第89—101頁。

抑而訟獄者,正三禁之而不直,則入一束矢以罰之。美金以鑄戈
劍矛戟,試諸狗馬。惡金以鑄斤斧鉏夷鋸欘,試諸木土。”

這種以“犀甲一戟”等贖刑的政策在齊系題銘中也有所反映,在戰
國時期的“子禾子釜”銘文中記載了“關人”如弄虛作假等被發現要
按“中刑”、“大辟”的方式進行處罰,如果請求赦免要支付不同數量
的贖資:

> 女(如)關人不用命,則寅之(?)御關人□□亓(其)事。中
> 刑乓(厥)迯(遂),贖台(以)[金]半鉤(鈞)□□亓(其)□。大
> 辟乓(厥)迯(遂),贖台(以)□犀。

銘文中“大”、“乓”的釋讀從李家浩《齊國文字中的“遂”》①一文的
相關意見,他認爲“中刑乓(厥)迯(遂),贖台(以)[金]半鉤(鈞)”、
“大辟乓(厥)迯,贖台(以)□犀”與《管子・小匡》“小罪入以金
鈞”、《國語・齊語》“重罪贖以犀甲一戟”文義相似,無疑是可信的。
他還指出“迯(遂)”是作爲“赦免之義來用的”,也是十分精闢的意
見。結合傳世文獻和出土銘文的相關記載,可見齊國的確爲籌措
軍備實行過“贖刑”的制度,這對於齊國兵制和法律研究來説都是
非常有意義的。

2. 東周時期齊國兵種

春秋時期各國的主要兵種有“車兵”、“徒兵”、“騎兵”、“舟兵”,
齊國作爲軍事強國,以上兵種都應具備。“車兵”、“徒兵”在《左傳》
中多有記載,二者在戰爭中的地位不同時期存在着差別,在春秋時
期主要進行車戰,徒兵爲輔。從春秋晚期開始,戰爭規模擴大,徒
兵的作用開始凸顯,車兵的重要性有所下降。在齊兵器銘文中也

---

① 李家浩:《齊國文字中的“遂”》,《湖北大學學報(社科)》1992 年第 3 期,第
30—37 頁。又《著名中年語言學家自選集・李家浩卷》,第 35—52 頁。

有關於徒兵和車兵所用兵器的内容：

    (1) 齊城右戟　　齊城子造車鏃(戟)，右中。　　《鬱華閣》468.3

    (2) 齊城右造戟　齊坐(城)右造車鏃(戟)冶胺　《集成》11815

    (3) 齊城造車戟　齊坐(城)左冶胺，所(?)□造車鏃(戟)

                                      《新收》1983

    (4) 陳戈　　　　陳■車戈　　　　　《集成》11031

    (5) 陳豫車戈　　陸(陳)豫車戈　　　《集成》11037

    (6) 國楚戈　　　國楚造車戈　　　　《考古》2000(10)56 頁

    (7) 陳子翼戈　　陸(陳)子翼徒戈　　《集成》11086

    (8) 陳尔徒戈　　陸(陳)尔徒　《文物》1993(4)94 頁圖一 3

    (9) 陳子山徒戟　陳子山徒戗(戟)　　《集成》11084

    (10) 武城戈　　　武戠(城)徒戈　　　《集成》11024

    (11) 平阿左戟　　平阿左造徒戗(戟)　《集成》11158

    (12) 仕斤徒戈　　仕斤徒戈　　　　　《集成》11049

    (13) 左徒戈　　　左徒戈　　　　　　《集成》10971

    (14) 子□徒戟　　子□徒戗(戟)　　　《集録》1132

  (1)—(6)爲"車戈"，當是車兵所用兵器，(7)—(14)爲徒兵所用武器，這些武器平時都存放在武庫之中，戰時發放給士兵。此外，叔夷鎛銘文中還有"斁穌(和)三軍徒旝雩(與)乒(厥)行師"的記載，其中"徒旝"連言，郭沫若在《兩周金文辭大系圖録考釋·叔夷鐘》中認爲"旝""殆幢之古文，《周禮·地官》稍人'作其同徒輂輦'，彼同徒即此徒旝，殆猶師旅師旗之謂也。舊或解《周禮》之同爲'終十爲同'，本銘可證其是"，馬承源主編《銘文選》也讀爲"幢"並指出"幢，即旌旗，戎車建旗，徒言徒卒，旝言車兵"[1]，董珊也指

---

①　馬承源主編：《商周青銅器銘文選(四)》，第 541 頁。

出"徒指徒兵,同似乎是指車兵"①,認爲"旟"是指車兵很可能是正確的。此外需要指出的是,士兵生前所用的兵器,在士兵退役時可能也允許一部分帶回故里,戰死的士兵和正常死亡的士兵都有兵器陪葬的現象,在平度東嶽石曾發掘 20 餘座墓葬,其中 7 座有兵器陪葬,孫敬明認爲墓主人就是普通士兵②。

春秋時期齊國是否有騎兵的問題文獻缺乏記載,戰國時期齊國已經出現了騎兵,《孫子箋》"齊宣王以文騎六百匹伐燕",可見騎兵已經出現在齊國對外征伐的戰場上,祇不過因爲騎兵對戰爭環境的要求比較高,所以始終在戰爭中充當急先鋒的作用,其應用遠没有徒兵廣泛。齊國是否有"舟軍"的問題,史無明文,研究者一般據《左傳·哀公十年》吳國"帥舟師,將自海入齊。齊人敗之,吳師乃還"的記載進行推測,認爲吳國當時爲舟師強國,齊國能戰勝吳國的這次入侵,説明"齊國春秋中後期當也擁有實力不弱的舟兵"③。事實上,在齊系題銘中有關於齊國"舟師"的記載,爲春秋時期齊國是否有"舟師"這一問題給出了答案。"庚壺"銘文中載"庚率百乘舟入莒",還有從"河"伐某地的記載,這些都説明至遲在齊景公時期齊國已經將大規模的舟師運用在戰爭中,舟師在齊國開始出現無疑還要更早一些。齊國東部濱海,國内河道縱横,南鄰吳楚都是水軍強國,在這種情況下,齊國也必須要發展水軍,以鞏固海疆安全。

二、齊系符節題銘考察

從春秋中期開始,隨着戰爭領導權的下移,各國的卿、大夫權

---

① 董册:《戰國題銘與工官制度》,第 196 頁。
② 孫敬明:《考古所見戰國齊兵器種類及有關問題》,《考古發現與齊史類徵》,第 151 頁。
③ 徐勇:《春秋時期齊國的軍事制度初探》,《管子學刊》1998 年第 3 期,第 50 頁。

利越來越大,甚至出現了架空君權、左右君主廢立的情況,他們同時也將軍權牢牢地控制在自己的手中,"並以國君名義發號施令,爲爭奪政治權利和經濟利益對其他諸侯國或本國的其他卿大夫進行討伐征戰"①,至春秋晚期這種局面愈演愈烈,各國皆有强卿大宗存在,晉國"三家分晉"和齊國"田氏代齊"就是這種局面的進一步升級。進入戰國時期以後,各國紛紛進行變法圖强,進行一系列政治、經濟、軍事改革,在軍事方面所進行的改革最主要的目的就是將軍權集中到國君手中,旨在實現軍權的高度集中。在這樣的背景下,"兵符制度"得以廣泛實施,國君通過符節的頒授來間接達到控制軍權及將領的目的,與符節有關的歷史事件最著名的要數魏信陵君"竊符救趙"的故事。傳世先秦兵符數量很多,羅振玉所輯《增訂歷代符牌圖録》中就曾著録數件,"兵符"一般作獸形,其中以虎形比較常見,上面鑄有銘文,銘文内容一般爲兵符的授予對象和使用制度,整件器從中間對剖,下部分別有榫和孔,右半留在國君處,左半派發給駐守的將領。如要調動軍隊,國君派人持符與將領"合符"後才能調動軍隊。關於兵符的使用制度,秦杜虎符(《集成》12109)銘文記載得最爲直接:

> 甲兵之符,右才(在)君,左才(在)杜。凡興士被(披)甲,用兵五十人呂(以)上,必會君符,乃敢行之。燔隊(燧)事,雖母(毋)會符,行殹(也)。

符銘嚴格規定了左右兩部分的歸屬及調動多少以上軍隊就要使用虎符,同時也規定了如出現緊急情況"燔隊(燧)事",没有符節也可以出兵。這件虎符可以説明當時兵符制度的使用情況。

齊國也有符節類銘文傳世:

---

① 徐勇:《齊國軍事史》,第 17 頁。

填丘牙（與）塿綪弁（偏）將軍信節

（偏將軍虎節，《歷史博物館館刊》1993 年 2 期）

填丘牙（與）塿綪辟（嬖）大夫信節（辟大夫虎節，《集成》12107）

乘邑□□□ （乘邑虎符，《集成》12087）

偏將軍虎節、辟大夫虎節銘文都作兩行，左行文字二者相同，右行存在差異。銘文釋文據李家浩《貴將軍虎節與辟大夫虎節》①一文的相關意見寫定，銘文中"填丘"、"塿綪"他認爲皆是地名，並讀"填"爲"營"，認爲"營丘"即齊都"臨淄"，"塿綪"地望已不可考。按，《史記·齊世家》："於是武王已平商而王天下，封師尚父於齊營丘。"又："胡公徙都薄姑，而當周夷王之時。哀公之同母少弟山怨胡公，乃與其黨率營丘人襲攻殺胡公而自立，是爲獻公。獻公元年，盡逐胡公子，因徙薄姑都，治臨菑。"需要指出的是，齊國初封之地"營丘"地望舊有"臨淄"和昌樂"營陵"之爭。通過 20 世紀 60 年代以來對臨淄的幾次考古發掘，考古學者一般認爲"目前在没有發現新的可靠證據之前，臨淄作爲西周初年太公所都之營丘的可能性不但不能排除，而且可能性最大"②，後來齊獻公之時曾對"營丘"舊城進行了擴建，擴建後的新城已經緊鄰"淄水"所以稱"臨淄"又稱"齊城"，"營丘"的實際範圍要小於後來的齊都"臨淄"。《水經·淄水注》："淄水又北逕其城東，城臨淄水，故曰臨淄，王莽之齊陵縣也。《爾雅》曰：'水出其前左爲營丘。'武王以其地封太公望，賜之以四履，都營丘爲齊。……今臨淄城中有丘，在小城內，周回三百步，高九丈，北降丈五，淄水出其前，逕其左，故有營丘之名，與《爾雅》相符。城對天齊淵，故城有齊城之稱。"《太平御覽》五十三引《齊地

---

① 李家浩：《貴將軍虎節與辟大夫虎節——戰國符節銘文研究之一》，《歷史博物館館刊》1993 年第 2 期，第 50—55 頁。

② 山東省文物考古研究所：《臨淄齊故城》，文物出版社，2013 年，第 549 頁。

記》:"營丘在臨淄小城内,古以爲齊室也。丘小周三百餘步,高九丈,北廂下降丈五。"《爾雅》及《太平御覽》所引《齊地記》都認爲臨淄小城内的土丘即"營丘",現在可知這種認識是不正確的。通過考古發掘,已經探知臨淄小城内的土丘(即"桓公臺")底層文化遺存應屬戰國時期,小城應爲戰國時期田齊政權所營建①。目前,考古學者多認爲"營丘"應位於大城東北部河崖頭村西南的韓信嶺一帶②。

據《戰國策·齊策》"蘇秦爲趙合從説齊宣王"章:"臨淄之中七萬户,臣竊度之,下户三男子,三七二十一萬,不待發於遠縣,而臨淄之卒,固以二十一萬矣。"當時的"齊都"的確是稱爲"臨淄"。此外,"齊城戈"(《集成》10985、11815)及《銀雀山漢簡·禽龐涓》"齊城"、"高唐"並稱,也説明《水經注》"故城有齊城之稱"的記載是可靠的。由此觀之,戰國時齊都久已不稱"營丘",所以上引李先生文認爲節銘"填丘"即"營丘"值得商榷,其確切地望雖待考,但與"營丘"應無必然聯繫。

偏將軍虎節中的"弁"原作"", 李家浩在文中認爲此字釋"貴"或"弁"皆有可能,他釋爲"貴",讀爲《左傳》"鋭司徒"之"鋭"。讀"辟大夫"爲"壁大夫",認爲二者分别主管"鋭兵"和"壁壘"。還認爲"牙"當讀爲"與","賜予"之意,這兩件節分别由填丘頒發給"塿絆"的"貴將軍"和"辟大夫"。""字裘錫圭先生在稱引此節時作"弁(偏)",認爲應讀爲"偏"③,其説可從。"偏將軍"一職見於

---

①　山東省文物考古研究所:《臨淄齊故城》,第 543 頁。

②　王恩田:《關於齊國建國史的幾個問題》,《東岳論叢》1981 年第 4 期,第 91 頁。賈鴻源:《齊都臨淄復原研究》,陝西師範大學碩士學位論文,2015 年,第 14—15 頁。

③　裘錫圭:《推動古文字學發展的當務之急》,《學術史與方法學的省思——中研院歷史語言研究所七十周年研討會論文集》,歷史語言研究所,2000 年。又,"復旦大學出土文獻與古文字研究中心"網站,http://www.gwz.fudan.edu.cn/SrcShow.asp? Src_ID=210#_ednref6。

今本《老子》第三十一章：“是以偏將軍居左，上將軍居右。”《郭店·老子(丙)》簡 8 所記與之相同，祇是表示“偏”這個詞的字寫作“𢎨”，乃“鞭”字的簡寫，後來分化出“卞”字[1]。“𢎨”與“弁”同爲並母元部，用“𢅳”或“𢎨”來表示“偏”，應該屬於齊系與楚系文字用字存在差異的現象。“辟大夫信節”之“辟”，陳偉武讀爲“嬖”，並引《左傳·昭公元年》“子晳上大夫，女嬖大夫，而弗下之，不尊貴也”，《國語·吳語》“十行一嬖大夫”韋昭注“嬖，下大夫也”爲證[2]，其説可從。乘邑虎符今僅存一半，祇能辨識出“乘”、“邑”二字，其性質也應是中央授予“乘”邑守將的憑證。

　　以上這三件節屬於兵符性質，都是由上級直接配發給地方守備武官，可見在齊國戰國時期也實行了以符節控制地方軍事指揮權的制度。在齊系題銘中還有幾件節，但其性質與此應有別：

懲節	懲節	《集成》12089
熊節	亡縱一乘	《集成》12092
□節大夫馬節	□節大夫從(?)五乘	《集成》12090
節節	節	《集成》12086

以上所列銘文“懲”可能爲地名，熊節和馬節有“縱-乘”、“從(?)五乘”的字樣，其性質很可能是調遣兵車的憑證。“節節”的形制與以上這幾件有別，作筒狀，祇有一“節”字，其真僞是否存在問題已不得而知。此外，《集成》12088 也著録一件筒形器，此器形狀《商周金文通鑒》19050 號指出：“圓管形，口部加大而厚實，頸部有兩道箍棱，箍棱之上有一斜齒。”上有銘文二字“麿展”，其含義不甚清楚。這兩件所謂“節”形制與常見作獸形者不同，後者有些接近“蓋

---

[1]　劉釗：《郭店楚簡校釋》，福建人民出版社，2003 年，第 40 頁。
[2]　陳偉武：《簡帛兵學文獻探論》，中山大學出版社，1999 年，第 132 頁。

弓帽",且銘文含義不明,能否都稱爲"節"值得討論。

三、齊系題銘與軍功獎勵制度

戰國時期,各國大都實行"軍功爵"制,即按照殺敵的數量多寡來衡量戰功,在這方面秦國做得尤爲突出,《商君書·境内》載:"能得甲首一者,賞爵一級。"這種政策極大地激勵了戰士的戰鬥熱情,秦國被稱爲"尚首功"之國,《鹽鐵論·相刺》"昔者商鞅相秦,後禮讓,先貪鄙,尚首功,務進取",就是基於這樣的背景。齊國在戰國時期較早地實行了"軍功爵"制,如"齊將田嬰從田忌伐魏救韓,戰功卓著,於威王二十三年被任爲相,封於彭城。威王三十四年,又改封薛,賜號靖郭君。又如,田單堅守即墨孤城,以火牛陣打敗燕軍,被齊襄王封於安平,賜號安平君"①。

戰國時期齊系題銘中尚未見到關於軍功賞賜的記載,我們衹能從文獻的相關記載來考察這一問題。與此不同的是,在春秋時期的銅器銘文中存在關於軍功賞賜的記載。鮑叔牙曾輔佐齊公子小白(即後來的齊桓公)戰勝"公子糾"集團從莒國返國登上君位,齊桓公要任鮑叔牙爲宰,鮑叔牙推辭並舉薦管仲,見《國語·齊語》:"桓公自莒反於齊,使鮑叔爲宰,辭曰:'臣,君之庸臣也。君加惠於臣,使不凍餒,則是君之賜也。若必治國家者,則非臣之所能也。若必治國家者,則其管夷吾乎。'"鮑叔牙及其子孫的情況還見於《史記·管晏列傳》:"鮑叔既進管仲,以身下之。子孫世禄於齊,有封邑者十餘世,常爲名大夫。"除此之外,關於鮑叔牙的具體賞賜内容等不見於史傳。春秋時期的"鮑鎛"爲鮑叔牙後人所作,在稱述祖先鮑叔牙功業時提到了齊桓公對他的賞賜:

---

① 徐勇:《齊國軍事史》,第 57 頁。

　　鞄（鮑）叔又成袋（勞）于齊邦，庆（侯）氏易（賜）之邑二百
又九十又九邑與鄩之民人都嗇（鄙）。庆（侯）氏從達之曰：
枼（世）萬至於辝（台）孫子勿或俞（渝）改。　　　　《集成》271

　　由銘文可知對鮑叔牙的賞賜包括"邑"與"鄩之民人都嗇（鄙）"
兩部分内容，此處的"邑"當然不是那種一般意義上的"都邑"，其性
質朱鳳瀚等人認爲可能"是指當時的農村基層聚落，即《國語·齊
語》'制鄙三十家爲邑'之邑"①，其説是非常正確的。按"三十家爲
邑"計算，賞賜鮑叔的"二百又九十又九邑"將近有九千家，相當於
後世所説的"萬户侯"，可見賞賜十分豐厚，更重要的是這些賞賜齊
君還承諾世世代代不准收回，"勿或俞（渝）改"即不准改變之意。
以上這些賞賜雖然與嚴格意義上的軍功不同，但是在賞賜標準和
内容上可作爲參照，況且在權利爭奪的過程中也必然伴隨着軍事
衝突，管仲射中桓公帶鉤即典型的例子，從這種意義上説，認爲桓
公對鮑叔的賞賜帶有軍功賞賜的色彩也是合理的。
　　在戰爭中因功獲賞的例子見於"庚壺"銘文和"叔夷鎛"銘文，
"庚壺"銘文記載"庚"在參加"圍萊"、"入莒"等數次戰爭過程中都
有所斬獲，在"獻俘"之後，國君稱讚了他的勇猛，並進行了三次賞
賜。前兩次的賞賜内容銘文較爲清楚，分别爲"商（賞）之台（以）邑
嗣（司）、衣裘、車馬"、"商（賞）之台（以）兵鞻（甲）車馬"。叔夷鎛中
也有相類的賞賜内容，因爲叔夷"娑（功）袋（勞）朕行師"、"肇（肇）
勄（敏）于戎攻（功）"對他進行了賞賜，"余易（賜）女（汝）戲（釐—
萊）都滕劑，其縣三百"、"余易（賜）女（汝）車馬、戎兵、戲（釐—萊）
僕三百又五十家"，"戲（釐—萊）僕"的性質當與西周金文中的"僕
庸"相類似。

━━━━━━━━━━

　　①　張政烺著，朱鳳瀚等整理：《張政烺批注兩周金文辭大系圖録考釋》，第 141 頁
注 11。

　　綜上，由齊系題銘的相關記載可以發現，春秋時期在戰爭結束以後對軍功卓著的將領一般都予以豐厚的賞賜，賞賜内容除委任以相關職務外，還包括"衣裘"、"車馬"、"戎兵"、"兵甲"、"城邑"及附屬的僕役等。這種制度在戰國時期仍然延續，賞賜内容也發生了變化，並出現了"封君"制度。

第四章

齊系題銘與相關政治、 行政制度研究

　　在歷史研究中，國家的官制、行政區劃等制度往往是人們關注的重點，結合相關文獻記載，人們已經對西周以來的官制、行政區劃等制度有所瞭解。出土銘文中也有與職官相關的大量材料，這些材料極大地豐富了人們對當時職官系統設置情況的認識，爲探討當時的相關政治、行政制度提供了寶貴資料。在本章中我們將結合齊系題銘中的相關材料，對官制、行政區劃設置等内容進行討論。

第一節　齊系題銘與官制研究

　　齊系題銘中所見的職官主要見於金文、璽印等材料，與齊國官制相關的材料最多，魯、邾、滕等國次之。相比較而言，除齊國外，各國職官内容衹見於春秋時期的銅器銘文中，而且數量較少，各國材料很不均衡。齊國除了金文中保存少量官制材料以外，爲數不少的具有齊國文字風格的璽印也可以作爲探討齊國戰國時期官制的材料。在本節中，我們首先對見於銅器銘文的各國職官進行考察，然後重點考察見於齊系題銘的東周時期齊國職官。

一、齊系題銘所見諸國職官概説

（一）魯國

魯國題銘中的職官祇見於春秋時期的金文中，春秋時期魯國職官設置情況顧棟高《春秋大事表》之《列國官制表》部分有所羅列，趙曉斌《春秋官制研究》一文對春秋時期魯國職官設置情況進行了考察。趙文將魯國職官分爲"魯國公室職官"和"卿大夫家臣"兩部分進行考察，前者又分爲"内朝官"和"外朝官"。爲方便討論現將相關職官羅列如下①。

1. 公室内朝官

包括太宰、左宰、宰人（宰夫?）、宗伯（宗人）、大史、祝（太祝）、卜人、太師、師、傅、左師、御人、戎御、戎右、匠師、馹乘、虎臣、侍人、僕人、府人、工、内小臣、校人、圉人、巾車、巫等。

2. 公室外朝官

包括司徒（冢卿）、司馬、司空、司寇（大司寇）、左右司馬、少司寇、司士、士師、隧正、正夫、工正、輪人、周人、輿人、隸人、虞人（山人）、縣人、賈正、委吏、乘田、少正、行人、亞旅、司鐸、邊人（疆吏）、司歷（日御）、邑大夫（邑宰）、司里（里人）、官（館）人、外史等。

3. 卿大夫家臣

包括家宰（老）、邑宰、司馬（馬正）、司徒、司宫、豎、祝宗、宗老、

---

① 趙曉斌：《春秋官制研究——以宗法禮治社會爲背景》，浙江大學博士學位論文，2009年，第175—194頁。

圉人、閽人、工師、車(車士)、御騶、饔人、車右等。

內朝官與外朝官的區別在於服務對象不同,內朝官主要負責公室家政,外朝官主要負責國家公務的處理,《國語·魯語》:"天子及諸侯合民事于外朝,合神事于內朝;自卿以下,合官職於外朝,合家事於內朝,……上下同之。"就是對這種制度而言的。以上所列各種職官的執掌,趙文已經進行了比較詳細的梳理,本文不再論述。

見於魯國題銘的職官主要有宰、大宰、大左司徒、大司徒、司徒、少司寇等,詳情如下:

1. 宰、大宰

(1) 魯大宰籩父乍(作)季姬牙䥅(媵)餿(簋)

(魯大宰原父簋,《集成》3987)

(2) 魯宰馹父乍(作)姬雅䥅(媵)鬲

(魯宰馹父鬲,《集成》707)

"宰"這一職官在甲骨文和商末的銅器中就已經出現,西周早期,職官名"宰"在銅器銘文中較爲少見,西周中期開始在銘文出現了大量關於"宰"的記載,針對這種現象張亞初、劉雨在《西周金文官制研究》一書中認爲:"這似乎表明宰這一職官,在西周早期的政治生活中還不是一種活躍的重要人物。到西周中晚期,他們在政治生活中越來越起重要的作用。"見於西周金文的"宰"主要職務爲"管理王家內外事務,傳達宮中之命"和"在賜命禮中作儐右或代王賞賜臣下"[1]。春秋時期魯國在中央有"大宰"、"左宰"之職("大宰"一職我們下文再作討論),"左宰"見於《左傳·襄公二十三年》:"故公鉏氏富,又出爲公左宰。"地方都邑還有"邑宰",《孔子家語·

---

[1] 張亞初、劉雨:《西周金文官制研究》,中華書局,1986 年,第 40 頁。

相魯》:"孔子初仕爲中都宰。""魯宰駟父鬲"稱爲"宰",應屬於中央一級的職官,其具體職掌應以管理公室相關事務爲主。

"大宰"一職在西周金文中未見,主要見於東周銘文,齊、魯、江等國都有"大宰"一職。傳世典籍中,魯國"大宰"的相關記載僅見於《左傳·隱公十一年》"羽父請殺桓公,將以求太宰",杜預注:"太宰,官名。"孔穎達《正義》云:

> 《周禮》:"天子六卿,天官爲大宰。"諸侯則并六爲三而兼職焉。《昭四年傳》稱季孫爲司徒,叔孫爲司馬,孟孫爲司空,則魯之三卿無大宰也。羽父名見於經,已是卿矣,而復求大宰,蓋欲令魯特置此官以榮己耳。以後更無大宰,知魯竟不立之。

孔穎達認爲魯不立太宰之官。事實上,在"魯大宰原父簋"銘文中"邍父"即任"大(太)宰"一職。史書中對於"太宰"一職的記述比較少的原因,《魯國史》一書認爲:"春秋初魯可能還仍有此官,其後公室衰微,尤其是三桓三分公室以後,其職已不受重視,故不見於經傳也不足爲奇。""大(太)宰"的職掌"當以佐君治理公室爲主,類後世的公室總管。"[①]同時可能也有執政官的性質[②]。

2. 司徒、大司徒、大左司徒

(1) 魯嗣(司)祒(徒)中(仲)齊肈(肇)乍(作)皇考白(伯)走父寶它(匜)

(魯司徒仲齊匜,《集成》10275)

(2) 魯嗣(司)祒(徒)中(仲)齊肈(肇)乍(作)般(盤)

(魯司徒仲齊盤,《集成》10116)

---

① 郭克煜、梁方健、陳東、楊朝明:《魯國史》,人民出版社,1994年,第157頁。
② 趙曉斌:《春秋官制研究——以宗法禮治社會爲背景》,第176頁。

　　(3) 魯大嗣(司)徒子中(仲)白(伯)其庶女媹(屬)孟姬
媵(媵)它(匜)　　　　　　　　(魯大司徒子仲伯匜,《集成》10277)

　　(4) 魯大嗣(司)徒厚氏元乍(作)蕭(膳)匿

　　　　　　　　　(魯大司徒厚氏元鋪,《集成》4689－4691.2)

　　(5) 魯大左嗣(司)徒元乍(作)蕭(膳)鼎(鼎)

　　　　　　　　　　　　(魯大左司徒元鼎,《集成》2593)

　　(6) 魯大左嗣(司)徒元乍(作)歙(飲)盂

　　　　　　　　　　　　(魯大司徒元盂,《集成》10316)

　　"司徒"是周代職官體系中"三司"(司徒、司馬、司工)之首,早
期金文中一般寫作"司土"(盝司土幽尊,《集成》5917)。《周禮·地
官·司徒》:"惟王建國,辨方正位,體國經野,設官分職,以爲民極。
乃立地官司徒,使帥其屬而掌邦教,以佐王安擾邦國,教官之屬。"
其屬官有"大司徒"一人,"少司徒"二人。上列魯國銅器銘文
中(1)、(2)爲同一人所作器,其官職爲"司徒";(3)、(4)分別爲
"中(仲)白(伯)"、"厚氏元"所作器,二者的官職爲"大司徒";
(5)、(6)爲名"元"者所作器,其職爲"大左司徒"。值得注意的
是,(6)魯大司徒元盂其出處曾毅公《山東金文集存》記載:"民國二
十一年(1932年)出曲阜孔林旁之林前村,現藏齊魯大學,同出尚
有豆等,已不知何歸。"(4)魯大司徒厚氏元鋪據《殷周金文集成》所
記也出土於"山東曲阜林前村",則兩器當爲同時出土,"元"與"厚
氏元"應該就是同一人。其職既言"大左司徒"又言"大司徒","元"
可能曾先後擔任過此二職。與"左司徒"相對應還應該有"右司
徒",二者可能皆爲"大司徒"之屬官。魯"厚氏"爲魯孝公子惠伯
革(一作鞏)之後,《魯國金文編注》:"《禮記·檀弓上》《正義》引《世
本》:'孝公生惠伯革(鄭注革作鞏),其後爲厚氏。'《潛夫論·志氏
姓》:魯之公族有后氏。《左傳·昭公二十五年》有郈昭伯,是知

厚、后、邱通用。元爲厚氏族，故名厚氏元。"①《周禮·地官》記載
"大司徒"之職爲"掌建邦之土地之圖，與其人民之數，以佐王安擾
邦國"，本爲掌管"土地"、"人數"之官，由魯國銘文可知"中（仲）
齊"、"中（仲）白（伯）"、"厚氏元"皆任"司徒"或其屬官"左司徒"之
職，此時司徒的職權範圍因爲缺乏可靠的記載，我們已不清楚。但
自魯宣公以後，"三桓"之一的"季孫氏"世襲魯國"司徒"之職，並且
"司徒"的職權也隨之擴大，"季孫氏世襲司徒之職而爲'冢卿'，其
職也便成了魯公外朝之長，不僅負責土地的分配（如遷孟孫氏于
桃）、賦税的徵收（初税畝、用田賦），而且也帥兵作戰，甚至代君主
祭"②。

3. 少司寇

　　魯少嗣（司）寇𡊸（封）孫宅（?）乍（作）其子孟姬嬰𦢊（浣）
敊（盤）它（匜）。　　　　　　　　　　（魯少司寇盤，《集成》10154）

　　"司寇"一職西周時期已經存在，銅器銘文中較早例證見於西
周中期南季鼎銘文"用又（左）右俗父嗣（司）寇"。《周禮·秋官·
司寇》："惟王建國，辨方正位，體國經野，設官分職，以爲民極。乃
立秋官司寇，使帥其屬而掌邦禁，以佐王刑邦國。""司寇"一職屬於
"刑官"，魯國在春秋時期也設此職，《左傳·襄公二十一年》載"魯
國多盜"，季孫謂臧仲武："子盍詰盜？……子爲司寇。將盜是務
去。若之何不能。"魯國"司寇"的職掌爲負責禁盜補賊等刑獄之
事，孔子曾任魯司寇一職，《左傳·定公元年》："秋，七月癸巳。葬
昭公于墓道南，孔子之爲司寇也，溝而合諸墓。"由"魯少司寇盤"可
知此時魯國還設有"少司寇"一職，據《周禮》記載，"司寇"屬官有

　　① 　郭克煜、梁方健、陳德銀：《魯國金文編注》油印本，曲阜師範學院歷史系中國
古代史研究室、孔子研究所，1984年，第21頁。
　　② 　郭克煜、梁方健、陳東、楊朝明：《魯國史》，第160頁。

“大司寇”一人，“小司寇”二人，“小司寇之職，掌外朝之政，以致萬民而詢焉”。此外，“小司寇”還負責聽獄之事。魯“少司寇”之職應與《周禮》“小司寇”相應，應爲“司寇”的屬官。

（二）滕國

滕國春秋時期職官體系文獻缺乏相關記載，滕國職官見於銘文者僅有“司馬”一職，見於“楸鎛”：

> 朕㳇（文）考懿㫝（叔），亦帥刑（型）、濾則祑（先）公正惪（德），卑（俾）乍（作）司馬于滕。

（楸鎛，《山東金文集成》104—108 頁）

“司馬”爲主掌軍政、兵事之官，此官職爲較早設立之官，《尚書·牧誓》、《梓材》諸篇中已經有“司馬”之職，《梓材》：“我有師師：司徒、司馬、司空、尹、旅。”《周官》：“司馬掌邦政，統六師，平邦國。”西周早期金文中還未見到“司馬”一職，比較早的“五祀衞鼎”、“豆閉簋”等其時代都屬於西周中期。春秋時期各國都應設置此職以掌軍事，“大司馬”一職在宋國稱爲“司武”，這是比較特別的。《左傳·襄公六年》：“宋華弱與樂轡少相狎，長相優，又相謗也。子蕩怒，以弓梏華弱于朝，平公見之，曰：‘司武而梏於朝，難以勝矣。’遂逐之。”杜注：“司武，司馬。”滕國“司馬”這一職官，據銘文可知是由“楸”之父“懿叔”來擔任，其父爲“滕悼公”之後，爲公族，地位應該很高，其執掌也應與他國相同，總司軍政之事。

此外，見於銘文的“滕國”職官還有“大宰”、“司徒”：

（1）滕（滕）大宰得之籃（匜）　（滕大宰得匜，《集録》1011）

（2）滕（滕）司徒□之戈　　　　（滕司徒戈，《集成》11205）

滕國“大宰”、“司徒”二官的具體職掌不見於相關記載，應與他國相類。

(三) 莒

莒國職官見於題銘者僅有"大史"一職：

　　鄪(樊)①审(仲)之孫簹(莒)大史申。

(鄪大史申鼎,《集成》2732)

莒國"大史"職掌,史無明文,應與春秋時期他國職掌相類。

(四) 邾國

春秋時期,邾國職官見於記載者有"史"、"閽"等職,《左傳·文公十三年》:"邾文公卜遷于繹,史曰:'利於民而不利於君。'"可見邾國"史"負責占卜之事。邾國春秋時期見於題銘的職官主要有"太宰"和"司馬",從相關銘文還可以發現此時邾國也有"正卿"級別的貴族參與政事：

　　用樂我嘉宏(賓)及我正卿。　　　(邾公釛鐘,《集成》102)

　　𪔃(邾)大(太)宰儀子■(敄?)自乍(作)其從(?)鍾(鐘)。

(邾大宰鐘,《集成》86)

　　𪔃(邾)大(太)宰欉子𣉻鑄其�臣(簠)。

(邾大宰簠,《集成》4623)

　　邾大嗣(司)馬之䑸(造)戈。　(邾大司馬戈,《集成》11206)

邾公釛鐘銘文中的"正卿"一語數見於《左傳》,其含義爲當權之卿的通稱。《左傳·莊公二十二年》陳國懿氏卜嫁女於陳敬仲,其占卜的結果爲:"吉。'是謂鳳皇于飛,和鳴鏘鏘。有嬀之後,將

---

①　周忠兵:《莒太史申鼎銘之"樊仲"考》,《吉林大學社會科學學報》2014年第1期,第20—25頁。

育于姜。五世其昌,並於正卿。八世之後,莫之與京'。"楊伯峻《春秋左傳注》"五世其昌,並於正卿"下注:

> 昭二年《傳》謂陳無宇非卿而爲上大夫,上大夫位即卿。邾公釛鐘云"樂我嘉賓,及我正卿",足見正卿爲春秋各國通語。文七年、宣二年《傳》之正卿皆指晉之趙宣子,襄四年《傳》之正卿指魯之季文子,襄二十一年《傳》之正卿指魯之季武子,昭元年《傳》之正卿指晉之趙武,皆卿之當權者也。《詩·小雅·雨無正》有正大夫,鄭箋云:"正,長也。"大夫之長曰正大夫,卿之長曰正卿,其意相同。

邾公釛鐘銘文中"正卿"與"嘉賓"相對,其意似乎泛指諸卿而言。此外,由邾大宰鐘、簠銘文和邾大司馬戈銘可知,邾國在春秋時期也有"太宰"和"大司馬"之職,二者職掌應與他國相同,分別爲内政和軍政之長。

(五) 薛國

薛國題銘中僅見"走馬"一職:

> 走馬肶(薛)中(仲)赤自乍(作)其匜(盤)。
>
> (走馬薛仲赤簠,《集成》4556)

"走馬"一職還見於兩周金文:

> (1) 王召走馬雁(應)令取誰(?)騊(犅)卅二匹易(錫)大。
>
> (大鼎,《集成》2807)
>
> (2) 唯食生走馬谷自乍(作)吉金用障(尊)段(簋)。
>
> (食生走馬谷簋,《集成》4095)
>
> (3) 易(錫)女(汝)哉(織)衣、赤⊘市(韍)、緣(鑾)旂、楚走馬。
>
> (哉簋蓋,《集成》4255)

    (4) 王乎(呼)内史尹册令(命)師兌：疋(胥)師龢父嗣(司)左右走馬、五邑走馬。　　（元年師兌簋,《集成》4274）

    (5) 王乎(呼)内史尹册令(命)師兌：余既令(命)女(汝)疋(胥)師龢父,嗣(司)左右走馬,今余佳(唯)䚠(申)豪(就)乃令(命),令女(命汝)觌嗣(司)走馬。

（三年師兌簋,《集成》4318）

    (6) 今命女(汝)曰：更乓(厥)且(祖)考,疋(胥)師戲嗣(司)走馬駁(馭)人眔(暨)五邑走馬駁(馭)人。

（虎簋蓋甲,《近出》491）

    (7) 益公右走馬休。　　　　（走馬休盤,《集成》10170）

    (8) 暉父之走馬吴買乍(作)龢(享)鼎(鼎)。

（吴買鼎,《集成》2452）

    (9) 右走馬嘉自乍(作)行壺。　（右走馬嘉壺,《集成》9588）

由以上所列銘文可知,"走馬"一職自西周時期開始就已經存在,通過考察"元年師兌簋"和"三年師兌簋"銘文,前者命"師兌"司"左右走馬、五邑走馬",在三年師兌簋銘文中再次對其進行了任命,命他司"走馬"。可見"走馬"的官職要高於"左右走馬"和"五邑走馬",後兩者很可能是前者的屬官。

"走馬"一詞還見於《詩經·大雅·綿》:"古公亶父,來朝走馬。率西水滸,至於岐下。"于省吾《澤螺居詩經新證》"來朝走馬"條指出:"走,《玉篇》引作趣。"一般認爲,銘文中的"走馬"即文獻中的"趣馬",郭沫若《兩周金文辭大系圖録考釋》一五二頁:"依《周禮》大司馬之屬有趣馬,即此走馬。""趣馬"見於《詩經》和《周禮》,《詩經·大雅·雲漢》:"趣馬師氏,膳夫左右。"《詩經·小雅·十月之交》:"棸子内史,蹶維趣馬。"《周禮·夏官·司馬》:"趣馬下士皂一人,徒四人……趣馬掌贊正良馬,而齊其飲食,簡其六節,掌駕説之頒,辨四時之居治,以聽馭夫。"通過考察相關銘文和文獻記載,"走馬(趣馬)"一職有高低之分,郭沫若《大系考釋》一五二頁"休盤":"趣馬之職見于《詩》者其位頗高,《十月》與卿士、司徒並列,《雲漢》與冢宰並列。走馬之職見于彝銘者,如本器所受之賜命甚隆,足知亦不卑賤;蓋走馬若趣馬之職,其中自有等級,其最高者或當于卿,斷非如《周禮》之僅以爲下士也。此走馬休必係走馬之長,雖非即大司馬,然相去必不遠。"郭氏列舉了地位較高的"走馬(趣馬)"可與冢宰等職相並列,較低等級的"走馬(趣馬)"除他指出的見於《周禮》外,《尚書》和金文中也有反映。《尚書·立政》"虎賁、綴衣、趣馬、小尹",(截簋銘"易(錫)女(汝)(戠(織)衣、赤◌市(韍)、絲(巒)旂、楚走馬",前者"趣馬"與"虎賁、綴衣"等相並列,後者"走馬"與"戠(織)衣、赤◌市(韍)、絲(巒)旂"等一起可作爲賞賜品,説明其身份地位不會很高。針對這種現象,張亞初、劉雨在《西周金文官制研究》一書中指出:"趣馬地位有高低之分,這在其他銘文中也是看得很清楚的,師兑簋銘文就講了三種走馬:左右走馬、走馬、五邑走馬,這三種走馬就有上下高低之別。《周禮》祇記載了地位較低的那一種走馬。我們在談論走馬的時候,不能够作走馬地位高或走馬地位低這樣簡單化的回答,而應該講清楚走馬本身是有等級之分的,高者位近師氏,低者可以贈送。"[1]他們還認爲《周禮》中祇記地位較低的"走馬"可能是因爲漏記了地位較高的走馬,也可能是東周時期"走馬"的地位有所下降。我們認爲,前者的可能性更大一些。上文所列舉"吳買鼎"、"右走馬嘉壺"皆爲東周時器,如果"走馬"的身份非常低,則不太可能有能力鑄造這麼精美的銅器。此外,宋莊公之孫鼎銘文稱"宋牆(莊)公之孫趩帀"[2],銘文中"𢀛"

---

[1]　張亞初、劉雨:《西周金文官制研究》,第21頁。

[2]　"帀"原銘作"𢀛",舊釋爲"亥"不確,當釋爲"帀"。

一般隸定作"趨"，現在看來也不排除其爲"走馬"合文的可能，如此説可信，則器主"走馬币"爲宋莊公之孫，從其身份來説"走馬"一職也不會是很低級的官職。"走馬薛仲赤簠"器物較爲精美，作器者身份也不會很低。總之，東周時期"走馬"一職還普遍存在，從其可以自主作器這一點來看其身份也應較高，該職務在西周時期從"大鼎"銘文來看，負責"馬匹"管理的相關事務。在春秋時期，以車戰爲主要戰爭形式，馬匹的重要性不言而喻，"走馬"職司應没有太大改變，應屬於"司馬"所屬的職官之一。

（六）鑄國

鑄國春秋時期職官見於題銘者，僅見於"鑄司寇鼎"：

鑄嗣（司）寇尤肇（肇）乍（作）䰩（肆）鼎（鼎）

（鑄司寇鼎，《新收》1917）

鑄國"司寇"職掌於史無徵，當與他國"司寇"職掌相同。

二、齊系題銘與齊國官制考察

齊系題銘中更多的職官材料反映的是東周時期齊國的職官系統，其中春秋時期齊國職官主要見於銅器銘文中，但數量較少，僅有數則。大多數與職官相關的題銘材料屬於戰國時期，並且主要集中在璽印官璽部分。需要指出的是，目前學術界對齊系璽印的稱謂是指具有齊系文字風格的璽印，因爲璽印大多爲傳世品，没有準確的時代和地層關係可供參考，目前璽印國別的判別主要依靠文字風格作爲判斷手段。齊系璽印，張振謙從文字風格上又進一步劃分爲"齊莒系"和"魯邾滕"璽印，他指出："現在傳統的璽印分域理論，是建立在以齊莒文字特點爲齊璽文字特點的基礎上的，這樣分域的結果,就是魯邾滕璽印被忽略。在這裏,我們根據齊莒文字和魯邾滕文字的特點,在五系分域的基礎上,將齊系璽印再分爲齊莒璽印和魯邾滕璽印。"①他所列舉的"魯邾滕"璽印主要有"《璽彙》1584、《璽彙》1585、《璽彙》1586"和"《璽彙》0319",前三方爲"私名璽",對我們討論官制問題影響不大,後一方爲"右廩"璽,除此之外大多數齊璽都屬於具有"齊莒系"文字風格的璽印。需要説明的是,目前所見璽印大多數爲戰國時期的璽印,在戰國中晚期的時候莒國原有土地已經併入齊國成爲齊東南部一個重要的城邑,所以我們將具有"齊莒系"文字風格的齊系官印納入到戰國時期齊國官制的討論範圍,這是需要特别説明的。

(一) 齊系題銘與春秋時期齊國的職官

春秋時期齊國職官也分"公室"職官和卿大夫家臣職官系統,前者同樣分爲"内朝"和"外朝"職官。趙曉斌《春秋官制研究》一文對春秋時期齊國職官進行了比較全面的整理,並且對見於《管子》和《國語·齊語》的職官也進行了考察。該文所整理的春秋時期齊國職官有如下數種②。

1. 公室外朝官

包括當國、大夫、左右相、大司馬、司空、司寇、士、鋭司徒、辟司徒、大田(大司田)、虞人、衡鹿、舟鮫(舟鮫)、祈望、工正(工師)、大諫、行人(大行)、里君、邑大夫、侍漁、御、右、馴乘等。

2. 公室内朝官

包括大傅、少傅、太宰、宰夫、饔人、僕人、寺人、戎御、戎右、驂乘、圉人、太史、祝、太卜、太師、樂人(師)、優等。

---

① 張振謙:《齊系文字研究》,第72頁。
② 趙曉斌:《春秋官制研究——以宗法禮治社會爲背景》,第356—375頁。

3. 卿大夫家臣

包括家宰、差車、圉人、寺人等。

此外，見於《管子》、《國語·齊語》中的職官還有"里有司"、"鄉師(鄉長)"、"縣帥"、"鄉帥"、"屬正"、"屬大夫"、"三老"、"人嗇夫"、"州長"、"閭有司"、"邑有司"、"游宗"、"什長"、"伍長(軌長)"、"將軍"、"良人"、"連長"、"水官"、"卒帥"等。

春秋時期齊國題銘中的職官主要有"太史"、"大攻(工)尹(輇)"、"大逆(遂)"、"大宰"等：

> (1) 余命女(汝)纖(箴)差(佐)卿爲大史。
>
> （叔夷鎛，《集成》285.4）
>
> (2) 鼀(鮑)子國曰：余彌(彌)心畏誋(忌)，余三(四)事是台(治)：余爲大攻(工)尹(輇)、大事(史)、大逆(遂)、大宰，是辝(台)可事(使)。 （𩍂鎛，《集成》271）
>
> (3) 齊大(太)宰遬(歸)父𤔲。
>
> （齊大宰歸父盤，《集成》10151）

(1)叔夷鎛銘文"差(佐)卿爲大史"，叔夷鐘作"差(佐)正卿"，二者互相參校，可知叔夷被委任的職務是輔佐正卿作太史一職。史官之長稱"太史"，此職西周早期即已設立，西周金文中屢見"太史"之職，地位較高，其職司包括"助王册命、賞賜"、"命百官官箴王闕"、"保存整理文化典籍"、"爲王之助手和顧問"①等，齊國"太史"一職見《左傳·襄公二十五年》："大史書曰：'崔杼弑其君。'崔子殺之，其弟嗣書，而死者二人。其弟又書，乃舍之。南史氏聞大史盡死，執簡以往，聞既書矣，乃還。"可見"太史"之職負責"記事"，而且具有家族傳承的特點。齊國史官有時也負責與占卜相關之事，《左

---

① 張亞初、劉雨：《西周金文官制研究》，第27頁。

傳・襄公二十五年》載崔杼欲娶"東郭偃"之姊："武子筮之,遇困之大過。史皆曰吉。"可見史官也參與占卜之事。(2)鎛鎛銘文中涉及四種職官,除"太史"外還有"大攻(工)㡯(軶)"、"大逃(遂)"、"大宰"之職。"大攻(工)㡯(軶)"之職掌,馬承源主編《銘文選》認爲"軶是駕車時套在牲口脖子上的曲木,所以大工軶應是輿人、輢人一類的職務"①。"大逃(遂)"之"逃"李家浩釋讀爲"遂",春秋時期齊國實行鄉遂制度,他認爲銘文中的大逃(遂)"應該是春秋時期齊國國家管理遂的最高長官。……(銘文)所説的'大遂',大概是對一般都邑的'遂'而言的,它應該是指齊國國都所屬的'遂',即《周禮》所説的六遂。《周禮》六遂的最高長官是'遂人',掌管六遂的土地和人民,'大遂'的地位、職掌大概與之相當"②,其説可從。"大宰"一職還見於"齊大宰歸父盤","歸父"即"國莊子"爲"國佐"之父,其身份爲上卿,世秉齊政。從《左傳・僖公二十九年》和三十三年相關記載來看,其職責範圍包括代表國君參加會盟、聘問他國等。事實上,齊國自桓公任用管仲進行改革以後,齊國"宰"的權利已有所加强,已經成爲齊國的實際執政卿③。

(二) 齊系題銘與戰國時期齊國的職官

戰國時期齊國官僚體系已經相當完備,其中將、相分治文官和武官,形成了以相、將爲首,五官及衆官僚爲主體的職官系統,齊國中央職官系統中"大行"、"大司馬"、"大司田"、"大司理"、"大諫"通稱"五官",分別負責外交、農業、司法及納諫等職責。五官之外還

---

① 馬承源主編:《商周青銅器銘文選(四)》,第353頁。
② 李家浩:《齊國文字中的"遂"》,《湖北大學學報(社科版)》1992年第3期,第30—37頁。又《著名中年語言學家自選集・李家浩卷》,第35—52頁。
③ 齊秀生:《舉賢尚功——齊國官制與用人思想研究》,齊魯書社,2005年,第84頁。

分政務官、宗教官、宫廷官、虚銜官職,政務官包括司徒、司馬、司寇、司空、治田、虞師、諸侯主客、士師、軍師等;宗教官包括太史、掌書、大師、右師、巫、覡等;宫廷官包括太傅、傅、宰爵、大士、御史、執法、者謁等;虚銜官職如祭酒、博士、列大夫、亞卿、客卿等①。在地方職官中,《國語·齊語》和《管子》所涉及的"里有司"、"鄉師(鄉長)"、"縣帥"、"鄉帥"、"屬正"、"屬大夫"、"三老"、"人嗇夫"、"州長"、"閭有司"、"邑有司"、"游宗"、"什長"、"伍長(軌長)"、"將軍"、"良人"、"連長"、"水官"、"卒帥"等職官應是主要的構成部分。

齊系戰國題銘中齊國職官主要有"司徒"、"司工"、"司寇"、"大夫"等政務官,還包括"桁(衡)"、"正木"等負責山海川澤之官;負責廪、傳舍等機構之官;里、亭、縣、遂等行政機構之官長;各地關市之職官及各地封君等;此外,以"將"爲首的軍政職官包括"將軍"、"弁(偏)將軍"、"司馬"、"關將"、"中軍"等。下面我們將分別介紹其具體的設置情況:

1. 司徒

司徒之官見於以下材料:

(1) 左司徒信鈢　　　　　《彙考》40 頁
(2) 鉻司徒币　　　　　　《璽彙》0019

《荀子·王制》:"司徒知百宗、城郭、立器之數。"春秋時期齊國有"鋭司徒"、"壁司徒"之職,《左傳·成公二年》:"鋭司徒免乎?""齊侯以爲有禮,既而問之,辟司徒之妻也。"杜注:"鋭司徒,主鋭兵者。""壁司徒,主壁壘者。"可知齊地方司徒有主"鋭兵"、"壁壘"之職務,《荀子·王制》"立器"的具體含義存在争議,現在看來也可能

---

① 　齊秀生:《舉賢尚功——齊國官制與用人思想研究》,第 95—101 頁。

是"兵器"之錯訛。印文"左司徒信鉨"、"銘司徒帀",前者未標明具體的地名,很可能是指中央"司徒"之職而言,而且既然有左司徒也一定存在"右司徒",可見齊國戰國時期"司徒"有左右之分,袛是具體執掌已經不可考了。"銘司徒帀"應是"銘"地之"司徒",其職掌應與"銳司徒"、"壁司徒"相類似,負責地方城邑的穩固和兵器的管理。

2. 司工

"司工"即文獻中的"司空":

> 平者(都)司工　　　　　　　　《彙考》61 頁

《管子·立政》:"決水潦,通溝瀆,修障防,安水藏,使時水雖過度,無害於五穀。歲雖凶旱,有所秎獲,司空之事也。"《國語·晉語》"知右行辛之能以數宣物定功也,使爲元司空",韋昭注:"司空掌邦事,謂建都邑、起宮室、經封洫之屬。"齊國"司工"之職應該與之相近,負責興修水利、營建宮室等事。"平者(都)司工",應爲"平者(都)"之"司工"所用璽,戰國時期"趙"有"平都",由此璽看來齊國也有"平者(都)"之地。

3. 司寇

> 司寇□之鉨　　　　　　　　《璽彙》0220

司寇爲掌刑罰之職官,《荀子·王制》:"抃急禁悍,防淫除邪,戮之以五刑,使暴悍以變,奸邪不作,司寇之事也。"齊國春秋時期就已經有"司寇"一職,《左傳·成公十八年》:"慶封爲大夫,慶佐爲司寇。"印文"之"上一字不可辨識,應是此司寇的私名。

4. 大夫

> (1) 罩郱大夫鉨　　　　《璽彙》0098
>
> (2) 苹夫=(大夫)之鉨　《彙考》50 頁

(3) 食□夫＝（大夫）□鈢　《彙考》50 頁

(4) 塡丘牙（與）婁絣辟（嬖）大夫信節

辟大夫虎符,《集成》12107

(5) □節大夫從（?）五乘　□節大夫馬節,《集成》12090

齊之大夫分兩種,一種爲"卿"之別稱,如《左傳·成公十八年》"慶封爲大夫,慶佐爲司寇",楊伯峻注:"齊國之大夫相當於諸侯之卿。"一種爲都邑大夫,職掌地方都邑的政事。《左傳·襄公二十五年》"齊棠公之妻,東郭偃之姊也",趙曉斌引杜預注"棠公,齊棠邑大夫",認爲其職爲"掌公邑之政"①。上列印文(1)和(2)分別爲"罿邦"和"莘"兩邑大夫之璽,(3)印文殘泐,其含義待考。(4)"辟大夫"李家浩讀爲"壁大夫"②,陳偉武讀爲"嬖大夫"③,並引《國語·吳語》"十行一嬖大夫"韋昭注:"嬖,下大夫也。"爲證,今暫從"嬖大夫"之説。(5)□節大夫馬節,首字或釋"齊",實不可信,其字待考。從其内容來看,此大夫之職掌與兵車之事有關。

5. 掌路

尚佫（路）鈢　　　　　《璽彙》0328

印文"尚"李家浩讀爲"掌","佫"讀爲"路",在此處用爲"路車"之"路",認爲"掌路"相當於《周禮·春官》"典路"之職:

古代"掌"、"典"同義。《周禮·天官·序官》"典婦功"鄭玄注:"典,主也。"《孟子·滕文公上》"使益掌火"趙岐注:"掌,主也。"所以,"尚（掌）冠"、"尚（掌）衣"又叫"典冠"、"典衣"。據此,印文"尚（掌）佫（路）"當是《周禮》"典路"的異名。《周

---

① 趙曉斌:《春秋官制研究——以宗法禮治社會爲背景》,第 363 頁。
② 李家浩:《貴將軍虎節與辟大夫虎節——戰國符節銘文研究之一》,《歷史博物館館刊》1993 年第 2 期,第 50—55 頁。
③ 陳偉武:《簡帛兵學文獻探論》,中山大學出版社,1999 年,第 132 頁。

禮・春官・典路》説：“掌王及后之五路，辨其名物與其用説。若有大祭祀，則出路，贊駕説。大喪、大賓客亦如之。凡會同、軍旅、吊于四方，以路從。”印文“掌路”的職掌，當與之相同。[1]

其説可從，此璽當爲負責齊君路車的職官所用之璽。

6. 桁

（1）左桁正木	《璽彙》0298	
（2）右桁正木	《璽彙》0299	
（3）左桁斁（廩）木	《璽彙》0300	
（4）右桁散（措）木	《彙考》49 頁	
（5）平昜（陽）桁	《彙考》49 頁	

“桁”，石志廉讀爲“横”，認爲此璽（0300）應讀作“左斁（廩）桁木”，他指出：“這件銅璽作圓筒形，一端下面有一穿孔，應是安裝木柄使用的烙印。安木柄後，可以釘貫其穿，以防脱落。璽文左廩桁木陽文四字，應是打烙在左廩公用的木横（衡）上面的烙印。這種木横（衡）體形寬大，衡值甚重，……烙印應打烙在衡的中間部位，表示此衡是已經取得公家承認的標準器，可以正式通行於市。”[2] 孫敬明等也讀爲“横”，但據《説文》：“横，闌木也。闌，門遮也。”認爲：“桁（横）當與門闌之意相類，設立關卡，亦有置横木於道者。”[3] 朱德熙讀爲“衡”，據《漢書・百官公卿表》“水衡都尉”應劭注“古山林之官曰衡”，朱先生認爲：“上引各辭或單言‘衡’或言‘左衡’、‘右

① 李家浩：《戰國官印“尚路璽”考釋》，《揖芬集》，社會科學文獻出版社，2002 年，第 329—331 頁。

② 石志廉：《戰國古璽考釋十種》，《中國歷史博物館刊》1980 年第 2 期，第 109 頁。

③ 孫敬明、高關和、王學良：《山東五蓮盤古城發現戰國齊兵器和璽印》，《文物》1986 年第 3 期，第 31—34 頁。

衡’，並當是掌管山林的職司。”①黄盛璋認爲齊文字中的“桁”即秦統一文字之後的“衡”，指出：“‘衡’由横木引伸義以稱衡，齊文字桁亦由原義爲横木而爲齊‘稱衡’專稱。左、右桁爲齊國管理全國衡器官府，設於臨淄，下設‘廩木’，爲專管全國廩衡器，‘正木’則管用於廩以外衡器，包括關津、市場、貿易管理，與公私民間所用，‘正木’就是正‘衡（石）權不正’，即指衡器，而與山林之官林衡無關。”②以上諸説，當以朱德熙先生讀爲“衡”認爲是掌山林之官最爲合理，《周禮·地官·林衡》“掌巡林麓之禁令而平其守”，又設有“山虞”之官“掌山林之政令”。齊國在春秋時期就已經設立了掌管山林川澤之職官，稱爲“虞”和“衡鹿”，《左傳·昭公二十年》：“齊侯田於沛，招虞人以弓，不進。”杜預注：“虞人，掌山澤之官。”《左傳·昭公二十年》：“晏子曰：山林之木，衡鹿守之。”上引印文(1)—(4)祇稱“左或右”當是中央所設置的“桁（衡）”，“平易（陽）桁”當是“平陽”之邑所屬之“桁（衡）”，“平陽”見“平陽高馬里戈”、“平墜（陽）左庫戈”等，其地可能在今天山東省鄒城市。“正木”這一職官又見“正木之鉨”（《彙考》46頁），朱德熙認爲應是林衡的屬官，上引印文中的“廩木”與“散（措）木”的性質應該與之相同，祇是具體職掌已經不清楚了。此外，齊璽“虡之鉨”（《璽彙》0208）朱德熙在上引文中釋首字爲“奠木”，吳振武改釋爲“虡”，懷疑“虡”是“虞”字異體，从木“虞”省聲③。如此説可信，那麼此璽當爲掌管山澤的“虞”所用之璽。

7. 左正

<table>
<tr><td>左正鉨</td><td>《璽彙》3737</td></tr>
</table>

---

① 朱德熙：《釋桁》，《古文字研究》第十二輯，中華書局，1985年，第327—328頁。
② 黄盛璋：《齊璽“左桁廩木”、“左（右）桁正木”與“桁”即秦文“衡”字對應，決疑解難》，《古文字研究》第二十二輯，第166—175頁。
③ 吳振武：《戰國璽印中的“虞”和“衡鹿”》，《江漢考古》1991年第3期，第87頁。

此璽《古璽彙編》列入私璽,《上海博物館藏印選》、吳振武《〈古璽彙編〉釋文訂補及分類修訂》①列入官璽,李家浩從形制和内容上進一步論證該璽應爲官璽,他指出:"'正'在古代有官長之義。《國語·楚語上》'天子之貴也,唯其以公侯爲官正',韋昭注:'正,長也。'《禮記·王制》'成獄辭,史以獄成告於正,正聽之',鄭玄注:'正,于周鄉師之屬。今漢有正平丞,秦所置。'"②印文"左正"的性質應是某官之長,其具體職責還需要進一步研究。

8. 司馬

(1) 司馬之鉩	《璽彙》0023
(2) 右司馬鉨	《璽彙》0064
(3) 右司馬鉨	《璽彙》5542
(4) 右司馬鉨	《彙考》35 頁
(5) 左司馬鉨	《彙考》35 頁
(6) 左司馬釪	《璽彙》0037
(7) 左司馬釪	《璽彙》5540
(8) 左中庫司馬	《璽彙》0047
(9) 左司馬聞釪信鉨	《彙考》37 頁
(10) 聞(門)司馬鉨	《璽彙》0028
(11) 聞(門)司馬鉨	《彙考》38 頁
(12) 右聞(門)司馬	《璽彙》0031
(13) 右聞(門)司馬鉨	《璽彙》0033
(14) 平昜(陽)信司馬鉨	《璽彙》0062
(15) 平昜(陽)信司馬鉨	《彙考》35 頁

---

① 吳振武:《〈古璽彙編〉釋文訂補及分類修訂》,《古文字學論集》初編,香港中文大學出版社,1983 年,第 485—538 頁。
② 李家浩:《戰國官印"尚路璽"考釋》,《揖芬集》,第 329—331 頁。

　　(16) 王右司馬鉨　　《鉨彙》0063

　　(17) 敝墬(陵)右司馬殷鉨　　《彙考》37 頁

　　"司馬"爲主掌軍政、兵事之官,《周禮·夏官·司馬》:"使帥其屬而掌邦政,以佐王平邦國。"其屬官稱"司馬"者有"小司馬"、"軍司馬"、"輿司馬"、"行司馬"。齊國"司馬"之職見《管子·小匡》:"平原廣牧,車不結轍,士不旋踵,鼓之而三軍之士視死如歸,臣不如王子城父,請立爲大司馬。"上引印文(1)爲司馬所用之鉨,由(2)—(7)印文可知戰國時期齊國"司馬"分"左"、"右"司馬,二者很可能是"大司馬"的屬官。(8)"左中庫司馬"之"庫"爲負責兵器鑄造和收藏的機構,曹錦炎認爲:"鉨文稱'左中庫司馬',可知這是齊國管理左庫和中庫的司馬所用印。兵器製造和收藏正屬軍政事務,所以歸司馬管轄。"[1](10)—(13)爲負責守衛"門"的"司馬"所用鉨,該司馬同樣有左、右之分。印文中"聞"黃賓虹《賓虹草堂鉨印釋文》讀爲負責守門事務的"闇",裘錫圭認爲應讀爲"門",他指出:"'司馬聞'和'聞司馬'的'聞'字都應該是'門'的借字('聞'本從'門'聲)。《戰國策·齊策六》'齊王建入朝於秦章':'齊王建入朝於秦,雍門司馬前曰……'可見在戰國時代,至少在齊國已經有門司馬的官職了。有了司馬守門的制度之後,帝王的宮門就有了一個新的名稱—司馬門。"[2]裘先生意見可從。(14)、(15)爲平陽地方"信司馬"之鉨,其職掌待考。(16)"王右司馬鉨",吳振武認爲"![字]"是"卒"之異體,其結構應分析爲從"釆"從"攵",二者屬於借筆關係[3]。"王卒"之稱習見於齊陶文,印文應屬於齊王直屬部卒中"右司馬"之職所用鉨。(17)"敝

---

①　曹錦炎:《古鉨通論》,上海書畫出版社,1996 年,第 119 頁。

②　裘錫圭:《"司馬門""門司馬"考》,《古文字論集》,第 484—485 頁。

③　吳振武:《古文字中的借筆字》,《古文字研究》第二十輯,中華書局,2000 年,第 335 頁。

墜(陵)右司馬叚鈗",由印文可知在"敝墜(陵)"同時也設有"左"、"右"司馬,應屬於齊國派駐在地方負責城邑防務的性質,"敝墜(陵)"之地待考。

9. 將軍

    (1) 痡(將)軍之鈗　　　　　　　《璽彙》0095
    (2) 卑(裨)醬(將)匠芻信鈗　《璽彙》0234
    (3) 塤丘牙(與)塿絣弁(偏)將軍信節

              偏將軍虎節《歷史博物館館刊》1993(2)
    (4) 武關牆(將)鈗　　　　　　《璽彙》0176
    (5) 迏關醬(將)枳　　　　　　《璽彙》0177

    "將軍"又稱"將",爲統帥軍隊之人,《國語·吳語》"十旌一將軍",韋昭注:"十旌,萬人。將軍,命卿。"《左傳·昭公二十八年》:"豈將軍食之,而有不足?"齊國在戰國時期已經有將軍之職,《管子·幼官圖》:"七官飾勝備威,將軍之守也。"《戰國策·齊策》"田忌爲齊將"章:"田忌爲齊將,繫梁太子申,禽龐涓。孫子謂田忌曰:'將軍可以爲大事乎?'"(1)"痡(將)軍之鈗"即齊王頒發給將軍所用之璽。由(2)—(5)可知,齊國還設有"卑(裨) 醬(將)"、"弁(偏)將軍"、"關牆(將)"等職。"卑醬(將)",陳光田讀爲"俾將",認爲即"任事、供職"的意思,引《爾雅·釋言》"俾,職也"郭璞注"是供職"爲證[1]。湯餘惠讀爲"卑(裨)將",他指出:"璽文'卑醬'當讀爲'裨將',武職名。裨將之職見於《史記·楚世家》……又《白起王翦列傳》……由以上兩條史料可知,裨將(或裨將軍)一名的出現,應不晚於戰國之世。"[2]此官的職掌,他認爲:"裨將舊多解爲軍之副將,或云裨將軍即副將軍。此解雖無大誤,但可惜未中肯綮,今按裨將

---

  ①　陳光田:《戰國璽印分域研究》,岳麓書社,2009年,第47頁。
  ②　湯餘惠:《"卑將匠芻信璽"跋》,《考古與文物》1993年第5期,第80頁。

一職又見於漢代官印及秦漢以後史書,爲主帥麾下分掌一軍的將領。"按,讀爲"裨將"之説可從,"裨將"一職還見於《尉繚子・兵教上》:"兵尉教成,合之裨將。裨將教成,合之大將。"又《漢書・陳勝項籍傳》"梁爲會稽將,籍爲裨將",顏師古注:"裨,助也,相副助也。"湯先生認爲裨將在秦漢時期"爲主帥麾下分掌一軍的將領"是符合實際的,但在戰國時期此職可能未必有如此大的職權。"弁(偏)將軍"一職見於今本《老子》第三十一章:"是以偏將軍居左,上將軍居右。"此職後代一直在沿用,戰國時期"偏將軍"的職掌現不是十分清楚,不過與"上將軍"相參照可知其爲中下等將官,從符節的内容來看,他至少肩負領兵在地方駐守之責。"武關牆(將)","武關"又見於"武關叔"璽(《璽彙》0174),應爲齊國一處重要關隘,由印文我們可以知道,戰國時期齊國軍制系統中,在關隘設有重兵,其軍事首領稱爲"關將"。"这關醫(將)枳"應爲"这關"守將所用之璽,"枳"應爲守將的私名①。

10. 中軍

　　　中軍鈢　　　　　　　　《彙考》33 頁

"中軍"爲三軍中的一軍,一般由主帥親自率領。齊國在春秋時期已經設立"三軍",這種制度應延續至戰國,此璽應爲齊"中軍"所用。

11. 田官

　　(1) 左田痞(將)騎　　　《璽彙》0307
　　(2) 田帀(師)坚罗　　　《彙考》64 頁

---

　　① 此字李家浩釋爲"桐"。參李家浩《楚國官印考釋(四篇)》,《著名中年語言學家自選集・李家浩卷》,第 138 頁。李學勤認爲是"枳(枝)",參李學勤《釋東周器名卮及有關文字》,《文物中的古文明》,第 330—334 頁。

　　齊國在春秋時期設有田官，《管子·小匡》管仲曰："入〈人一
仞〉邑墾草辟土，聚粟衆多，盡地之利，臣不如甯戚，請立爲大司
田。"印文"左田"，曹錦炎讀爲"佐田"，指出："'左田'，讀爲'佐
田'，職官名，即田官之副佐。秦印有'左田'半通印，秦封泥有'趙郡左
田'，可證。""痷(將)騎"他認爲相當於秦印中的"將馬"，職掌飼養、
放牧馬匹之事，認爲"此璽爲齊國佐田屬下專管養馬事務官之
印"[1]。"田帀(師)"一職爲管理農耕事務之職官，《荀子·解蔽》：
"農精于田，而不可以爲田師。"《淮南子·齊俗》："故堯之治天下
也，舜爲司徒，契爲司馬，禹爲司空，後稷爲大田師，奚仲爲工。"可
見齊國至遲在戰國時期已經設置了此官。

　　以上考察了齊系題銘中所見到的戰國時期齊國職官，在目前
所見到的齊璽中還有一些是屬於某些機構所使用，這些機構的設
置無疑是整個國家行政系統的一個組成部分，雖然它們與嚴格意
義上的行政職官不同，但也是國家機器得以良好運行而不可或缺
的一部分，所以我們也將這些內容納入我們的討論範圍。所涉及
的對象主要包括一些廩、食舍、關市及縣、里、亭等行政組織所用之
璽，下文將分別進行討論。

1. 廩

　　（1）左稟(廩)之鉨　　　　　　　《璽彙》0227

　　（2）齊敓(廩)　　　　　　　　　《璽彙》1597

　　（3）敓(廩)　　　　　　　　　　《璽彙》5526

　　（4）君之稟(廩)　　　　　　　　《璽彙》0327

　　（5）右稟(廩)迺泉糧鉨　　　　　《彙考》45 頁

　　（6）平阿左稟(廩)　　　　　　　《璽彙》0313

---

① 曹錦炎：《古璽通論》，第 124 頁。

　　(7) 平墜(陵)縣左稟(廩)鈢　　《彙考》46 頁

　　齊系題銘中的"廩",張振謙認爲齊國與邾滕地區在形體上存在差別①,我們將相關形體列舉如下表:

國　別	特　徵　字
齊　國	稟:左稟戈(集成 10930)　璽彙 0313　璽彙 0290
	敷:陳純釜(集成 10371)　璽彙 1597　彙考 49 頁
邾、滕	廩:璽彙 0319　陶錄 3.7.5　陶錄 3.1.3

　　上文所列舉的印文都是屬於具有"齊國"特色的"廩",以此作爲我們討論的前提。"廩"是官府貯存、保管糧食的場所,類似於今天的糧庫。《周禮·地官·司徒》載"司徒"屬官有"廩人","廩人掌九穀之數"是負責糧食管理的官員。此外,"廩人"之稱在《儀禮·少牢·饋食禮》、《國語·周語》、《睡虎地秦簡·效律》也有相關記載,其地位排在嗇夫、佐、史之後,其身份王輝認爲"可見必爲一般的倉庫收藏出納管理人員"②。以上所列齊廩,(2)"齊敷(廩)"應是直接歸國家管轄的"廩",(1)、(5)說明"廩"同時還有左廩和右廩之分。作爲儲藏糧食的機構,廩的設置必定十分分散,(6)、(7)是"平阿"、"平陵"兩地的廩所用之璽,可見地方所設的廩也是分爲左右的。

　　2. 食、舍

　　(1) □(蕭?)易(陽)飤鈢　　《璽彙》0286
　　(2) 廩陜□舍坏　　　　　　《彙考》69 頁

---

① 張振謙:《齊系文字研究》,第 144—145 頁。
② 王輝:《二年寺工壺、雍工敃壺銘文新釋》,《人文雜誌》1987 年第 3 期,第 82—85 頁。

(3) □舍①　　　　　　　　　《彙考》69 頁

戰國時期已經實行了"傳馹"制度,其稱呼還有馹、遽、傳、郵等,《周禮·秋官·行夫》"行夫掌邦國傳遽之小事",鄭玄注:"傳遽,若今時乘傳騎驛而使者也。"傳車沿途均設置有供給車馬飲食及休息的地方,稱爲傳舍,《戰國策·魏策》:"令鼻之入秦之傳舍,舍不足以舍之。"韋昭注:"止息傳置之舍。"上引(2)、(3)兩條印文中的"舍"很可能就是屬於這種性質的"舍"②。"傳舍"還要提供一定標準的飲食,楚國傳賃龍節銘文"王命命傳賃,一檐飤之"③就屬於這種情況,《睡虎地秦墓竹簡·傳食律》對不同身份的傳者所提供的飲食標準也有嚴格的規定。上引(1)"□(讙?)易(陽)飤鈢"印文稱"飤鈢"很可能就屬於這種性質。

3. 關

(1) 豰關　　　　　　　　　《璽彙》0172

(2) 行人關　　　　　　　　《璽彙》0173

(3) 武(武)關厵　　　　　　《璽彙》0174

(4) 豕母𤔔(司)關　　　　　《璽彙》0175

(5) 迖關醬(將)枳　　　　　《璽彙》0177

古代在重要關隘設立哨卡負責徵稅和盤查過往行人,《國語·齊語》:"通齊國之魚鹽於東萊,使關市幾而不徵,以爲諸侯利,諸侯稱廣焉。"韋昭注:"幾,幾異服、識異言也。徵,稅也。取魚鹽者不徵稅,所以利諸侯、致遠物也。"《周禮·地官·司徒》屬官有"司關":"司關掌國貨之節以聯門市,司貨賄之出入者掌其治禁與其徵

---

① 此璽又見於《陶文圖錄》10.40.1,王恩田將其列入"僞品及可疑"部分。
② "舍"還有"庫"之意,見《釋名·釋宮》"齊魯謂庫曰舍"。
③ 李家浩:《傳賃龍節銘文考釋——戰國符節銘文研究之三》,《考古學報》1998年第 1 期,第 1—10 頁。又《著名中年語言學家自選集·李家浩卷》,第 101—116 頁。

廛,凡貨不出於關者舉其貨罰其人。"上引印文就是這些關隘所用之璽。(1)"豬關"首字"豬"從李家浩釋①,他懷疑"豬"讀爲《詩經·邶風·泉水》"飲餞于禰"之"禰",毛傳:"地名。"施謝捷《古璽彙考》52頁將此璽列入齊璽。按,"禰"馬瑞辰《毛詩傳箋通釋》疑爲"泥中":"禰,《釋文》引《韓詩》作坭。《廣韻》:'坭,地名。'字通作泥。鄭注《士虞禮》引《詩》'飲餞于泥'。疑'禰'即《式微》之泥中耳。泥中在漢黎陽,今衛輝府濬縣地,與須、曹之在滑縣者相近。"②此地毗鄰濟水,在戰國時期很可能屬於齊。(2)"行人關",曹錦炎釋爲"行曲關"③,應以釋爲"行人"爲是,此關確切地望待考。(3)"武關叔","武關"曹錦炎指出:"武,關隘名。齊境内有武山,地在今山東平度縣。又有武水,出山東費縣東南天井汪,東流經臨沂縣西,支津東注沂水,正渠折南爲武河。武關之得名當與武山有關。"④齊兵器中有"武"戈,與此"武關"不知是否爲一地。璽文之"叔"曹錦炎疑讀爲"阻",即險阻之義。李家浩讀爲"鐻",《廣雅·釋言》:"將、鐻,帥也。"⑤李説似可從。(4)"豕母䛁(司)關",印文首字原不識,吳振武⑥、何琳儀⑦皆釋爲"豕",何琳儀認爲印文"豕母"應讀爲"泥母",亦作"寧母",他指出:"《詩·邶風·泉水》'飲餞于禰',《儀禮·士虞禮》注引禰作泥。《説文》貙或作犺。貙

---

①　李家浩:《南越王墓車馹虎節銘文考釋——戰國符節銘文研究之四》,《容庚先生百年誕辰紀念文集》,廣東人民出版社,1998年,第670頁。

②　(清)馬瑞辰:《毛詩傳箋通釋》,中華書局,1989年,第148頁。

③　曹錦炎:《古璽通論》,第131頁。

④　曹錦炎:《古璽通論》,第131頁。

⑤　李家浩:《楚國官印考釋(四篇)》,《著名中年語言學家自選集·李家浩卷》,第138頁。

⑥　吳振武:《〈古璽文編〉校訂》,吉林大學博士學位論文,第九一四條。又《〈古璽文編〉校訂》,人民美術出版社,第331頁。

⑦　何琳儀:《戰國文字形體析疑》,《于省吾教授百年誕辰紀念文集》,第224—227頁。

與禰實爲一字。《説文》'㹱，秋田也。'《説文繫傳》:'禰，秋畋(田)也。'是其確證。禰之異文作泥，亦作袮，可證泥、豕音近。'泥母'亦作'寧母'，齊國地名。《春秋·僖七》:'公會齊侯、宋公、陳氏子款、鄭世子華，盟于寧母。'注:'高平方與縣東有泥母亭，音如寧。'《後漢書·郡國志》'泥母'作'寧母'，在今山東魚臺北。"其説似可從。"斦"原作" "，此字丁佛言《説文古籀補補》卷十四·二釋爲"斦"，《古璽彙編》釋文作"似"，《古璽文編》將此形體所从"斤"與首字看作一個形體" "並作爲未識字入附録①。湯餘惠在《包山楚簡讀後記》一文中引用此璽形體時作" "，未將"斤"看作此字組成部分②。朱德熙釋爲"斦"，認爲此字結構:"乃是从斤从台聲的一個字。台字金文屢見，由於台和司古音極近，這個字可能是在刁(司)字上加注聲符台，也可能是在台字上加注聲符司。上引古璽當讀爲'□母司關'。《周禮·地官》有'司關'之職。"③我們認爲朱德熙釋"斦"之説大致可從，但也應該注意到此字"台"爲正書，所从"斤"反書是比較奇怪的，《古璽文編》將印文中" "看作一字很可能是考慮到二字都是反書的情況，未必一定不可信。但不管怎樣，" 關"或" 關"表示"司關"這一官職是可信的。(5)"迚關醬枳"《古璽彙編》釋文自右向左讀作"醬和迚關"，曹錦炎從之，並認爲"和迚"當是關名④。李家浩在討論相關問題時引此璽釋文作"迚關醬(將)枳"⑤，其讀序可從，

①　羅福頤:《古璽文編》，文物出版社，1981年，第578頁。
②　湯餘惠:《包山楚簡讀後記》，《考古與文物》1993年第2期，第72頁。
③　朱德熙:《戰國時代的"斞"和秦漢時代的"半"》，《朱德熙文集》第5卷，商務印書館，1999年，第118頁。原發表於《文史》1980年第8期。
④　曹錦炎:《古璽通論》，第131頁。
⑤　李家浩:《楚國官印考釋(四篇)》，《著名中年語言學家自選集·李家浩卷》，第138頁。

"迖關"的確切位置已不可考。

4. 市

    (1) 不薆(其)坿(市)鉥　　　《彙考》58 頁

    (2) 不薆(其)坿(市)鉥　　　《陶錄》2.32.1

    (3) 節墨之刀坿(市)工　　　《彙考》60 頁

    (4) 鄆坿(市)帀(師)鈢　　　《璽彙》0152

    (5) 於(烏)墜(陵)市木鉥　　《陶錄》2.35.3

    (6) 清墜(陵)柿(市)戠(職)笆帀(師)　　　《璽彙》0156

    (7) 鄟郘坿(市)鉥　　　《璽彙》0355

    (8) 辛□□市耕(升)　　　《陶錄》2.644.1

    (9) 辛□□市　　　《陶錄》2.645.1

    (10) 亡戚居左市　　　《陶錄》2.35.1

    (11) 王肒坿(市)豆　　　《陶錄》2.26.6

    (12) 邬市　　　《陶錄》2.33.3

    (13) 市　　　《陶錄》2.35.2(原戳印爲反文)

    (14) ……□……市……金　　《陶錄》2.31.4

    (15) 坿(市)　　　《陶錄》2.27.1

    (16) 市區　　　《陶錄》2.30.2

    (17) 市鎵(鍾)　　　《陶錄》2.33.4

    (18) 大市區鉥　　　《陶錄》2.28.1

    (19) 大市豆鉥　　　《陶錄》2.29.1

    (20) 大市　　　《陶錄》2.29.3

    (21) 大市弋日月　　　《陶錄》2.31.2

    (22) 大市九月　　　《陶錄》2.31.3

齊國和其他國家一樣,在春秋時期就已經設有"市"這一機構。

《左傳・昭公三年》晏嬰出使晉國，與叔向談論齊國國内情況時曾説到"國之諸市，屨賤踊貴"。"諸市"説明齊國"市"有多處，戰國時期市的規模進一步擴大，在齊國題銘中就有很多與"市"有關的資料。齊國文字中的"市"作"（圖形）"、"（圖形）"、"（圖形）"[1]，裘錫圭在《戰國文字中的'市'》一文中指出"市"字："《説文》分析爲从'之'省聲，西周晚期銅器兮甲盤作（圖形）（金文編 298 頁），从'之'不省。齊國文字的（圖形）就是由（圖形）變來的，其主要變化衹是'丂'旁邊的兩點挪了位置。"[2]裘先生在文中還指出："古代的市是一個外有門垣、内有亭肆的建築群，'市'字加'土'與'宅'字加'土'同意。"這一點從文獻和考古發現來看無疑是非常正確的，春秋時期市所占的面積就已經很大了，如《左傳・成公十六年》鄭公子班"反軍于市"，即在"市"駐紮軍隊，説明其規模不會很小[3]。1986 年在秦都城發現了戰國時期的都城遺址，其格局爲"四周有長方形的圍牆，南北長一百五十米，東西寬一百八十米，四面圍牆中間各有一座市門，……整個市的面積近三萬平方米"[4]。山東臨沂《銀雀山漢簡・市法》篇規定"國市之法：外營方四百步，内宫冉（稱）之"。《銀雀山漢簡》應爲戰國時期作品，説明此時齊國的市面積是很大的。以上所列舉印文中，(1)—(13)爲地方所設市所用璽印，"不簞"或作"不菖"，裘錫圭指出"簞"所从"笌"即"箕"字古文，認爲"不簞"即"不其"，"《漢書・地理志》琅邪郡有不其縣，故城在山東即墨縣西南，戰國時當

---

①　孫剛：《齊文字編》，福建人民出版社，2010 年，第 139 頁。
②　裘錫圭：《戰國文字中的"市"》，《考古學報》1980 年第 3 期，第 285—296 頁。又裘錫圭：《古文字論集》，第 454—468 頁。
③　顧德融、朱順龍：《春秋史》，上海人民出版社，2001 年，第 250 頁。
④　楊寬：《戰國史（增訂本）》，上海人民出版社，2003 年，第 128 頁。

屬齊"①。"節墨之丌坿(市)工"、"鄄坿(市)帀(師)鈢",印文中的
"坿(市)帀(師)"爲管理"市"的官吏所用璽,裘先生在以上引文中
已經引《周禮·地官·司市》鄭玄注"市師,司市也"爲證。"坿(市)
工"可能屬於工官或工匠,前者屬於齊"即墨""丌市"工官或工匠所
用,後者爲"鄄坿(市)"市官所用璽。"於(烏)墜(陵)市木璽"(圖三

圖三十五
《陶録》2.35.3

十五),首字""劉釗在《齊"於陵市和節"
陶文考》一文中釋爲"烏",認爲"烏陵"即
"於陵","於陵戰國時爲齊邑,西漢時置縣,
屬濟南郡,距臨淄約四十多公里"②。印文
第四字作"",裘錫圭在上述引文中認爲
此字可能是齊量名""(子禾子釜、左關鋘
所從)或"相"之壞字。""舊釋爲"和",劉
釗在上文中也認爲此字是"和"之壞字,認爲此璽是"鈐印于於陵
'市'中所使用或買賣的量器'和'上的璽印"。按,將""看作
""的壞字,雖不無可能,但我們同時也要注意到,齊系文字中
""及相關形體不止一見:

　陳肪簠蓋《集成》4190　　　　　《璽彙》0177

　《陶録》2.17.1　　　　　《彙考》59 頁

　《陶録》3.602.1　　　　　《陶録》3.602.2

①　裘錫圭:《戰國文字中的"市"》,《古文字論集》,第 455 頁。
②　劉釗:《齊"於陵市和節"陶文考》,《管子學刊》1994 年第 4 期,第 80 頁。

"木"與"口"形或寫在一起或二者分離,但不管怎樣"口"都是該字構件的一部分,與戰國文字作爲羨符的"口"可以省略的情況並不相同。再者,從印文來看該字筆畫十分清楚,似乎也可以排除"口"形殘泐的可能性。可見,將璽文""看作""或"相"之省可能求之過深。《左傳·昭公三年》曾記載晏嬰談論齊國情況"山木如市,弗加於山",我們曾懷疑此璽是有關木材徵收賦稅的璽印,但爲什麽會戳印在陶片上還需要進一步探究。(6)—(13)也屬於地方城邑市所用印,但其地名已多不可考。(16)—(19)印文中有"區"、"鋝(鍾)"①、"豆"等表示"量"名的詞,這些陶文的性質裴錫圭認爲"當是官市所用或所造的量器的殘片"②。(22)—(23)"大市式日月"、"大市九月"其後所加月名的性質裴先生認爲"可能跟市吏在執行某些任務時分月更代當值的制度有關"。此外,齊國私名璽印中還有以"市"爲名的,如"宴肺(市)"(《璽彙》0235)、"東埜(野)③肺(市)"(《璽彙》3992)、"高堂肺(市)"(《璽彙》3999)。

總之,通過對相關材料的考察可以發現,戰國時期齊國市已經很普遍,在國都和地方都設有市這一機構,相應地在"市"中國家設有市官負責税賦的徵收及相關事務,市官之間在一年之中的不同月份可能還有輪值更代的制度。

5. 遂、里等行政單位

齊國行政單位一般包括都、縣、邑、遂、里等,齊國官璽中有

---

① 吴振武:《試説齊國陶文中的"鍾"和"溢"》,《考古與文物》1991 年第 1 期,第 67—75 頁。

② 裴錫圭:《戰國文字中的"市"》,《古文字論集》,第 458 頁。

③ 吴良寶:《野王方足布幣考》,《江蘇錢幣》2008 年第 1 期,第 2 頁。趙平安:《談談戰國文字中用爲"野"的"冶"字》,氏著《新出簡帛與古文字古文獻研究續集》,商務印書館,2018 年,第 109—111 頁。

很多璽印是這些部門所使用的,比如"遂"有負責相關事務的
"遂師"。

6. 封君

在戰國時期齊國也曾實行封君制度,如孟嘗君田文父子曾被
封爲"靖郭君",大將田單被封爲"安平君"。齊系璽印中也有部分
封君所用之璽:

  (1) 禾信君鉥   《璽彙》5537

  (2) 盧成君鉥   《彙考》31 頁

  (3) 君之信鉥   《璽彙》0007

  (4) 關城君夫人信鉥   《彙考》31 頁

這幾方璽施謝捷《古璽彙考》①均列爲齊璽,從風格上看應可
信,祇不過"禾信君"、"盧成君鉥"、"關城君"、"君"所指爲何人已經
無從考察了。

以上考察了齊系璽印中倉廩、關市等機構的職官設置情況。
在齊系璽印中某些職官的具體職掌還不是很清楚,或者説對其職
掌内容還存在爭議。我們將分别介紹這些職官。

1. 立邦

  齊立邦鉥②   《彙考》67 頁

"立邦",曹錦炎認爲就是"立國"之意,他指出:"'立邦',猶言立國,
齊之始建國,於周初武王時,封吕尚於齊營丘。齊康公二十六
年(公元前 379 年)田和簒齊,吕氏遂絶其祀。此立邦璽,疑即田齊
建國時所製,帶有紀念意義。"③此璽印文含義是否真如其説,還不

---

① 施謝捷:《古璽彙考》。

② 蒙吴振武先生面告,此璽印或認爲是僞品。

③ 曹錦炎:《古璽通論》,第 117 頁。

宜論定。

2. 事人

　　(1) 萱丘事人鈢　　　　　　《璽彙》0277
　　(2) □丘事人正鈢　　　　　《彙考》63 頁

"事人",何琳儀讀爲"使人"①,見《左傳·宣公十三年》:"晉以衛之救陳也,討焉。使人弗去。"即"使者"之意。

3. 釘

　　(1) 左司馬釘　　　　　　　《璽彙》0037
　　(2) 左司馬釘　　　　　　　《璽彙》5540
　　(3) 左司馬聞釘信鈢　　　　《彙考》37 頁

　　釘,印文分別作"[印]"、"[印]"、"[印]",曹錦炎隸定作"竘",認爲可能讀爲"節"②,何琳儀亦釋作"竘",認爲"从立,句省聲"③。董珊釋爲"司"④,從形體上看皆不可信。施謝捷《古璽彙考》隸定作"釘"⑤,我們認爲是正確的。戰國時期齊國銅器陳侯因資敦銘文中用爲"嗣"之字作"[字]",印文"[印]"很可能就是由該形體變來,雖然"[印]"的含義還不是很清楚,但其表示的應該是一個與"嗣"音較近的一個詞,其具體含義待進一步研究。

4. 遷鹽

　　(1) 遷[印]之鈢　　　　　　《璽彙》0200(圖三十六:1)

---

① 何琳儀:《戰國古文字典—戰國文字聲系》,第 108 頁。
② 曹錦炎:《古璽通論》,第 81 頁。
③ 何琳儀:《戰國古文字典——戰國文字聲系》,第 344 頁。
④ 董珊:《戰國題銘與工官制度》,第 189 頁。
⑤ 施謝捷:《古璽彙考》,第 37—38 頁。

(2) 洛鄉遲金鉩　　　　《鉩彙》0322（圖三十六：2）

(3) 遲之鉩　　　　　　《鉩彙》0202（圖三十六：3）

(4) 昜（陽）都邑（?）聖（?）遲之鉩

　　　　　　　　　　　　《鉩彙》0198（圖三十六：4）

(5) 遲之鉩　　　　　　《鉩彙》0201（圖三十六：5）

(6) 遲之鉩　　　　　　《彙考》55 頁

1.《鉩彙》200　　　　2.《鉩彙》322　　　　3.《鉩彙》202

4.《鉩彙》198　　　　　5.《鉩彙》201

圖三十六

　　在齊系官印中，有兩個形體經常以詞組的形式同時出現在印文中，前者作""、""、""、""、""等形體，後者一

般寫作"▨"、"▨"、"▨"、"▨"等。清人宋書升在爲《續齊魯古印攈》一書所作的序中將"▨"與《説文》"徙"字古文"▨"相聯繫，從而將此字釋爲"徙"，得到了後來研究者的認同，但他將印文"▨"釋爲"盧"顯然是錯誤的。曾憲通在《論齊國"遲盟之壐"及其相關問題》一文中對相關形體進行了梳理，他認爲"▨"當是屖、遲之異體，讀同長沙之沙，將"▨"釋爲"盟"讀爲"盟"，認爲印文中該詞應讀爲"誓盟"[1]。葛英會也將後一字釋爲"盟"字，讀印文爲"徙盟"[2]，認爲此壐反映了先民"爰土易居"的情況。李學勤在《東周與秦代文明》一書中將印文釋作"逑盟"[3]，但並未就印文内容進行討論。李家浩據《説文》"囸，讀若獷"，將印文讀爲"選礦"[4]。劉洪濤讀爲"徙餇"[5]。趙平安根據包山簡文"煮鹽於海"中"鹽"字的寫法，將"▨"等形體都改釋爲"鹽"，認爲相關印文都應該讀作"徙鹽"[6]，董珊也有與之相似的釋讀意見[7]。吳振武先生在《關於戰國"某某金壐"的一個解釋》一文中指出，此印爲陶制，印文中"金"不可能指壐印的材質而言，他分析認爲上文所舉的陶質齊壐可能是

---

① 曾憲通《論齊國"遲盟之壐"及其相關問題》，《容庚先生百年誕辰紀念文集》，第 619—636 頁。原載《華學》第一輯，中山大學出版社，1995 年。

② 葛英會：《戰國齊"徙盟"壐與"爰土易居"》，《中國歷史博物館館刊》1991 年總 15—16 期，第 43—46 頁。

③ 李學勤：《東周與秦代文明》，上海人民出版社，2007 年，第 253 頁。

④ 李家浩：《關於齊國官印"徙盟"二字的釋讀》，《印學研究》第八輯，文物出版社，2016 年，第 293—308 頁。

⑤ 劉洪濤：《戰國官印"陽都邑伺徙餇之壐"考釋》，《出土文獻》第十三輯，中西書局，2018 年，第 182 頁。

⑥ 趙平安：《戰國文字中的鹽及相關資料研究——以齊"遲（徙）鹽之壐"爲中心》，《華學》第六輯，紫禁城出版社，2003 年，第 107—113 頁。

⑦ 董珊：《戰國題銘與工官制度》，第 191 頁。

打在包裝"徙鹽金"的封緘上的,認爲"徙鹽"説可從①。我們也認爲"徙鹽"是較爲合理的一種意見,今從其説。據《管子·海王篇》齊國曾實行過"正鹽策"的經濟政策,從歷史上看齊國歷來都有對食鹽生産銷售嚴加管控的傳統,"徙鹽金"作爲政府管理運輸食鹽的專用資金,也能反映出齊國對食鹽政策的重視。

5. 盧

(1) 右盧潽　　　　　　　　　《彙考》43 頁

(2) 左盧凊鉩　　　　　　　　《彙考》43 頁

(3) 王盧埁鉩　　　　　　　　《彙考》44 頁

(4) 右盧凊□翂鉩　　　　　　《鉩彙》0259

(5) 左盧凊鉩　　　　　　　　《陶彙》3.646

印文中釋爲"盧"的形體作"□"、"□"、"□"、"□"、"□"等,以此字爲偏旁的字還有"□"(《鉩彙》209)、"□"(《陶彙》3.282)、"□"等,□(《陶録》2.107.1)上部所從也與之相近,此字舊有釋"邦"、"圃"等意見②,徐在國又認爲此字上部"□"、"□"、"□"即"身"字,將上列印文釋作"畠",認爲"身"、"田"都是聲符:"古音'身'屬書紐真部,'田'屬定紐真部,聲紐皆屬舌音,韻部相同。"並將"右畠"、"左畠"讀爲"右田"、"左田",將"□陵"讀爲"陳棱"③。肖毅認爲"□""□"、"□"等形體都是

———

① 吴振武:《關於戰國"某某金鉩"的一個解釋》,《簡帛》第九輯,上海古籍出版社,2014 年,第 1—10 頁。

② 相關考釋意見參肖毅《釋盧》,《古文字研究》第二十四輯,第 319—322 頁。

③ 徐在國:《古陶文字釋叢》,《古文字研究》第二十三輯,第 119 頁。

"卢"之變形①：

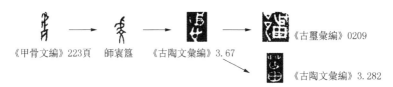

《甲骨文編》223頁　師袞簋　《古陶文彙編》3.67　《古璽彙編》0209　《古陶文彙編》3.282

將"甾"、"引"釋爲"庸",指出"右盧"當是"清辛"上一級單位,同時也認爲"右盧或與盧有關,盧,春秋時齊地"。按,將"引"、"氏"看作"身"可能有問題,這幾種形體一個典型的特點就是末筆高高豎起,和"身"在形體上還是存在一定的距離。我們暫從釋"盧"的意見,從"盧"分"左"或"右"來看,可能是一種機構的名稱,但其具體爲何機構還有待研究。

6. 宣

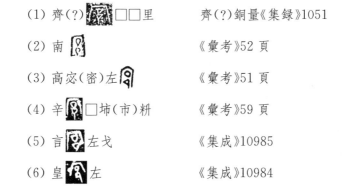

(1) 齊(?)〔宛〕□□里　　　齊(?)銅量《集録》1051

(2) 南〔宛〕　　　　　　　《彙考》52 頁

(3) 高宓(密)左〔宛〕　　　《彙考》51 頁

(4) 辛〔宛〕□坿(市)耕　　《彙考》59 頁

(5) 言〔宛〕左戈　　　　　《集成》10985

(6) 皇〔宛〕左　　　　　　《集成》10984

按,以上所列舉印文中的"宛"、"宛"、"宛"等,在形體上與楚系文字中的"宛"、"怨"及晉系文字中"序"都比較接近：

---

① 肖毅:《釋卢》,《古文字研究》第二十四輯,第 319—322 頁。

宛：[字形]（新蔡甲三・三四八）　[字形]（包山 2.13）

　　[字形]（包山 2.62）

怨：[字形]（上博一・緇衣 6）　[字形]（上博一・緇衣 6）

　　[字形]（上博一・緇衣 12）　[字形]（上博五・鮑 5）

序：左公車[字形]（《珍秦戰》）

　　垣余（餘）子[字形]（《彙考》113 頁）

　　余（餘）子[字形]（《彙考》115 頁）　叁棓（臺）在（士）[字形]

　　（《璽彙》0305）

　　李家浩將上列作"宛"、"序"的形體都釋爲"序"①，讀爲"舍"。趙平安根據《侯馬盟書》105"[字形]"及上博簡《緇衣》中與今本"怨"相對應的形體"[字形]"、"[字形]"、"[字形]"，將上列作"宛"、"序"的形體釋爲"宛"，讀爲"縣"或"館"②。上博五《鮑》中的"[字形]"整理者陳佩芬隸定作"宧"，讀爲"悁"③。季旭昇指出："原考釋所隸宧字，又見《上博一・緇衣》簡 6，字當釋'宛'，於此讀爲'怨'。"④從文意上看季旭昇先生讀爲"怨"的意見是很正確的。李家浩先生後來又放棄了釋

---

　　① 李家浩：《先秦文字中的"縣"》，《文史》1987 年第 4 期，第 56 頁注 26。又李家浩：《先秦文字中的"縣"》，《名中年語言學家自選集・李家浩卷》，第 15—34 頁。

　　② 趙平安：《戰國文字中的"宛"及其相關問題研究——以與縣有關的資料爲中心》，《第四屆國際中國古文字學研討會論文集——新世紀的古文字學與經典詮釋》，問學社，2000 年，第 538 頁。又趙平安：《戰國文字中的"宛"及其相關問題研究》（按：該文附有補記），《新出簡帛與古文字古文獻研究》，第 143—154 頁。

　　③ 馬承源主編：《上海博物館藏戰國楚竹書（五）》，上海古籍出版社，2005 年，第 241 頁。

　　④ 季旭昇：《上博五芻議（上）》，"簡帛"網，2006 年 2 月 18 日，http：//www.bsm.org.cn/show_article.php？id＝195。

“序”的意見，認爲該字所从“邑”爲聲符當有“苑”的讀音，並從趙平安先生的意見讀爲“館”①。

上文所列舉齊系文字形體與“序”、“宛”、“怨”等形體都比較接近，我們在上一章中討論兵器銘文時曾對各種釋讀意見進行過分析：

> 如果此字釋爲“序”，一般認爲“序”的功能類似於“講武堂”，可能不止一處，能否在這樣的機構設立“左（右）”武庫，是值得懷疑的。釋此字爲“宛”，或讀爲“縣”，但齊文字中已經有“縣”字，讀爲“縣”似不可從，而且“宦”還分左右，如“高宓（密）左宦（《彙考》51 頁）”，顯然是不能讀爲“縣”的，讀爲“邑”也同樣不合適。或可能讀爲“苑”，即是指“苑囿”而言，古代的苑囿主要是用於畋獵，而畋獵的一個重要作用就是練兵，如果讀爲“苑”可信，在其周圍設有“武庫”的作用，一方面可能是負責對苑囿的防務，另一方面也可能起到鑄造、保存練兵所需兵器的作用，但是否如此還需要進一步考察。

結合該文字的形體和各種釋讀意見，我們認爲此字的確切含義還需要深入研究。

7. 坔罬

（1）郲坔罬鈢	《璽彙》0265
（2）鉻閵坔罬	《璽彙》0312
（3）□閵（門）坔罬	《璽彙》0334
（4）武弨坔罬鈢	《璽彙》0336
（5）武平坔罬	《彙考》64 頁

印文中“坔罬”在相關印文中作如下形體：

---

① 李家浩：《戰國文字中的“宦”字》，《出土文獻與古文字研究》第六輯，上海古籍出版社，2015 年，第 245—276 頁。

璽彙 0265　　　　　璽彙 0312　　　　　璽彙 0334

璽彙 0336　　　　　彙考 64 頁（封泥）

　　印文中“、”據徐在國《釋齊官“祈望”》一文統計主要有如下釋讀意見：丁佛言《說文古籀補補》①將此字放入附錄二二，並提到吳大澂釋“宅”、陳介祺釋“鈝”及“田”的釋讀意見，高田忠周《古籀篇》71.39 下釋“窬”②，認爲是“賓”字省文，顧廷龍《古陶文香錄》13.4 隸定作“圱”。與印文“、”相同的形體又見於齊陶文（《古陶文彙編》3.390－3.397），高明在《古陶文彙編》“拓本目錄索引”部分將陶文中的形體隸定作“宔”③，葛英會④及其參編的《古

_____

　　①　丁佛言：《説文古籀補補》影印本，中國書店，1996 年。
　　②　高田忠周：《古籀篇》，［日本］說文樓影印，1925 年，第 1716 頁。
　　③　高明：《古陶文彙編》，中華書局，1996 年，第 22 頁。
　　④　葛英會：《古陶文研習札記》，《考古學研究》一，文物出版社，1992 年，第 312—321 頁。

陶文字徵》①一書都釋爲"堂",湯餘惠在《略論戰國文字形體研究中的幾個問題》一文中將《璽彙》0265 中的""隸定爲勹,讀爲陶②。印文中""、""、""等形體,《古璽彙編》0265 將""釋爲"家",""、""皆缺釋。《古璽文編》將《璽彙》0336""隸定作"罖",將《璽彙》0312 中的""列入附錄。

曹錦炎將""隸定作"王",分析爲"從土從冂",據"冂"《説文》古文作"囘"或體作"坰",指出王即"坰"字。認爲"坰當是地域組織名稱,與齊國鄉遂制度有關",將""、""、""等形體釋爲"家",認爲"坰家"的身份當是"士農之鄉"(見《管子·小匡》)的長官③。吳振武在《齊官王冢考》一文中贊同顧廷龍等釋"王"的意見,認爲"王"應分析爲"從土從宀,宀亦聲"在印文中讀爲"冪",指出""、""、""等形體下部所從並非"又",當是省去頭部的"豕"、"豕",認爲印文""即甲骨文中表示"以網蒙豕之形"的""(《合集》4761),"王冢"的職掌與《周禮》中掌管"捕捉禽獸"的"冥氏"相當④。徐在國、李家浩都認爲印文""、""應釋爲"坣罖",讀爲齊國掌管"海之鹽、蜃"的職官"祈望",李家浩在《包山二六六號簡所記木器研究》一文的注解中曾懷疑齊璽""等

① 高明、葛英會:《古陶文字徵》,中華書局,1991 年,第 59 頁。
② 湯餘惠:《略論戰國文字形體研究中的幾個問題》,《古文字研究》第十五輯,中華書局,1986 年,第 9—100 頁。
③ 曹錦炎:《戰國古璽考釋(三篇)》,《第二屆國際中國古文字學研討會論文集》,香港出版社,1995 年,第 397—404 頁。
④ 吳振武:《齊官"王冢"考》,《盡心集——張政烺先生八十慶壽論文集》,中國社會科學出版社,1996 年,第 153—161 頁。

形體"也可能是坴字。此字从土从几聲,疑是圻字的異體"①。徐
在國在《釋齊官"祈望"》一文中將印文""與戰國文字中的"几"
形相比較,對李家浩釋"坴"之説進行了論證,並根據吳振武釋燕璽
文字""爲"圿"②即"畿"之異體的意見,將齊璽文字中的"坴"也
釋爲"畿",並讀爲"祈"。他指出③:

> 《説文》:"畿,天子千里也。以遠近言之則言畿也,從田幾
> 省聲。"古音"幾"屬群紐微部,"几"屬見紐脂部,聲紐均屬牙
> 音,微脂旁轉。畿可以几爲聲符,典籍中"几"可與"機"通假。
> 《荀子·哀公》:"俛視几筵。"《孔子家語·五儀》"几"作"機",
> 可爲旁證。土、田用作義符可通用,故坴可釋爲畿。……
> "畿"、"祈"二字古通。《詩·小雅·祁父》鄭箋:"祈、圻、畿
> 同。"《周禮·春官·肆師》:"及其祈珥夏官小子。"鄭注云:"祈
> 或作畿。"

印文中的""李家浩、裘錫圭都認爲應該隸定作"罢"④,上引徐
文引述了李家浩的釋讀意見:

> (下部)從字形看,絶非從"豕"或"豕"。我認爲此字
> 應該釋寫作"罢",從"又","網"(按:似應作"网")聲。唐中牟
> 縣丞樂玄墓誌"罔"作"図"(見秦公《碑別字新編》,北京:文物
> 出版社,1985 年,頁 58),不知與璽文是否有關。"罔"是

---

① 李家浩:《包山二六六號簡所記木器研究》,《國學研究》第二卷,北京大學出版
社,1994 年,第 525—554 頁。
② 吳振武:《〈古璽文編〉校訂》,第五七〇條。又《〈古璽文編〉校訂》,第 221 頁。
③ 徐在國:《釋齊官"祈望"》,《第四屆國際中國古文字學研討會論文》,第
565—572 頁。
④ 裘錫圭:《釋"弘""强"》,《古文字論集》,第 58 頁。見此文《追記》部分。

"網"(按：似應作"网")後起的形聲字，從"亡"聲。"望"也從
"亡"聲。故知璽文"罘"可以讀爲"望"。

"祈望"一職見於《左傳·昭公二十年》："山林之木，衡鹿守之；澤之
萑蒲，舟鮫守之；藪之薪蒸，虞候守之；海之鹽蜃，祈望守之。"杜預
注："衡鹿、舟鮫、虞候、祈望，皆官名也。"孔穎達《正義》："海是水之
大，神有時，祈望祭之，因以祈望爲主海之官也，此皆齊自立名，故
與《周禮》不同。"

　　按，以上諸説之中以讀爲"祈望"爲優，如此説可信，則由印文
觀之齊國在都邑與門關都設有"祈望"一職，可見齊國在實行"官山
海"(《管子·海王篇》)的同時，更是加強了對海產品的稽查工作。
但需要説明的是，此説也不是一點疑問没有。如"圛"、"圝"下
部與常見的"又"形在形體上的確存在着一些差別，吳振武先生在
上引《齊官"王罘"考》也已經意識到了這個問題①。即便可以隸定
作"罘"，但此字是否一定從"网"得聲或是否能讀爲"亡"聲是存在
疑問的，李家浩先生在論證過程中引唐墓誌中的"圐"作爲參證，其
言"不知與璽文是否有關"，可見他自己也意識到這一證據是不充
分的。

第二節　齊系題銘與齊國
行政制度考察

　　據《國語·齊語》、《管子·立政》、《管子·小匡》等篇記載春秋
時期齊桓公任用管仲爲相，對齊國的内政、軍事、財政制度進行了

一系列改革,其中對内政進行的改革就是將全國行政區劃分爲都、
鄙兩部分,"都"即"國都"。國都行政層級分爲鄉、連、里、軌等不同
的組織,在鄙内部設立五屬,屬下設縣、鄉、卒、邑、軌等。《國語·
齊語》《管子》所記内容雖然未必完全符合春秋中期齊國改革的内
容,但無疑是有所依據的。在本節中,我們將結合出土齊國題銘中
的相關内容,對東周時期尤其是戰國時期的齊國行政制度進行
考察。

一、"國鄙制"與齊國行政層級劃分

《國語·齊語》《管子·小匡》中記載管仲進行的内政改革可
以概括爲"三國五鄙"制度,軍事改革可以概括爲"作内政而寄軍
令"。"三國五鄙"即把國都及其周邊的地區編爲二十一個鄉,其中
工商之鄉共計六個,士農之鄉十五個,這十五個鄉每五個鄉組成一
軍的建制,共計三軍,其中國君、高子、國子各帥一軍。

> 桓公曰:"定民之居若何?"管子對曰:"制國以爲二十一
> 鄉。"桓公曰:"善。"管子於是制國以爲二十一鄉:工商之鄉
> 六;士鄉十五,公帥五鄉焉,國子帥五鄉焉,高子帥五鄉焉。
>
> 《國語·齊語六》

引文中"士鄉十五"《管子·小匡》作"士農之鄉十五"。在"鄉"
之下設立"連"、"里"、"軌"等組織,並設有相應的管理者。同時,在
這種居民組織基礎上建立與之相應的軍事建制。其具體組織形
式爲:

> 管子於是制國:五家爲軌,軌爲之長;十軌爲里,里有司;
> 四里爲連,連爲之長;十連爲鄉,鄉有良人焉。以爲軍令:五
> 家爲軌,故五人爲伍,軌長帥之;十軌爲里,故五十人爲小戎,

> 里有司帥之；四里爲連，故二百人爲卒，連長帥之；十連爲鄉，
> 故二千人爲旅，鄉良人帥之；五鄉一帥，故萬人爲一軍，五鄉之
> 帥帥之。　　　　　　　　　　　　　　　　　　《國語·齊語六》

可見，齊國當時在"國"之内所設的行政組織中，是以"軌"、"里"、
"連""鄉"爲單位的。相應地，各級組織的地方官長爲"軌長"、"里
有司"、"連長"、"鄉良人"，這些都屬於行政性的組織。以這種内政
上所劃分的行政組織爲基礎，建立起一套軍事體系，這就是所謂的
"作内政而寄軍令"。因爲每"軌"由五家構成，每家有一人參軍就
組成了"伍"，由"軌長"率領，此時的軌長也就具有了軍事組織和行
政組織領導者的雙重身份。與之相類似，分别由"里有司"、"連
長"、"鄉良人"擔任"小戎"、"卒"、"旅"等軍事組織的領導者。以上
是在國都及其周邊地區的基層組織設置情况，與此同時，"國"以外
的邊鄙縣邑地區稱爲"鄙"，在這些地區共設五個"屬"：

> 桓公曰："定民之居若何？"管子對曰："制鄙。三十家爲
> 邑，邑有司；十邑爲卒，卒有卒帥；十卒爲鄉，鄉有鄉帥；三鄉爲
> 縣，縣有縣帥；十縣爲屬，屬有大夫。五屬，故立五大夫，各使
> 治一屬焉；立五正，各使聽一屬焉。是故正之政聽屬，牧政聽
> 縣，下政聽鄉。"桓公曰："各保治爾所，無或淫怠而不聽治者！"
> 　　　　　　　　　　　　　　　　　　　　　　《國語·齊語六》

春秋時期在國都之内的居民主要服兵役，邊鄙之居民並不參
軍，所以在邊邑之中僅强調了行政組織的設置情况。在一屬内部
分别設有"邑"、"卒"、"鄉"、"縣"等組織，其負責地方事務的官長分
别爲"邑有司"、"卒帥"、"鄉帥"、"縣帥"等，其最高的負責者爲"屬
大夫"。《管子·小匡》所記與此大致相類，祇不過文字有所訛脱：

> 桓公曰："五鄙奈何？"管子對曰："制五家爲軌，軌有長。

六軌爲邑,邑有司。十邑爲率,率有長。十率爲鄉,鄉有良人。三鄉爲屬,屬有帥。五屬一大夫,武政聽屬,文政聽鄉,各保而聽,毋有淫佚者。"　　　　　　　　　　《管子·小匡》

李零指出據《齊語》,上引《管子·小匡》中"十邑爲率"之"率"應爲"卒"之訛誤,鄉與屬之間的組織應爲"連"而非"縣"①:

《齊語》首句作"三十家爲邑,邑有司",略去"軌"不言,"率"作"卒",可訂《小匡》之誤;又"鄉"與"屬"之間有"縣",作"三鄉爲縣,縣有縣帥;十縣爲屬,屬有大夫。五屬,故立五大夫,各使治一屬焉"。可證《小匡》有脱文。但《小匡》脱文,據該篇下文"屬退而修連,連退而修鄉,鄉退而修卒,卒退而修邑,邑退而修家","鄉"與"屬",之間應作"連"而非"縣"。《禮記·王制》提到方伯之國"五國以爲屬,屬有長;十國以爲連,連有帥;三十國以爲卒,卒有正;二百一十國以爲州。州有伯","屬"、"連"、"卒"的大小關係與此相反,但"屬"和"卒"之間也有"連"一級,可爲參考。

以上是見於《國語·齊語》和《管子·小匡》的齊國行政組織設置情況。除此以外,在《管子·立政》、《乘馬》、《度地》及《銀雀山漢簡·田法》之中記載着另一形式的齊國行政組織,與《齊語》等所記載的組織形式相比多了"州"、"遂"、"都"等行政組織。如:

五十家而爲里,十里而爲州,十州〈州〉②而爲州〈鄉〉。……
　　　　　　　　　　《銀雀山漢簡(壹)·田法》

分國以爲五鄉,鄉爲之師,分鄉以爲五州,州爲之長。分

---

① 李零:《中國古代居民組織的兩大類型及其不同來源》,《李零自選集》,廣西師範大學出版社,1998年,第150頁。

② 銀雀山漢墓竹簡整理小組:《銀雀山漢墓竹簡〔壹〕》,文物出版社,1985年,第146—147頁。

州以爲十里，里爲之尉。分里以爲十游，游爲之宗。十家爲
什，五家爲伍，什伍皆有長焉。　　　　　　　　《管子·立政》

故百家爲里，里十爲術（遂），術（遂）十爲州，州十爲都。
　　　　　　　　　　　　　　　　　　　　　　《管子·度地》

五家而伍，十家而連，五連而暴。五暴而長，命之曰某鄉。
四鄉命之曰都①。　　　　　　　　　　　　　　《管子·乘馬》

　　在《銀雀山·田法》和《管子·立政》中，"里"之上的行政組織
分別爲"州"、"鄉"，《立政》篇中"里"的下層組織分別爲"游"、"什"、
"伍"。《管子·度地》中的行政組織分別爲"里"、"術（遂）"、"州"、
"都"。《管子·度地》篇中的"術"桂馥等讀爲"鄉遂"之"遂"②，可
從。不過李家浩、李零都已經指出，《管子·度地》中的"術（遂）"與
"州"可能存在錯倒的可能性，應校改作"故百家爲里，里十爲州，州
十爲術（遂），術（遂）十爲都"③。這樣一來，《管子·度地》中的
"遂"與《銀雀山漢簡（壹）·田法》中的"鄉"就是地位相當的行政組
織，這與《周禮》鄉遂制度中的"鄉"與"遂"的關係相類似，所以李家
浩在《齊國文字中的"遂"》一文中認爲："《田法》所説的是實行於鄉
遂之'鄉'的制度，而《度地》所説的是實行於一般都邑的制度，跟
《周禮》所記的都鄙制相當，所以二者之間里的大小、名稱等有所不
同。"④此外，在《管子·立政》、《銀雀山·田法》等所記載的行政組
織中"州"、"都"、"遂"不見於《國語·齊語》和《管子·小匡》篇所記

---

　　①　《管子·乘馬》篇相關記載可能存在著訛脱的情況，我們暫不討論。
　　②　（清）桂馥：《札樸》，商務印書館，1958 年，第 149 頁。李零：《中國古代居民組
織的兩大類型及其不同來源》，《李零自選集》，第 154 頁。李家浩：《齊國文字中的
"遂"》，《著名中年語言學家自選集·李家浩卷》，第 45 頁。
　　③　李零：《中國古代居民組織的兩大類型及其不同來源》，《李零自選集》，第 154
頁。李家浩：《齊國文字中的"遂"》，《著名中年語言學家自選集·李家浩卷》，第 46 頁。
　　④　李家浩：《齊國文字中的"遂"》，《著名中年語言學家自選集·李家浩卷》，第
46 頁。

載的行政組織系統,針對這種情況,李零認爲《管子‧立政》、《銀雀山‧田法》可能是在《國語‧齊語》和《管子‧小匡》等所記制度基礎上形成的晚期制度①。需要説明,《管子》一書一般認爲是戰國時期的作品且成書比較複雜,其所記述相關制度可能不是某個時期基本行政制度的完全反映②,我們要考察東周時期尤其是戰國時期齊國的行政組織設置情況,無疑要從銘文中尋找相關的線索。

二、齊系題銘所見齊國行政層級劃分概説

齊國東周題銘所見的行政組織或居民組織主要有"都"、"邑"、"縣"、"遂"、"里"、"鄉"等,其中大部分見於戰國題銘,而且主要集中於璽印和陶文中,這些内容對考察齊國尤其是齊都近郊的行政組織設置情況,具有重要的參考價值,我們將對齊國題銘出現的各級行政組織逐一考察。

(一) 都

到目前爲止,尚未發現春秋時期齊國"都"的材料,春秋時期齊國是否設"都"這一級行政機構還不清楚。進入戰國以後,從文獻上來看齊國已經有"都"的稱謂,一般認爲齊國在戰國時期設立"五都",每"都"的性質和規模相當於别的國家在戰國時期的"郡",如楊寬《戰國史》就認爲在戰國時期齊國没有設郡而設有"都"③:

在戰國時代,祇有齊國始終没有設郡,而設有都。齊國共

① 李零:《中國古代居民組織的兩大類型及其不同來源》,《李零自選集》,第155頁。
② 臧知非:《齊國行政制度考源——兼談〈國語‧齊語〉的相關問題》,《文史哲》1955年第4期,第48—53頁。
③ 楊寬:《戰國史(增訂本)》,上海人民出版社,2003年,第229—230頁。

設有五都,除國都臨淄以外,四邊的都具有邊防重鎮的性質。五都均駐有經過考選和訓練的常備兵,即所謂"技擊",也稱爲"持戟之士",因而有所謂"五都之兵",也稱爲"五家之兵"。在對外作戰時,"五都之兵"常常被用作軍隊的主力。都的長官稱都大夫,既是都的行政長官,又是"五都之兵"的主將。臨淄、平陸、高唐就是齊國這種略同於其他各國的郡的都。即墨、莒也該都是五都之一。

他認爲齊國的五都爲"臨淄"、"平陸"、"高唐"、"即墨"、"莒","都"的長官既負責行政事務也統領軍隊。韓連琪也指出:"戰國時,惟齊未嘗置郡,而設有都。"他認爲齊國五都不應包括"臨淄","齊國的都,當同他國之都一樣,最初都設在邊地。居於中央的齊城(按,他認爲即臨淄),雖有都的設置,也有軍隊,它可能不在五都之內"。他指出齊國的五都應包括"平陸"、"高唐"、"南城"、"即墨"、"阿":"齊的五都,當即西北鄰近燕、趙的高唐、平陸,南方鄰近楚國的南城,西南方鄰近趙、衛的阿和東方與莒接鄰的即墨。"[1]王閣森等主編的《齊國史》從其説[2]。周振鶴也認爲齊國當時設立"五都",他認爲"五都"應與管仲改革所提到的"五屬"相關聯:"上面已提到管仲制鄙,分全齊爲五屬,五都應該是與五屬相對應的制度,即每屬以一都爲中心,再以十縣之地爲其鄙。齊以外的六國在戰國末年都已大致形成了郡—縣—鄉—里的地方行政組織的層次,體現了各國中央對地方的嚴密控制。而齊國的五都制大概反映了一種權力相對比較分散的中央集權制。"[3]與此同時,有學者認爲齊國當時"没有實行相當於郡的都制",如臧知非在《齊國行政制度考源》

---

① 韓連琪:《春秋戰國時代的郡縣制及其演變》,《文史哲》1986 年第 5 期,第43 頁。

② 王閣森、唐致卿:《齊國史》,山東人民出版社,1992 年,第 448—449 頁。

③ 周振鶴:《中國地方行政制度史》,上海人民出版社,2005 年,第 35—36 頁。

一文中即持這樣的觀點①：

> 人們之所以論證齊國有相當於郡的五都制，實行都轄縣的行政體制，是受了戰國時代普遍實行郡縣制的影響。各國都行郡縣制，齊爲大國之一，自不能外，遂論都爲郡。其實，戰國之郡本係從邑發展而來，並不是一級政區。祇是一個軍事守備區，以軍事職能爲主。祇有縣才是一級地方政府，軍政合一，縣令、長或大夫既是行政長官，也是軍事長官，直到秦統一，才最終確立郡轄縣的行政體制；以什麼都大夫既要負責行政、又要負責軍事爲由説都大夫和郡守相當，實在是形而上學的比附。

他還認爲《國語·齊語》所説的"三其國五其鄙"的制度是戰國學者的僞托，他認爲《國語·齊語》、《管子·小匡》及《管子·度地》等篇是稷下諸公的作品，他也指出這些篇對當時制度的描述存在差異説明了當時還没統一的地方行政系統：

> 上舉對地方行政述説的不同，正説明了當時還没有穩定的、統一的地方行政系統，至少説明在春秋時期還是如此，故而才有歧説紛呈而又都托名管仲的事情發生。尤其有意思的是《小匡》所述和《齊語》相似，後世學者常將二者比勘使用以説明管仲改革内容，用傳抄刊刻之誤解二者在地方行政上的某些名稱差異。其實，這並非什麼刊刻之誤，而是在春秋時期就根本不存在《齊語》所述的那樣整齊劃一的行政制度。果如《齊語》所言，那麼稷下諸公爲何要破壞管仲制定和推行的行政制度，自立一套根本没有突破管仲的基本框架和精神的行

---

① 臧知非：《齊國行政制度考源——兼談〈國語·齊語〉的相關問題》，《文史哲》1955年第4期，第48—53頁。

政制度？這樣做，徒增混亂，無益於現實，還會招致人君的不
滿，稷下諸公們怕不會打着管仲的旗號去反對管仲。唯一合
理的解釋衹能是：春秋初年，管仲没有實行如《齊語》所説的
整齊劃一的行政制度，才給後人留下了充分的設計空間，稷下
諸公因所見、所聞、所傳聞的不同，而各述其説。

他繼而指出：“春秋戰國時期的齊國地方行政和其他諸國一
樣，都處於不斷的變動之中，其共同趨勢是逐步形成縣—鄉—里的
行政體系；戰國的郡不是地方最高政府，齊國也没有實行相當於郡
的都制。”齊國所謂“五都”的性質，他認爲：“這五都是齊國軍隊的
五個重要屯駐區，它們本來是五個大縣，因其戰略位置重要而成爲
軍事重鎮，故以代指齊軍，其中可能包括即墨、高唐等地，但即墨、
高唐並没有因此改變其縣的性質。”①趙慶森在《齊國置“五都”芻
議》一文中也認爲：“所謂的齊置‘五都’乃是建立在研究者對文獻
誤解的基礎之上所得出的結論，其實它和戰國時期齊國的史實並
不相符。”他指出“都”與“縣”這兩種比較相似的地方組織不太可能
同時並存，所謂“都”其實“它既非縣以上的一級政區，也不是與縣
並設的同一級地方政區，其衹不過是對齊縣的一種通稱，而並非一
個行政區劃的概念”②。以上説法中，認爲齊國所謂“五都”並非一
級行政機構很可能是正確的，這可以從齊系題銘中得到證明。

齊系春秋時期題銘中與“都”有關的材料主要見於齊國金文
中，鎛鎛銘文“與鄗之民人都嗇（鄙）”，以及叔夷鎛銘文“余易（賜）
女（汝）釐都膝劙其縣三百”，都有關於“都”的記載，在銘文中顯然
是指“都邑”，與行政組織的含義没有關係。戰國時期有關“都”的

①　臧知非：《齊國行政制度考源——兼談〈國語·齊語〉的相關問題》，《文史
哲》1955 年第 4 期，第 53 頁。
②　趙慶森：《齊國置“五都”芻議》，《中國歷史地理論叢》2009 年第 10 期，第
126—131 頁。

材料見於齊璽中：

(1) 昜（陽）都邑（?）聖（?）遞（徙）盧（鹽）之鉥《璽彙》0198
(2) 匋都垰　　　　　　　　　　　　　　　　《璽彙》0272

《璽彙》0198（圖三十七）中的“都”原作“”，此從朱德熙釋爲“都”的意見①。此外，《古陶文彙編》3.703 著録一方陶文（圖三十八）：

圖三十七　璽彙 0198　　圖三十八　陶彙 3.703　　圖三十九　璽彙 0292

印文中首二字作“平都”，從“平”字的風格上來看應屬齊系文字風格，“都”所從“者”也是齊文字所特有的寫法。據《古陶文彙編》介紹，此方陶文收録於黃賓虹《陶鉥文字合證》一書。不過從整體風格上來看，此陶文很可能是僞作的，除了印文難以讀懂外，“都”字在整體風格上與《璽彙》0198 號相近，祇不過把所從的“邑”換作了《璽彙》0198 中舊一般釋爲“邑”的形體。印文末一字作“”，與《璽彙》0292（圖三十九）所録燕璽末字的“”較爲接近，李家浩曾指出此形體右側所從爲具有典型燕系文字特點的“豆”②，此處出現

---

① 朱德熙：《戰國匋文和璽印文字中的“者”字》，《朱德熙文集》第 5 卷，商務印書館，1999 年，第 111 頁。
② 李家浩：《燕國“洀谷山金鼎瑞”補釋》，《著名中年語言學家自選集·李家浩卷》，第 155 頁注 7。

在齊璽中無疑是相矛盾的。王恩田《陶文圖録》將此方陶文編號
爲10.14.2,列入"僞品及可疑"部分,是很正確的,所以此方陶文中
的"平都"不作爲我們討論所依據的材料。

無論是印文中的"易(陽)都"還是"匋都",都不在上文各家所
劃定的"五都"範圍之内,可見戰國時期齊國未必設有相當於他國
"郡"一級别的所謂"五都",至於將"五都"與"五屬"相聯繫更是缺
乏根據。我們認爲,戰國時期的齊國所謂的"都"可能並非一級單
獨的行政單位,其性質與"邑"相同,祇是城邑的泛稱,之所以稱爲
"都"可能是因爲其比普通的邑規模要大,也可能戰略地位重要一
些。齊國兵器中有"陽右戈"(《集成》10945),此"陽"何琳儀、孫敬
明認爲即《漢書·地理志》城陽國下的"陽都"侯國,其地在今山東
沂水①。朱德熙在《戰國匋文和璽印文字中的"者"字》一文中引宋
書升《續齊魯古印攈序》稱"此印(即《璽彙》0198)出沂水界中",可
見齊戈中的"陽"與印文中的"陽都"二者很可能是指同一地。由戈
銘"陽右"可知"陽"地設有"右庫",也必然有"左庫",此地設有兩個
武庫可見其戰略地位是很重要的。

(二) 縣

齊系題銘中與"縣"相關内容主要見於以下題銘:

余易(賜)女(汝)獻(釐—萊)都滕劑其縣三百。

叔夷鎛《集成》285.3

閭門外陳得平棱縣廩豆佰憸□倉　《陶録》2.13.1

平墜(陵)縣左稟(廩)鉈　　　　　《彙考》46 頁

□縣(封泥)　　　　　　　　　　《彙考》46 頁

---

①　何琳儀:《戰國文字通論(訂補)》,第89頁。孫敬明:《齊境武庫戰略格局與孫
子攻守之法》,《考古發現與齊史類徵》,第192—193頁。

"縣"這一行政區劃稱謂至遲在西周金文中已經出現了,西周中期銅器"免簠"(《集成》4626)銘文"嗣(司)奠(鄭)還歔(廩)眔吳(虞)眔牧"中的"鄭還",阮元在《積古齋鐘鼎款識》中認爲即"鄭縣",師旋簋(《集成》4279)銘文中有"豐還",李家浩認爲即"豐縣",他指出①:

> 據可靠文字記載,"縣"的出現至少可以追溯到西周。那時所謂的"縣"是"縣鄙"之"縣",指王畿以内國都以外的地區或城邑四周的地區。到春秋戰國時期,就逐漸演變爲"郡縣"之"縣",指隸屬於國都、大城或郡的一種邑。

叔夷鎛銘文"萊都㬅劃其縣三百",李家浩認爲"都"與"縣"相對而言,此處的"都"應指有城郭的大邑,在銘文中就是指"㬅②劃"城,"縣"當指城周圍的廣大地區。顧頡剛曾指出"縣"和"邑"有時是可以通稱的③:

> "縣"與"邑"大約是可以通稱的,一個大邑可以包括三百個小邑。所以《論語·憲問》説:
>
> > 問管仲曰:"人也,奪伯氏駢邑三百,飯蔬食,没齒無怨言。"這"三百"大約是三百個小邑(何晏《論語集解》引僞孔《論語注》云"伯氏食邑三百家",以金文證之,疑非)。三百個小邑同隸於駢邑一個大名之下,正和三百個縣同隸於厘[按:即指歔(萊)]邑一個大名之下相合。

---

① 李家浩:《先秦文字中的"縣"》,《著名中年語言學家自選集·李家浩卷》,第15頁。

② 周忠兵先生認爲銘文中的"㬅"右部"象米在帶蓋的器皿中,其下方的皿也是一種省體",並將此形體釋爲"糂"。詳周忠兵:《釋春秋金文中的"糂"》,《戰國文字研究的回顧與展望》,中西書局,2017年,第56—57頁。

③ 顧頡剛:《春秋時代的縣》,《禹貢》1937年第6、7期,第177頁。

他認爲叔夷鎛銘文中"其縣三百"之"縣"是指"小邑"而言，無疑是正確的。李家浩也認爲此處的縣是指"小邑"，他認爲叔夷鎛銘文中的"縣"是指"膝劇"城周邊的地區，"其縣三百"（"三百"李家浩釋爲"二百"）是指"膝劇"的"縣中之邑二百個"，並認爲這種邑大概是像《齊語》所說的"三十家"爲邑這樣規模的小邑①。他們認爲春秋時期的縣是屬於"縣鄙"之縣無疑是正確的，與之不同的是，至戰國時期齊國的"縣"應屬於"郡縣"之"縣"。

《陶錄》2.13.1 和《彙考》46 頁"平陵縣左稟（廩）鈢"中的"平陵縣"又見於《銀雀山漢墓竹簡·孫子兵法·擒龐涓》篇：

> 田忌曰："若不救衛，將何爲？"孫子曰："請南攻平陵。平陵其城小而縣大，人衆甲兵盛，東陽戰邑，難攻也。吾將示之疑。吾攻平陵，南有宋，北有衛，當涂（途）有市丘，是吾糧涂（途）絕也。吾將示之不知事。"於是徙舍而走平陵。

"平陵其城小而縣大"，李家浩認爲："平陵縣縣城的規模小，而縣的轄區大。……齊國印文和陶文中所說的'平陵縣'是'都'下一級的行政單位，是包括平陵城及其周圍轄區而言的。"他認爲"平陵縣"屬於"都"可能未必符合實際，因爲此時齊國是否設有"都"這一級行政單位還有疑問，但他認爲"平陵縣"包括平陵城及其周圍轄區無疑是非常正確的，此處的"縣"無疑是屬於戰國時期常見的"郡縣"之"縣"，是地方重要的一級行政單位。

由此可見，春秋時期齊國的"縣"指城邑周邊的地區，還不具有"行政單位"的性質，至戰國時期齊國在地方已經設立了"郡縣"之縣。《史記·田敬仲完世家》記齊威王對即墨大夫、阿大夫因其政績分別進行了賞罰：因前者治理即墨"田野辟，民人給，官無留事，

---

① 李家浩：《先秦文字中的"縣"》，《著名中年語言學家自選集·李家浩卷》，第 21、32 頁。

東方以寧”，所以封之萬家的賦稅；阿大夫政績不佳：“田野不辟，民貧苦。昔日趙攻甄，子弗能救。衛取薛陵，子弗知”。所以遭到“烹”的下場。《史記·滑稽列傳》載齊威王：“於是乃朝諸縣令長七十二人，賞一人，誅一人。”“賞一人，誅一人”即指《田敬仲完世家》賞即墨大夫、烹阿大夫而言，“朝諸縣令長七十二人”一方面説明諸縣令長即《田敬仲完世家》中的“大夫”，另一方面也説明齊國此時至少有“七十二”個縣，由阿大夫“田野不辟，民貧苦。昔日趙攻甄，子弗能救”，可知地方縣長既負責地方行政事務也負責軍事防禦，有領兵之職權。齊國君主對這些大夫可以任意賞罰，當然也可以任意任免，齊國正是通過對這些掌控地方軍政職權的“諸縣令長”進行控制，達到了治理全國的目的，也説明齊國設立縣這一行政單位的目的與其他國家一樣，旨在加强中央集權，進而鞏固君主的統治。

(三) 遂

《管子·度地》所列舉的行政單位中有“術（遂）”這一級，我們現在雖然還不清楚齊國從什麽時候開始設置“術（遂）”這一級行政組織，但可以肯定的是在春秋時期和戰國時期齊國一直都設有“遂”，這些内容也見於齊國題銘中：

（1）余爲大攻（工）尹（尹）、大事（史）、大䣓、大宰，是辭（台）可事（使）。　　　　　　　　　　鮨鎛《集成》271

（2）璋□郜[印]信鈢　　　　　　　　　　《璽彙》0232

（3）鄉[印]鈢　　　　　　　　　　《璽彙》3233

（4）□易（陽）[印]帀（師）鈢　　　　　　　　　　《璽彙》0155

（5）右[印]文枭信鈢　　　　　　　　　　《璽彙》0282

　　麟鎛中的""，以往都認爲其右部所从爲"者"或"都"之省，在銘文中讀爲"徒"，如吳大澂《愙齋集古録》二册·二五認爲此字"即徒字"。潘祖蔭《攀古樓彝器款識》卷二·八指出"此从辵从都省，疑即徒字"。張之洞《廣雅堂論金石札》卷二·三釋爲"徒"，認爲"此從辵從者省，當是古文"。郭沫若《兩周金文辭大系圖録考釋·麟鎛》釋文作"遳（徒）"。于省吾在《雙劍誃吉金文選》上一·七僅就原形隸定作"遳"，可能不贊同以上釋讀意見。李家浩在《齊國文字中的"遂"》一文中，將麟鎛中的形體與庚壺和魏三體石經中的"殺"進行比較：

（庚壺，《集成》9733）　　　　（《石刻篆文編》3.24）

他認爲麟鎛中的所从""與上列"殺"所从""無疑是同一形體，""的讀音應與"殺"相同或相近。在古代"殺"與"遂"讀音十分相近，所以""等形體可能與"述"一樣都是"遂"字的異體①。其説從各方面來看，都遠勝舊説，而且能够很好地解釋相關辭例，此説無疑是可信的。他認爲以上所列舉的辭例中，"遂"都與"鄉遂"之"遂"有關，很可能就是《管子·度地》中"州十爲遂"的那種"遂"。其中(3)—(4)"遂"之前爲地名，(1)中的"大遂"、(4)中的"遂師"、(5)中的"右遂"都是職官名。"大遂"之"遂"很可能是指齊國都之"遂"而言，"大遂"與"大宰"等並列，很可能是"春秋時期齊國國家管理遂的最高長官"。"遂師"應與《周禮·地官》"遂師，各掌其遂之政令戒禁"的職掌相類②。

────────────

　　①　李家浩：《齊國文字中的"遂"》，《湖北大學學報（社科）》1992 年第 3 期，第 30—37 頁。又《著名中年語言學家自選集·李家浩卷》，第 35—52 頁。
　　②　李家浩：《齊國文字中的"遂"》，《著名中年語言學家自選集·李家浩卷》，第 46—47 頁。

　　由此可見,從銅器題銘和戰國璽印文字來看,從春秋時期開始齊國已經設立了"遂",並且有"大遂"等職官,戰國時期齊國在地方上也設有"遂",並設有管理一遂事務的"遂師"。需要指出的是,上文中提到《管子·度地》中的"遂"與《銀雀山漢簡(壹)·田法》中的"鄉"就是地位相當的行政組織,這與《周禮》鄉遂制度中的"鄉"與"遂"的關係相類似。此外,齊國國都附近出土的"陶文"中祇見到"鄉里"的記載而沒有"遂"的記載,山東新泰出土的陶文中未見齊陶文中常見的"鄉",說明齊國的"遂"可能確實是在"都鄙"地區施行的一種行政制度,其地位與國都之內的"鄉"相近。

(四) 鄉、里

　　齊國璽印、陶文和陶量中,經常出現一個表示行政或居民組織單位的形體:

(1) 《集録》1051　　《璽彙》0322　　《陶録》2.105.1

(2) 《璽彙》0196　　《陶録》2.55.1

(3) 《陶録》2.56.1　　《陶録》2.52.1

　　　《陶録》2.51.1

(4) 《陶録》2.117.3　　《陶録》2.98.2

　　　《陶録》2.108.1

(5) 《陶録》2.314.3　　《陶録》2.310.1

　　　《陶録》2.309.1　　《陶録》2.368.3

　　　《陶録》2.377.3　　《陶録》2.672.3

(6) 《陶録》2.320.1　《陶録》2.362.1

《陶録》2.382.3　《陶録》2.331.1

(7) 《陶録》2.97.3

在以上幾種形體中，(1)是基本的寫法，(2)—(4)中表示雙手的部分已經和上部居中的筆畫粘合在一起，(5)除了上部居中的筆畫寫作中空外，下部類似“行”的形體也發生了簡化，(6)除了上部居中的筆畫寫作中空外，還省去了雙手形，(7)下部類似“行”的形體除了發生了簡化外，還省去了“邑”。這一行政單位從相關辭例上分析，應該屬於“里”上一級單位(下文用△代表)：

(1) 虘(𠭯)丘△武昌里　《陶録》2.52.1

(2) 陶△𦞤里　《陶録》2.54.1

(3) 繇△大匋(陶)里怡　《陶録》2.105.1

(4) 左南𩫏(郭)△辛匋(陶)里慭　《陶録》2.309.1

(5) 楚郭△關里㓻(臧)　《陶録》2.316.1

(6) 丘齊△桼(漆)彫里得　《陶録》2.395.1

(7) 齊(?)宛(?)△□里　銅量《集録》1051

此字的釋讀意見，據高明統計至少有六七種之多，吴大澂在《讀古陶文記》中釋爲“㯱”①，顧廷龍②、金祥恒③釋爲“遷”，周進疑是“鄙”④，李學勤亦釋爲鄙⑤，李先登既認爲是“鄙”字繁文，又指出

---

① 吴大澂：《讀古陶文記》，《吴愙齋尺牘》第七册。

② 顧廷龍：《古陶文舂録》，上海古籍出版社，2004年，二·三。本書1936年曾作爲《國立北平研究院史學研究會文字史料叢編》之一印行。

③ 金祥恒：《陶文編》卷二，藝文印書館，1964年。

④ 顧廷龍：《季木藏陶序》。此序又見於周進、周紹良、李零：《新編全本季木藏陶》，中華書局，1998年。

⑤ 李學勤：《戰國題銘概述(上)》，《文物》1959年第7期，第52頁。

“或釋爲遷,借爲縣”①。方濬益《綴遺齋彝器考釋》卷二五·一三·二指出此字“疑鄉之異文”。除以上幾種考釋意見外,鄭超、高明、何琳儀皆釋爲“鄉”②,李零認爲應隷定作“衝”,疑應讀作“廛”③。趙超④、陳劍、董珊⑤等讀爲“州”,此後陸德富先生又引述了裘錫圭先生釋“聚”的意見⑥。李學勤後來又認爲此字應釋作“巷”,認爲陶文“某巷某里是陶工的籍貫”⑦。按,以上諸家釋讀意見其實可歸結爲“罨或遷”、“鄙”、“衝(廛)”、“鄉”、“州”、“巷”、“聚”這幾種説法。“罨或遷”、“鄙”都見於東周時期古文字中,分別作以下形體:

![罨字形](新蔡甲三 11、24)　![鄙字形](新蔡乙四 31)

戰國時期的“罨”上部往往作“角”形,而且下部所從爲“吕”而非“邑”,更爲重要的是,該形體從西周文字開始直至小篆都有“收”這一部件,陶文中的形體△與“罨”並不相同。“畕”與△在形體上的差别更爲明顯,可以不論。另外,無論是釋遷或鄙都不能很好地解釋相關辭例,二者都不能作爲一級行政單位的名稱,所以釋遷或鄙的觀點並不可信。陶文形體是否能隷定爲“衝”也是值得懷疑的,讀爲“廛”也面臨不能很好地解釋相關辭例的問題,此説也值得懷

　　① 李先登:《天津師院圖書館藏陶文選釋》,《天津師院學報》1982 年第 2 期,第 92—94 頁。
　　② 鄭超:《齊國陶文初探》,中國社會科學院研究生院碩士學位論文,1984 年,第 31—34 頁。
　　③ 李零:《齊、燕、邾、滕陶文的分類與題銘格式》,《管子學刊》1990 年第 1 期,第 84 頁。
　　④ 趙超:《“鑄師”考》,《古文字研究》第二十一輯,中華書局,2001 年,第 293—300 頁。
　　⑤ 董珊:《戰國題銘與工官制度》,第 180 頁。
　　⑥ 陸德富:《戰國時代官私手工業的經營形態》,第 174 頁。又陸德富:《齊國陶文的“聚”字》,《中國文字學報》第八輯,第 89—95 頁。
　　⑦ 李學勤:《秦封泥與齊陶文中的“巷”字》,《陝西歷史博物館館刊》第 8 輯,三秦出版社,2001 年,第 24—26 頁。

疑。釋"巷"之説頗爲新穎，但是陶文中諸形體與古文字中的"巷"在形體上有着不小的距離，其成立的可能性也是很小的。釋"鄉"、"州"的優點在於能够和齊國已知的行政單位相聯繫，其中以釋"鄉"的影響較大，在下文中我們將重點介紹這兩種觀點。

1. 釋"鄉"説

鄭超、高明、何琳儀三位先生雖然都認爲應釋爲"鄉"，但彼此的論證過程存在差異，其中以鄭超、何琳儀兩位先生的論證較爲接近，高明先生與之存在差別。高明指出：

> 案吴大澂釋此字爲"曏"，基本不誤；方濬益謂爲鄉字異文，更爲精闢。但是，他們皆未説明衙字的結構與衙、鄉兩字的關係。
>
> 上述諸種字形，均應隸定爲衙或衙，從行曏聲。曏字《説文》作卿或曏，仙字古從人曏聲，也省作卿，説明卿、曏、儠、衙皆由曏得聲，讀音相同，古爲心紐元部字，鄉爲曉紐陽部，衙鄉不僅聲紐相近，而且韻部相通，古音相同。何尊銘云"佳王初鄭宅于成周"，張政烺先生據《周書·召浩》、《洛浩》讀"鄭宅"爲"相宅"，極爲正確。古衙、鄭、鄉、相都是同音字，可互相假用，故讀衙爲鄉與讀鄭爲相，皆無可疑。

他贊同方濬益釋"曏"的觀點，進而從通假的角度進行論證，認爲從"曏"聲的"衙"可以讀作"鄉"。這種論證過程的問題是很明顯的，我們已經指出陶文諸形體並不從"曏"，在此基礎上再論證與"鄉"相通很明顯是不可信的。

鄭超在《齊國陶文初探》一文中也認爲此字應讀爲"鄉"，他將陶文諸形體與《説文》"襄"的古文相聯繫，認爲我們討論的諸形體從"襄"省聲應讀爲"鄉"[1]：

---

[1]　鄭超：《齊國陶文初探》，第34頁。

　　從此字的第一形來看，首先可以分爲上下兩部分。下部作""从行从邑，當是意符，"行"是大路，"邑"是居民區。……此字上部作，裏字古文作：

《説文·衣部》

兩字上部所从相似，此字似可分析爲从裏省聲，與中山王䜮鼎的"數"字（《中山王䜮文字編》77 頁）从婁省聲同例。"裏"是精系陽部字，"鄉"是匣母陽部字，古音還是比較接近的。因而"鄉"字可以从裏省聲。我們這裏暫且把此字看作"鄉"字異體，並爲方便起見把他直接寫作"鄉"。

他認爲陶文形體""爲意符，上部从《説文》"裏"字古文省聲。而"裏"、"鄉"古音相近，所以可以讀爲"鄉"。

　　何琳儀先生的論證過程與鄭超相近，他指出此字："从邑，裏省聲，行爲疊加音符。疑鄹之繁文。裏三體石經《僖公》作，《説文》古文作，上部與齊陶吻合。……或釋鄙、衞均與字形不合。齊器△讀鄉，典籍曩與鄉通用是其佐證。"[1]

　　2. 釋"州"説

　　趙超及董珊引述陳劍的意見都認爲應讀爲"州"，趙超指出："這種典型的字，上半部正是數（）、婁（）、鑄（）等字得音的聲符，下半部从行从邑，表明字意……我們懷疑可能是齊國文字中特有的州字。州字古音屬幽部，與聲符正相符合。"[2]按，"數"、"婁"和所謂"鑄"上部从"角"十分明顯，而齊

　　① 何琳儀：《戰國古文字典—戰國文字聲系》，第 692 頁。
　　② 趙超：《"鑄師"考》，《古文字研究》第二十一輯，第 293—300 頁。

陶文形體△我們在上文中列舉了七種變體，没有一種上部从
"角"，所以此説不可信。董珊認爲目前釋"鄉"、"巷"、"鄙"等説
多不能令人信服，趙超讀爲"州"可信，但他分析形體可能有問
題，他指出①：

　　　所謂"鄉"字的寫法很多，此字相當於後來的什麽字，學術
　　界有多種不同的看法。比較流行的幾種觀點，大致有釋爲
　　"遷"、"鄙"、"鄉"、"廛"、"巷"等幾種。不過這些講法大都没有
　　很充分的文字學根據，對於陶文所見制度的理解也都不能無
　　疑，因此目前還没有一種説法得到大家的承認。

　　　我們認爲，此字應該釋讀爲"州"。下面介紹這種我們比
　　較相信的講法。

　　　對於此字的釋讀，趙超先生曾在一篇題爲《"鑄師"考》的
　　文章裏，認爲該字上半部分聲符"是'數'、'婁'、'鑄'得音的聲
　　符'𢆶'"，因此推測該字可以讀爲"州"。從他對文獻記載和
　　齊陶文所見制度的比較來看，我們認爲趙先生的對於該字的
　　讀法是很有道理的，但是他對於有關此字的文字學和音韻學
　　上的分析，有不少疑點。我們感到從文字本身來説，問題還是
　　没有得到根本的解決。

　　　陳劍先生最近有一個新看法。他認爲，此字從字形分析
　　上説，應該是以上半部分爲聲符，該字上半部分跟"鑄"字的上
　　半部分變化相同，讀音也同於"鑄"，在齊系文字中可以讀爲
　　"州"。他把這個意見講給我聽，我認爲從文字學上説，陳先生
　　的這個講法比較有道理。陳劍先生告訴我説，他暫時不打算
　　專門爲此寫一篇文章，並囑咐我在討論到這個問題時，能够替

---

①　董珊：《戰國題銘與工官制度》，第180頁。

他把這個意見表達出來。

關於該字在文字學方面的討論,本文暫不打算涉及,詳見另文。這裏先按照讀爲"州"的講法,在趙超先生討論的基礎上,把跟齊陶文"州"有關的歷史制度問題作一些介紹和討論。這樣做的目的,是希望能够先從制度史的方面,提供一些關於此字釋讀的背景。

董珊先生在文章中還指出文獻中有"州里"連稱的例子,認爲里上一級單位應爲"州",並認爲:"從這一點來説,把齊陶文'里'字上一級單位讀爲'州',其文例可以符合文獻的記載,因此是一種合理的講法。……而文獻中也經常連稱'鄉里',原來有不少學者釋齊陶文此字爲'鄉',是認爲該字從'行'聲,'行'跟'鄉'上古音讀音相近。我們認爲,這些'鄉里'連稱,是舉其較大和較小的兩級,略過了中間的'州'一級行政單位,仍然是'鄉'、'州'、'里'三級制度。"

按,陳劍、董珊兩位先生認爲"此字從字形分析上説,應該是以上半部分爲聲符,該字上半部分跟'鑄'字的上半部分變化相同",他們沒有對該觀點進行論證,我們無從置評。此外,戰國文字中與此字上部相類似的形體還見於包山簡中的"婁"字:

包山二·五　包山二·二五九　包山二·六五
包山二·四八

陸德富先生據上舉"婁"字與陶文形體上部形體接近這一點,認爲陶文形體的讀音當與"婁"近,進而讀爲"聚",他指出:"我曾就此向裘先生請教,裘先生認爲,此字的上部既與'婁'之所從相似,似可讀爲'聚'。從讀音上看,婁、聚古音皆在侯部,聚爲精系字,而從婁得聲的數也屬精系。《禮記·禮運》'鳳皇麒麟,皆在郊棷',《釋文》:'棷或本作藪。'《文選·羽獵賦》李善注引'棷'作'藪'。棷、聚皆从取聲,可見,婁、聚相通當無問題。"①此説可能也存在問題,"聚"這一地方組織常見於漢代,從《管子》、《國語》等文獻來看,未見當時齊國也存在這種居民組織的記載,這是此説所面臨制度方面的問題。所以我個人懷疑陶文△上部可能既非"婁"也非"鑄"之省聲。

綜合各家觀點並結合相關制度,鄭超、何琳儀兩位先生,將陶文形體與《説文》古文"襄"和《三體石經》古文"襄"相聯繫,在形體上是有一定根據的,我們認爲釋"鄉"之説很可能是正確的,今暫從其説。

從目前所見齊國都周圍出土的陶文看,陶工至少來自十四個左右不同的"鄉",每鄉下轄若干里,多寡不一,也有若干里前面未標明所屬的鄉。我們將陶文所見鄉里情況以表格的形式梳理如下("▨"等逕作"鄉"):

鄉	里	辭　　例	
1. ▨鄉	尚畢里	右殷▨鄉尚畢里季頞	《陶録》2.48.1—4
	▨▨里	右殷▨鄉▨▨里……衆□	《陶録》2.49.3
2. ▨邢鄉	臓里	▨邢鄉臓里王□貽	《陶録》2.50.1—2
3. ▨鄉	▨里	▨鄉▨里□石	《陶録》2.50.4
4. 虡丘鄉		虡丘鄉	《陶録》2.51.1
		虡丘鄉	《陶録》2.51.2+《陶録》2.51.3
	武昌里	虡丘鄉武昌里	《陶録》2.52.1

① 陸德富:《戰國時代官私手工業的經營形態》,第174頁。

續　表

鄉	里	辭　例	
5. 賈鄉	匋(陶)里	賈鄉匋(陶)里王□	《陶録》2.53.2—3
6. 陶鄉	臧里	陶鄉臧里	《陶録》2.54.1
7. 緐鄉	臧里	緐鄉臧里	《陶録》2.54.2
		緐鄉臧里王丂	《陶録》2.54.3
		緐鄉臧里🔲賁	《陶録》2.55.1
	🔲里	緐鄉🔲里🔲賁	《陶録》2.55.2
	🔲圈里	緐鄉🔲圈里邵齊	《陶録》2.55.3
	上🔲	緐鄉上🔲里郤吉	《陶録》2.56.1
	南🔲里	緐鄉南🔲里……	《陶録》2.56.3
	蒦圈南里	緐鄉蒦圈南里……	《陶録》2.57.1
		緐鄉蒦圈南里□	《陶録》2.57.3
	大匋(陶)里	緐鄉大匋(陶)里艸	《陶録》2.91.1—3
		緐鄉大匋(陶)里步	《陶録》2.91.4
		緐鄉大匋(陶)里□	《陶録》2.99.3—4
		緐大匋(陶)里□(迠?)疾	《陶録》2.100.1—4
		緐鄉大匋(陶)里怡	《陶録》2.105.1
	中匋(陶)里	緐鄉中匋(陶)里僕	《陶録》2.153.1
		緐鄉中匋(陶)里□	《陶録》2.153.4
		緐鄉中匋(陶)里□	《陶録》2.154.1—2
		緐鄉中里人夏	《陶録》2.653.4
	東匋(陶)里	緐鄉東匋(陶)里璋	《陶録》2.156.1—3
		緐鄉東匋(陶)里人	《陶録》2.158.3
		緐鄉東匋(陶)里人㤅	《陶録》2.158.4

續　表

鄉	里	辭　　例	
8. 王卒左鄉	城圖□岳里	王卒左鄉城圖□岳里人曰得	《陶録》2.299.1
9. 左南郭鄉	辛匋(陶)里	左南韋(郭)鄉辛匋(陶)里愨 □□韋(郭)□辛匋(陶)里豕 左南韋(郭)□辛匋(陶)里賧	《陶録》2.309.1 《陶録》2.310.4 《陶録》2.311.1
10. 楚郭鄉	關里	楚郭鄉關里臧(臧)	《陶録》2.316.1
	權里	楚郭鄉權里何	《陶録》2.362.1—4
	蘆里	楚郭鄉蘆里賧	《陶録》2.363.1—4
	里	楚郭鄉里	《陶録》2.390.1
	里	楚郭鄉里沴艸	《陶録》2.393.1
	里	楚郭鄉里腊	《陶録》2.394.3
11. 丘齊鄉	柒(漆)彤里	丘齊鄉柒(漆)彤里得	《陶録》2.395.1
	炻里	丘齊鄉炻里□ 丘齊炻里王□	《陶録》2.396.3 《陶録》2.396.4
	辛里	丘齊辛里邿大心	《陶録》2.405.1
	平里	丘齊平里王閱	《陶録》2.409.1
12. 乘鄉	里	乘鄉里□佗	《陶録》2.49.4
13. 壔闆(閭)		壔闆(閭)隻	《陶録》2.423.1
	楬里	壔闆(閭)楬里曰淖 壔闆(閭)楬里曰隻	《陶録》2.410.1 《陶録》2.422.3
14. 高闆	豆里	高闆豆里人匋者曰與	《陶録》2.435.1

上表中，絴鄉、楚郭鄉、丘齊鄉所轄里較多，邢鄉、鄉等所轄里目前見到的比較少。除此以外，還有爲數不少的里未標明所屬鄉：

里	辭　　例	
1. 左里	内郭陳賹參立事左里段亭豆	《陶録》2.3.2
	内郭陳賹參立事左里段亭區	《陶録》2.3.3
	平門内陳賹左里段亭	《陶録》2.5.1
	平門内陳賹左里……	《陶録》2.5.2
	昌檮陳圖(固)南左里段亭區	《陶録》2.6.1
	王孫陳陵再左里段亭區	《陶録》2.8.1
2. 右里	左里段	《陶録》2.24.1
	右里段翌	《陶録》2.24.4
3. 大匋(陶)里	大匋(陶)里貞	《陶録》2.130.1—4
	大匋(陶)里化	《陶録》2.129.4
4. 匋(陶)里	匋(陶)里人安	《陶録》2.257.2
	匋(陶)里人臧之豆	《陶録》2.257.4
5. 東匋(陶)里	東匋(陶)里公孫縩	《陶録》2.280.2
6. 蒦圖里	蒦圖里□	《陶録》2.88.2
	蒦圖□	《陶録》2.88.3
	蒦圖里匋(陶)人憲	《陶録》2.198.1—4
7. 大蒦圖里	大蒦圖里匋(陶)取	《陶録》2.135.4
	大蒦圖匋(陶)者可	《陶録》2.136.1—4
	大蒦圖匋(陶)者乙	《陶録》2.137.1—4
	大蒦圖壽所□	《陶録》2.150.1—4
8. 中蒦圖里	中蒦圖里匋(陶)漸	《陶録》2.165.1—3
	中蒦圖里敦于向	《陶録》2.165.4
	中蒦圖里人纓	《陶録》2.171.3—4
	中蒦□(圖)里曰□	《陶録》2.174.1
9. 蒦圖南里	蒦圖南里人莫	《陶録》2.58.1—4
	蒦圖南里匋(陶)者	《陶録》2.62.1—3
	蒦圖南里鑑	《陶録》2.66.1
	蒦圖南里公孫怪	《陶録》2.83.1—2

續　表

里	辭　　例	
10. 東蒦圓里	東蒦圓里人怤	《陶録》2.175.1—4
	東蒦圓里公孫黜	《陶録》2.176.1—4
	東蒦圓嘼	《陶録》2.178.1—2
	東蒦圓匋(陶)分□	《陶録》2.180.1—2
	東蒦圓匋(陶)者□	《陶録》2.181.4
11. 蒦圓匋(陶)里	蒦圓匋(陶)里陳悍	《陶録》2.219.3
	蒦圓匋(陶)里人向	《陶録》2.219.4
	蒦圓匋(陶)里曰戊	《陶録》2.236.1—4
12. 蒦圓楊里、蒦圓易里	蒦圓楊里人不□	《陶録》2.259.1
	蒦圓易里王不□	《陶録》2.259.2
	蒦圓易里畢	《陶録》2.259.3
13. 蒦圓蘆左里	蒦圓蘆左里□□恖	《陶録》2.261.1
14. 蒦圓魚里	蒦圓魚里分垟	《陶録》2.264.1
	蒦圓魚里人□	《陶録》2.264.3
15. 圓里、易里	圓里匋唶	《陶録》2.261.3—4
	易里王□	《陶録》2.262.4
	易里人隻	《陶録》2.263.1—3
	易里安皀	《陶録》2.263.4
16. 南里	南里坐	《陶録》2.265.1—2
	南里眇	《陶録》2.265.3
17. 北里	北里偱	《陶録》2.268.1—4
	北里五	《陶録》2.269.1—4
	北里壬	《陶録》2.274.4
18. 中里	中里薛	《陶録》2.279.1—4
	中里人□	《陶録》2.280.1
19. 平里	平里人□	《陶録》2.280.3—4
	平里曰逊	《陶録》2.409.3

里	辭　　例	
20. 虞(叡)里	虞(叡)里乘 虞(叡)里壬 虞(叡)里坣	《陶錄》2.281.1—3 《陶錄》2.282.1—4 《陶錄》2.283.1—4
21. 共(?)里	共(?)里	《陶錄》2.284.2
22. 鞁(鞄)里	鞁(鞄)里匋(陶)取	《陶錄》2.285.4
23. 安易□里	安易□里□	《陶錄》2.286.2
24. 昌里	昌里得 王卒左段昌里人五	《陶錄》2.758.2 《陶錄》2.304.2
25. 鹿□東里	鹿□東里章	《陶錄》2.287.2
26. 缶里	缶里□	《陶錄》2.289.1
27. 丘里	丘里□ 丘里人曰□ 丘里人□	《陶錄》2.289.2 《陶錄》2.289.3 《陶錄》2.289.4
28. 辛里	辛里臱析	《陶錄》2.292.1—3
29. [圖]圖櫨里	王卒左段[圖]圖櫨里坣	《陶錄》2.293.1
30. 蒦里	王段蒦里得	《陶錄》2.301.4
31. □圖北里	王卒左段□圖北里五	《陶錄》2.302.4
32. 城圖櫨里	䡁(城)圖王禹 䡁(城)圖緓 城圖櫨里北 䡁(城)圖櫨里淖豆	《陶錄》2.576.3 《陶錄》2.593.4 《陶錄》2.307.4 《陶錄》2.565.1
33. 南章(郭)南得里	南章(郭)南得里寺	《陶錄》2.308.1
34. 關里	關里痶 關里安	《陶錄》2.337.2 《陶錄》2.337.3

續　表

里	辭　　　例	
35. 下焈里	下焈里安	《陶録》2.401.1
36. 上焈里	上焈里□	《陶録》2.404.1
37. 塙闒里	塙闒里薔	《陶録》2.426.3
38. 豆里	豆里棄疾 豆里賜 豆里疾目 豆里魚生 豆里魚住	《陶録》2.438.1 《陶録》2.445.4 《陶録》2.463.3 《陶録》2.473.2 《陶録》2.473.3
39. 東酟里	東酟里孟喜 東酟里郱乗	《陶録》2.553.2 《陶録》2.553.3
40. 酟里	酟里人匋(陶)者購 酟里人匋(陶)者□章 酟里得	《陶録》2.561.3 《陶録》2.562.1 《陶録》2.562.2
41. 西酟里	西酟里人□□ 西酟里陳何	《陶録》2.564.2 《陶録》2.564.3
42. 辛匋(陶)里	辛匋(陶)里人曰□	《陶録》2.665.4
43. 異里	異里得	《陶録》2.751.3
44. 子襷子里、子襷里、襷子里	襷子里乙 子襷子里曰乙 子襷里人坐	《陶録》2.526.1 《陶録》2.527.1 《陶録》2.529.1
45. 襷子西里	羍子西里人爲□	《陶録》2.544.3
46. 子湤子里	子湤子里□	《陶録》2.547.4
47. 孟常匋(陶)里	孟常匋(陶)里可 孟常匋(陶)里賞 孟常匋(陶)里纓	《陶録》2.548.2 《陶録》2.548.3 《陶録》2.549.1

　　上表中，"大匋（陶）里"、"緜鄉"設有與之名稱相同的里，"大匋（陶）里"很可能屬於"緜鄉"。與之相類似，"夏圖南里"很可能也屬於"緜鄉"，"平里"可能屬於"丘齊鄉"，"闋里"可能屬於"楚郭鄉"。"丘齊鄉"有"烑里"，"下烑里"、"上烑里"可能與之相類，也屬於"丘齊鄉"。"豆里"可能屬於"高閭鄉"，"辛匋（陶）里"可能屬於"左南章（郭）鄉"。"子祥子里、子祥里、祥子里"、"子潕子里"、"孟常匋（陶）里"都應屬於以"氏"名里的情況，其中"孟常"，高明從"丘齊鄉"可以簡稱"丘齊"來看，認爲"孟常"應是"孟常鄉"之省，他同時認爲"塙闌（閭）"、"高閭"也屬於這種情況①。

　　通過以上考察，可以發現僅就陶工籍貫來講，其至少來自十四個鄉，實際當然會更多，《國語・齊語》所謂"工商之鄉六"，或者是早期的形態，或者根本就是一種理想的規劃，實際可能並未實施。如果按照"民不雜處"各守其業的原則來考慮（即假設這些陶工的原來身份不包括"士農"的話），"工商之鄉"加上"士農之鄉"的數量要遠遠超過所謂的"二十一鄉"。無論如何，《國語・齊語》等所規劃的制度可能理想成份更多一些，或者代表的可能是齊國早期的政治組織形式。

（五）所謂"軌"及相關問題

　　在齊系題銘中，有一個寫作""、""、""、""、""等形體的字，從相關辭例來看，這幾種形體表示的是同一個詞應該是沒有問題的。以上形體應如何隸定及其所表示的是哪一個詞，學者間有不同的意見。有一種意見認爲應讀爲齊行政單位"軌里"之"軌"，由於這種意見與齊國行政組織制度有關，所以我們

---

① 高明：《從臨淄陶文看衢里製陶業》，《古文字研究》第十九輯，第 314 頁。

在此對與"▨"相關的問題進行梳理和總結。我們先把相關題銘羅列如下：

(1) ▨鈢　　　　　　　　　　　　《璽彙》0345

(2) 司馬聞（門）▨　　　　　　　《彙考》39 頁

(3) 皆（瞀）聞（門）▨鈢　　　　《璽彙》0193

(4) 左聞（門）▨　　　　　　　　《璽彙》0285

(5) 里▨盥　　　　　　　　　　　《彙考》59 頁

(6) 右里▨盥　　　　　　　　　　銅量（偽?）《集成》10366

(7) 右里▨盥　　　　　　　　　　銅量《近出》1050

(8) 右里▨盥　　　　　　　　　　銅量《新收》1176

(9) 左里▨　　　　　　　　　　　《陶錄》2.24.1

(10) 陳棱再立事左里▨亭釜　　　《陶錄》2.11.1

(11) 陳棱□▨亭□　　　　　　　 《陶錄》2.11.3

(12) 左▨　　　　　　　　　　　　《陶錄》2.23.3

(13) 南宮左▨　　　　　　　　　　《陶錄》2.23.3

(14) 敵□左▨　　　　　　　　　　《璽彙》0195

(15) 王卒左▨□圖櫋里坔　　　　《陶錄》2.297.3

(16) 右▨鄉尚畢里季韻　　　　　《圖錄》2.48.3

(17) 轄鄉右▨　　　　　　　　　　《璽彙》0196

(18) 王 盧里得　　　　　　　《陶録》2.305.2

(19) 王 盧里得　　　　　　　《陶録》2.307.3

(20) 王 盧里得　　　　　　　《陶録》2.307.2

(21) 司馬 鈢　　　　　　　　《璽彙》0034

(22) 司馬 鈢　　　　　　　　《璽彙》0035

(23) 司馬 鈢　　　　　　　　《璽彙》5539

(24) 左司馬　　　　　　　　《璽彙》0038

(25) 右司馬　　　　　　　　《璽彙》0040

(26) 敝陵右司馬 鈢　　　　《彙考》37 頁

(27) 佐□鈢　　　　　　　　《璽彙》3705

(28) □訊 鈢　　　　　　　　《璽彙》0194

(29) 長　　　　　　　　　　《璽彙》0881

(30) 甘士　　　　　　　　　《璽彙》1285

　　""等形體吳大澂《説文古籀補》卷三·一六、顧廷龍《古匋文香録》卷三·四、羅福頤《古璽文編》卷三·七四皆釋爲"敀"。朱德熙釋爲"叚"①,讀爲"廏"。曹錦炎釋爲"敊"②,讀爲"槀",認爲即

_____

　　① 朱德熙:《戰國文字資料裏所見的廏》,《出土文獻研究》第一輯,文物出版社,1985 年,第 244—249 頁。
　　② 曹錦炎:《釋戰國陶文中的"敊"》,《考古》1984 年第 1 期,第 83—85 頁。

《考工記》中的"㮚氏"。湯餘惠隸定作"敀"①。李學勤在《戰國題銘概述》一文中從釋"敀"的意見，並認爲應讀爲"伯"②，他指出："'敀'與'伯'通，見《説文》。按戰國作品《管子·輕重戊》篇説：'令謂左右伯沐涂樹之枝'……'令左司馬伯公將白徒而鑄錢于莊山'，均指左右敀。"後來在《燕齊陶文叢論》一文中又讀爲"摶"，認爲"摶"在古代有製作陶器之義，並舉《周禮·考工記》"摶埴之工二"，鄭玄注"摶之言拍也"爲證③。孫敬明④認爲朱德熙釋爲"段"的意見可從，但他認爲讀"廠"不可信，應讀爲《管子》所記齊國居民組織中"軌里"之"軌"：

> 我們認爲"段"當訓作"軌長"之"軌"。此與李學勤、曹錦炎先生稱之爲官職者類同。《説文》："𣫆，黍稷方器也。從竹、從皿、從皀，古文簋從匚、飢、匦，古文簋或從軌，𣂁，亦古文簋。"許説雖不盡完善，但𣫆、軌無別千真萬確。1950 年河南洛陽西宫秦墓出土銅段，器形如敦，蓋上有三個臥獸形紐，腹部有對稱的兩鋪首，器和蓋都飾蟠螭紋，形制具有從戰國向漢代過渡的特點，是研究秦代青銅器斷代的重要資料。該器現藏故宫博物院。更爲重要的是此器蓋身對銘，自報名稱曰"軌"，此即"段"、"軌"通用無別的實物證明。

高明在《從臨淄陶文看衛里製陶業》一文中認爲吳大澂釋"敀"可信。他指出："《説文》引《周書》'常敀常任'，今本《立政》作'常伯常

---

①　湯餘惠：《略論戰國文字形體研究中的幾個問題》，《古文字研究》第十五輯，中華書局，1986 年，第 78 頁。

②　李學勤：《戰國題銘概述（上）》，《文物》1959 年第 7 期，第 51 頁。

③　李學勤：《燕齊陶文叢論》，《上海博物館集刊》第六期，第 171 頁。

④　孫敬明：《齊陶新探》，《古文字研究》第十四輯，中華書局，1986 年，第 221—246 頁。

任’。‘常伯’，孔穎達疏：‘王之親近左右常所長事，謂三公也。’……伯於牧皆主事之官，‘王卒左敂’則代表王國官吏的名稱。”①後來在《説“𡎚”及其相關問題》一文中又指出：“此字是否可以釋‘敂’或釋‘敀’，尚可研究，但絶非‘叚’字。”②鄭超在《齊國陶文初探》一文中認爲應讀爲“校”③，他指出：

> 裘錫圭先生懷疑，此字雖不是《説文》的敂字，但也可以隸定爲“敂”。《汗簡》中有用“敂”爲“敚”的例子，因此敂字也許不是象《説文》所説从白从攴，而是从攴从方（敂不一定从白），攴爲聲符。“敂”在齊國文字裏當讀爲“校”。我們認爲這一説法有道理。《汗簡·系部》：
>
> 𦃇，繳，古弔切。
>
> 夏竦《古文四聲韻·卷四嘯韻》也收此字，作𦃇，稍有訛變，注出《古莊子》，可信。繁即繳，繁从敂聲與繳从敫聲同，“敂”“交”古音同屬見母宵部，可以通假。《詩經·大車》“有如皦日”，《文選·寡婦賦》引《韓詩》作“有如皎日”，可證。因而“敂”可讀爲“校”。《漢書·衛青傳》“常護軍傳校護王”，注：“校者，營壘之稱。”《釋名·釋兵》：“校，號也，將帥號令之所在也。”《戰國策·中山策》“乃使五校大夫”，注：“五校，軍營也。”上引陶文和璽印裏的“敂”也都是軍營的意思。

關於“𡎚”的性質，李先登認爲大約是當時一種地方軍事編制④，

---

① 高明：《從臨淄陶文看衢里製陶業》，《古文字研究》第十九輯，第 304—321 頁。
② 高明：《説“𡎚”及其相關問題》，《考古》1996 年第 3 期，第 68—73 頁。
③ 鄭超：《齊國陶文初探》，第 45 頁。
④ 李先登：《天津師院圖書館藏陶文選釋》，《天津師院學報》1982 年第 2 期，第 92—94 頁。

李學勤認爲左右敀可視爲漢代左右作部的前身①,後又認爲其義應係陶工之長,不能在製陶範圍以外來考慮②。魏成敏、朱玉德認爲其性質可能是里的行政管理機構或其長官③。郝導華等認爲:"鑒於銅量、官璽上也有此字,將其釋爲陶工之長顯然是不妥當的。在齊國,又由於帶此字的陶文大多出現在齊故城内外,地方上基本不見。因此我們認爲,'敀'是特設在中央的管理量器校正製造的管理機構或長官。"④

按,我們認爲以上意見中釋"敀"、"敵"及讀"伯"、"搏"、"校"等説都存在問題。鄭超文在引述裘先生意見時已經指出"敀不一定從白",事實上戰國文字中很少見到如此寫法的"白",在此基礎上讀"伯"、"搏"等意見實不可信。釋"敵"認爲即"桌氏"與璽印文字中"司馬聞(門)"等相矛盾,無法疏通相關文例,在形體上也不是十分密合。我們認爲,朱德熙先生釋"段"之説在形體上有較爲可靠的依據,應可信從,但其論證過程可能存在問題。朱先生在《戰國文字中所見有關廄的資料》一文中指出戰國文字中的"段"有兩種不同的寫法,一種僅見於齊國陶文作(即我們上文所列舉 18—20 諸形體):

敀季37下　**敵**香附19上　**敀**季37下

這種形體即是把"月"寫成了"目"形,與舟篒中的"篒"相類似。篒字第二種寫法見於齊璽印和陶文作:

① 李學勤:《戰國題銘概述(上)》,《文物》1959 年第 7 期,第 52 頁。

② 李學勤:《燕齊陶文新論》,《上海博物館集刊》第六期,第 171 頁。

③ 魏成敏、朱玉德:《山東臨沂新發現的戰國齊量》,《考古》1996 年第 4 期,第 24—28 頁。

④ 郝導華、郭俊峰、禚柏紅:《齊國陶文幾個問題的初步探討》,《齊魯文化研究》第六輯,山東文藝出版社,2007 年,第 19—28 頁。

A　𝄇 苑上 34　　𝄇 簠 62·1

B　𝄇 善 1·15　　𝄇 晉 3·3

C　𝄇 待 2·5

D　𝄇 尊 1·1

E　𝄇 晉 3·3

朱先生指出"毀"字左側偏旁"𣪊"在齊文字裏有一種比較特別的寫法，見於陶文和貨幣文字中的"節"：

A　𝄇 魯 5·1　　𝄇 辭典 145 節·墨刀

B　𝄇 辭典 139 節刀

與戰國時期的齊陳猷釜銘文中的"𝄇"相參照，他認爲以上所列貨幣銘文中"𣪊"的演變過程可以設想如下：

$$ \text{𝄇} \longrightarrow \text{𝄇} \longrightarrow \text{𝄇} $$

在此認識基礎上，朱先生將《三代吉金文存》18.24 所著錄的齊右里量銘文（圖四十）與上引貨幣銘文"節"（𝄇）進行比較：

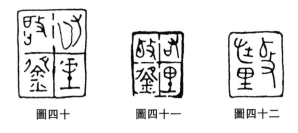

圖四十　　　　　圖四十一　　　　　圖四十二

從而指出，量銘"𣪊""必是叚字無疑"，又因爲齊右里升量（圖四十一）銘文與齊右里量銘文内容相同，所以可以肯定齊右里升量中的"𣪊"也是叚字，相應地陶文中的"𣪊"（圖四十二）也可以確定是叚字。他又指出既然"𣪊""𣪊"可以省去"口"變作"𣪊"、"𣪊"，那麼上列璽印文字"𣪊"、"𣪊"所从的"𣪊"、"𣪊"當然也可以省去"口"變成陶文"𣪊"、"𣪊"所从的"皀"。基於以上論證，所以朱先生指出陶文"𣪊"、"𣪊"等形體釋爲"叚"是合理的。

在以上論證過程中我們可以發現，《三代》18.24 所著錄的齊右里量和齊右里升量銘文（圖四十一）中的"𣪊"、"𣪊"起到了溝通貨幣文字"𣪊"和"𣪊"的橋梁作用，是論證的關鍵環節所在。可是，以目前的認識來看，至少齊右里量銘文（圖四十）是有問題的，裘錫圭先生在《戰國文字中的"市"》一文的註釋中指出①：

> 在大斗銘文裏（按：即指圖四十），"叚"字从口；而齊印無一不从口的"鍂"字，斗銘卻不从口。雖說古文字从口不从口往往無別，這個"叚"、"鍂"有"口"無"口"相易的例子，還是顯得太湊巧了一些。尤其值得注意的是，《簠齋》12 上著錄的"右里叚鍂"印"鍂"字所从的"口"，位置恰好寫得特別高，很容易讓人看成上面的"叚"字的下部。所以，大斗銘似乎有根據印文僞造的嫌疑，小斗銘（按：即齊右里升量）的"鍂"字和大斗如出一手，也有些可疑。這個問題現在還難下斷語，有待進一步研究。

_____

① 裘錫圭：《戰國文字中的"市"》，《考古學報》1980 年第 3 期，第 285—296 頁。又裘錫圭：《古文字論集》，第 454—468 頁。

針對裘先生指出的問題,朱德熙先生在文章中雖然以"齊右里升量"等材料爲依據進行了回應,但結合齊系文字中"鋻"除了以上這兩處外幾乎未見省"口"的情況,裘錫圭先生的質疑是有道理的,更何況齊右里量(圖四十)銘文呈"田"字格,很難說"口"形同時是"鋻"與"⿱⿰⿱"的公用部件,高明先生正是根據這種質疑指出此字"絕非'叚'字"。事實上,與上列銅量銘文相同的量器又有發現,據介紹1991年4月在山東臨淄區梧台鄉東齊家莊一處戰國窖藏中又出土了一大一小兩件齊量,一般稱爲"東齊量",銘文分別作①:

《近出》1050

《新收》1176

前者"口"形還隱約可見,後者尤爲清晰,"口"形皆不與"皀"相連屬,都寫在"鋻"內部,這爲裘先生的質疑又增加了有力的證據,"齊右里量"、"齊右里升量"極有可能就是僞作的。

這樣一來,朱先生的論據就存在問題。但是否其論據有問題,就説明其釋"叚"的結論一定也不可信了呢? 事實上,從戰國文字演變規律及齊文字相關形體來看,釋"叚"的意見是可信的。一方面,"皀"下部變成"口"這種現象的確存在,如下列形體:

_____

① 魏成敏、朱玉德:《山東臨沂新發現的戰國齊量》,《考古》1996年第4期,第24—28頁。

即：郭店・老子丙1

既：包山125　包山137　郭店・老子甲20

上博六・用日17

飲：郭店・語叢三56　上博三・周易22　上博

四・曹沫之陣11　上博六・天子建州甲7

餡：郭店・緇衣33

節：上博六・用日1　上博六・用日11

　　這説明齊系陶文"　"（彙考60頁）和貨幣文字"　"（齊幣58）、"　"（貨系2556）下部口形的確是由"皂"下部變來。另一方面，齊國文字中的"即"下部的確存在省"口"這種現象。1987年8月在山東省淄博市臨淄區白兔丘村東淄河灘中出土一件豆形器①，張光裕1991年在香港古玩市場也購得一件同銘器②，銘文中有這樣一個形體：

1　　2　　3　　4

1.《考古》1990年第11期　2.《臨淄拾貝》114頁

3. 何琳儀摹本　4.《雪齋》72頁

<hr>

①　張龍海：《山東臨淄出土一件有銘銅豆》，《考古》1990年第11期，第1045頁。該文又收錄在氏著《臨淄拾貝》一書（臨淄中軒印務有限責任公司印刷，2001年），該書所收拓片與《考古》所發表照片互有優劣。

②　張光裕：《雪齋新藏可忌豆銘識小》，《雪齋學術論文二集》，藝文印書館，2004年，第67—72頁。

其中"1"來自《考古》1990 年 11 期張龍海《山東臨淄出土一件有銘銅豆》一文所公布的銘文拓片，此文後來又收錄在張龍海《臨淄拾貝》一書中，"2"是該書所引用的拓片，"3"即何琳儀先生目驗原器所作的摹本，"4"來自張光裕所購藏銅豆拓本。相互比較以後可知，何琳儀所作摹本是十分準確的，他根據古文字中"皀"、"食"可以省去"簋部"底座的現象，釋此字爲"槩"①。他所舉的例子如下：

皀：（窒叔簋，《銘文選》1.377）

（天亡簋，《集成》4261）

設：（不期簋，《集成》4328）

（井姬鼎，《集成》2676）

節：（中國歷代貨幣大系 2522）

（中國歷代貨幣大系 2522）

既：（《璽彙》4038）　　　（《璽彙》0812）

該文還列舉了一些類似的例子，此處不具引。這些例子一方面説明，何琳儀釋"槩"是可信的。另一方面也説明，古文字中"皀"的確存在省略下部形體的現象，尤其值得注意的是齊貨幣文字中的""存在省作""的情況，""這種形體所從的"皀"下部也不從"口"。與之相參照，""（璽彙 0040）、""（彙考 37 頁）、""（璽彙 0194）、""（璽彙 1285）等釋爲"設"無疑是可信的。另外，齊系璽印、陶文中"設"所從的"皀"形與""、""所

---

① 何琳儀：《節可忌豆小記》，《考古》1991 年第 10 期，第 939 頁。

从"皀"形相對應,也可以分爲兩種形體:

(1) ▨《璽彙》0193　　▨《璽彙》0285　　▨《陶録》2.24.1

　　▨《陶録》2.11.1　　▨《陶録》2.23.3　　▨《璽彙》0195

　　▨《陶録》2.297.3　　▨《璽彙》0196　　▨《璽彙》0035

　　▨《璽彙》0038　　▨《璽彙》0040　　▨《彙考》37 頁

　　▨《璽彙》3705　　▨《璽彙》0194　　▨《璽彙》1285

(2) ▨《璽彙》0345　　▨《彙考》39 頁　　▨《彙考》59 頁

　　▨《近出》1050　　▨《新收》1176　　▨《陶録》2.11.3

　　▨《陶録》2.23.3　　▨《陶録》2.48.3　　▨《璽彙》0034

　　▨《璽彙》5539　　▨《璽彙》0881

(1)型顯然與"▨"所從相近,(2)型顯然與"▨"所從相近,這種平行的對應關係,也説明釋"▨"、"▨"爲"段"是可信的。

以上我們進一步論證了,朱德熙先生釋"段"一説的論據雖然存在問題,但其結論是可信的。不過朱先生在釋"段"的基礎上,認爲"▨"、"▨"等應讀爲"廄"的觀點可能是有問題的,孫敬明對讀爲"廄"的意見提出了質疑,他指出[1]:

　　　　爲什麼在這大量的有文陶器中除少量幾件標明其爲倉廩所用量器之外,其餘則全屬馬廄使用?"物勒工名"是生産者

---

[1]　孫敬明:《齊陶新探》,《古文字研究》第十四輯,中華書局,1986 年,第221—246 頁。

對産品負責的標誌，爲何還要做上使用單位——"馬廄"的名字？爲什麽其他官署機構並不在其所用器皿上記名？難道"馬廄"所用器皿也與倉廪量器的性質一樣麽？

倉廪量器上的文字旨在標明該器容量及督造、監造或製造、使用者。就其使用的廣義而言，量器並不屬於某個單位，而是爲整個社會（齊國境内）所共有、所通用。在器物上作文字，以標其容量、製造者、使用者。恰恰是爲了向整個社會負責，標明其合法與可信。馬廄則不然，作爲都邑、鄙里的養馬機構與其他官署相較並無特殊之處。因此，它們應該相同即無須在其所用器皿上印製自己的官署名稱。既然迄今没有發現同時期同地域其他官署（不含倉廪）記名的陶文，如此則所謂"叚"爲"廄"之説，自難令人信服。

他的質疑無疑是有道理的，與此同時，他據朱德熙釋"叚"的意見，認爲相關辭例都應該讀爲"軌里"之"軌"，《國語·齊語》："管子於是制國，五家爲軌，軌爲之長，十軌爲里，里有司，四里爲連，連爲之長，十連爲鄉，鄉有良人焉。""軌"是當時最基層的組織單位，由五家構成。對此説，鄭超也提出了質疑，他指出："但《國語》《管子》中的'軌'是里下一級組織，而在'右～郔鄉尚畢里季韙'陶文中，此字的位置在'里'之前，因而他也不大可能是'軌'。"按，鄭超所舉的陶文見於《陶文圖録》2.48.1—4，所謂"郔"原作"𢑓"，釋"郔"未必可信，但他指出"右～"在"鄉"、"里"之前不可能是"軌"的意見，無疑是非常有説服力的[1]。在上文中，我們列舉了與"叚"有關的辭例共計 30 則，其中有些可能是作爲名字來使用的，如"甘士叚"（《璽彙》1285）、"長叚"（《璽彙》0881），此外在(2)—(4)中與"司

----

[1] 鄭超：《齊國陶文初探》，第 45 頁。

馬聞(門)"、"左聞(門)"等有關;(5)—(10)中與"里"有關;
(12)—(20)中又與"王卒"有關,且還分爲"左"、"右",(21)—(26)
中又與"司馬"有關,(27)、(28)地名已不可考,"段"也與之有關。
在不同性質的組織單位中都出現了"段",以表示居民組織的"軌"
去解釋相關文例,並不能很圓滿。尤其值得注意的是,在"里段
鉩"(《彙考》59 頁)、"右里段鉩"(《新收》1176)、"左里段"(《陶
録》2.24.1)中,"段"與"里"並稱。按照《國語·齊語》記載一里下轄
十軌,仿照陶文中鄉與里的關係,相應辭例應作"某里某軌"才是,
要不然根本就不具有區别意義,而上述材料卻將兩者並稱,所以
"段"讀爲"軌"的意見是不能令人信服的。應該説,截至目前爲止,
關於上述題銘中的"段"還没有一個很好的釋讀意見,其確切含義
還有待研究。

在此,我們在分析了相關題銘之後懷疑上述題銘中的"段"是
用來表示"尉"這一職官的。戰國時期三晉[①]和燕文字[②]中有下列
形體:

燕系文字:

(1) 庚(唐)都　　　　《璽彙》0117

(2) 武尚都　　　　《璽彙》0121

(3) 徒口都　　　　《璽彙》0118

(4) 左軍鍴(瑞)　　《璽彙》0126

(5) 邪里都　　　　《彙考》85

晉系文字:

---

① 湯志彪:《三晉文字編》,吉林大學博士學位論文,2009 年,第 586 頁。
② 王愛民:《燕文字編》,吉林大學碩士學位論文,2010 年,第 146—147 頁。

(1) 襄平右🔲(趙)　　　　　　　《璽彙》0125

(2) 坣(堂—上)谷和🔲(趙)　　　《璽彙》0123

(3) 上芥(艾)🔲(趙)　　　　　　《珍秦展》1

(4) 堵城河🔲　　　　　　　　　《璽彙》0124

(5) 鉅(館)氏🔲　　　　　　　　《璽彙》3335

印文中的"🔲"，舊有釋"丞"、"築"、"之"、"訊(信)"等意見①，皆不可從。丁福言《説文古籀補補》附十三懷疑爲"危"，于省吾引《古文四聲韻》"危"古文作"🔲"，認爲印文"🔲"應釋爲"厃(危)"②，其説已經爲大家所接受。在釋"厃(危)"的基礎上，李家浩③、大西克也④、魯鑫⑤皆讀爲"尉"，馮勝君先生也對相關問題進行了討論⑥，"厃(危)"爲疑紐微部，"尉"爲影紐物部，二者聲母都屬於喉音，韻屬於微、物對轉，讀音十分相近，而且相關辭例也能得到很好的解釋，現在看來"厃(危)"讀爲"尉"無疑是非常正確的。

　　"段(段)"上古音屬於見母幽部，"厃(危)"爲疑紐微部，二者聲母同爲喉牙音，"幽部"與"微部"存在比較緊密的聯繫，龍宇純

---

　　①　吳振武：《戰國璽印中所見的監官》，《中國古文字研究》第一輯，第117頁。

　　②　于省吾：《釋厃》，《甲骨文字釋林》，中華書局，1979年，第19頁。

　　③　李家浩：《戰國官印考釋三篇》，《出土文獻研究》第六輯，第12—23頁。按，該文"黍丘卣廚"條，在行文中將《璽徵》附7"郘釆桐危"中的"危"直接括注爲(尉)，未説明原因。另，此文原題爲《戰國官印考釋(六篇)》，1992年曾提交給中國古文字年會第九屆年會。

　　④　大西克也：《試論上博楚簡〈緇衣〉中的"🔲"字及相關諸字》，《第四屆國際中國古文字研討會論文集》，問學社，2003年，第331—345頁。

　　⑤　魯鑫：《戰國古璽中的尉官及其相關問題》，朱鳳瀚、趙伯雄：《仰止集：王玉哲先生紀念文集》，天津人民出版社，2007年，第390—399頁。

　　⑥　馮勝君：《郭店簡與上博簡對比研究》，綫裝書局，2007年，第123—127頁。

《上古音芻議》一書中有專門章節討論"幽部"與"微"、"文"二部的音轉問題,李家浩在《楚簡所記楚人祖先"娭(鬻)熊"與"穴熊"爲一人説》一文中,也專門討論了幽部與微部的關係問題,他指出:

> 龍氏舉出四十多組自幽部轉讀微、文部字例,其中屬於自幽部轉讀微部的約有二十組字例。例如:"祈"與"求"、"琱彫"與"追"、"茅"與"靺"、"疇"與"誰"、"追"與"逐"、"鳥"與"佳"、"鵻"與"雊"、"鑴"與"煨"、"采(褒字聲旁)"與"穗"、"奧澳隩"與"隈"、"僺"與"卒"、"裻"與"碎"、"羑誘"與"訹"、"碓"與"搗"、"凋"與"磑"、"蟂"與"狄"等。

除此以外,李家浩還補充了十餘組幽部轉讀微部的字例,如"眛"(微)與"柳"(幽)、"苞"(幽)與"菲"(微)、"躂"(微)與"蹴"(幽)、"粥(鬻)"(幽)與"芮"(微)、"肉"(幽)與"内"(微)、"橋醉"(微)與"就"(幽)、"葵椎"(微)與"逈"(幽)、"桼"(幽)與"魁"(微)、"帚"(幽)與"歸"(微)等。幽部轉讀物部的例子,如"道育"(幽)與"遂"(物)。可見,屬於幽部的"簋(殷)"與微部的"宀(危)"具備相通假的條件。《説文解字》"簋"異體寫作从"九"得聲的"氿"、"朹";《禮記·明堂位》、《戰國策·趙策》之"鬼侯",《竹書紀年》、《史記·殷本紀》作"九侯";《史記·魯仲連列傳》"昔者九侯鄂侯文王,紂之三公也",《集解》引徐廣曰:"九一作鬼。"這是"九"與"鬼"相通假的例證。鬼或以鬼爲聲的字與"危"有着緊密的聯繫,如《淮南子·詮言》"無瑰異之行",《文子·符言》瑰作詭。《詩·小雅·谷風》"維山崔嵬",《釋文》:"嵬又作峞"。《列子·力命》:"佹佹成者,俏成也。"盧重玄注本佹作魏。此外,"鬼"與"畏"相通假的例證極爲常見,如"魏國"之"魏",清華簡作"畏"(《清華二·繫年》簡115),包山簡作"郞"(《包山》簡145)。《莊子·盜跖》

"貪財而取慰",《釋文》:"慰"亦作"畏"。由以上討論可以發現,"簋"與"危"、"尉"之間存在非常緊密的聯繫,"簋"讀爲"危"也應屬於"幽部"轉讀"微部"的情況,戰國文字燕、晉都用作尸(尉)表示"尉","簋"(叚)當然也可以用來表示"尉"。

戰國時期在城門常設有"門尉"一職,《墨子·號令》:"吏卒侍大門中者,曹無過二人。勇敢爲前行,伍坐,令各知其左右前後。擅離署,戮。門尉晝三閲之。"孫詒讓《墨子閒詁》:"《説苑·尊賢篇》:'宗衛相齊罷歸,召門尉田饒等二十有七人而問焉。'《漢書·高祖功臣侯表》有'門尉彭跖',蓋亦沿戰國之制。"又,《墨子·號令》:"守數令入中,視其亡者,以督門尉與其官長,及亡者入中報。"上文所列舉(2)—(4)中的"司馬聞(門)叚"、"聐(瞀)聞(門)叚"、"左聞(門)叚"就應該屬於這種"門尉"的性質。

齊國在"里"中設有"里尉"一職,見於《管子·立政》篇,主要負責一里之事務:

> 分國以爲五鄉,鄉爲之師,分鄉以爲五州,州爲之長。分州以爲十里,**里爲之尉**。分里以爲十游,游爲之宗。十家爲什,五家爲伍,什伍皆有長焉。築障塞匿,一道路,博出入,審閭閈,慎筦鍵,**筦藏於里尉**。置閭有司,以時開閉。閭有司觀出入者,以復於**里尉**。凡出入不時,衣服不中,圈屬群徒,不順於常者,閭有司見之,復無時。若在長家子弟臣妾屬役賓客,則**里尉**以譙於游宗,游宗以譙於什伍,什伍以譙於長家,譙敬而勿復。一再則宥,三則不赦。凡孝悌忠信、賢良俊材,若在長家子弟臣妾屬役賓客,則什伍以復於游宗,游宗以復於**里尉**。**里尉**以復於州長。州長以計於鄉師。鄉師以著於士師。凡過党,其在家屬,及於長家。其在長家,及於什伍之長。其在什伍之長,及於游宗。其在游宗,及於里尉。其在**里尉**,及

於州長。其在州長,及於鄉師,其在鄉師,及於士師。

"審閭閈,慎筦鍵,筦藏於里尉","閭閈"就是里閭的門,由以上記載可知"里尉"掌管里門的鑰匙,其手下有里有司負責里門的按時關閉,里有司負責監察進出里門的行人,凡是"衣服不中,圈屬群徒,不順於常者"都要向里尉彙報,里尉還要通過"游宗"對其"長家"進行警告,如果警告兩次仍不改過,那麼就要逐級上報最終彙集到"士師"那裏。"士師"一職見於《周禮·秋官·司寇》,是負責掌管禁令、刑獄之事的官員,看來"里尉"也要負責一里之內的"禁令"等事。上文所列舉題銘中,(5)—(11)應屬於里尉所用璽印:

(5) 里 璽　　　　　《彙考》59 頁

(6) 右里 璽　　　　銅量(偽?)《集成》10366

(7) 右里 璽　　　　銅量《近出》1050

(8) 右里 璽　　　　銅量《新收》1176

(9) 左里 　　　　　《陶錄》2.24.1

(10) 陳棱再立事左里 亭釜　《陶錄》2.11.1

(11) 陳棱□ 亭□　　　《陶錄》2.11.3

(6)—(11)應分別是左里和右里里尉所用之璽,值得注意的是,標明"左里"或"右里"的陶器,大多數和量器有關。"陳棱再立事左里 亭釜"這種格式的陶文,"陳棱再立事"爲立事者之年,孫敬明認爲"立事者"爲官營製陶手工業的督造者,分別負責量器豆、釜的督造。他同時指出:"官營製陶手工業作坊所生產的器物,依

其用途可分兩大類,即量器和建築材料。……齊國開辦官營製陶手工業的目的之一,即旨在通過此種手段嚴格控制、掌握國家所通行量器之標準及其生產權力。因爲量器統一,其意義在於保證國家經濟收入和鞏固政治權利的集中與統一。由國家所控制生產的統一量器通行國內,不但體現官營製陶業的重要,而且也是齊國政治統一、經濟發達的雄強風度的體現。"①按上述觀點非常正確,齊陶文中像"陳棱再立事左里亭釜"這樣格式完備的陶文並不多見,從相關題銘中祇見"左里"、"右里"或"(南/北)左/右里"來看,我們認爲"左里"、"右里"很可能是官營製陶作坊製造量器的主要場所,"陳棱再立事左里亭釜"中"陳棱再立事"表示立事者立事之年,"亭釜"表示量器的置用場所,"左里段"很可能是以里尉的身份負責監管陶量的製造,也就是說"左里段"屬於監造者,他認爲陶量合格後會加蓋上自己的璽印,作爲可以流通使用的官方認證標記。在少數銅量上,印有"右里段"璽,也是同樣的道理。否則作爲全國流通的量器,加蓋上和某里有關的璽印實在是無法解釋。需要說明的是,《陶彙》3.619收錄如下一方陶文:

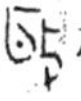

《陶彙》3.619

---

①　孫敬明:《從陶文看戰國時期齊都近郊之製陶手工業》,《考古發現與齊史類徵》,第36—52頁。

高明認爲此陶文的含義是説明此陶區是丘齊鄉辛匋里"左里攷"監造與頒發的,從表面上看,這則材料似乎能説明"左里攷"同時還負責其他里所製陶器的監造工作,"左里攷"更像一個機構。其實這樣看是不正確的,這方陶文本身的真僞值得懷疑,《陶文圖録》已將此方陶文編號爲 10.35.3,列入"僞品及可疑"部分,從該陶文"![圖]"的寫法來看,這樣處理是很合理的,此陶文應爲僞品。將"辛匋里"與"左里"相並列,本身就很矛盾。(5)"里![圖]璽"(彙考 59 頁)應是某里里尉所用的璽印,未必是加蓋在量器上。

(15)《陶録》2.297.3"王卒左![圖]□圖檖里坐"的性質,很多學者都指出這是以王卒的身份參與官營手工業生產,並舉《晏子春秋·内諫》"景公令兵搏治,當騰冰月之間而寒,民多凍餒,而功不成。公怒曰:'爲我殺兵二人。'",來説明齊國歷來就有兵卒參加陶器生產的傳統。我們認爲這裏的"王卒左叚"是指"軍尉"而言,《左傳·襄公三年》:"於是使祁午爲中軍尉,羊舌赤佐之。"可見在春秋時期就已經有軍尉之職,不過那時候的"軍尉"地位很高,《左傳·襄公十九年》:"公享晉六卿于蒲圃,賜之三命之服,軍尉、司馬、司空、輿尉、候奄,皆受一命之服。""軍尉"排在"司馬"、"司空"之前,又受"一命之服",可見其地位是非常高的。到了戰國時期,各國君主都加强了軍事集權,通過授符制度來節制將帥的權利,此時的"軍尉"地位很可能已有所降低。"王卒左叚□圖檖里坐"中"□圖檖里坐"包括陶工的里籍和名字兩部分,其身份很可能是具有軍籍的陶工,可能屬於"左叚"所管轄的部隊。相應地"右叚![圖]鄉尚畢里季頸"(圖録 2.48.3)、"王叚蘆里得"(陶録 2.305.2),這兩種格式都是"王卒左叚□圖檖里坐"的簡省格式,前者省略了標明身份的"王卒"一詞,後者更是進一步的簡省,衹稱"王叚"。不過需要指出的

是,以下陶文和璽印很可能和軍尉沒有關係:

(12) 左 　　　　　　　　　　　　　《陶録》2.23.3

(13) 南宮左 　　　　　　　　　　　《陶録》2.23.3

(14) 敢□左 　　　　　　　　　　　《璽彙》0195

(17) 輲鄉右 　　　　　　　　　　　《璽彙》0196

　　前舉例(11)《陶録》2.11.3"陳棱□ 亭□","前一形體是"左"或"右"已經不好分辨,但可以確定不是"里"字。此外,《陶録》2.20.4 著録如下一方陶文:

《陶録》2.20.4

"叚"上一字作"",從殘畫來看可能是"右"字,但無論如何明顯不是"里"字。可見"左/右里叚"有省作"左/右叚"的形式,印文"輲鄉右叚"看作"輲鄉右里叚"之省也是很合適的,"南宮左叚"中的"南宮"很可能是鄉的名稱,其"叚"(尉)的璽印見於陶文,說明也是參加陶器的製造和管理的。下列印文的"叚"很可能也是和"軍尉"有關:

(21) 司馬 鈢 　　　　　　　　　　《璽彙》0034

(22) 司馬▨鉨　　　　　　　　　　《璽彙》0035

(23) 司馬▨鉨　　　　　　　　　　《璽彙》5539

(24) 左司馬▨　　　　　　　　　　《璽彙》0038

(25) 右司馬▨　　　　　　　　　　《璽彙》0040

(26) 敝陵右司馬▨鉨　　　　　　　《彙考》37 頁

"䢵"前往往綴加"司馬"、"左司馬"、"右司馬"來限定，説明"䢵"（尉）很可能是歸"左司馬/右司馬"所管轄的。《璽彙》3705"做▨鉨"因爲印文含義不明，所以"▨"的確切含義待考察。

　　通過以上討論，我們將陶文中的"䢵"讀爲"尉"以後，相關題銘的性質大多可以作出判斷。但我們也認識到，這種釋讀意見是建立在將"幽"部字與"微"部字相聯繫的基礎之上的，再者，是否這種解釋能够疏通更多的未知材料，我們還不得而知。但無論如何，將"䢵"讀爲"軌"，認爲屬於一級行政單位的看法是不正確的。

第五章

齊系題銘與戰國時期齊國
手工業、商品經濟的發展

　　戰國時期齊國商品經濟十分繁榮，手工業生產非常發達，傳爲齊國作品的《考工記》中對"百工"的職司等有詳細的記述。從相關記載中可以發現，齊國的手工業制度十分嚴密，工種多樣分工細緻。手工業的發達也折射出當時齊國貿易的繁榮，在國都和地方城邑都普遍設立了"市"，以方便商品交換。在這樣的背景下，齊國鑄行了具有本國特色的刀幣及圓錢，貨幣的鑄行無疑更加促進了貨物的流通和貿易範圍的擴大。在本章中，我們將結合戰國時期的齊國題銘，對齊國的手工業生產組織形式、貿易發展及其管理、貨幣鑄行及相關制度、齊國衡量制度等問題進行考察，以期從一個側面來反映戰國時期齊國手工業生產和商品經濟的發展情況。

第一節　齊系題銘與戰國時期
齊國工官制度

　　齊國戰國時期題銘中，有相當一部分内容與當時的工官設置和管理制度有關，對這些材料進行考察，我們可以瞭解當時齊國手工業設置的一些基本情況。我們可以發現,齊國當時手工業分工很細緻,"工師"一職在手工業生産過程中具有很重要的作用。在齊國手工業中,最發達的行業無疑要數製陶業,從數量衆多的齊陶文來看,當時僅臨淄周圍就有數量衆多的陶工參與到陶器的生産過程中,本節將結合相關内容對以上問題進行考察。

一、齊國題銘所見工官考察

齊國從立國開始就注重發展工商業,《史記·齊太公世家》:"太公至國,修政,因其俗,簡其禮,通商工之業,便魚鹽之利,而人民多歸齊,齊爲大國。""通商工之業,便魚鹽之利"作爲立國之本,爲齊國歷代君主所倚重。至春秋時期,齊國就已經形成了非常發達的手工製造業,官私手工業都已經形成一定規模,青銅冶造、冶鐵、紡織等行業都有所進步[①]。進入戰國時期以後,分工越來越細密,《考工記》:"國有六職,百工與居一焉。……凡攻木之工七,攻金之工六,攻皮之工五,設色之工五,刮摩之工五,摶埴之工二。""攻木"、"攻金"、"攻皮"、"設色"、"刮摩"、"摶埴"分别負責車輛製造、青銅冶鑄、皮革加工、雕琢刻鏤、製陶等門類的生産製造,每個工種之下還有更細緻的分工,如"攻木之工"就分"輪人"、"輿人"、"弓人"、"廬人"、"匠人"、"車人"、"梓人"等。從春秋時期開始,齊國就設有管理百工的職官,稱爲"工正"。《左傳·莊公二十三年》即有齊桓公任用陳完爲"工正"之事,杜預注:"掌百工之官。"春秋中晚期的"鎛鐏"銘文中有"大攻(工)尹(轚)"一職,其地位與"大事(史)"、"大逑(遂)"、"大宰"相並列,也應該是負責百工的中央一級職官。不過在具體的製造過程中,實際的責任人爲"工師",《管

---

① 　王閣森、唐致卿:《齊國史》,第287—302頁。

子·立政》:"論百工,審時事,辨功苦,上完利,監壹五鄉,以時鈞修焉,使刻鏤文采,毋敢造於鄉,工師之事也。"《孟子·梁惠王下》:"孟子謂齊宣王曰:'爲巨室必使工師求大木。'"趙岐注:"工師,主工匠之吏。"齊系題銘所見的工官主要有"桼(漆)帀(師)"、"司黹"、"筥帀(師)"等:

(1) 左攻(工)帀(師)戠(職)桼(漆)帀(師)鈢　　《璽彙》0157

(2) □□司黹　　　　　　　　　　　　　　　《璽彙》0083

(3) 脾戠(職)筥鈢　　　　　　　　　　　　《彙考》61 頁

(4) 清墜(陵)柿(市)①戠(職)筥帀(師)　　《璽彙》0156

(5) 東墾戠(職)筥　　　　　　　　　　　　《璽彙》0314

(1)中的"桼帀"即"漆師",裘錫圭認爲"職漆師當是左工師屬下專管漆工的工師",其說無疑是可信的②。(2)"司黹"之"黹",《璽彙》誤釋爲"工",吳振武釋爲"黹",他指出:"黹古訓縫紉、刺繡,

圖四十三
《璽彙》0259

司黹當是掌管縫紉、刺繡之官。"③(3)—(5)中的"筥",不識。丁佛言《説文古籀補補》入附録十六下,並指出"陳簠齋(陳介祺)以爲邃字省",有學者贊同其說④,未必可信。不過從該字從"竹"這一點來看,很可能是一種竹製品。此外,《璽彙》0259(圖四十三)中" "這一形體,施謝捷《古璽彙考》釋文作"坒(翁)"⑤,認爲

____

① 印文" "釋爲"柿"的意見,承馮勝君先生面告。
② 裘錫圭:《戰國貨幣考(十二篇)》,《古文字論集》,第 429—430 頁。
③ 吳振武:《〈古璽文編〉校訂》,第〇九四條。又《〈古璽文編〉校訂》,第 56 頁。
④ 李鳳英:《戰國官印文字考釋二則》,《邯鄲學院學報》2011 年第 4 期,第 58—60 頁。
⑤ 施謝捷:《古璽彙考》,第 43 頁。

是單獨的一個形體。陳光田將"⿱羽工"看作"羽工"兩字,並認爲:
"'羽工'當是職官名,《周禮·地官·羽人》云:'掌以時徵羽翮之政
於山澤之農,以當邦賦之政令。'"①因爲印文"右盧清⿰⿱羽弜鈢"還有
含義不明之處,所以二者的意見孰是孰非還難判斷。以上所列舉
的印文中,(1)"職柔(漆)帀(師)"屬於左工師管轄,(2)—(5)祇出
現了具體職官,並未出現所屬"工師"的名字。值得注意的是,
(1)、(3)、(4)印文都是"職+某+帀(師)"的格式,(5)省略了
"帀(師)","職"與"帀(師)"之間的"柔(漆)"、"笛"都屬於他們所從
事的具體工作或加工對象,在齊璽中有如下印文格式與之相類的
璽印:

> (1) 戠(職)内帀(師)鈢 　　　　　《璽彙》0154
> (2) 戠(職)内帀(師)鈢 　　　　　《彙考》56 頁

曹錦炎認爲:"'職内'爲官名,見《周禮》,《天官·職内》:'掌邦之賦
入,辨其財用之物而執其總,以貳官府都鄙之財入之數,以逆邦國
之賦用。'是主管國家財政收入之官,與'職歲'負責國家財政支出
相配合。璽文稱'職内師',當是職内下屬之官。"②何琳儀③、陳光
田④都有相同的看法。這種説法可備一説,但是按照這種印文的
一般格式,"内"很可能也屬於他們所從事的具體工作或加工對象,
未必要把"職内"看作一個詞。

　　"工師"一職在齊璽印文和銅器銘文中數見:

> (1) 喝(唐)攻(工)帀(師)鈢 　　《璽彙》0147(圖四十四)

---

① 陳光田:《戰國璽印分域研究》,第 47 頁。
② 曹錦炎:《古璽通論》,第 128 頁。
③ 何琳儀:《戰國古文字典—戰國文字聲系》,第 1258 頁。
④ 陳光田:《戰國璽印分域研究》,第 42 頁。

　　(2) 東武城攻(工)帀(師)鈢　　　《璽彙》0150

　　(3) 路右攻(工)帀(師)　　　　《璽彙》0148

　　(4) 右攻(工)帀(師)鈢　　　　《璽彙》0149

　　(5) 左攻(工)帀(師)戠(職)桼(漆)帀(師)鈢

　　　　　　　　　　　　　　　《璽彙》0157

　　(6) 攻(工)帀(師)郾鈢　　　　《彙考》57 頁

　　(7) 攻(工)帀(師)相鈢　　　　《彙考》57 頁

　　(8) 工帀(師)厚(?)子　　　　《新收》1075

　　(9) 攻(工)帀(師)俐(何)盥(鑄)西墉(墉)寶䕊四秉

　　　　　　　　　　　國差䕊《集成》10361

　　(10) 命左關帀(師)敕宝(鑄?)左關之䰗(釜)

　　　　　　　　　　　陳純釜《集成》10371

　　(11) 十三(四)年十一月帀(師)紹

　　　　　　　　　　　《彙考》60 頁

　　(12) 十三(四)年十一月帀(師)紹

　　　　　　　　十四年銅泡《考古》1985(5)476—4

　　(1)—(3)爲"喝"、"東武城"、"路"等城邑工師所用之璽印。"喝"，曹錦炎據《説文》"唐"古文作"喝"，認爲印文"喝"當讀爲"唐"。他指出："唐，地名，本魯邑，《春秋‧隱公二年》'公及戎盟于唐'，即其地。戰國時爲齊邑，地在今山東魚臺縣東北。"①按，與印文同文的戳記還見於陶文，與另一方"不菩坩(市)璽"印見於同一片陶片(圖四十五)。

　　董珊已經指出此璽印與陶文"完全密和"②，陶文應該就是這

────────────

①　曹錦炎：《古璽通論》，第 125 頁。

②　董珊：《戰國題銘與工官制度》，第 187 頁。

圖四十五　《陶彙》3.649

圖四十四
《璽彙》0147

方璽印上去的。陶文"不萁",裘錫圭先生認爲即《漢書·地理志》琅琊郡的"不其縣","故城在今山東即墨縣西南,戰國時當屬齊"[1]。"魚臺縣"今屬於濟寧市管轄,"即墨縣"今屬於青島市管轄,二者相距千里之遙。在古代,陶器的生産除量器外一般都是就近産銷,以減少運輸過程中的損耗,在今"魚臺縣"生産到"即墨縣"附近的"不萁"市出售的可能性比較小,"喝"地的地望還應該重新考察。我們認爲,印文中的"喝"(唐)很可能就是齊國即墨附近的"棠"邑。"唐"、"棠"上古音都屬於定母陽部,"唐"與"尚"或"棠"也有相通假的例證,《史記·魏世家》"趙倉唐",《漢書·古今人表》作"趙倉堂";《莊子·達生》"而游于塘下","塘"《列子·黄帝》作"棠";《詩·召南·何彼襛矣》"唐棣之華",《太平御覽》引作"棠";《論語·子罕》"唐棣之華",《春秋繁露·竹林》引作"棠棣"[2]。可

----

① 裘錫圭:《戰國文字中的"市"》,《古文字論集》,第 455 頁。
② 高亨、董治安:《古字通假會典》,第 290 頁。

見"棠"可讀爲"唐"。《左傳·襄公六年》:"王湫帥師及正輿子、棠人軍齊師。"杜預注:"棠,萊邑也,北海即墨縣有棠鄉。"顧棟高《春秋大事表》又云:"《襄》六年'齊滅萊,萊共公奔棠',杜注:'棠,萊邑。'今膠州即墨縣南八十里有甘棠社,《襄》十八年齊靈公將走郵棠即此。"據此,"不薑"與"棠"都在即墨南部附近,在"喝(唐—棠)"地生産的陶器,到附近的"不薑"市去銷售無疑是非常方便的,這也説明我們將"喝(唐)"讀爲"棠"是合理的。"喝"與"不薑"印文見於同一陶器,説明"不薑"市可能是"喝"地所産陶器的固定銷售場所,這對探討當時陶器的銷售方式無疑是非常有價值的。(2)東武城,曹錦炎認爲本屬趙,後來屬齊①:

> "東武城",本屬趙,《史記·平原君傳》:"平原君相趙惠文王及孝成王,三去相,三復位,封於東武城。"因春秋時晉地另有武城名(後屬秦),故於此武城加"東"以示區別。東武城舊地在今山東武城西北,漢代置東武城縣。按趙國東武城與齊國接境,而本璽從文字風格等方面看必屬齊無疑。有可能東武城曾一度屬齊所有(戰國時邊境城邑往往歸屬不定),故有此印,惜典籍失載。

其説當可信,黃盛璋也有相似的觀點②。(3)"路"地望待考。由(3)、(4)、(5)可知,當時"工師"分爲"左右",(4)、(5)中没有確切的地名,董珊認爲"可能是屬於齊國中央的"③。(6)—(12)在"工師"後面都綴加了工師的名字,"工師"又可以省稱爲"帀(師)",(10)—(12)即屬於這種情況。(11)、(12)分别爲一方璽印和一個銅泡,二者印文也十分吻合,董珊指出:"有紀年的一例,璽

---

① 曹錦炎:《古璽通論》,第124—125頁。
② 黃盛璋:《燕、齊兵器研究》,《古文字研究》第十九輯,第32頁。
③ 董珊:《戰國題銘與工官制度》,第187頁。

印和銅泡都是陽文，二者文字完全密合，可以認爲就是以該璽鈴壓鑄銅泡的陶範，從而形成銅泡的文字。可見該璽是實際生產中的工具。"①其説很可能是正確的。(9)、(10)銘文分別是命令"攻(工)帀(師)俩(何)"鑄造"鐺"，命"左關帀(師)🈯"負責鑄造"左關之釜"之事，"左關帀(師)"即"左關"的"工師"，這兩則銘文直接反映了"工師"的職責，即主持鑄造之事，也説明齊國在戰國時期在地方也可以鑄造量器，但據與之同出的"子禾子"銘文，他們所造的量器量值要和"廪"所用的官量相一致。

在實際的生產過程中，在器物上大多數情況並不出現"工師"的名字，而是屬上工匠的名字。其具體表現爲：在陶文中標明陶工即"陶者"的名字，在兵器中出現"冶"的名字，我們在這裏祇談與兵器題銘有關的問題。在戰國後期的兵器題銘中，與前期祇標明地名或人名不同，在兵器題銘末尾往往還署上"冶"的名字，如：

(1) 齊壓(城)右造車鍼(戟)，冶腸

　　　　　　　　　　　　(齊城右造戟，《集成》11815)

(2) 齊壓(城)左冶所汉造

　　　　　　　　　　[齊城左造戈，《文物》2000(10)75頁]

(3) 齊壓(城)左冶腸、所汉造車鍼(戟)

　　　　　　　　　　　　(齊城造車戟，《新收》1983)

(4) 耶左告(造)戓(戟)，冶腸、所□(汉？)

　　　　　　　　　　[耶左戟，《文物》1995(7)77頁]

(5) 去(?)坡郘(造)鍼(戟)，冶……

　　　　　　　　　　[去(?)坡戟，《集成》11183]

(1)、(2)分別爲"冶腸"、"冶所汉"所造，(3)、(4)爲二者合

---

① 董珊：《戰國題銘與工官制度》，第187頁。

造,(5)因爲戈下部殘斷,不清楚具體的"冶"。值得注意的是,"齊城"、"郾"兩地生產的兵器,都標明"冶朒"、"冶所汊"所製造,這種情況在戰國兵器中是很少見的。董珊認爲這些"冶"並非"冶工",而是主管鑄造的工官①:

> 我們認爲,齊國題銘出現的這些"冶",並不是器物的直接生產者,而是專管鑄造兵器或貨幣的工官。在這些冶的下面,還應該有不少從事直接生產的冶工,其名字並沒有在題銘中反映。知道了這一點,上述的特殊現象也就可以得到一些解釋。正是因爲"冶員"的身份是工官,所以他也許是同時兼管齊城和郾兩地的兵器鑄造事務,或先後在兩個不同的地點任職。同時我們認爲,"冶員"跟齊城(即臨淄)的左、右兩庫的關係,是齊城的左、右"庫"在冶員的管理之下,而並不像從前所認爲的那樣,冶員是屬於齊城的左、右"庫"的。這裏的原因,也正是因爲"冶員"是工官而不是普通的冶工。

董珊在上文中已經提到齊國貨幣中也存在這種帶有"冶"的題銘,見於齊明刀面文"筥冶□(貨系 3786)"、"筥冶□(貨系 3789)"、"平易冶宋(貨系 3797)"、"筥冶得(齊幣 346)"、"筥冶□(貨系 3798)"等②,僅"筥"一地就有至少三位"冶",我們認爲還是將"冶"理解爲"冶工"之義爲優。

　　齊國戰國題銘中的工官材料,除以上所列舉的內容之外,更多的是與陶器生產製造相關的內容,通過對陶文進行考察,可以反映出當時陶器生產的組織形式和工官設置情況。

① 董珊:《戰國題銘與工官制度》,第 193 頁。
② 吳良寶:《先秦貨幣文字編》,福建人民出版社,2006 年,第 174 頁。

二、齊國陶器題銘與官私製陶業的經營狀況

戰國時期齊、魯、邾、滕、薛等國都有陶文出土,《古陶文彙編》、《陶文圖録》等書都輯録了相當數量的齊魯等國陶文。但是除齊國外,魯、邾、滕、薛等國的陶文大多爲單字陶文,這些陶文的性質我們還不是很清楚,所以也就無法利用這些材料來進行相關討論。與之相比,齊國雖然也有一些性質不明的單字陶文,但大部分陶文從内容上來説都承載着豐富的信息,我們可藉以進行相關問題的研究。

（一）齊國陶器的種類及陶文題銘格式

齊國陶文在戰國時期齊國轄境之内都有出土,"北部到達天津静海,東部到達黄縣(今龍口)歸城和平度即墨故城及嶗山郊區,南部到滕國故城文公臺附近,西部到聊城東阿故城和菏澤郜國故城"①,以及山東新泰②都有陶文出土,不過除齊都及新泰所出陶文外,其他出土陶文的地點"大都是當地的政治經濟比較發達和交通條件亦爲便利的城邑"③,而且這些地點所出的陶文大多爲量器。截至目前,齊國陶文主要出土於齊都臨淄及其周邊地區,出土完整的陶器主要有鼎、豆、壺、罐、鉢、區、釜、井圈和瓦等幾種,孫敬明《齊國陶文分期芻議》④一文對每種形制的陶器皆有詳述,可參看。

齊國陶文按照不同的標準可以分出不同的類別,如:"按文字

---

① 郝導華、郭俊峰、禚柏紅:《齊國陶文幾個問題的初步探討》,《齊魯文化研究》第六輯,山東文藝出版社,2007年,第20頁。又孫敬明:《齊國陶文比較研究》,《考古發現與齊史類徵》,第58—68頁。

② 王恩田:《新泰齊國官量陶文的發現與初步探索》,《印學研究》第二輯《陶文研究專輯》,第66—75頁。

③ 孫敬明:《齊國陶文比較研究》,《考古發現與齊史類徵》,第62頁。

④ 孫敬明:《齊國陶文比較研究》,《考古發現與齊史類徵》,第19—35頁。

形式可分爲戳印文和刻畫文。戳印文居多，刻畫文少見；而戳印文又分陽文和陰文。戳印部位主要在陶罐的頸部，陶壺、陶量、陶豆等的腹部，有的也在器内的底部；陶鼎上有印文的極少見。印面多爲長方形、方形，也有圓形、三角形和不規則形。……根據作坊性質可以分爲官營製陶業和民營製陶業、特殊製陶業等。根據用途，可以分爲量器、日用生活用品等。其中量器可分爲市陶量、廩量等。"①董珊在《戰國題銘與工官制度》一文中將陶文分爲"立事類"和"陶者類"兩類進行討論。孫敬明在《齊陶新探》一文中將"某某立事歲"（包括其簡省格式"某某"）及前面綴加"王"的"王卒"、"王殴"等都看作是官營陶文②，我們在其分類基礎上進行了調整，此類陶文其主要格式有：

　　1. 王卒某鄉某里人某

　　王卒左鄉城團□岳里人日得　　　　　《陶録》2.299.1

　　2. （王卒）左、右殴/王殴某里人某

　　（1）王卒左殴昌里人五　　　　　　　《陶録》2.304.2

　　（2）王卒左殴□團蘆里坐　　　　　　《陶録》2.673.3

　　（3）右殴□鄉尚畢里季顥　　　　　　《陶録》2.48.1

　　（4）王殴蘆里得　　　　　　　　　　《陶録》2.301.4

　　3. 某立事歲某里殴亭/王某

　　（1）陳向立事歲□之王釜　　　　　　《陶録》2.1.1

　　（2）内郭陳賚叄立事左里殴亭豆　　　《陶録》2.3.2

　　（3）平門内陳賚左里殴亭　　　　　　《陶録》2.5.1

　　（4）昌檣陳囷（固）南左里殴亭區　　《陶録》2.5.4

---

　　①　郝導華、郭俊峰、禚柏紅：《齊國陶文幾個問題的初步探討》，《齊魯文化研究》第六輯，第 21 頁。

　　②　孫敬明：《齊陶新探》，《考古發現與齊史類徵》，第 3—11 頁。

（5）王孫陳陵再左里叚亭區　　　　《陶録》2.8.1

（6）平陵陳得不□王釜　　　　　　《陶録》2.14.4

（7）陳□左廩釜　　　　　　　　　《陶録》2.16.1

（8）陳榑三立事歲右粟（廩）釜　　《陶録》2.17.2

他同時還列出了私營陶製品陶文格式，我們對其所列舉的標準格
式進行調整以後，認爲可以歸結爲以下幾個類型：

1. 某鄉某里某（人某、曰某）

（1）繇鄉大匋（陶）里屮　　　　　《陶録》2.91.1—3

（2）虞丘鄉武昌里　　　　　　　　《陶録》2.52.1

（3）丘齊鄉桼（漆）彫里得　　　　《陶録》2.395.1

2. 某鄉某里人某

繇鄉東匋（陶）里人惥　　　　　　《陶録》2.158.4

3. 某鄉某里曰某

塙闢楈里曰漳　　　　　　　　　　《陶録》2.410.1

4. 某鄉某里匋者某

（1）高閔豆里人匋者曰與　　　　　《陶録》2.435.2

（2）高閔豆里人匋者曰水　　　　　《陶録》2.435.3

5. 某里某

（1）蒦圂魚里分垰　　　　　　　　《陶録》2.264.1

（2）北里五　　　　　　　　　　　《陶録》2.269.1—4

（3）東匋（陶）里公孫縪　　　　　《陶録》2.280.2

6. 某里人某

（1）蒦圂匋（陶）里人惎・公區　　《陶録》2.38.2

（2）匋（陶）里人安　　　　　　　《陶録》2.257.2

7. 某里人曰某

（1）關里人曰□　　　　　　　　　《陶録》2.361.2

　　(2) 子夆子里人曰□索　　　　　　《陶録》2.547.3

　　(3) 辛匋(陶)里人曰□　　　　　　《陶録》2.665.4

　　(4) 丘里人曰□　　　　　　　　　《陶録》2.289.3

　8. 某里曰某

　　(1) 豆里曰土　　　　　　　　　　《陶録》2.496.2

　　(2) 闈里曰安　　　　　　　　　　《陶録》2.361.1

　　(3) 平里曰趄　　　　　　　　　　《陶録》2.409.3

　9. 某里(人)匋者某

　　(1) 酷里人匋(陶)者購　　　　　　《陶録》2.561.2

　　(2) 西酷里匋(陶)者□　　　　　　《陶録》2.564.4

　　(3) 蔓圖南里匋(陶)者□　　　　　《陶録》2.663.4

　　"匋者"之"者"作"⿱"(《陶録》2.61.3)、"⿱"(《陶録》2.137.2)、"⿱"(《陶録》2.144.4)、"⿱"(《陶録》2.561.2),舊釋爲"向"①或"尚"②,吳大澂在《讀古匋文記》中懷疑是"者"字,朱德熙在未注意到吳大澂釋讀意見的情況下,也釋此形體爲"者",他們的意見無疑是正確的③。

(二) 齊國官、私製陶手工業的生産組織形式

　　齊國官營製陶業主要是生産陶制量器,同時也生産一些建築材料及部分生活用品④,孫敬明認爲:"齊國開辦官營製陶手工業的目的之一,即旨在通過此種手段嚴格控制、掌握國家所通行量器之標準及其生産權力。……由國家所控制生産的統一量器通行國

---

　　①　《續齊魯古印攗》宋書升序。

　　②　顧廷龍:《古陶文舂録》,卷二·一。

　　③　朱德熙:《戰國匋文和璽印文字中的"者"字》,《朱德熙文集》第 5 卷,第 109—112 頁。

　　④　許淑珍:《齊國陶文的幾個問題》,《齊魯文博》,齊魯書社,2002 年,第 142—143 頁。

内,不但體現官營製陶業的重要,而且也是齊國政治統一、經濟發達的雄強風度的體現。"①其説無疑是正確的,官營陶器作坊所生產的量器,陶器製作精良,陶文格式完整,一般包括"立事歲"、"監造者"、"使用場所"、"器名"等内容:

$\quad$（1）内郭陳賚叄立事左里毀亭豆　　　《陶録》2.3.2
$\quad$（2）内郭陳賚叄立事左里毀亭區　　　《陶録》2.3.3
$\quad$（3）陳槫三立事歲右稟（廩）釜　　　《陶録》2.17.2
$\quad$（4）昌檮陳圈（固）南左里毀亭區　　　《陶録》2.5.4
$\quad$（5）王孫陳陵再左里毀亭區　　　《陶録》2.8.1
$\quad$（6）疤者（都?）陳得再左里毀亭豆　　　《陶録》2.15.2

其中"陳賚"、"陳槫"、"陳陵"、"陳得"爲立事者,應是負責工官生產的最高管理者,很可能是名義上的督造者;"左里毀"、"南左里毀"等應是量器生產的實際監督者,從陶量和銅量上都有相類似的陶文來看,他們很可能是負責量器的校量、質檢等工作,合格的量器上加蓋他們的璽印就代表官方生產製造的標準量器。"亭"②、"右稟（廩）"等是這些量器的使用場所,"豆"、"區"、"釜"爲這些量器的名稱,許淑珍指出"疤者（都?）陳得再左里毀亭豆"中"豆"的性質"是量器名稱,與飲食器俎豆的豆用途各異,不能混爲一談"③。從這些量器在製造時已經標明了使用場所來看,齊國官制標準量器是由中央直接派發給各使用單位的,這些量器本身可能並不進入商品的流通系統,或者祇有少部分用來出售。

上文已經説過,孫敬明將前面綴加"王"的"王卒"、"王毀"等都

_____

① 孫敬明:《從陶文看戰國時期齊都近郊之製陶手工業》,《考古發現與齊史類徵》,第39頁。
② 吴振武:《談齊"左掌客亭"陶璽》,《社會科學戰綫》2012年第12期,第200—204頁。
③ 許淑珍:《齊國陶文的幾個問題》,《齊魯文博》,第143頁。

看作是官營陶文,不過也有學者認爲"這類陶文打印在豆柄上,實物製作粗糙不精……應是民營製陶業産品"①,郝導華等人又認爲:"這類製陶業主已編入軍隊,主要爲軍隊提供陶器(即不主要爲居民提供)。因此這類製陶業也不屬於民營製陶業,應看做是專爲中央軍隊服務的特殊製陶業。"②我們認爲,從陶文本身看不出此類陶器的使用對象,祇能説明這類陶工可能屬於齊王的卒屬,從這一點來説還是應歸入官營製陶業爲宜。需要指出的是,齊國在戰國時期可能已經設有總司製陶事務的官員,稱爲"陶正"。《古璽彙考》50 頁著録一方"齊匋(陶)正顊"璽,李學勤《戰國題銘概述》(上)一文也曾引用過此璽,他指出"主管製陶手工業的官吏稱'陶正'"③。"陶正"一職見於《左傳・襄公二十五年》"昔虞閼父爲周陶正",可見"陶正"一職是很古老的。

　　齊國私營製陶業所生産的産品較官營製陶業更爲豐富,主要包括豆、罐、壺、鉢、盂等,其中以豆數量最多,罐、鉢數量次之,壺、盂更爲少見。值得注意的是,齊國有一種陶量印文爲"公豆"、"公區"、"公釜"和"王豆"、"王區"、"王釜"等,其性質學者間有不同的意見。李零認爲"王"、"公"及部分陶文中的"市"都屬於置用機構,"王指王室所屬的部門"、"公指官府"、"市指市肆"④。張政烺、劉釗都認爲所謂"王"上面都有一點,應釋爲"主",張政烺認爲其性質與公量相對應爲田氏家量⑤。許淑珍認爲"公"指陳齊稱王前太公

　　①　許淑珍:《齊國陶文的幾個問題》,《齊魯文博》,第 143 頁。
　　②　郝導華、郭俊峰、禚柏紅:《齊國陶文幾個問題的初步探討》,《齊魯文化研究》第六輯,第 23 頁。
　　③　李學勤:《戰國題銘概述(上)》,《文物》1959 年第 7 期,第 52 頁。
　　④　李零:《齊、燕、邾、滕陶文的分類與題銘格式》,《管子學刊》1990 年第 1 期,第 85 頁。
　　⑤　張政烺:《"平陵陛导立事歲"陶考證》,《史學論叢》第二册,1935 年;又《張政烺文史論集》,中華書局,2004 年,第 46—57 頁。劉釗:《齊國文字"主"字補證》,《出土文獻與古文字研究》第三輯,第 137—151 頁。

和、桓公午的"公"；"王"指陳齊稱王後威、宣、湣、襄及王建的"王"①。我們先來考察一下所謂"王"或"主"的釋讀問題，張政烺先生釋爲"主"的形體見於齊陶文、齊國金文，作以下形體：

□（《陶録》2.46.3）　　□（《陶録》2.42.2）

□（《陶録》2.1.1）　　□（陳璋方壺，《集成》9703）

□（槃可忌豆，《雪齋二集》72頁）

他在《"平陵陲尋立事歲"陶考證》一文中指出：

"□"二字向無釋，考《簠齋藏陶》有□（第七册二十四葉），與此文相同，特僅兩字。又有□（第七册四十一葉）、□（第八册十一葉、五十葉、五十九葉）、□（又見《鐵雲藏陶》八十七葉及《綴遺齋彝器考釋》卷二十八十六葉）。方濬益釋"□"爲"王"。按"□釜"與"公釜"對言，當是"主釜"。"□"字雖與《説文》作"□"不合，然漢器銘之較早者猶間如此，如杜陵東園鍾作"□"（《愙齋集古録》第二十五册五葉），十六年鋗作"□"（《愙齋集古録》第二十五册九葉）。且金文"王"字最多，曾無作"□"形者，尤可證。

劉釗先生在《齊國文字"主"字補證》一文中，對此説又做了進一步的論證。他指出在齊國文字中從辭例上確定無疑爲"王"的形體，沒有寫作"□"形的，而"升、豆、區、釜"量名前的"□"也從來不寫

---

① 許淑珍：《齊國陶文的幾個問題》，《齊魯文博》，第142頁。

作“王”、“王”、“王”、“王”。所以他認爲“王”字不是王字,應從張政烺先生的意見釋爲“主”。他同時指出“王”、“王”、“王”、“王”、“王”等形體上部橫畫並非平直,而是呈現向中間傾斜的趨勢,這些都呈現了“主”字的特徵,並將邾國陶文“主”(“王”)與“王”相比較,認爲二者形體很接近,祇是前者傾斜角度更大一些①。

我們更傾向於釋“王”的意見,釋“主”的意見似有可商之處。齊國“枅可忌豆”、“陳璋方壺”銘文有如下内容:

(1) 佳(唯)王五年　　　　　(陳璋方壺,《集成》9703)

(2) 佳(唯)王正九月　　　(枅可忌豆,《雪齋二集》72 頁)

“陳璋方壺”中的“佳(唯)王五年”,陳夢家讀爲“佳(唯)主五年”,認爲銘文中的“主”指齊宣王,認爲“佳(唯)主五年”是“作器者陳璋之主之五年”②。“枅可忌豆”銘文中的“佳(唯)主正九月”,劉釗先生認爲“很可能就是指齊景公紀年的九月”或“戰國時齊國的某位君主的紀年的九月”③。我們認爲,“陳璋方壺”銘文“佳(唯)王五年”的確表示紀年,但金文紀年都稱“惟王某年”,從未見到稱“主”者,即便“陳璋方壺”銘文可以勉强講通,但“枅可忌豆”銘文卻難以作同樣的解釋。首先要説明的是“枅可忌豆”銘文中“佳(唯)王正”表示的是所用的曆法,即所奉的“正”。“枅可忌豆”目前所

---

① 劉釗:《齊國文字“主”字補證》,《出土文獻與古文字研究》第三輯,第 137—151 頁。

② 陳夢家:《美帝國主義劫掠的我國殷周銅器集録》,科學出版社,1960 年,第 138—139 頁。

③ 劉釗:《齊國文字“主”字補證》,《出土文獻與古文字研究》第三輯,第 151 頁。

見共有兩件,其中一件 1987 年 8 月出土於山東淄博市臨淄區白兔邱村,現藏臨淄齊國故城博物館。高 22、口徑 17、腹深 9.3 釐米,失蓋,體呈半球形,有子口,沿外侈,細柄,喇叭形圈足,口沿下有一對環耳,通體光素(圖四十六)①。此豆的時代何琳儀認爲屬於晚周晚期②,張龍海認爲屬於戰國時期③,孫敬明認爲應屬於春秋晚期:

圖四十六　枭可忌豆(《近出》543)

　　從形制比較,齊國故地這種銅豆較少見,但在今河北、山西以及山東南部則有所發現。如山東滕州莊里西戰國早期墓中出土銅豆兩件,形制相同,口徑 17.5、通高 29 釐米。這兩件銅豆形制,甚至口徑與高度(加蓋通高)也跟蔇可忌銅敦相近似。再如,山東薛國故城春秋晚期 M6 出土雙環耳銅蓋豆兩件,還有山東萊西上崮春秋至戰國時期墓葬中出土兩件銅豆,其與蔇可忌敦亦相近似。以及,河北新樂中同村戰國墓中出

①　吳鎮烽:《商周金文通鑒》(1.0 版),06152 號。
②　何琳儀:《節可忌豆小記》,《考古》1991 年第 10 期,第 939 頁。
③　張龍海:《山東臨淄出土一件有銘銅豆》,《考古》1990 年第 11 期,第 1045 頁。

土銅蓋豆，口徑 16.2、通高 24.4 釐米，亦與蒇可忌敦相似。由上資料可以看出，這種形制銅豆（或敦）流行的時代在春秋與戰國之際。

再從銘文看，其通篇布局並不像戰國時期的陳侯午敦、陳逆簠銘文那樣整齊劃一，文字結體較長大、鬆散，亦不像戰國文字那樣工整細緻。銘文内容，如"惟王正九月辰在丁亥"，這樣語句，戰國幾乎不見。如：余義編鐘"惟正九月初吉丁亥"，子璋鐘"惟正十月初吉丁亥"，羴兒鼎"惟正八月初吉壬申"，丁兒鼎"惟正七月壬午"這些銘文句式，大都爲春秋時期或早些時候。

……

綜合考究，此敦的年代應以何先生所定爲春秋晚期爲當。

可見，此敦的時代應屬於春秋晚期。從目前所見的齊國金文來看，至遲在戰國早期時候齊國還是用"周正"：

(1) 隹（唯）王正月，初吉丁亥。 （陳逆簠，《集成》4629）
(2) 隹（唯）王五月，元日丁亥。（陳貯簠蓋，《集成》4190）

銘文中的"王"是指"周王"，從戰國中期開始齊國可能才不奉周正，陳侯因齊敦稱"隹（唯）正六月癸未"而不稱"王六月"①，可能已經改用夏正了。陳璋方壺中的"孟冬戊辰"李學勤懷疑也是"夏正"②。可見從時代上來看"槃可忌豆"銘文中的"隹（唯）🔲正"表示的祇能是"周正"，銘文中的"🔲"祇能釋爲"王"來表示"周王"，而不能作它解，如果釋成"主"則不好解釋。

_____

① 李學勤：《夏商周年代學札記》，遼寧大學出版社，1999 年，第 99 頁。
② 李學勤、祝敏申：《盱眙壺銘與齊破燕年代》，《文物春秋》1989 創刊號，第 13—17 頁。

再者，所謂郱國陶文"𡉀"的時代是有問題的，周寶宏先生在《古陶文形體研究》一文中即指出："在先秦時代還未見主字作'𡉀'形者，主字作'𡉀'形者始於《睡虎地秦簡》……《馬王堆帛書》等……，'𡉀'可定爲秦漢陶文。"①可見將"𤣥"與之相聯繫是不可信的。總之，從金文相關辭例的説解、"王"與"𤣥"的使用環境及形體結構上來看，舊將"𤣥"之類的形體釋爲"王"應是可信的②。可見，張政烺等將上文所列舉的陶量印文"王豆"、"王區"、"王釜"中的"王"釋爲"主"，並看作家量的看法是不可信的。現所見"公豆"、"公區"、"公釜"類陶文，《陶文圖録》收録約有二十件，從有陶工戳印的幾件來看，主要是由"蒦圖匋(陶)里"、"大蒦圖"籍的陶工生産。"王豆"、"王區"、"王釜"類陶文官、私製陶作坊都有生産：

中央偏右格式：

陳向立事歲□之王釜　《陶録》2.1.1

平陵陳得不□王釜　　《陶録》2.14.4

中蒦圖王侤・王豆　　《陶録》2.42.1

由於齊陶量分期斷代體系尚未建立，我們無從判斷"公豆"類陶文與"王豆"類是有前後繼承關係還是同時並存，不過從量制演變的角度可以看出，學者們所提出的"公指官府"及"公"指陳齊稱王前太公和、桓公午的"公"的意見很可能是不可信的，詳細討論見本章量制考察部分。

---

①　周寶宏：《古陶文形體研究》，社會科學文獻出版社，2002 年，第 50 頁。
②　山東新泰周家莊墓地 M2 中曾出土兩件矛及一件竹節戈，矛銘作"王"，戈銘作"𤣥"，似可説明釋"王"應是可信的。詳見山東省文物考古研究所、新泰市博物館《山東新泰周家莊東周墓發掘簡報》，《文物》2013 第 4 期，第 4—23 頁。

(三) 臨淄周圍陶窯的分布狀況與陶工身份

通過對考古發現的陶窯遺址進行考察,孫敬明指出現在所發現的齊國官、私製陶窯廠都設置在城外,官營製陶窯廠主要分布在大城西及西北郊,北起婁子村南至譚家廟,其間5里的範圍都分布着官營陶窯遺址。民營窯廠主要分布在臨淄河沿岸孫板村、東周傅、西周傅村一帶及大城西南謝家莊附近。陶窯遺址的選擇很明顯是經過規劃的,從原材料的選擇到產品運輸、對環境影響等方面都是考慮的重點。對此孫敬明曾有十分精彩的分析,他指出:

> 目前,所發現官、私製陶窯場均在城外。主要分布在大城東、西、北三面近郊,東、西兩郊者又均偏於北部。這些窯場地點選擇,必考慮到自然水、土條件和交通的便利。可以分別從大城西門(最北之門,此當稷門)、北門、高間門以及東門而進入城內市區。東郊窯場介於安平與大城之間,西郊者則處於大城與蔈陽城之中,可謂左右近城,便於產品運輸與銷售。

> 若論自然條件及各種便利,其大城四郊均可立窯,然其爲何均置於偏北部呢,此當與齊都城布局相關,其西南爲宮城,本是官苑禁地,市鄽不得入之。再者,如衆所周知,燒製陶器煙霧彌漫,最後還有注水進行冷卻的過程,窯溫尚高,注入冷水,形成蒸氣,隨風飄散,氣味難聞,尤其燒製旺季,即春、秋時節多有南風,若窯場位於城南則城內居者無不受其害(至於官家冶煉、鑄幣作坊位於城內,則另有原因)。顯然官立窯場由國家選點,統一安排;私營窯場也會因其所選點在大城附近,而受到限制。此種布局與城市的關係,或作了環境衛生方面的考慮。

官、私窯場雜處,也是齊國都城近郊製陶手工業的特點之一,地理位置的選擇,由國家城市管理機構作統一安排。

其説無疑是非常正確的。

齊陶文尤其是私營陶文往往加蓋帶有陶工里籍的戳印,其性質高明在《從臨淄陶文看衢里製陶業》一文中認爲與"物勒工名,以考其成"没有關係,而是相當於後世商標的作用①:

> 臨淄城的衢里製陶業,都是民間經營的小作坊,生産的陶器,主要是供市場上銷售的商品。作爲商品出售的陶器,必須是價格賤,質量好才能暢銷。各個衢里的民間製陶作坊,無不爲達到此一目的而競争。他們爲了迎合消費者的心理,竭力使自己産品的質量和價格滿足消費者的要求,並設法讓他們瞭解自己産品的優點,認識自己産品的特徵和標記。這就是衢里製陶作坊生産的陶器一定要注明製陶者居住的衢里和名字的原因和目的。不難設想,這種陶文事實上是在起着後世商標的作用,它是在爲産品的宣傳和市場競争服務,則與官府工業中的"物勒工名,以考其成"之官工刻辭,完全是兩回事情。

他還根據陶文所載的鄉里内容對當時齊國的陶器生産狀況進行了考察②:

> 綜合以上資料分析,臨淄城生産陶器的地點,不僅是上述九個衢,而是十一個衢。《國語・齊語》載齊桓公與管仲一段對話,桓公問:"定人之居若何?"管仲答云:"制國以爲二十一鄉。"韋昭注:"國,國都城廓之域也。"今從臨淄出土陶文考察,

---

① 高明:《從臨淄陶文看衢里製陶業》,《古文字研究》第十九輯,第318頁。
② 高明:《從臨淄陶文看衢里製陶業》,《古文字研究》第十九輯,第314、315頁。

其中十一個鄉有生產陶器的民間作坊，占二十一鄉的一半。陶文雖不能反映管仲時代的齊國國都，但起碼在戰國陞齊時代，臨淄城的行政區域和衢里民間製陶業的分布情況，大致如此。

可見，當時齊國臨淄周圍的製陶業是相當繁榮的。陶文中陶工的名字一般省略姓或氏，僅有少部分陶文陶工姓名爲全稱。以"丘齊"鄉爲例，其所屬"匋里"以王姓居多，"辛匋里"中公孫姓居多，據此高明認爲這是以家族的形式經營的陶業。《管子·小匡》："今夫工群萃而州處，相良材，審其四時，辨其功苦，權節其用，論比計制，斷器尚完利。相語以事，相示以功，相陳以巧，相高以知事。且昔從事於此，以教其子弟。少而習焉，其心安焉，不見異物而遷焉。是故其父兄之教不肅而成，其子弟之學不勞而能。夫是，故工之子常爲工。"今從陶工主要來源於十幾個鄉來看，對於工來說"群萃而州處"很可能是符合事實的。私營製陶的組織形式一般以家族爲單位進行組織生產，陶工與陶工之間一般爲父子、兄弟的關係，這種方式的確有利於"父兄之教"和"子弟之學"，齊地製陶業從戰國早期到戰國末期甚至到漢代都非常興旺發達，與這種組織形式是分不開的。

通過對相關陶文考察，可以發現同一陶者有時可以在同鄉之內的不同里中居住，一般見於兩個里，這種情況可能是由於家族分居，造成某些人員遷徙流動，才會出現同人先後異居的現象。針對這種現象，高明認爲陶者的身份是有市籍的自由民，他們可以自由遷徙，在日常生活中他們從事製陶生產，有的甚至是舉族世代以製陶爲業，"他們是定居在臨淄城內各個衢里有市籍的市民。他們是在衢和里的管轄下經營自己的作坊，規模不大，生產分散，屬於小手工業生產者，他們要向政府納稅，按時服勞役，戰時男人要服兵役爲國王出征。他們的身份雖比奴隸、工奴、徒隸自由，實際上壓在他們肩上的負擔是很重的，隨時都有可能淪爲徒隸、工奴和奴隸"①。

第二節　齊系題銘與戰國時期齊國經濟狀況考察

　　戰國時期齊國農業、手工業、商品生產的繁榮，促進了商品經濟的快速發展，國家在控制冶鐵、煮鹽等行業的同時，也加強了對山澤等自然資源的管理和控制，使得齊國經濟實力大增。與此同時，貿易的發展使得市、亭的作用得以凸顯，國家在大小城邑都設有市等貿易機構，以加強對商品交換過程中的管理和監督。隨着經濟的繁榮，齊國也鑄行了貨幣，通過對貨幣出土地點的分析，有助於我們對戰國時期齊國貿易發展狀況進行考察。

一、齊系題銘中的市與亭

　　戰國時期齊國在城邑中一般都設有"市"，人們生活所需的糧食、食鹽以及各種生活必需品都要從"市"上購買或交換，《管子·乘馬》："聚者有市，無市則民乏。"可見"市"在人們生活中的重要地位。"市"一般外有牆垣，内部建有成列的"肆"，人們在"肆"中進行交易。齊國的"市""按市場開放的時間分，有大市（整天的市）、朝市、午市、夕市；按設市的位置分，有宫市、邑市、井市、軍市等，故齊國有'國之諸市'之説"②。齊陶文中也有"大市"之稱：

────────

① 高明：《從臨淄陶文看衞里製陶業》，《古文字研究》第十九輯，第 319 頁。
② 王毅：《試論齊國市場管理的舉措》，《管子學刊》1994 年第 4 期，第 37—39 頁。

(1) 大市區鍥　　　　　　　　　《陶録》2.28.1
(2) 大市豆鍥　　　　　　　　　《陶録》2.29.1
(3) 大市　　　　　　　　　　　《陶録》2.29.3
(4) 大市弋日月　　　　　　　　《陶録》2.31.2
(5) 大市九月　　　　　　　　　《陶録》2.31.3

裘錫圭先生懷疑陶文中的"大市"是屬於臨淄的"市",此外齊璽印中還有"中市"、"右市",這些"市"應屬於齊都諸市①。齊國文字中與"市"有關的材料我們在上一章已經進行了討論,現僅將相關材料轉引如下:

(1) 不菑(其)坿(市)鍥　　　　　　《彙考》58 頁
(2) 不菖坿(市)鍥　　　　　　　　《陶録》2.32.1
(3) 節墨之刀坿(市)工　　　　　　《彙考》60 頁
(4) 於(烏)陵(陵)市木鍥　　　　　《陶録》2.35.3
(5) 清陵(陵)柿(市)戠(職)昏帀(師)　《璽彙》0156
(6) 鄴郶坿(市)鍥　　　　　　　　《璽彙》0355
(7) 辛□□市耕(升)　　　　　　　《陶録》2.644.1
(8) 辛□□市　　　　　　　　　　《陶録》2.645.1
(9) 亡戚居左市　　　　　　　　　《陶録》2.35.1
(10) 王肶坿(市)豆　　　　　　　《陶録》2.26.6
(11) 邹市　　　　　　　　　　　《陶録》2.33.3
(12) 𠱢市　　　　　　　　　　　《陶録》2.35.2

由以上材料可知,齊國在各地已經較爲普遍地設有"市"。據《荀子·王制》和《銀雀山漢墓竹簡·市法》記載,齊國在中央和地

---

① 裘錫圭:《戰國文字中的"市"》,《古文字論集》,第 457 頁。

方分別設有"治市"和"市嗇夫"、"市吏"、"市椽"來管理與"市"有關的事務①，見於齊國題銘的"市"官主要有：

 (1) 巽(射)②者市(師)鈢   《璽彙》0153

 (2) 郭坿(市)市(師)鈢   《璽彙》0152

  《璽彙》0153 印文中的"者市"，朱德熙讀爲"褚師"，"褚師"一職見於《左傳·昭公二年》"請以印爲褚師"，杜注："褚師，市官。"③《璽彙》0152 印文中的"市師"也是管理"市"的官員，裘先生《戰國文字中的"市"》一文中已經引《周禮·地官·司市》鄭玄注"市師，司市也"爲證。至於"褚師"、"市師"二者的隸屬關係，現在已經無從考察了。

  在戰國時期，齊國除了設立"市"這一機構來進行商品貿易外，還設有與秦漢時期"市亭"性質相類似的"亭"來進行貿易，齊文字中表示這種含義的"亭"主要見於齊陶文中：

 (1) 陳窫立事歲安邑 [亭] 釜   《璽彙》0289

 (2) 陳棱再立事左里段 [亭] 釜   《陶録》2.11.1

 (3) 昌齊陳固南左里段 [亭] 區   《陶録》2.5.4

 (4) 句華門陳棱再鄙廩均 [亭] 釜鋀 《陶録》2.7.2

 (5) 華門陳棱再左里段 [亭] 區   《陶録》2.10.3

---

 ① 王毅：《試論齊國市場管理的舉措》，《管子學刊》1994 年第 4 期，第 37—39 頁。

 ② 吳振武：《燕馬節補考——兼釋戰國時代的"射"字》，"中國古文字研究會第八屆年會"會議論文，1990 年，第 1—10 頁。又郭永秉釋此字爲"兒"，詳郭永秉《睡虎地秦簡字詞考釋兩篇》，《出土文獻與古文字研究》第三輯，第 363—364 頁。

 ③ 朱德熙：《戰國匋文和璽印文字中的"者"字》，《朱德熙文集》第 5 卷，第 111 頁。

(6) 華門陳棱再左里段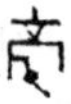釜　　　　《陶録》2.10.1

(7) 陳棱□段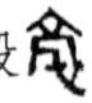釜　　　　《陶録》2.11.3

以上陶文都是戳印在官制量器“區”、“釜”上的,“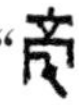”、“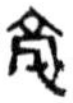”等形體吴大澂《説文古籀補》釋爲“亳”,在其後相當長的時間内,人們一直都信從這一釋讀意見。李先登在《天津師院圖書館藏陶文選釋》一文中首先懷疑“昌齊陳固南左里段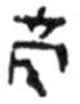區”中的“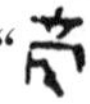”應釋爲“亭”①:

亳字,在田齊陶文中所見甚多,疑爲亭字,古璽有“陳窒立事歲安邑亭匋”,係里下製陶單位。

鄭超《齊國陶文初探》一文對此説曾加以論證,我們將其論證過程轉引如下②:

齊國除了專門從事商業活動的“市”可以製造陶器以外,“亭”也從事陶器製造。亭本來是軍事防禦性建築,但古代往往因亭會市,因而“亭”也就兼有“市”的職能了(參看裘錫圭《嗇夫初探》,中華書局《雲夢秦簡研究》275頁)。齊國的“亭”字作:

《季木》80上

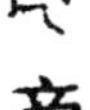《概述》圖4

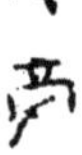《季木》80下

① 李先登:《天津師院圖書館藏陶文選釋》,《天津師院學報》1982年第2期,第92頁。

② 鄭超:《齊國陶文初探》,第56—58頁。

過去一般都把此字釋爲"亳",祇有李先登《選釋》曾疑爲"亭"字,但也没有加以證明。今按陳璋壺"亳"字作:

![字形]《劫掠》圖版 A746.1—4

雖有殘,但與此字的區別還是很明顯的,陳璋壺的"匽亳"有《左傳·昭公九年》"肅慎、燕亳,吾北土也"爲證,是不會錯的,因而我們認爲陶文中的這個字不是"亳",而是"亭"字的變體。

戰國時代"亭"字往往寫作:

![字形]《彙編》3093,"亭市"圓印

與"京"字實無區別,因而有些學者認爲"京""亭"古爲一字。齊國的"亭"字大概是爲了與"京"字區別開來,就變作了![字形]、![字形]、![字形]諸形,下部的直筆寫成曲筆。這種變化並不是孤立的,可以參考以下字例:

币,正體:![字形]《香録》6.2 下

　　變體:![字形]《彙編》0159,燕印

　　　　![字形]《陳純釜》

市,正體:![字形]《彙編》0354,燕印

　　變體:![字形]《彙編》1599,燕印

看來,齊陶文"亭"字的這種變化,很可能是受了燕國文字的影響。

再從文例上看,齊陶文"亭"字後面都是量器名,如"亭釜"、"亭區"、"亭豆",而秦漢陶文有:

亭斗　《季木》103 上

與齊陶同例。"亭"字又見於下列齊印:

維蕗(?)亭之鉥　《彙編》0225

亭之鉥　《彙編》0221

此"亭"字也不能釋"亳"。"亭"前爲地名，傳世秦至漢初印中有"召亭之印"和"修故亭印"（皆見《十鐘山房印舉》2.57 上），與此兩印同例。這些都是我們釋"亭"的確證。

李學勤在《燕齊陶文叢論》一文中從李先登、鄭超的意見，將相關形體也釋作"亭"①。此外，石加、俞偉超分別在《"鄭亳説"商榷》②和《秦漢的"亭"、"市"陶文》③中，將鄭州商城出土的韓國陶文"龕"、"𩫏"釋爲"亭"。可能受此説影響，曹錦炎在《古鉥通論》一書中，將齊印文中的形體釋爲"亭"④，李零在《新編全本季木藏陶》一書中也提到有學者認爲齊陶文中的"龕"當釋"亭"，所加注解出處爲上引俞偉超文⑤。吳振武先生在《談齊"左掌客亭"陶壐》一文中考察了"左掌客"（《古壐彙考》33 頁，見圖四十七）壐印文中的"亭"和齊陶文中的相關形體，進一步肯定了釋"亭"的意見，並從文字構形角度提出了解釋。他認爲此形體應分析爲"從'宅'從

圖四十七

---

① 李學勤：《燕齊陶文叢論》，《上海博物館集刊》第六期，第 170—173 頁。
② 石加：《"鄭亳説"商榷》，《考古》1980 年第 3 期，第 257 頁。
③ 俞偉超：《秦漢的"亭"、"市"陶文》，《先秦兩漢考古學論集》，文物出版社，1985 年，第 139 頁。據該文，韓國陶文釋爲"亭"是李家浩的意見。
④ 曹錦炎：《古壐通論》，第 46 頁。
⑤ 李零：《齊、燕、邾、滕陶文的分類與題銘格式》，《管子學刊》1990 年第 1 期，第 82—87、96 頁。

'亭'省"①：

我們認爲，從字形上看，、或下部所從的、或，顯然是"乇"旁而非"丁"旁。整理古陶文資料極有成績的王恩田先生在其著作中堅決否定釋"亭"説，也正是强調了這一點。但是，字從"乇"，不見得就一定是"亳"字。仔細考察並換條思路，則完全可以將此字分析爲從"宅"從"亭"省。韓陶文字的寫法，下部正與韓宅陽布上的"宅"字作、者相近或相同。亭也可以説是廣義的宅，故"亭"字有理由用"宅"來作義符（按《説文》段注的看法，"亭"、"宅"二字在安定義上亦有聯繫）。而"亳"字《説文》謂是"從高省"，如其説可信，則字無論如何是難以釋爲"亳"的，因爲古文字中的"高"或"高"旁習見，包括它的省體在内，從未見有寫作形的。由韓陶文中的字推及齊文字中的字，不難看出兩者的結構實質上是相同的。字從構形上説，也可以分析爲從"宅"（）從"亭"省（、、或、、均可視作"亭"之省）。恰巧齊文字中的"宀"旁和"广"旁都有上部橫向筆畫拉平書寫的習慣。假如將形看作是"亭"之省的話，那麽用"借筆"的觀點來解釋，也絶無困難，而且這種可能性也許更大。因此可以認爲，齊文字中的字跟小篆的"亳"字在起源上是不同的，祇是偶然變成同形字而已。

①　吳振武：《談齊"左掌客亭"陶璽》，《社會科學戰綫》2012 年第 12 期，第200—204 頁。

《清華二·繫年》簡 9、10 中有如下形體：

整理者釋讀爲“京”①，可從②。趙平安認爲陶文“**㐭**”、“**㐭**”應爲此類寫法“京”字的異體，簡文應是以“京”來表示“亭”③。“亭”古代有旅館的作用，《漢書·高帝紀上》顏師古注：“亭，謂停留行旅宿食之館。”“左掌客亭”璽中，“掌客”一職施謝捷已經指出其職見於《周禮·秋官·掌客》“掌四方賓客之牢禮、饔獻、飲食之等數與其政治”④，吳振武先生認爲印文“左掌客亭”，“應該就是掌客用於接待迎送賓客的館舍”⑤，下列印文中的“亭”他認爲也屬於這種性質：

（1）維□亭之鈢　　　　　　　　　《璽彙》0225
（2）□亭之鈢　　　　　　　　　　《璽彙》0221

“亭”之前的形體表示的都應是地名。齊文字中的“亭”除了表示

　　①　清華大學出土文獻研究與保護中心：《清華大學藏戰國竹簡（貳）》，第 139 頁。又曹方向：《小議清華簡〈繫年〉及郭店簡中的“京”字》，“簡帛”網，2012 年 1 月 2 日，http：//www.bsm.org.cn/show_article.php? id＝1615♯_ftnref16，對此説進行了進一步論證。張世超先生從吳振武先生的意見釋爲“亭”，他指出“‘亭自’爲地名，和西周金文中常見的‘×自’同樣結構，指的是一個名爲‘亭’的師旅駐紮地，其具體地望不可確考”，詳張世超《〈繫年〉中的“京自”及相關問題》，“復旦大學出土文獻與古文字研究中心”網站，2012 年 4 月 23 日，http：//www.gwz.fudan.edu.cn/SrcShow.asp? Src_ID＝1852。
　　②　網友“金縢”認爲簡文“**㐭**”字寫法與“亭”同形，或因“亭”可能是“京”的分化字。http：//www.gwz.fudan.edu.cn/SrcShow.asp? Src_ID＝1752。我們認爲這種意見也值得重視。
　　③　趙平安：《“京”“亭”考辨》，《新出簡帛與古文字古文獻研究續集》，商務印書館，2018 年，第 15—16 頁。
　　④　施謝捷：《古璽彙考》，第 33 頁。
　　⑤　吳振武：《談齊“左掌客亭”陶璽》，《社會科學戰綫》2012 年第 12 期，第 200—204 頁。

“館舍”這一含義以外，見於陶量上的“亭”一般認爲屬於“市亭”之“亭”：

  （1）陳窶立事歲安邑亭釜   《璽彙》0289

  （2）陳棱再立事左里敀亭釜   《陶錄》2.11.1

  （3）昌齊陳固南左里敀亭區   《陶錄》2.5.4

  （4）句華門陳棱再鄙廩均亭釜鋚 《陶錄》2.7.2

  （5）華門陳棱再左里敀亭區   《陶錄》2.10.3

  （6）華門陳棱再左里敀亭釜   《陶錄》2.10.1

  （7）陳棱□敀亭釜   《陶錄》2.11.3

如“亭區”之“亭”，曹錦炎指出“亭，即市亭之意，漢代稱爲‘旗亭’（印文）。表明這是官方生産的市亭公用標準量器”①，秦漢時期“亭”與“市”的關係，俞偉超、裘錫圭都曾討論過②，秦漢時期“亭”屬於一級行政單位，一亭之長稱“亭長”，有捕盜、維持治安的責任，還設有“亭嗇夫”一職，裘先生認爲“亭市”之“亭”是指“鄉亭”之“亭”而言的，之所以“亭市”並稱，是因爲“亭”嗇夫兼管“市”務③。戰國時期“亭”的相關資料較少，而且齊國也未見到曾設“亭”這一行政機構的記載，戰國時期齊國“亭”與“市”的關係我們雖然已經不得而知，但不與秦漢時期相同應是大致可以確定的。此外，齊國題銘中也有“市區”之類的戳印：

  （1）市區   《陶錄》2.30.2

  （2）市鋘（鍾）   《陶錄》2.33.4

---

 ① 曹錦炎：《古璽通論》，第 46 頁。

 ② 俞偉超：《秦漢的“亭”、“市”陶文》，《先秦兩漢考古學論集》，文物出版社，1985年，第 132—145 頁。裘錫圭：《嗇夫初探》，《古代文史研究新探》，江蘇古籍出版社，1992 年，第 430—523 頁。

 ③ 裘錫圭：《嗇夫初探》，《古代文史研究新探》，第 488—489 頁。

　　（3）大市區鋚　　　　　　　　　　《陶録》2.28.1
　　（4）大市豆鋚　　　　　　　　　　《陶録》2.29.1

這些"區"、"鋚（鍾）"、"豆"都應屬於"市"所用的官量。不過需要説明的是，與"亭"有關的材料比較少見，我們對其認識還不深入，陶文中的"亭"是否一定與貿易有關我們還不能確定。

二、貨幣鑄造與貿易發展

　　進入戰國時期以後，由於商品經濟發展和貿易規模擴大，使得貨幣形式發生了變化，齊國和其他國家一樣也鑄行貨幣。齊國貨幣類型比較單一，以刀幣爲主，至戰國晚期，在秦的影響下也開始鑄造圓錢。結合刀幣的鑄行年代和不同時期刀幣的理化分析結果，我們可以大致瞭解齊國國力的變化及貨幣政策的變化，通過對貨幣出土地的考察，也可以大致勾勒出齊國貿易發展的規模和貨幣的流通範圍。

（一）齊國貨幣的分類及其鑄行時代

　　戰國時期的齊國鑄幣，從形制上大致可以分爲刀幣和圓錢兩類。齊國刀幣的使用時間比較長，圓錢的出現是比較晚的。齊國刀幣首部內凹，周邊有廓，刀柄有直線兩道，製作精良，一般長 18—18.9 釐米，"即墨"大刀稍短，約 15—16 釐米①。齊刀按面文又可以分爲"齊大刀"、"齊明刀"等類型。

1. 齊大刀分類及鑄行年代

　　"齊大刀"是指面文中有"𠀃厇"字樣的齊刀幣，刀幣面文主要有如下六種：

---

　　① 黃錫全：《先秦貨幣通論》，紫禁城出版社，2001 年，第 280 頁。本文關於齊刀形制數據均引自此書。

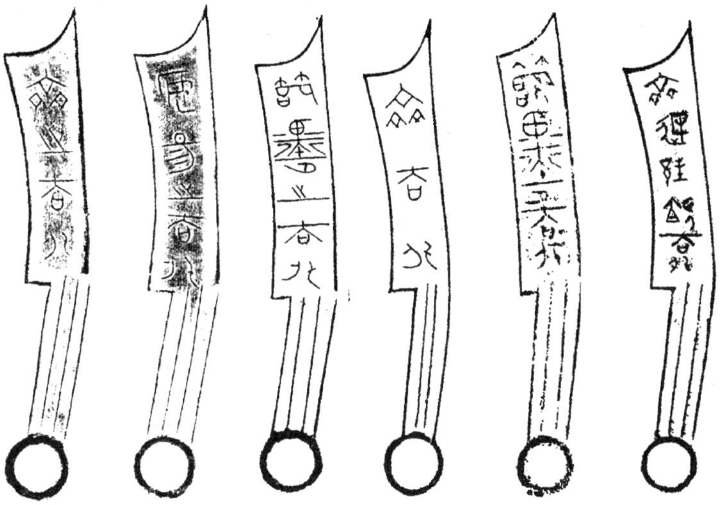

(1) 齊之夻爪	《歷代貨幣大系·先秦貨幣》2497
(2) 安昜(陽)之夻爪	《歷代貨幣大系·先秦貨幣》2507
(3) 節墨之夻爪	《歷代貨幣大系·先秦貨幣》2516
(4) 齊夻爪	《歷代貨幣大系·先秦貨幣》2589
(5) 節墨夻爪	《歷代貨幣大系·先秦貨幣》2552
(6) 齊返(?)邦張夻爪	《歷代貨幣大系·先秦貨幣》2575

面文"夻爪"舊多釋爲"去(法)化(貨)",所謂"去"王獻唐釋爲"夻"①,裘錫圭證成其説②,所謂"化"吴振武先生釋爲"爪"③,1981年裘錫圭先生在致王毓銓的信中也有類似的意見④。從面文格式

① 王獻唐:《臨淄封泥目録》,開明書店,1936年。

② 裘錫圭:《戰國文字中的"市"》,《考古學報》1980年第3期,第285—296頁。又裘錫圭:《古文字論集》,第454—468頁。

③ 吴振武:《戰國貨幣銘文中的"刀"》,《古文字研究》第十輯,第305—326頁。

④ 此信載王毓銓《中國古代貨幣的起源和發展》,第171—176頁。

上齊大刀又可以分爲"地名＋之吞祇"、"地名＋吞祇"兩種主要類型和帶有"齊返(?)邦諚吞祇"面文的刀幣。

(1)"地名＋之吞祇"類

此類刀幣包括"齊之吞祇"、"安易(陽)之吞祇"、"節墨之吞祇"三種面文。"齊之吞祇"通長 18—18.9 釐米,刀身寬 2.7—3 釐米,重約 44.5—50.5 克。"齊"即"齊城",爲齊國都,傳世有"齊城造戈"(《集成》11185)。"安易(陽)之吞祇"通長 18—18.5 釐米,刀身寬 2.8—2.9 釐米,重約 46—48.5 克。戰國時期名"安陽"者有多處,如魏安陽(今河南省扶縣東南)、趙安陽(今河北省陽原縣東南)、秦安陽(今河南省安陽西南)等①,齊刀幣中的"安陽"顯然都不在這些地域範圍之内,齊刀幣中的"安陽"有"曹東縣説"、"濟南説"、"莒縣説"、"靈山衛説"②,朱活在《談山東濟南出土的一批古代貨幣》一文中提到③:

> 安陽在什麽地方? 其説不一:一説在今山東曹縣東,本爲魯邑,齊宣公四十四年(公元前四一二年),齊伐魯國的莒及安陽,安陽入齊;一説在今山東濟南,引《春秋》成公二年'魯、晉、曹、衛諸大夫及齊師戰于鞌',杜注:'鞌爲齊地。'古錢學家遂認爲安即鞌陽;一説在莒縣與濟南之間,本爲莒之五陽地,所謂五陽,即城陽、南陽、武陽、開陽、安陽。按《春秋·襄公二十四年》,齊伐莒,取介根,莒遂南遷,其地大部入于齊。

吴良寶先生認爲幣文"安陽"可能與"莒之五陽"之一"安陽"有關,

---

① 毛公强:《齊刀"安陽"地望考》,《管子學刊》1994 年第 3 期,第 91—92 頁。又陳鐵卿:《談"安陽布"的鑄地》,《文物參考資料》1956 年第 2 期,第 62 頁。

② 毛公强:《齊刀"安陽"地望考》,《管子學刊》1994 年第 3 期,第 91—92 頁。

③ 朱活:《談山東濟南出土的一批古代貨幣——兼論春秋戰國時期有關齊國鑄幣的幾個問題》,《文物》1965 年第 1 期,第 37—45 頁。

地在"莒縣與濟南之間"①。"節墨之厺化"通長 18—18.4 釐米,刀身寬 2.7—3.1 釐米,重約 44.5—63.2 克。朱活指出:"節墨在今山東平度東南,《玉海》引《郡縣誌》:'故城臨墨水,故曰即墨。'春秋時期即墨爲萊之棠地,齊靈公十五年(公元前五六七年)滅萊,地入於齊。到了戰國,即墨常與臨淄並舉,可見它是齊國的重要城邑。"②

(2)"地名+厺化"類

此類刀幣包括"齊厺化"、"節墨厺化"兩種面文,"齊厺化"的形制與"齊之厺化"相近,這種刀幣目前發現數量較多,見於報導或著錄的已經多達 7 192 枚,占已發現刀幣總量(10 645 枚)的 67.56%③,其刀幣外緣與柄部外援相連接成弧形。"節墨厺化"發現的數量較少,形制上比較短小,通長約 15—16 釐米,重約 23—25 克,較同類刀幣輕許多。

(3)"齊返(?)邦䢞厺化"類

這種刀幣外緣與柄部外援相連接,面文共有六字,所以舊稱這種刀爲"六字刀"。面文中第二字寫作如下形體④:

《齊幣》278　　《貨系》2575　　《錢典》856

《先秦編》405　　《先秦編》405　　《齊幣》286

《齊幣》275　　《齊幣》271　　《齊幣》272

《貨系》2578

---

① 吳良寶:《中國東周時期金屬貨幣研究》,社會科學文獻出版社,2005 年,第 103 頁。

② 朱活:《談山東濟南出土的一批古代貨幣——兼論春秋戰國時期有關齊國鑄幣的幾個問題》,《文物》1965 年第 1 期,第 37—45 頁。

③ 吳良寶:《中國東周時期金屬貨幣研究》,第 102 頁。

④ 吳良寶:《先秦貨幣文字編》,第 302 頁。

此字舊有釋“造”(劉青園,《吉金所見録》)、“徙”(《吉金所見録》)、“建”(《古泉匯》)、“途”(《山左金石志》)、“近”(《遺篋録》)、“通”(《貨布文字考》)、“遲”(《古今錢略》引江秋史説)等説①,皆不可信。民國九年石印本《臨淄縣誌・金石志(上)》卷四“齊返邦就法貨”條曾釋爲“返”,何琳儀對此説進行了論證②,認爲此種類型的刀幣是齊襄王復國的紀念幣。裘錫圭還有釋讀爲“拓”之説③。此字的釋讀還有爭議,釋“返”之説在形體上有一定根據,但也難以確定。

　　除以上這三類齊刀外,下面所列舉的刀幣也有學者認爲屬於齊刀幣。《貨系》2495 著録一件殘刀頭(圖四十八),僅存刀首,刀首部平直,背平素,傳 1962 年出土於咸陽長陵車站南沙坑中④,面

文“▨”李家浩認爲“似是‘薛’字所从的聲旁”並懷疑此刀“可能是薛屬於齊時該邑所鑄造的”⑤,吴良寶先生認爲齊國刀幣首部形態與此不同,是否齊國刀幣還有待證實⑥,我們認爲吴良寶先生的意見無疑是可取的。此外,天津歷史博物館收藏一件殘刀,傳 1930

圖四十八　《貨系》2495

---

　　① 參吴良寶:《中國東周時期金屬貨幣研究》,第 104 頁。

　　② 何琳儀:《返邦刀幣考》,《中國錢幣》1986 年第 3 期,第 6—9 頁。

　　③ 王毓銓:《中國古代貨幣的起源和發展》,中國社會科學出版社,1990 年,第 171—176 頁。附録一:“裘錫圭先生來函”。

　　④ 陝西省博物館、文管會勘察小組:《秦都咸陽故城遺址發現的窑址和銅器》,《考古》1974 年第 1 期,第 24 頁。

　　⑤ 李家浩:《戰國鄿刀新考》,《中國錢幣論文集》第三輯,中國金融出版社,1998 年,第 97 頁注 16。

　　⑥ 吴良寶:《中國東周時期金屬貨幣研究》,第 106 頁。

年出土於山東章丘東平陵城西南。著録於《貨系》2496（圖四十九）：《貨系》著録者殘存首部，刀頭殘長 5.6 釐米，寬 2.7 釐米，背部有兩道橫紋和""形紋。幣文方若《藥雨古化雜詠》釋爲"簞"，實不可信。李家浩認爲幣文右下部"𝌆"是"木"之殘，指出此字應分析爲從"邑"從"竹"從"楂"，讀爲"柤"、"柞"或"柜"①。1991 年《山東金融研究增刊錢幣專輯》封面曾刊出一枚先秦刀幣拓本，于中航曾撰文予以介紹②，後收入《齊幣圖釋》300 號（圖五十）。張振謙據此認爲《貨系》2496 面文"應隸定爲'鄄'字，此刀幣銘文應是'鄄冶厎'"③。需要指出的是，《齊幣圖釋》300 所著録這件刀幣並非考古發掘品，孫仲匯在《古錢幣圖解》一書中曾對此刀幣面文的真僞提出過懷疑④：

圖四十九　《貨系》2496　　　　圖五十　《齊幣圖釋》300

①　李家浩：《戰國鄄刀新考》，《中國錢幣論文集》第三輯，中國金融出版社，1998年，第96—97頁。

②　于中航：《談𦎫邦刀》，(臺灣)《故宮文物月刊》第 5 期第 11 卷，1993 年。

③　張振謙：《齊系文字研究》，第 62—63 頁。

④　孫仲匯：《古錢幣圖解》，上海書店，1989 年，第 11—12 頁。

最近，山東又發現了一枚完整的莒邦法化，但對此刀的真僞問題各家説法不一。一種認爲係翻鑄的僞品，一種認爲取三字刀改刻，第三種持謹慎態度。據筆者目測，此刀出土已有一定時日，刀身有紅綠鏽，柄部有剔傷痕跡。面文不像改刻，與斷刀頭大致相同，但非出一範。一般齊刀的背上有横畫，此與斷刀頭皆二横畫。莒邦法化最大的疑問就是個別地方銅鏽鬆浮，且鑄工不精，大部分齊刀的文字精緻細挺，字劃猶如刀鋒，而此刀字劃圓渾，外緣與錢肉交接處也呈圓折狀，又缺乏確切的出土記録。此刀的外緣分高低二個層次，與安陽之法化、節墨之法化同；但面文卻無之字，與節墨小刀同，而後期的小刀確實也有製作較粗率的情況，所以筆者認爲此枚莒邦法化如能與天津博物館之斷刀頭互相對比一下，更有助於解決它的真僞問題。

由上引文可知，學者對此枚刀幣的真僞多有懷疑，郭若愚更是直斥《貨系》2496、《齊幣圖釋》300 皆爲僞作[①]。他提出了幾點理由，我們覺得最主要一點就是面文“”在刀幣中所占的比例過大的問題，的確顯得很不協調。吳良寶先生編纂的《先秦貨幣文字編》祇收録了《貨系》2496 那個形體，沒有收録《齊幣圖釋》300“”，也應是出於這方面的考慮。所以我們認爲《齊幣圖釋》300 這枚刀幣的真僞存在爭議，不應直接納入齊幣分類中來。

關於齊國大刀幣的始鑄年代及各種大刀幣的鑄行年代，學者間都曾有過爭論，吳良寶《中國東周時期金屬貨幣研究》已經對各家的主要意見進行了很好的介紹和總結。我們撮述要點如下：首

---

①　郭若愚：《先秦鑄幣文字考釋和辨僞》，上海書店出版社，2001 年，第 89—90 頁。

先,帶"之"字面文的大刀幣鑄行時代要早於有"大"而不帶"之"字的大刀幣,這一點已經爲理化檢測所證明。刀幣外緣與柄部是否斷開,是"之大刀"與"大刀"重要的外觀區別。其次,齊刀面文應屬於戰國文字,其時代不會早至春秋早期。第三,"齊大刀"鑄造時間較晚,合金成份檢測顯示與戰國晚期出現的"圓錢"相當,而"齊之大刀"、"即墨之大刀"合金成份相近,含銅量高於"齊大刀",含鉛量低於"齊大刀"。第四,"六字刀"形制與"齊大刀"相同,不會是田齊開國的紀念幣。"安陽之大刀"、"即墨之大刀"及"齊返(?)邦㤓夻厎"鑄造的時代上限還不能確定,是否爲"莒"、"魯"等國鑄造還不能確定[①]。

2. 齊"明"刀及其時代

"明"刀是對面文爲"明"字的一類刀幣的稱呼,分爲"齊明刀"和"燕明刀"兩類。齊"明"刀舊稱"博山刀","齊明刀"這一概念是由鄭家相在《明刀之研究》[②]一文中提出,他指出圓折"明"刀出土於戰國故燕地,應爲燕鑄造,方折"明"刀出土地"博山"戰國時屬齊,應爲齊鑄造,其說現在看來無疑是正確的。

根據齊"明"刀的形制和背文,黄錫全將齊明刀分爲"四型六式"[③],吴良寶分爲五種類型[④],我們將相關分類意見列表見後[⑤]。齊"明"刀的鑄行年代,學者間也有不同意見,吴良寶指出"根據今山東莒縣、平度出土的刀幣範可知,背文爲'莒冶某',尖首束腰的齊'明'刀應是樂毅伐齊期間莒、即墨兩地的齊人鑄造的,至於形制上與尖首刀幣、燕弧折'明'刀相似的齊'明'刀,其鑄造時間肯定早

---

① 以上所論見吴良寶《中國東周時期金屬貨幣研究》,第107—110頁。
② 鄭家相:《明刀之研究》,《泉幣》1940年第1期。
③ 黄錫全:《先秦貨幣通論》,第262—263頁。
④ 吴良寶:《中國東周時期金屬貨幣研究》,第118—120頁。
⑤ 本表據《中國東周時期金屬貨幣研究》一書相關分類意見整理。

種類	1	2	3—1	3—2	3—3	4—1
標本						
特徵	類似尖首刀,弧背、圓環,刀首較寬,稍內凹,刀首尖銳。	刀身較寬,刀首直且不內凹。面文"明"字寬碩。	形制與燕弧折"明"刀相似,或橢圓環,"明"字細長。		"明"字方折。	
背文	單字	單字、記號、莒(?)□□	數字、記號及"莒冶□"、"平陽冶禾"等。			
出土	發現較少,青州曾出土。	青州曾有出土。	滄縣、臨淄、掖縣、牟平、濟南、淄博、洛陽新安等地出土。			

續　表

種類	4－2	4－3	4－4	4－5	5－1	5－1
標本						
特徵	刀背較直，刀尖當或微凹，刀身比刀首窄而明顯內束。				刀身狹細，柄部或一道直綫。	
背文	單字、"莒冶某"或無字。					
出土	青州、濟南、牟平、肥城、益都出土實物，莒縣、平度曾出土此型的刀範。				益都、濰水等出土。	

於樂毅伐齊，鑄造者是誰還難以斷定"①。

3. 齊圓錢及其鑄行時代

　　齊國在戰國時期主要鑄行的貨幣是刀幣，在晚期的時候受到秦國半兩圓錢的影響才鑄行圓錢，而且是一種與刀幣並行流通的貨幣。齊國圓錢現共發現 1 237 枚，大多出土在齊國本土。從出土情況來看，這種貨幣往往與其他種類的錢幣共出，其中最多的是與"齊大刀"並存②。齊圓錢從形制和面文上來分，可以分爲以下三種：

《貨系》4093　　《齊幣》304　　《齊幣》306

這三種圓錢，背平、素面、有内外郭，錢文分列穿口左右側，自右向左讀，皆爲方穿。有大、中、小三種，大型直徑一般 3.3—3.5 釐米，重約 9 克；中型直徑約 2.9 釐米，重約 6 克；小型直徑一般 1.9—2.4 釐米，重多 3 克以下，1.3 克比較多見③。面文分別爲"六朏"④、"⬚三(四)朏"、"⬚朏"。面文首字又見於長沙銅量銘文和包山簡、郭店簡中⑤，舊釋"賛"(張端木《錢録》)、"寶"(《吉金所見録》)、"朋

①　吳良寶：《中國東周時期金屬貨幣研究》，第 125—126 頁。
②　山東省錢幣學會：《齊幣圖釋》，齊魯書社，1996 年，第 79 頁。
③　山東省錢幣學會：《齊幣圖釋》，第 74 頁。按：《齊幣圖釋》74 頁原數據爲"重多 2 克以下"但是，《中國歷代貨幣大系·先秦貨幣》4093、4095、4096 號分別標重 2.5、2.5、3 克，可見"瞻朏"圓錢的確有超過 2 克的情況。
④　吳振武：《戰國貨幣銘文中的"刀"》，《古文字研究》第十輯，第 305—326 頁。
⑤　湯餘惠、徐在國等：《戰國文字編》，福建人民出版社，2001 年，第 408 頁。

貝"(蔡雲《癖談》)、"燕"(《貨幣文字考》)、"益貝"(《吉金所見録》卷一引何夢華説)①、"賹"②等,皆不可信。孫詒讓《籀庼述林·周大泉寶化考》、秦寶瓚《遺篋録》、劉心源《奇觚室吉金文述》等釋爲"賹"③,已爲學界所接受。"賹"在面文中的具體含義大致有如下幾種意見。

(1) 地名説

如劉心源《奇觚室吉金文述》據刀幣範出土於山東濰坊,認爲"賹"爲齊地。丁福保認爲"賹即益,……蓋今之益都,在漢爲益國也"④。王獻唐認爲⑤"即今山左益都之益邑"。《齊幣圖釋》⑥一書據齊刀首字皆爲地名(即墨、安陽),認爲圓錢自不例外,"賹"也應該是地名,可能這種錢開始鑄行於"賹"地。

(2) 金屬重量單位説

秦寶瓚《遺篋録》指出:"賹,《集韻》音隘。注云:'寄人物也。'予意當轉釋爲鎰。從金而此從貝者,以上古通用之貨皆貝,故賞、賜、賚、贈、貨、賄、財、賦等字無不從貝。此爲記數之字,固宜從貝也。且古鎰字原有不從金者,《漢書》黄金以溢爲名,又高祖賜張良金百溢,皆從水旁,可見從金本不古……鎰者,二十兩也。"朱活認爲:"我們認爲賹字不是地名,而是當時貴金屬的重量單位。"⑦

---

① 丁福保:《古錢大辭典(下)》,中華書局,1982年,第470—477頁。
② 陳世輝:《戰國齊圜錢賹字説》,《中國錢幣》2004年第2期,第3—4頁。
③ 丁福保:《古錢大辭典(下)》,第475—477頁。
④ 丁福保:《古錢大辭典(下)》,第477頁。
⑤ 王獻唐:《中國古代貨幣通考(上)》,齊魯書社,1979年,第375頁。
⑥ 山東省錢幣學會:《齊幣圖釋》,第81頁。
⑦ 朱活:《談山東濟南出土的一批古代貨幣——兼論春秋戰國時期有關齊國鑄幣的幾個問題》,《文物》1965年第1期,第37—45頁。

（3）記人、物説

何琳儀先生認爲以上讀"賹"爲"益"或"鎰"皆以通假字解釋，並不圓滿，指出"賹"字無庸破讀，自可用其本義解釋圓錢銘文。上文徵引秦寶瓚説，引《集韻》對"賹"字的解釋似轉販《康熙字典》："賹，《廣韻》、《集韻》並烏懈切，音隘。賹，寄人物也。"檢澤存堂《宋本廣韻》去聲十五卦 23 頁："賹，記人物。"復檢述古堂影宋鈔本《集韻》去聲十五卦 33 頁：" 賹，記物也。"……他認爲《廣韻》原文斷句應是："賹，記人、物也。"換言之，"賹"之本義應包括"記人"和"記物"兩個内涵。據上文"賹"訓"記物"，可知圓錢銘文"賹兀"即"記載一枚法定刀幣"，"賹四兀"即"記載四枚法定刀幣"，"賹六兀"即"記載六枚法定刀幣"。凡此"記物"、"記載"無疑都是指圓錢與刀幣的兑换關係。換言之，"賹兀"、"賹四兀"、"賹六兀"分别表示這些圓錢相當一枚、四枚、六枚刀幣而言[①]。

（4）讀"易"説

吴良寶在《中國東周時期金屬貨幣研究》一書中指出："承吴振武面告，‘賹’可能讀爲‘易’，交换之意。"[②]陳劍在《關於"宅陽四鈴"等"布權"的一點意見》一文中也提出"賹"可能讀爲"易"的意見。他指出：齊圓錢"賹"字的解釋尚無定論，它以《説文》"籀文嗌"爲聲符，以"貝"爲意符，考慮到"益"跟"易"在形音義方面均有密切聯繫，頗疑圓錢"賹"字就是作爲"交易（財物）"之"易"的專字來用的，"賹（易）若干兀（刀）"記録的是一枚圓錢可"交易"，即兑换若干枚刀幣[③]。

---

① 何琳儀：《釋賹》，《何琳儀古幣叢考》，安徽大學出版社，2002 年，第 19—21 頁。
② 吴良寶：《中國東周時期金屬貨幣研究》，第 298 頁。
③ 陳劍：《關於"宅陽四鈴"等"布權"的一點意見》，《古文字研究》第二十六輯，第 382—385 頁。

我們傾向於讀爲"易"的意見①，"益"爲影母錫部，"錫"爲心母錫部字，二者同爲錫部，聲紐雖分屬喉音和齒頭音，但在傳世文獻和出土文獻中都可以找到二者相通假的線索。《周易·益卦·六二》："或益之十朋之龜，弗克違，永貞吉。"聞一多謂：

> 案此當讀"或益之十朋之龜"句，"弗克違"句。益讀爲錫。《説文》曰"鬄，髮也"，《詩·君子偕老》正義引《説文》曰"髲，益髮也"，鬄訓髮，髲訓益髮，是鬄从易，乃假借爲益。《檀弓》下曰"公叔文子卒，其子戍請謚于君，曰'日月有時，將葬矣，請所以易其名'"，是謚从益，又假借爲易（以上，鬄謚二字，説本楊樹達）。金文《敔叔段》曰"🔾貝十朋"，🔾古益字，益貝即錫貝也。《御覽》八八引《隨巢子》曰"司禄益食而民不饑，司金益富而國家實，司命益年而民不夭"，即錫食、錫富、錫年也。"或益之十朋之龜"，亦即錫之十朋之龜（崔憬説十朋之龜爲價值十朋之龜）。②

長沙銅量"鑄二十金劑以賅耆③（故）④쐈（쑇）"中的"賅"，董珊指出："又見於戰國齊圓錢，意思是換。"劉波指出："（銅量）此處的'賅'或可讀爲'易'，有代替更換之義。"⑤這些都是"益"與"易"相通的例子。《荀子·正名》"易者以一易一"，楊倞注："易，謂以物相

---

①　李瑶、孫剛：《齊圓錢面文"賅"字補釋》，《中國文字》新三十七期，藝文印書館，2011年，第147—154頁。

②　聞一多：《聞一多全集文學史編·周易編·管子編·璞堂雜業編·語言文字編》，湖北人民出版社，1994年，第236頁。

③　劉波：《釋楚郾客銅量中的"故"字》，《江漢考古》2012年第1期，第107—110,99頁。

④　董珊：《楚簡簿記與楚國量制研究》，《考古學報》2010年第2期，第184頁。

⑤　劉波：《釋楚郾客銅量中的"故"字》，《江漢考古》2012年第1期，第107—110,99頁。

易。"《大戴禮記・哀公問五義》:"若夫肌膚性命之不可易也。"王聘珍《解詁》:"易,謂以物相易也。"圓錢面文"賹"讀爲"易",訓爲"交換"、"交易"之意。"賹厑"、"賹四厑"、"賹六厑"分別表示這些圓錢可以換取一枚、四枚、六枚刀幣,即"賹厑"、"賹四厑"、"賹六厑"分別與一枚、四枚、六枚刀幣的面值相等。

齊圓錢的準確鑄行年代現在還不能確定,朱活認爲其鑄造年代不早於公元前 279 年燕樂毅伐齊之時,《齊幣圖釋》認爲"始鑄年代的下限應在齊襄王之前,很有可能早至宣王時期"[1];黃錫全認爲"可能是齊襄王復國後某個時期開始鑄行的,鑄行時間估計不會太長,故發現不多"[2];吳良寶從"何時秦界與齊國邊境相對較接近"和"圓錢及其鑄範的出土地"這兩方面進行考察,認爲齊圓錢的鑄造時間"祇能是在齊王建時期,而不會早至齊襄王和宣王時期"[3]。我們暫從其説。

(二) 齊國貨幣的流通範圍與貿易發展

通常來説貨幣流通伴隨着商品流通的發展,通過考察貨幣的出土地情況,可以間接瞭解一個國家當時的貿易範圍和經濟發展重心所在。齊國貨幣中,刀幣流通範圍較廣,流通時間較長,我們僅以刀幣爲例來考察戰國時期齊國的貿易發展狀况。

戰國時期是齊國歷史上疆域最爲遼闊的時期,從文獻記載和考古遺存來考察,"其(範圍)大致相當於今山東省的行政轄區,祇是西北部沿海地區有的延伸到今河北省和天津市境内"[4]。其西

---

[1]　山東省錢幣學會:《齊幣圖釋》,第 86 頁。
[2]　黃錫全:《先秦貨幣通論》,第 317 頁。
[3]　吳良寶:《中國東周時期金屬貨幣研究》,第 268 頁。
[4]　孫敬明:《試論環渤海地區考古學文化的刀幣》,《考古發現與齊史類徵》,第 290 頁。

部疆域與三晉接壤,大致包括今天聊城地區的齊阿邑以西地區,南部疆域曾一度到達今天江蘇北部。但是,考古發現的齊國貨幣流通範圍並沒有這麼廣闊,祇限於東至海、西至平原、南至臨沂郯城、北至博興這一地域之内,可見貨幣出土地祇能夠低限度地反映貨幣流通範圍①。陳隆文曾對山東境内出土刀幣的地區進行過總結②:

> 山東省各地級市所轄區、縣都有各類齊刀幣出土的市縣,據不完全統計有濟南市所轄歷城區、章丘市、長清縣,青島市所轄嶗山區及膠南市、即墨市、萊西市、平度市,淄博市所轄張店區、臨淄區及桓台縣、高青縣和沂源縣,棗莊地區所轄的滕州市,東營市所轄的廣饒縣,濰坊市所轄的市區及青州、諸城、昌邑、高密、安丘、壽光市、臨朐縣、昌樂縣,煙臺所轄的福山區、牟平區以及萊州市、龍口市(舊黃縣)、招遠、棲霞、海陽市和長島縣,威海市的榮成,泰安市的東平縣,日照市的五蓮縣、莒縣,德州市的陵縣,臨沂的蘭山區以及沂南縣、沂水縣、莒縣、臨沭縣、費縣、平邑縣、蒙陰縣,濱州地區的博興、無棣等九市二地區均可視爲齊幣流通區域。從齊刀幣的上述地域構成狀況來看,齊刀的流通區域基本上未有越過今山東省境界的。山東省内的濟寧所轄各區縣,萊蕪市、聊城市、菏澤所轄的各市縣,迄今未見有一例齊刀幣出土,説明齊刀在這些地區發揮的影響作用是相當有限的。

孫敬明《考古發現與齊幣探索》一文中附有"齊幣流通圖"今轉錄如下③:

---

① 孫敬明:《考古發現與齊幣探索》,《考古發現與齊史類徵》,第 322 頁。
② 陳隆文:《春秋戰國貨幣地理研究》,人民出版社,2006 年,第 147 頁。
③ 孫敬明:《考古發現與齊幣探索》,《考古發現與齊史類徵》,第 330 頁。

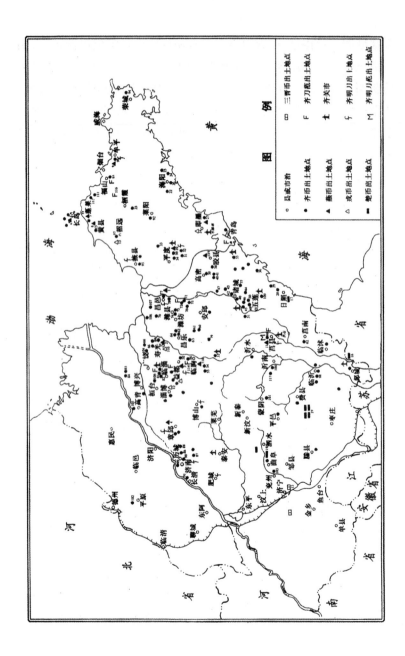

此圖反映了齊刀幣的出土情況。孫敬明將以上所列貨幣流通地區分爲“東海區”、“濰淄區”、“河濟區”三個區域：“東海區”以重邑即墨爲中心，其地交通便利，爲齊國鑄幣中心之一，此地出土鑄幣反映出“齊東方沿海地區發達的商業經濟，廣泛的貨幣流通及其與南方楚土經濟上的聯繫”①。“濰淄區”以齊都臨淄爲中心，戰國時期齊都臨淄是一個人口衆多、商業繁榮、貿易發達的政治、文化、經濟中心，也是齊國貨幣的鑄造和流通中心，此區經濟最爲發達，考古發現的齊幣數量也最多。“河濟區”以位於今濟南東部的“平陵”爲中心，孫敬明指出“其西不遠即古濟水，是傍水的商業中心區。在此附近的濟南市區，歷城、長清、章丘所出土的齊幣，都是環此中心，説明齊幣在此流通的趨勢”。此外，朱活在《再談齊幣——從山東出土的齊幣看齊國的商業和交通》②一文中也分析了齊幣出土地與戰國時期齊國商業活動的關係，他指出：

> 齊幣，特别是齊法化（引者按：即“齊大刀”之誤釋）範集中出土在臨淄齊故城，因爲齊都臨淄在戰國時期，是一個擁有七萬户的大都會。……在當時是相當熱鬧而又富實的一個商業大城市。一直到漢，臨淄還是當時的五都之一。
>
> 齊幣出土於平度、即墨、日照、諸城等地，因爲齊東有琅琊、即墨之饒，而諸城、日照一帶是當時齊與吴越貿易的地區。《管子·輕重甲》所謂：“八千里之吴越可得面朝也。”可以説明這一帶的商業地位。
>
> 齊幣出土於蓬萊、黄縣、招遠等地，因爲齊北有渤海漁鹽之利。

---

① 孫敬明：《考古發現與齊幣探索》，《考古發現與齊史類徵》，第 323 頁。
② 朱活：《再談齊幣——從山東出土的齊幣看齊國的商業和交通》，《古錢新探》，第 114—119 頁。

　　齊幣出土於濟南、歷城、平陵(平陵今屬章邱縣),因爲這個地區是齊國與西方各封國進行貿易的集散地,是齊國國都聯繫當時子午道交通命脈的咽喉地帶。

　　齊幣出土於福山、牟平一帶,因這個地區是齊國的海上貿易集散地,《管子‧輕重甲》記載:"發、朝鮮不朝,請文皮毤(音脱,即落毛)服,而以爲幣乎?"管子把文皮(即虎豹之皮)的貿易列爲國之"五幣七莢(引者按,莢即策字)",與陰山之礝䃟、燕之紫山白金,汝漢水之右衢黃金,江陽之珠,秦明山之曾青,禺氏邊山之玉並重,可見當時對朝鮮等族文皮貿易之重視。

　　齊幣出土於今平原境,因爲這裏接近齊之大邑高棠(在禹城縣西北境),高棠是齊景公賜給重臣陳桓子的賞邑,陳氏據此始大,終於代替了姜姓齊國。這個地區是齊與趙、衛進行貿易的集散地。

　　齊幣出土於青島市以北流亭、女姑口、城陽一帶,因爲在這一帶的膠縣靈山衛,一九五七年曾出土了三件銅量,即丘關釜、左關釜、左關鋘。證明了齊在靈山衛一帶設關徵稅,由此可見這個地區當時必有發達的商業。至於城陽(即古高密)本齊之夷維,原係春秋末晏平仲的食邑。而貴族的食邑,往往是設集市的地方。《管子‧輕重甲》所謂"萬乘之國,必有萬金之賈;千乘之國,必有千金之賈"者是。

　　齊幣出土於莒南縣一帶,因爲這一帶是跟楚國進行商業貿易的接觸地帶,是汝漢之黃金、生鹿與齊之冠帶、皮革、石璧、魚、鹽的集散地。

　　上面是山東近年以及歷年各地出土的齊幣,反映出春秋戰國時期齊國商業發展的情況。

此外,孫敬明還指出,齊幣流通路線與河流和海洋也有較密切的關係,認爲齊國西部之河、濟,中部的濰、淄、沂、沭水則是齊幣内外流通的主要通道,東部的膠萊河、沽水等也是便利的水上通道①。

總之,通過對齊幣出土地的考察,可以大致勾勒出齊國貨幣的流通範圍,這些地區大多是以戰國時期齊國商業比較繁榮的城邑爲中心,沿着主要交通要道分布,對於考察戰國時期齊國的商業發展無疑是有意義的。

第三節　齊系題銘與戰國時期齊國量、衡制度考察

東周時期各國都建立了各自的度量衡制度以方便徵收賦稅、發放官員俸禄,貿易的發展也需要有一個公平公正的衡量體制來約束。齊國是一個工商業高度發達的國家,齊國工商業的發展,同時也促進了度量衡制度的發展和完善,據《左傳·昭公三年》記載,至遲在春秋中期,齊國已經有了比較完備的量制。至戰國時期田齊代替了姜齊政權,量制既有因襲姜齊舊制的成份也有所變革。齊國衡制文獻記載比較少見,據《戰國策·齊策》齊國可能是斤、益並用的國家。在本節中我們將根據文獻記載並結合出土實物,來考察東周時期姜齊、田齊時期量制的因革情況,也將涉及與齊國衡制有關的問題。

一、齊系題銘與東周時期齊國量制

春秋中期姜齊量制和陳氏家量制度見於《左傳·昭公三年》晏子和叔向的對話:

---

① 孫敬明:《考古發現與齊幣探索》,《考古發現與齊史類徵》,第 325 頁。

　　　　既成昏，晏子受禮。叔向從之宴，相與語。叔向曰："齊其
　　　何如？"晏子曰："此季世也，吾弗知齊其爲陳氏矣。公棄其民，
　　　而歸於陳氏。齊舊四量：豆、區、釜、鍾。四升爲豆，各自其
　　　四，以登於釜。釜十則鍾。陳氏三量皆登一焉，鍾乃大矣。以
　　　家量貸，而以公量收之。"

由以上記載可知，春秋時期姜齊的量制分爲"升"、"豆"、"區"、
"釜"、"鍾"這樣五個單位，其中前四種之間爲四進位，"釜"與"鍾"
爲十進位關係，即：

　　　　　1 豆＝4 升
　　　　　1 區＝4 豆＝16 升
　　　　　1 釜＝4 區＝64 升
　　　　　1 鍾＝10 釜＝640 升

　　陳氏爲了籠絡民心，以自己家量量值爲標準向百姓放貸，收貸
時以公量量值爲標準收取，陳氏家量也包括"升"、"豆"、"區"、
"釜"、"鍾"這五種單位。陳氏家量與公量的區別爲"陳氏三量皆登
一焉，鍾乃大矣"，對這一句話學者間有不同的理解，所以對陳氏家
量量值和各單位之間進位關係的描述也就存在較大的差異①。
　　陳冬生《齊量制辨析》一文總結了相關意見，列舉了五説②：
　　（1）杜預"豆""區""釜"在舊量基礎上各"加一"説
　　"陳氏三量皆登一焉，鍾乃大矣"，杜預注："登，加也。加一，謂
加舊量之一也。以五升爲豆，五豆爲區，五區爲釜，則區二斗，釜八
斗，鍾八斛。"杜預在注文中還用當時"十升一斗"的量制進行了進
一步解釋，指出"區二斗，釜八斗，鍾八斛"。陳冬生認爲杜預注的

————————————

　　①　關於齊國量制的最新討論詳裘錫圭《齊量制補説》，《中國史研究》2019 年第 1
期，第 5—37 頁。書稿付印在即，本節內容仍保持原貌。
　　②　陳冬生：《齊量制辨析》，《中國史研究》2006 年第 3 期，第 3—15 頁。

意思是説"以五升爲一家量豆,五舊量豆爲一家量區,五舊量區爲一家量釜,是爲'陳氏三量皆登一焉'",陳氏家量用等式表示爲:1豆＝5升,1區＝5舊量豆(合20升),1釜＝5舊量區(合80升),1鍾＝10釜(合800升)。

(2) 陸德明豆量不加,僅加區、釜二量説

唐陸德明在《經典釋文》中提出了兩説:一説認爲或本杜注有作"以五升爲豆,四豆爲區,四區爲釜,直加豆爲五升,而區、釜自大";一説認爲豆量不加,僅在舊量基礎上加區、釜二量,相應地"鍾"也就變大了,"三量皆登一"是指"區"、"釜"、"鍾"三量。陳冬生對這兩説進行了分析,認爲前説"以五升爲豆,四豆爲區,四區爲釜"是就陳氏家量内部進位而言,可以表示爲1豆＝5升,1區＝4豆(合20升),1釜＝4區(合80升),1鍾＝10釜(合800升),與杜注沒有本質區別。陸德明後一説認爲豆不加大,僅區、釜加大,相應地鍾也就加大了,可以表示爲1豆＝4升,1區＝5舊量豆(合20升),1釜＝5舊量(合80升),1鍾＝10釜(合800升)。

(3) 孫詒讓百升釜量,豆量不加説

孫詒讓在《籀𢈪述林》卷二·三二《左傳齊新舊量義》一文中認爲:"今考陳氏新量(按:即指子禾子釜、陳純釜)蓋十斗非八斗也,依傳文當以四升爲豆不加,而加五豆爲區則二斗,五區爲釜則一斛,積至鍾則十斛。所謂三量皆登一者,謂四量唯豆不加,故登者止三量而鍾亦即在三量之中也。"[1]顯然孫詒讓也認爲"三量皆登一"是指"區"、"釜"、"鍾"三量而言,但他認爲陳氏家量是以舊量五豆爲區,即1家量區＝5舊量豆(二斗),陳氏家量釜是在家量區的基礎上,"五區爲釜",即1家量釜＝5家量區(一斛),相應地"鍾"

① 孫詒讓:《籀𢈪述林》,中華書局,2010年,第88—89頁。

就是十斛。其說可以表示爲 1 豆＝4 升，1 區＝5 豆(合 20 升)，1
釜＝5 區(合 100 升)，1 鍾＝10 釜(合 1 000 升)。

(4) 莫枯舊升、豆、區、釜四量，唯留豆區四進不變，餘則改五
進說

莫枯在《齊量新議》一文中認爲陳氏是"將原來升豆區釜之間
的四進位制，獨留豆區之間不變，餘則改爲五進位"①。此說可表
示爲：1 豆＝5 升，1 區＝4 豆(合 20 升)，1 釜＝5 區(合 100 升)，1
鍾＝10 釜(合 1 000 升)。

(5) 吳則虞②、吳慧③豆、區、釜三量五進說

他們認爲陳氏新量是將四進位的舊量統一改成五進位，此說
可表示爲：1 豆＝5 升，1 區＝5 豆(合 25 升)，1 釜＝5 區(合 125
升)，1 鍾＝10 釜(合 1 250 升)。

陳冬生認爲陳氏家量的作用既然是用於借貸，就應該從借貸
的角度對各家說法進行檢驗。他據《左傳》、《周禮》、《管子》等書中
的借貸成例爲依據，爲便於計算選擇了"倍貸"(即借一還二)這一
利率進行了計算，將所得數據與以上五說相驗證。我們將計算結
果轉引如下，以便說明問題④：

計量單位 / 各家借貸		豆	區	釜	鍾
公量借貸	貸 1 公量 還 2 公量 利率	貸 4 升 還 8 升 100％	貸 16 升 還 32 升 100％	貸 64 升 還 128 升 100％	貸 640 升 還 1 280 升 100％

---

① 莫枯：《齊量新議》，《上海博物館集刊》第三期，上海古籍出版社，1986 年，第 62—63 頁。
② 吳則虞：《晏子春秋集釋》，中華書局，1962 年，第 270 頁。
③ 吳慧：《中國歷代糧食畝產研究》，農業出版社，1985 年，第 27—28 頁。
④ 陳冬生：《齊量制辨析》，《中國史研究》2006 年第 3 期，第 7 頁。

續　表

各家借貸 \ 計量單位		豆	區	釜	鍾
五説陳氏家貸	社説 貸1家量 還2公量 利率	貸5升 還8升 60%	貸20升 還32升 60%	貸80升 還128升 60%	貸800升 還1 280升 60%
	陸説 貸1家量 還2公量 利率	貸4升 還8升 100%	貸20升 還32升 60%	貸80升 還128升 60%	貸800升 還1 280升 60%
	孫説 貸1家量 還2公量 利率	貸4升 還8升 100%	貸20升 還32升 60%	貸100升 還128升 28%	貸1 000升 還1 280升 28%
	莫説 貸1家量 還2公量 利率	貸5升 還8升 60%	貸20升 還32升 60%	貸100升 還128升 28%	貸1 000升 還1 280升 28%
	吴説 貨1家量 還2公量 利率	貸5升 還8升 60%	貸25升 還32升 28%	貸125升 還128升 2.4%	貸1 250升 還1 280升 2.4%

陳冬生認爲借貸過程至少應該符合兩個條件:"第一,各量利率的變化必須保持一致,不能有高有低。否則在實際借貸中,便會出現因各量利率不一所造成的借貸混亂而行使不通;第二,利率降低的幅度必須既能體現出明顯優惠,同時又不致於過大有損放貸人的過多利益而不切合實際。"根據這兩點來看,他認爲杜説是唯一符合條件的説法,陳氏家量就是在舊量"豆"、"區"、"釜"的基礎上各

加一,進而將"借貸"利率由100％降低到60％,從而既達到惠民的目的也不至於給自己造成太大損失。我們認爲陳冬生先生的研究方法很具有啓發意義,其結論無疑是非常可信的。據此,可以知道春秋時期齊國陳氏家量的量制爲:

> 1豆＝5升
> 1區＝5舊量豆(合20升)
> 1釜＝5舊量區(合80升)
> 1鍾＝10釜(合800升)

戰國時期有數件量器傳世,據統計現在所見的量器有如下數件:

序號	器　名	容量單位	實測容量(ml)	測量物	著　錄
1	子禾子釜	釜	20 460	水	《圖集》七八
2	陳純釜	釜	20 580	水	《圖集》七九
3	劉家銅量1(大)	豆	1 025	水	《考古》1996(4)：24
4	劉家銅量2(小)	升	205	水	《考古》1996(4)：24
5	東齊量1(大)	豆	1 024	水	《考古》1996(4)：25
6	東齊量2(小)	升	204	水	《考古》1996(4)：25
7	齊博陶量	升	210	水	《考古》1996(4)：25
8	闞家陶量	升	209	水	《考古》1996(4)：25
9	市陶量	區	4 220	小米	《圖集》八八
10	左關鈚		2 070	水	《圖集》八〇
11	公區	區	4 860	小米	《印學研究》(二)88
12	公區	區	4 847	小米	《圖集》八七
13	公豆	豆	1 300	小米	《圖集》八六

續　表

序號	器　名	容量單位	實測容量（ml）	測量物	著　錄
14	闕里豆	豆	1 030	小米	《印學研究》(二)90
15	左里銅量(大)		1 025	水	《圖集》九〇
16	左里銅量(小)		206	水	《圖集》九〇

以上列舉的量器中,齊博陶量、闞家陶量在量腹部分別印有"王粁"、"王卒粁"的戳印,"粁"原作"𢍨",魏成敏等經實測認爲此表示的即"升"字①,無疑是正確的,由實際測量值可知,春秋戰國時期的1"升"容量,約當現在204—210毫升。值得注意的是,陶文中常見"王豆"、"王區"、"王粁",印文中的"王"舊或以爲"王指王室所屬的部門"②,或應釋爲"主",張政烺認爲其性質與公量相對應,爲田氏家量③,或認爲"王"指陳齊稱王後威、宣、湣、襄及王建的"王"④。現在由"王卒粁"陶量來看,"王豆"、"王區"中的"王"是"王卒"之省的可能性是很大的,"王"或"王卒"是指陶量製作者的身份,這類陶工可能屬於齊王的卒屬。劉家銅量2(小)、東齊量2(小)容量與齊博陶量、闞家陶量容量相當,也應是"升",劉家銅量2(小)出土時套在劉家銅量1(大)内,從容量上看後者是前者的五倍,魏成敏等認爲此即田氏的豆量無疑是正確的,東齊

---

① 魏成敏、朱玉德:《山東臨沂新發現的戰國齊量》,《考古》1996 年第 4 期,第 26 頁。
② 李零:《齊、燕、邾、滕陶文的分類與題銘格式》,《管子學刊》1990 年第 1 期,第 85 頁。
③ 張政烺:《"平陵陳導立事歲"陶考證》,《史學論叢》第二册,1935 年。又《張政烺文史論集》,第 46—57 頁。劉釗:《齊國文字"主"字補證》,《出土文獻與古文字研究》第三輯,第 137—151 頁。
④ 許淑珍:《齊國陶文的幾個問題》,《齊魯文博》,第 142 頁。

量 1(大)無疑也是豆量。我們在前文指出,《圖集》所收的左里銅量(大)、左里銅量(小),裘錫圭先生曾懷疑其爲僞作①,現在從容量上看,即便是僞作可能也是有根據的。"市陶量"約爲劉家銅量 1(大)之類豆量的四倍,無疑就是陳氏量中的"區"。

陳冬生經過對子禾子釜、陳純釜、劉家銅量、東齊量、齊博陶量、闞家陶量、市陶量、左里銅量等量器的數值進行考察後,指出田齊時期的量制"升、豆、區三量的量值均因襲陳氏家量不變"②,釜量由原 80 升變爲百升。其量制可以表示爲:

> 1 豆＝5 升
> 1 區＝4 豆(合 20 升)
> 1 釜＝5 區(合 100 升)
> 1 鍾＝10 釜(合 1 000 升)

他同時指出《圖集》八七、《圖集》八六著録的"公區"、"公豆"量值與標準的"區"、"豆"存在不小的差距,應是未經校驗的民營量器實物,不屬於標準的官方量器,其説無疑是有道理的。《印學研究》(二)88 著録的"公區"無疑也屬於這種性質的民量,《印學研究》(二)90 著録的"闞里豆"倒是與標準的"豆"值相當。按每升約當今天 205 毫升計算,"公豆"、"公區"的量值與標準的"豆"、"區"皆有差距,舊認爲"公豆"、"公區"是姜齊舊量或田齊未稱王以前所用的量現在看來都是不正確的,其性質衹能是未校驗的民量。"左關鉌"銘文"關鉌節于斁(稟)秂"中的"秂",郭沫若在《考古編五·丘關釜考釋》中指出:"左從半,右從升,與料字同例,半斗爲料,半升爲秂,是古半升量有專字,亦有專器矣。"現在從容量上看是不正

---

① 裘錫圭:《戰國文字中的"市"》,《考古學報》1980 年第 3 期,第 285—296 頁。又裘錫圭:《古文字論集》,第 454—468 頁。
② 陳冬生:《齊量制辨析》,《中國史研究》2006 年第 3 期,第 7 頁。

確的。從量值上看，其應相當於"半區"，丘光明①、陳冬生都認爲"粃"僅表示一定量的分半，"並不是半升或半斗的專用字"，在田齊量制中鍬並不是一級單獨的計量單位，而僅是相當於半區的校量器，齊國文獻中的"斗"與其容量相當，"斗"在齊國普遍使用最早不會早於戰國末期，可能是這種容量的俗稱②。此外，西辛戰國墓地曾出土戰國有銘銀器三件，上有刻畫銘文，分別作"受一粃分"、"罨平一粃分"、"罨平二粃分"③，劉剛先生已經指出銘文中同樣用法的"平"也見於漢代銘文，"有標準、準則之義"，"分"義當爲"半"，他同時認爲"罨"可能是地名④。我們認爲，從戰國時期校量制度來考慮，"罨"爲工師私名的可能性也是很大的，亦即銀器實際容量的校量者。

在齊國晚期量制中，還存在一種與"升"相當的"益"，文獻一般寫作"溢"。《小爾雅》"廣量"下云"一手之盛謂之溢，兩手謂之掬"，清胡承珙《小爾雅義證》指出"案匊爲二升"，吳振武先生據此指出"'溢'即升，是齊量中最小的一級"⑤，丘光明也認爲益與升是同一級的單位⑥。按"益"（溢）這一量值單位見於戰國晚期齊耳杯中，1992 年 12 月臨淄商王墓地中出土了一大一小兩件銅耳杯，小耳杯上面刻有銘文，從風格上看無疑是齊國遺物⑦。銘文作：

---

①　丘光明：《中國歷代度量衡考》，科學出版社，1991 年，第 139 頁。

②　陳冬生：《齊量制辨析》，《中國史研究》2006 年第 3 期，第 15 頁。

③　釋文從劉剛：《山東青州西辛戰國墓地出土銀器銘文小考》，"復旦大學出土文獻與古文字研究中心"網站，http：//www.gwz.fudan.edu.cn/SrcShow.asp? Src_ID=2352。

④　劉剛：《山東青州西辛戰國墓地出土銀器銘文小考》，"復旦大學出土文獻與古文字研究中心"網站，http://www.gwz.fudan.edu.cn/SrcShow.asp? Src_ID=2352。

⑤　吳振武：《試說齊國陶文中的"鍾"和"溢"》，《考古與文物》1991 年第 1 期，第 70 頁。

⑥　丘光明：《中國歷代度量衡考》，科學出版社，1991 年，第 154 頁。

⑦　淄博市博物館、齊故城博物館：《臨淄商王墓地》，齊魯書社，1997 年，第 27 頁。

釪大式益眾(重)叁十屛① 銅杯 臨淄商王墓地 27 頁

"益"顯然是指此杯的容量,經用水校量,此耳杯容量約 400 毫升,"即每益爲 200 毫升",另一耳杯未記容量,實測爲約 1 000 毫升。賈振國指出:"小耳杯爲容二益杯,大耳杯爲容五益杯,似還應有容一益杯未予隨葬,銅耳杯的用途既可作爲飲酒器,也可用作量酒的專用酒具。"② 從容量上來看,一益約爲 200 毫升與一升約 204—210 毫升是相當接近的,一益的確相當於一升。賈振國指出戰國時期齊與三晉的容量單位都用"益",我們認爲齊國的"益"這一量制單位很可能是受到三晉的影響才設立的③。

我們將東周時期齊國量制總結如下:

春秋時期姜齊的量制:

1 豆＝4 升≈820 毫升　　　　　(按 1 升≈205 毫升計算)

1 區＝4 豆＝16 升≈3 280 毫升

1 釜＝4 區＝64 升≈13 120 毫升

1 鍾＝10 釜＝640 升≈131 200 毫升

注:升、豆、區、釜之間爲四進制,釜、鍾爲十進制。

春秋時期齊國陳氏家量的量制爲:

1 豆＝5 升≈1 025 毫升

1 區＝5 舊量豆(合 20 升)≈4 100 毫升

---

① 陳劍:《釋屛》,《追尋中國古代文明的蹤跡》,復旦大學出版社,2002 年,第 49—54 頁。

② 賈振國:《試論戰國時期齊國的量制與衡制》,《臨淄商王墓地》,齊魯書社,1997 年,第 162—168 頁。

③ 耳杯銘中"大式益"的"大",李家浩認爲是指大量而言,從出土齊國實物來說,還無法證明。詳李家浩《談春成侯盉與少府盉的銘文及其容量》,《華學》第五期,中山大學出版社,2001 年,第 150—161 頁。

　　1 釜＝5 舊量區（合 80 升）≈16 400 毫升

　　1 鍾＝10 釜（合 800 升）≈164 000 毫升

　　注：升、豆爲五進制，豆、區、釜之間爲四進制，釜、鍾爲十進制。

田齊時期的量制爲：

　　1 豆＝5 升≈1 025 毫升

　　1 區＝4 豆（合 20 升）≈4 220 毫升

　　1 釜＝5 區（合 100 升）≈20 580 或 20 460 毫升

　　1 鍾＝10 釜（合 1 000 升）≈205 800 或 204 600 毫升

　　注：升、豆爲五進制，豆、區爲四進制，區、釜爲五進制，釜、鍾爲十進制。

附：

　　1 鍬≈2 070 毫升　　　　　（與斗相當）

　　1 益≈200 毫升　　　　　　（與升相當）

　　1 公區≈4 847—4 860 毫升

　　1 公豆≈1 300 毫升

二、齊系題銘與東周時期齊國衡制

　　戰國時期齊國的衡制單位，可能爲“鎰、兩、斤、石”等，但是這些單位僅有“鎰”見於出土實物的記載，同時還可以知道，比“鎰”更小的單位爲“屎”。與齊國衡制有關的實物實際上衹見於臨淄商王墓地出土的銅耳杯，《中國古代度量衡圖集》圖 153、154 所著録的兩件銅權，都是一斤權，舊以爲都是齊國的遺物，現在看未必可靠，我們衹能根據臨淄出土耳杯來考察戰國時期齊國的衡制。出土和傳世的記重耳杯共有三件：

　　(1) 釺大式益冢(重)叁十展①

　　　　　　　　　　　　（銅杯，《臨淄商王墓地》27 頁）

　　(2) 厶(私)之十冢(重)一益(鎰)卅八展

　　　　　　　　　　［厶(私)之十杯，《臨淄商王墓地》27 頁］

　　(3) 冢(重)十六展　　　　　（耳杯，《三代》18.26.3）

　　其中第三件的重量不得而知，(1) 容量較小，杯重 116.71
克，(2) 大耳杯的重量爲 517.47 克②。在杯銘中出現了“益”、“展”
這兩級記重單位，“益(鎰)”習見於文獻，一般與黄金連言作“千
鎰”、“萬鎰”，“展”作“”，舊釋爲“貨”或“偵”，陳劍釋爲“展”，當
可從③。經過計算，賈振國認爲每“展”約爲 3.89 克，每“益(鎰)”
爲 369.637 克，“益(鎰)”與“展”的比值爲 95.02∶1，並指出“這種
比例不便換算，其原因可能是古代校測時的計量誤差所致，正確的
比例似乎應爲 1 益＝100 貨(按，貨當釋爲展)”④，陳劍在釋“展”的
基礎上，將“展”讀爲“錘”，約當秦漢時的 6 銖，其説可供參考。此
外，賈振國還指出據漢時注疏家所言“一鎰合漢時二十四兩”計算，
齊國一斤約爲 246.42 克，每鎰與斤的比例約爲 1.5∶1。

　　東周時期齊國衡制資料僅有上列數例，我們僅能據此進行考
察，希望能有更多的實物出土，以便研究。

---

①　陳劍：《釋展》，《追尋中國古代文明的蹤跡》，第 49—54 頁。
②　淄博市博物館、齊故城博物館：《臨淄商王墓地》，第 160 頁。
③　陳劍：《釋展》，《追尋中國古代文明的蹤跡》，第 49—54 頁。
④　賈振國：《試論戰國時期齊國的量制與衡制》，《臨淄商王墓地》，第 165 頁。

第六章

齊系題銘與社會禮俗研究

　　齊系題銘中包含與當時某些禮俗制度相關的內容,通過對這些題銘的考察,我們可以瞭解東周時期齊魯等國的諡法、宗法、祭祀等問題的基本情況,對璽印和部分陶文的研究,也可以對當時的姓氏數量進行考察。對這些內容的研究,無疑會加深我們對當時社會生活狀況的瞭解,從而也豐富了歷史研究的內容。

第一節　齊系題銘中的"諡"及與宗法有關的問題

　　"諡"與"宗法"問題,是古代史研究中的重要內容,也是當時重要的社會制度。齊系銅器題銘中,有一些與當時"諡"與"宗法"制度有關的一些內容。這些內容能夠反映當時的一些命諡制度,某些題銘中所反映的嫡庶觀念和大宗與小宗的差別,也有助於我們探討當時的宗法制度。

一、齊系題銘中的"諡"

　　"諡法"的產生比較早,《逸周書·諡法解》:"維周公旦、太公望開嗣王業,攻于牧野之中,終葬,乃制謚敘法。謚者,行之迹也;號者,功之表也;車服,位之章也。是以大行受大名,細行受小名;行出於己,名生於人。"西周早期金文中的"文王"、"武王"都屬於謚號。在春秋時期謚法更是一種常規的制度,《左傳·襄公十年》就有楚共王臨終請求臣下給以惡謚的例子。齊系題銘中的謚號僅見於銅器題銘,爲了方便討論,我們分爲"君主之謚"、"臣之謚"和"晚輩稱先輩之謚"三類,當然其中可能有交叉的情況。

1. 君主之謚

(1) 虢〈執〉者獻(獻)于霝(靈)公之所

（庚壺,《集成》9733）

(2) 又(有)共(恭)于筐武畾(靈)公之所。筐武畾(靈)公易(賜)尸(夷)吉金　　　　　　　　　（叔夷鐘,《集成》276.2）

(3) 獻(獻)之于臧(莊)公之所。　　（庚壺,《集成》9733）

(4) 皇考孝武趄(桓)公　　　（陳侯因資敦,《集成》4649）

(5) 不(丕)顯穆公之孫,其配襄公之姁而餓(成)公之女,雩生弔(叔)尸(夷)。　　　　　　　（叔夷鎛,《集成》285）

(1)庚壺中的"霝(靈)公"即齊靈公。(2)叔夷鐘銘文中的"筐武畾(靈)公",孫詒讓在《古籀拾遺》卷上·十五中認爲即齊靈公,他説:"竊謂桓武靈公即齊靈公也,桓武者,嘉美之偁。若衛人謂武公爲叡聖武公(見《國語·楚語》),即其例也",其説可信,這種多字爲謚的情況典籍中較爲常見,除孫氏舉出的"衛人謂武公爲叡聖武公"外,還有周"定王"或"貞王"亦稱"貞定王","考王"亦稱"考哲王","威王"亦稱"威烈王","安王"亦稱"元安王","烈王"亦稱"夷烈王","顯王"亦稱"顯聖王","秦厲公"亦稱"厲共公"等①。(4)陳侯因資敦中的"孝

---

① 童書業:《春秋左傳研究》,上海人民出版社,1980年,第385頁。

武趄(桓)公"即田齊桓公,也屬於這樣的情況。不過,"筍武竃(靈)公"中的"筍",孫氏讀爲"桓",現在從清華簡《繫年》中的"洹"表示"宣"來看,"筍"也可能讀爲"宣"①。(3)庚壺中的"臧公"李家浩認爲即齊莊公②,無疑是可信的。除此以外,見於古文字資料的齊公還有"景公"作"競公"(《上博六·競公瘧》簡1)、"頃公"作"同公"(《清華二·繫年》簡67)等。(5)叔夷鎛中的"穆公"、"襄公"、"緘(成)公"是叔夷在敘述其父母所自出時提到的一些君主,"穆公"即宋穆公,學者間意見比較一致,銘文中的"孫"爲遠孫。"妣",即《爾雅·釋親》"男子謂姊妹之子爲出"之"出"。"襄公"、"緘(成)公"其具體所指存在爭議。楊樹達《積微居金文說》認爲"襄公"即"宋襄公","緘(成)公"可能是秦成公或杞成公,他傾向於後者,指出:"若然,則事實爲宋桓公有女,即宋襄公之姊妹,嫁於杞成公,生女,適叔夷之父。"③郭沫若認爲:"叔夷作器時已爲齊之正卿,其年齡當在五十左右,假令夷爲其母四十前後之子,其母又爲其母四十前後之女,則襄緘二公之世當在齊靈公十六年前百三二十年,求與此年代相當者,則齊有襄公,秦有成公,必即此襄與緘無疑。"④按此兩說皆有可能,不過從叔夷仕於齊來看,"襄公"爲齊襄公的可能性似乎更大些。

2. 卿大夫之謚

(1) □(殷)王之孫右帀(師)之子,武弔(叔)曰庚。

(庚壺,《集成》9733)

---

① 陶金:《由清華簡〈繫年〉談洹子孟姜壺相關問題》,"復旦大學出土文獻與古文字研究中心"網站,2012年2月14日,http://www.gwz.fudan.edu.cn/SrcShow.asp? Src_ID=1785。黃錦前:《有兒簋釋讀及相關問題》,"復旦大學出土文獻與古文字研究中心"網站,2012年6月1日,http://www.gwz.fudan.edu.cn/SrcShow.asp? Src_ID=1876。

② 李家浩:《庚壺銘文及其年代》,《古文字研究》第十九輯,第89—101頁。

③ 楊樹達:《積微居金文說(增訂本)》,第31—32頁。

④ 郭沫若:《兩周金文辭大系圖錄考釋》,第210—211頁。該書初版由日本文求堂書店出版(1936年)。

(2) 曰武靁(靈)成。　　　　　　　　（叔夷鎛,《集成》285）

庚壺和叔夷鎛銘文中的"武"、"武靁(靈)成",李家浩認爲分别是
"庚"與"叔夷"的謚號,應可從①。"武靁(靈)成"也屬於我們前面
提到的多字爲謚的情况。由銘文内容來看,"庚"曾參與圍萊、入莒
的戰爭,並立有戰功,還受到齊靈公"勇!"的稱讚,叔夷被齊君命以
"政於朕三軍",也是高級軍事統帥。庚壺中"執鼓"的崔子即崔杼,
爲齊國權臣,死後稱爲"武子",可見謚號"武"多與他們曾率兵平定
禍亂或開疆拓土有關,至少在春秋時期謚號還是死者生前有何作
爲的反映。這樣的例子有很多,童書業在《春秋左傳研究》一書中
曾有討論②:

> 讀《左傳》、《史記》等書,知西周中葉以來,列國君臣以至
> 周天子謚號,多與其人之德行、事業以至考終與否大略相當。
> 如謚爲"文"者,多彼時所謂令王或有功烈者,晉文侯有寧王室
> 之勳,秦文公有逐犬戎之勢,楚文王有縣申息、强楚國之功,衛
> 文公復興衛國,晉文公爲霸主,魯文公、宋文公、鄭文公、邾文
> 公皆令主,魯季文子、臧文仲、齊陳文子、晉趙文子等,皆有令
> 德之大夫,即魯文姜雖被"淫亂"之名,然實參與魯莊國政,與
> 强齊周旋,亦大有造於魯者。謚爲"桓"或"武"者,多爲武功昭
> 著之君(即周桓王雖有繻葛之敗,然固能合諸侯以討强鄭,尚
> 有"王亦能軍"之譽)。齊桓公爲霸主,魯桓公時國勢極盛(别
> 有考),鄭桓公東取虢、鄶,建立新國,曲沃桓叔建國强于晉,衛
> 武公"佐周平戎甚有功",曲沃武公併晉,秦武公屢伐戎狄,楚
> 武王時楚始强稱王,此皆所謂善謚也。

---

①　李家浩:《庚壺銘文及其年代》,《古文字研究》第十九輯,第97頁注33。
②　童書業:《春秋左傳研究》,第382—383頁。

可見,此時的謚號正是"據其行跡而定"①的作風,這與當時謚號有懲惡勸善的作用是相適應的,與漢以後謚號皆爲溢美之詞不同。

3. 晚輩稱先輩之謚

從銅器題銘來看,西周至春秋時期,晚輩稱先輩一般是祖妣並稱和考母並稱,或祖考連言,僅見於齊系題銘的對先祖稱謂即有:

(1) 用亯(享)于其皇界(祖)皇妣(姒)皇母皇考

(叔夷鎛,《集成》285)

(2) 台(以)亯(享)台(以)養(孝)于大宗生(皇)椳(祖)
　　 生(皇)妣(姒)生(皇)丂(考)生(皇)母,乍(作)
　　 厷(祓)羛命　　　　　　(陳逆盨,《集成》4629)

(3) 以乍(祚)其皇且(祖)皇考　(郏叔之伯鐘,《集成》87)

(4) 台(以)乍(祚)其皇且(祖)皇考

(郏公華鐘,《集成》245)

(5) 用亯(享)以孝于訇(台)皇且(祖)文考

(齊鮑氏鐘,《集成》142)

(6) 魯中(仲)齊肇(肇)乍(作)皇考騾鼎(鼎)

(魯仲齊鼎,《集成》2639)

(7) 魯嗣(司)社(徒)中(仲)齊肇(肇)乍(作)皇考白(伯)
走父寶它(匜)　　　　(魯司徒仲齊匜,《集成》10275)

(8) 朕(滕)庆(侯)穌(蘇)乍(作)厥(厥)文考朕(滕)
中(仲)旅毁(簋)　　　　(滕侯蘇盨,《集成》4428)

(2)中的"厷"原作"👤",《積古齋鐘鼎彝器款識》卷七·九

① 汪受寬:《謚法研究》,上海古籍出版社,1995年,第19頁。

釋文作"𤰇"。《綴遺齋彝器考釋》卷八‧二七、《吉金文録》金四‧四釋作"我"。《雙劍誃吉金文選》上三‧二一釋文作"求"，《吉金文録》金四‧四云"或釋爲作求令命，亦非"，已經指出其説不可信。《兩周金文辭大系圖録考釋‧陳逆簠》釋文作"𥄂（句）"。《殷周金文集成引得》釋文作"𧰼（遂）"。以上諸家所釋於形體皆有未安之處，《上博六‧天子建州》甲、乙本簡 11 有如下形體：

《上博六‧天甲》11　　《上博六‧天乙》11

整理者曹錦炎先生釋爲"犮"[①]，可從。盨銘""與前者相較形體極爲相近，據此我們認爲""也應釋爲"犮"，在銘文中讀爲"祓"。《説文‧示部》："祓，除惡祭也。从示，犮聲。"本爲祭祀之名，也有"福"義，如《爾雅‧釋詁》："祓，福也。"郭璞注："《詩》曰'祓禄康矣'。"今本《詩‧大雅‧卷阿》作"茀禄爾康矣"，鄭玄箋："茀，福。"由此可知，盨銘"乍（祚）犮（祓）"即"乍（祚）福"之意，"乍（祚）福"之稱見於叔夷鐘銘文作"其乍福元孫"。盨銘"乍（祚）犮（祓）羕（永）命"與姬寏母豆（《集成》4693）"永命多福"所表達的意願也很相似，都是祈福之語。(1)叔夷鎛和(2)陳逆盨皆稱"皇祖、皇妣、皇母、皇考"，(3)—(5)爲"皇祖"和"皇考"或"文考"連言，(6)—(8)稱皇考或文考。郭沫若曾在《釋祖妣》[②]一文中指出這一現象，並據此認爲《尚書‧堯典》諸篇可能爲"孔門所僞托"：

　　古人常語妣與祖爲配，考與母爲配。《易‧小過》之六二

---

　　① 馬承源主編：《上海博物館藏戰國楚竹書（六）》，上海古籍出版社，2007 年，第 329 頁。

　　② 郭沫若：《釋祖妣》，《郭沫若全集考古編》第一卷《甲骨文字研究》，科學出版社，1982 年，第 21 頁。

"過其祖遇其妣",《詩·小雅·斯干》"似續妣祖",又《周頌·
豐年》及《載芟》"烝畀祖妣",皆祖妣對文之證。《雝》之"既右
烈考,亦右文母"則考母對文也。金文中其證尤多。

……

準此可知考妣連文爲後起之事,《爾雅·釋親》"父爲考,
母爲妣"當係戰國時人語。舊説"妣,比也,比之於父亦然
也"(《釋名·釋喪制》),可知非妣之初義。《尚書·帝典》
"帝(放勳)乃徂落,百姓如喪考妣三載"不獨百姓字古無有(古
金中作"百生"),三年之喪古無有(《孟子·滕文公上》:"定爲
三年之喪,父兄百官皆不欲,曰吾宗國魯先君莫之行,吾先君
亦莫之行也。"),即此考妣二字連文,亦可知《帝典》諸篇爲孔
門所僞托。

郭氏指出考妣連文爲後起之事的意見無疑是非常正確的。

兩周金文中晚輩稱呼先輩時,在"皇祖"、"皇妣"、"皇母"、"皇
考"之類的稱謂後面往往還加上他們的謚號,如:

(1) 用亯(享)用孝于皇祖聖弔(叔)、皇礼(妣)聖姜,于皇
　　祖又成惠弔(叔)、皇礼(妣)又成惠姜,皇丂(考)遹
　　中(仲)、皇母　　　　　　　　　　　　(鎛,《集成》271)

(2) 乍(作)皇妣(妣)孝大妃祭器鋏鐘(敦)
　　　　　　　　　　　　　　(十四年陳侯午敦,《集成》4646)

(3) 乍(作)皇考獻(獻)弔(叔)鑄般(盤)
　　　　　　　　　　　　　　　(齊陳曼簠,《集成》4596)

(4) 隹(唯)正孟歲十月庚午,曰古朕皇祖悼公
　　　　　　　　　　　　(鎛,《山東金文集成》104—108頁)

(5) 朕咨(文)考懿弔(叔)
　　　　　　　　　　　　(鎛,《山東金文集成》104—108頁)

（6）禾肈（肇）乍（作）皇母懿弊（恭）孟姬饙彝

（禾簠，《集成》3939）

（7）鄑（莒）厌（侯）少子祈、乃孝孫丕巨鎬（合）趣（取）吉

金，妳（而）乍（作）皇姑君中（仲）妃（姒）祭器

（鄑侯少子簠，《集成》4152）

上列（2）十四年陳侯午敦中的"孝"，（3）齊陳曼簠中的
"獻"，（4）、（5）枞鎛中的"悼"和"懿"，（6）禾簠中的"懿恭"，（7）鄑侯
少子簠中的""①都應是謚號，禾簠中的"懿恭"也屬於多字爲謚
的例子。值得注意的是，（1）鑄鎛中謚爲"聖"的"皇祖"、"皇姑"應
爲高祖和姑，謚爲"又成惠"的"皇祖"、"皇姑"才是真正的祖和姑。
兩"皇姑"分別從兩"皇祖"謚爲"聖"和"又成惠"，這屬於典型的"婦
從夫謚"的現象。這種現象在西周後期開始流行，雖非定例但也較
爲普遍，同樣的情況在文獻和金文中都比較常見。杜勇等在《金文
斷代方法探微》②一書中曾對此有討論，並舉召伯虎簋稱"幽伯、幽
姜"，梁其簋稱"皇考惠仲、皇母惠姒"，頌鼎稱"皇考恭叔、皇母恭
姒"，師趛鼎稱"文考聖公、文母聖姬"及春秋晉懷公死後其妻稱"懷
嬴"爲例。

以上考察了齊系題銘中的"謚"，從中可以看出春秋時期"謚"
是非常普遍的，從君主到卿士階層都有"謚"，貴族女性也有"謚"
號，也有從夫"謚"的情況。"謚"的字數多寡不一，從一至三字都有
發現，多字"謚"也較爲常見，通常也可以省稱爲一字。

①　鄑侯少子簠中的""拓本有些殘泐，《兩周金文辭大系圖録考釋・鄑侯段》釋
文隸定作"釘"，《積微居金文説》238頁釋文作"釘"，右側筆畫與左側形體皆連接在一
起，如其説可信則此字疑可釋爲"婉"讀爲"婉"。
②　杜勇、沈長雲：《金文斷代方法探微》，人民出版社，2002年，第18—19頁。

二、齊系題銘中與"宗法"有關的問題

齊系題銘中與"宗法"制度有關的問題，主要涉及宗族成員與宗子關係及嫡庶觀念等方面。齊系銅器題銘中有"大宗"、"宗家"、"大族"之類的内容，見於"陳逆盨"等銘文：

(1) 陸(陳)氏裔孫逆乍(作)爲生(皇)褐(祖)大宗餕(簋)
（陳逆簋，《集成》4096）

(2) 少(小)子陳逆曰：余陸(陳)趄(桓)子之裔孫，余寅事齊厌(侯)，蕙血(卹)宗家，霉(擇)乓(厥)吉金，台(以)乍(作)乓(厥)元配季姜之祥器。　（陳逆盨，《集成》4629）

(3) 台(以)亯(享)台(以)養(孝)于大宗生(皇)槻(祖)生(皇)礼(妣)生(皇)丂(考)生(皇)母。乍(祚)友(祓)羕(兼)命。
（陳逆盨，《集成》4629）

(4) 陸(陳)喜再立事歲，□月己酉。爲左(佐)大族
（陳喜壺，《集成》9700）

(1)陳逆簋和(2)陳逆盨作器者爲"陳逆"，阮元《積古齋鐘鼎彝器款識》卷七・一〇已經指出此人"見《左》哀十四年傳，字子行，陳氏宗也"。我們將《左傳》中與之相關的記載轉錄如下：

陳**子行**命其徒具含玉。　　　《左傳・哀公十一年》

齊簡公之在魯也，闞止有寵焉。及即位，使爲政。陳成子憚之，驟顧諸朝。諸御鞅言於公曰："陳、闞不可並也，君其擇焉。"弗聽。

子我夕，**陳逆**殺人，逢之，遂執以入。陳氏方睦，使疾，而遺之潘沐，備酒肉焉。饗守囚者，醉而殺之，而逃。子我盟諸陳于陳宗。

　　初，陳豹欲爲子我臣，使公孫言己，已有喪而止。既而言之，曰：“有陳豹者，長而上僂，望視，事君子必得志，欲爲子臣。吾憚其爲人也，故緩以告。”子我曰：“何害，是其在我也。”使爲臣。他日，與之言政，説，遂有寵，謂之曰：“我盡逐陳氏而立女，若何？”對曰：“我遠於陳氏矣，且其違者不過數人，何盡逐焉？”遂告陳氏。**子行**曰：“彼得君，弗先，必禍子。”**子行**舍於公宮。

　　夏五月壬申，成子兄弟四乘如公。子我在幄，出，逆之，遂入，閉門。侍人禦之，**子行**殺侍人。公與婦人飲酒于檀臺。成子遷諸寢。公執戈，將擊之。大史子餘曰：“非不利也，將除害也。”成子出舍於庫，聞公猶怒。將出，曰：“何所無君？”**子行**抽劍，曰：“需，事之賊也。誰非陳宗？所不殺子者，有如陳宗！”乃止。

　　子我歸，屬徒，攻闈與大門，皆不勝，乃出。陳氏追之，失道於弇中，適豐丘。豐丘人執之，以告，殺諸郭關。成子將殺大陸子方，陳逆請而免之。以公命取車於道，及耏，衆知而東之，出雍門，陳豹與之車，弗受，曰：“**逆**爲余請，豹與余車，余有私焉。事子我而有私於其讎，何以見魯、衛之士？”東郭賈奔衛。

　　庚辰，陳恒執公于舒州。公曰：“吾早從鞅之言，不及此。”

　　　　　　　　　　　　　　　　　　　《左傳·哀公十四年》

上引文《左傳·哀公十一年》“陳子行命其徒具含玉”，杜預注：“子行，陳逆也。”《左傳·哀公十四年》：“子我夕，陳逆殺人，逢之，遂執以入。”杜預注：“陳逆，子行，陳氏宗也。”經傳中未詳其出自陳氏哪一代，《增訂春秋世族源流圖考》也稱其“宗系未詳”。陳逆盨銘文自稱“余陳（陳）趄（桓）子之裔孫”，可知他出於陳桓子陳無宇，與陳成子陳恒(一作常)皆爲桓子孫輩。傳文"子我盟諸陳于陳宗",杜預注:"陳宗,陳氏宗主,謂陳成子也。"可知陳成子爲陳氏宗子,陳逆爲其宗人。陳逆盨銘文稱"少(小)子陳逆"也可以證明這一點,"小子"一詞先秦典籍和金文中習見,朱鳳瀚在《商周家族形態研究》一書中對西周金文和文獻中"小子"的含義曾進行考察,認爲其主要有"對年幼者之稱或老人對年輕人之稱"、"自我之謙稱"、"輕賤之稱"、"某小子"等用法,他還指出:"屬於西周貴族家族成員的'小子',即該家族中的小宗。"①《尚書·多士》"爾小子乃興,從爾遷",曾運乾《尚書正讀》云:"小子,同姓小宗也。"②陳逆盨銘文"少(小)子陳逆"之"少(小)子"也應屬於這種性質,相對於陳氏大宗陳成子來說,他自應屬於"小宗"。陳逆簋銘文"陞(陳)氏裔孫逆乍(作)生(皇)禝(祖)大宗餿(簋)","生(皇)禝(祖)"當是指簋銘"余陞(陳)赹(桓)子之裔孫"之"陳桓子",爲陳逆所自出之祖。陳逆盨銘"蠤血(卹)宗家,霥(擇)乎(厥)吉金,台(以)乍(作)乎(厥)元配季姜之祥器","宗家"《綴遺齋彝器考釋》卷八·二七認爲"宗家,宗子之家",當可信。"元配季姜"我們認爲即指"大宗"陳成子之配偶即"宗婦"。朱鳳瀚曾指出:"對族人來說,宗子之配偶,即所謂宗婦也是有相當地位的。……《小雅·楚茨》中,惟一參與對祖先祭祀儀禮的即是'君婦',亦即宗婦。"③其説是非常正確的,《禮記·内則》"適子、庶子祗事宗子宗婦",鄭玄注:"宗,大宗。"也是將宗子與宗婦並稱。金文中也有關於"宗婦"的記載:

(1) 王子剌公之宗婦郜(鄁)娶爲宗彝齵(肆)彝

(宗婦郜娶鼎,《集成》2683)

---

① 朱鳳瀚:《商周家族形態研究(增訂本)》,天津古籍出版社,2004年,第312—313頁。

② 曾運乾:《尚書正讀》,中華書局,1964年,第219頁。

③ 朱鳳瀚:《商周家族形態研究(增訂本)》,第314頁。

　　(2) 宗婦楚邦　　　　　　　　　　(晉公𩰿,《集成》10343)

“晉公𩰿”爲晉定公嫁女於楚之媵器,“宗婦楚邦”即“爲楚邦宗婦”
之意,是對其女的美好祝願。“宗婦䣄嬰鼎”之“䣄(郜)嬰”其身份
爲“宗婦”,從銘文内容來看,她擁有以其名義作器的權利。陳逆盨
銘“台(以)乍(作)氒(厥)元配季姜之祥器”應也屬於爲宗婦作器的
性質,楊樹達指出《公羊傳·哀公六年》記有“陳乞以祭事繫之於其
妻”之事,並分析到這種現象“此不惟是爲古人之習俗,抑亦爲陳氏
之家風矣”①,銘文所記可與之相驗證。陳逆盨銘“台(以)亯(享)
台(以)養(孝)于大宗生(皇)桯(祖)生(皇)𧥜(妣)生(皇)丂(考)
生(皇)母。乍(作)友(祓)龕(永)命”,與陳逆所作諸器的稱呼不
同,(4)陳喜壺銘文“爲左(佐)大族”,不稱“大宗”而稱“大族”。于
省吾②認爲銘文稱“大族”自係指陳氏之族言之,石志廉也指出:
“佐大族即輔佐大宗之意。”③他們的意見無疑是正確的。

　　作爲宗人的陳逆給大宗作器的性質,學者們也曾進行過討論。
《禮記·内則》有這樣的一段話:

　　　　適子、庶子祇事宗子、宗婦,雖貴富不敢以貴富入宗子之
　　　家,雖衆車徒,舍於外,以寡約入。子弟猶歸器,衣服、裘衾、車
　　　馬,則必獻其上而後敢服用其次也。若非所獻,則不敢以入於
　　　宗子之門。不敢以貴富加於父兄宗族。若富則具二牲,獻其
　　　賢者於宗子。夫婦皆齊而宗敬焉。終事而後敢私祭。

　　裘錫圭先生認爲:“從上引《内則》文可以看到,在當時小宗比
大宗富貴的情況已很普遍,這正是宗法制已經没落的反映。在這
種情況下,按照傳統觀念,宗人仍應把受賜的衣服裘襲車馬等物的

────────
　①　楊樹達:《積微居金文説(增訂本)》,第 209 頁。
　②　于省吾:《陳𠦪壺銘文考釋》,《文物》1961 年第 10 期,第 35 頁。
　③　石志廉:《陳喜壺補正》,《文物》1961 年第 10 期,第 38 頁。

善者獻給宗子。由此看來,在宗法制的全盛時期,宗子對小宗的財産所具有的權力,即使對生活資料也應該是有效的。"①葉國慶認爲陳逆盨、簠即宗人作器獻給大宗的實例②,裘先生贊同其説,並指出:"從銘文看,陳逆簠無疑是獻給大宗之器。簠銘中有'以作其元配季姜之祥器'語,也許並不是真的準備獻給大宗的,但是至少也是準備給大宗使用的。這兩件銅器的銘文可以跟上引《内則》文相印證。"③對此意見,林鵠提出了不同看法,他認爲"簠是陳逆本人祭祀大宗之器,而簠是陳逆爲夫人所作,讓其祭祀大宗之器"④,這兩件器他認爲都屬於"自用器"的性質,衹不過是用來祭祀大宗而已。按,從簠和盨銘文來看,其内容都是與"大宗"相關的,並未提到祭祀自己的祖考等内容,而且從陳逆盨銘文來看,"余寅事齊厌(侯)"、"蘁(懽)血(卹)宗"、"台(以)乍(作)氒(厥)元配季姜之祥器"等都是少(小)子陳逆"曰"的内容,從敘事角度來説以上都屬於第一人稱敘述,那麼"氒(厥)元配季姜"顯然是他指,衹能理解爲是大宗的配偶,而並非自己的夫人。再者,陳逆本身已是小宗,其本身都没有主持祭祀的權利,他的配偶當然更没有這樣的資格了。所以我們認爲,這幾件器應是陳逆自作獻於大宗之器,或者説支配權應歸宗子所有。

在周代宗法制是按照等級制度的原則創立起來的一種血緣組織,嫡長子繼承制則是宗法制創建的基礎和核心⑤。國君或貴族

①　裘錫圭:《從幾件周代銅器銘文看宗法制度下的所有制》,《盡心集——張政烺先生八十慶壽論文集》,第 131—132 頁。
②　葉國慶:《試論西周宗法制封建關係的本質》,《廈門大學學報(哲學社會科學版)》1956 年第 3 期,第 9 頁。
③　裘錫圭:《從幾件周代銅器銘文看宗法制度下的所有制》,《盡心集——張政烺先生八十慶壽論文集》,第 131—132 頁。
④　林鵠:《宗法、婚姻與周代政治——以青銅禮器爲視角》,《中國歷史文物》2003年第 2 期,第 50—55 頁。
⑤　金景芳:《中國奴隸社會史》,上海人民出版社,1983 年,第 148 頁。

往往娶多位妻子，但其中衹有一位是正妻，稱爲“嫡”，其他妻子都屬於“庶”。在選擇繼承人時，一般來説衹能立嫡妻所生的長子即“嫡長子”，在嫡妻無子的情況下才按庶妻的貴賤選立繼承者，總的原則可以概括爲“立適以長，不以賢。立子以貴，不以長”（《春秋公羊傳·隱公元年》）。可見在古代社會嫡庶觀念是非常重要的，直接關係到對君位和財産的繼承權問題，是宗法制的重要内容。齊系銅器題銘中也有與“嫡”、“庶”問題有關的内容：

(1) 肪曰：余陸（陳）中（仲）㐮孫，𡨦弔（叔）枳子。

（陳肪簋蓋，《集成》4190）

(2) 隹（唯）王正九月辰在丁亥，𥝩可忌乍（作）氒（厥）元子中（仲）𢼸（姑）媵鐘（敦）。　（𥝩可忌豆，《集録》543）

(3) 其乍福元孫　（叔夷鎛，《集成》285）

(4) 魯大𤔲（司）徒子中（仲）白（伯）其庶女𨟻（厲—賴）孟姬賸（媵）它（匜）。　（魯大司徒子仲伯匜，《集成》10277）

(1) 陳肪簋蓋銘文中的“枳”及以之爲聲符的形體，在東周文字中至少有如下數例：

枳：

（陳肪簋蓋，《集成》4190）　（史孔和，《集成》10352）

（《璽彙》0177）　（《彙考》59 頁）

（《陶録》2.17.1）　（《陶録》3.602.1）

（《陶録》2.700.4）

鉙：

（左關之鉙，《集成》10368）

（子禾子釜,《集成》10374）

（哀成叔鉥,《集成》4650）

（蔡太史鉥,《集成》10356）

"枳"形舊一般釋爲"和"並不可信。李學勤先生將"蔡太史鉥"形體右部所從與楚簡文字中的"只"相比較,認爲此類形體皆從"只"聲,從而將上列形體分別釋爲"枳"和"鉥"。在此基礎上,將"陳肪簠蓋"銘文中的"枳子"讀爲"支子"即嫡長子之弟,將"史孔枳"、"左關鉥"、"子禾子釜"、"哀成叔鉥"、"蔡太史鉥"中的"枳"和"鉥"讀爲"卮",認爲《博古圖》定此類器名爲"卮"可從①。按,將相關器物與"卮"相聯繫是否確實還得商榷②,但認爲此類形體從"只"聲應是可信的。陳肪簠蓋銘文中的"枳子"讀爲"支子"應可信,陳肪稱自己"余陛(陳)中(仲)肅孫,宲弔(叔)枳(支)子","陳仲肅"郭沫若認爲即陳敬仲:"陳仲即陳敬仲……肅殆産之異,從初省聲,産者生之初也,故從初。字在此與和對文,蓋即讀爲彦,美士曰彦。"③楊樹達贊同其説,補充説"經傳記陳敬仲名完,完字從元聲,元、彦二字古音相近,陛仲彦即陳仲完也"④,並認爲銘文中的"孫"

---

① 李學勤:《釋東周器名卮及有關文字》,《文物中的古文明》,第330—334頁。此外,蒙單育辰、劉洪濤兩位先生見告,2009年7月2日裘錫圭先生曾在武漢大學簡帛研究中心作了題爲《介紹李家浩先生的〈釋"濾"〉——談與此有關的兩個問題》的報告,在此報告中裘先生懷疑"枳"這種形體可能爲"枝"字的初文,"口"形可能是指事符號,指示樹枝。我們認爲裘先生對文字形體的分析更爲直接,其説應可從。在此也對單育辰、劉洪濤兩位先生表示感謝。裘先生對"枳"的釋讀意見,亦可參鄥可晶《上古漢語中本來是否存在語氣詞"只"的問題的再檢討——以出土文獻所見辭例和字形爲中心》,《出土文獻與古文字研究》第六輯,第408頁。

② 關於戰國和秦漢時期"卮"的形制問題詳王振鐸:《論漢代飲食器中的卮和魁》,《文物》1964年第4期,第1—12頁。

③ 郭沫若:《兩周金文辭大系圖録考釋》,第454頁。

④ 楊樹達:《積微居金文説(增訂本)》,第167頁。

是指遠孫而言。"𣂪弔(叔)"郭沫若認爲即"陳釐子乞":"𣂪者釐之異,𣂪叔當即陳釐子乞,乞子爲田成子常,此𧵪或即常也。"①綜合各家意見,則銘文"余陸(陳)中(仲)廟孫,𣂪弔(叔)枳(支)子"是説"𧵪"爲陳敬仲廟(完)的遠孫、釐叔(陳乞)的支子。"支子"之稱見《儀禮・士昏禮》"支子則稱其宗",鄭玄注:"支子庶昆弟也。"《儀禮・喪服》:"何如而可以爲人後? 支子可也。"《禮記・曲禮》:"支子不祭,祭必告于宗子。"孔穎達疏:"正義曰:支子,庶子也。"則"支子"爲庶子。

(2) 㭎可忌豆銘文中的"元子"也見於文獻和銅器銘文②:

(1) 用敬保**元子**剑,弘濟于艱難。　　　《尚書・顧命》
　　孔傳:"用奉我言,敬安太子剑。"以"太子"解"元子"。

(2) 王曰叔父:建爾**元子**,俾侯於魯。

　　　　　　　　　　　　　　　　《詩經・魯頌・閟宮》
　　毛傳:"元,首。"鄭玄箋:"我立女首子,使爲君于魯。"

(3) 天子之**元子**,猶士也。　　　《儀禮・士冠禮》
　　鄭玄注:"元子,世子也。"

(4) 天子之**元子**,士也。　　　《禮記・郊特牲》
　　鄭玄注:"儲君副王猶云士也。"

(5) 微子啟,帝乙之**元子**也。宋、鄭,甥舅也。祉,禄也。
　　若帝乙之**元子**歸妹而有吉禄。　《左傳・哀公九年》

(6) 嗚呼! 皇天上帝,改厥**元子**茲大國殷之命。

　　　　　　　　　　　　　　　　《尚書・召誥》
　　孔傳:"歎皇天改其大子,此大國殷之命。"孔疏:"'改

---

① 郭沫若:《兩周金文辭大系圖録考釋》,第 454 頁。
② 張桂光:《金文詞語考釋(二則)》,《古文字學論稿》,安徽大學出版社,2008 年,第 127—131 頁。

其大子'謂改天子之命與他姓。鄭云，言首子者也，
凡人皆云天之子，天子爲之首耳。"

(7) 嗚呼！有王雖小，**元子**哉！　　　　　《尚書·召誥》

(8) 稷維**元子**，帝何竺之？　　　　　　　《楚辭·天問》
王逸章句："元，大也。"洪興祖補注："《左傳》曰微子
啟，帝乙之元子。說者曰，元子，首子也。姜嫄爲帝
嚳元妃，生后稷。……故曰稷爲元子也。"

(9) 孔子之先，宋之後也，微子啟，帝乙之**元子**，紂之庶
兄，以圻內諸侯入爲王卿士。　　　《孔子家語》卷九

(10) 曰若昔者伯鯀，帝之**元子**，廢帝之德庸，既乃刑之于
羽之郊，乃熱照無有及也，帝亦不愛。　《墨子》卷二

(11) 曰："赤烏氏先出自周宗，大王亶父之始作西土，封
其**元子**吳太伯于東吳，詔以金刃之刑，賄用周室之
璧。封丌璧臣長季綽於春山之虱〈陰〉，妻以**元女**，
詔以玉石之刑，以爲周室主。"　　　《穆天子傳》卷二

(12) 去而歸家，復羈旅於州郡，身愈據職，家彌窮困，卒
離飢寒之災，有喪**元子**之禍。
　　　　　　　　　　　　　《後漢書·馮衍馮豹列傳》

(13) 㛸可忌乍(作)氒(厥)**元子**中(仲)姞媵鐔(敦)。
　　　　　　　　　　　　㛸可忌豆,《集錄》543

(14) 番匊生鑄媵壺,用媵氒(厥)**元子**孟妃乖,子子孫孫
永寶用。　　　　　　　　番匊生壺,《集成》9705

(15) 郤(徐)王義楚之**元子**□擇其吉金,自乍(作)用劍。
　　　　　　　　　徐王義楚之元子劍,《集成》11668

(16) 余达斯于之孫,余茲谷之**元子**。
　　　　　　　　　　　　余購逐兒鐘,《集成》185

(17) 郤頜君之孫,利之**元子**次□。

次尸祭缶,《文物》1989(12)54 頁圖二
(18) 余郤(徐)王旨後之孫,足剸次留**元子**。

足利次留元子鐘,《新收》1409

“元子”一般訓爲“首子”或“长子”、“太子”、“世子”等,《詩經·魯
頌·閟宮》毛傳、僞《尚書·微子之命》、《楚辭·天問》補注解釋爲
“首子”,《左傳·哀公九年》“帝乙之元子也”楊伯峻注:“《史記·殷
本紀》云‘帝乙長子曰微子啓’,《宋世家》亦云‘微子開者,殷帝乙之
首子’。是司馬遷解元子爲長子、首子。”《尚書·顧命》解爲“太
子”,《儀禮·士冠禮》解爲“世子”等。《後漢書·馮衍子豹列傳》
載:“(馮)衍娶北地任氏女爲妻,悍忌,不得畜媵妾,兒女常自操井
臼,老竟逐之,遂埳壈於時。”又其子《馮豹傳》:“(馮)豹字仲文,年
十二,母爲父所出。後母惡之,嘗因豹夜寐,欲行毒害,豹逃走得
免。”因其前妻“悍忌”,所以未曾“畜媵妾”,祇是將其前妻趕走後又
娶了一個,本没有嫡庶之分,“有喪元子之禍”之“元子”也應該解釋
爲“首子或長子”。通行的工具書中一般也收録“元子”這一詞條,
如:《漢語大辭典》解釋爲“天子和諸侯的嫡長子;後亦指長子”;
《中文大辭典》解釋爲“天子之嫡子也;謂長子也”;《辭源》“天子和
諸侯的嫡長子;也泛指長子”;《辭海》解釋爲“天子、諸侯的嫡長
子”。通過比較傳統注疏和《辭源》等工具書所列義項,可以發現
《辭源》等工具書增加了“天子之嫡子”、“天子、諸侯的嫡長子”等説
解,但這些説解未見於傳統的注疏。所以張桂光指出:“(十三經)
各例的訓詁……没有一種解釋明確指出元子爲嫡長子或嫡子的,
《辭源》、《漢語大辭典》等關於嫡長子的解説實不知所據。”①另外,
槃可忌豆銘文稱“元子中(仲)敊(姞)”,無論是將“元子”解釋爲“長

_____

① 　張桂光:《金文詞語考釋(二則)》,《古文字學論稿》,第 127—131 頁。

子"或"首子"都與"中(仲)娭(姑)"相矛盾,所以張桂光認爲"元子"
之"元"應訓爲"善":"金文中元子之元在有些文例當中祇能釋爲
'善',雖舊多以長爲訓,但訓善亦能貫通文例,無論訓善還是訓長
都與以往頗爲强調的嫡没有必然聯繫。子前加訓善之元……是子
前的美稱,類似的用法還有淑、嘉、孝。"他進一步認爲下列銘文中
的"元"也應屬美稱一類:

> 其乍(作)福元孫。　　　　　　　　　(叔夷鎛,《集成》285)
> 丕(丕)乍(作)元女。　　　　　　(晉公盨,《集成》10342)
> 乍(作)其元妹弔(叔)嬴爲心媵鐈簠。
>
> 　　　　　　　　　　　　　　(鄩伯受簠,《集成》4599)
> 台(以)乍(作)氒元配季姜之祥器。　(陳逆簠,《集成》4629)

我們認爲,訓"元子"之"元"爲"善",似乎也不能很好地貫通文
意。如果説"叔夷鎛"、"晉公盨"、"鄩伯受簠"等辭例訓爲"善"勉强
可以講通的話,"陳逆簠"中的"元配"一詞應當作"始娶的正妻"講,
是不能訓爲"善"的。另(15)—(18)諸例是徐國的銅器和兵器,其
銘"某某之孫,某某之子"是一種常見格式,重在揭示自己之所出,
"元子"一詞似更是在强調自己的"身份"。(13)、(14)是爲"媵器",
即"嫁女"之器,如果訓爲"善",當理解爲讚美之詞,按理來説這種
格式在媵器中應該很常見,可是在兩周衆多媵器中卻很少見標明
"元子"的現象。驗之文獻,《尚書·顧命》"用敬保元子釗"、《儀
禮·士冠禮》"天子之元子,猶士也"、《左傳·哀公九年》"微子啟,
帝乙之元子也"、《尚書·召誥》"有王雖小,元子哉!"等訓爲"善"顯
然也不合適,尤其是《尚書·召誥》"有王雖小,元子哉!",明明强調
"有王雖小"。但是"元子",《史記·魯周公世家》記載成王即位時
的情形時講到"其後武王既崩,成王少,在强葆之中,周公恐天下聞
武王崩而畔,周公乃踐祚代成王攝行政當國",看來當時成王尚未

出縰袳，對於一個如此小的孩子來説如何評價其善與不善呢？顯然此處衹能是强調其繼大統的身份。《後漢書·馮衍馮豹列傳》"家彌窮困，卒離飢寒之災，有喪元子之禍"，家裏貧困而喪子和是否爲"善子"恐怕也没有什麽關係。顯然訓"元子"之"元"爲"善"也不能很好地説明問題。

　　番匊生壺稱"元子孟妃"、枭可忌豆銘文稱"元子中（仲）敼（姑）"，一方面説明"元子"並非專指"長子"，其他子嗣也可以稱爲"元子"；另一方面，也説明"元子"一詞在銘文中不在於强調子嗣之間"長幼"的次序問題，而是另有所指。通過考察，我們認爲"元子"很可能就是指"嫡子"而言。

　　在兩周媵器銘文中，有時明確標明作器者與被媵女子之間的關係，如上舉的番匊生壺等：

　　　　(1) 用媵乓（厥）元子孟妃乖
　　　　　　　　　　　　　　（番匊生鑄媵壺，《集成》9705）
　　　　(2) 鄣白（伯）受用其吉金。乍（作）其元妹帇（叔）嬴爲心媵鐈盤。　　　　　　（鄣伯受盤，《集成》4599）
　　　　(3) 否（丕）乍（作）元女。　　　　（晉公盞，《集成》10342）
　　　　(4) 魯大司徒子中（仲）白（伯）其庶女斸（屬）孟姬媵它（匜）。　　　　　　　　（魯大司徒子仲白匜，《集成》10277）

　　在古代文獻中"子"往往既可以指女子也可以指男子，這種現象很普遍，兹不備舉。在這種意義上，番匊生壺的"元子"與晉公盞"元女"所指稱的涵義應該是相同的。晉公盞標明爲"元女"某某作媵器，而上舉魯大司徒子仲伯匜言明爲"庶女"作媵器。將"元女"與"庶女"相對照，"元女"指與"庶"相對的"嫡女"的可能性是很大的，"元子"很可能指"嫡子"的身份而言。這一點可以通過與"元子"構詞格式相同的"元孫"一詞的含義得到證明，"元孫"見於上舉

"叔夷鐘"和《尚書·金縢》《清華簡·金縢》篇：

(1) 不(丕)顯皇祖,其乍(作)福元孫。

(2) 史乃册,祝曰:"惟爾**元孫**某,遘厲虐疾。若爾三王,是有丕子之責于天,以旦代某之身。予仁若考,能多材多藝,能事鬼神。乃**元孫**不若旦多材多藝,不能事鬼神。"

《尚書·金縢》

(3) 史乃册【2】祝告先王曰:"尔(爾)**元孫**發也,翏(遘)遘(害)盧(虐)疾,尔(爾)母(毋)乃有備子之責才(在)上,隹(惟)尔(爾)**元孫**發也,【3】不若但(旦)也,是年(佞)若丂(巧)能,多志(才)多執(藝),能事喿(鬼)神。"

《清華簡·金縢》①

《尚書·金縢》所記之事《史記·魯周公世家》也有相似記載:

史策祝曰:惟爾**元孫**王發,勤勞阻疾。若爾三王是有負子之責於天,以旦代王發之身。旦巧能,多材多藝,能事鬼神。乃王發不如旦多材多藝,不能事鬼神。

《尚書·金縢》孔傳:"元孫,武王 。"孔穎達疏:"武王是大王之曾孫也。尊統於上,繼之於祖,謂元孫,是長孫。"《孔疏》解"元孫"爲"長孫"其實並不準確。據《史記·管蔡世家》"管叔鮮、蔡叔度者,周文王子而武王弟也。武王同母兄弟十人。母曰太姒,文王正妃也。其**長子**曰伯邑考,次曰武王發,次曰管叔鮮,次曰周公旦,……同母昆弟十人,唯發、旦賢,左右輔文王,故文王舍伯邑考而以發爲太子。及文王崩而發立,是爲武王。伯邑考既已前卒矣","伯邑考,其後不知所封。武王發,其後爲周,有本紀言。管叔鮮作亂誅死,無後。周公旦,其後爲魯,有世家言"。又《帝王世

紀‧周》："文王雖在諸侯之位，襲父爲西伯。紂既囚文王，文王之**長子**曰伯邑考，質于殷，爲紂御，紂烹以爲羹，賜文王，曰聖人當不食其子羹。文王得而食之，紂曰誰謂西伯聖者？食其子羹尚不知也。"由此可知，文王長子爲"伯邑考"次子爲"發"，同爲文王正妃太姒所生。所以，《清華簡‧金縢》"尔(爾)元孫發"不能理解爲"長孫"發，根據他們爲"文王正妃"所生，此處祇能理解爲嫡孫。既知"元孫"當理解爲"嫡孫"，那麼上文我們把"元子"理解爲"嫡子"无疑是合理的。這樣，桼可忌豆、晉公蠤和番匊生中的"元子(女)"當理解爲"嫡女"，這幾件器是爲嫡夫人(元配)所生之女做的媵器。郳伯受盨"元妹弔(叔)嬴"有可能是指"嫡夫人"所生之"妹"。在宗法制時代，嫡出、庶出是表明一個人身份的重要的問題，在婚姻關係中更顯得尤爲重要。

　　從現有材料看來，至少從記述西周初期史事的《尚書‧金縢》到西周中晚期的"番匊生壺"，"元"就具有了表示"嫡"的涵義。而這段時期，正是"宗法制"不斷完善的過程，"嫡庶"這一概念本身就是與"宗法制"密切相關的。如張桂光先生所言，"元"訓爲"嫡"其本身缺乏理據。我們認爲，"元"在訓"首"之外，之所以具有"嫡"的涵義，當是在"宗法制"和"立嫡以長不以賢，立子以貴不以長"爲原則的"嫡長子繼承制"的背景下衍生出來的，其詞義的發展脈絡可以和"元妃"一詞的發展相比較。《左傳‧隱公元年》"惠公元妃孟子"，杜預注："言元妃明始適夫人也。"孔穎達疏："元者，始也，長也，一元之字，兼始適兩義。"《左傳‧文公二年》"娶元妃以盛粢盛"，《左傳‧昭公八年》"陳哀公元妃鄭姬生悼大子偃師"杜預注"元妃，嫡夫人"。《左傳‧僖公四年》："初，晉獻公欲以驪姬爲夫人……弗聽，立之。"《後漢書‧皇后紀上》記作"晉獻公升戎女爲元妃"，按晉獻公始妃爲太子申生之母"齊姜"，"驪姬"顯然爲第二任君夫人，此處稱爲"元妃"顯然不具有"始"之意，更強調的是"嫡"的身份。這一點和郲可忌豆中"中（仲）姞"行次爲"仲"而稱"元子"是相同的情況。

　　總之，文獻和出土材料中的"元子"一詞，除具有表示"首子"或"長子"的基本義外，還具有表示"嫡"的涵義，《辭海》《辭源》等工具書所列"天子和諸侯的嫡長子；也泛指長子"等義項顯然沒有揭示概念的全部内涵，"元子"這一稱謂不僅僅適用於"天子""諸侯"的嫡妻所生所有子嗣，普通貴族的子女也可以稱爲"元子"，也並未強調一定是"嫡長子"①。

第二節　齊系題銘所見姓氏考察

　　在西周和春秋時期，"姓"與"氏"是兩個含義完全不同的概念。《左傳·隱公八年》："天子建德，因生以賜姓，胙之土而命之氏。諸侯以字爲諡，因以爲族。官有世功，則有官族。邑亦如之。"在周代"姓"是因"賜"而得，"氏"是"姓"的分支，同一姓通常會有很多"氏"存在。"氏"的來源也多種多樣，上引《傳》文即有"命氏"、"以字爲氏"、"以官爲氏"、"以邑爲氏"等四種。此時"姓"與"氏"的區分十分明顯，一般來説："男子稱氏所以別貴賤，女子稱姓所以別婚姻，不相紊濫。"（鄭樵《通志·總序》）可是從春秋末期開始，逐漸出現了"姓"與"氏"合而爲一的情況，並且庶民也可以有姓。陳絜在《商周姓氏制度研究》一書中曾指出②：

　　　　春秋晚期以降的姓氏制度，其最爲顯著的特點就是姓、氏的合一及姓氏全民化。所謂的姓、氏合一，又可以從兩個層面

---

　　①　對"元子"相關問題討論，還可參考劉麗：《"元子"問題補説》，《出土文獻》第十三輯，中西書局，2018年，第58—70頁。

　　②　陳絜：《商周姓氏制度研究》，商務印書館，2007年，第410頁。

去理解：第一層含義是古姓廢棄，其別婚姻的功能轉加於氏之上；而與古姓相對應的先秦古氏也失去了其最爲重要的、用於別貴賤的政治作用，重新轉化爲純血緣性質的標識符號，並因古姓的廢棄而再次獲得了別婚姻的社會功能。這時候的氏，其本質在很大程度上等同於先秦古姓。而第二層面上的意思，則主要體現在姓與氏的應用習慣上，即西周以來的男子稱氏、女子稱姓的稱名習俗已不復存在，出自同一家族中的男女，皆以相同的家族名號也即現代意義上的姓氏相稱。至於姓氏全民化，就是指上自帝王將相，下至庶民百姓乃至奴隸，都能擁有標識血緣的符號，姓氏已不再是貴族或統治階層的專利品。同時，這一變化又從另一方面促使平民宗族組織的漸次形成和逐步完善。

其説是符合事實的，僅以齊系題銘來看，春秋時期的"國差"（見國差鐘，《集成》10361）以氏稱，春秋時期的題銘中除部分"媵器"外，也很少見有稱姓的。戰國時期的題銘中，"姓"大量湧現，而且單姓、複姓皆有。齊系戰國題銘中有很多與姓氏有關的内容，這些内容對研究當時的姓氏制度無疑是非常寶貴的資料。由於此時姓與氏已經趨於合一，所以我們在文中祇使用"姓"這一概念。齊系題銘中的"姓"主要包括"單姓"和"複姓"兩種，本節中我們將分別進行考察。在春秋戰國之際的題銘中，也有一部分稱"氏"的内容，我們將一併考察。

一、齊系題銘中的"單姓"

齊系題銘中與姓氏有關的内容，見於璽印、兵器、銅器、陶文等題銘中，其中以私璽中的姓氏最爲集中，兵器題銘次之。由於目前學術界對齊璽的研究，還不能準確地確定每方璽的國別，所以我們祗能籠統地考察當時社會的姓氏種類，而不能具體到某個國家有哪些姓氏。見於齊系題銘的"單姓"約有百餘姓，其中以"陳姓"、"王姓"、"郐（徐）姓"比較多見，大多數姓氏僅一見。我們將見於齊系題銘的"單姓"列表如下：

序號	姓氏	人　名　舉　例		
1	王	王夃（《璽彙》0570） 王楚（《璽彙》0571） 王撰（《璽彙》0575） 王㤉（《璽彙》0578） 王賓（《璽彙》0581） 王維（《璽彙》0584） 王□（《璽彙》0587） 王佴（《璽彙》0590） 王齊（《璽彙》0608） 王□（《璽彙》0629） 王□（《璽彙》0633） 王盤（《璽彙》0640） 王□（《璽彙》0632） 王聞（《璽彙》0650） 王倚（《璽彙》0651） 王□（《璽彙》0603） 王佟（《陶錄》2.42.1） 王丂（《陶錄》2.54.3） 王陛（《陶錄》2.403.1） 王鐘《中國古文字研究》第一輯141頁4	王癳（《璽彙》0482） 王可（《璽彙》0572） 王□（《璽彙》0576） 王辰（《璽彙》0579） 王囷（《璽彙》0582） 王貼（《璽彙》0585） 王郢（《璽彙》0588） 王疤（《璽彙》0599） 王膧（《璽彙》0623） 王敬（《璽彙》0630） 王延（《璽彙》0634） 王倚（《璽彙》0641） 王璗（《璽彙》0635） 王愁（《璽彙》0654） 王膲（《璽彙》0656） 王态（《璽彙》0589） 王□（《陶錄》2.53.2） 王㑸（《陶錄》2.217.1） 王右（《陶錄》2.406.3）	王慶忌（《璽彙》5587） 王賫（《璽彙》0573） 王郖（《璽彙》0577） 王雁（《璽彙》0580） 王□（《璽彙》0583） 王□（《璽彙》0586） 王□□（《璽彙》0648） 王瑡（聞）（《璽彙》0649） 王亡戒（《璽彙》0615） 王大乘（《璽彙》0636） 王敖冢（《璽彙》0643） 王句粼（《璽彙》0644） 王楚人（《璽彙》0642） 王生聯（《璽彙》0645） 王戒（臧）（《璽彙》0653） 王連咎（期）（《璽彙》0655） 王憼生（《璽彙》0657） 王□貽（《陶錄》2.50.1） 王禹（《陶錄》）2.576.3
2	陳	陳吉（《璽彙》1457） 陳仕（《璽彙》1463） 陳毆（《璽彙》1466） 陳忠（《璽彙》1472） 陳□（《璽彙》1478）	陳□（《璽彙》1462） 陳□（《璽彙》1465） 陳王（《璽彙》1468） 陳□（《璽彙》1473） 陳□（《璽彙》1480）	陳絽（緞）（《璽彙》1460） 陳戒（臧）（《璽彙》1464） 陳齒（《璽彙》1469） 陳己（《璽彙》1475） 陳高彈（《璽彙》1479）

序號	姓氏	人　名　舉　例		
2	陳	陳□(《璽彙》3699)　　陳迲(去)疾(《璽彙》1481)　　陳向(《陶録》2.1.1) 陳遬(《陶録》2.2.1)　　陳吉(《陶録》2.2.2)　　　　陳賁(《陶録》2.3.2) 陳枳(《陶録》2.17.1)　　□(陳)逄(《陶録》2.5.3)　　　陳思(《陶録》2.18.2) 陳棱(《陶録》2.7.2)　　陳悍(《陶録》2.15.5)　陳㝬(得)(《陶録》2.6.3) 陳榑(《陶録》2.17.2)　陳□(《陶録》2.18.1)　陳圂(固)(《陶録》2.5.4) 陳辰(《陶録》2.18.3)　□(陳)曹(《新收》1129) 陳竃(陳竃散戈《集成》11036)　　陳豫(陳豫車戈《集成》11037) 陳卯(陳卯造戈《集成》11034)　　陳尔(陳尔徒戈《近出》1139) 陳麗(陳麗子戈《集成》11082)　　陳卿聖孟(陳卿聖孟戈《集成》11128) 陳胎(陳胎戈《集成》11127)　　陳御寇(陳御寇戈《集成》11083) 陳□(陳□戈《集成》11031)　　陳□(陳□造戈《近出》1137) 陳子皮(陳子皮戈《集成》11126) 陳戠(陳戠戟《古文字研究》19輯83頁圖7.6) 陳平(陳平徒戈《考古》2011年10期圖十九) 陳發(陳發戈《文物》2001・10期48頁一五) 〔陳〕是立事歲戈(《集成》11259)		
3	郊 (徐)	郊邦(《璽彙》1942)　　郊賁(《璽彙》1943)　　郊安(《璽彙》1944) 郊逑(《璽彙》1945)　　郊攸(《璽彙》1946)　　郊□(《璽彙》1947) 郊頡(《璽彙》1948)　　郊□(《璽彙》1949)　　郊□(《璽彙》1950) 郊昉(《璽彙》1951)　　郊□(《璽彙》1954)　　郊吉(《陶録》)2.56.1 郊□(《璽彙》1955)　　郊□(《璽彙》1958)　　郊畜(《璽彙》1953) 郊□(《璽彙》3732)　　郊發(《璽彙》3709)　　郊隣(尊)(《璽彙》1956) 郊敚(《陶録》3.26.1)　　郊連咠(期)(《璽彙》1952)		
4	高	高鮯(《璽彙》1143)　　　高郖(《璽彙》1147)　　　高㞢(《璽彙》1149) 高坪(市)(《璽彙》1142)　高慶忌(《璽彙》1146) 高咜□(《璽彙》1148)　　高墬(陵)(《璽彙》1128) 高東易(陽)(《璽彙》1145)		
5	孫	孫□(《璽彙》1562)　　孫繡(《璽彙》1560)　　孫它人(《璽彙》1556) 孫忻(《璽彙》1563)　　孫□(《璽彙》3754)　　孫邦(《璽彙》5625)		

續　表

序號	姓氏	人　名　舉　例
6	邾	邾燊(《璽彙》1588)　　邾并(《璽彙》1589)　　　邾邦(《璽彙》1590) 邾□(《璽彙》5657)　　　邾大心(《陶録》2.405.1)
7	公	公荅壽(《璽彙》3676)①　　　公信(《璽彙》5643)　　　公敲(《陶録》3.14.2) 公懌(《陶録》3.14.3)　　　　公丂(《陶録》3.15.2)　　　公胏(《陶録》3.16.4)
8	邙 (許)	邙惢(《璽彙》2197)　　　邙何(《璽彙》2198)　　　邙□(《璽彙》2199) 邙安(《璽彙》2200)
9	邵 (邰)	邵(邰)□(《璽彙》2203)　　　　　邵(邰)忢(《璽彙》3570) 邵(邰)石子(《璽彙》2202)　　　邵(邰)齊(《陶録》2.55.3)
10	長	長卿(《璽彙》0874)　　　長叚(《璽彙》0881)　　　長叚(《璽彙》0884) 長或坽(《彙考》282頁)
11	辛	辛慶忌鉨(《璽彙》1269)　辛□(《璽彙》1268)　辛奉(《彙考》295頁) 辛多(《彙考》295頁)
12	弴 (強)	弴(強)逐(《璽彙》2184)　　弴(強)寽(《璽彙》2185) 弴(強)賜(《璽彙》2187)
13	孟	孟□(《璽彙》1365)　　孟□(《璽彙》1366)　　孟喜(《陶録》2.553.2)
14	宋	宋迲(去)疾鉨(《璽彙》1433)　宋卻(《彙考》250頁) 宋俶(《彙考》250頁)
15	祭	祭癰(《陶録》3.10.2)　祭胏(《陶録》3.12.1)　祭公(《陶録》3.12.4)
16	紀	紀□(《璽彙》2610)　　紀賈(《璽彙》2611)　絽(紀)之□巨(《彙考》70頁)
17	扻	扻武(《璽彙》3120)　扻愻(《璽彙》3121)　扻□(《璽彙》3702)
18	黃	黃轚(《璽彙》1254)　黃惑(《璽彙》1255)

---

　　① 施謝捷《古璽彙考》299頁將"公荅壽"歸入"複姓"璽印類,認爲其姓待考。今暫歸單姓。

序號	姓氏	人　名　舉　例
19	邔	邔癭(《璽彙》2056)　邔□(《璽彙》2057)
20	郣	郣醯(《璽彙》2096)　郣亡朱(《璽彙》2097)
21	弝	弝余(《璽彙》2193)　弝柟(《璽彙》2194)
22	邹	邹正里(《璽彙》2195)　邹蘆(《璽彙》2196)
23	桾	桾□(《璽彙》2414)　桾□(《璽彙》3701)
24	箂	箂辰(《璽彙》3106)　箂貼(《璽彙》3107)
25	夆	夆辰(《璽彙》3499)　夆耵(《陶錄》3.557.1)　夆商(《璽彙》3746)
26	酨	酨隻(《璽彙》0242)　酨愻(《璽彙》3598)
27	凷	凷(凷)亡(無)鐵(戴)(《璽彙》3666)　凷愻(《璽彙》3560)
28	卑	卑□(復?)貼(《璽彙》3677)　卑武(《璽彙》5683)
29	晏	宴(晏)肺(市)(《璽彙》0235)
30	瘦	瘦慶(《璽彙》0236)
31	鄭	鄭安(《璽彙》0237)
32	郜	郜稷(《璽彙》0238)
33	纗(崔)	纗不愧(《璽彙》0243)
34	攽	攽□(《璽彙》5644)
35	喬	喬邻(《璽彙》0246)
36	戴	戴昉(《璽彙》0248)
37	懱	懱□(《璽彙》0249)

續　表

序號	姓氏	人　名　舉　例
38	吳	吳□(《璽彙》1185)
39	牛	牛鵂(《璽彙》1219)
40	半	半姁(《璽彙》1276)
41	童	童羅(《璽彙》1278)
42	盛	盛懶(《璽彙》1319)
43	武	武忈(《璽彙》1326)
44	卜	卜尋(得)(《璽彙》1265)
45	左	左老(《璽彙》1646)
46	鄱	鄱翰(《璽彙》1661)
47	郫	郫賁(《璽彙》1928)
48	鄙	鄙胥(《璽彙》2177)
49	邱	邱賜(《璽彙》2201)
50	邽	邽疆(《璽彙》2204)
51	鄒	鄒□(《璽彙》2205)
52	邔	邔鄴(《璽彙》2206)
53	鄰	鄰冬(《璽彙》2207)
54	邴	邴亡巳(已)(《璽彙》2209)
55	邲	邲豫之(《璽彙》2218)
56	郄	郄戙(臧)(《璽彙》2219)

序號	姓氏	人　名　舉　例
57	鄙	鄙齒(《璽彙》2239)
58	蔓	蔓綛(紀)不(《璽彙》2301)
59	墬	墬(陵)憄(《璽彙》2330)
60	杜	杜春(《璽彙》2415)
61	洀	洀鄝(《璽彙》2598)
62	悇	悇安(《璽彙》2673)
63	中	中辛(《璽彙》2709)
64	周	周虎(《璽彙》3028)
65	臧	臧(莊)逾(《璽彙》3087)
66	籐(滕)	籐(滕)□(《璽彙》3112)
67	敄	敄里(《璽彙》3122)
68	御	御棱(《璽彙》3127)
69	豞	豞商(《璽彙》3213)
70	喝(唐)	喝(唐)此(《璽彙》3142)
71	才	才赿(《璽彙》3222)
72	胃	胃□(《璽彙》3225)
73	頊	頊鄁(《璽彙》3234)
74	壙	壙尚(《璽彙》3328)

續　表

序號	姓氏	人　名　舉　例
75	巽(射)	巽(射)武(《璽彙》3483)
76	彭	彭瞂(《璽彙》3513)
77	麋	麋綹(緞)(《璽彙》3519)　麋奔佳(《璽彙》3693)
78	㼌	㼌悷(《璽彙》3538)
79	鞄(鮑)	鞄(鞄—鮑)□(《璽彙》3544)
80	爐	爐偀(《璽彙》3561=3665)
81	羊	羊迿(《璽彙》3563)　羊厽(叁)己(《璽彙》3638)
82	案	案胥(《璽彙》3587)
83	郲	郲㝵(得)(《璽彙》3604)
84	㖞	㖞君(《璽彙》3620)
85	敲	敲坫(市)(《璽彙》3626)
86	鞲	鞲态(《璽彙》3634)
87	皐	皐愳(《璽彙》3667)
88	金	金石鈢(《璽彙》3681)　金□(《璽彙》3728)
89	糫	糫鄭(《璽彙》3682)
90	營	營鏤(《璽彙》3687)
91	僅	僅屯資(《璽彙》3690)
92	㿸	㿸胡安(《璽彙》3691)

序號	姓氏	人　名　舉　例
93	㦲	㦲齊（《璽彙》3698）
94	右	右成（《璽彙》3700）
95	倣	倣段□（《璽彙》3705）
96	練	練□（《璽彙》3714）
97	敢	敢□（《璽彙》3715）
98	顔	顔辰（《璽彙》3718）
99	女	女資（《璽彙》3723）
100	辰	辰□（《璽彙》3727）
101	慶	慶□（《璽彙》3730＝3729）
102	荆（刑）	荆（刑）樞蒦（《璽彙》3755）
103	鑄	鑄事（《璽彙》3760）
104	區	區牛（《陶録》2.167.1）
105	安	安龟（《陶録》2.263.4）
106	馬	馬牞（《陶録》2.351.1）
107	向	向瘗（《陶録》2.679.3）
108	霝	霝得（《陶録》2.735.1）
109	曹	曹不忓（《陶録》2.738.5）
110	晉	晉□（獲?）（《陶録》3.41.3）
111	母	母窹（《璽彙》0271）　母窐（《陶録》2.241.1）

續　表

序號	姓氏	人名舉例		
112	匠	匠芻(《璽彙》0234)		
113	賞	賞(戴?)連咎(期)(《璽彙》0250)		
114	堯	堯相廣(《璽彙》0262)		
附:	姓氏待考	□□(《璽彙》0244)	□邯(《璽彙》5646)	□膜斁(《璽彙》0306)
		□慶(《璽彙》5676)	□适(《璽彙》5677)	□疆政(《璽彙》3479)
		□己(《璽彙》2191)	□亥(《璽彙》2192)	□孫賚(《璽彙》3678)
		□□(《璽彙》2303)	□斀(《璽彙》2599)	□□□(《璽彙》3735)
		□緈(《璽彙》2654)	□親(《璽彙》3521)	□□□(《璽彙》3683)
		□□(《璽彙》3575)	□忚(《璽彙》3576)	□賚(《璽彙》3609)
		□□(《璽彙》3717)	□□(《璽彙》3719)	□戰□(《璽彙》3706)
		□斀(《璽彙》3651)	□緈(《璽彙》3738)	□夫立(《璽彙》3733)
		□庚(《璽彙》3695)	□□(《璽彙》3697)	□□(《璽彙》3711=3712)
		□登(《璽彙》3722)	□□(《璽彙》3704)	□□(《璽彙》3716=1955)
		□丘(《璽彙》2235)	□□(《璽彙》0245)	□□□(《璽彙》3664 =3589)
		□䏍(《璽彙》3689)	□生緈(《璽彙》3692)	□圁(固)(《璽彙》3685)

以上所列即見於齊系題銘的"單姓",每種姓氏的來源,陳光田《戰國璽印研究》①一書"齊國私璽"部分已經進行了總結,在此我們不再贅述。

二、齊系題銘中的"複姓"

春秋中期以後,各國出現了很多"複氏",即在一個氏名中至少包含了兩個以上的命氏來源,如魯國有"沂相氏","沂"爲地名,此地的大夫曾相魯,所以其後稱"沂相氏",這一"複氏"包含了"以邑

---

① 陳光田:《戰國璽印分域研究》,第52—82頁。

爲氏”和“以官爲氏”兩種方式,與後世僅憑字數來判斷的“複姓”略有不同①,但總的來説,後來的“複姓”多由“複氏”發展而來。“複氏”的産生是宗法制發展到“支族繁雜難以區別”這一階段的結果②,“複氏的産生緣由,最主要是與宗法制家族的不斷‘別族’有關,當一個家族的規模發展到很大時,其下面必然分出許多支族,每個支族既要在氏名上顯示出與大宗本家的聯繫,又要體現出相互間的區別,這時氏名中若祇含有一個意義,便不足以二者兼顧,而增益一義之後,則分族之義立現”③。至春秋戰國之際,在“氏”與“姓”相合流的同時,“複氏”也逐漸發展爲“複姓”了。

現將齊系題銘所見“複姓”(包括複氏)列表如下:

序號	姓氏	人　名　舉　例	
1	公孫	公孫□(《璽彙》3912) 公孫隻(《璽彙》3914) 公孫□(《璽彙》3916) 公孫□(《璽彙》3917) 公孫□(《璽彙》3915) 公孫安(《璽彙》3922) 公孫□(《璽彙》3726) 公孫俟(《璽彙》5687) 公孫繸鍚(《璽彙》3921) 公孫坒弨(《璽彙》3923) 公孫鼢(《陶録》2.177.4) 公孫紹(綴)(《陶録》2.405.3) 公孫□(《陶録》2.703.4)	公孫邦(《彙考》312頁) 公孫顔(《彙考》312頁) 公孫同(《彙考》312頁) 公孫夠(《彙考》312頁) 公孫亭(《彙考》312頁) 公孫□(《彙考》311頁) 公孫□(《璽彙》3918) 公孫□(《璽彙》3925) 公孫隻(《彙考》311頁) 公孫相如(《璽彙》3924) 公孫緅(《陶録》2.280.2)

① 張淑一:《先秦姓氏制度考索》,福建人民出版社,2008年,第73頁。
② 馬雍:《中國姓氏制度的沿革》,《中國文化研究集刊》第2輯,復旦大學出版社,1985年,第171頁。
③ 張淑一:《先秦姓氏制度考索》,第73頁。

續　表

序號	姓氏	人 名 舉 例
2	敦(淳)于	敦于舒(《璽彙》4025)　　　　敦于敔(《璽彙》4026) 敦于□(《璽彙》4027)　　　　敦于□(《璽彙》4028) 敦于台(《璽彙》4029)　　　　敦于畏(《璽彙》4030) 敦于疆(《璽彙》4031)　　　　敦于貼(《璽彙》4032) 敦于絧信(《璽彙》4033)　　　敦于向(《陶録》)2.165.4 敦于吉(珍秦齋·戰國篇 34)
3	司馬	司馬棱(《璽彙》)　　　　　3813 司馬邦(《璽彙》3819) 司馬頵(《璽彙》3824)　　　司馬臣(《璽彙》3826) 司馬騰(《璽彙》3827)　　　司馬偯(《陶録》2.85.1) 司馬攴旨(《陶録》2.168.1)
4	戕(臧)孫	戕(臧)孫黑(《璽彙》3934)　戕(臧)孫□(《璽彙》3935) 戕(臧)孫□(《彙考》315 頁)
5	窒(室)中	窒(室)中□(《璽彙》3707)　窒(室)中登(《璽彙》4090)
6	娡孫	娡孫觢(《璽彙》3931)　娡孫□(《璽彙》3932)
7	窒(室)孫	窒(室)孫□(《璽彙》3937)　窒(室)孫丘(《璽彙》3938)
8	綦毋(母)	丌(綦)毋(母)(《陶録》3.25.6)
9	高堂	高堂肺(《璽彙》3999)
10	吾丘	吾丘卿(《璽彙》4010)　吾丘勒(《彙考》314 頁)

續　表

序號	姓氏	人　名　舉　例
11	東方	東方悇(《陶録》2.169.1)
12	東埜(野)	東埜(野)肺(市)(《璽彙》3992)
13	公上	公上槃(《璽彙》3679)
14	公乘	公乘胥(《璽彙》3554)
15	内郭	内郭□(《璽彙》0241)　　内郭□(《璽彙》0247)
16	甘士	甘士吉(《璽彙》3235)　　甘士叚(《璽彙》1285) 甘事(士)貧(《璽彙》3590)
17	胡毋	者(胡)母(毋)塚(《璽彙》5678)　　者(胡)毋公(《彙考》334頁)
18	公石	公石不夏(《璽彙》0266)　　公石不夏(《彙考》301頁)
19	公户	公户惑(《彙考》301頁)
20	間丘	閼(間)丘邊(《璽彙》4012)　　閼(間)丘鵂(《璽彙》4013) 閼(間)丘鄧(《璽彙》4014)　　膚丘子(膚丘子戟《近出》1153) 闌丘爲鵂(闌丘爲鵂造戈《集成》11073)
21	水丘	水丘亡(無)塚(地)(《璽彙》3508)
22	馬矢	馬榘(矢)緯(《璽彙》3081)　　馬榘(矢)□(《陶録》2.702.3)

續　表

序號	姓氏	人　名　舉　例
23	東卿	東卿瘰(《璽彙》3742)　東卿烄(《陶録》2.702.4)
24	均閭	均閭(閭)鄙(《璽彙》3239)
25	□(族?)陵	□(族?)墜(陵)繽(繽)(《璽彙》3660)
26	叄毋	叄毋豫之(《璽彙》3752)
27	命魚	命魚敖豕(《璽彙》3725)
28	大□(復?)	大□(復?)慶(《璽彙》3427)　大□(復?)□(《彙考》344 頁)
29	正孫	正孫□(《璽彙》3939)　正孫□(《璽彙》3940)
附氏	叔孫氏	叔孫氏監戈(《海岱古族古國吉金文集》4.131.77)
	即墨	即墨華(即墨華戈《集成》11160)
	子備	子備璋(子備璋戈《近出》1140)
	子舺	子舺龏(子淵龏戟《集成》11105)
	子禾	子禾子(子禾子左戟《集成》11130)

續　表

序號	姓氏	人 名 舉 例
	子㓝	子㓝子(子㓝子戈《集成》10958)
	子夲	子夲子　(《彙考》31頁)

（1）公孫

公孫氏，屬於"以爵系爲氏"，《通志·氏族略》："公孫氏，春秋時諸侯之孫亦以爲氏者曰公孫氏，皆貴者之稱。或言黄帝姓公孫，因亦以爲氏。元祐登科有公孫尚漢州人。"

（2）敦（淳）于

"敦于"氏即文獻中的"淳于"氏，屬於"以國爲氏"，《通志·氏族略》："淳于氏，亦曰州公，姜姓。《風俗通》曰，春秋時之小國也。桓五年不復其國，子孫以國爲氏。"

（3）司馬

"司馬"氏，《通志·氏族略·以官爲氏》云："重黎之後，唐、虞、夏、商代掌天地。周宣王時，裔孫程伯休父爲司馬，克平徐方，賜以官族，爲司馬氏。其後世或在衛，或在趙，或在秦。"

（4）臧（臧）孫

"臧孫"氏，《通志·氏族略》"以族系爲氏"："臧孫氏，姬姓魯公子彄食邑于臧，其後謂之臧孫。"

（5）窒（室）中

"窒中"即"室中"氏，《通志·氏族略》："室中氏，《漢書·藝文志》有室中周，著書十篇。王莽時室中公避地漢中，漢《功臣表》清簡侯室中同傳封四代。"

（6）倀孫

“倀孫”氏即“長孫”氏，《通志·氏族略·代北複姓》載“出自拓跋鬱律”，認爲“長孫氏”出自拓跋氏。清·張澍《姓氏尋源》：“《漢·藝文志》孝經有長孫氏説二篇。《儒林傳》‘王吉授韓詩於長孫順’，是長孫氏不始拓跋也。”漢印有“長孫賁”、“長孫誤”（《增訂漢印文字徵》428—429 頁）。由齊璽印文可知“倀（長）孫”氏在戰國時期即已有之。

（7）窒（室）孫

“窒孫”即“室孫”氏，《通志·氏族略》“以國系爲氏”載：“室孫氏，王室之孫也。古有室孫子著書，《姓纂》云：‘今棣州有室孫氏。’”

（8）丌毋（母）

“丌毋”即見於文獻的複姓“綦毋”，或作“綦母”。《通志·氏族略》：“綦母氏，《左傳》晉有綦母張，《風俗通》漢有廷尉綦母參。《戰國策》綦母子與公孫龍争辯。大觀登科有綦母賁，南平人。”按，《通志·氏族略》所引《左傳》“綦母張”見於《左傳·成公二年》作“綦毋張”。此外，漢印還有“綦毋次仲”、“綦毋然”、“綦毋少公”、“綦毋初”、“綦毋勝”等（見《增訂漢印文字徵》586 頁）。

（9）高堂

“高堂”爲複姓，《通志·氏族略》：“高堂氏，齊公族也。《風俗通》‘齊卿高敬仲食采於高堂因氏焉’，其地在博州高唐。”

（10）吾丘

陳光田已指出“吾丘”亦作虞丘。《通志·氏族略》“吾邱氏”條下云：“其音魚，即虞邱氏也。”《左傳·襄公十六年》云：“虞（吾）丘書爲乘馬御。”①

---

① 陳光田：《戰國璽印分域研究》，第 74 頁。

（11）東方

《通志・氏族略》"因山爲氏"："東方氏,《風俗通》：'伏羲之後,帝出於震位主東方,子孫因氏焉。'宋嘉祐登科有東方頴叔,梓州人。熙寧有東方暉,開封人。"由陶文來看,戰國時期即有"東方"這一複姓。此外,燕璽中還有"東方疠"（《璽彙》3958）、"東方生乘"（《璽彙》3961）、"東方興"（《璽彙》3962）、"東方賜"（《彙考》326頁）等①,可見"東方"這一複姓的分布是比較廣的。

（12）東埜（野）

《左傳・定公五年》："六月,季平子行東野。"杜預注："東野,季氏邑。""東野"氏即以此邑爲氏。《古今姓氏書辯證》："《莊子》有善御者東野稷,一名畢,事魯莊公。謹按《春秋左傳》：東野,魯地,必稷之先爲氏。"《通志・氏族略》"以地爲氏"："東野氏,《家語》有東野畢弋,東野稷見《莊子》。"

（13）公上

《璽彙》3679 吳振武先生改歸入"複姓私璽"②,"公上",《古今姓氏書辯證》："公上,古有公上不害,南齊有晉陵令公上延孫,爲南沙人范脩化所殺。"

（14）公乘

《璽彙》3554 中表示姓氏的形體作：

①　王愛民：《燕文字編》,第 95—96 頁。

②　吳振武：《〈古璽彙編〉釋文訂補及分類修訂》,《古文字學論集》初編,第 529頁。又吳振武：《〈古璽文編〉校訂》,第 385 頁。

　　吳振武、林素清皆釋爲"公乘"①，吳振武先生認爲即古書和漢印中習見的"公乘"氏。《通志·氏族略·以爵爲氏》："公乘氏，古爵也，久居是爵者，子孫氏焉。"其説可從，三晉璽中有"公乘高"（《璽彙》4068）、"公乘晝"（《璽彙》4069），漢印中有"公乘舜"（《增訂文字徵》53 頁）。

　　（15）内郭

　　《璽彙》0241、《璽彙》0247 印文中首字分別作"[印]"（《璽彙》0241）、"[印]"（《璽彙》0247），舊缺釋。齊陶文中有下列形體：

[陶]《陶録》2.3.1　　[陶]《陶録》2.3.2　　[陶]《陶録》2.3.3

[陶]《陶録》2.3.4

　　高明《古陶文彙編》釋作"閭"②。按齊陶文字中的"閭"作"[陶]"（《圖録》2.13.1），與上列形體相比較，可知釋"閭"説並不可信。王恩田在《齊國地名陶文考》③一文中，將此類形體釋爲"内郭"合文，指出"内郭即臨淄城的小城"，我們認爲是可信的。通過比較，上舉《璽彙》0241、《璽彙》0247 中的兩形體無疑也應該釋爲"内郭"，"内郭"這一複姓應屬於以居住地爲氏，與"東郭"、"南郭"之類的複姓相同。

　　（16）甘士

　　印文"甘士"原作"[印]"、"[印]"，《璽彙》3235 釋文作"白土"，施謝

①　吳振武：《古璽姓氏考（複姓十五篇）》，《出土文獻研究》第三輯，中華書局，1998 年，第 76—77 頁。

②　高明：《古陶文彙編》，第 9 頁。《陶彙》3.35—3.37 號釋文。

③　王恩田：《齊國陶文地名考》，《考古與文物》1996 年第 4 期，第 47—48 頁。

捷改釋爲“甘士”①，《璽彙》3590“甘事”徐在國先生認爲也應讀作
“甘士”②。《通志·氏族略》：“周甘平公爲王卿士，因氏焉。”《廣
韻·談韻》：“漢複姓有甘莊、甘士、甘先三氏。”不過需要指出的是，
“甘士”本爲“複氏”，周本有“甘邑”，後來“甘平公”爲王卿士，所以
其後才有“甘士氏”③，其與“沂相氏”一樣是“以邑爲氏”、“以官爲
氏”的複合形式。

（17）胡毋

吳振武先生在《釋“𥫤”》一文中，認爲印文“𥫤毋”應讀爲“胡
毋”氏或“胡毋”氏，他指出：“從格式上看，‘𥫤毋’是姓氏，顯然就是
典籍和漢印中習見的‘胡毋’氏或‘胡毋’氏。《後漢書·孝獻帝紀》
‘胡毋班’注：‘《風俗通》云：胡母，姓，本陳胡公之後也。公子完奔
齊，遂有齊國，齊宣王母弟別封母鄉，遠本胡公，近取母邑，故曰胡
母氏也。’”④《彙考》334 頁將此類形體釋爲“者”，“者毋”讀作“胡
毋”，今從其説將此形體隸定爲“者”。

（18）公石

《璽彙》0266“公石不夏鈢”《古璽彙編》歸入“官璽”類，吳振武
先生指出“公石”爲複姓⑤，《通志·氏族略》：“公石氏，姬姓，（魯）
悼公子堅字公石之後也。”

（19）公户

印文“户”舊缺釋，今從施謝捷釋。他在《古璽複姓雜考（六
則）》一文中已指出“公户”爲複姓，《漢書·儒林傳》有禮官“公户滿

①　施謝捷：《古璽複姓雜考（六則）》，《中國古璽印學國際研討會論文集》，第
39 頁。
②　徐在國：《古璽文釋讀九則》，《考古與文物》2002 年第 5 期，第 93—96 頁。
③　張淑一：《先秦姓氏制度考索》，第 73 頁。
④　吳振武：《釋𥫤》，《文物研究》第 6 輯，黃山書社，1990 年，第 221 頁。
⑤　吳振武：《古璽姓氏考（複姓十五篇）》，《出土文獻研究》第三輯，第 76—77 頁。

意"，顏師古注："姓公户，名滿意。""公户"又寫作"公扈"，上舉"公户滿意"《廣韻·上平聲·東韻》"公"下引即作"公扈滿意"。"公户"氏他疑爲"以地爲氏"①。

（20）閭丘

黃賓虹《賓虹草堂璽印釋文》將《璽彙》4013"閲（閭）丘"釋爲"閭丘"，當可信②，"閭丘"又作"閭邱"，《通志·氏族略·以邑爲氏》載："閭邱氏，志籍不言所出，然邾國有閭邱。杜預云，高平南陽縣北有顯閭亭，本邾地，爲齊所并。往往閭邱氏食邑於此，故以命氏。《釋例》、《公子譜》皆略，惟《世本》詳焉，盖春秋閭邱嬰之後也。迨齊宣王時，有閭邱卭、閭邱光。漢有廷尉閭邱勳，後漢太常閭邱遵。魏有閭邱決，著書十二篇。晉有太常閭邱冲，南陽太守閭邱羨。"《集成》11073 所録"闌丘爲鴰造戈"之"闌丘"王國維亦讀爲"閭丘"，《觀堂集林·王子嬰次盧跋》："《隸釋》所録魏三字石經《春秋》筥之古文作 𦰩，篆隸二體作筥 𦰩 者，籚字之譌略。上虞羅氏藏鄘侯敦，鄘侯亦即筥侯。又藏闌丘□□戈，闌丘亦即閭丘。"《近出》1153 膚丘子戟之"膚丘"也即"閭丘"。

（21）水丘

"水丘"，文獻中或作"水邱"，《通志·氏族略》"以地爲氏"："漢司校尉水邱崇。"《古今姓氏書辯證》："《漢·漢酷吏傳》，薛宣收大姓公孫丹親黨繫獄，使門下書佐水丘岑盡殺之。注：水丘，姓；岑，名。"《姓氏尋源》："《姓苑》云：'漢有司隸校尉水丘岑，今爲臨安著姓。'澍按：水丘，當居水之丘者，因以爲姓。漢世圉縣營陵皆有水丘姓。見《酷吏傳》、北海相景君碑。"③此外，《璽彙》3508 左部形體

①　施謝捷：《古璽複姓雜考（六則）》，《中國古璽印學國際研討會論文集》，第 33 頁。
②　見裘錫圭：《戰國貨幣考（十二篇）》，《古文字論集》，第 448 頁注 21。
③　（清）張澍：《姓氏尋源》，岳麓書社，1992 年，第 303 頁。

舊或釋爲"塔"①,田煒將《善齋璽印録》所著録的較爲清晰的鈐本與《古璽彙編》3508 相比較:

　《璽彙》3508　　　　　《善齋璽印録》

將舊釋爲"塔"的形體改釋爲"亡塚",讀爲"無地"②,其説可從。

(22) 馬矢

印文中的"粂",吴振武先生認爲"它是當糞便講的'矢'字的古寫,也就是'屎'字的異體","馬粂"即"馬矢"氏③。《通志·氏族略·複姓》:"漢有大司徒馬宮,本馬矢氏。"

(23) 東卿

吴良寶認爲"東卿"即見於漢印的"東鄉"④,其説可從。《古今姓氏書辯證》:"東鄉,《世本》曰'宋大夫東鄉爲之後',賈執《英賢傳》曰'漢并州護軍東鄉子琴,高密人',《唐藝文志》有東鄉助,著《周易物象釋疑》。"

除了以上所考察的複姓外,吴良寶認爲上表所列舉的(24)"均間"、(25)"□(族?)陵"、(26)"叁毋"、(27)"命魚"從格式上來看,也應是"複姓"⑤。此外,(28)"大□(復?)⑥"、(29)"正孫"很可能也應

---

①　李家浩:《戰國時代的"家"字》,《著名中年語言學家自選集·李家浩卷》,第4頁。

②　田煒:《璽印人名考(兩篇)》,《出土文獻與傳世典籍的詮釋——紀念譚樸森先生逝世兩週年國際學術研討會論文集》,第145頁。

③　吴振武:《古璽姓氏考(複姓十五篇)》,《出土文獻研究》第三輯,第74—75頁。

④　吴良寶:《古璽複姓統計及相關比較》,《古籍整理研究學刊》2002年第7期,第40—44頁。

⑤　吴良寶:《古璽複姓統計及相關比較》,《古籍整理研究學刊》2002年第7期,第40—44頁。

⑥　"大䙡"施謝捷釋爲"大復",歸入複姓類。詳施謝捷:《古璽雙名雜考(十則)》,《中國古文字研究》第一輯,第127頁;施謝捷《古璽彙考》,第344頁。

是"複姓"。

在齊系題銘中除了有單姓和複姓存在以外，舊有意義上的"氏"也能夠見到，主要見於兵器題銘中：

（1）叔孫氏　叔孫氏監戈（《海岱古族古國吉金文集》4.131.77）

《通志·氏族略·以族系爲氏》："叔孫氏，魯公子叔牙之後。叔牙與慶父同母，慶父弒閔公，故牙有罪，飲鴆而死。遂立公孫玆，爲叔孫氏，亦曰叔仲氏，即叔氏也。"

（2）即墨華（即墨華戈，《集成》11160）

《通志·氏族略·以邑爲氏》："即墨氏，齊將田單守即墨，支孫氏焉。《漢書·儒林傳》'城陽相即墨成'。"

（3）子備璋（子備璋戈，《近出》1140）

"子備"，我們認爲應讀爲"子服"，"備"、"服"相通之例古書極爲常見，如《戰國策·趙策》"騎射之服"，《史記·趙世家》作"騎射之備"。《韓詩外傳》"於是黃帝乃服黃衣"，"服"《説苑·辯物》作"備"。《馬王堆帛書·經法·君正》"衣備不相逾"、《經法·亡論》"霸主積甲士而正（征）不備"，整理者讀"備"爲"服"顯然是非常正確的。據《通志·氏族略》載："子服氏，姬姓，魯桓公之子公子慶父元孫孟懿伯，字子服，其後以爲氏。""子備（服）"氏本爲魯孟懿伯之後，屬於"以字爲氏"。

（4）子淵聘（子淵鼉戟，《集成》1110）

"子淵"氏屬齊國的"氏"，《左傳·昭公二十六年》記齊有"子淵捷"，字子車，楊伯峻《注》引《潛夫論·志士姓》"子淵氏，姜姓也"。"子淵"後世因避唐高祖李淵諱又作"子泉"，《古今姓氏書辨證》引《世本》"齊頃公生子泉湫，因氏焉"，則齊"子淵"氏爲"齊頃公"之後。

此外，董珊據《四庫全書總目提要·春秋公羊傳注疏提要》的相關記載，指出下列題銘中夾在兩個'子'之間的字，也都應是姓氏①：

    (1) 子禾子　　　　　　　　（子禾子左戟,《集成》11130）

    (2) 子惻子　　　　　　　　（子惻子戈,《集成》10958）

    (3) 子夲子　　　　　　　　　　　　（《彙考》31 頁）

這種現象説明,在"姓"與"氏"合流的過程中,"姓"的使用範圍在逐漸擴大,但在貴族階層還殘留着稱"氏"的習慣,但最終這種習慣終究逃脱不了被淘汰的命運。

第三節　洹子孟姜壺與齊地神祇

"國之大事,在祀與戎"（《左傳·成公十三年》）,"祭祀"在古人看來是非常重要的事情。陳簠貶銘文言"恭寅鬼神,畢恭畏忌",可見時人對祖先和神祇的敬畏程度。據《史記·封禪書》記載,齊地有"八神之祠"：

> 於是始皇遂東遊海上,行禮祠名山大川及八神,求僊人羨門之屬。八神將自古而有之,或曰太公以來作之。齊所以爲齊,以天齊也。其祀絶莫知起時。八神:一曰天主,祠天齊。天齊淵水,居臨菑南郊山下者。二曰地主,祠泰山梁父。蓋天好陰,祠之必於高山之下,小山之上,命曰"畤";地貴陽,祭之必於澤中圜丘云。三曰兵主,祠蚩尤。蚩尤在東平陸監鄉,齊之西境也。四曰陰主,祠三山。五曰陽主,祠之罘。六曰月主,祠之萊山。皆在齊北,並勃海。七曰日主,祠成山。成山斗入海,最居齊東北隅,以迎日出雲。八曰四時主,祠琅邪。琅邪在齊東方,蓋歲之所始。皆各用一牢具祠,而巫祝所損

---

① 董珊:《戰國題銘與工官制度》,第202頁。

益,珪幣雜異焉。

《管子·牧民》篇也指出"順民之經,在明鬼神,祇山川……不明鬼神則陋民不悟,不祇山川則威令不聞"。《晏子春秋·内篇·諫上第一》載"景公疥且瘧,期年不已。召會譴、梁丘據、晏子而問焉,曰:'寡人之病病矣,使史固與祝佗巡山川宗廟,犧牲圭璧,莫不備具。'",可見齊國當時山川宗廟皆屬於祭祀對象。

齊系題銘中與祭祀相關的内容,見於春秋時期的"洹子孟姜壺"銘文:

> 齊厌(侯)捧(拜)嘉命。于上天子用璧、玉備(佩)。于大無、䣄(司)折(誓),于大䣄(司)命,用璧、兩壺八鼎。于南宮子,用璧二、備(佩)玉二䣄(筍)、鼓、鐘。　　　《集成》9729

> 齊厌(侯)捧(拜)嘉命。于上天子用璧、玉備(佩)一䣄(筍)。于大無、䣄(司)折(誓),于大䣄(司)命,用璧、兩壺八鼎。于南宮子。用璧二、備(佩)玉二䣄(筍)。鼓鐘一鋅(肆)。　　　《集成》9730

銘文中祭祀對象和所用祭品數量如下:

    (1) 上天子　　　　　用璧、玉備一䣄
    (2) 大無、䣄(司)折(誓)、大䣄(司)命
              用璧、兩壺八鼎
    (3) 南宮子　　　　　用璧二、備玉二䣄、鼓、鐘一鋅(肆)

祭祀對象包括"上天子"、"大無"、"䣄(司)折(誓)"、"大䣄(司)命"、"南宮子",郭沫若在《兩周金文辭大系圖錄考釋·洹子孟姜壺》中指出:"上天子、大無、䣄誓、大司命、南宮子均係神名。"無疑是正確的。祭品包括"璧"、"玉備"、"壺"、"鼎"、"鼓"、"鐘"等。不同的祭祀對象,所用祭品數量和規格有所不同,但祭

品中皆有"璧",這是值得注意的。下面我們對上述祭祀對象進行考察。

（1）上天子

舊皆釋爲"上天子",惟《綴遺齋彝器考釋》卷十三・二三釋文作"上"、卷十三・二九釋文作"二"。自包山簡公布以後,學者多將見於包山簡簡213、簡215、簡219、簡237、簡243的"二天子"與之相聯繫,進而將舊釋"上天子"改釋爲"二天子":

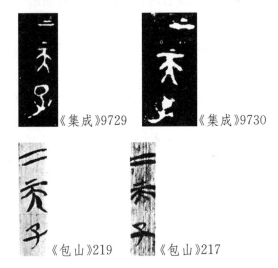

《集成》9729　　　《集成》9730

《包山》219　　　《包山》217

我們可以李學勤的意見爲代表,他指出:"'二天子',過去都釋爲'上天子',有學者以爲上帝。不過齊侯於禮不能祭祀上帝,即使祭祀,所用祀品也不應如此微薄。1987年出土的湖北荆門包山楚簡,在其卜筮祭禱部分所祀神名有'二天子',與司命、司禍等並列,且以佩玉等爲祀品,足與壺銘參照。"①宋華

---

① 李學勤:《齊侯壺的年代與史事》,《文物中的古文明》,第246頁。

强①、楊華②、李曉紅③、代生④等學者皆主此説,楊華在文中更指出:"原釋作'上天子',因'上'之字形爲二橫,致誤。"看來,他們無疑是認爲舊釋"上天子"是誤把"二"看成寫作兩橫的"上"了。我們認爲釋"二天子"之説可商,該形體與"二"皆見於該篇銘文中:

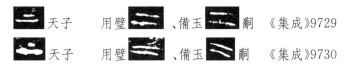

銘文中數詞"二"皆寫作幾乎等長的兩橫,而""、""很明顯上下並不等長,在寫法上與"二"判然有别,所以""、""釋爲"二"是不可信的,舊釋爲"上"無疑是正確的。

"上天子",郭沫若認爲是"上帝"。他在《兩周金文辭大系圖録考釋·洹子孟姜壺》中指出:"上天子者上帝之異稱,此因'天子'已失去'天之子'之本義,單用之如帝如皇也。"在《齊侯壺釋文》⑤一文中又强調:"'上天子'當是上帝……以'上天子'爲上帝,其所用圭幣較之其他三者似覺菲薄。然'璧玉備一嗣'下恐有奪字,乙器即'一嗣'二字亦奪去,其明證也。……録範甚草率急就,觀其字跡頗類今之草書;録後未經校,故乙器奪八字,衍字多至二十九。恐當時作器,志在應急,故致如此匆忙。"按郭説應可從,從文獻上來看"上帝"應是齊國的祭祀或祝禱對象,《晏子春秋·内篇·諫上第

　　①　宋華强:《楚簡神靈名三釋》,"簡帛"網,2006年12月17日,http://www.bsm.org.cn/show_article.php? id=486。

　　②　楊華:《楚簡中的諸"司"及其經學意義》,《中國文化研究》2006年春之卷,第20—31頁。又楊華:《楚簡中的諸"司"及其經學意義》,"簡帛"網,2006年4月26日,http://www.bsm.org.cn/show_article.php? id=331。

　　③　李曉紅:《洹子孟姜壺銘文集釋》,安徽大學碩士學位論文,2008年,第42頁。

　　④　代生:《齊侯壺新研》,《考古與文物》2012年第2期,第48—51頁。

　　⑤　郭沫若:《齊侯壺釋文》,《郭沫若全集考古編·殷周青銅器銘文研究》第四卷,科學出版社,2002年,第160—169頁。

一》"景公病久不愈欲誅祝史以謝晏子諫第十二"章：

> 　景公疥且瘧，期年不已。召會譴、梁丘據、晏子而問焉，曰："寡人之病病矣，使史固與祝佗巡山川宗廟，犧牲圭璧，莫不備具，數其常多先君桓公，桓公一則寡人再。病不已，滋甚，予欲殺二子者以説於**上帝**，其可乎？"會譴、梁丘據曰："可。"晏子不對。公曰："晏子何如？"晏子曰："君以祝爲有益乎？"公曰："然。""若以爲有益，則詛亦有損也。君疏輔而遠拂，忠臣擁塞，諫言不出。臣聞之，近臣嘿，遠臣瘖，衆口鑠金。今自聊攝以東，姑尤以西者，此其人民衆矣，百姓之咎怨誹謗，詛君於**上帝**者多矣。一國詛，兩人祝，雖善祝者不能勝也。且夫祝直言情，則謗吾君也；隱匿過，則欺**上帝**也。**上帝**神，則不可欺；**上帝**不神，祝亦無益。願君察之也。不然，刑無罪，夏商所以滅也。"

《銀雀山漢簡・晏子春秋》"景公問欲令祝史求福晏子對以當辭罪而無求第十"：

> 　景公問晏子曰："寡人意氣衰，身病甚。今吾欲具圭璋犧牲，令祝宗薦之乎**上帝宗廟**，意者禮可以干福乎？"

此外，《管子・幼官圖》也稱："六會諸侯，令曰：以爾壤生物共玄官，請四輔，將以祀上帝。"由此可見，認爲"上天子"即"上帝"應是可信的。

(2) 大無、翮(司)折、大翮(司)命

"大無"，吳大澂《齊侯壺釋文》、劉心源《齊侯壺》曾認爲即"大舞"，顯然是不可信的。徐桐柏《從古堂款識學》卷十・二三認爲："無，讀爲廡。大廡太廟之廡。"也不可從。郭沫若在《兩周金文辭大系圖録考釋・洹子孟姜壺》中認爲："大無翮誓，無當是巫，與《詛楚文》之‘大神巫咸’殆是一事。”天星觀簡有神靈“宮𣱿”，晏昌貴讀爲“宮禖”①，認爲是“供奉於宮中之禖神”。宋華强也認爲當讀作“宮禖”②，他進而認爲“洹子孟姜壺”中的“大無”也應該讀爲“禖”：

> “宮𣱿”之“𣱿”與“大無”之“無”顯然是一回事，大概是爲神靈“無”所造的專字。郭沫若先生説：“‘無’當是‘巫’，與《詛楚文》之‘大神巫咸’殆是一事。”按，天星觀簡神靈本有“巫”，所以“宮𣱿”之“𣱿”不大可能也是“巫”，如此“大無”之“無”也不會是“巫”。我們懷疑“宮𣱿”之“𣱿”與“大無”之“無”皆當讀爲“禖”。“𣱿”從“無”聲，“無”是明母魚部字，“禖”是明母之部字。聲母相同，韻部看似遠隔，不過從有關材料看，從“無”之字與從“某”之字可以相通。如《詩·小雅·小旻》“民雖靡膴”，《釋文》引《韓詩》“膴”作“腜”。《大雅·緜》“周原膴膴”，《文選·魏都賦》“腜腜坰野”下李善注引《詩》作“周原腜腜”。西周金文和戰國文字“無”常寫作从兩“某”形，學者多以爲屬於“變形音化”。

他據王念孫《廣雅疏證》所引相關文獻及《玉篇·示部》“禖，求子祭”、《集韻》“古者求子祠高禖”的解釋，認爲：“禖是主司生育之神，古人爲求子而祭禱之。”我們暫從其説。

“𤔲(司)折”，吳雲《二百蘭亭齋收藏金石記》八讀爲“誓”，多從之。“司折”之稱還見於“新蔡簡”甲一：7，何琳儀懷疑應讀爲“慎”③。晏昌貴已指出“折”“慎”通假比較困難，他認爲“折”應讀

---

① 晏昌貴：《楚卜筮簡所見神靈雜考（五則）》，《簡帛》第一輯，上海古籍出版社，2006年，第234—235頁。

② 宋華强：《楚簡神靈名三釋》，“簡帛”網，2006年12月17日，http：//www.bsm.org.cn/show_article.php? id＝486。

③ 何琳儀：《新蔡竹簡選釋》，《安徽大學學報（哲學社會科學版）》2004年第3期，第1—11頁。

如本字，"折"一般當"早夭"或死亡講，他指出"司折或即《楚辭》少司命"，並贊同孫作雲"少司是命司小兒之命"的觀點①。宋華强據王夫之《楚辭通釋》"大司命統司人之生死，而少司命則司人子嗣之有無。以其所司者嬰稚，故曰'少'"，以及金開誠、董洪利、高路明《屈原集校注》中的相關意見，認爲："把'司折'理解爲'少司命'看來是有問題的。齊國既有'大司命'，應該也有類似楚國'少司命'的神靈，也許'大無（禖）'正是齊國的'少司命'。"②張政烺先生認爲"大無司折"有如下幾種可能："1. 大禁。2. 司愁。3. 大折。4. 大厲。折即夭折，即國殤。"③並引《祭法》"大凡生於天地之間者皆曰命，其萬物死皆曰折，人死曰鬼，此五代之所不變也"，在此段引文後面，他指出"司折主死，司命主生"。我們認爲，張先生的看法很可能是正確的，銘文"司折"可能就應讀如本字，表示"主死"之神，所以才會與"司命"並稱。

"大嗣（司）命"，即"大司命"。《從古堂款識學》卷十·二三："大司命，文昌宮星（《周禮·大宗伯》注），主盟誓之神（《説文》盟字引《周禮》曰：'北面詔天之司慎、司命'）。"晏昌貴在《楚卜筮簡所見神靈雜考（五則）》一文"司命"條，將見於文獻的"司命"分爲三種類型，即"職能神"（掌管人的生命年壽之神）、"作爲天神的司命"、"作爲地祇的司命"，並總結道："總之，司命神源於古代人民對生命的信仰和對年壽的追求，它首先是司掌生命年壽的職能神，後來與星辰崇拜和占星術相結合，當作星辰之神而被納入國家祀典。入漢以後，司命神降至人間，成爲宮中小神。在道教傳統中，司命又寄存於人的身體之内，成爲'人神'。……這樣，在天、地、人系統中，

---

① 晏昌貴：《楚卜筮簡所見神靈雜考（五則）》，《簡帛》第一輯，第 236—237 頁。
② 宋華强：《楚簡神靈名三釋》，"簡帛"網，2006 年 12 月 17 日，http：//www.bsm.org.cn/show_article.php？id=486。
③ 張政烺著、朱鳳瀚等整理：《張政烺批注兩周金文辭大系圖録考釋》，第143頁。

就都有了司命的蹤影,而司命作爲司職生命年壽的職能並沒有改變。"①其説無疑是正確的,銘文中的"大司命"應即掌管人的生命年壽之神。

(3)南宫子

此神已不可詳考,張政烺認爲"南宫子,當是五祀之一,或是祝融神也",也無實在的根據②。馬承源主編《銘文選》認爲:"南宫子,神名。三台之上台爲司命,此南宫子亦當與星座有關,《史記·天官書》'南宫朱鳥',司馬貞《索隱》引《文耀鉤》云:'南宫赤帝,其精爲赤鳥也。'則南宫子爲朱鳥星座之神名。"③也未必可信。但從其祭品十分豐厚來看,在當時人的觀念中,他應是一位十分重要的神祇。

以上考察了見於"洹子孟姜壺"的"神祇"。此外,鄒安主編《周金文存》卷六(132頁)曾著録一件銅柱型器的拓本,爲潘祖蔭舊藏:

劉體智《小校經閣金文拓本》卷九(109頁)釋文爲"誓室同,□□□,床北面,向司西"。黄盛璋認爲此物國别應屬齊,曾撰文進

---

① 晏昌貴:《楚卜筮簡所見諸司神考》,《簡帛數術與歷史地理論集》,商務印書館,2010年,第219—222頁。
② 張政烺著,朱鳳瀚等整理:《張政烺批注兩周金文辭大系圖録考釋》,第143頁。
③ 馬承源主編:《商周青銅器銘文選(四)》,第550頁。

行考釋①，釋爲："旃(祈)室同，竧(位)尃(搏)遂，床(户)北，直(植)者(諸)司西。"何琳儀《戰國文字通論》②一書也曾論及該器銘文，他釋爲："旃室同，床(户)北直。者(旅)司(祠)西，埈(陵)戠(侵)遂(陵)。"張振謙釋爲："旃室同，者司西，床北直，竣戠遂。"③孫剛釋文爲"旃室同，者司西，床(户)北面，竣戠遂"④，後又將"旃"改爲"旃"⑤。此物從銘文内容來看，可能和祭祀或禁忌等有關，但銘文内容難以索解，其性質還有待研究。

此外，1987年山東省鄒縣文管處在嶧山鎮張莊曾徵集到兩塊戰國銘文磚，磚銘文字風格屬齊系文字，其時代學者定爲戰國早期⑥。現將釋文釋寫如下⑦：

　　　吳之母之葬它(地)(A正)，亓(其)子才(在)亓(其)北。(A背)
　　　吳之母之葬它(地)，亓(其)子才(在)亓(其)北。(B正、背)

磚文發表后，李學勤⑧、湯餘惠⑨等學者紛紛撰文予以討論。釋文中"吳"湯餘惠釋爲"夜"，張振謙釋爲"側"⑩，今釋爲"吳"。據銘文

---

① 黃盛璋：《戰國祈室銅位銘文破譯與相關問題新探》，《第二屆國際中國古文字學研討會論文集續編》，香港中文大學出版社，1993年，第267—277頁。
② 何琳儀：《戰國文字通論(訂補)》，第88頁。
③ 張振謙：《齊系文字研究》，分別見該文66、120、209、336頁。
④ 孫剛：《齊文字編》，吉林大學碩士學位論文，2008年，分別見該文70、155、207、230頁。
⑤ 孫剛：《齊文字編》，福建人民出版社，2010年。
⑥ 鄭建芳：《最早的墓誌——戰國刻銘墓磚》，《中國文物報》1994年6月19日。
⑦ 圖版參鄭建芳《對鄒城張莊磚文的補充》，《中國文物報》1996年1月28日。
⑧ 李學勤：《也談鄒城張莊的磚文》，《中國文物報》1994年8月14日。
⑨ 湯餘惠：《釋𧮫》，《于省吾教授百年誕辰紀念文集》，吉林大學出版社，1996年，第205—207頁。
⑩ 張振謙：《齊魯文字編》，學苑出版社，2014年，第1110頁。

內容可知,磚銘所在墓葬爲"吴"的墓穴,其子(很可能是指"吴")的墓葬在其北面,李學勤先生曾指出:"短短的文字藴含着母子同死的悲劇。"①磚文的性質,鄭建芳先生認爲屬於墓誌:"墓誌究竟源於何時,文獻記載,衆説不一,有謂自西漢始,有謂自東漢始,有謂始於魏晉。有實物資料證實的爲南朝劉宋元嘉年間(424—453年)。鄒城市出土的戰國刻銘墓磚打破了墓誌源於上述幾個時期的説法,將我國墓誌出現的時間向前大大推進了一步。"②磚銘同時指出了母子墓穴的不同位置,這在古代墓誌中也是比較獨特的,對探討戰國時期山東地區的埋葬制度也是十分重要的資料。

　　在本章中,我們對齊系題銘所見的謚法、宗法、祭祀等與社會生活有關的問題進行了考察,對璽印和部分陶文中的姓氏也進行了討論。這些內容,對我們了解當時社會生活狀況的實際狀況,無疑是大有裨益的,同時也豐富了歷史研究的內容。

---

　　①　李學勤:《鄒城張莊磚文》,《綴古集》,上海古籍出版社,1998年,第123頁。
　　②　鄭建芳:《最早的墓誌——戰國刻銘墓磚》,《中國文物報》1994年6月19日。又夏廣泰、鄭建芳:《鄒城瑰寶》,山東友誼出版社,1996年,第26—27頁。

參 考 文 獻

A

安志敏：《"陳喜壺"商榷》，《文物》1962 年第 6 期，第
21—23 頁。

B

白於藍：《古璽印文字考釋》（四篇），《考古與文物》1999 年
第 3 期，第 85—86 頁。

卜慶華：《邘國地望新探》，《江漢考古》2000 年第 2 期，
第 91—93 頁。

C

曹方向：《小議清華簡〈繫年〉及郭店簡中的"京"字》，"簡帛"
網，2012 年 1 月 2 日。

曹錦炎：《古璽通論》，上海書畫出版社，1996 年。

曹錦炎：《釋戰國陶文中的"敀"》，《考古》1984 年第 1 期，
第 83—85 頁。

曹錦炎：《戰國古璽考釋》（三篇），《第二届國際中國古文字學

研討會論文集》,香港出版社,1995 年,第 397—404 頁。

曹錦炎:《戰國璽印文字考釋》,《考古與文物》1985 年第 4 期,第 81—84 頁。

昌　芳:《山東長清石都莊出土周代銅器》,《文物》2003 年第 4 期,第 85—91 頁。

陳邦懷:《曹伯狄簋考釋》,《文物》1980 年第 5 期,第 67、27 頁。

陳邦懷:《嗣樸齋金文跋》,學海出版社,1993 年。

陳秉新:《金文考釋四則》,《容庚先生百年誕辰紀念文集》,廣東人民出版社,1998 年,第 455—467 頁。

陳冬生:《齊量制辨析》,《中國史研究》2006 年第 3 期,第 3—15 頁。

陳根遠、陳　洪:《新出齊"陳棱"釜陶文考》,《考古與文物》1992 年第 4 期,第 76—81 頁。

陳公柔:《滕國、邾國青銅器及其相關問題》,《中國考古學研究——夏鼐先生考古五十年紀念論文集》,文物出版社,1986 年,第 176—190 頁。又陳公柔:《先秦兩漢考古學論叢》,文物出版社,2005 年,第 13—32 頁。

陳光田:《戰國璽印分域研究》,岳麓書社,2009 年。

陳漢平:《金文編訂補》,中國社會科學出版社,1993 年。

陳漢平:《屠龍絶緒》,黑龍江教育出版社,1989 年。

陳　劍:《關於"宅陽四銖"等"布權"的一點意見》,《古文字研究》第二十六輯,中華書局,2006 年,第 382—385 頁。

陳　劍:《甲骨金文舊釋"𡧳"之字及相關諸字新釋》,《出土文獻與古文字研究》第二輯,復旦大學出版社,2008 年,第 13—47 頁。

陳　劍:《甲骨文舊釋"智"和"盤"的兩個字及金文"覴"字新

釋》,《出土文獻與古文字研究》第一輯,復旦大學出版社,2006年,第101—154頁。

陳　劍:《金文字詞零釋》(四則),《古文字學論稿》,安徽大學出版社,2008年,第132—146頁。

陳　劍:《據郭店簡釋讀金文之一例》,《北京大學中國古文獻研究中心集刊》(2),北京燕山出版社,2001年,第378—396頁。

陳　劍:《釋展》,《追尋中國古代文明的蹤跡》,復旦大學出版社,2002年,第49—54頁。

陳　劍:《釋"屮"》,《出土文獻與古文字研究》第三輯,復旦大學出版社,2010年,第1—89頁。

陳介祺、鄧　實:《簠齋吉金録》影印本,風雨樓,1918年。

陳介祺:《簠齋藏古册目並題記》,1920年廣倉學宭鉛字本。

陳介祺著、陳繼揆整理:《簠齋論陶》,文物出版社,2004年。

陳隆文:《春秋戰國貨幣地理研究》,人民出版社,2006年。

陳夢家:《陳□壺考釋》,《責善半月刊》第23期第二卷,1942年,第2—3頁。

陳夢家:《六國紀年》,中華書局,2005年。

陳夢家:《叔尸鐘鎛考》,《燕京學報》新四期,北京大學出版社,1998年,第1—24頁。

陳夢家:《戰國度量衡略説》,《考古》1964年第6期,第312—314頁。

陳　槃:《不見於春秋大事表之春秋方國稿》,中研院歷史語言研究所,1982年。

陳　槃:《春秋大事表列國爵姓及存滅表譔異》,中研院歷史語言研究所,1997年。

陳佩芬:《夏商周青銅器研究》(東周篇),上海古籍出版社,2007 年。

陳佩芬:《新獲兩周青銅器》,《上海博物館集刊》(第 8 期),上海書畫出版社,2000 年,第 124—143 頁。

陳世輝:讀《戰國題銘概述》,《文物》1960 年第 1 期,第 72 頁。

陳世輝:《戰國齊圓錢𨚡字説》,《中國錢幣》2004 年第 2 期,第 3—4 頁。

陳鐵卿:《談"安陽布"的鑄地》,《文物參考資料》1956 年第 2 期,第 62 頁。

陳偉武:《〈古陶文字徵〉訂補》,中山大學學報(社會科學版)1995 年第 1 期,第 118—130 頁。

陳偉武:《簡帛兵學文獻探論》,中山大學出版社,1999 年。

陳 絜:《商周姓氏制度研究》,商務印書館,2007 年。

陳 絜:《鄩氏諸器銘文及其相關歷史問題》,《故宮博物院院刊》2009 年第 2 期,第 13—26 頁。

陳 陽、戴哲濤:《中國財税博物館藏滕侯臷之歌鐘考》,東方博物 2010 年第 3 期,第 18—26 頁。

陳昭容:《兩周婚姻關係中的"媵"與"媵"器——青銅器銘文中的性别、身份與角色研究之二》,《中研院歷史語言研究所集刊》第七十七本第二分,2006 年,第 193—278 頁。

程鵬萬:《釋東周金文中的"成日"》,《古籍整理研究學刊》2006 年第 5 期,第 36—37 頁。

程學忠:《貴州省博物館收藏的先秦至漢晉時期青銅器》,《考古》2005 年第 2 期,第 93—96 頁。

程 燕:《鮑子鼎銘文補釋——兼論䢍子姜首盤銘文中的"及"》,《中國歷史文物》2010 年第 2 期,第 73—74 頁。

D

大西克也：《試論上博楚簡〈緇衣〉中的"𩒻"字及相關諸字》，《第四屆國際中國古文字研討會論文集》，問學社，2003 年，第331—345 頁。

代　生：《齊侯壺新研》，《考古與文物》2012 年第 2 期，第 48—51 頁。

丁佛言：《説文古籀補補》（影印本），中國書店，1996 年。

丁福保：《古錢大辭典》，中華書局，1982 年。

丁　山：《陳騂壺銘跋》，《責善半月刊》第 6 期第二卷，1941年，第 2—4 頁。

丁　山：《篅太史申鼎銘跋》，《史學集刊》1944 年第 4 期。

丁　山：《由陳侯因資鐏銘黃帝論五帝》，《古代神話與民族》，商務印書館，2005 年，第 154—178 頁。

丁　山：《邾公釛鐘》，《中央日報·文物週刊》，1947 年 9 月 17 日第 7 版。又劉慶柱、段志洪、馮時：《金文文獻集成》第二十八冊，綫裝書局，2005 年，第 511 頁。

董蓮池：《金文編校補》，東北師範大學出版社，1995 年。

董蓮池：《新金文編》，作家出版社，2011 年。

董　珊、陳　劍：《郾王職壺銘文研究》，《北京大學中國古文獻研究中心集刊》第 3 輯，北京大學出版社，2002 年，第 29—54 頁。

董　珊：《出土文獻所見"以謚爲族"的楚王族——附説〈左傳〉"諸侯以字爲謚因以爲族"的讀法》，《出土文獻與古文字研究》第二輯，復旦大學出版社，2008 年，第 110—130 頁。

董　珊：《楚簡簿記與楚國量制研究》，《考古學報》2010 年第 2 期,第 171—206 頁。

　　董　珊:《郳公貼父二器簡釋》,《出土文獻》第三輯,中西書局,2012 年,第 158—162 頁。

　　董　珊:《試説山東滕州莊里西村所出編鎛銘文》,《古文字研究》第三十輯,中華書局,2014 年,第 196—199 頁。

　　董　珊:《吳越題銘研究》,科學出版社,2014 年。

　　董　珊:《新見魯叔四器銘文考釋》,《古文字研究》第二十九輯,中華書局,2012 年,第 303—312 頁。

　　董　珊:《新見戰國兵器七種》,《中國古文字研究》第一輯,吉林大學出版社,1999 年,第 196—207 頁。

　　董　珊:《新見戰國古璽印一一七方》,《中國古文字研究》第一輯,吉林大學出版社,1999 年,第 137—146 頁。

　　董　珊:《"弋日"解》,《文物》2007 年第 3 期,第 58—61 頁。

　　董　珊:《戰國題銘與工官制度》,北京大學博士學位論文,2002 年。

　　杜廼松:《東周時代齊、魯青銅器探索》,《南方文物》1995 年第 2 期,第 81—87 頁。

　　杜　勇、沈長雲:《金文斷代方法探微》,人民出版社,2002 年。

　　杜　宇、孫敬明:《考古發現與戰國齊兵器研究》,《管子學刊》1992 年第 2 期,第 88—95 頁。

F

　　方　輝:《邿公典盤銘考釋》,《文物》1998 年第 9 期,第 62—63 頁。

　　方濬益:《綴遺齋彝器款識考釋》石印本,商務印書館,1935 年。

　　馮　峰:《鮑子鼎與鮑子鎛》,《中國國家博物館館刊》2014 年第 7 期,第 96—117 頁。

馮勝君：《郭店簡與上博簡對比研究》，綫裝書局，2007年。

馮勝君：《試説東周文字中部份"嬰"及從"嬰"之字的聲符-兼釋甲骨文中的"瘦"和"頸"》，《出土文獻與傳世典籍的詮釋——紀念譚樸森先生逝世兩週年國際學術研討會論文集》，上海古籍出版社，2010年，第67—80頁。

馮勝君：《戰國燕系古文字資料綜述》，吉林大學古籍研究所，1997年。

馮　時：《春秋齊侯盂與鎛鐏銘文對讀》，《徐中舒先生百年誕辰紀念文集》，巴蜀書社，1998年，第133—136頁。

傅修才：《狐駘丘君盤新考》，《中國國家博物館館刊》2017年第5期，第53—60頁。

G

高　亨、董治安：《古字通假會典》，齊魯書社，1989年。

高　明：《從臨淄陶文看衢里製陶業》，《古文字研究》第十九輯，中華書局，1992年，第304—321頁。

高　明、葛英會：《古陶文字徵》，中華書局，1991年。

高　明：《古陶文彙編》，中華書局，1996年。

高　明：《説"釜"及其相關問題》，《考古》1996年第3期，第68—73頁。

高田忠周：《古籀篇》，［日］説文樓影印，1925年，第1716頁。

高　智：《古璽文徵十則》，《第三屆國際中國古文字學研討會論文集》，問學社，1997年，第323—328頁。

葛英會：《古陶文釋叢》，《文物季刊》1992年第3期，第46—56頁。

葛英會：《古陶文研習劄記》，《考古學研究》（一），文物出版社，1992年，第312—321頁。

葛英會：《戰國齊“徙虰”璽與“爰土易居”》，《中國歷史博物館館刊》1991 年總 15—16 期，第 43—46 頁。

宮德傑：《山東臨朐縣灣頭河春秋墓》，《考古》1999 年第 2 期，第 89—90 頁。

宮衍興、解華英、胡新立：《薛國故城勘查和墓葬發掘報告》，《考古學報》1991 年第 4 期，第 449—495、521—534 頁。

龔自珍：《兩齊侯壺釋文》，《龔自珍全集》第四輯，上海人民出版社，1975 年。

顧德融、朱順龍：《春秋史》，上海人民出版社，2001 年。

顧頡剛：《春秋時代的縣》，《禹貢》1937 年第 6、7 期，第 169—193 頁。

顧頡剛：《答劉胡兩先生書》，《顧頡剛古史論文集》第一冊，中華書局，1988 年，第 124—129 頁。

顧頡剛：《讀春秋邾國彝銘因論邾之盛衰》，（上海）《中央日報》1947 年 8 月 6 日第 7 版。又劉慶柱、段志洪、馮時：《金文文獻集成》第二十九冊，綫裝書局，2005 年，第 511 頁。

顧頡剛：《黃帝》，《史林雜識》，中華書局，1963 年，第 176—184 頁。

顧頡剛：《與錢玄同先生論古史書》，《顧頡剛古史論文集》第一冊，中華書局，1988 年，第 101—108 頁。

顧廷龍：《古陶文舂錄》，上海古籍出版社，2004 年。

（清）桂　馥：《札樸》，商務印書館，1958 年。

郭寶鈞：《薛氏款識齊侯鐘銘讀法考》，《說文月刊》第 4 卷合刊本，1944 年，第 17—22 頁。

郭克煜、梁方健、陳東、楊朝明：《魯國史》，人民出版社，1994 年。

郭沫若：《金文叢考》，科學出版社，2002 年。

郭沫若：《兩周金文辭大系圖錄考釋》，科學出版社，2002 年。

郭沫若：《齊侯壺釋文》，《郭沫若全集考古編・殷周青銅器銘文研究》第四卷，科學出版社，2002 年，第 160—169 頁。

郭沫若：《釋祖妣》，《郭沫若全集考古編・甲骨文字研究》第一卷，科學出版社，1982 年，第 21 頁。

郭沫若：《中國古代社會研究》(附錄九"夏禹的問題")，《郭沫若全集・歷史編》第一卷，人民出版社，1982 年，第 305—306 頁。

郭若愚：《先秦鑄幣文字考試和辨僞》，上海書店出版社，2001 年。

郭永秉：《帝繫新研》，北京大學出版社，2008 年。

郭永秉：《睡虎地秦簡字詞考釋兩篇》，《出土文獻與古文字研究》第三輯，復旦大學出版社，2010 年，第 352—364 頁。

H

韓嘉谷：《"平舒"戈、"舒"豆和平舒地理》，《東北亞研究——北方考古研究》(四)，中州古籍出版社，1994 年，第 312—318 頁。

韓連琪：《春秋戰國時代的郡縣制及其演變》，《文史哲》1986 年第 5 期，第 38—47 頁。

韓自強：《新見六件齊、楚銘文兵器》，《中國歷史文物》2007 年第 5 期，第 15—18 頁。

漢語大字典字形組：《秦漢魏晉篆隸字形表》，四川辭書出版社，1985 年。

郝導華、郭俊峰、禚柏紅：《齊國陶文幾個問題的初步探討》，《齊魯文化研究》第六輯，山東文藝出版社，2007 年，第 19—28 頁。

郝導華：《山東地區東周陶文的發現與研究》，《海岱考古》第三輯，科學出版社，2010 年，第 395—414 頁。

何光嶽：《滕國考》，《益陽師專學報》1996 年第 2 期，第

65—68 頁。

何　浩：《楚滅國研究》,武漢出版社,1989 年。

何景成：《史頌器銘"𧵒蘇滿"新解》,《吉林大學古籍研究所建所 30 周年紀念論文集》,上海古籍出版社,2014 年,第 38—44 頁。

何琳儀：《淳于公戈跋》,《杞文化與新泰》,中國文聯出版社,2000 年,第 98—103 頁。

何琳儀、高玉平：《唐子仲瀕兒匜銘文補釋》,《考古》2007 年第 1 期,第 64—66 頁。

何琳儀：《古兵地名雜識》,《考古與文物》1996 年第 6 期,第 68—73 頁。

何琳儀：《古陶雜識》,《考古與文物》1992 年第 4 期,第 76—81 頁。

何琳儀：《古璽雜識續》,《古文字研究》第十九輯,中華書局,1992 年,第 470—489 頁。

何琳儀：《節可忌豆小記》,《考古》1991 年第 10 期,第 939 頁。

何琳儀：《莒縣出土東周銅器銘文彙釋》,《文史》2000 年第 1 期,第 32 頁。

何琳儀：《漫談戰國文字與齊系貨幣銘文釋讀》,《古幣叢考》,安徽大學出版社,2002 年,第 1—6 頁。

何琳儀：《釋賹》,《何琳儀古幣叢考》,安徽大學出版社,2002 年,第 19—21 頁。

何琳儀：《新蔡竹簡選釋》,《安徽大學學報(哲學社會科學版)》2004 年第 3 期,第 1—11 頁。

何琳儀：《戰國兵器銘文選釋》,《考古與文物》1999 年第 5 期,第 83—97 頁。

何琳儀：《戰國古文字典—戰國文字聲系》,中華書局,1998 年。

何琳儀：《戰國文字通論（訂補）》，江蘇教育出版社，2003 年。

何紹基：《東洲艸堂金石跋》影印本，西泠印社，1916 年。

胡家聰：《管子新探》，中國社會科學出版社，1995 年。

湖北省文物考古所、北京大學中文系：《九店楚簡》，中華書局，2000 年。

華東師範大學中國文字研究與應用中心編：《金文引得（春秋戰國卷）》，廣西教育出版社，2001 年。

黃盛璋：《齊璽"左桁廩木"、"左（右）桁正木"與"桁"即秦文"衡"字對應，決疑解難》，《古文字研究》第二十二輯，中華書局，2000 年，第 166—175 頁。

黃盛璋：《山東出土莒之銅器及其相關問題綜考》，《華夏考古》1992 年第 4 期，第 63—71 頁。

黃盛璋：《山東諸小國銅器研究——〈兩周金文大系續編〉分國考釋之一章》，《華夏考古》1989 年第 1 期，第 73—102 頁。

黃盛璋：《燕、齊兵器銘文研究》，《古文字研究》第十九輯，中華書局，1992 年，第 1—65 頁。

黃盛璋：《戰國祈室銅位銘文破譯與相關問題新探》，《第二屆國際中國古文字學研討會論文集續編》，香港中文大學出版社，1993 年，第 267—277 頁。

黃盛璋：《戰國冶字結構類型與分國研究》，《古文字學論集》（初編），香港中文大學出版社，1983 年，第 485—538 頁。

黃錫全：《古文字考釋數則》，《古文字研究》第十七輯，中華書局，1989 年，第 291—303 頁。

黃錫全：《介紹兩枚楚官璽》，《古文字研究》第二十八輯，中華書局，2010 年，第 358—364 頁。

黃錫全：《介紹一件新見平阿造戈》，《出土文獻與古文字研究》第三輯，復旦大學出版社，2010 年，第 183—189 頁。

黃錫全：《先秦貨幣通論》，紫禁城出版社，2001 年。

J

John C.Ferguson, *The Four Bronze Vessels of the Marquis Ch·i*, Peking. 1928.

冀小軍：《説甲骨金文中表祈求義的靠字——兼談靠字在金文車飾名稱中的用法》，《湖北大學學報（哲學社會科學版）》1991 年第 1 期，第 35—44 頁。

賈鴻源：《齊都臨淄復原研究》，陝西師範大學碩士學位論文，2015 年。

賈振國：《試論戰國時期齊國的量制與衡制》，《臨淄商王墓地》，齊魯書社，1997 年，第 162—168 頁。

江淑惠：《齊國彝銘彙考》，臺灣大學出版委員會，1990 年。

姜書振：《介紹山東乳山縣文物管理所藏四件銅戈》，《文物》1993 年第 4 期，第 94、17 頁。

金景芳：《中國奴隸社會史》，上海人民出版社，1983 年。

井中偉：《早期中國青銅戈·戟研究》，科學出版社，2011 年。

K

柯昌濟：《韡華閣集古録跋尾》，一九三五年餘園叢刻鉛字本。

L

李步青、王錫平：《建國來煙臺地區出土商周銘文青銅器概述》，《古文字研究》第十九輯，中華書局，1992 年，第 66—84 頁。

李步青：《煙臺市上夼村出土國銅器》，《考古》1983 年第 4 期，第 289—292 頁。

李朝遠：《新見者兒戈考》，《古文字研究》第二十三輯，中華書局、安徽大學出版社,2002年,第94—99頁。

李春桃:《傳抄古文綜合研究》,吉林大學博士學位論文,2012年。

李發林:《滕縣地區古代三個小國歷史試談》,《棗莊師專學報》1989年第3期,第60—70頁。

李鳳英:《戰國官印文字考釋二則》,《邯鄲學院學報》2011年第4期,第58—60頁。

李光雨、張雲:《山東棗莊春秋時期小邾國墓地的發掘》,《中國歷史文物》2003年第5期,第65—67頁。

李鴻雁:《叔孫氏及其銅戈》,《管子學刊》1999年第1期,第92頁。

李家浩:《包山楚簡中的"枳"》,《徐中舒先生百年誕辰紀念文集》,巴蜀書社,1998年,第173—175頁。

李家浩:《包山二六六號簡所記木器研究》,《國學研究》第二卷,北京大學出版社,1994年,第525—554頁。

李家浩:《包山竹簡所記楚先祖名及其相關問題》,《文史》第四十二輯,1997年,第12頁。

李家浩:《楚國官印考釋(四篇)》,《著名中年語言學家自選集》(李家浩卷),安徽教育出版社,2002年,第125—140頁。

李家浩:《傳賃龍節銘文考釋——戰國符節銘文研究之三》,《考古學報》1998年第1期,第1—10頁。

李家浩:《庚壺銘文及其年代》,《古文字研究》第十九輯,中華書局,1992年,第89—101頁。

李家浩:《攻敔王光劍銘文考釋》,《著名中年語言學家自選集》(李家浩卷),安徽教育出版社,2002年,第53—63頁。

李家浩:《貴將軍虎節與辟大夫虎節——戰國符節銘文研究之一》,《歷史博物館館刊》1993年第2期,第50—55頁。

李家浩：《魯歸父敦小考》，《文史》第二十六輯，中華書局，1986年，第12頁。

李家浩：《南越王墓車馹虎節銘文考釋——戰國符節銘文研究之四》，《容庚先生百年誕辰紀念文集》，廣東人民出版社，1998年，第662—671頁。

李家浩：《齊國文字中的"遂"》，《湖北大學學報(社科)》1992年第3期，第30—37頁。

李家浩：《釋老簋銘文中的"濾"字——兼談"只"字的來源》，《古文字研究》第二十七輯，中華書局，2008年，第245—250頁。

李家浩：《説"貃不廷方"》，《古文字學論稿》，安徽大學出版社，2008年，第11—17頁。

李家浩：《先秦文字中的"縣"》，《文史》1987年第4期，第56頁。

李家浩：《燕國"泊谷山金鼎瑞"補釋》，《中國文字》(新廿四期)，藝文印書館，1998年，第71—82頁。

李家浩：《益余敦》，《保利藏金(續)》，嶺南美術出版社，2001年，第183—184頁。

李家浩：《戰國鄘刀新考》，《中國錢幣論文集》(第三輯)，中國金融出版社，1998年，第94—98頁。

李家浩：《戰國官印考釋(二篇)》，《文物研究》第7輯，黃山書社，1991年，第346—353頁。

李家浩：《戰國官印考釋三篇》，《出土文獻研究》第六輯，上海古籍出版社，2004年，第12—23頁。

李家浩：《戰國官印"尚路璽"考釋》，《揖芬集》，社會科學文獻出版社，2002年，第329—331頁。

李家浩：《戰國時代的"冢"字》，《著名中年語言學家自選集·李家浩卷》，安徽教育出版社，2002年，第1—14頁。

李家浩：《戰國文字中的"宦"字》,《出土文獻與古文字研究》第六輯,上海古籍出版社,2015年,第245—276頁。

李　零：《楚國族源、世系的文字學證明》,《文物》1991年第2期,第47—54、90頁。

李　零：《讀小邾國銅器的銘文》,《小邾國文化》,中國文史出版社,2006年,第173—189頁。

李　零：《古文字雜識(兩篇)》,《于省吾教授百年誕辰紀念文集》,吉林大學出版社,1996年,第270—274頁。

李　零：《齊、燕、邾、滕陶文的分類與題銘格式》,《管子學刊》1990年第1期,第82—87、96頁。

李　零：《中國古代居民組織的兩大類型及其不同來源》,《李零自選集》,廣西師範大學出版社,1998年,第148—168頁。

李魯滕：《虖台(丘)略考》,《古代文明》第6卷,文物出版社,2007年,第199—205頁。

李魯滕：《也說"郳姁鬲"》,《海岱考古》第三輯,科學出版社,2010年,第390—394頁。

李　圃主編：《古文字詁林》,上海教育出版社,2000年。

李守奎：《楚文字編》,華東師範大學出版社,2003年。

李守奎、曲　冰、孫偉龍：《上海博物館藏戰國楚竹書(一～五)文字編》,作家出版社,2007年。

李曉紅：《洹子孟姜壺銘文集釋》,安徽大學碩士學位論文,2008年。

李學勤：《東周與秦代文明》,上海人民出版社,2007年。

李學勤：《論博山刀》,《中國錢幣》1986年第3期,第2—5頁。

李學勤：《論郾縣肖家河新發現青銅器的"正月"》,《河南科技大學學報》(社會科學版)2003年第1期,第5—6頁。

李學勤：《齊侯壺的年代與史事》,《文物中的古文明》,商務印書館,2008 年,第 244—248 頁。

李學勤:《秦封泥與齊陶文中的"巷"字》,《陝西歷史博物館館刊》第 8 輯,三秦出版社,2001 年,第 24—26 頁。

李學勤:《山東陶文的發現與著録》,《齊魯學刊》1982 年第 5 期,第 35—37 頁。

李學勤:《郱子姜首盤和"及"字的一種用法》,《中國文字研究》第一輯,廣西教育出版社,1999 年,第 268—272 頁。

李學勤:《試論山東新出青銅器的意義》,《文物》1983 年第 12 期,第 18—22 頁。

李學勤:《釋東周器名卮及有關文字》,《文物中的古文明》,商務印書館,2008 年,第 330—334 頁。

李學勤:《田齊陶文的"鍾"》,《四海尋珍》,清華大學出版社,1998 年,第 91—92 頁。

李學勤:《邵氏左戈小考》,《綴古集》,上海古籍出版社,1998 年,第 130—132 頁。

李學勤:《夏商周年代學劄記》,遼寧大學出版社,1999 年。

李學勤:《小邾墓地及其青銅器研究》,《文物中的古文明》,商務印書館,2008 年,第 311—317 頁。

李學勤:《新整理清華簡六種概述》,《文物》2012 年第 8 期,第 66—71 頁。

李學勤:《燕齊陶文叢論》,《上海博物館集刊》(第六期),上海古籍出版社,1992 年,第 170—173 頁。

李學勤:《戰國題銘概述(上)》,《文物》1959 年第 7 期,第 50—54 頁。

李學勤主編:《清華大學藏戰國竹簡》,中西書局,2011 年。

李學勤、祝敏申:《盰眙壺銘與齊破燕年代》,《文物春秋》1989 年創刊號,第 13—17 頁。

李　瑶、孫　剛：《齊圓錢面文"賹"字補釋》,《(臺灣)中國文字》新三十七期,藝文印書館,2011 年,第 147—154 頁。

梁方建：《齊國金文及其史料價值》,《管子學刊》1989 年第 1 期,第 85—89 頁。

林　鵠：《宗法、婚姻與周代政治——以青銅禮器爲視角》,《中國歷史文物》2003 年第 2 期,第 50—55 頁。

林宏明：《古文字釋叢》,《第十三屆全國暨海峽兩岸中國文字學學術研討會論文集》,萬卷樓,1992 年,第 55—64 頁。

林聖傑：《公典盤銘文淺釋》,《中國文字》新二十七輯,藝文印書館,2001 年,第 91—102 頁。

林素清：《先秦古璽文字研究》,臺灣大學中國文學研究所碩士學位論文,1976 年。

林仙庭、高大美：《山東棲霞出土戰國時期青銅器》,《文物》1995 年第 7 期,第 76—77 頁。

林　澐：《小邾國東江墓地青銅器銘文部分人名的考釋》,《小邾國文化》,中國文史出版社,2006 年,第 190—196 頁。

林　澐：《新版金文編正編部分釋字商榷》,江蘇太倉古文字年會論文,1990 年。

临朐縣文化館、濰坊地區文物管理委員會：《临朐發現齊、鄩、曾諸國銅器》,《文物》1983 年第 12 期,第 1—6 頁。

劉彬徽：《楚系青銅器研究》,湖北教育出版社,1995 年。

劉彬徽：《山東地區東周青銅器研究》,《中國考古學會第九次年會論文集》,文物出版社,1997 年,第 263—275 頁。

劉　波：《釋楚郾客銅量中的"故"字》,《江漢考古》2012 年第 1 期,第 99,107—110 頁。

劉洪濤：《論掌握形體特點對古文字考釋的重要性》,北京大學博士學位論文,2012 年。

劉洪濤：《叔弓鐘及鎛銘文"劃"字考釋》,《中國文字》新三十五期,藝文印書館,2010 年,第 179—188 頁。

劉　偉：《齊國陶文的研究》,山東大學碩士學位論文,2008 年。

劉心健：《介紹兩件帶銘文的戰國銅戈》,《文物》1979 年第 4 期,第 25 頁。

劉　雨、盧　岩：《近出殷周金文集録》,中華書局,2002 年。

劉　釗：《郭店楚簡校釋》,福建人民出版社,2003 年。

劉　釗：《金文考釋零拾》,《古文字考釋叢稿》,岳麓書社,2005 年,第 120—131 頁。

劉　釗：《齊國文字"主"字補證》,《出土文獻與古文字研究》第三輯,復旦大學出版社,2010 年,第 137—151 頁。

劉　釗：《齊"於陵市和節"陶文考》,《管子學刊》1994 年第 4 期,第 80 頁。

劉　釗：《璽印文字釋叢(二)》,《考古與文物》1998 年第 3 期,第 76—81 頁。

劉　釗：《璽印文字釋叢(一)》,《考古與文物》1990 年第 2 期。又《古文字考釋叢稿》,岳麓書社,2005 年,第 157—176 頁。

魯　鑫：《戰國古璽中的尉官及其相關問題》,《仰止集：王玉哲先生紀念文集》,天津人民出版社,2007 年,第 390—399 頁。

陸德富：《戰國時代官私手工業的經營形態》,復旦大學博士學位論文,2011 年。

吕金成：《釋"節"——兼考新泰陶文"平陽市□"之未識》,《新泰文化》2003 年第 2 期,第 11—12 頁。

羅福頤：《古璽文編》,文物出版社,1981 年。

羅　艷：《〈陶文字典〉補正》,中山大學碩士學位論文,2008 年。

羅振玉：《貞松堂集古遺文》石印本,1930 年。

M

馬承源：《陳喜壺》，《文物》1961 年第 2 期，第 45—46 頁。

馬承源主編：《商周青銅器銘文選(四)》，文物出版社，1990 年。

馬承源主編：《上海博物館藏戰國楚竹書(二)》，上海古籍出版社，2002 年。

馬承源主編：《上海博物館藏戰國楚竹書(六)》，上海古籍出版社，2007 年。

馬承源主編：《上海博物館藏戰國楚竹書(五)》，上海古籍出版社，2005 年。

馬良民、言家信：《山東鄒平县苑城村出土陶文考释》，《文物》1994 年第 4 期，第 86—88 頁。

(清) 馬瑞辰：《毛詩傳箋通釋》，中華書局，1989 年。

馬敘倫：《讀金器刻識》，《國學季刊》第 5 卷第 1 號，1935 年；轉引自劉慶柱、段志洪、馮時：《金文文獻集成》第二十七册，綫裝書局，2005。

馬　雍：《中國姓氏制度的沿革》，《中國文化研究集刊》第 2 輯，復旦大學出版社，1985 年，第 158—178 頁。

毛公强：《齊刀"安陽"地望考》，《管子學刊》1994 年第 3 期，第 91—92 頁。

孟　巖：《〈姑成家父〉文本集釋及相關問題研究》，吉林大學古籍研究所，2009 年，第 24—31 頁。

莫　枯：《齊量新議》，《上海博物館集刊》第三期，上海古籍出版社，1986 年，第 62—63 頁。

P

逄振鎬：《山東古國與姓氏》，山東人民出版社，2006 年。

彭春燕：《左徒戈爲徒戈考》，《考古》2011 年第 7 期，第
61—64 頁。

彭裕商：《春秋青銅器年代綜合研究》，中華書局，2011 年。

Q

齊文濤：《概述近年來山東出土的商周青銅器》，《文物》1972
年第 5 期，第 3—18 頁。

齊秀生：《舉賢尚功——齊國官制與用人思想研究》，齊魯書
社，2005 年。

乾　惕：《山東新泰出土戰國印記陶文初考》，《新泰文
化》2003 年第 3 期，第 8—11 頁。

秦嘉謨等輯：《世本八種》，商務印書館，1957 年。

清華大學出土文獻研究與保護中心編，李學勤主編：《清華大
學藏戰國竹簡(壹)》，中西書局，2010 年。

清華大學出土文獻研究與保護中心編，李學勤主編：《清華大
學藏戰國竹簡(貳)》，中西書局，2011 年。

丘光明：《試論戰國容量制度》，《文物》1981 年第 10 期，
第 63—73 頁。

丘光明：《試論戰國衡制》，《考古》1982 年第 5 期，第
516—527 頁。

丘光明：《中國歷代度量衡考》，科學出版社，1991 年。

裘錫圭：《從幾件周代銅器銘文看宗法制度下的所有制》，《盡
心集——張政烺先生八十慶壽論文集》，中國社會科學出版
社，1996 年，第 127—136 頁。

裘錫圭：《甲骨文中所見的商代農業》，《農史研究》第八輯，農
業出版社，1989 年，第 12—41 頁。

裘錫圭、李家浩：《戰國平陽刀幣考》，《中國錢幣》1988 年第 2

期,第 35—37 頁。

　　裘錫圭:《嗇夫初探》,《古代文史研究新探》,江蘇古籍出版社,1992 年,第 430—523 頁。

　　裘錫圭:《釋"弘""强"》,《古文字論集》,中華書局,1992 年,第 53—58 頁。

　　裘錫圭:《説金文"引"字的虚詞用法》,《古漢語研究》1988 年第 1 期,第 1—3 頁。

　　裘錫圭:《"司馬門""門司馬"考》,《古文字論集》,中華書局,1992 年,第 484—485 頁。

　　裘錫圭:《新出土先秦文獻與古史傳説》,《中國出土古文獻十講》,復旦大學出版社,2004 年,第 18—45 頁。

　　裘錫圭:《戰國貨幣考(十二篇)》,《北京大學學報》(哲學社會科學版)1978 年第 2 期,第 69—83 頁。又裘錫圭:《古文字論集》,中華書局,1992 年,第 429—453 頁。

　　裘錫圭:《戰國文字中的"市"》,《考古學報》1980 年第 3 期,第 285—296 頁。又,裘錫圭:《古文字論集》,中華書局,1992 年,第 454—468 頁。

R

　　饒宗頤:《楚恭王熊審盂跋》,《中央研究院中國文哲研究集刊》(創刊號),1991 年。

　　任式楠、胡秉華:《山東鄒縣滕縣古城址調查》,《考古》1965 年第 12 期,第 622—636 頁。

　　任相宏、邱　波:《山東沂水天上王城出土羋孟子鼎、敶君季悖盂銘考略》,中國文物報,2012 年 8 月 17 日第 6 版。

　　任相宏:《山東長清縣僊人臺周代墓地及相關問題初探》,《考古》1998 年第 9 期,第 26—35 頁。

任相宏：《邿仲簠及邿國姓氏略考》，《文物》2003 年第 4 期，第 40—43 頁。

S

山東大學考古系：《山東長清縣僊人臺周代墓地》，《考古》1998 年第 9 期，第 11—25 頁。

山東大學歷史文化學院考古系：《長青僊人臺五號墓發掘簡報》，《文物》1998 年第 9 期，第 18—30 頁。

山東省博物館等：《莒南大店春秋時期莒國殉人墓》，《考古學報》1978 年第 3 期，第 317—336 頁。

山東省博物館：《臨淄郎家莊一號東周殉人墓》，《考古學報》1977 年第 1 期，第 73—104 頁。

山東省錢幣學會：《齊幣圖釋》，齊魯書社，1996 年。

山東省文物考古研究所：《臨淄齊故城》，文物出版社，2013 年。

山東省文物考古研究所：《山東淄博市臨淄區淄河店二號戰國墓》，《考古》2000 年第 10 期，第 46—65 頁。

山東省淄博市錢幣學會：《齊國貨幣研究》，齊魯書社，2003 年。

陝西省博物館、文管會勘察小組：《秦都咸陽故城遺址發現的窯址和銅器》，《考古》1974 年第 1 期，第 16—26 頁。

商艷濤：《略論先秦古文字材料中的大事紀年》，《中國歷史文物》2008 年第 1 期，第 83—88 頁。

上海書畫出版社：《上海博物館藏印選》，上海書畫出版社，1979 年。

沈寶春：《〈商周金文錄遺〉考釋》，臺灣師範大學碩士學位論文，1983 年。

沈兆褘等修、王景佑等纂:《臨沂縣誌》,成文出版社,1968 年。

施謝捷:《東周兵器銘文考釋(三則)》,《南京師大學報》(社會科學版),2002 年第 2 期,第 155—160 頁。

施謝捷:《古陶文考釋三篇》,《古漢語研究》1997 年第 3 期,第 66—70 頁。

施謝捷:《古文字零釋四則》,《古文字研究》第二十二輯,中華書局,2000 年,第 157—160 頁。

施謝捷:《古璽複姓雜考(六則)》,《中國古璽印學國際研討會論文集》,香港中文大學文物館,2000 年,第 31—48 頁。

施謝捷:《〈古璽彙編〉釋文校訂》,《容庚先生百年誕辰紀念文集》,廣東人民出版社,1998 年,第 644—651 頁。

施謝捷:《古璽彙考》,安徽大學博士學位論文,2006 年。

施謝捷:《古璽雙名雜考(十則)》,《中國古文字研究》第一輯,吉林大學出版社,1999 年,第 122—132 頁。

施謝捷:《古璽印文字叢考(十篇)》,《南京師大學報》(社會科學版)1998 年第 1 期,第 116—122 頁。

施謝捷:《古璽印文字考釋(十篇)》,《語言研究集刊》第 6 輯,江蘇教育出版社,1999 年,第 75—93 頁。

施謝捷:《古璽印文字考釋五篇》,《南京師大學報》(社會科學版)1996 年第 4 期,第 123—127、138 頁。

施謝捷:《齊陶印文"於"字考》,《印林》第 4 期第 17 卷,1996 年,第 32—33 頁。

施謝捷:《釋"齊城右造車戟"銘中的"腒"》,《文教資料》1994 年第 6 期,第 114—117 頁。

施謝捷:《說"旬(旬旬旬)"及相關諸字(上)》,《出土文獻與傳世典籍的詮釋——紀念譚樸森先生逝世兩週年國際學術研討會論文集》,上海古籍出版社,2010 年,第 47—66 頁

石　蝶：《關於貴州省博物館的 8 件先秦青銅器》，《文物世界》2006 年第 1 期，第 71—74、80 頁。

石　加：《"鄭亳説"商榷》，《考古》1980 年第 3 期，第 255—258、286 頁。

石志廉：《館藏戰國七璽考》，《中國歷史博物館館刊》1979 年第 1 期，第 86—89 頁。

石志廉：《戰國古璽考釋十種》，《中國歷史博物館館刊》1980 年第 2 期，第 108—113 頁。

宋華强：《楚簡神靈名三釋》，"簡帛"網，2006 年 12 月 17 日。

宋華强：《楚文字資料中所謂"箴尹"之"箴"的文字學考察》，《古文字研究》第二十九輯，中華書局，2012 年，第 505—511 頁。

宋華强：《新蔡葛陵楚簡初探》，武漢大學出版社，2010 年。

孫常敘：《鵬公劍銘文復原和"雎""鵬"字説》，《考古》1962 年第 5 期，第 266—269 頁。

孫飛燕：《上博簡〈容成氏〉文本整理及研究》，中國社會科學出版社，2014 年。

孫剛，李瑶：《釋虎匄丘君戈銘文中的人名》，《古文字研究》第三十二輯，中華書局，2018 年，第 317—324 頁。

孫剛：《齊文字編》，福建人民出版社，2010 年。

孫剛：《齊文字編》，吉林大學碩士學位論文，2008 年。

孫貫文：《陳璋壺補考》，《考古學研究》（一），文物出版社，1992 年，第 287—300 頁。

孫海波：《齊弓鎛考釋》，《師大月刊》第 22 期第 1 卷（文學院專號），1935 年，第 52—58 頁。

孫敬明：《從陶文看戰國時期齊都近郊之製陶手工業》，《考古發現與齊史類徵》，齊魯書社，2006 年，第 36—52 頁。

孫敬明、高關和、王學良：《山東五蓮盤古城發現戰國齊兵器和璽印》,《文物》1986 年第 3 期,第 31—34 頁。

孫敬明:《庚壺忞釋》,《中國文字》新十四期,中國文字社,1991 年,第 169—174 頁。

孫敬明、何琳儀、黃錫全:《山東臨朐新出銅器銘文考釋及有關問題》,《文物》1983 年第 12 期,第 13—17 頁。

孫敬明:《劍兵戈陣 山水巨防——由先秦兵器題銘結合地理環境來看長城在齊國軍事防禦戰略格局中的作用》,《考古發現與齊史類徵》,齊魯書社,2006 年,第 245—265 頁。

孫敬明:《考古發現與齊幣探索》,《考古發現與齊史類徵》,齊魯書社,2006 年,第 311—336 頁。

孫敬明:《考古發現與戰國齊兵器研究》,《考古發現與齊史類徵》,齊魯書社,2006 年,第 153—160 頁。

孫敬明:《考古所見戰國齊兵器種類及有關問題》,《考古發現與齊史類徵》,齊魯書社,2006 年,第 147—152 頁。

孫敬明:《臨淄出土莪國銅敦考》,《考古發現與齊史類徵》,齊魯書社,2006 年,第 86—89 頁。

孫敬明:《齊國陶文比較研究》,《考古發現與齊史類徵》,齊魯書社,2006 年,第 58—68 頁。

孫敬明:《齊國陶文分期芻議》,《考古發現與齊史類徵》,齊魯書社,2006 年,第 19—35 頁。

孫敬明:《齊境武庫戰略格局與孫子攻守之法》,《考古發現與齊史類徵》,齊魯書社,2006 年,第 188—201 頁。

孫敬明:《齊陶新探(附:益都藏陶)》,《古文字研究》第十四輯,中華書局,1986 年,第 221—246 頁。

孫敬明:《試論環渤海地區考古學文化的刀幣》,《考古發現與齊史類徵》,齊魯書社,2006 年,第 285—298 頁。

孫詒讓:《籀廎述林》,中華書局,2010 年。

孫永珍：《兩周媵器銘文研究》，首都師範大學碩士學位論文，2006年。

孫仲匯：《古錢幣圖解》，上海書店，1989年。

T

湯　超：《試辨""""》，《金文釋讀與文明探索》，上海古籍出版社，2011年，第103—111頁。

湯餘惠：《包山楚簡讀後記》，《考古與文物》1993年第2期，第69—80頁。

湯餘惠：《"卑將匠夠信璽"跋》，《考古與文物》1993年第5期，第80—81頁。

湯餘惠：《古璽文字七釋》，《第二屆國際中國古文字學研討會論文集》，香港出版社，1995年，第393—396頁。

湯餘惠：《略論戰國文字形體研究中的幾個問題》，《古文字研究》第十五輯，中華書局，1986年，第9—100頁。

湯餘惠、徐在國等：《戰國文字編》，福建人民出版社，2001年。

湯志彪：《三晉文字編》，吉林大學博士學位論文，2009年。

唐　蘭：《陳常陶釜考》，《國學季刊》第1期第5卷，1935年，第79—81頁。

唐　蘭：《司馬遷所沒有見過的珍貴史料》，《戰國縱橫家書》，文物出版社，1976年，第132、142頁。

唐　蘭：《天壤閣甲骨文存并考釋》，輔仁大學，1939年。

唐　蘭：《中國青銅器的起源與發展》，《故宮博物院院刊》1979年第1期，第4—10頁。

唐　敏、尹敬梅、于英華、劉　軍等：《山東省古地名辭典》，山東文藝出版社，1993年。

唐友波：《釋賵》，《江漢考古》2003 年第 3 期，第 80—84 頁。

陶　金：《由清華簡〈繫年〉談洹子孟姜壺相關問題》，復旦大學出土文獻與古文字研究中心，2012 年 2 月 14 日。

陶正剛：《山西臨縣窯頭古城出土銅戈銘文考釋》，《文物》1994 年第 4 期，第 82—85、88 頁。

滕壬生：《楚系簡帛文字編(增訂本)》，湖北教育出版社，2008 年。

田　煒：《古璽探研》，華東師範大學出版社，2010 年。

田　煒：《釋古文字中的"酏"與"醆"——兼釋古璽中的"皻"字》，《考古與文物》2012 年第 2 期，第 103—105 頁。

田　煒：《璽印人名考(兩篇)》，《出土文獻與傳世典籍的詮釋——紀念譚樸森先生逝世兩週年國際學術研討會論文集》，上海古籍出版社，2010 年，第 141—147 頁。

童丕繩：《跋陳逆二器銘》，(上海)《中央日報 · 文物週刊》1947 年 7 月 30 日第 7 版。又見《金文文獻集成》第二十九册，第 496 頁。

童書業：《春秋左傳研究》，上海人民出版社，1980 年。

涂白奎：《〈郘公典盤〉及相關問題》，《考古與文物》2003 年第 5 期，第 42—43 頁。

W

萬樹瀛、陳慶峰：《山東滕縣發現滕侯銅器墓》，《考古》1984 年第 4 期，第 333—337 頁。

汪慶正主編：《中國歷代貨幣大系 · 先秦貨幣》，上海人民出版社，1988 年。

汪受寬：《謚法研究》，上海古籍出版社，1995 年。

王愛民：《燕文字編》，吉林大學碩士學位論文，2010 年。

王恩田：《從考古材料看楚滅杞國》，《江漢考古》1988 年第 2

期,第 86—92 頁。

王恩田:《東周齊國銅器的分期與年代》,《中國考古學會第九次年會論文集》,文物出版社,1997 年,第 276—297 頁。

王恩田:《關於齊國建國史的幾個問題》,《東岳論叢》1981 年第 4 期,第 89—92 頁。

王恩田:《紀、夷、萊爲一國説》,《齊魯學刊》1984 年第 1 期,第 71—77 頁。

王恩田:《齊國陶文地名考》,《考古與文物》1996 年第 4 期,第 45—48 頁。

王恩田:《陶文圖録》,齊魯書社,2006 年。

王恩田:《陶文字典》,齊魯書社,2007 年。

王恩田:《滕國考》,《東夷古國史研究》(第一輯),三秦出版社,1988 年,第 260—269 頁。

王恩田:《新泰齊國官量陶文的發現與初步探索》,《印學研究》第二輯《陶文研究專輯》,山東大學出版社,2010 年,第 66—75 頁。

王恩田:《新泰杞國銅器與商代杞國》,《齊魯文史》2003 年第 1 期,第 3—6 頁。

王恩田:《棗莊山亭倪器與倪國》,《小邾國文化》,中國文史出版社,2006 年,第 159—172 頁。

王閣森、唐致卿:《齊國史》,山東人民出版社,1992 年。

王貴民、楊志清:《春秋會要》,中華書局,2009 年。

王國維:《觀堂集林》,中華書局,1959 年。

王　輝:《二年寺工壺、雍工敀壺銘文新釋》,《人文雜誌》1987 年第 3 期,第 82—85 頁。

王會民、楊志清:《春秋會要》,中華書局,2009 年。

王會田、王永霞、唐曾剛:《山東淄博市臨淄區孫家徐姚戰國墓地》,《考古》2011 年第 10 期,第 14—29 頁。

　　王　寧:《叔夷鐘鎛銘釋文補釋》,復旦大學出土文獻與古文字研究中心,2012 年 9 月 13 日。

　　王人聰:《楚王酓審盞盂餘釋》,《江漢考古》1992 年第 2 期,第 65—68 頁。

　　王守功、許淑珍:《臨淄後李齊國陶文》,《揖芬集——張政烺先生九十華誕紀念文集》,社會科學文獻出版社,2002 年,第 333—347 頁。

　　王錫平:《膠東出土有銘青銅器》,《故宮文物月刊》1993 年總 129 期,第 11 頁。

　　王獻唐:《春秋邾分三國考‧三邾疆邑圖考》,齊魯書社,1982 年。

　　王獻唐:《國史金石志稿》,青島出版社,2004 年。

　　王獻唐:《臨淄封泥目録》,開明書店,1936 年。

　　王獻唐:《邳伯罍考》,《考古學報》1963 年第 2 期,第 59—64 頁。

　　王獻唐:《齊國鑄錢的三個階段》,《考古》1963 年第 11 期,第 623—629 頁。

　　王獻唐:《山東古國考》,齊魯書社,1983 年。

　　王獻唐:《中國古代貨幣通考》,齊魯書社,1979 年。

　　王　毅:《試論齊國市場管理的舉措》,《管子學刊》1994 年第 4 期,第 37—39 頁。

　　王　穎:《高田忠周〈古籀篇〉陶文研究(一～二〇卷)》,安徽大學碩士學位論文,2007 年。

　　王毓銓:《中國古代貨幣的起源和發展》,中國社會科學出版社,1990 年。

　　衛松濤:《新泰出土陶文及相關問題研究》,山東大學碩士學位論文,2006 年。

衛松濤、徐軍平:《新泰"立事"陶文研究》,《印學研究》第二輯《陶文研究專輯》,山東大學出版社,2010 年,第 76—86 頁。

魏成敏、朱玉德:《山東臨沂新發現的戰國齊量》,《考古》1996 年第 4 期,第 24—28 頁。

魏國:《東新泰出土一件戰國"柴内右"銅戈》,《文物》1994 年第 3 期,第 52 頁。

魏建震:《"王何立事"戈銘文及其相關問題》,《中原文物》2005 年第 6 期,第 54—56、68 頁。

魏宜輝:《楚系簡帛文字形體訛變分析》,南京大學博士學位論文,2003 年。

聞一多:《聞一多全集·第十卷·語言文字編》,湖北人民出版社,1993 年。

聞一多:《聞一多全集》卷 10《文學史編·周易編·管子編·璞堂雜業編·語言文字編》,湖北人民出版社,1994 年。

吳大澂:《讀古陶文記》,吳愙齋尺牘(第七册)。

吳大澂:《愙齋集古録釋文賸稿》影印本,涵芬樓,1930 年。

吳大澂:《愙齋集古録》影印本,涵芬樓,1930 年。

吳　慧:《中國歷代糧食畝産研究》,農業出版社 1985 年,第 27—28 頁。

吳闓生:《吉金文録》,南宮邢氏刻本,1932 年。

吳良寶:《古璽複姓統計及相關比較》,《古籍整理研究學刊》2002 年第 7 期,第 40—44 頁。

吳良寶:《璽陶文字零釋(三則)》,《中國古文字研究》第一輯,吉林大學出版社,1999 年,第 151—156 頁。

吳良寶:《先秦貨幣文字編》,福建人民出版社,2006 年。

吳良寶:《野王方足布幣考》,《江蘇錢幣》2008 年第 1 期,第 1—4 頁。

　　吳良寶：《戰國楚簡地名輯證》，武漢大學出版社，2010 年。

　　吳良寶：《中國東周時期金屬貨幣研究》，社會科學文獻出版社，2005 年。

　　吳榮光：《筠清館金文》，清宜都楊守敬重刻本。

　　吳榮曾：《戰國布幣地名考釋三則》，《中國錢幣》1992 年第 2 期，第 3—5、55 頁。

　　吳式芬：《攗古録金文》吳氏家刻本，西泠印社，1913 年。

　　吳則虞：《晏子春秋集釋》，中華書局，1962 年，第 270 頁。

　　吳振武：《陳曼瑚“逐”字新證》，《吉林大學古籍所建所十五周年紀念文集》，吉林大學出版社，1998 年，第 46—47 頁。

　　吳振武：《古文字中的借筆字》，《古文字研究》第二十輯，中華書局，2000 年，第 308—337 頁。

　　吳振武：《古璽合文考（十八篇）》，《古文字研究》第十七輯，中華書局，1989 年，第 268—281 頁。

　　吳振武：《〈古璽彙編〉釋文訂補及分類修訂》，《古文字學論集（初編）》，香港中文大學出版社，1983 年，第 485—538 頁。

　　吳振武：《〈古璽文編〉校訂》，吉林大學博士論文，1984 年。又《〈古璽文編校訂〉》，人民美術出版社，2011 年。

　　吳振武：《古璽姓氏考（複姓十五篇）》，《出土文獻研究》第三輯，中華書局，1998 年，第 74—88 頁。

　　吳振武：《關於戰國“某某金璽”的一個解釋》，《簡帛》第九輯，上海古籍出版社，2014 年，第 1—10 頁。

　　吳振武：《齊官“罜眔”考》，《盡心集——張政烺先生八十慶壽論文集》，中國社會科學出版社，1996 年，第 153—161 頁。

　　吳振武：《試説齊國陶文中的“鍾”和“溢”》，《考古與文物》1991 年第 1 期，第 67—75 頁。

吳振武：《釋戰國文字中的从"虘"和从"朕"之字》，《古文字研究》第十九輯，中華書局，1992年，第490—499頁。

吳振武：《談齊"左掌客亭"陶璽》，《社會科學戰綫》2012年第12期，第200—204頁。

吳振武：《戰國官璽釋解二篇》，《金景芳九五誕辰紀念文集》，吉林文史出版社，1996年，第190—195頁。

吳振武：《戰國貨幣銘文中的"刀"》，《古文字研究》第十輯，中華書局，1983年，第305—326頁。

吳振武：《戰國"亩（廩）"字考察》，《考古與文物》1984年第4期，第80—87頁。

吳振武：《戰國璽印中的"虞"和"衡鹿"》，《江漢考古》1991年第3期，第85—87頁。

吳鎮烽：《鮑子鼎銘文考釋》，《中國歷史文物》2009年第2期，第50—55頁。

吳鎮烽：《金文人名彙編（修訂本）》，中華書局，2006年。

武健：《山東濟寧揀選出一批古代青銅兵器》，《文物》1992年第11期，第87—92頁。

X

夏麥陵：《叔夷鐘銘與齊侯滅萊》，《管子學刊》1993年第2期，第84—90頁。

肖　毅：《古璽文分域研究》，崇文書局，2018年。

肖　毅：《釋卢》，《古文字研究》第二十四輯，中華書局，2002年，第319—322頁。

辛德勇：《黄河史話》，中國大百科全書出版社，2000年。

徐少華：《包山楚簡釋地十則》，《文物》1996年第12期，第60—66頁。

徐　勇：《春秋時期齊國的軍事制度初探》，《管子學刊》1998年第 3 期，第 46—55 頁。

徐　勇：《齊國軍事史》，齊魯書社，1997 年。

徐在國：《兵器銘文考釋(七則)》，《古文字研究》第二十二輯，中華書局，2000 年，第 116—119 頁。

徐在國：《楚帛書詁林》，安徽大學出版社，2010 年。

徐在國：《〈讀古陶文記〉箋證》，《出土文獻與傳世典籍的詮釋——紀念譚樸森先生逝世兩週年國際學術研討會論文集》，上海古籍出版社，2010 年，第 149—168 頁。

徐在國：《冀甫人匜銘補釋》，《古文字學論稿》，安徽大學出版社，2008 年，第 192—194 頁。

徐在國：《古陶文字釋叢》，《古文字研究》第二十三輯，中華書局、安徽大學出版社，2002 年，第 108—120 頁。

徐在國：《〈古陶字彙〉正文釋文校訂》，《文物研究》第 13 輯，黃山書社，2001 年，第 277—288 頁。

徐在國：《古璽文釋讀九則》，《考古與文物》2002 年第 5 期，第 93—96 頁。

徐在國：《古璽文字八釋》，《吉林大學古籍所建所十五周年紀念文集》，吉林大學出版社，1998 年，第 112—122 頁。

徐在國：《釋齊官"祈望"》，《第四屆國際中國古文字學研討會論文》，問學社，2003 年，第 565—572 頁。

徐在國：《説"喜"兼論古陶文著録中的倒置》，《安徽大學學報》(哲學社會科學版)2008 年第 5 期，第 87—90 頁。

徐在國：《〈陶文字典〉中的釋字問題》，《出土文獻》第二輯，中西書局，2011 年，第 180—202 頁。

徐在國：《戰國官璽考釋三則》，《考古與文物》1999 年第 3 期，第 82—84 頁。

徐中舒：《陳侯四器考釋》，《徐中舒歷史論文選輯》，中華書局，1998年，第405—446頁。

徐中舒：《禹鼎的年代及其相關問題》，《考古學報》1959年第3期，第53—66頁。

許　瀚：《樊古小盧雜著》，載《續修四庫全書》1160子部。

許淑珍：《臨淄齊國故城新出土陶文》，《考古與文物》2003年第4期，第15—20頁。

許淑珍：《齊國陶文的幾個問題》，《齊魯文博》，齊魯書社，2002年，第140—145頁。

Y

嚴可均：《全上古三代秦漢三國六朝文》，清光緒年間黃岡王毓藻刻本。

嚴志斌：《四版〈金文編〉校補》，吉林大學出版社，2001年。

偃　桐：《試說楚文字中恭字的異體》，復旦大學出土文獻與古文字研究中心網，2008年5月27日。

晏昌貴：《楚卜筮簡所見神靈雜考（五則）》，《簡帛》（第一輯），上海古籍出版社，2006年，第229—237頁。

晏昌貴：《楚卜筮簡所見諸司神考》，《簡帛數術與歷史地理論集》，商務印書館，2010年，第219—222頁。

楊　華：《楚簡中的諸“司”及其經學意義》，《中國文化研究》2006年春之卷，第20—31頁。

楊　寬：《丹朱、驩兜與朱明、祝融》，《楊寬古史論文選集》，上海人民出版社，2003年，第307—320頁。

楊　寬：《戰國史（增訂本）》，上海人民出版社，2003年。

楊　寬：《中國上古史導論》，《古史辨》第七册，上海古籍出版社，1982年，第65—421頁。

楊善群：《杞國都城遷徙與出土銅器考辨》，《學術月刊》2000年第 2 期，第 64—69 頁。

楊樹達：《積微居金文説(增訂本)》，中華書局，1997 年。

楊澤生：《古陶文字零釋》，《中國文字》新二十二期，藝文印書館，1997 年，第 245—257 頁。

楊澤生：《〈古陶文字徵〉字頭、文例、出處、説明等方面存在的問題》，《江漢考古》1996 年第 4 期，第 79—86 頁。

楊子範：《山東臨淄出土的銅器》，《考古通訊》1958 年第 6 期，第 50—52 頁。

姚　遷：《江蘇盱眙南窰莊楚漢文物窖藏》，《文物》1982 年第 11 期，第 3—12 頁。

葉國慶：《試論西周宗法制封建關係的本質》，《廈門大學學報》(哲學社會科學版)1956 年第 3 期，第 1—10 頁。

亦　曉：《讀者來信》，《考古》1980 年第 1 期，第 83、87 頁。

易德生：《從楚簡〈容成氏〉九州看〈禹貢〉的成書年代》，《江漢論壇》2009 年第 12 期，第 77—80 頁。

銀雀山漢墓竹簡整理小組：《銀雀山漢墓竹簡〔壹〕》，文物出版社，1985 年。

于豪亮：《説“引”字》，《考古》1977 年第 5 期，第 339—340 頁。

于省吾、陳邦懷、黃盛璋、石志廉：《關於〈陳喜壺〉的討論》，《文物》1961 年第 10 期，第 35—38 頁。

于省吾：《甲骨文字釋林》，中華書局，1979 年。

于省吾：《釋广》，《甲骨文字釋林》，中華書局，1979 年，第 17—19 頁。

于中航：《犅䖆戟小考》，《文物》1994 年第 4 期，第 52 頁。

于中航：《濟南市博物館藏商周青銅器選粹》，《海岱考古》第一輯，山東大學出版社，1989 年，第 320—325 頁。

于中航:《山東濟南市天橋戰國墓的清理》,《考古》1997 年第 8 期,第 78—79 頁。

于中航:《談𦈡邦刀》,(臺灣)《故宮文物月刊》第 5 期第 11 卷,1993 年。

于中航:《先秦戈戟十七器》,《考古》1994 年第 9 期,第 858—860 頁。

俞偉超:《秦漢的"亭"、"市"陶文》,《先秦兩漢考古學論集》,文物出版社,1985 年,第 132—145 頁。

俞偉超:《中國古代公社組織的考察——論先秦兩漢的"單—僤—彈"》,文物出版社,1988 年。

袁國華:《鑄司寇鼎銘文淺釋》,《第三屆國際中國古文字學研討會論文集》,1997 年,第 473—485 頁。

袁金平:《鮑子鼎銘文考釋商兌》,《出土文獻》第二輯,中西書局,2011 年,第 152—155 頁。

袁俊傑:《小邾國媵器隨葬於本國貴族墓地原因探析》,《華夏考古》2008 年第 2 期,第 98—102、140 頁。

蘊　章、瑞　吉:《山東莒南小窯發現"左徒戈"》,《文物》1985 年第 10 期,第 30 頁。

Z

臧知非:《齊國行政制度考源——兼談〈國語·齊語〉的相關問題》,《文史哲》1955 年第 4 期,第 48—53 頁。

棗莊博物館等:《山東棗莊徐樓東周墓發掘簡報》,《文物》2014 年第 1 期,第 4—27 頁。

曾憲通:《楚月名初探——兼談昭固墓竹簡的年代問題》,《中山大學學報》1980 年第 1 期,第 97—107 頁。

曾憲通：《論齊國“遲盟之璽”及其相關問題》，《容庚先生百年誕辰紀念文集》，廣東人民出版社，1998 年，第 619—636 頁。

曾運乾：《尚書正讀》，中華書局，1964 年。

張崇禮：《釋金文中的“或”字》，復旦大學出土文獻與古文字研究中心，2012 年 5 月 5 日。

張德光：《試談山西省博物館揀選的幾件珍貴銅器》，《考古》1988 年第 7 期，第 616—620 頁。

張固也：《〈管子〉研究》，齊魯書社，2006 年。

張光明：《齊刀幣研究概論》，《齊國貨幣研究》，齊魯書社，2003 年，第 3—57 頁。

張光裕：《雪齋新藏可忌豆銘識小》，《雪齋學術論文二集》，藝文印書館，2004 年，第 67—72 頁。

張光遠：《春秋晚期齊莊公時庚壺考》，(臺灣)《故宮季刊》第 3 期第 16 卷，1982 年，第 86—106 頁。

張桂光：《金文詞語考釋(二則)》，《古文字學論稿》，安徽大學出版社，2008 年，第 127—131 頁。

張　頷：《陳喜壺辨》，《文物》1964 年第 9 期，第 37—40 頁。

張　劍、金　星：《齊侯銅鑑》，《史學月刊》1984 年第 4 期，第 120 頁。

張　劍：《齊侯寶盂鑒的年代及其史料價值》，《中原文物》1985 年第 4 期，第 63—64 頁。

張　劍：《齊侯寶盂鑑小考》，《中原文物》1981 年(特刊)。

張俊成：《東周齊國銘文綜合研究》，四川大學博士學位論文，2011 年。

張龍海：《山東臨淄出土一件有銘銅豆》，《考古》1990 年第 11 期，第 1045 頁。

張如元：《戰國璽印文字考釋叢劄》，《溫州師專學報》(社會科學版)1986 年第 3 期,第 32—40 頁。

張世超:《〈繫年〉中的"京自"及相關問題》,復旦大學出土文獻與古文字研究中心網,2012 年 4 月 23 日。

張淑一:《先秦姓氏制度考索》,福建人民出版社,2008 年。

(清)張　澍:《姓氏尋源》,岳麓書社,1992 年。

張廷濟:《清儀閣金石題識》,清光緒二十年觀自得齋校刊本。

張新俊:《據楚簡釋讀甲骨卜辭一例》,《出土文獻與古文字研究》第四輯,上海古籍出版社,2011 年,第 47—57 頁。

張亞初、劉　雨:《西周金文官制研究》,中華書局,1986 年。

張亞初:《殷周金文集成引得》,中華書局,2001 年。

張振謙:《齊系陶文考釋》,《安徽大學學報(哲學社會科學版)》2009 年第 4 期,第 57—62 頁。

張振謙:《齊系文字研究》,安徽大學博士學位論文,2008 年。

張振謙:《司馬枡編鎛考釋》,《古文字研究》第二十八輯,中華書局,2010 年,第 341—344 頁。

張振謙:《新泰陶文陳怛考》,《中國文字學報》第三輯,商務印書館,2010 年,第 115—121 頁。

張振謙:《新泰陶文考》,《河北大學學報》(哲學社會科學版)2010 年第 4 期,第 16—19 頁。

張政烺:《庚壺釋文》,《出土文獻研究》,文物出版社,1985 年,第 126—133 頁。

張政烺:《漢代的鐵官徒》,《歷史教學》1951 年第 1 期,第 17—22 頁。

張政烺:《"平陵陻寻立事歲"陶考證》,《史學論叢》第二冊,1935 年。

張政烺:《説庚壺的"大"字》,《張政烺文史論集》,中華書局,2004 年,第 815—818 頁。

張政烺著、朱鳳瀚等整理：《張政烺批注兩周金文辭大系圖錄考釋》，中華書局，2011年。

張之洞：《廣雅堂論金石札》，一九三三年南皮張氏刻本。

張志亮：《王國維題跋〈齊侯罍精拓本〉》，《東方藝術》2012年第4期，第71—73頁。

張志鵬：《滕國新考》，《河南大學學報》（哲學社會科學版）2011年第7期，第75—81頁。

趙超：《"鑄師"考》，《古文字研究》第二十一輯，中華書局，2001年，第293—300頁。

趙誠：《二十世紀金文研究述要》，書海出版社，2003年。

趙平安：《"達"字兩系説——兼釋甲骨文所謂"途"和齊金文中所謂"造"字》，《中國文字》新二十七期，藝文印書館，2001年，第51—63頁。

趙平安：《金文考釋五篇》，《容庚先生百年誕辰紀念文集（古文字研究專號）》，廣東人民出版社，1998年，第448—454頁。

趙平安：《"京""亭"考辨》，《新出簡帛與古文字古文獻研究續集》，商務印書館，2018年，第9—22頁。

趙平安：《山東秦國考》，《華學》第七輯，中山大學出版社，2004年，第117—118頁。

趙平安：《〈郙子仲盨〉的名稱和郙國的姓氏問題》，《古籍整理研究學刊》2006年第1期，第26—28頁。

趙平安：《釋"行木"》，《古文字研究》第二十六輯，中華書局，2006年，第377—381頁。

趙平安：《釋"靪"以及相關諸字》，《語言》第3卷，首都師範大學出版社，2002年，第296—301頁。

趙平安：《宋公䰜作艁叔子鼎與滕國》，《中華文史論叢》2013年第3期，第31—36頁。

趙平安:《唐子仲瀕兒盤匜"咸"字考索》,《中國歷史文物》2008 年第 2 期,第 73—77 頁。

趙平安:《戰國文字中的鹽及相關資料研究——以齊"遷(徙)鹽之璽"爲中心》,《華學》第六輯,紫禁城出版社,2003 年,第 107—113 頁。

趙慶淼:《齊國置"五都"芻議》,《中國歷史地理論叢》2009 年第 10 期,第 126—131、154 頁。

趙曉斌:《春秋官制研究——以宗法禮治社會爲背景》,浙江大學博士學位論文,2009 年。

鄭　超:《齊國陶文初探》,中國社會科學院研究生院碩士學位論文,1984 年。

鄭家相:《明刀之研究》,《泉幣》1940 年第 1 期。

鄭家相:《中國古代貨幣發展史》,三聯書店,1958 年。

周寶宏:《古陶文形體研究》,社會科學文獻出版社,2002 年。

周寶宏:《古陶文形體研究》,社會科學文獻出版社,2002 年。

周　波:《中山器銘文補釋》,《出土文獻與古文字研究》第三輯,復旦大學出版社,2010 年,第 196—207 頁。

周昌富:《東萊新說》,《東夷古國史研究》(一),三秦出版社,1988 年,第 154—162 頁。

周法高等:《金文詁林》,香港中文大學,1974 年。

周　進、周紹良、李　零:《新編全本季木藏陶》,中華書局,1998 年。

周　玲:《古璽文字集整理》,華東師範大學博士學位論文,2011 年。

周曉陸:《盱眙所出重金絡鑰·陳璋圓壺讀考》,《考古》1988 年第 3 期,第 258—263 頁。

周　亞:《郘公鑄銘文及若干問題》,《古文字研究》第二十九輯,中華書局,2012 年,第 386—397 頁。

周振鶴:《中國地方行政制度史》,上海人民出版社,2005 年。

周忠兵:《莒太史申鼎銘之"樊仲"考》,《吉林大學社會科學學報》2014 年第 1 期,第 20—25 頁。

周忠兵:《釋春秋金文中的"𥎦"》,《戰國文字研究的回顧與展望》,中西書局,2017 年,第 53—57 頁。

朱德熙:《長沙帛書考釋(五篇)》,《古文字研究》第十九輯,中華書局,1985 年,第 290—297 頁。

朱德熙、裘錫圭:《戰國時代的"料"和秦漢時代的"半"》,《朱德熙文集》(第 5 卷),商務印書館,1999 年,第 115—120 頁。

朱德熙:《釋桁》,《古文字研究》第十二輯,中華書局,1985 年,第 327—328 頁。

朱德熙:《戰國匋文和璽印中的"者"字》,《古文字研究》第一輯,中華書局,1979 年,第 116—120 頁。

朱德熙:《戰國文字資料裏所見的廄》,《出土文獻研究》第一輯,文物出版社,1985 年,第 244—249 頁。

朱鳳瀚:《商周家族形態研究(增訂本)》,天津古籍出版社,2004 年。

朱鳳瀚:《中國青銅器綜論》,上海古籍出版社,2009 年。

朱　活:《山東歷城出土魯伯大夫媵季姬簠》,《文物》1973 年第 1 期,第 64 頁。

朱　活:《談山東濟南出土的一批古代貨幣——兼論春秋戰國時期有關齊國鑄幣的幾個問題》,《文物》1965 年第 1 期,第 37—45 頁。

朱　活:《再談齊幣——從山東出土的齊幣看齊國的商業和交通》,《古錢新探》,齊魯書社,1984 年,第 114—119 頁。

朱力偉:《東周與秦兵器銘文中所見的地名》,吉林大學碩士學位論文,2004 年。

　　朱力偉:《先秦古兵雜談》,《古文字研究》第二十六輯,中華書局,2006 年,第 240—243 頁。

　　朱善旂:《敬吾心室彝器款識》石印本,清光緒三十四年。

　　朱曉雪:《陳璋壺及郾王職壺綜合研究》,吉林大學古籍研究所,2007 年。

　　淄博市博物館、齊故城博物館:《臨淄商王墓地》,齊魯書社,1997 年。

　　鄒　安:《周金文存》,1916 年倉聖明智大學刊本廣倉學宭石印本。

後　　記

　　這本小書是在我的博士學位論文基礎上修改而成，所以這本書的出版首先要感謝我的導師馮勝君先生。2006 年 9 月我考入吉林大學古籍研究所，入馮師門下攻讀碩士學位，至 2012 年 12 月博士畢業，在吉大學習轉眼已有六個春秋。記得剛入學那天，我報到時天色已晚，還下着秋雨，一個人扛着大學用過的行李走在吉大的校園裏，被褥已經淋濕。在最無助時是馮老師幫我聯繫劉傳賓師兄，讓我安頓下來，此事雖小但至今銘記於心。在讀書期間，學習上老師答疑解惑，有求必應。生活上，老師和師母張艷秋先生也關懷備至，每每施以援手。老師道德文章，對我影響至深，此次小書出版也多蒙老師的推薦。吳振武老師工作十分繁忙，有時自己連午餐都來不及吃，對學生卻體貼入微。在我貧病交加之時，吳老師對我的關心與鼓勵，永遠難忘。此次慨允，爲拙作題寫書名，更是對後學的鼓勵。林澐、吳良寶、何景成、李守奎幾位老師，在學業上對我亦多有教誨。師恩難忘！

　　博士入學不久，吳振武老師和馮老師針對我在碩士階段對齊系文字已有一定基礎的實際情況,想讓我從史料角度入手,對齊系題銘進行系統的考察。當時雖勉強應承,但深恐學力有所不逮。在論文寫作過程中,跟馮老師又進行了多次討論,博士討論課上諸位老師和同門也提出了很多寶貴意見。論文完成後,外審專家劉釗、白於藍、董蓮池、陳偉武、徐在國、張世超幾位先生都提出了很中肯的意見。論文答辯委員會主席張世超先生,以及林澐先生、吳振武先生、吳良寶先生、李守奎先生、徐正考先生等各位委員對論文亦多有匡正,本次修改已經吸收大多意見,限於體例未能一一說明,特此致歉。以上諸位專家學者的教誨,在此一併感謝。

在此,還要感謝我的妻子李瑶,感謝她多年來的陪伴和不離不棄。去年冬天我的女兒降生,孕育生命過程中母親所承受的艱辛,相信爲人父母者自有體會,也感謝我已逾花甲之年的岳父岳母幫忙照看稚子。寒門學子,求學之路格外艱辛,我父母之不易更可想而知。如今雖已成家立業,但對生身父母的回饋卻不及萬一,每念及此不禁愧疚難當。希望這本小書的出版,能在精神上給他們一些慰藉。2012年我來到哈爾濱師範大學文學院工作,中文系徐廣才、張秀華伉儷多年來在生活和工作上對我們夫婦多有關照,于茀、侯敏兩位院長對我們在工作上也給予了很多便利,已退休的李連元先生是我走上學術道路的領路人,在此一併致謝。

2014年我到復旦大學出土文獻與古文字研究中心,得以親炙劉釗先生門下從事博士後工作。先生博雅風度、淵深學識、幽默睿智令我印象深刻，如今又欣然賜序，使拙作陡然生輝。拙作出版過程中，責任編輯顧莉丹女史甚爲勞苦，特此表示感謝。

拙作即將付梓，灾梨禍棗之虞在所難免。錯謬之處希望讀者諸君多多指正。

作　者

2016 年 5 月於哈爾濱

2019 年 11 月補記

圖書在版編目(CIP)數據

東周齊系題銘研究/孫剛著.—上海：上海古籍
出版社，2019.12
ISBN 978-7-5325-9434-4

Ⅰ.①東⋯ Ⅱ.①孫⋯ Ⅲ.①金文-研究-中國-東
周時代 Ⅳ.①K877.34

中國版本圖書館CIP數據核字(2019)第269051號

吉林大學中國古文字研究中心、出土文獻與
中國古代文明研究協同創新中心學術叢刊
東周齊系題銘研究
孫 剛 著
上海古籍出版社出版發行
（上海瑞金二路272號 郵政編碼200020）
(1) 網址：www.guji.com.cn
(2) E-mail：guji1@guji.com.cn
(3) 易文網網址：www.ewen.co
上海惠敦印務科技有限公司印刷
開本890×1240 1/32 印張17.5 插頁2 字數424,000
2019年12月第1版 2019年12月第1次印刷
印數：1—2,100
ISBN 978-7-5325-9434-4
K·2746 定價：78.00元
如有質量問題,請與承印公司聯繫